Handbuch der Rechtspraxis

Band 1a

Handbuch der Rechtspraxis

Band 1a

Zivilprozeß

Begründet von

Siegfried Schrader†

Senatspräsident a. D.

Fortgeführt von

Dr. Karl-Friedrich Steinert

Richter am Oberlandesgericht

Siebte, neubearbeitete und erweiterte Auflage

C. H. BECK'SCHE VERLAGSBUCHHANDLUNG

MÜNCHEN 1990

CIP-Titelaufnahme der Deutschen Bibliothek

Handbuch der Rechtspraxis. – München : Beck.
Nebent.: HRP
NE: NT
Bd. 1a. Schrader, Siegfried: Zivilprozeß. – 7., neubearb. u. erw. Aufl. – 1990

Schrader, Siegfried:
Zivilprozeß / begr. von Siegfried Schrader. Fortgef. von Karl-Friedrich Steinert. – 7., neubearb. u. erw. Aufl. – München : Beck, 1990
(Handbuch der Rechtspraxis ; Bd. 1a)
ISBN 3 406 32808 3
NE: Steinert, Karl-Friedrich [Bearb.]

ISBN 3 406 32808 3

Druck der C. H. Beck'schen Buchdruckerei Nördlingen

Vorwort

Mannigfache Änderungen von Gesetzen, neue Literatur und fortschreitende Rechtsprechung machten die Neuauflage notwendig. Obwohl ich mich – wie schon in der Vorauflage – bemüht habe, die von Senatspräsident aD Siegfried Schrader († 1974) begründete, bewährte Darstellungsform beizubehalten, waren umfangreiche Änderungen und Ergänzungen erforderlich, um der Rechtsentwicklung Rechnung zu tragen. Neben einer Vielzahl neuer Entscheidungen, die einzuarbeiten waren, seien nur die wesentlichsten Gesetzesänderungen erwähnt, nämlich das Gesetz über die Prozeßkostenhilfe mit der Neufassung der Verordnung zu § 88 II BSHG vom 11. 2. 1988, das Gesetz zur Erhöhung der Wertgrenzen, das Gesetz zur Ausführung zwischenstaatlicher Anerkennungs- und Vollstreckungsverträge in Zivil- und Handelssachen sowie das Inkrafttreten der Übereinkommen über Zustellungen, Beweisaufnahme und Rechtsauskünfte.
In dem Bestreben, den Verfahrensablauf von Zivilrechtsstreitigkeiten anhand von Beispielen, Mustern und Formularen vom einleitenden Antrag bis zur letzten Verfügung für die Praxis darzustellen, habe ich weitgehend darauf verzichtet, Meinungsstreite in der Literatur, aber auch zwischen Gerichten in allen Einzelheiten zu erörtern und womöglich mit einer neuen Auffassung zu „bereichern“. Kommentare und Monographien kann und will dieses Buch nicht ersetzen, sondern es soll die praktische Arbeit erleichtern; es geht dabei von der höchstrichterlichen Rechtsprechung aus, insbesondere der des BGH, BAG und natürlich des BVerfG, weil auf dieser Grundlage die ganz überwiegende Zahl der Zivilprozesse letztendlich entschieden wird. Abweichende Meinungen von einigem Gewicht werden gleichwohl aufgezeigt, sodaß auch derjenige Anwalt oder Richter, der neue Wege beschreiten will, Hinweise dazu findet.
Kursiv gedruckt und in eckige Klammer gesetzt sind solche Teile von Formularen und Mustern, die zwar in einer anderen Fallgestaltung, nicht aber bei dem zugrundeliegenden Sachverhalt zutreffen.

Hofheim, März 1990 Karl-Friedrich Steinert

Inhaltsverzeichnis

Abkürzungsverzeichnis

aA	anderer Ansicht
aaO	am angegebenen Ort
ABl	Amtsblatt
Abs	Absatz
abw	abweichend
AbzG	Abzahlungsgesetz
aF	alte Fassung
AG	Aktiengesellschaft
AG	Amtsgericht
AHK	Alliierte Hohe Kommission für Deutschland
AHKABl	Amtsblatt der All Hohen Kommission
AHKG	Gesetz der All Hohen Kommission
AktG	Aktiengesetz
AktO	Aktenordnung
allg	allgemein
am	amerikanisch
aM	anderer Meinung
ÄndG	Gesetz zur Änderung
ÄndVO	Verordnung zur Änderung
AnfG	Anfechtungsgesetz
Anh	Anhang
AKB	Allgemeine Bedingungen für die Kraftfahrtversicherung
Anm	Anmerkung
AnpV	VO zur Anpassung von Unterhaltsrenten für Minderjährige
AnwBl	Anwaltsblatt (Jahr und Seite)
AO	Anordnung, Abgabenordnung
ArbG	Arbeitsgericht
ArbGG	Arbeitsgerichtsgesetz
ArchZivPr	Archiv für die zivilistische Praxis (Band und Seite)
Art	Artikel
AusfG	Ausführungsgesetz
AuRAÜbk	Europäisches Übereinkommen betr Auskünfte über ausländisches Recht
AusfVO	Ausführungsverordnung
AV	Allgemeine Verfügung
AVAG	Gesetz zur Ausführung zwischenstaatlicher Anerkennungs- und Vollstreckungsverträge in Zivil- und Handelssachen
AVO	Ausführungsverordnung
AWG	Außenwirtschaftsgesetz
Bad	Baden, Badisch
BAnz	Bundesanzeiger
BAG	Bundesarbeitsgericht
Bay	Bayern, Bayerisch
BayBS	Bereinigte Sammlung des bayerischen Landesrechts
BayObLG	Bayerisches Oberstes Landesgericht
BaWü	Baden-Württemberg, Baden-Württembergisch
BB	Der Betriebsberater (Jahr und Seite)
Bd	Band
Begr	Begründung

Bek . . . . Bekanntmachung
Bem . . . . Bemerkung
Beschl . . . . Beschluß
bestr . . . . bestritten
betr . . . . betreffend
Betr . . . . Der Betrieb (Jahr und Seite)
BFH . . . . Bundesfinanzhof
BGB . . . . Bürgerliches Gesetzbuch
BGBl I . . . . Bundesgesetzblatt (Jahr) Teil I (Seite)
BGBl II . . . . Bundesgesetzblatt (Jahr) Teil II (Seite)
BGH . . . . Bundesgerichtshof
BGHZ . . . . Entscheidungen des Bundesgerichtshofs in Zivilsachen (Band und Seite)
BJM . . . . Bundesjustizminister
Bln . . . . Berlin, Berliner
BPatG . . . . Bundespatentgericht
BRAGO . . . . Bundesgebührenordnung für Rechtsanwälte
BRAO . . . . Bundesrechtsanwaltsordnung
br . . . . britisch
BrZ . . . . britische Zone
BVerfG . . . . Bundesverfassungsgericht
BVerfGG . . . . Bundesverfassungsgerichtsgesetz
bzw . . . . beziehungsweise

CR . . . . Computer und Recht (Jahr und Seite)

DBest . . . . Durchführungsbestimmungen
DB-PKHG . . . . Durchführungsbestimmungen zum Gesetz über die Prozeßkostenhilfe
dh . . . . das heißt
DJ . . . . Deutsche Justiz (Jahr und Seite)
DR . . . . Deutsches Recht (Jahr und Seite)
DRiG . . . . Deutsches Richtergesetz
DRiZ . . . . Deutsche Richterzeitung (Jahr und Seite)
DRspr . . . . Deutsche Rechtsprechung (Leitzahl, Blatt und Buchstabe)
dt . . . . deutsch
DVO . . . . Durchführungsverordnung

EB . . . . Empfangsbekenntnis
EG . . . . Einführungsgesetz (mit nachfolgender Angabe des Gesetzes, zB EGBGB, EGZPO)
EG . . . . Europäische Gemeinschaft
EGÜbk . . . . Übereinkommen über die gerichtliche Zuständigkeit und die Vollstreckung gerichtlicher Entscheidungen in Zivil- und Handelssachen v 27. 9. 68 (BGBl 72 II 773)
EheG . . . . Ehegesetz
Einf . . . . Einführung
Einl . . . . Einleitung
Entsch . . . . Entscheidung
entspr . . . . entsprechend
Erl . . . . Erlaß, Erläuterung

f . . . . folgende(r) (Einzahl)
FamRZ . . . . Zeitschrift für das gesamte Familienrecht (Jahr und Seite)
ff . . . . folgende (Mehrzahl)

FGG .... Gesetz über die Angelegenheit der freiwilligen Gerichtsbarkeit
Form .... Formular
franzZ .... französische Zone

G .... Gesetz
GABl .... Gesetz- und Amtsblatt
GBl................. Gesetzblatt
GBO............... Grundbuchordnung
Gen .... Genehmigung
GenG .... Gesetz, betreffend die Erwerbs- und Wirtschaftsgenossenschaften
GG................. Grundgesetz für die Bundesrepublik Deutschland
ggf .... gegebenenfalls
GKG (KV Nr)........ Gerichtskostengesetz (Kostenverzeichnis-Nummer)
GmbH .... Gesellschaft mit beschränkter Haftung
GmbHG............ Gesetz, betreffend die Gesellschaften mit beschränkter Haftung
GRUR .... Gewerblicher Rechtsschutz und Urheberrecht (Jahr und Seite)
GS .... Preußische Gesetzsammlung
GVBl .... Gesetz- und Verordnungsblatt
GVG .... Gerichtsverfassungsgesetz
GWB .... Gesetz gegen Wettbewerbsbeschränkungen

HBewÜbk .... Haager Übereinkommen über die Beweisaufnahme im Ausland in Zivil- oder Handelssachen v 18. 3. 70 (BGBl 77 II 1472)
Hbg .... Hamburg, Hamburgisch
Hess............... Hessen, Hessisch
HGB............... Handelsgesetzbuch
HinterlO .... Hinterlegungsordnung
hM................ herrschende Meinung
HZPrAbk........... Haager Zivilprozeßabkommen v 17. 7. 05 (RGBl 09, 409)
HZPrÜbk........... Haager Übereinkommen über den Zivilprozeß v 1. 3. 54 (BGBl 58 II 577)
HZustÜbk .... Haager Übereinkommen über die Zustellung gerichtlicher und außergerichtlicher Schriftstücke im Ausland in Zivil- oder Handelssachen v 15. 11. 65 (BGBl 77 II 1453)

idF .... in der Fassung
iS .... im Sinn
iVm .... in Verbindung mit

JBeitrO............. Justizbeitreibungsordnung
JBl .... Justizblatt
JMABl .... Justizministerialamtsblatt
JMBl .... Justizministerialblatt
JR................. Juristische Rundschau (Jahr und Seite)
Jurbüro .... Juristisches Büro (Jahr und Seite)
JW .... Juristische Wochenschrift (Jahr und Seite)
JVKostV............ Justizverwaltungskostenvorschriften

KG .... Kammergericht
KG .... Kommanditgesellschaft
KO .... Konkursordnung
KostV.............. Kostenverfügung
KTS .... Zeitschrift für Konkurs, Treuhand- und Schiedsgerichtswesen (Jahr und Seite)
KV .... Kostenverzeichnis, Anlage 1 zu § 11 GKG

LAG	Landesarbeitsgericht
LG	Landgericht
Lehrb	Lehrbuch
LM	Lindenmaier-Möhring, Nachschlagewerk des BGH in Zivilsachen (Nr und §)
LuftfzRG	Gesetz über Rechte an Luftfahrzeugen
MDR	Monatsschrift für Deutsches Recht (Jahr und Seite)
MinBl	Ministerialblatt
MiZi	Mitteilungen in Zivilsachen
MHRG	Gesetz zur Regelung der Miethöhe (2. WKSchG Art 3)
mwNachw	mit weiteren Nachweisen
MWSt	Mehrwertsteuer
Nachw	Nachweise
Nds	Niedersachsen, Niedersächsisch
NdsRpfl	Niedersächsische Rechtspflege (Jahr und Seite)
nF	neue Fassung
NJW	Neue Juristische Wochenschrift (Jahr und Seite)
NJW-CoR	Computerreport der NJW (Jahr, Heft und Seite)
NJW-RR	NJW-Rechtsprechungs-Report (Jahr und Seite)
Nr	Nummer
NRW	Nordrhein-Westfalen, Nordrhein-westfälisch
NStZ	Neue Zeitschrift für Strafrecht (Jahr und Seite)
NVwZ	Neue Zeitschrift für Verwaltungsrecht (Jahr und Seite)
NVwZ-RR	NVwZ-Rechtsprechungsreport Verwaltungsrecht (Jahr und Seite)
NZA	Neue Zeitschrift für Arbeits- und Sozialrecht (Jahr und Seite)
OHG	Offene Handelsgesellschaft
OLG	Oberlandesgericht
OLGZ	Sammlung der Rechtsprechung der Oberlandesgerichte auf dem Gebiete des Zivilrechts (Band und Seite)
PatG	Patentgesetz
PKH	Prozeßkostenhilfe
PLZ	Postleitzahl
PostG	Postgesetz
PostO	Postordnung
pr	Preußisch
PrJMinBl	Justizministerialblatt für die preußische Gesetzgebung und Rechtspflege (Jahr und Seite)
RdErl	Runderlaß
RdNr	Randnummer
RdVfG	Rundverfügung
Rdz	Randziffer
RegBl	Regierungsblatt
RG	Reichsgericht
RGBl I	Reichsgesetzblatt, Teil I (Jahr und Seite)
RGBl II	Reichsgesetzblatt, Teil II (Jahr und Seite)
RGZ	Entscheidungen des Reichsgerichts in Zivilsachen (Band und Seite)
RhlPf	Rheinland-Pfalz, Rheinland-pfälzisch
RJM	Reichsminister der Justiz
Rpfleger	Der deutsche Rechtspfleger (Jahr und Seite)
RpflG	Rechtspflegergesetz

S	Seite, Satz
s, s a	siehe, siehe auch
Sammelbl	Sammelblatt für G, VOen u Bek des Bundes und der Länder
SchG	Scheckgesetz
SchiffsRG	Gesetz über Rechte an eingetragenen Schiffen und Schiffsbauwerken
SchlH	Schleswig-Holstein, Schleswig-holsteinisch
SchlHA	Schleswig-Holsteinische Anzeigen (Jahr und Seite)
StGB	Strafgesetzbuch
StPO	Strafprozeßordnung
str	streitig
stRspr	ständige Rechtsprechung
u	und
ua	unter anderem
unstr	unstreitig
usw	und so weiter
UWG	Gesetz gegen den unlauteren Wettbewerb
v	vom
Verz	Verzeichnis
Vfg	Verfügung
vgl	vergleiche
VO	Verordnung
VOBl	Verordnungsblatt
VOBlBrZ	Verordnungsblatt für die britische Zone
Vorb	Vorbemerkung
WBG	Wertpapierbereinigungsgesetz
WG	Wechselgesetz
WKSchG	Wohnraumkündigungsschutzgesetz
WM	Wertpapiermitteilungen (Jahr und Seite)
WüBa	Württemberg-Baden
WüHo	Württemberg-Hohenzollern
Württ	Württemberg
WZG	Warenzeichengesetz
z	zu
Ziff	Ziffer
ZIP	Zeitschrift für Wirtschaftsrecht und Insolvenzpraxis (Jahr und Seite)
ZJBlBrZ	Zentral-Justizblatt für die britische Zone (Jahr und Seite)
ZMR	Zeitschrift für Miet- und Raumrecht
ZPO	Zivilprozeßordnung
ZRHO	Rechtshilfeordnung in Zivilsachen
ZS	Zivilsenat
ZSEG	Gesetz über die Entschädigung von Zeugen und Sachverständigen
ZU	Zustellungsurkunde
ZustErgG	Zuständigkeitsergänzungsgesetz
zZ	zur Zeit
zzgl	zuzüglich
ZZP	Zeitschrift für Zivilprozeß (Band und Seite)

Schrifttum

I. Lehrbücher, Gesamtdarstellungen

Blomeyer, Zivilprozeßrecht (Erkenntnisverfahren), 2. Auflage 1986
Bruns, Zivilprozeßrecht, 3. Auflage 1987
Jauernig, Zivilprozeßrecht, 22. Auflage 1988
Rosenberg-Schwab, Zivilprozeßrecht, 14. Auflage 1986
Schönke-Kuchinke, Zivilprozeßrecht, 9. Auflage 1969

II. Erläuterungswerke

Arnold/Meyer-Stolte, Rechtspflegergesetz, 3. Auflage 1978
Bassenge-Herbst, Rechtspflegergesetz, 4. Auflage 1986
Baumbach-Hefermehl, Warenzeichenrecht, 15. Auflage 1985
Baumbach-Hefermehl, Wettbewerbsrecht, 15. Auflage 1988
Baumbach-Lauterbach-Albers-Hartmann, Zivilprozeßordnung, 48. Auflage 1990
Haegele-Eickmann-Riedel, Rechtspflegergesetz, Loseblattausgabe
Hartmann, Kostengesetze, 22. Auflage 1987
Münchener Kommentar zum Bürgerlichen Gesetzbuch, 2. Auflage 1984 ff
Odersky, Nichtehelichengesetz, 4. Auflage 1979
Ostler-Weidner, Abzahlungsgesetz, 6. Auflage 1971
Palandt, Bürgerliches Gesetzbuch, 49. Auflage 1990
Stein-Jonas, Zivilprozeßordnung, 19. Auflage (zitiert nach Gliederungsnummern), im Erscheinen begriffene 20. Auflage 1977 ff. (zitiert nach Randnummern)
Thomas-Putzo, Zivilprozeßordnung, 15. Auflage 1987
Wieczorek, Zivilprozeßordnung, 2. Auflage 1975–1988
Zöller, Zivilprozeßordnung, 15. Auflage 1987

III. Einzeldarstellungen

Bergerfurth, Der Zivilprozeß, 5. Auflage 1985
Bülow-Böckstiegel, Internationaler Rechtsverkehr in Zivil- und Handelssachen, Loseblattausgabe, 3. Auflage 1987
Furtner, Das Urteil im Zivilprozeß, 5. Auflage 1985
Geigel, Der Haftpflichtprozeß, 19. Auflage 1986
Kalthoener-Büttner, Prozeßkostenhilfe und Beratungshilfe, 1988
Köhler, Handbuch des Unterhaltsrechts, 7. Auflage 1987
Pastor, Der Wettbewerbsprozeß, 3. Auflage 1980
Pastor, Die Unterlassungsvollstreckung nach § 890 ZPO, 3. Auflage 1982
Sattelmacher-Sirp, Bericht, Gutachten und Urteil, 30. Auflage 1985
Schellhammer, Die Arbeitsmethode des Zivilrichters, 9. Auflage 1987
Schumann, Die Berufung in Zivilsachen, 3. Auflage 1985
Schwab, Schiedsgerichtsbarkeit, 3. Auflage 1979
Steinkamp, Die Gerichte und ihre Zuständigkeit, 1988
Tempel, Mustertexte zum Zivilprozeß, Bd I 3. Auflage 1987, Bd II 2. Auflage 1981

IV. Spezialliteratur

wird zu jedem Abschnitt besonders vermerkt.

1. Kapitel: Mahnverfahren

ZPO §§ 688–703 d
ArbGG § 46 a
VO zur Einführung von Vordrucken für das Mahnverfahren v 6. 5. 77 (BGBl 77 I 693)
VO zur Einführung von Vordrucken für das arbeitsgerichtliche Mahnverfahren v 15. 12. 77 (BGBl 77 I 2625)
VO zur Einführung von Vordrucken für das Mahnverfahren bei Gerichten, die das Verfahren maschinell bearbeiten, v 6. 6. 78 (BGBl 78 I 705) mit Änderung v 18. 3. 83 (BGBl 83 I 308)
RpflG § 20 Nr 1
GKG §§ 11, 65, KV Nr 1000–1006
BRAGO § 43
Übereinkommen[1] über die gerichtliche Zuständigkeit und die Vollstreckung gerichtlicher Entscheidungen in Zivil- und Handelssachen v 27. 9. 68 (BGBl 72 II 773) – EGÜbk – Art 25 und AVAG[2] v 30. 5. 88 (BGBl 88 I 662) § 34

Vorschriften der Länder über Zuständigkeit und maschinelle Bearbeitung:
Baden-Württemberg: Verordnung des Justizministeriums über die Einführung der maschinellen Bearbeitung der Mahnverfahren in Baden-Württemberg und die Zuständigkeit des Amtsgerichts Stuttgart v 2. 7. 86 (GBl 86, 275)
Berlin: Verordnung über die Einführung der maschinellen Bearbeitung der Mahnverfahren und die Zuständigkeit des Amtsgerichts Wedding v 8. 9. 87 (GVBl 87, 2294)
Hessen: Verordnung über die Zuweisung von Mahnverfahren an das Amtsgericht Hünfeld v 13. 10. 1980 (GVBl 80, 397)
Nordrhein-Westfalen: Erste Verordnung über die Einführung der maschinellen Bearbeitung der Mahnverfahren v 14. 8. 87 (GV 87, 304)
Verordnung über die Zuweisung von Mahnverfahren an das Amtsgericht Hagen v 1. 2. 88 (GV 88, 57)
Rheinland-Pfalz: Landesverordnung über die Einführung der maschinellen Bearbeitung der Mahnverfahren und über die Zuständigkeit in Mahnverfahren v 5. 7. 88 (GVBl 88, 151)

Schrifttum:
Holch, Das gerichtliche Mahnverfahren nach der Vereinfachungsnovelle, 1978
Kammler, Das Mahnverfahren, JuS 89, 116

I. Allgemeines

Das Mahnverfahren gibt einem Gläubiger die Möglichkeit, für Zahlungsansprüche, gegen die der Schuldner voraussichtlich keine Einwendungen erheben wird, in einem **vereinfachten, kostensparenden Verfahren** ohne mündliche Verhandlung einen vollstreckbaren Titel zu erhalten. Die Einleitung des Mahnverfahrens ist nur sinnvoll, wenn damit zu rechnen ist, daß der Schuldner seine Zahlungsverpflichtung nicht bestreiten wird; denn im Fall des Widerspruchs des Schuldners geht das Verfahren in einen normalen Rechtsstreit über, so daß sich im Ergebnis die Verfahrensdauer nur verlängert. 1
Zur Vereinfachung und Beschleunigung der Bearbeitung der Anträge wird schrittweise die elektronische Datenverarbeitung eingeführt (§§ 689, 703 b, c ZPO).

Wie in jedem zivilprozessualen Verfahren müssen auch im Mahnverfahren die allgemeinen **Prozeßvoraussetzungen** (Zuständigkeit, Partei- und Prozeßfähigkeit, Zuläs- 2

---

[1] Abgedruckt bei Baumbach-Lauterbach Schlußanhang V C 1, Sartorius II 160.
[2] Abgedruckt bei Baumbach-Lauterbach Schlußanhang V D.

sigkeit des Rechtswegs, gesetzliche bzw gewillkürte Vertretung, Rechtschutzinteresse)[3] erfüllt sein.[4]

Das Mahnverfahren ist **zulässig** für Ansprüche auf Zahlung einer bestimmten Geldsumme in inländischer Währung[5] (§ 688 Abs 1 ZPO; ausnahmsweise auch in ausländischer Währung gemäß § 688 Abs 3 ZPO, dazu Näheres im folgenden); andere Ansprüche müssen im Weg der Klage durchgesetzt werden.

Das Mahnverfahren ist **unzulässig,** wenn die Leistung des Schuldners von einer vom Gläubiger zu bewirkenden Gegenleistung abhängt (zB Zahlung von 500,– DM Zug um Zug gegen Lieferung von ...), § 688 Abs 2 ZPO. Deshalb muß der Antragsteller im Antrag auf Erlaß eines Mahnbescheids behaupten, daß die Gegenleistung erbracht oder daß der Schuldner vorzuleisten verpflichtet ist (§ 690 Abs 1 Nr 4 ZPO). Der Antrag ist ferner unzulässig, wenn der Mahnbescheid[6] durch öffentliche Zustellung zugestellt werden müßte (§ 688 Abs 2 ZPO), etwa weil der Antragsgegner unbekannten Aufenthalts ist oder deutscher Gerichtsbarkeit nicht unterliegt (§ 20 GVG). Müßte der Mahnbescheid im Ausland zugestellt werden, findet das Mahnverfahren nur statt, wenn die Zustellung in einem Vertragsstaat[7] des Übereinkommens der europäischen Gemeinschaft über die gerichtliche Zuständigkeit und die Vollstreckung gerichtlicher Entscheidungen in Zivil- und Handelssachen oder einer anderen zwischenstaatlichen Vereinbarung, wie in Israel[8], erfolgen kann; in einem solchen Fall kann der Antrag ausnahmsweise auf Zahlung in ausländischer Währung gerichtet sein (§§ 688 Abs 3 ZPO, 34 AVAG), die nicht die eines Vertragsstaats sein muß.

3 **Sachlich zuständig** ist stets das Amtsgericht (bei arbeitsrechtlichen Streitigkeiten das Arbeitsgericht, § 46a ArbGG) ohne Rücksicht auf die Höhe des Streitgegenstands, und zwar auch bei sonst ausschließlicher Zuständigkeit des Landgerichts.

Örtlich zuständig ist ausschließlich das Amtsgericht, bei dem – soweit nicht zentral eine maschinelle Bearbeitung erfolgt – der Antragsteller seinen allgemeinen Gerichtsstand hat, bzw das Amtsgericht Schöneberg in Berlin, wenn der Antragsteller im Inland keinen allgemeinen Gerichtsstand hat (§ 689 Abs 2 ZPO), im arbeitsgerichtlichen Mahnverfahren das Arbeitsgericht, welches für die im Urteilsverfahren erhobene Klage zuständig wäre (§ 46a Abs 2 ArbGG). Mehrere Antragsteller mit verschiedenen allgemeinen Gerichtsständen haben die Wahl, bei welchem Gericht sie den Antrag stellen wollen.[9] Ein Gericht am Sitz einer unselbständigen Niederlassung (§ 21 Abs 1 ZPO) ist nicht zuständig,[9] wohl aber das am Sitz einer selbständigen inländischen Niederlassung ausländischer Versicherungen[10] oder Banken.[11] Hat der Antragsgegner im Inland keinen allgemeinen Gerichtsstand, ist für das Mahn-

---

[3] Vgl dazu RdNr 200.

[4] BGH NJW 81, 876, 877, Stein-Jonas § 688 RdNr 1, § 691 RdNr 2, Thomas-Putzo § 691 Anm 1 mwNachw.

[5] Einschließlich fälliger Ansprüche aus dem ehelichen Güterrecht und gesetzlich begründeter Unterhaltsansprüche der ehelichen Kinder und Ehegatten, solange eine Scheidungssache nicht anhängig ist, Bender-Belz-Wax RdNr 239.

[6] Anders beim Vollstreckungsbescheid, vgl § 699 Abs 4 S 4 ZPO.

[7] Das EGÜbk gilt nur in Belgien, Dänemark, Frankreich, Großbritannien, Italien, Luxemburg, Niederlande und Bundesrepublik Deutschland.

[8] Art 2 des deutsch-israelischen Vertrags über die Anerkennung und Vollstreckung gerichtlicher Entscheidungen in Zivil- und Handelssachen v 20. 7. 77, BGBl 80 II 926.

[9] BGH NJW 78, 321.

[10] BGH NJW 79, 1785.

[11] AG Frankfurt Rpfleger 80, 72.

verfahren das Amtsgericht zuständig, das für das streitige Verfahren zuständig sein würde, wenn die Amtsgerichte sachlich unbeschränkt zuständig wären (§ 703d Abs 2 ZPO), also das Amtsgericht an einem besonderen Gerichtsstand des Antragsgegners gemäß Art 5–17 des EGÜbk,[12] §§ 20ff ZPO; § 703d ZPO geht § 689 Abs 1, 2 ZPO vor.[13]
Durch Rechtsverordnung[14] können die Landesregierungen gemäß § 689 Abs 3 ZPO Mahnverfahren einem Amtsgericht für den Bezirk eines oder mehrerer Oberlandesgerichte, durch Vereinbarung untereinander über die Ländergrenzen hinaus zuweisen; so ist für das Land Baden-Württemberg zuständig das Amtsgericht Stuttgart, für das Land Berlin das Amtsgericht Wedding, für die Amtsgerichtsbezirke Darmstadt, Frankfurt, Bad Homburg, Hünfeld, Offenbach und Wiesbaden das Amtsgericht Hünfeld, für die Amtsgerichtsbezirke Dortmund und Hagen das Amtsgericht Hagen, für die Amtsgerichtsbezirke Koblenz und Mayen das Amtsgericht Mayen. Außer dem AG Hünfeld bearbeiten alle angeführten Amtsgerichte das Mahnverfahren maschinell.
Das Mahnverfahren einschließlich des Erlasses des Vollstreckungsbescheids sowie der Abgabe an das für das streitige Verfahren sachlich zuständige Gericht, bei welchem der Antragsgegner seinen allgemeinen Gerichtsstand hat, ist dem Rechtspfleger übertragen, das Streitverfahren dem Richter vorbehalten (§ 20 Nr 1 RpflG).

II. Antrag auf Erlaß eines Mahnbescheids

Der **Antrag muß** auf Erlaß eines Mahnbescheids gerichtet sein (also erkennbar keine Klage zum Gegenstand haben) und nach § 690 Abs 1 ZPO **enthalten:** 4

1. die Bezeichnung der **Parteien,** ihrer gesetzlichen Vertreter und der Prozeßbevollmächtigten;

   den Antragsgegner muß der Antragsteller so genau bezeichnen, daß Zustellung und Vollstreckung ohne Schwierigkeiten erfolgen können; neben dem Namen sind Vorname, Postleitzahl, Wohnort, Straße, Hausnummer immer, Beruf, Geburtsdatum, Stockwerk sowie zusätzliche Angaben wie jun, sen und dergleichen bei der Gefahr von Verwechslungen erforderlich; die bloße Angabe eines Postfachs ist unzulässig; bei Firmen ist die gewöhnlich verwendete Bezeichnung, ggf unter Angabe des Inhabers, bei Gesellschaften und juristischen Personen unter Angabe der vertretungsberechtigten Personen – Komplementär, Geschäftsführer, Vorstand –, bei nicht prozeßfähigen natürlichen Personen deren gesetzlicher Vertreter mit Namen und Anschrift anzuführen;

2. die Bezeichnung des **Gerichts,** bei dem der Antrag gestellt wird;

   also das für das Mahnverfahren zuständige Amts- bzw Arbeitsgericht;

3. die Bezeichnung des **Anspruchs** unter bestimmter Angabe der verlangten Leistung;

   neben dem bezifferten Geldbetrag sind zur Individualisierung[15] solche Angaben erforderlich, daß eine Verwechslung mit anderen Ansprüchen ausgeschlossen ist (zB Warenkauf lt Rechnung v ..., Schaden aus dem Unfall v ..., rückständiger Unterhalt für die Zeit v ... bis ...); eine Begründung der Schlüssigkeit ist nicht erforderlich; Zinsen können in die Hauptforderung eingerechnet oder

---

[12] Bauer JurBüro 76, 145ff.
[13] BGH NJW 81, 2647.
[14] Vgl Übersicht vor RdNr 1, Steinkamp S 326.
[15] Vgl BGH NJW 81, 876.

mit Zinssatz und -beginn gesondert aufgeführt werden, Mehrwertsteuer darf auf sie jedoch nicht berechnet werden;[16]

4. die Erklärung, daß der Anspruch nicht von einer **Gegenleistung** abhängt oder daß die Gegenleistung erbracht ist;

   ist die Gegenleistung vergeblich angeboten worden, kann der Antragsteller angeben, der Anspruch sei nicht mehr von einer Gegenleistung abhängig, weil er diese – nach einem vergeblichen Angebot – nicht mehr anzubieten brauche;[17]

5. die Bezeichnung des **Gerichts,** das für ein streitiges Verfahren sachlich zuständig ist und bei dem der Antragsgegner seinen allgemeinen Gerichtsstand hat;[18]

   ob der Antragsteller stattdessen ein anderes für die Klage zuständiges Gericht – etwa an einem besonderen Gerichtsstand oder im Fall der Vereinbarung – schon jetzt bezeichnen kann,[19] ist im Hinblick auf die ausgeprägte Formalisierung zu bezweifeln. Im Fall der Zustellung im Ausland nach § 703 d ZPO ist das sachlich und örtlich zuständige Gericht anzugeben (§ 703 d Abs 3 ZPO) und die Zuständigkeit kurz zu begründen; macht der Antragsteller geltend, daß das Gericht aufgrund einer Vereinbarung zuständig sei, hat er nach Art 17 Abs 1 des EGÜbk die erforderlichen Schriftstücke beizufügen (§ 34 AVAG).

   Von der Wahlmöglichkeit zwischen Zivilkammer und Kammer für Handelssachen kann der Antragsteller Gebrauch machen, muß dies aber nicht.[20]
   Außerdem muß

6. der Antrag **handschriftlich unterzeichnet** sein;[21]

   § 690 Abs 2 ZPO; zur Zulässigkeit nur maschinell lesbarer Aufzeichnungen vgl § 690 Abs 3 ZPO;

7. ein Bevollmächtigter seine ordnungsgemäße **Bevollmächtigung** versichern;

   die Vorlage einer Vollmacht ist nicht mehr erforderlich (§ 703 ZPO).

Weitere Angaben sind nicht erforderlich,[22] zweckmäßigerweise enthält der Antrag jedoch ferner:

8. eine Berechnung der **Kosten** des Antragstellers;

   an Gerichtskosten entstehen ½ Gebühr gem Nr 1000 KV sowie Postgebühren für die Zustellung, § 65 Abs 3 GKG, Nr 1902 KV; in Betracht kommen weiter die Kosten des Antragstellers selbst, wie Porti, Kosten der Vordrucke usw; an Anwaltskosten entstehen eine volle Gebühr gem § 43 Abs 1 Nr 1 BRAGO, Auslagen des Prozeßbevollmächtigten nach § 26 BRAGO sowie die Umsatzsteuer nach § 25 Abs 2 BRAGO;
   im arbeitsgerichtlichen Mahnverfahren können nur Auslagen des Antragstellers selbst berücksichtigt werden; die Kosten eines Rechtsanwalts sind grundsätzlich nicht erstattungsfähig (§ 12a Abs 1 S 2 ArbGG);

9. für den Fall des Widerspruchs den **Antrag** auf Durchführung des streitigen Verfahrens (§ 696 Abs 1 ZPO).

Ist Gegenstand des Antrags auf Erlaß eines Mahnbescheids ein Anspruch auf Zahlung einer bestimmten Geldsumme, der im Fall des Widerspruchs des Antragsgeg-

---

[16] OLG Frankfurt NJW 83, 394, 459, BGHZ 90, 207, 209.
[17] Baumbach-Lauterbach § 688 Anm 2 A.
[18] Angabe im arbeitsgerichtlichen Mahnverfahren überflüssig, zuständig ist das gleiche Gericht, § 46 a Abs 2 ArbGG.
[19] Stein-Jonas § 690 RdNr 8, Lappe NJW 78, 2379, Kersting-Reuter MDR 85, 461, OLG Hamm AnwBl 80, 359 sowie die Vorauflage, aA AG Marl NJW 78, 651, KG Rpfleger 80, 115 mwNachw, Thomas-Putzo § 690 Anm 2e, Baumbach-Lauterbach § 690 Anm 2e.
[20] OLG Frankfurt NJW 80, 876.
[21] BGH NJW 83, 1050, 1052.
[22] BGH NJW 81, 876.

ners im Urkunden-, Wechsel- oder Scheckprozeß geltend gemacht werden soll, kann der Antrag auf Erlaß eines **Urkunden-, Wechsel- oder Scheck-Mahnbescheids** gerichtet werden (§ 703a Abs 1 ZPO; in arbeitsgerichtlichen Sachen besteht diese Möglichkeit nicht, da die Vorschriften über den Urkunden- und Wechselprozeß gemäß § 46 Abs 2 S 2 ArbGG keine Anwendung finden). Die Urkunden sollen in dem Antrag und in dem Mahnbescheid so genau bezeichnet werden, daß sie identifizierbar sind. Den Anträgen auf Erlaß eines Mahnbescheids bzw des Vollstreckungsbescheids sollen sie nicht beigefügt werden. Sie müssen in Urschrift oder Abschrift erst dann eingereicht werden, wenn nach der Einlegung des Widerspruchs die Sache an das Streitgericht abzugeben ist (§ 703a Abs 2 Nr 2 ZPO), damit sie dort bis zur ersten mündlichen Verhandlung zugestellt werden können (vgl §§ 593 Abs 2, 597 Abs 2 ZPO).

Ein Antrag auf Erlaß des Vollstreckungsbescheids schon im Antrag auf Erlaß des Mahnbescheids ist gem § 699 Abs 1 ZPO unzulässig.

Die **Gerichtskosten**[23] und Auslagen für die förmliche Zustellung sind von dem Antragsteller durch Aufkleben von Gerichtskostenmarken oder durch Aufdruck eines Gebührenfreistemplers vorweg zu entrichten; wird der Mahnbescheid maschinell erstellt, brauchen Gebühren und Auslagen erst vor Erlaß des Vollstreckungsbescheids gezahlt zu werden (§ 65 Abs 3 GKG). Im arbeitsgerichtlichen Mahnverfahren werden die Gerichtskosten erst nach dessen Beendigung eingezogen (§ 12 Abs 4 ArbGG). Soweit dem Antragsteller Prozeßkostenhilfe bewilligt ist oder Gebührenfreiheit zusteht, ist ein Mahnbescheid auch dann zu erlassen, wenn die Gerichtskosten nicht entrichtet sind (§ 65 Abs 7 S 3 GKG). 5

Aufgrund der Ermächtigung in § 703c Abs 1 ZPO bzw § 46a Abs 7 ArbGG sind durch die VO zur Einführung von **Vordrucken** im Mahnverfahren[24] für die maschinelle und nichtmaschinelle Bearbeitung bei Amts- und Arbeitsgerichten Formulare eingeführt worden, die gem § 703c Abs 2 ZPO von den Parteien benutzt werden müssen. 6

Bei den Vordrucken für die **nichtmaschinelle Bearbeitung** handelt es sich um Durchschreibesätze von fünf Blättern mit einem Vorblatt, das Ausfüllhinweise enthält[25] (wegen der Vordrucke für die maschinelle Bearbeitung siehe RdNr 11). Auf Blatt 1 befindet sich der Antrag auf Erlaß eines Mahnbescheids – es wird durch die Unterzeichnung des Rechtspflegers zur Urschrift –, Blatt 2 enthält die Ausfertigung für den Antragsgegner, Blatt 3 die Zustellungsnachricht für den Antragsteller und dessen Antrag auf Erlaß eines Vollstreckungsbescheids, die Blätter 4 und 5 sind Ausfertigungen des Vollstreckungsbescheids für Antragsteller und Antragsgegner. Der Antragsteller hat die hellen Felder des Blattes 1 auszufüllen. 7

---

[23] Zur Höhe s RdNr 4 Ziff 8.

[24] Vgl im einzelnen für die nichtmaschinelle Bearbeitung bei den Amtsgerichten BGBl 77 I 693, für die maschinelle Bearbeitung bei den Amtsgerichten BGBl 78 I 705, BGBl 83 I 308, für die Bearbeitung bei den Arbeitsgerichten BGBl 77 I 2625. Die Verwendung einer schwarz-weißen Kopie genügt bei farbig vorgeschriebenen Formularen nicht, LG Stuttgart CR 89, 290.

[25] BGBl 77 I 695 bzw. 2627.

8 Muster eines ausgefüllten **Antrags für die nichtmaschinelle Bearbeitung** bei dem Amtsgericht:

Der Antrag wird gerichtet an das
Amtsgericht
Plz, Ort
① 6418 Hünfeld

Geschäftsnummer des Amtsgerichts
Bei Schreiben an das Gericht stets angeben

② **Antragsgegner**/ges. Vertreter

Fa. Baudekoration Müller
Inhaber Werner Müller jun.

Kellereiplatz 3
(Hofgebäude)

6230 Frankfurt-Höchst
Plz Ort

Raum für Kostenmarken/Freistempler (falls nicht ausreichend, unteres Viertel der Rückseite benutzen)

Gerichtskosten bezahlt
am 30. Nov. .. 129,00 DM
Gerichtskasse WIESBADEN

Mahnbescheid ← Datum des Mahnbescheids

③ **Antragsteller**, ges. Vertreter, Prozeßbevollmächtigte(r); Bankverbindung
Maier und Schulze oHG - Farben und Lacke -
vertreten durch die pers. haft. Gesellschafter Emil Maier und
Heinz Schulze, Moritzstraße 100, 6200 Wiesbaden
Prozeßbev.: Rechtsanwalt Schnell, Coniusstraße 93, 6200 Wiesbaden
Postgirokonto Ffm 1208 27 - 602

④ **macht gegen -Sie-** ☐ **als Gesamtschuldner**

⑤ **folgenden Anspruch geltend** (genaue Bezeichnung, insbes. mit Zeitangabe): Geschäftszeichen des Antragstellers: KdNr 00284/6230
Lieferungen vom 1.7.-30.9.19.. lt. Rechnungen Nr 637 v. 4.8. über DM 8100,--,
893 v. 7.9. über DM 1900,--, 1015 v. 2.10.19.. über DM 1293,--

⑥ Hauptforderung DM 11.293,-- | Zinsen: 8,5 % Zinsen seit 15.11.19..

⑦ Vorgerichtliche Kosten DM 8,--

⑧ Kosten dieses Verfahrens (Summe 1 bis 5) DM 859,74	1 Gerichtskosten 129,-- DM	2 Auslagen d. Antragst. -.- DM	3 Gebühr d. Prozeßbev. 601,-- DM	4 Auslagen d. Prozeßbev. 40,-- DM	5 MWSt. d. Prozeßbev. 89,74 DM

⑨ **Gesamtbetrag** DM 12.160,74 **zuzügl. der Zinsen**
Der Anspruch ist nach Erklärung des Antragstellers von einer Gegenleistung ☐ nicht abhängig. ☒ abhängig; diese ist aber bereits erbracht.

Das Gericht hat nicht geprüft, ob dem Antragsteller der Anspruch zusteht. Es fordert Sie hiermit auf, innerhalb von zwei Wochen seit der Zustellung dieses Bescheids entweder die vorstehend bezeichneten Beträge, soweit Sie den geltend gemachten Anspruch als begründet ansehen, zu begleichen oder dem (oben bezeichneten) **Gericht auf einem Vordruck der beigefügten Art** (s. Hinweis dazu auf der Rückseite) **mitzuteilen, ob und in welchem Umfang Sie dem Anspruch widersprechen.**

Werden die geforderten Beträge nicht beglichen und wird auch nicht Widerspruch erhoben, kann der Antragsteller nach Ablauf der Frist einen Vollstreckungsbescheid erwirken, aus dem er die Zwangsvollstreckung betreiben kann. Ein streitiges Verfahren in Ihrem allgemeinen Gerichtsstand wäre nach Angabe des Antragstellers durchzuführen vor dem

⑩ ☐ Amtsgericht ☒ Landgericht ☐ Landgericht -Kammer für Handelssachen- in Plz, Ort 6000 Frankfurt am Main

An dieses Gericht, dem eine Prüfung seiner Zuständigkeit vorbehalten bleibt, wird die Sache im Falle Ihres Widerspruchs abgegeben.

Rechtspfleger

Antrag

Ort, Datum: Wiesbaden, 30.11.19..

⑪ **Anschrift des Antragstellers/Vertreters/Prozeßbevollmächtigten**
Rechtsanwalt
Herbert Schnell
Coniusstraße 93
6200 Wiesbaden

Eingangsstempel des Gerichts

Es wird beantragt, aufgrund der vorstehenden Angaben einen Mahnbescheid zu erlassen.

⑫ ☒ Im Falle des Widerspruchs wird die Durchführung des streitigen Verfahrens vor dem vorstehend bezeichneten Gericht beantragt.

⑬ ☒ Ordnungsgemäße Bevollmächtigung wird versichert.

⑭ ☐ Hier die Zahl der ausgefüllten Vordrucke angeben, falls sich der Antrag gegen mehrere Antragsgegner richtet.

Blatt 1: Antrag und Urschrift

Schnell

Unterschrift des Antragstellers/Vertreters/Prozeßbevollmächtigten

Das Antragsformular für das **arbeitsgerichtliche Mahnverfahren** unterscheidet sich hiervon nur geringfügig. So fehlt wegen § 12 Abs 1 ArbGG die Zeile ⑧ für die Angaben zu den Kosten des Verfahrens mit Ausnahme von ②, den Auslagen des Antragstellers. Dafür ist der Hinweis enthalten, daß die Gerichtskosten erst nach Beendigung des Mahnverfahrens eingezogen werden (vgl § 12 Abs 4 ArbGG). Außerdem fehlt der Hinweis darauf, an welchem Gericht ein streitiges Verfahren durchzuführen ist, weil nur bei diesem Gericht der Antrag auf Erlaß des Mahnbescheids gestellt werden kann (§ 46a Abs 2 ArbGG). Statt des Antrags auf Durchführung des streitigen Verfahrens in Zeile ⑫ enthält das Formular einen Antrag auf Termin zur mündlichen Verhandlung entsprechend § 46a Abs 4 ArbGG. 9

Soll ein Anspruch gegen **mehrere Personen als Gesamtschuldner** geltend gemacht werden, ist für jeden Schuldner ein besonderer Vordruck auszufüllen, und dieser als Antragsgegner im Adressenfeld ② anzuführen. Die jeweils anderen Antragsgegner sind in Zeile ④, die Gesamtzahl der Vordrucke im Feld ⑭ anzugeben. Trotz der mehreren Vordrucke handelt es sich um einen einzigen Antrag, weshalb auch die Gerichtsgebühr für das Mahnverfahren nur einmal zu entrichten ist. 10

Beispiel: Der Antrag auf Erlaß eines Mahnbescheids gegen den Halter Henrich und den Fahrer Forsch wegen Schadensersatz aus einem Verkehrsunfall erfordert zwei Vordrucksätze. Im Feld ② des einen Vordrucks ist Henrich, des anderen Forsch anzugeben; in Zeile ④ muß es nach dem Ausfüllen heißen: „... macht gegen Sie und den Fahrer des Wagens Paul Forsch ☒ als Gesamtschuldner" bzw. „gegen Sie und den Halter des Wagens Robert Henrich ☒ als Gesamtschulder"; schließlich ist in Zeile ⑭ einzusetzen: „2".

Ist der **Antragsgegner prozeßunfähig,** sind im Adressenfeld ② nur die gesetzlichen Vertreter, zB die Eltern, der Vormund, anzugeben; in Zeile ④ muß es dann heißen „macht gegen Ihren bei ihnen wohnenden Sohn", „gegen Ihr Mündel ... (Name, Vorname, Wohnort)".

Ist der Antrag auf Erlaß eines **Urkunden-, Wechsel- oder Scheckmahnbescheids** gerichtet, ist das weiße Feld über die Überschrift „Mahnbescheid" entsprechend auszufüllen; die Urkunden sind in Teile ⑧ zu bezeichnen.

Für die maschinelle Bearbeitung[26] des Mahnverfahrens sind einzelne – nicht zu einem Satz zusammengefügte – Vordrucke eingeführt worden. Die je nach Fortgang des Verfahrens erforderlichen Formulare enthalten die Parteien von dem Gericht zugeschickt. Dem Vordruck für den Antrag sind Ausfüllhinweise beigefügt.[27] 11

---

[26] Welche Amtsgerichte das Mahnverfahren maschinell bearbeiten, ist unter RdNr 3 aufgeführt.
[27] BGBl 78 I 705 (Anlage 1 der VO), geändert durch BGBl 83 I 308.

12 Muster eines ausgefüllten **Antrags für die maschinelle Bearbeitung** bei dem Amtsgericht:

Antrag auf Erlaß eines Mahnbescheids

Raum für Vermerke des Gerichts

Zeilen-Nummer

Datum des Antrags: 30.11.19..

Wichtig: Bitte lesen Sie zunächst die **beiliegenden Hinweise**. Der Anspruch ist mit einer aus dem Hinweisblatt zu entnehmenden **Katalog-Nr.** zu bezeichnen. In Kästchen mit **weißem Pfeil** ist zutreffendenfalls ein X, in Kästchen mit **schwarzem Pfeil** die zutreffende Nummer einzutragen.

Antragsteller

Spalte 1

1 = Herr 2 = Frau

Vorname

Nachname

Straße, Hausnummer – bitte kein Postfach! –

Postleitzahl, Ort — Ausl. Kz.

Nur bei mehreren Antragstellern

Antragsteller sind Gesamtgläubiger

Es wird versichert, daß der in Spalte 1 Bezeichnete bevollmächtigt ist, die weiteren zu vertreten.

Weiterer Antragsteller — Spalte 2

1 = Herr 2 = Frau

Vorname

Nachname

Straße, Hausnummer – bitte kein Postfach! –

Postleitzahl, Ort — Ausl. Kz.

Nur für Firma, juristische Person u. dgl. als Antragsteller — Spalte 3

5 — 3 = Einzelfirma 4 = GmbH u. Co KG 5 = Juristische Person, OHG, KG (außer GmbH u. Co KG) 6 = Sonstige

Vollständige Bezeichnung

Walrab Datentechnik GmbH

Fortsetzung von Zeile 9

Bei juristischer Person, OHG und KG **Rechtsform** wiederholen

Gesellschaft mit beschr. Haftung

Straße, Hausnummer – bitte kein Postfach! –

Erlenstraße 13

Postleitzahl, Ort — Ausl. Kz.

7000 Stuttgart

Gesetzlicher Vertreter

9 — Nr. der Spalte, in der der Vertretene bezeichnet ist

Stellung (z. B. Geschäftsführer, Vater, Mutter, Vormund)

Geschäftsführer

Vor- und Nachname

Heiner Simon

Straße, Hausnummer – bitte kein Postfach! –

Postleitzahl, Ort

Gesetzlicher Vertreter (auch weiterer)

Nr. der Spalte, in der der Vertretene bezeichnet ist

Stellung

Vor- und Nachname

Straße, Hausnummer – bitte kein Postfach! –

Postleitzahl, Ort

Antragsgegner

Spalte 1

1 = Herr 2 = Frau

Vorname

Nachname

Straße, Hausnummer – bitte kein Postfach! –

Postleitzahl, Ort

Antragsgegner sind Gesamtschuldner

Weiterer Antragsgegner — Spalte 2

1 = Herr 2 = Frau

Vorname

Nachname

Straße, Hausnummer – bitte kein Postfach! –

Postleitzahl, Ort

Nur für Firma, juristische Person u. dgl. als Antragsgegner — Spalte 3

5 — 3 = Einzelfirma 4 = GmbH u. Co KG 5 = Juristische Person, OHG, KG (außer GmbH u. Co KG) 6 = Sonstige

Vollständige Bezeichnung

Fa. Autohaus Grösser OHG

Fortsetzung von Zeile 24

Bei juristischer Person, OHG und KG **Rechtsform** wiederholen

Offene Handelsgesellschaft

Straße, Hausnummer – bitte kein Postfach! –

Heinrichstraße 38

Postleitzahl, Ort

6100 Darmstadt

Gesetzlicher Vertreter

23 — Nr. der Spalte, in der der Vertretene bezeichnet ist

Stellung (z. B. Geschäftsführer, Vater, Mutter, Vormund)

Pers. haftender Gesellschafter

Vor- und Nachname

Hugo Grösser

Straße, Hausnummer – bitte kein Postfach! –

Postleitzahl, Ort

Gesetzlicher Vertreter (auch weiterer)

23 — Nr. der Spalte, in der der Vertretene bezeichnet ist

Stellung

Prokurist

Vor- und Nachname

Willi Kleiner

Straße, Hausnummer – bitte kein Postfach! –

Postleitzahl, Ort

Bitte Rückseite beachten!

Bezeichnung des Anspruchs

I. Hauptforderung – siehe Anspruchskatalog –

1 = Der Anspruch hängt von einer Gegenleistung ab; diese ist bereits erbracht.
2 = Der Anspruch hängt nicht von einer Gegenleistung ab.

Katalog-Nr.	Rechnung/Aufstellung/Vertrag oder ähnliche Bezeichnung	Nr. der Rechng./des Kontos u. dgl.	Datum bzw. Zeitraum vom	bis	Betrag DM	
11	Rechnung	8421	4.8.19..		5800,00	1
11	Rechnung	9713	7.9.19..		1400,00	1
5	Rechnung	10201	2.10.19..		3253,00	1

Postleitzahl, Ort als Zusatz bei Katalog-Nr. 19, 20 | Vertragsart als Zusatz bei Katalog-Nr. 28 | -Vertrag

Sonstiger Anspruch – nur ausfüllen, wenn im Katalog nicht vorhanden –

Fortsetzung von Zeile 36 | Betrag DM

Nur bei Abtretung oder Forderungsübergang:
Früherer Gläubiger – Vor- und Nachname, Firma (Kurzbezeichnung) | Datum | Seit diesem Datum ist die Forderung an den Antragsteller abgetreten/auf ihn übergegangen. | Postleitzahl, Ort

II. Zinsen

Zeilen-Nr. des Anspruchs	Zinssatz %	% über Diskontsatz	1 = jährl. 2 = mtl. 3 = tägl.	Nur angeben, wenn abweichend vom Anspruchsbetrag: aus DM	Ab Zustellung des Mahnbescheids, wenn kein Datum angegeben. ab oder vom	bis
32	8,5		1		15.11.19..	
33	8,5		1		15.11.19..	
34	8,5		1		15.11.19..	

Ausgerechnete Zinsen für die Zeit | vom | bis | Betrag DM

III. Auslagen des Antragstellers für dieses Verfahren			IV. Andere Nebenforderungen	
Vordruck/Porto Betrag DM	Sonstige Kosten Betrag DM	Bezeichnung der Art	Betrag DM	Bezeichnung
			8,00	vorgerichtliche Kosten

Ein streitiges Verfahren im allgemeinen Gerichtsstand des Antragsgegners wäre durchzuführen vor dem

2 ◀ 1 = Amtsgericht 2 = Landgericht 3 = Landgericht – Kammer für Handelssachen, vor der die Verhandlung beantragt wird –

in Postleitzahl, Ort: 6100 Darmstadt

X ◁ Im Falle eines Widerspruchs beantrage ich die Durchführung des streitigen Verfahrens.

Prozeßbevollmächtigter des Antragstellers

Ordnungsgemäße Bevollmächtigung versichere ich.

1 ◀ 1 = Rechtsanwalt 2 = Rechtsanwälte 3 = Rechtsbeistand 4 = Herr, Frau

Betrag DM

Bei Rechtsanwalt oder Rechtsbeistand: Neben der Gebühr für den Mahnbescheidsantrag werden anstelle der Auslagenpauschale des § 26 BRAGO die nebenstehenden Auslagen verlangt, deren Richtigkeit versichert wird.

Vor- und Nachname: Dr. Paul Scharf

Straße, Hausnummer – bitte kein Postfach! –: Bollstraße 4 | Postleitzahl, Ort: 7000 Stuttgart 1

Bankleitzahl: 600 100 70 | Konto-Nr.: 1208 27 - 701 | bei der/dem: Postgiroamt Stuttgart

Juristische Person als Rechtsbeistand

Geschäftszeichen des Antragstellers/Prozeßbevollmächtigten

Ich beantrage, aufgrund der vorstehenden Angaben einen Mahnbescheid zu erlassen und in diesen die Kosten des Verfahrens aufzunehmen.

An das
Amtsgericht Stuttgart
– Mahnabteilung –
Postfach 2970

7000 Stuttgart 1
Postleitzahl, Ort

Unterschrift des Antragstellers/Vertreters/Prozeßbevollmächtigten

Dr Scharf

13 **Gerichts- und Anwaltskosten** werden von dem Gericht berechnet. Die Gerichtskosten werden dem Antragsteller erst bei Erlaß des Mahnbescheids in Rechnung gestellt; vor deren Eingang kann ein Vollstreckungsbescheid nicht erlassen werden (§ 65 Abs 3 S 2 GKG). Antragsteller, die im Inland keinen (Wohn-)Sitz haben, tragen in Zeile 7 bzw 11 ihr Kfz-Nationalitätszeichen ein. Bei einer **Partei kraft Amtes** sind die Angaben zu deren Personen in den Zeilen 3–7 bzw 18–22, zum vertretenen Vermögen in den Zeilen 9–11 bzw 24–26 und zum Amt als Konkursverwalter, Testamentsvollstrecker usw. in den Zeilen 10 bzw 25 unter „Rechtsform" zu machen. Im **Urkunden-, Wechsel- und Scheckmahnverfahren** ist die jeweilige Bezeichnung in Zeile 36 sowie die Urkunde in Zeile 36, Wechsel und Scheck jedoch in den Zeilen 32–34 anzugeben. Macht ein Rechtsanwalt oder Rechtsbeistand einen eigenen Gebührenanspruch geltend, sind nicht die Zeilen 2–16, sondern nur 46–50 auszufüllen. In den Zeilen 40–43 darf Mehrwertsteuer auf die Zinsen nicht berechnet werden.[28]

14 Zur **Bezeichnung des Anspruchs** sind die folgenden Nummern im jeweils ersten Feld der Zeilen 32–34 zu verwenden:

Anspruchskatalog

Die Hinweise in Klammern bitte unbedingt beachten.

Anspruchsbezeichnungen	Katalog-Nr.
Anzeigen in Zeitungen u. a.	1
Ärztliche/Zahnärztliche Leistung	2
Bürgschaft	3
Darlehensrückzahlung	4
Dienstleistungsvertrag (Keine Ansprüche aus Arbeitsvertrag – Zuständigkeit des Arbeitsgerichts)	5
Frachtkosten	6
Geschäftsbesorgung durch Selbständige (z. B. Rechtsanwälte, Steuerberater)	7
Handwerkerleistung	8
Heimunterbringung	9
Hotelkosten (z. B. Übernachtung, Verzehr, Getränke)	10
Kaufvertrag	11
Kontokorrentabrechnung	12
Krankenhauskosten – Pflege/Behandlung –	13
Lagerkosten	14
Leasing/Mietkauf	15
Lehrgangs-/Unterrichtskosten	16

Anspruchsbezeichnungen	Katalog-Nr.
Miete für Geschäftsraum einschl. Nebenkosten	17
Miete für Kraftfahrzeug	18
Miete für Wohnraum einschl. Nebenkosten (PLZ und Ort der Wohnung sind im Vordruck Zeile 35 einzutragen. Wollen Sie die Nebenkosten getrennt geltend machen, siehe Katalog-Nr. 20.)	19
Mietnebenkosten – auch Renovierungskosten – (Falls keine Miete geltend gemacht wird, sind PLZ und Ort der Wohnung im Vordruck Zeile 35 einzutragen.)	20
Miete (sonstige)	21
Mitgliedsbeitrag	22
Pacht	23
Rechtsanwalts-/Rechtsbeistandshonorar	24
Rentenrückstände	25
Reparaturleistung	26
Rückgriff aus Versicherungsvertrag wegen Unfall/Vorfall	27

---

[28] Vgl RdNr 4 Ziff 3; durch die VO v 18. 3. 83 (BGBl 83 I 308) ist der Vordruck entsprechend geändert worden.

Anspruchsbezeichnungen	Katalog-Nr.
Schadenersatz aus -Vertrag (Die Vertragsart ist im Vordruck Zeile 35 einzutragen.)	28
Schadenersatz aus Unfall/Vorfall	29
Scheck/Wechsel (Fügen Sie bitte keine Scheck-/Wechselabschrift bei.)	30
Scheck-/Wechselprovision (⅓%) in DM	31
Scheck-/Wechselunkosten – Spesen/Protest in DM	32
Schuldanerkenntnis	33
Speditionskosten	34
Tilgungs-/Zinsraten	35
Überziehung des Bankkontos (Konto-Nr. in Zeile 32–34 in der 3. Spalte angeben.)	35
Ungerechtfertigte Bereicherung	37
Unterhaltsrückstände	38

Anspruchsbezeichnungen	Katalog-Nr.
Vergleich, außergerichtlicher	39
Vermittlungs-/Maklerprovision (nicht aus Ehemaklervertrag)	40
Versicherungsprämie/-beitrag	41
Versorgungsleistung – Strom, Wasser, Gas – (Abn./Zähler-Nr. in Zeile 32–34 in der 3. Spalte eintragen.)	42
Warenlieferung-en	43
Wechsel (siehe Scheck)	
Werkvertrag/Werklieferungsvertrag	44
Zeitungs-/Zeitschriftenbezug	45
Zinsrückstände/Verzugszinsen (Gilt nur für Zinsen, bei denen die zugrundeliegende Forderung nicht gleichzeitig geltend gemacht wird. Zinsen in diesen Fällen nicht in Zeile 40–43 bezeichnen.)	46

Bei der maschinellen Bearbeitung im Weg elektronischer Datenverarbeitung werden 15
Akten im herkömmlichen Sinn nicht geführt. Die schriftlichen Eingänge sind nach dem Eingangsdatum abzulegen.

Anträge können nach § 690 Abs 3 ZPO in einer nur **maschinell lesbaren Aufzeichnung** eingereicht werden, sofern diese Aufzeichnung dem Gericht geeignet erscheint; hierüber entscheidet der Rechtspfleger nach pflichtgemäßem Ermessen.

Schriftliche **Anträge** können in **beliebiger Form** nur noch erfolgen, soweit Vordrucke 16
nicht eingeführt sind, insbesondere also für im **Ausland** oder nach Art 32 des Zusatzabkommens z NATO-Truppenstatut zuzustellende Mahnbescheide. Ihr Wortlaut lehnt sich zweckmäßigerweise an den eingeführten Vordruck für die nichtmaschinelle Bearbeitung an. Im Fall der Zustellung im Ausland ist im Antrag auf Erlaß des Mahnbescheids die Zuständigkeit des Gerichts kurz zu begründen, im Fall einer Vereinbarung sind nach § 34 Abs 2 AVAG die entsprechenden Schriftstücke beizufügen; in Anlehnung an den Vordruck müßte es vor Zeile ⑩ etwa heißen:

> ... Ein streitiges Verfahren ist vor dem Amts-/Landgericht – Kammer für Handelssachen – in ... durchzuführen, weil der Anspruch am Gerichtsort zu erfüllen gewesen wäre (Art 5 Abs 1 EGÜbk) ... [*weil das schädigende Ereignis am Gerichtsort eingetreten ist (Art 5 Abs 3 EGÜbk) – die Parteien ausweislich der beigefügten Urkunden die Zuständigkeit des Gerichts vereinbart haben (Art 17 EGÜbk)*].

Reicht der Antragsteller selbst einen Antrag ein, für welchen Vordrucke nicht eingeführt sind, soll der Urkundsbeamte in zwangloser Weise darauf hinwirken, daß das Gesuch in dreifacher Ausfertigung angebracht wird. Ein Exemplar des Entwurfs ist für die Akten des Gerichts, ein weiteres für die Zustellung an den Schuldner und das dritte für die Ausfertigung des Vollstreckungsbescheids (oder im Fall des Übergangs in das Streitverfahren für die Ausfertigung eines Versäumnis- oder Anerkennungsurteils im abgekürzten Verfahren) bestimmt. Trotz Aufforderung nicht eingereichte Abschriften werden auf Kosten des Antragstellers (GKG Nr 1900 Ziff 1 b KV) von

Amts wegen angefertigt. Werden dem Antrag Blätter beigefügt, etwa weil in den Vordrucken der Schreibraum nicht ausreicht, sind diese mit dem Mahnbescheid und dem Vollstreckungsbescheid zu verbinden.

17 **Mündliche Anträge** und Erklärungen können auch vor dem Urkundsbeamten der Geschäftsstelle abgegeben werden. Soweit Vordrucke eingeführt sind, werden diese ausgefüllt, wobei der Urkundsbeamte unter Angabe des Gerichts und des Datums zu vermerken hat, daß er die Erklärung aufgenommen hat. Ein Protokoll ist bei dem für das Mahnverfahren zuständigen Gericht nicht erforderlich (§ 702 Abs 1 ZPO). Hält die Geschäftsstelle das Gesuch für unstatthaft, und besteht die Partei gleichwohl auf dem Antrag, so ist die Aufnahme eines Protokolls erforderlich. Anträge und Erklärungen können darüber hinaus vor der Geschäftsstelle eines jeden Amtsgerichts nach § 129a ZPO zu Protokoll gegeben werden, welches dieses an das für das Mahnverfahren zuständige Gericht übersendet. Wirksam werden sie mit Eingang bei dem zuständigen Gericht (§ 129a Abs 1 ZPO).

18 Der Antrag auf Erlaß eines Mahnbescheids wird dem Antragsgegner nicht mitgeteilt (§ 702 Abs 2 ZPO).

III. Prüfung des Antrags

19 Der Antrag erhält bei Gericht einen Eingangsstempel und ein Aktenzeichen .. B ... /...

Der **Rechtspfleger prüft von Amts wegen,** ob die allgemeinen Prozeßvoraussetzungen[29] (insbesondere Zulässigkeit des Rechtswegs, Partei- und Prozeßfähigkeit, gesetzliche Vertretung, Rechtsschutzinteresse – zB im Hinblick auf § 19 BRAGO) vorliegen, die besonderen Voraussetzungen des Mahnverfahrens gemäß § 688 ZPO erfüllt sind, der Antrag auf dem eingeführten Vordruck die nach § 690 ZPO erforderlichen Angaben[30] enthält und die Gerichtskosten bezahlt sind. Hinsichtlich des Anspruchs findet eine Schlüssigkeitsprüfung nicht statt, wenn überhaupt nur ein Anspruch auf Zahlung von Geld in Betracht kommt; denn der Erlaß eines Mahnbescheids bei Naturalobligationen oder rechtlich unmöglichen Ansprüchen ist selbstverständlich unzulässig. Entspricht der Antrag diesen Voraussetzungen nicht, ist er zurückzuweisen (§ 691 Abs 1 ZPO). Jedoch hat der Rechtspfleger offensichtliche Fehler von Amts wegen zu berücksichtigen und bei behebbaren Mängeln dem Antragsteller anheimzustellen, für Abhilfe Sorge zu tragen.[31] Es empfiehlt sich, dabei eine Frist mit der Androhung der Zurückweisung des Antrags zu setzen.[32] Sofortige Zurückweisung des Antrags ist nur bei unbehebbaren oder schwer behebbaren Mängeln angezeigt. § 691 Abs 2 ZPO gebietet die Anhörung des Antragstellers, wenn der Mahnbescheid für einen Teil des Anspruchs erlassen werden könnte, für einen anderen Teil versagt werden müßte. In einem solchen Fall muß dem Antragsteller Gelegenheit gegeben werden, den Mangel zu beseitigen oder den Antrag zurückzunehmen. Hat der Antragsteller noch keine Gerichtskosten eingezahlt und

---

[29] BGH NJW 81, 876, 877, Stein-Jonas § 688 RdNr 1, § 691 RdNr 2, Thomas-Putzo § 691 Anm 1 mwNachw.
[30] BGH NJW 84, 242 mwNachw.
[31] BGH NJW 84, 242 mwNachw.
[32] AG Saarbrücken MDR 72, 1040.

kommt die Unterbrechung einer Verjährung (§ 693 Abs 2 ZPO) nicht in Betracht, so kann der Antrag mit einem Vermerk, der die erforderlichen Hinweise enthält, urschriftlich zurückgesandt werden. Sind nur Kosten einzufordern, ist in der Regel der Antrag nicht zurückzusenden (§ 32 KostV).

Für **Beanstandungen eines Mahnantrags** sind häufig Formulare in Gebrauch. Beispiel: 20

Amtsgericht ...
Geschäftsnummer .. B .../..

1. Schreiben an Antragsteller – Vertreter
   Ihr Zeichen:
   Sehr geehrter Empfänger!
   Ihrem – anliegenden – Antrag – v... auf Erlaß eines Mahnbescheids kann leider noch nicht entsprochen werden. Ich bitte Sie, bis zum ... die nachstehenden Auflagen zu erfüllen; verstreicht die Frist ergebnislos, muß Ihr Antrag auf Ihre Kosten zurückgewiesen werden.
   Setzen Sie in Ihrem Antrag bitte ein
   den vollständigen Namen des Antrag-stellers/sgegners
   den ausgeschriebenen Vornamen des Antrag-stellers/sgegners
   die vollständige Anschrift (Ort, Straße, Hausnummer; Postfach genügt nicht!) des Antrag-stellers/sgegners.
   Geben Sie die vollständige Firmenbezeichnung des Antragsgegners gem der Eintragung in das Handelsregister an, insbesondere Namen und Vornamen des Inhabers/der vertretungsberechtigten Gesellschafter/der gesetzlichen Vertreter.
   Bezeichnen Sie den Anspruch nach Art, Zeit und ggf Fälligkeit so genau, daß Verwechslungen ausgeschlossen sind (zB Warenlieferant lt Rechnung v..., Miete für die Monate..., Darlehen v...).
   Setzen Sie Zinssatz und Zinsbeginn ein.
   Erklären Sie, ob der Anspruch von einer Gegenleistung abhängig oder diese bereits erbracht ist.
   Stellen Sie Antrag auf Verweisung an das gem § 689 ZPO zuständige Amtsgericht Ihres Wohnsitzes bzw des Sitzes der antragstellenden Gesellschaft.
   Geben Sie das sachlich zuständige Gericht an, bei dem der Antragsteller seinen allgemeinen Gerichtsstand hat.
   Versichern Sie Ihre ordnungsgemäße Bevollmächtigung.
   Entrichten Sie bitte unter Angabe obiger Geschäftsnummer
   ... DM Gerichtsgebühren
   ... DM Postgebühren für die Zustellung
   ... DM weitere Auslagen für erneute Zustellung
   durch a) Übersendung von Kostenmarken
   b) Überweisung auf das oben angegebene Konto
   c) Übersendung eines Abdrucks des Gebührenfreistemplers.
   Weitere Beanstandungen:

   Hochachtungsvoll

2. Wiedervorlage: ...

(Rechtspfleger)

IV. Zurückweisung des Antrags

21 Hilft der Antragsteller der Beanstandung innerhalb der gesetzten Frist nicht ab oder sind (wie im folgenden Beispiel) unbehebbare Mängel vorhanden, wird der Antrag zurückgewiesen (§ 691 Abs 1 ZPO).

Geschäftsnummer ...

Beschluß

In Sachen
des Kaufmanns Wilhelm König, Bergstr. 10,
6000 Frankfurt am Main, – Antragsteller –
gegen
den Maler Ernst Schildbach, Waldstr. 14,
Winterthur/Schweiz, – Antragsgegner –
wird der Antrag auf Erlaß eines Mahnbescheids auf Kosten des Antragstellers zurückgewiesen.

Gründe:

Gemäß § 688 Abs 1 ZPO kann ein Mahnbescheid nur wegen eines Anspruchs auf Zahlung einer bestimmten Geldsumme inländischer Währung erlassen werden. Außerdem findet das Mahnverfahren nur statt, wenn der Mahnbescheid dem Antragsgegner im Inland oder in einem Vertragsstaat des Übereinkommens über die gerichtliche Zuständigkeit und die Vollstreckung gerichtlicher Entscheidungen in Zivil- und Handelssachen zugestellt werden müßte (§ 688 Abs 3 ZPO). Da der Antragsteller die Zahlung von 1000,– Schweizer Franken verlangt und die Schweiz nicht Vertragsstaat des EGÜbk ist, kann der Anspruch nicht im Mahnverfahren geltend gemacht werden. Die Kostenentscheidung beruht auf § 91 ZPO.

Amtsgericht Hünfeld, den ...
Schneider
Rechtspfleger

22 Ist der Antragsteller auf den Grund der Beanstandung bereits hingewiesen worden, kann der Beschluß auch **kürzer** in der folgenden Form gefaßt werden:

Geschäftsnummer ...

Beschluß

in der Mahnsache ... – Antragsteller –
– Prozeßbevollmächtigter: Rechtsanwalt ... –

gegen ... – Antragsgegner –
– Prozeßbevollmächtigter: Rechtsanwalt ... –

Der Antrag auf Erlaß eines Mahnbescheids vom ... wird gemäß § 691 ZPO – kostenpflichtig – zurückgewiesen, da der Antragsteller die mit Verfügung vom ... mitgeteilten Hindernisse trotz Erinnerung nicht behoben hat.

Amtsgericht ..., den ...
Rechtspfleger

Der Beschluß ist dem Antragsteller bzw seinem Vertreter förmlich **zuzustellen** (§ 329 Abs 3 ZPO).[33] 23

Vfg
1. Beschlußausfertigung
   Antragsteller mit ZU [*Antragstellervertreter mit EB*]
2. Kosten

Der Antrag muß **im ganzen** zurückgewiesen werden, wenn der Mahnbescheid nur wegen eines rechnungsmäßigen Teils eines einheitlichen Anspruchs nicht erlassen werden kann (§ 691 Abs 2 ZPO). Das gilt nicht für abtrennbare Haupt- oder Nebenansprüche. So kann zB bei einem Antrag auf Erlaß eines Mahnbescheids wegen 100,– DM nebst 8% Zinsen das Gericht einen Mahnbescheid auf DM 100,– erlassen und wegen der Zinsen zurückweisen; es kann ihn aber nicht auf DM 50,– oder nur auf Zinsen erlassen. Einem Antrag auf Erlaß eines Mahnbescheids gegen Gesamtschuldner kann auch gegen einen von ihnen stattgegeben werden. Will das Gericht zulässigerweise dem Antrag nur teilweise entsprechen, so muß der Antragsteller vor der Entscheidung gehört werden (§ 691 Abs 2 ZPO). 24

Gegen die Zurückweisung steht dem Antragsteller das **Rechtsmittel** der sofortigen (befristeten) Erinnerung zu, die in der Notfrist von zwei Wochen seit Zustellung eingelegt werden muß (§ 11 Abs 1 S 2 RpflG, § 577 Abs 2 ZPO). Der Rechtspfleger kann der Erinnerung nicht abhelfen, sondern legt sie dem Richter zur Entscheidung vor. Die Entscheidung des Richters, die auf Verwerfung als unzulässig (bei Fristversäumnis), auf Zurückweisung der Erinnerung als unbegründet oder auf Aufhebung des Beschlusses und Anweisung des Rechtspflegers zum Erlaß des Mahnbescheids lauten kann, ist endgültig (§ 691 Abs 3 ZPO). Die Zurückweisung löst keine Rechtskraftwirkung aus; das Gesuch kann deshalb jederzeit erneuert werden. 25

Die Zurückweisung eines **Antrags**, der in einer **nur maschinell lesbaren Aufzeichnung** eingereicht ist, mit der Begründung, die Aufzeichnung erscheine dem Gericht für seine maschinelle Bearbeitung nicht geeignet, ist dagegen mit der unbefristeten[34] Erinnerung (§ 11 Abs 1 S 1 RpflG) anfechtbar (§ 691 Abs 3 ZPO). Der Rechtspfleger hilft ihr ab oder legt sie dem Richter vor; dieser entscheidet, wenn er die Erinnerung für zulässig und begründet hält (Rechtsmittel: einfache Beschwerde nach § 567 Abs 1 ZPO), andernfalls legt er sie dem Rechtsmittelgericht vor (§ 11 Abs 2 RpflG).

---

[33] Baumbach-Lauterbach § 691 Anm 2D, Thomas-Putzo § 691 Anm 1d, aA Stein-Jonas § 691 RdNr 5, Rosenberg-Schwab § 165 III 3, wonach formlose Mitteilung ausreiche.

[34] So auch Thomas-Putzo § 691 Anm 3, aA (befristete Erinnerung) Bender-Belz-Wax RdNr 227.

V. Erlaß des Mahnbescheids

26 Ergibt die Prüfung des Antrags, daß alle erforderlichen Angaben gemacht sind, die allgemeinen Prozeßvoraussetzungen vorliegen, das Mahnverfahren zulässig und der Anspruch so genau bestimmt ist, daß Verwechslungen ausgeschlossen sein dürften, die Kosten richtig berechnet sind und der Auslagenvorschuß eingezahlt ist, erläßt der Rechtspfleger den Mahnbescheid mit folgendem **Inhalt** (§ 692 ZPO):

1. den in § 690 Abs 1 Nr 1–5 ZPO bezeichneten Erfordernissen;[35]
2. dem Hinweis, daß das Gericht nicht geprüft hat, ob dem Antragsteller der geltend gemachte Anspruch zusteht;
3. der Aufforderung, innerhalb von zwei Wochen seit Zustellung entweder die behauptete Schuld nebst Zinsen und Kosten zu begleichen oder dem Gericht mitzuteilen, ob und in welchem Umfang dem Anspruch widersprochen wird (in arbeitsgerichtlichen Mahnsachen beträgt die Frist nach § 46a Abs 3 ArbGG eine Woche);
4. dem Hinweis, daß ein entsprechender Vollstreckungsbescheid ergehen kann, aus dem der Antragsteller die Zwangsvollstreckung betreiben kann, sofern nicht rechtzeitig Widerspruch erhoben ist;
5. dem Hinweis, daß der Widerspruch auf dem beigefügten Vordruck erhoben werden soll, der auch bei jedem Amtsgericht erhältlich ist und ausgefüllt werden kann;
6. der Ankündigung, an welches Gericht die Sache im Fall des Widerspruchs abgegeben wird, und daß diesem Gericht die Prüfung seiner Zuständigkeit vorbehalten bleibt.

27 Soweit die eingeführten **Vordrucke für die nichtmaschinelle Bearbeitung** zu verwenden sind, sind diese Angaben und Hinweise entweder bereits vom Antragsteller eingesetzt oder vorgedruckt. Der Antrag wird von dem Rechtspfleger durch Einsetzen des Datums und der Unterschrift, wobei gemäß § 692 Abs 2 ZPO auch ein entsprechender Stempelabdruck ausreicht, vervollständigt und damit zur **Urschrift** des Mahnbescheids (vgl Muster eines Antrags RdNr 8 und Beispiel einer Urschrift RdNr 31).

28 Bei **maschineller Bearbeitung** wird der **Mahnbescheid** auf einem Formular[36] (des Formats DIN A 3 quer) **ausgedruckt,** welches im wesentlichen nur Felder für die Bezeichnungen des Gerichts, des Antragstellers und des Antragsgegners, des geltend gemachten Anspruchs, außerdem eine vorbereitete Kostenrechnung sowie die Belehrung enthält, daß das Gericht den Anspruch nicht geprüft hat, daß Widerspruch eingelegt werden kann usw (vgl den gleichlautenden Text bei nichtmaschineller Bearbeitung, RdNr 8 oder 31). Der Mahnbescheid wird nicht unterschrieben, sondern nur mit einem Gerichtssiegel versehen; er enthält deshalb den Vermerk: „*Maschinell erstellte Ausfertigung, ohne Unterschrift gültig (§ 703b Abs 1 ZPO)*".

29 Wenn die Zustellung des Mahnbescheids in einem **Vertragsstaat des EGÜbk**[37] zu erfolgen hat, beträgt die Widerspruchsfrist einen Monat; außerdem ist der Antrags-

---

[35] Siehe dazu im einzelnen RdNr 4.
[36] BGBl 78 I 705 (Anlage 2 der VO).
[37] Vgl RdNr 2.

gegner darauf hinzuweisen, daß er innerhalb der Widerspruchsfrist einen Zustellungsbevollmächtigten (§ 174 ZPO) zu benennen hat (§ 34 Abs 3 AVAG). Da Vordrucke bisher nicht eingeführt sind, lehnt sich der Wortlaut des Mahnbescheids zweckmäßigerweise an das eingeführte Formular an, der bis Zeile ⑨ einschließlich unverändert übernommen werden kann; es muß dann weiter heißen:

> Das Gericht hat nicht geprüft, ob dem Antragsteller der Anspruch zusteht. Es fordert Sie hiermit auf, innerhalb eines Monats seit der Zustellung dieses Bescheids entweder die vorstehend bezeichneten Beträge, soweit Sie den geltendgemachten Anspruch als begründet ansehen, zu begleichen oder dem (oben bezeichneten) Gericht – auf einem Vordruck der beigefügten Art – mitzuteilen, ob und in welchem Umfang Sie dem Anspruch widersprechen.
> Werden die geforderten Beträge nicht beglichen und wird auch nicht Widerspruch erhoben, kann der Antragsteller nach Ablauf der Frist einen Vollstreckungsbescheid erwirken, aus dem er die Zwangsvollstreckung betreiben kann. Ein streitiges Verfahren wäre nach den Angaben des Antragstellers gemäß Art... EGÜbk vor dem Amts-/Landgericht – Kammer für Handelssachen – in (Plz, Ort)... durchzuführen, weil... An dieses Gericht, dem eine Prüfung seiner Zuständigkeit vorbehalten bleibt, wird die Sache im Falle Ihres Widerspruchs abgegeben. Sie werden darauf hingewiesen, daß Sie gemäß § 34 AVAG innerhalb der Widerspruchsfrist einen Zustellungsbevollmächtigten (§ 174 ZPO) zu benennen haben.

Im Verfahren auf Erlaß eines **Urkunden-, Wechsel- oder Scheck-Mahnbescheids** ist 30
nicht zu prüfen, ob die gewählte Prozeßart statthaft ist (§ 703a Abs 2 Nr 3 ZPO), ob also gemäß §§ 592ff ZPO sämtliche zur Begründung des Anspruchs erforderlichen Tatsachen durch Urkunden bewiesen werden können. Ausreichend ist die zur Identifizierung genügend genaue Bezeichnung im Antrag.

31 Urschrift eines **Wechsel-Mahnbescheids:**[38]

Der Antrag wird gerichtet an das
Amtsgericht
Plz, Ort
① 6418 Hünfeld

B 041 312/..
Geschäftsnummer des Amtsgerichts
Bei Schreiben an das Gericht stets angeben

② **Antragsgegner**/ges. Vertreter
Wolfsohn Gesellschaft für
Wärmetechnik m.b.H.
vertr.d.d. Geschäftsführer
Dipl.-Ing. Bernd Meske
Haingraben 3
6238 Hofheim/Ts.
Plz Ort

Raum für Kostenmarken/Freistempler (falls nicht ausreichend, unteres Viertel der Rückseite benutzen)

Gerichtskosten bezahlt
am 30. Nov. .. 27,00 DM
Gerichtskasse WIESBADEN

Wechsel -
Mahnbescheid 3.12.19.. ← **Datum des Mahnbescheids**

③ **Antragsteller,** ges. Vertreter, Prozeßbevollmächtigte(r); Bankverbindung
Fa. Hermann Hahn - Großhandel in Eisenwaren -
Inh.: Bruno Walter, Mathildenplatz 17, 6200 Wiesbaden

④ **macht gegen -Sie-** ☐ **als Gesamtschuldner**

⑤ **folgenden Anspruch geltend** (genaue Bezeichnung, insbes. mit Zeitangabe): Geschäftszeichen des Antragstellers:
Wechsel vom 1.8.19.. über DM 950,-- zzgl. 4,25 Wechselunkosten

⑥ Hauptforderung DM 954,25	Zinsen 2 % über dem Diskontsatz der Deutschen Bundesbank mindestens 6 % jährlich seit dem 1.11.19..
⑦ Vorgerichtliche Kosten DM 3,--	

	1 Gerichtskosten	2 Auslagen d. Antragst.	3 Gebühr d. Prozeßbev.	4 Auslagen d. Prozeßbev.	5 MWSt. d. Prozeßbev.
⑧ Kosten dieses Verfahrens (Summe 1 bis 5) DM 28,50	27,-- DM	1,50 DM	-.- DM	-.- DM	-.- DM

⑨ **Gesamtbetrag** DM 985,75 **zuzügl. der Zinsen** Der Anspruch ist nach Erklärung des Antragstellers von einer Gegenleistung [X] nicht abhängig. ☐ abhängig; diese ist aber bereits erbracht.

Das Gericht hat nicht geprüft, ob dem Antragsteller der Anspruch zusteht. Es fordert Sie hiermit auf, innerhalb von zwei Wochen seit der Zustellung dieses Bescheids entweder die vorstehend bezeichneten Beträge, soweit Sie den geltend gemachten Anspruch als begründet ansehen, zu begleichen oder dem (oben bezeichneten) **Gericht auf einem Vordruck der beigefügten Art** (s. Hinweis dazu auf der Rückseite) **mitzuteilen, ob und in welchem Umfang Sie dem Anspruch widersprechen.**

Werden die geforderten Beträge nicht beglichen und wird auch nicht Widerspruch erhoben, kann der Antragsteller nach Ablauf der Frist einen Vollstreckungsbescheid erwirken, aus dem er die Zwangsvollstreckung betreiben kann. Ein streitiges Verfahren in Ihrem allgemeinen Gerichtsstand wäre nach Angabe des Antragstellers durchzuführen vor dem

⑩ [X] Amtsgericht ☐ Landgericht ☐ Landgericht -Kammer für Handelssachen- in Plz, Ort 6230 Frankfurt-Höchst

An dieses Gericht, dem eine Prüfung seiner Zuständigkeit vorbehalten bleibt, wird die Sache im Falle Ihres Widerspruchs abgegeben.

Gründlich
Rechtspfleger

Antrag

Ort, Datum
6200 Wiesbaden, 29.11.19..

⑪ **Anschrift des Antragstellers/Vertreters/Prozeßbevollmächtigten**
Firma
Hermann Hahn
Inh.: Bruno Walter
Mathildenplatz 17
Postfach 1067
6200 Wiesbaden

Eingangsstempel des Gerichts
AMTSGERICHT
2. Dez. 19..
HÜNFELD

Es wird beantragt, aufgrund der vorstehenden Angaben einen Mahnbescheid zu erlassen.

⑫ [X] Im Falle des Widerspruchs wird die Durchführung des streitigen Verfahrens vor dem vorstehend bezeichneten Gericht beantragt.

⑬ ☐ Ordnungsgemäße Bevollmächtigung wird versichert.

⑭ ☐ Hier die Zahl der ausgefüllten Vordrucke angeben, falls sich der Antrag gegen mehrere Antragsgegner richtet.

Hermann Hahn - Großhandel in Eisenwaren -
Inh.: Bruno Walter
ppa. Hart
Unterschrift des Antragstellers/Vertreters/Prozeßbevollmächtigten

Blatt 1: Antrag und Urschrift

---

[38] Der Zinsanspruch beruht auf § 1 des Gesetzes über die Wechsel- und Scheckzinsen v. 3.7.25 (RGBl 93); vgl § 2 EGWG und § 2 EGSchG.

VI. Zustellung des Mahnbescheids

Nach der Unterzeichnung bzw dem Ausdruck des Mahnbescheids ist die Ausfertigung dem Antragsgegner **von Amts wegen zuzustellen** (§ 693 Abs 1 ZPO). Soweit Vordrucke für die **nichtmaschinelle Bearbeitung** zu verwenden sind, erhält der Antragsgegner Blatt 2 des Durchschreibesatzes. Es entspricht inhaltlich im wesentlichen Blatt 1 (vgl dazu RdNr 8), enthält jedoch keinen Antrag, aber zusätzlich einen Ausfertigungsvermerk sowie auf der Rückseite die folgenden Hinweise.[39] 32

Hinweise des Gerichts

Zahlungen

Zahlungen aufgrund des Mahnbescheids – gleichgültig, ob sie die Hauptforderung, die Zinsen oder die Kosten betreffen – sind nur an den Antragsteller zu richten.
Das Gericht kann Ihre Zahlung nicht entgegennehmen.
Zahlen Sie an den Antragsteller unmittelbar oder auf das von ihm bezeichnete Konto.

Zahlungsaufschub, Ratenzahlung

Zahlungsunfähigkeit befreit nicht von der Verpflichtung, eine Schuld zu bezahlen. Ein Widerspruch kann selbst dann nicht auf Zahlungsunfähigkeit gestützt werden, wenn diese auf Krankheit, Erwerbslosigkeit oder anderen Notlagen beruht.
Zahlungsaufschub oder Ratenzahlung kann nur der Antragsteller bewilligen.
Wenn Sie die Zahlung zur Zeit nicht voll aufbringen können, empfiehlt es sich, mit dem Antragsteller oder seinem Prozeßbevollmächtigten zu verhandeln. Verhandlungen führen erfahrungsgemäß häufig zum Erfolg, wenn eine Teilzahlung angeboten wird.

Das erkennende Gericht kann Ihnen keinen Zahlungsaufschub und keine Ratenzahlung bewilligen.

Erhebung des Widerspruchs

Falls Einwendungen gegen den Anspruch bestehen, können Sie sich gegen diesen zur Wehr setzen, indem Sie Widerspruch erheben.
Sollten Sie den Anspruch nicht bestreiten können, ist ein Widerspruch zwecklos und verursacht Ihnen weitere Kosten.
Widersprechen Sie dem Anspruch daher nur, wenn Sie glauben, nicht oder noch nicht zur Zahlung verpflichtet zu sein, oder wenn Sie durch ihr Verhalten nicht Veranlassung zu dem anhängigen Mahnverfahren gegeben haben.
Holen Sie nötigenfalls umgehend den Rat eines Rechtsanwalts oder einer sonstigen zur Rechtsberatung befugten Person oder Stelle ein, bevor Sie den Widerspruch erheben.
Der Widerspruch soll mit einem **Vordruck der beigefügten Art** erhoben werden. Der Vordruck ist **bei jedem Amtsgericht erhältlich** und **wird dort,** wenn Sie es wünschen, **auch ausgefüllt.**
Zu richten ist der Widerspruch **an das Amtsgericht, das den umseitigen Mahnbescheid erlassen hat,** nicht an das Gericht, vor dem das streitige Verfahren durchzuführen ist.

[39] Vgl zum Wortlaut der Hinweise im arbeitsgerichtlichen Mahnverfahren BGBl 77 I 2634.

Macht der Antragsteller den Anspruch gegen **mehrere Antragsgegner** (z.B. gegen Eheleute) geltend und wollen sämtliche Antragsgegner widersprechen, so genügt es, wenn nur ein Vordruck für den Widerspruch benutzt wird. Der Vordruck muß dann jedoch von allen Antragsgegnern oder von dem gemeinsamen Prozeßbevollmächtigten (z.B. Rechtsanwalt) unterschrieben werden.

Weiteres Verfahren nach Widerspruch

Das Gericht, das den Mahnbescheid erlassen hat, **gibt die Sache** im Falle des rechtzeitigen Widerspruchs **erst** zur Durchführung des streitigen Verfahrens **ab**, wenn der Antragsteller einen weiteren Kostenvorschuß gezahlt hat. Es ergeht dann noch eine besondere Nachricht über die Abgabe.

Bei der **maschinellen Bearbeitung** erhält der Antragsgegner einen Ausdruck mit im wesentlichen gleichlautenden Hinweisen, jedoch soll im Fall des Widerspruchs mehrerer Antragsgegner jeder auf einem gesonderten Vordruck Widerspruch erheben.

33 Soll durch die Zustellung eine **Frist gewahrt** und die **Verjährung unterbrochen** werden, so tritt diese Wirkung, wenn die Zustellung demnächst erfolgt, bereits mit der Einreichung oder Anbringung des Antrags auf Erlaß des Mahnbescheids ein (§ 693 Abs 2 ZPO). „Demnächst" erfolgt eine Zustellung auch noch nach Ablauf einer gewissen Frist (unschädlich ist eine Verzögerung von 12–14 Tagen, unter Umständen sogar von 9 Monaten),[40] wenn nur der Antragsteller alles ihm Zumutbare getan hat, daß eine umgehende Zustellung möglich ist, wenn also der Antrag richtig und vollständig ausgefüllt und unterschrieben ist; die Gerichtskosten brauchen nicht vorausgezahlt zu werden, der Antragsteller darf die Kostenanforderung des Gerichts abwarten.[40] Verzögerungen der Zustellung durch das Gericht gehen nicht zu seinen Lasten. Die Einreichung des Antrags beim unzuständigen Gericht schadet nicht.[41] Mit der Zustellung des Mahnbescheids gilt gemäß §§ 696 Abs 3 und 700 Abs 2 ZPO die Streitsache als rechtshängig (§ 261 Abs 3 ZPO), wenn nach Erhebung des Widerspruchs die Sache an das Streitgericht abgegeben bzw im Fall des Unterbleibens des Widerspruchs Vollstreckungsbescheid erlassen wird.
Die **Wirkung** des Mahnbescheids entfällt nach § 701 ZPO, wenn Widerspruch nicht erhoben worden ist und der Antragsteller den Erlaß des Vollstreckungsbescheids nicht binnen einer sechsmonatigen Frist beantragt, die mit der Zustellung des Mahnbescheids beginnt.

34 Nach Eingang des Zustellungsnachweises sendet die Geschäftsstelle dem Antragsteller eine **Zustellungsnachricht**, in welcher der Tag der Zustellung mitgeteilt wird (§ 693 Abs 3 ZPO). Soweit die Vordrucke für die **nichtmaschinelle Bearbeitung** verwendet worden sind, geschieht dies durch die Übersendung des Blattes 3 des Vordrucksatzes:[42]

---

[40] BGHZ 86, 313, BGH NJW 84, 242.
[41] Vgl BGH NJW 72, 1948, OLG Frankfurt, Urt v 14. 6. 89, 17 U 39/88; aA OLG Düsseldorf MDR 81, 591 und die Vorauflage.
[42] Hier zum Mahnantrag RdNr 8.

Amtsgericht

Plz, Ort
6418 Hünfeld

B 10 733/..
Geschäftsnummer des Amtsgerichts
Bei Schreiben an das Gericht stets angeben

Antragsgegner/ges. Vertreter

Fa. Baudekoration Müller
Inhaber Werner Müller jun.

Kellereiplatz 3
(Hofgebäude)

6230 Frankfurt-Höchst
Plz Ort

Datum des Vollstreckungsbescheids

Zustellungsnachricht an den Antragsteller.
In Ihrer Mahnsache ist dem Antragsgegner der Mahnbescheid an dem aus dem folgenden Vordruckteil ersichtlichen Tag zugestellt worden.
Prüfen Sie, nachdem die mit dem darauffolgenden Tag beginnende Zwei-Wochen-Frist abgelaufen ist, ob der Antragsgegner die Schuld beglichen hat.
Sollte das nicht der Fall sein und sollte auch nicht Widerspruch eingelegt sein, können Sie den Erlaß des Vollstreckungsbescheids beantragen.
Verwenden Sie dazu bitte nur diesen Vordruck und beachten Sie die Hinweise auf der Rückseite.
Die Geschäftsstelle des Amtsgerichts

Vollstreckungsbescheid zum Mahnbescheid vom 3.12.19.. zugestellt am 5.12. ..

Antragsteller, ges. Vertreter, Prozeßbevollmächtigte(r); Bankverbindung
Maier und Schulze oHG - Farben und Lacke -
vertreten durch die pers. haft. Gesellschafter Emil Maier und
Heinz Schulze, Moritzstraße 100, 6200 Wiesbaden
Prozeßbev.: Rechtsanwalt Schnell, Coniusstraße 93, 6200 Wiesbaden
Postgirokonto Ffm 1208 27 - 602

macht gegen -Sie- ☐ als Gesamtschuldner

folgenden Anspruch geltend: Geschäftszeichen des Antragstellers: KdNr 00284/6230

Lieferungen vom 1.7.-30.9.19.. lt. Rechnungen Nr 637 v. 4.8. über DM 8100,--,
893 v. 7.9. über DM 1900,--, 1015 v. 2.10.19.. über DM 1293,--

Hauptforderung DM 11.293,--	Zinsen: 8,5 % Zinsen seit 15.11.19..
Vorgerichtliche Kosten DM 8,--	
Bisherige Kosten des Verfahrens (Summe 1 bis 5) DM 859,74	1 Gerichtskosten 129,-- DM; 2 Auslagen d. Antragst. -.- DM; 3 Gebühr d. Prozeßbev. 601,-- DM; 4 Auslagen d. Prozeßbev. 40,-- DM; 5 MWSt. d. Prozeßbev. 89,74 DM
Gesamtbetrag DM 12.160,74	zuzügl. der Zinsen. Der Anspruch ist nach Erklärung des Antragstellers von einer Gegenleistung ☐ nicht abhängig. ☒ abhängig; diese ist aber bereits erbracht.

Auf der Grundlage des Mahnbescheids ergeht Vollstreckungsbescheid
② ☐ wegen vorstehender Beträge | wegen ③
abzüglich gezahlter ④

Hinzu kommen folgende weitere Kostenbeträge ⑤

1 Gerichtskost., Auslag.	2 Gebühr d. Prozeßbev.	3 Auslagen d. Prozeßbev.	4 MWSt. d. Prozeßbev.	insgesamt (Summe von 1 bis 4)	☐ Die Kosten des Verfahrens sind ab Erlaß dieses Bescheids mit 4 % zu verzinsen.	Dieser Bescheid wurde dem Antragsgegner zugestellt am:
DM	DM	DM	DM	DM		

Rechtspfleger

☐ Antragst. ☐ ges. Vertr. ☐ Prozeßbev.
wurde VB-Ausf. erteilt am:

Rechtsanwalt
Herbert Schnell
Coniusstraße 93
6200 Wiesbaden

Antrag① Ort, Datum

Eingangsstempel des Gerichts

Es wird beantragt, aufgrund der vorstehenden Angaben Vollstreckungsbescheid zu erlassen.
Der Antragsgegner hat geleistet
⑥ ☐ keine Zahlungen. ☐ nur die oben angegebenen Zahlungen.
⑦ ☐ Die Auslagen für die Zustellung von Amts wegen habe ich vorausentrichtet.
⑧ ☐ Ich beantrage, mir den Bescheid in Ausfertigung zur Zustellung im Parteibetrieb zu übergeben.

Blatt 3: Zustellungsnachricht Antrag und Urschrift

Unterschrift des Antragstellers/Vertreters/Prozeßbevollmächtigten

35 Das für die **maschinelle Bearbeitung** eingeführte Formular der Zustellungsnachricht hat folgenden Wortlaut:[43]

Amtsgericht
Stuttgart
– Mahnabteilung –
Postfach

Geschäftsnummer des Amtsgerichts
Bei Schreiben an das Gericht stets angeben
B 48712/..

Mahnsache
Walrab Datentechnik GmbH
gegen
Autohaus Grösser oHG
wegen

DM

Zustellungsnachricht
vom 9.12.19..

Ihr Geschäftszeichen:

Rechtsanwalt
Dr. Paul Scharf
Bollstraße 4

7000 Stuttgart 1

Der Mahnbescheid wurde

am 5.12.19.. **zugestellt.**

Prüfen Sie, nachdem die mit dem darauffolgenden Tag beginnende Zwei-Wochen-Frist abgelaufen ist, ob der Antragsgegner die Schuld beglichen hat. Sollte das nicht der Fall sein und sollte auch nicht Widerspruch erhoben sein, können Sie den Erlaß des Vollstreckungsbescheids beantragen.

Der Vollstreckungsbescheid wird erst erlassen, wenn Sie die Kosten des Mahnbescheids, die Ihnen gesondert aufgegeben worden sind, bezahlt haben.
Der Vollstreckungsbescheid wird dem Antragsgegner von Amts wegen zugestellt.
Dies gilt nicht, wenn Sie die Übergabe an sich zur Zustellung im Parteibetrieb beantragen oder wenn Sie die Auslagen für die Zustellung von Amts wegen nicht innerhalb von **zwei Wochen** auf eines der in den beigefügten Zahlungsvordrucken bezeichneten Konten entrichtet haben; die Frist beginnt mit der Beantragung des Vollstreckungsbescheids. In diesen Fällen wird Ihnen der Vollstreckungsbescheid zur Zustellung übergeben.

Benutzen Sie bitte zur Zahlung der Zustellungsauslagen einen der beigefügten vorbereiteten Zahlungsvordrucke; verwenden Sie **keine** Gerichtskostenmarken oder Gebührenstempler.

Bitte beachten Sie:
Der Antrag auf Erlaß eines Vollstreckungsbescheids kann nur mit dem vorgeschriebenen Vordruck gestellt werden. Wir übersenden Ihnen deshalb ein Exemplar dieses Vordrucks. Der Vordruck ist auch bei jedem Amtsgericht erhältlich. Jedes Amtsgericht hilft Ihnen im übrigen beim Ausfüllen.

Richtet sich das Mahnverfahren gegen mehrere Antragsgegner, so ist der Vollstreckungsbescheid **gegen jeden** Antragsgegner **gesondert** zu beantragen. Sie erhalten deshalb die jeweils erforderlichen Unterlagen für jeden Antragsgegner.

Ausfüllhinweise:
Ein weißer Pfeil (◁) bedeutet, daß Sie durch Ankreuzen (so: ☒ ◁) mitteilen müssen, ob die vorgesehene Erklärung für Sie zutrifft.

Ein schwarzer Pfeil (◀) bedeutet, daß Sie unter mehreren vorgegebenen Möglichkeiten die für Sie gegebenenfalls zutreffende Erklärung auswählen und die entsprechende Zahl (z.B. so: 2 ◀) eintragen.

Alle übrigen Angaben sind, soweit sie in Ihrem Fall zutreffen, nach folgendem Muster zu machen:

Postleitzahl, Ort		Betrag DM
7000	Stuttgart	36,50

Zu Zeilen 7 und 8:
Die Zustellungsauslagen und die Kosten der Prozeßvertretung durch einen Rechtsanwalt/Rechtsbeistand werden vom Amtsgericht errechnet und in den Vollstreckungsbescheid aufgenommen; bitte tragen Sie diese deshalb nicht in Zeile 7 ein.

Zu Zeile 16:
Für die Absenderangabe können Sie einen Stempel verwenden.

Die Rückseite dieser Nachricht ist als Zweitschrift/Durchschrift des Antrags für Ihre Unterlagen vorgesehen.

Siegel

Maschinell erstellt, ohne Unterschrift gültig (§ 703 b Abs. 1 ZPO)

[43] Hier zum Mahnantrag RdNr 12.

Konnte die Zustellung nicht erfolgen, wird der Antragsteller über den Grund der **Unzustellbarkeit** informiert: 36

> Die Zustellung des Mahnbescheids gegen ... konnte nicht erfolgen. Nach dem Postvermerk ist der Empfänger unbekannt verzogen [*verzogen nach ..., nicht zu ermitteln, ...*].
> Eine erneute Zustellung ist erst möglich, wenn Sie die neue Anschrift mitteilen und für jede weitere Zustellung eine Postgebühr von DM 6.– in Kostenmarken, durch Abdruck eines Gebührenfreistempels oder durch Überweisung auf das o.a. Konto zahlen.

Der für die **maschinelle Bearbeitung eingeführte Vordruck** lautet:[43] 37

Amtsgericht

Geschäftsnummer des Amtsgerichts
Bei Schreiben an das Gericht stets angeben

Mahnsache

– Mahnabteilung –

gegen

Postfach

wegen

DM

Nachricht über die Nichtzustellung vom

Ihr Geschäftszeichen:

Der Mahnbescheid konnte

nicht zugestellt werden.

Die Bundespost hat dafür am folgenden Grund mitgeteilt:

Durch die Neuzustellung entstehen nochmals **Zustellungsauslagen;** benutzen Sie bitte zu deren Zahlung einen der beigefügten vorbereiteten Zahlungsvordrucke; verwenden Sie **keine** Gerichtskostenmarken oder Gebührenstempler.

Bitte beachten Sie:
Der Antrag auf Neuzustellung des Mahnbescheids kann nur mit dem vorgeschriebenen Vordruck gestellt werden. Wir übersenden Ihnen deshalb ein Exemplar dieses Vordrucks. Der Vordruck ist auch bei jedem Amtsgericht erhältlich. Jedes Amtsgericht hilft Ihnen im übrigen beim Ausfüllen.

Richtet sich das Mahnverfahren gegen mehrere Antragsgegner, so ist die Neuzustellung des Mahnbescheids gegebenenfalls **an jeden** Antragsgegner **gesondert** zu beantragen. Sie erhalten deshalb die jeweils erforderlichen Unterlagen für jeden Antragsgegner.

Ausfüllhinweise:
Ein schwarzer Pfeil (◀) bedeutet, daß Sie unter mehreren vorgegebenen Möglichkeiten die für Sie gegebenenfalls zutreffende Erklärung auswählen und die entsprechende Zahl (z.B. so: [2] ◀) eintragen.

Alle übrigen Angaben sind, soweit sie in Ihrem Fall zutreffen, nach folgendem Muster zu machen:

Postleitzahl, Ort			Betrag DM
7000	Stuttgart	,	36,50

Zu Zeile 5:
Hat der Antragsgegner seinen Wohnsitz/Sitz in einen anderen Gerichtsbezirk verlegt, so geben Sie bitte das Gericht an, vor dem ein streitiges Verfahren im allgemeinen Gerichtsstand des Antragsgegners durchzuführen wäre.

Zu Zeile 6:
Die Auslagen für die Zustellung werden vom Amtsgericht in den Mahnbescheid aufgenommen; bitte tragen Sie diese deshalb nicht in Zeile 6 ein.

Zu Zeile 11:
Für die Absenderangabe können Sie einen Stempel verwenden.

Die Rückseite dieser Nachricht ist als Zweitschrift/Durchschrift des Antrags für Ihre Unterlagen vorgesehen.

Siegel

Maschinell erstellt, ohne Unterschrift gültig (§ 703 b Abs. 1 ZPO)

---

[43] Hier zum Mahnantrag RdNr 12.

38 Die **erneute Zustellung** kann bei nichtmaschineller Bearbeitung formlos beantragt werden. Der Wortlaut lehnt sich aber zweckmäßigerweise an den Wortlaut des für die maschinelle Bearbeitung eingeführten Vordrucks an:

Mahnsache Antragsteller: Vor- und Nachname/Firmenbezeichnung

gegen Antragsgegner: Vor- und Nachname/Firmenbezeichnung

wegen

Zeilen-Nummer	Datum des Antrags	Geschäftsnummer des Amtsgerichts
1		

DM

An das
Amtsgericht
– Mahnabteilung –

Antrag auf Neuzustellung eines Mahnbescheids

Ich beantrage, den Mahnbescheid nunmehr unter Berücksichtigung folgender Angaben zuzustellen:

Der Antragsgegner hat jetzt folgende Anschrift:

Straße, Hausnummer – **bitte kein Postfach!** – Postleitzahl, Ort

2

Falls die Bezeichnung des Antragsgegners (Namensangabe) einen Schreibfehler oder eine ähnliche offenbare Unrichtigkeit enthält:
Die Bezeichnung lautet richtig:
Vorname/Vollständige Bezeichnung der Firma

3

Nachname/Fortsetzung der Bezeichnung der Firma Bei juristischer Person, OHG und KG **Rechtsform** wiederholen

4

Infolge der Anschriftenänderung wäre ein streitiges Verfahren im allgemeinen Gerichtsstand des Antragsgegners nunmehr durchzuführen vor

dem 1 = Amtsgericht
2 = Landgericht
3 = Landgericht – Kammer für Handelssachen –, vor der die Verhandlung beantragt wird **in** Postleitzahl, Ort

5 ☐

Weitere Auslagen des Antragstellers für dieses Verfahren
Betrag DM Porto, Telefon und dgl. | Betrag DM Sonstige Kosten | Bezeichnung der Art

6

Soweit bisher nicht oder unrichtig angegeben:
Gesetzlicher Vertreter des Antragsgegners | **Weiterer gesetzlicher Vertreter**
Stellung (z. B. Geschäftsführer) | Stellung

7

Vor- und Nachname | Vor- und Nachname

8

Straße, Hausnummer – **bitte kein Postfach!** – | Straße, Hausnummer – **bitte kein Postfach!** –

9

Postleitzahl, Ort | Postleitzahl, Ort

10

Bezeichnung des Absenders

Unterschrift des Antragstellers/Vertreters/Prozeßbevollmächtigten

11

VII. Widerspruch gegen den Mahnbescheid

Will der Antragsgegner verhindern, daß der Mahnbescheid für vollstreckbar erklärt wird, muß er gegen den Anspruch oder einen Teil des Anspruchs **schriftlich** Widerspruch erheben. Sieht er davon ab, wird das Verfahren, wie ab RdNr 63 beschrieben, fortgesetzt. 39

Der Widerspruch kann gemäß § 702 ZPO auch **mündlich** vor dem Urkundsbeamten der Geschäftsstelle erklärt werden. Dieser füllt eingeführte Vordrucke aus und vermerkt unter Angabe des Gerichts und des Datums die Aufnahme der Erklärung. Ein Protokoll ist nur bei dem für das Mahnverfahren nicht zuständigen Gericht nach § 129a ZPO erforderlich.

Der Widerspruch muß an das Gericht gerichtet sein, das den Mahnbescheid erlassen hat (§ 694 Abs 1 ZPO). Aus dem Schriftstück muß sich ergeben, auf welche Mahnsache er sich bezieht; die Geschäftsnummer oder der Name des Antragstellers müssen wenigstens angegeben sein. Ein Zwang zur Benutzung der für die maschinelle und nicht maschinelle Bearbeitung eingeführten Vordrucke (vgl RdNr 42 und 43) besteht entgegen § 703c Abs 2 ZPO nicht, wie sich aus § 692 Abs 1 Nr 5 ZPO ergibt, um die Einlegung des Widerspruchs nicht unnötig zu erschweren; doch ist die Verwendung zweckmäßig. 40

Ein bestimmter **Inhalt** ist nicht vorgeschrieben, es muß sich jedoch entnehmen lassen, daß der Antragsgegner den Anspruch nicht erfüllen will. Der Widerspruch bedarf keiner Begründung. Es ist jedoch ratsam, der Aufforderung des Gerichts nach § 692 Abs 1 Nr 3 ZPO zu genügen und mitzuteilen, in welchem Umfang dem geltend gemachten Anspruch widersprochen wird, sowie die Einwendungen vorzutragen.

Der Widerspruch kann auf einen Teil des erhobenen Anspruchs beschränkt werden (wie im Beispiel RdNr 42); ein mehrdeutiger **Teilwiderspruch** ist so lange als ein unbeschränkter Widerspruch zu behandeln, bis der Antragsgegner erklärt hat, gegen welchen Teil des Mahnbescheids er sich richtet.[44]

In dem Widerspruch kann der Antragsgegner darüber hinaus die Durchführung des streitigen Verfahrens beantragen (§ 696 Abs 1 S 1 ZPO). Im Vordruck für das arbeitsgerichtliche Mahnverfahren ist auf Grund § 46a ArbGG der Antrag auf Bestimmung eines Termins zur mündlichen Verhandlung enthalten.

In **Urkunden-, Wechsel- und Schecksachen** kann der Antragsgegner beschränkt Widerspruch mit dem Antrag einlegen, ihm die Ausführung seiner Rechte vorzubehalten (§§ 703a Abs 2 Nr 4, 600 ZPO).

Der Widerspruch muß **handschriftlich**[45] unterzeichnet sein; ein Bevollmächtigter hat seine ordnungsgemäße Bevollmächtigung zu versichern (§ 703 ZPO).

Dem Widerspruch soll die nach der Zahl der Antragsteller erforderliche Anzahl von Abschriften beigefügt werden (§ 695 Abs 2 ZPO).

Die **Widerspruchsfrist** beträgt zwei Wochen (§ 692 Abs 1 Nr 3 ZPO), im arbeitsgerichtlichen Mahnverfahren eine Woche (§ 46a Abs 3 ArbGG), bei Zustellung in einem Mitgliedsstaat des EGÜbk einen Monat (§ 34 AVAG). Ein Widerspruch ist 41

---

[44] BGHZ 85, 361.

[45] Stein-Jonas § 694 RdNr 2; aA im Fall der Verwendung des vom Gericht übersandten Vordrucks OLG Oldenburg MDR 79, 588, Thomas-Putzo § 694 Anm 1a.

auch nach Ablauf der Widerspruchsfrist zu beachten, solange der Vollstreckungsbescheid nicht „verfügt“ (§ 694 Abs 1 ZPO), dh von der Geschäftsstelle hinausgegeben ist.[46] Ein verspäteter Widerspruch wird als Einspruch behandelt (§ 694 Abs 2 S 1 ZPO), bedarf also keiner Zurückweisung durch das Gericht. Dies ist dem Antragsgegner mitzuteilen, der den Widerspruch erhoben hat (§ 694 Abs 2 S 2 ZPO), damit er ihn gegebenenfalls zurücknehmen kann; denn der Einspruch führt direkt in das streitige Verfahren, also im Gegensatz zum Widerspruch auch ohne Antrag einer Partei.

42 Beispiel eines **Widerspruchs** unter Verwendung des Vordrucks für die **nichtmaschinelle Bearbeitung:**[47]

Anschrift des Antragsgegners/ges. Vertreters/Prozeßbevollmächtigten

Werner Müller
Kellereiplatz 3

6230 Frankfurt-Höchst

B 10733/..
Geschäftsnummer des Amtsgerichts
Bei Schreiben an das Gericht stets angeben

An das
Amtsgericht Hünfeld

6418 Hünfeld
Plz Ort

Hinweis für den Antragsgegner:
Bitte überlegen Sie sorgfältig, ob Sie im Recht sind, und beachten Sie die Hinweise auf der Rückseite des Mahnbescheids.

Mahnsache	Antragsteller (Name) Maier und Schulze oHG	Antragsgegner (Name, Vorname) Müller, Werner	Datum d. Mahnbescheids 3.12.19..

Gegen den Mahnbescheid erhebe ich **Widerspruch** ☐ als Prozeßbevollmächtigter des Antragsgegners. Ordnungsgemäße Bevollmächtigung wird versichert. ☐ als gesetzlicher Vertreter des Antragsgegners.

Der Widerspruch richtet sich gegen
☐ den Anspruch insgesamt. ☒ den nachfolgend bezeichneten Teil des Anspruchs (bitte Teilbetrag der Hauptforderung/Nebenforderung/Zinsen/Kosten genau bezeichnen):

Die am 3.7. und 15.9.19.. gelieferten Waren wiesen Mängel auf, was der Antragstellerin unverzüglich mitgeteilt worden war.
Die Rechnung vom 7.9.19.. werde ich in den nächsten Tagen begleichen; da jedoch eine Mahnung bisher nicht erfolgt war, können Zinsen nicht verlangt werden.

Ort, Datum
F-Höchst, 10.12.19..

Durchschrift/Abschrift für den Antragsteller füge ich bei.
Werner Müller
Unterschrift des Antragsgegners/Vertreters/Prozeßbevollmächtigten

Blatt 1: Urschrift des Widerspruchs

---

[46] BGH NJW 82, 888 mwNachw, Rosenberg-Schwab § 165 III 5a, Baumbach-Lauterbach § 694 Anm 1B, Koenigk NJW 58, 661.
[47] Hier Zum Mahnantrag RdNr 8.

Bei Verwendung des Vordrucks für die **maschinelle Bearbeitung** lautet der **Widerspruch:**[48] 43

Antragsteller: Vor- und Nachname/Firmenbezeichnung
Mahnsache Walrab Datentechnik GmbH
Antragsgegner: Vor- und Nachname/Firmenbezeichnung
gegen Autohaus Grösser oHG
wegen DM

Zeilen-Nummer 1 | Datum des Widerspruchs: 10.12.19.. | Geschäftsnummer des Amtsgerichts: B 48712/..

An das
Amtsgericht
– Mahnabteilung –

7000 Stuttgart

Hinweis für den Antragsgegner:
Bitte überlegen Sie sorgfältig, ob Sie im Recht sind, und beachten Sie die Hinweise auf der Rückseite des Mahnbescheids.

Widerspruch

Gegen den im Mahnbescheid geltend gemachten Anspruch erhebe ich Widerspruch.

Weiterer Hinweis für den Antragsgegner:
Falls Sie gegen den Anspruch **insgesamt** Widerspruch erheben wollen, genügt es, wenn Sie den Vordruck in Zeile 12 unterschreiben. Wollen Sie nur gegen einen **Teil des Anspruchs** Widerspruch erheben (Zeile 2) oder sind in den Zeilen 3 bis 10 Angaben erforderlich, beachten Sie bitte auch die Hinweise auf der **Rückseite dieses Vordrucks.**

2 **Angaben bei Teilwiderspruch**
Ich widerspreche nur einem Teil des Anspruchs, und zwar

der Hauptforderung wegen eines Teilbetrages von	den geforderten Zinsen	den Verfahrenskosten	den anderen Nebenforderungen wegen eines Betrages von
5.000,-- DM	2 ◀ 1 = soweit sie sich auf den Teil der Hauptforderung beziehen, dem ich widerspreche. 2 = insgesamt.	2 ◀ 1 = soweit sie sich auf den Teil der Hauptforderung beziehen, dem ich widerspreche. 2 = insgesamt.	8,00 DM

3 **Die Anschrift des Antragsgegners lautet richtig/nunmehr:**
Straße, Hausnummer – **bitte kein Postfach!** – | Postleitzahl, Ort

Ich erhebe den Widerspruch als gesetzlicher Vertreter des Antragsgegners

		Weiterer gesetzlicher Vertreter
4	Stellung (z. B. Geschäftsführer, Vater, Mutter, Vormund): Prokurist	Stellung
5	Vor- und Nachname: Willi Kleiner	Vor- und Nachname
6	Straße, Hausnummer – **bitte kein Postfach!** –: Heinrichstraße 38	Straße, Hausnummer – **bitte kein Postfach!** –
7	Postleitzahl, Ort: 6100 Darmstadt	Postleitzahl, Ort

Ich erhebe den Widerspruch als Prozeßbevollmächtigter des Antragsgegners

8 ☐ ◀ 1 = Rechtsanwalt 3 = Rechtsbeistand 2 = Rechtsanwälte 4 = Herr, Frau | Ordnungsgemäße Bevollmächtigung versichere ich.
Vor- und Nachname

9 Straße, Hausnummer – **bitte kein Postfach!** – | Postleitzahl, Ort

10

11 Geschäftszeichen des Antragsgegners/Prozeßbevollmächtigten

Bezeichnung des Absenders
Autohaus Grösser oHG
Heinrichstraße 38
6100 Darmstadt

Unterschrift des Antragsgegners/Vertreters/Prozeßbevollmächtigten
12 ppa. Willi Kleiner

---

[48] Hier Zum Mahnantrag RdNr 12.

44 Von der Erhebung des Widerspruchs und dem Zeitpunkt des Eingangs bei Gericht **benachrichtigt** die Geschäftstelle den Antragsteller (§ 695 S 1 ZPO) – zweckmäßigerweise unter Verwendung eines Vordrucks – zusammen mit einer Durchschrift oder Abschrift des Widerspruchs. Bei den für die nichtmaschinelle Bearbeitung eingeführten Formularen erhält der Antragsteller die Durchschrift auf Blatt 2 des Vordrucksatzes; dessen Rückseite dient als Mitteilung an den Antragsteller (vgl RdNr 46).

45 Hat der Antragsteller noch keinen Antrag auf Durchführung des streitigen Verfahrens gestellt, wird ihm nur der Eingang des Widerspruchs mitgeteilt; von den im Vordruck angeführten Kästchen wird dann keines angekreuzt. Eine Pflicht zum Hinweis auf das Fehlen des Antrags besteht nicht.[49] Es tritt ein tatsächlicher Stillstand des Verfahrens ein.[50] Hat dagegen der Antragsteller den Antrag auf Durchführung des streitigen Verfahrens bereits gestellt und ist der Widerspruch vor der Verfügung des Vollstreckungsbescheids eingegangen, fordert das Gericht die zweite Hälfte des Gerichtskostenvorschusses (KV Nr 1005 GKG) sowie die Auslagen für die Zustellung der Ladung (KV Nr 1902 GKG) bei dem Antragsteller an. Ist der Widerspruch nach Verfügung des Vollstreckungsbescheids eingegangen, erfolgt die Abgabe nach § 700 Abs 3 S 1 ZPO von Amts wegen, also auch ohne Antrag einer Partei. Im arbeitsgerichtlichen Mahnverfahren ist im Fall des rechtzeitigen Widerspruchs auf Antrag einer Partei Termin zur mündlichen Verhandlung zu bestimmen (§ 46a Abs 4 S 1 ArbGG); in dem Formular ist daher die Mitteilung eines entsprechenden Antrags des Antragsgegners vorgesehen.

46 **Widerspruchsnachricht** und **Kostenanforderung** lauten bei Verwendung des Vordrucks für die nichtmaschinelle Bearbeitung:[47]

Amtsgericht Hünfeld

Datum
12.12.19..

Herrn
Rechtsanwalt Herbert Schnell
Coniusstraße 93
6200 Wiesbaden

/teilweise

In Ihrer Mahnsache hat der Antragsgegner **Widerspruch** (s. Rückseite) erhoben am 11.12.19..

[X] Die Sache wird zur Durchführung des streitigen Verfahrens erst an das von Ihnen bezeichnete Gericht abgegeben, wenn Sie die unten berechneten weiteren Kosten vorausentrichtet haben:
Wert: 9393,--

Kostenverzeichnis GKG Nr. 1005	106,50 DM	**Sie können zahlen mit Kostenmarken/ Freistempler oder auf das Konto** Postgiroamt Ffm 1245 - 602
Kostenverzeichnis GKG Nr. 1902	6,-- DM	
Gesamtbetrag	112,50 DM	

[ ] Der Widerspruch wird als Einspruch gegen den bereits verfügten Vollstreckungsbescheid behandelt.

Demgemäß wird die Sache zur Durchführung des streitigen Verfahrens von Amts wegen abgegeben an das
[ ] Amtsgericht [ ] Landgericht [ ] Landgericht – Kammer für Handelssachen –
Plz, Ort

Auf Anordnung

Kappel, JOS

Urkundsbeamter der Geschäftsstelle

[49] Baumbach-Lauterbach § 696 Anm 2 A b.
[50] Rosenberg-Schwab § 165 III 5 c, Stein-Jonas § 696 RdNr 7.

Der Rechtsanwalt erhält für die Erhebung des Widerspruchs eine $^3/_{10}$ **Gebühr** nach § 43 Abs 1 Nr 2 BRAGO, während die Mitteilung des Widerspruchs an den Antragsteller in der $^{10}/_{10}$ Gebühr nach § 43 Abs 1 Nr 1 BRAGO für Mahnantrag enthalten ist. 47

VIII. Abgabe

Ist der Widerspruch rechtzeitig erhoben, verliert der Mahnbescheid seine Wirkung. 48
Beantragt eine Partei die Durchführung des streitigen Verfahrens – der Antragsteller im Antrag auf Erlaß des Mahnbescheids bzw nach Mitteilung vom Widerspruch, der Antragsgegner im Widerspruch (§ 696 Abs 1 ZPO) –, gibt das Gericht den Rechtsstreit von Amts wegen (§ 696 Abs 1 ZPO) an das im Mahnbescheid nach § 692 Abs 1 Nr 1 ZPO bezeichnete Gericht[51] ab. Ist das für den Erlaß des Mahnbescheids zuständige Gericht auch für die Durchführung des streitigen Verfahrens zuständig, gibt die Mahnabteilung gemäß § 698 ZPO den Rechtstreit an die für das Streitverfahren zuständige Abteilung des gleichen Amtsgerichts ab. Eine Prüfung der Zuständigkeit des von dem Antragsteller bezeichneten Gerichts erfolgt in diesem Stadium des Verfahrens nicht. Eine Abgabe auf Antrag des Antragstellers erfolgt allerdings nur, wenn er vorher die Gebühren und Auslagen für das Mahnverfahren sowie die Gebühr für das weitere Verfahren (Nr 1005 KV) und die Auslagen für die Ladung gezahlt hat (§ 65 Abs 1 S 2 GKG).
Erhebt der Antragsgegner gegen einen **Urkunden-, Wechsel- oder Scheckmahnbescheid** rechtzeitig Widerspruch, wird die Streitsache im Urkunden-, Wechsel- oder Scheckprozeß anhängig (§ 703 a Abs 2 Nr 1 ZPO) und ist nach § 696 ZPO an das Streitgericht abzugeben. Beschränkt sich der Widerspruch auf den Antrag, dem Antragsgegner die Ausführung seiner Rechte vorzubehalten, darf der Vollstreckungsbescheid nur unter diesem Vorbehalt erlassen werden. Der Rechtsstreit wird im gewöhnlichen Streitverfahren anhängig (§§ 703 a Abs 2 Nr 4 S 2, 600 ZPO) und ist von dem Rechtspfleger an das Streitgericht nach § 696 ZPO abzugeben.
Der **Beschluß des Rechtspflegers** über die **Abgabe** lautet etwa: 49

Beschluß

In der Mahnsache

... – Antragsteller –

gegen ... – Antragsgegner –

gibt das Amtsgericht die Mahnsache gemäß § 696 Abs 1 [*700 Abs 3*] ZPO von Amts wegen an das Amts-[*Land*]gericht [*Zivilkammer/Kammer für Handelssachen*] in ... ab, nachdem der Antragsgegner rechtzeitig Widerspruch gegen den Mahnbescheid [*Einspruch gegen den Vollstreckungsbescheid*][52] erhoben hat.

(Rechtspfleger)

Die Abgabe ist den Parteien formlos **mitzuteilen**[53] (§ 696 Abs 1 S 3 ZPO). Der Rechtspfleger verfügt: 50

1. Abgabenachricht an Parteien bzw Vertreter
2. Urschriftlich mit Akten dem Amts-[*Land*]gericht [*Zivilkammer/Kammer für Handelssachen*] in ... unter Hinweis auf obigen Beschluß.

---

[51] Im Fall der Abgabe an das Gericht eines anderen Landes vgl § 6 Abs 1 KostV und Anlage 1 der KostV über den Ausgleich von Kosten, abgedruckt bei Piller-Hermann 10 Anl VI.

[52] Vgl dazu RdNr 41.

[53] Baumbach-Lauterbach § 696 Anm 2 B b, Thomas-Putzo § 696 Anm 2 c, aA OLG München MDR 80, 501.

51 Ist das Mahnverfahren **maschinell** bearbeitet worden, liegen Akten im herkömmlichen Sinn als Sammlung von Schriftstücken selbstverständlich nicht vor. Es muß daher ein **Ausdruck** der auf Datenträgern vorhandenen Informationen erfolgen, der gemäß § 696 Abs 2 ZPO an die Stelle der Akten tritt.

52 Die Abgabeentscheidung ist gemäß § 696 Abs 1 Satz 3, 2. Halbsatz unanfechtbar.[54]

IX. Streitiges Verfahren

53 Mit dem Eingang der Akten bei dem Gericht, an das abgegeben wird, gilt der **Rechtsstreit** als dort **anhängig** (§ 696 Abs 1 S 4 ZPO). Wird die Sache alsbald nach Erhebung des Widerspruchs abgegeben, gilt sie nach § 696 Abs 3 ZPO als mit der Zustellung des Mahnbescheids **rechtshängig.** Verzögerungen der Abgabe gehen nicht zu Lasten des Antragstellers, wenn er alles Zumutbare getan hat, um eine alsbaldige Abgabe zu ermöglichen, also insbesondere unverzüglich Antrag auf Durchführung des streitigen Verfahrens gestellt und die Gerichtskosten gezahlt hat.[55]

54 Die **Geschäftsstelle** hat gemäß § 697 ZPO dem Antragsteller und nunmehrigen Kläger unverzüglich aufzugeben, seinen Anspruch binnen zwei Wochen in einer der Klageschrift entsprechenden Form[56] (§§ 253 Abs 4, 130, 131 ZPO) **zu begründen.** Ist das Verfahren beim Landgericht anhängig, ist der Antragsteller gleichzeitig aufzufordern, einen bei diesem Gericht zugelassenen Rechtsanwalt zu bestellen und sich durch diesen dazu zu äußern, ob der Übertragung der Sache auf den Einzelrichter Gründe entgegenstehen (§ 697 Abs 1 S 2 iVm § 271 Abs 2, 3 ZPO). In diesem Zeitpunkt brauchen die Akten noch nicht dem Vorsitzenden vorgelegt zu werden;[57] dazu nötigt auch die Verweisung auf § 271 ZPO nicht. Denn es wäre keineswegs sinnvoll, wenn die Äußerungsfrist zur Übertragung auf den Einzelrichter länger dauerte als die zur Begründung des Anspruchs. Im Verfahren vor dem Amtsgericht ist nunmehr Vollmacht erforderlich (§ 80 ZPO).

55 Die **Geschäftsstelle** teilt also dem Antragsteller mit:

> Amtsgericht [*Landgericht*] ...
> .. C [*O*] .../..
>
> Vfg
>
> Den Rechtsstreit ... gegen ... hat das Amtsgericht in ... (bisheriges Aktenzeichen ...) hierher abgegeben; es wird nunmehr unter der Geschäftsnummer ... geführt.
>
> [(nur bei Landgericht:) *Sie werden darauf hingewiesen, daß Sie sich durch einen bei dem hiesigen Landgericht zugelassenen Rechtsanwalt vertreten lassen müssen (§ 78 ZPO). Sie werden aufgefordert, in einer Frist von zwei Wochen nach Zugang dieses Schreibens sich durch den zu bestellenden Rechtsanwalt dazu zu äußern, ob einer Übertragung der Sache auf den Einzelrichter Gründe entgegenstehen.*]
>
> Ihnen wird [*weiter*] aufgegeben, [*durch den von Ihnen zu bestellenden Rechtsanwalt*]

---

[54] Bassenge-Herbst § 11 RpflG Anm 2b, Baumbach-Lauterbach § 696 Anm 2d, Thomas-Putzo § 696 Anm 2d, Zöller § 696 RdNr 4, aA die Vorauflage.
[55] BGH NJW 80, 1980, 1981.
[56] S dazu im einzelnen RdNr 201 ff.
[57] Zöller § 697 Anm 4, Thomas-Putzo § 697 Anm 2a, aA Baumbach-Lauterbach § 697 Anm 2 C.

den Anspruch binnen zwei Wochen ab Zugang dieses Schreibens in einer der Klageschrift entsprechenden Form zu begründen.

(Urkundsbeamter der Geschäftsstelle)

(Zur Belehrung über die Zurückweisung verspäteten Vorbringens s RdNr 298).

Die **Anspruchsbegründung** kann der Antragsteller im Verfahren vor dem Amtsgericht – mit Ausnahme bestimmter Familiensachen – selbst schriftlich einreichen oder gemäß § 496 ZPO zu Protokoll der Geschäftsstelle des Streitgerichts bzw nach § 129a ZPO eines jeden Amtsgerichts erklären, wobei die Frist nur gewahrt ist, wenn das Protokoll vor deren Ablauf dem Streitgericht vorliegt. Im Verfahren vor dem Landgericht muß grundsätzlich ein bei dem jeweiligen Landgericht zugelassener Rechtsanwalt die Anspruchsbegründung unterzeichnen, doch reicht die Bezugnahme eines solchen Anwalts auf einen von der Partei selbst oder einem nicht postulationsfähigen Anwalt vor Abgabe beim Mahngericht und selbst noch nach Abgabe beim Landgericht eingereichten Schriftsatz aus.[58] Im **Urkunden-, Wechsel- und Scheckmahnverfahren** sind nunmehr gemäß § 703a Abs 2 Nr 2 ZPO die Urkunden in Urschrift oder in Abschrift beizufügen. Allerdings kann der Antragsteller auch vom Urkundenprozeß Abstand nehmen und den Rechtsstreit im ordentlichen Verfahren weiter betreiben (§ 596 ZPO). 56

Mit Eingang der Anspruchsbegründung bzw nach Ablauf der Frist werden die Akten – zweckmäßigerweise vor Zustellung der Anspruchsbegründung – dem Vorsitzenden oder dem **Richter** am Amtsgericht **vorgelegt.** Dieser prüft nun die Akten daraufhin, ob die Bestimmung eines **frühen ersten Termins** zur mündlichen Verhandlung (§ 697 Abs 2 ZPO) oder ein **schriftliches Vorverfahren** (§ 697 Abs 3 ZPO) besser geeignet erscheint, den wesentlichen Streitstoff zügig zu sammeln. Diese Prüfung entspricht § 272 Abs 2 ZPO im normalen Verfahren (siehe dazu im einzelnen RdNr 283). 57

Die Ladungsfrist für den frühen ersten Termin richtet sich nach § 217 ZPO, das weitere Verfahren nach den allgemeinen Vorschriften (vgl §§ 272 Abs 3 bis 275 ZPO).[59]

Die Frist zur Klageerwiderung im schriftlichen Vorverfahren muß mindestens zwei Wochen betragen. Ist der Rechtsstreit beim Landgericht anhängig, ist der Antragsgegner und nunmehrige Beklagte gemäß § 271 Abs 2, 3 ZPO aufzufordern, einen bei dem Prozeßgericht zugelassenen Rechtsanwalt zu bestellen, wenn er eine Verteidigung gegen die Klage beabsichtigt[60] und sich binnen einer Frist von mindestens zwei Wochen durch den zu bestellenden Rechtsanwalt zu äußern, ob einer Ubertragung der Sache auf den Einzelrichter Gründe entgegenstehen; er ist weiter darüber zu belehren, daß die Klageerwiderung durch den zu bestellenden Rechtsanwalt bei Gericht einzureichen ist. Im übrigen ist der Beklagte – auch im Verfahren vor dem Landgericht – über die Folgen einer Fristversäumung zu belehren (§§ 697 Abs 3 S 3, 277 Abs 2, 282 Abs 3 S 2, 296 ZPO). Dem Kläger kann eine Frist für eine schriftliche Stellungnahme auf die Klageerwiderung gesetzt werden, auch er ist entsprechend zu belehren; für das weitere Verfahren gelten die allgemeinen Vorschriften.[61]

---

[58] BGHZ 84, 139 = NJW 82, 2002.

[59] S dazu RdNr 285ff; zum Wortlaut einer Verfügung RdNr 292.

[60] Diese Aufforderung wird teilweise für entbehrlich gehalten, weil die Verteidigungsabsicht bereits im Widerspruch zum Ausdruck komme; Baumbach-Lauterbach § 697 Anm 3 B, Thomas-Putzo § 276 Anm 3d, aA OLG Celle OLGZ 80, 11.

[61] Zur Belehrung s im einzelnen RdNr 298, zum weiteren Verfahren RdNr 294ff, zum Wortlaut einer Verfügung RdNr 296.

Im Verfahren vor dem Arbeitsgericht bestimmt der Vorsitzende Termin zur mündlichen Verhandlung; er kann dem Antragsteller aufgeben, seinen Anspruch zu begründen (§ 46a Abs 4 ArbGG).

58 Mit der Anspruchsbegründung kann der Kläger gegebenenfalls sein **Wahlrecht** zwischen mehreren Gerichtsständen des Beklagten ausüben und Antrag auf **Verweisung** an ein anderes örtlich und sachlich zuständiges Gericht stellen.[62] Er kann auch jetzt noch beantragen, den Rechtsstreit vor der Kammer für Handelssachen zu verhandeln, selbst wenn er im Mahnbescheidsantrag nur ‚Landgericht' angekreuzt hatte.[63] Unabhängig hiervon hat das Gericht seine Zuständigkeit von Amts wegen zu prüfen. Eine Bindung ist durch die Abgabe nicht eingetreten (§ 696 Abs 5 S 1 ZPO), weil im Mahnverfahren die Zuständigkeit des von dem Antragsteller bezeichneten Gerichts nicht geprüft worden ist. Die Verweisung erfolgt nach Maßgabe des § 281 ZPO. Das Gericht, an welches der Rechtsstreit gegebenenfalls zu verweisen ist, kann ein drittes, aber auch das Amtsgericht sein, welches den Mahnbescheid erlassen hat. Wegen der Kosten dieser Verweisung vgl §§ 9 GKG, 14 BRAGO, wegen des Verfahrens RdNr 314ff.

59 Die **Kosten des Mahnverfahrens** sind Bestandteil der Kosten des Verfahrens vor dem Gericht, an welches der Rechtsstreit abgegeben wird (§§ 696 Abs 1 S 5, 281 Abs 3 S 1 ZPO). Verweist dieses den Rechtsstreit weiter, sind die Kosten des Mahnverfahrens und die des Gerichts, an welches abgegeben wurde, als Teil der Kosten zu behandeln, die bei dem Gericht erwachsen, an welches verwiesen wird (§ 696 Abs 5 S 2 ZPO). Die Pflicht der Parteien zur Tragung der Kosten hängt also davon ab, in welchem Maß sie obsiegen. **Mehrkosten** können dem Kläger nicht auferlegt werden, wenn das Gericht, an welches verwiesen wird, ausschließlich zuständig ist (§ 696 Abs 5 S 3 ZPO); denn die Abgabe an das – an sich sachlich unzuständige – Gericht des Wohnsitzes des Beklagten erfolgte von Amts wegen. Mehrkosten können dem Kläger auch dann nicht auferlegt werden, wenn das an sich sachlich und örtlich zuständige Gericht den Rechtsstreit aufgrund eines Antrags an ein anderes sachlich und örtlich zuständiges Gericht verweist; anderenfalls würde dem Kläger die Möglichkeit genommen, sein Wahlrecht zwischen mehreren in Betracht kommenden Gerichtsständen auszuüben.[64] Dagegen hat der Kläger Mehrkosten zu tragen, wenn er das Gericht, an welches der Rechtsstreit abgegeben wird, falsch bezeichnet hat, etwa weil der Antragsgegner dort seinen allgemeinen Gerichtsstand nicht hat.[65]

60 Im streitigen Verfahren setzt der Erlaß eines **Versäumnisurteils** gegen den Beklagten wie üblich voraus, daß der Anspruch schlüssig dargetan ist (siehe dazu im einzelnen RdNr 400ff). Da ein Antrag auf Erlaß eines Mahnbescheids Schlüssigkeit nicht mehr erfordert und eine Schlüssigkeitsprüfung im Mahnverfahren nicht mehr stattfindet, muß die Anspruchsbegründung dem Beklagten rechtzeitig vor dem Termin zugestellt sein. Dennoch kann Versäumnisurteil ergehen, wenn der Anspruch ausnahmsweise im Mahnbescheid schlüssig dargetan ist.[66]

---

[62] Vgl OLG Köln NJW 78, 650, OLG Koblenz NJW-RR 86, 1255, Thomas-Putzo § 696 Anm 6d mwNachw, Zöller § 697 Anm 8, aA Stein-Jonas § 696 RdNr 9–11, Holch RdNr 119, Crevencœur NJW 77, 1320.

[63] OLG Frankfurt NJW 80, 2202 mwNachw, OLG Düsseldorf NJW-RR 88, 1471.

[64] So auch LG Berlin NJW 87, 255, OLG Düsseldorf OLGZ 89, 202, Zöller § 696 Anm 9.

[65] Thomas-Putzo § 696 Anm 6d, Holch RdNr 120, Stein-Jonas § 696 RdNr 12, OLG München AnwBl 84, 313, OLG Düsseldorf OLGZ 89, 202.

[66] BGHZ 84, 136, 139 = NJW 82, 2002, aA OLG München NJW-RR 89, 1404f, Bender-Belz-Wax RdNr 240, wonach es sich bei der Anspruchsbegründung um eine allgemeine Prozeßvoraussetzung handeln soll.

X. Rücknahme des Antrags auf Durchführung des streitigen Verfahrens

Der Antrag auf Durchführung des streitigen Verfahrens kann bis zum Beginn der mündlichen Verhandlung des Beklagten zur Hauptsache zurückgenommen werden. Mit ihr gilt die Streitsache als **nicht rechtshängig** geworden (§ 696 Abs 4 S 3 ZPO). Die Erklärung kann vor der Geschäftsstelle – nach § 129a ZPO eines jeden Amtsgerichts – zu Protokoll gegeben werden (§ 696 Abs 4 S 2 ZPO); daher kann auch im Anwaltsprozeß eine Partei selbst den Antrag schriftlich zurücknehmen. 61
Mit der Zurücknahme entfällt die nach Nr 1005 KV mit der Abgabe entstandene Verfahrensgebühr (Nr 1006 KV). Bis zur Rücknahme des Mahnantrags ruht das Verfahren; die Akten sind gemäß § 6 AktO wegzulegen. Das ruhende Verfahren kann jederzeit durch erneuten Streitantrag einer Partei aufgenommen werden.[67] Ein Vollstreckungsbescheid kann nicht ergehen, solange der Widerspruch nicht zurückgenommen ist (siehe dazu die folgende RdNr).

XI. Rücknahme des Widerspruchs

Der Widerspruch kann bis zum Beginn der mündlichen Verhandlung zur Hauptsache zurückgenommen werden, solange noch kein Versäumnisurteil gegen den Antragsgegner ergangen ist (§ 697 Abs 4 S 1 ZPO). Die Erklärung kann vor der Geschäftsstelle – nach § 129a ZPO eines jeden Amtsgerichts – zu Protokoll gegeben werden (§ 697 Abs 4 S 2 ZPO); daher kann auch im Anwaltsprozeß der Beklagte selbst den Widerspruch schriftlich zurücknehmen. Damit endet das streitige Verfahren, das **Mahnverfahren** wird **fortgesetzt.** Doch werden die Akten nicht an das Amtsgericht, das den Mahnbescheid erlassen hat, zurückgegeben, sondern der Rechtspfleger des Gerichts, bei welchem das Verfahren derzeit anhängig ist, erläßt auf Antrag (siehe dazu die folgende RdNr) den Vollstreckungsbescheid (§ 699 Abs 1 S 3 ZPO); dies gilt auch, wenn das Gericht, an welches das Mahnverfahren abgegeben worden ist, den Rechtsstreit gemäß § 696 Abs 5 ZPO weiter verwiesen hat.[68] Die nach Nr 1005 KV mit der Abgabe entstandene Verfahrensgebühr entfällt mit der Rücknahme (Nr 1006 KV). 62

XII. Antrag auf Erlaß des Vollstreckungsbescheids

Nach **Ablauf der Widerspruchsfrist** von zwei Wochen nach Zustellung (§ 692 Abs 1 Nr 3 ZPO), jedoch nur binnen einer Frist von sechs Monaten seit Zustellung (§ 701 ZPO), kann der Antragsteller **Antrag** auf Erlaß des Vollstreckungsbescheids stellen, sofern (bei Teilwiderspruch: soweit) ein Widerspruch nicht rechtzeitig eingelegt oder der eingelegte Widerspruch zurückgenommen worden ist. Dabei ist zu erklä- 63

---

[67] OLG Düsseldorf MDR 81, 766.
[68] Hartmann NJW 78, 612.

ren, ob und welche **Zahlungen** auf die mit dem Mahnbescheid geltend gemachte Forderung geleistet worden sind (§ 699 Abs 1 ZPO). Ein Nachweis der Vollmacht eines Prozeßbevollmächtigten ist nicht erforderlich, § 703 ZPO. Der Antragsteller kann weiter beantragen, daß der Vollstreckungsbescheid ihm zur Zustellung im Parteibetrieb übergeben werde (§ 699 Abs 4 S 2 ZPO); soll dagegen der Vollstreckungsbescheid von Amts wegen – wie in § 699 Abs 4 S 1 ZPO vorgesehen – zugestellt werden, muß der Antragsteller die Auslagen hierfür (Nr 1902 KV in Höhe der Postgebühren, zZ 6.– DM) vorauszahlen. Der Antrag muß eigenhändig unterschrieben sein;[69] eine mit Hilfe eines Schreibautomaten erstellte Unterschrift genügt nicht.

64 Im Fall der **nichtmaschinellen Bearbeitung** hat der Antragsteller die nach Erlaß des Mahnbescheids entstandenen **Kosten** zu berechnen (§ 699 Abs 3 S 2 ZPO); hierbei kann es sich handeln um Auslagen, wie zB für einen zweiten Zustellungsversuch des Mahnbescheids, die für die Zustellung des Vollstreckungsbescheids vorausentrichteten Auslagen oder Portokosten des Antragstellers, sowie um die Anwaltsgebühren, nämlich eine 5/10 Gebühr gemäß § 43 Abs 1 Nr 3 BRAGO zuzüglich der Auslagenpauschale nach § 26 BRAGO und der entsprechenden Mehrwertsteuer. Im Fall der Rücknahme des Widerspruchs sind auch die vor dem Prozeßgericht entstandenen Kosten aufzunehmen.[70] Wird im Fall eines Teilwiderspruchs nur wegen des anderen Teils der Hauptforderung Vollstreckungsbescheid beantragt, welchem der Antragsgegner nicht widersprochen hat, sind die Anwaltsgebühren für den Antrag auf Erlaß des Vollstreckungsbescheids nur aus diesem Teil zu berechnen. Die Verzinsung der Kosten mit 4% vom Tage des Erlasses des Vollstreckungsbescheids kann beantragt werden (§ 104 Abs 1 S 2 ZPO entsprechend).

65 Bei nichtmaschineller Bearbeitung ist der Antrag auf Blatt 3 des Vordrucksatzes zu stellen (§ 703c Abs 2 ZPO). Dieses Blatt hat der Antragsteller mit der Zustellnachricht vom Gericht zurückerhalten (vgl RdNr 34). Der Antragsteller hat nur die Felder ①–⑧ im unteren Teil des Blattes auszufüllen, da die übrigen Angaben schon durchgeschrieben bzw vom Gericht eingesetzt worden sind.

66 Ein vollständig ausgefüllter **Antrag auf Erlaß eines Vollstreckungsbescheids**[71] – hier wegen eines Teils des Anspruchs, nachdem der Antragsgegner nur teilweise Widerspruch eingelegt hat – ist auf der gegenüberliegenden Seite abgedruckt.

67 Im Vordruck für das **arbeitsgerichtliche Mahnverfahren** entfällt die Zeile „Bisherige Kosten des Verfahrens“ bis auf die „Auslagen des Antragstellers“; dementsprechend entfällt auch die Zeile „hinzu kommen folgende weitere Kostenbeträge“, es heißt vielmehr „hinzu kommen folgende Auslagen des Antragstellers“.

68 Wird das Mahnverfahren **maschinell bearbeitet,** ist der Antrag auf Erlaß des Vollstreckungsbescheids auf dem Vordruck zu stellen, den der Antragsteller mit der Zustellungsnachricht[72] erhalten hat. Die weiteren Kosten brauchen nicht berechnet zu werden, jedoch ist die Angabe etwaiger weiterer Auslagen, wie Porto, Telefon oder Kosten einer Einwohnermeldeamtsanfrage, erforderlich; die Gerichts- und Anwaltskosten (einschließlich der Auslagenpauschale nach § 26 BRAGO) berechnet das Gericht. Der Ausspruch über die Verzinsung der Kosten kann beantragt werden.

---

[69] Rosenberg-Schwab § 165 IV 1 mwNachw, zweifelnd Baumbach-Lauterbach § 699 Anm 2 D.
[70] OLG Frankfurt Rpfleger 81, 239, OLG Koblenz Rpfleger 85, 369.
[71] Hier zum Mahnantrag RdNr 8, Widerspruch RdNr 42.
[72] Vgl RdNr 35.

Antrag auf Erlaß des Vollstreckungsbescheids bei nichtmaschineller Bearbeitung:[71] zu 66

Amtsgericht

Plz, Ort
6418 Hünfeld

B 10 733/..
Geschäftsnummer des Amtsgerichts
Bei Schreiben an das Gericht stets angeben

Datum des Vollstreckungsbescheids

Antragsgegner/ges. Vertreter

Fa. Baudekoration Müller
Inhaber Werner Müller jun.

Kellereiplatz 3
(Hofgebäude)

6230 Frankfurt-Höchst
Plz Ort

Zustellungsnachricht an den Antragsteller.

In Ihrer Mahnsache ist dem Antragsgegner der Mahnbescheid an dem aus dem folgenden Vordruckteil ersichtlichen Tag zugestellt worden.
Prüfen Sie, nachdem die mit dem darauffolgenden Tag beginnende Zwei-Wochen-Frist abgelaufen ist, ob der Antragsgegner die Schuld beglichen hat.
Sollte das nicht der Fall sein und sollte auch nicht Widerspruch eingelegt sein, können Sie den Erlaß des Vollstreckungsbescheids beantragen.
Verwenden Sie dazu bitte nur diesen Vordruck und beachten Sie die Hinweise auf der Rückseite.

Die Geschäftsstelle des Amtsgerichts

Vollstreckungsbescheid zum Mahnbescheid vom 3.12.19.. **zugestellt am** 5.12.19..

Antragsteller, ges. Vertreter, Prozeßbevollmächtigte(r); Bankverbindung
Maier und Schulze oHG - Farben und Lacke -
vertreten durch die pers. haft. Gesellschafter Emil Maier und
Heinz Schulze, Moritzstraße 100, 6200 Wiesbaden

Prozeßbev.: Rechtsanwalt Schnell, Coniusstraße 93, 6200 Wiesbaden
Postgirokonto Ffm 1208 27 - 602

macht gegen -Sie - ☐ **als Gesamtschuldner**

folgenden Anspruch geltend: Geschäftszeichen des Antragstellers: KdNr 00284/6230
Lieferungen vom 1.7.-30.9.19.. lt. Rechnungen Nr. 637 v. 4.8. über DM 8100,--
893 v. 7.9. über DM 1900,--, 1015 v. 2.10.19.. über DM 1293,--

Hauptforderung DM 11293,--	Zinsen 8,5 % Zinsen seit 15.11.19..				
Vorgerichtliche Kosten DM 8,--					
Bisherige Kosten des Verfahrens (Summe 1 bis 5) DM 859,74	1 Gerichtskosten 129,-- DM	2 Auslagen d. Antragst. -.- DM	3 Gebühr d. Prozeßbev. 601,-- DM	4 Auslagen d. Prozeßbev. 40,-- DM	5 MWSt. d. Prozeßbev. 89,74 DM
Gesamtbetrag DM 12160,74	**zuzügl. der Zinsen**	Der Anspruch ist nach Erklärung des Antragstellers von einer Gegenleistung ☐ nicht abhängig. ☒ abhängig; diese ist aber bereits erbracht.			

Auf der Grundlage des Mahnbescheids ergeht Vollstreckungsbescheid
② ☐ **wegen vorstehender Beträge** | **wegen** ③ Lieferung vom 1.-31.8.19.., Rechnung Nr. 893 v. 7.9.19.. über DM 1900,--

abzüglich gezahlter ④

Hinzu kommen folgende weitere Kostenbeträge ⑤

1 Gerichtskost., Auslag.	2 Gebühr d. Prozeßbev.	3 Auslagen d. Prozeßbev.	4 MWSt. d. Prozeßbev.	insgesamt (Summe von 1 bis 4)		
6,-- DM	65,-- DM	6,50 DM	10,01 DM	87,50 DM	☒ Die Kosten des Verfahrens sind ab Erlaß dieses Bescheids mit 4 % zu verzinsen.	**Dieser Bescheid wurde dem Antragsgegner zugestellt am:**

Rechtspfleger

☐ **Antragst.** ☐ **ges. Vertr.** ☐ **Prozeßbev.**
wurde VB-Ausf. erteilt am:

Rechtsanwalt
Herbert Schnell
Coniusstraße 93
6200 Wiesbaden

Antrag① Ort, Datum Wiesbaden, 2.1.19..

Eingangsstempel des Gerichts

Es wird beantragt, aufgrund der vorstehenden Angaben Vollstreckungsbescheid zu erlassen.
Der Antragsgegner hat geleistet
⑥ ☒ keine Zahlungen. ☐ nur die oben angegebenen Zahlungen.
⑦ ☐ Die Auslagen für die Zustellung von Amts wegen habe ich vorausentrichtet.
⑧ ☒ Ich beantrage, mir den Bescheid in Ausfertigung zur Zustellung im Parteibetrieb zu übergeben.

Blatt 3: Zustellungsnachricht Antrag und Urschrift

Schnell
Unterschrift des Antragstellers/Vertreters/Prozeßbevollmächtigten

69 Bei maschineller Bearbeitung lautet der Antrag:[73]

Mahnsache — Antragsteller: Vor- und Nachname/Firmenbezeichnung
Walrab Datentechnik GmbH

gegen — Antragsgegner: Vor- und Nachname/Firmenbezeichnung
Autohaus Grösser oHG

wegen

Dieser Antrag darf nicht vor Ablauf von zwei Wochen nach dem 5.12.19..
(Zustellung des Mahnbescheids) gestellt werden.

Zeilen-Nummer

Zeilen-Nummer	Datum des Antrags	Geschäftsnummer des Amtsgerichts
1	2.1.19..	B 48712/..

DM

An das
Amtsgericht
– Mahnabteilung –

7000 Stuttgart

Antrag auf Erlaß eines Vollstreckungsbescheids

Ich beantrage, Vollstreckungsbescheid zu erlassen und in diesen die weiteren Kosten des Verfahrens aufzunehmen. Falls der Antragsgegner gegen einen Teil des Anspruchs Widerspruch erhoben hat, beantrage ich, Vollstreckungsbescheid zu erlassen, soweit dem Anspruch nicht widersprochen wurde.

Zahlungen des Antragsgegners auf den Mahnbescheid

2 [2] 1 = Der Antragsgegner hat keine Zahlungen geleistet.
2 = Der Antragsgegner hat nur die hier angegebenen Zahlungen geleistet.

Zeile	am	gezahlt DM	am	gezahlt DM
3	10.12.19..	2000,--		
4				
5				

6 [2] 1 = Die Zahlung des Auslagenbetrags für die Zustellung des Vollstreckungsbescheids durch das Gericht habe ich veranlaßt.
2 = Ich möchte den Vollstreckungsbescheid selbst durch einen Gerichtsvollzieher zustellen lassen und beantrage, mir den Bescheid für diesen Zweck in Ausfertigung zu übergeben.

Weitere Auslagen des Antragstellers für dieses Verfahren

7 Betrag DM — Porto, Telefon und dgl. | Betrag DM — Sonstige Kosten | Bezeichnung der Art

8 [X] Ich beantrage auszusprechen, daß die Kosten des Verfahrens ab Erlaß des Vollstreckungsbescheids mit 4 % zu verzinsen sind. | Betrag DM | **Bei Rechtsanwalt oder Rechtsbeistand:** Anstelle der Auslagenpauschale des § 26 BRAGO werden die nebenstehenden Auslagen verlangt, deren Richtigkeit versichert wird.

Der Antragsgegner hat jetzt folgende Anschrift:

9 Straße, Hausnummer – **bitte kein Postfach!** – | Postleitzahl, Ort

Falls die Bezeichnung des Antragsgegners (Namensangabe) einen Schreibfehler oder eine ähnliche offenbare Unrichtigkeit enthält:
Die Bezeichnung lautet richtig:

10 Vorname/Vollständige Bezeichnung der Firma

11 Nachname/Fortsetzung der Bezeichnung der Firma | Bei juristischer Person, OHG und KG **Rechtsform** wiederholen

Soweit bisher nicht oder unrichtig angegeben:

Gesetzlicher Vertreter des Antragsgegners | **Weiterer gesetzlicher Vertreter**

12 Stellung (z. B. Geschäftsführer) | Stellung

13 Vor- und Nachname | Vor- und Nachname

14 Straße, Hausnummer – **bitte kein Postfach!** – | Straße, Hausnummer – **bitte kein Postfach!** –

15 Postleitzahl, Ort | Postleitzahl, Ort

Bezeichnung des Absenders
Rechtsanwalt
Dr. Paul Scharf
Bollstraße 4
7000 Stuttgart 1

Unterschrift des Antragstellers/Vertreters/Prozeßbevollmächtigten

16 Dr Scharf

[73] Hier zum Mahnantrag RdNr 12, Widerspruch RdNr 43.

Soweit Vordrucke nicht eingeführt sind, wird zweckmäßigerweise ein entsprechender Wortlaut verwandt. Da der Vollstreckungsbescheid auf der Grundlage des Mahnbescheids beantragt werden muß (vgl § 699 Abs 1 ZPO), ist im Antrag der Mahnbescheid genau zu bezeichnen. 70

Hinsichtlich der Form von **mündlichen Anträgen** und Erklärungen gegenüber den Geschäftsstellen eines jeden Amtsgerichts (§§ 702, 129a ZPO) gilt das gleiche wie beim Antrag auf Erlaß des Mahnbescheids (vgl RdNr 17).

Der Antrag auf Erlaß eines Vollstreckungsbescheids wird dem Antragsgegner nicht mitgeteilt (§ 702 Abs 2 ZPO).

XIII. Zurückweisung des Antrags

Vor der Erteilung des Vollstreckungsbescheids **prüft der Rechtspfleger** erneut, ob die 71
allgemeinen Prozeßvoraussetzungen und die besonderen Voraussetzungen des Mahnverfahrens erfüllt sind, der Mahnbescheid wirksam zugestellt ist, der Antrag auf Erlaß des Vollstreckungsbescheids den Formerfordernissen der §§ 703c, 702 ZPO genügt und die Erklärung nach § 699 ZPO enthält.[74] Er überzeugt sich weiter davon, daß ein Widerspruch (bei beantragtem Teilvollstreckungsbescheid: hinsichtlich des fraglichen Teils der Hauptforderung) nicht eingelegt bzw zurückgenommen worden und die Frist des § 701 ZPO nicht verstrichen ist; außerdem überprüft er, ob die Kosten richtig berechnet sind. Zuständig ist der Rechtspfleger des Mahngerichts.[75]

Soweit der Antragsteller **Mängel** beheben kann, zB durch Nachholung der Erklä- 72
rung, ob und gegebenenfalls welche Beträge von dem Antragsgegner gezahlt worden sind, empfiehlt sich eine entsprechende Aufforderung[76] unter Fristsetzung wie bei behebbaren Mängeln des Mahnbescheids (vgl RdNr 19f). Hat der Antragsgegner vor der Verfügung des Vollstreckungsbescheids Widerspruch erhoben, der Antragsteller aber in Unkenntnis davon Erlaß des Vollstreckungsbescheids beantragt, so behandelt die allgemeine Praxis den Antrag als durch den Widerspruch erledigt;[77] ein ausdrücklicher Bescheid ist überflüssig, da der Antragsteller von der Erhebung des Widerspruchs in Kenntnis gesetzt wird.

Sind die Mängel nicht innerhalb der gesetzten Frist behoben worden oder unbeheb- 73
bar, ist der Antrag auf Kosten des Antragstellers durch Beschluß zurückzuweisen. Der **Beschluß** ist dem Antragsteller zuzustellen.[78]

..B.../..

Beschluß

in der Mahnsache
...
– Antragsteller –
gegen ...
– Antragsgegner –

Der Antrag auf Erlaß des Vollstreckungsbescheids vom ..., eingegangen am ..., wird auf Kosten des Antragstellers zurückgewiesen.

---

74 LG Stuttgart Rpfleger 88, 534, LG Münster JurBüro 88, 1023.

75 Das gilt auch, wenn er den Rechtsstreit an das Streitgericht abgegeben hatte, obwohl mangels Widerspruch die Voraussetzungen einer Abgabe nicht vorlagen; OLG München NJW-RR 88, 128.

76 Holch RdNr 99.

77 Bei gegenteiliger Auffassung sollte dem Antragsteller jedenfalls Gelegenheit zur Rücknahme gegeben werden.

78 Thomas-Putzo § 699 Anm 3b, aA Rosenberg-Schwab § 165 IV 3 ZPO.

Die Wirkungen des Mahnbescheids sind erloschen; denn seit der Zustellung des Mahnbescheids sind mehr als sechs Monate vergangen (§ 701 ZPO).
[*Trotz entsprechender Aufforderung und Erinnerung hat der Antragsteller die nach § 699 ZPO erforderliche Erklärung, ob und gegebenenfalls welche Beträge der Antragsgegner auf den Mahnbescheid geleistet hat, nicht abgegeben*].

(Datum) (Rechtspfleger)

Vfg

1. Ausfertigung mit ZU an Antragsteller [*mit EB an Antragsteller – Vertreter*]
formlos an Antragsgegner [– Vertreter]
2. Kosten

(Datum) (Rechtspfleger)

74 Mit der Zurückweisung aus sachlichen Gründen verliert der Mahnbescheid seine **Wirkung** (§ 701 S 2 ZPO); wenn der Antrag dagegen nur aus formellen Gründen (Nichtbenutzung des eingeführten Vordrucks, verfrühter Antrag – etwa zugleich mit dem Antrag auf Erlaß des Mahnbescheids –, fehlende Erklärung über Zahlungen des Antragsgegners) abgewiesen ist, kann ein neuer Antrag innerhalb der sechsmonatigen Frist des § 701 ZPO gestellt werden.[79]

75 Gegen die Zurückweisung ist das **Rechtsmittel** der unbefristeten[80] Erinnerung gemäß § 11 Abs 1 S 1 RpflG gegeben. Der Rechtspfleger hilft der Erinnerung ab oder legt sie dem Richter vor; dieser entscheidet, wenn er die Erinnerung für zulässig und begründet hält (Rechtsmittel: einfache Beschwerde, § 567 Abs 1 ZPO), anderenfalls legt er sie dem Rechtsmittelgericht vor (§ 11 Abs 2 RpflG).

XIV. Erlaß des Vollstreckungsbescheids

76 Soweit bei der Prüfung des Antrags (vgl dazu RdNr 71) keine Bedenken aufgetreten sind, erläßt der Rechtspfleger den Vollstreckungsbescheid, bei Teilwiderspruch nur hinsichtlich des unwidersprochenen Teils der Forderung.
Hat der Antragsgegner im **Urkunden-, Wechsel- und Scheckmahnverfahren** beschränkt Widerspruch eingelegt (vgl RdNr 40), wird der Vollstreckungsbescheid mit dem Zusatz erlassen, daß dem Antragsgegner die Geltendmachung seiner Rechte im Nachverfahren vorbehalten ist. Da nach der hM mit Erlaß der den Vorbehalt enthaltenden Entscheidung die Sache von selbst in das Nachverfahren übergeht, hat der Rechtspfleger den Rechtsstreit bereits jetzt an das Gericht für das streitige Verfahren abzugeben.[81]

77 Soweit der eingeführte **Vordruck für die nichtmaschinelle Bearbeitung** zu verwenden ist, unterzeichnet der Rechtspfleger Blatt 3 des Durchschreibesatzes unter Angabe des Datums. Alle übrigen Angaben sind vorgedruckt bzw vom Antragsteller oder dem Gericht bereits vorher eingetragen (vgl Muster RdNr 66).

78 Bei **maschineller Bearbeitung** wird der **Vollstreckungsbescheid** auf einem Formular[82] (des Formats DIN A 3 quer) **ausgedruckt,** welches im wesentlichen nur Felder für die

---

[79] Baumbach-Lauterbach § 701 Anm 2, Thomas-Putzo § 701 Anm 1 b.
[80] Baumbach-Lauterbach § 699 Anm 6 Aa, Thomas-Putzo § 699 Anm 3 c, Vollkommer Rpfleger 82, 295, aA Rosenberg-Schwab § 165 IV 3: befristete Erinnerung.
[81] S zu diesem Fragenkreis Stein-Jonas § 703 a RdNr 5.
[82] BGBl 78 I 705 (Anlage 5 der VO).

Bezeichnungen des Gerichts, des Antragstellers und des Antragsgegners, des geltend gemachten Anspruchs und außerdem eine vorbereitete Kostenrechnung enthält. Der Vollstreckungsbescheid wird nicht unterschrieben, sondern nur mit dem Gerichtssiegel versehen; er trägt deshalb den Vermerk: „Maschinell erstellte Ausfertigung, ohne Unterschrift gültig (§ 703b Abs 1 ZPO)".

79 Soweit Vordrucke nicht eingeführt sind, also in den Fällen des § 703c Abs 1 Nr 1, 3 und 4 ZPO, kann der Vollstreckungsbescheid auf den Mahnbescheid gesetzt werden (§ 699 Abs 2 ZPO). Er lautet dann:

> Auf der Grundlage des Mahnbescheids vom ..., dem Antragsgegner zugestellt am ..., ergeht Vollstreckungsbescheid wegen der darin angeführten Beträge [*wegen der folgenden Beträge: ... DM*] [*abzüglich am ... gezahlter ... DM*] zuzüglich folgender weiterer ... DM Gerichtskosten und Auslagen sowie ... DM Gebühren, ... DM Auslagen, ... DM MwSt des Prozeßbevollmächtigten. [*Die Kosten des Verfahrens sind ab Erlaß dieses Bescheids mit 4% zu verzinsen*].
>
> (Ort, Datum) (Rechtspfleger)

XV. Ausfertigung und Zustellung des Vollstreckungsbescheids

80 Im Fall der **nichtmaschinellen Bearbeitung** erstellt der Urkundsbeamte der Geschäftsstelle nach der Unterschrift des Rechtspflegers die Ausfertigungen. Bei den eingeführten Vordrucken sind dafür nur die zusätzlichen Angaben von der Urschrift des Vollstreckungsbescheids (Blatt 3) auf die Ausfertigungsvordrucke (Blatt 4 und 5) zu übertragen, soweit sie nicht schon durchgeschrieben sind. Nach Form und Inhalt entsprechen diese Seiten im wesentlichen Blatt 3 (vgl RdNr 66), es fehlen lediglich die Zustellungsnachricht und der Antrag, dafür enthalten sie den Ausfertigungsvermerk. Im arbeitsgerichtlichen Mahnverfahren enthält Blatt 5 auf der Vorderseite zusätzlich eine Rechtsbehelfsbelehrung über die Einspruchsfrist von einer Woche (§ 59 S 3 ArbGG) und den Hinweis, daß der Antragsgegner die Gerichtskosten trägt, welche nach Abschluß des Verfahrens von ihm eingezogen werden. Die Rückseite von Blatt 5 für den Antragsgegner enthält folgende Hinweise:[83]

81 **Hinweise des Gerichts**

> **Zahlungen**
>
> Zahlungen – gleichgültig, ob sie die Hauptforderung, die Zinsen oder die Kosten betreffen – sind nur an den Antragsteller zu richten.
>
> **Das Gericht kann Ihre Zahlung nicht entgegennehmen.**
>
> Zahlen Sie an den Antragsteller unmittelbar oder auf das von ihm bezeichnete Konto; falls Sie von dem Gerichtsvollzieher dazu aufgefordert werden, zu dessen Händen.
>
> **Zahlungsaufschub, Ratenzahlung**
>
> Zahlungsunfähigkeit befreit nicht von der Verpflichtung, eine Schuld zu bezahlen. Der Einspruch gegen diesen Vollstreckungsbescheid (...) kann selbst dann nicht auf Zahlungsunfähigkeit gestützt werden, wenn diese auf Krankheit, Erwerbslosigkeit oder anderen Notlagen beruht.

---

[83] Wegen des Wortlauts der Hinweise bei dem Arbeitsgericht vgl BGBl 77 I 2646.

Zahlungsaufschub oder Ratenzahlung kann nur der Antragsteller bewilligen.
Wenn Sie die Zahlung zur Zeit nicht voll aufbringen können, empfiehlt es sich, mit dem Antragsteller oder seinem Prozeßbevollmächtigten zu verhandeln. Verhandlungen führen erfahrungsgemäß häufig zum Erfolg, wenn eine Teilzahlung angeboten wird.
Das erkennende Gericht kann Ihnen keinen Zahlungsaufschub und keine Ratenzahlungen bewilligen.

Einlegung des Einspruchs

Gegen den Vollstreckungsbescheid kann innerhalb einer Frist von zwei Wochen, die mit der Zustellung des Bescheids beginnt, Einspruch eingelegt werden. Der Einspruch ist **an das Amtsgericht zu richten, das den umseitigen Bescheid erlassen hat,** und muß schriftlich eingelegt werden oder vor dem Urkundsbeamten der Geschäftsstelle eines Amtsgerichts erklärt werden. Wird der Einspruch vor dem Urkundsbeamten der Geschäftsstelle eines anderen als des umseitig bezeichneten Amtsgerichts erklärt, so beachten Sie bitte, daß die von dem Urkundsbeamten aufgenommene Erklärung innerhalb der Einspruchsfrist bei dem umseitig bezeichneten Amtsgericht eingehen muß.
Danach haben Sie, wenn Einwendungen gegen den Anspruch bestehen, auch jetzt noch Gelegenheit, sich gegen diesen zur Wehr zu setzen.
Sollten Sie den Anspruch nicht bestreiten können, ist der Einspruch zwecklos und verursacht ihnen weitere Kosten.
Machen Sie daher von dem Einspruch nur Gebrauch, wenn Sie glauben, nicht oder noch nicht zur Zahlung verpflichtet zu sein, oder wenn Sie durch Ihr Verhalten nicht Veranlassung zu dem anhängigen Mahnverfahren gegeben haben.
Holen Sie nötigenfalls umgehend den Rat eines Rechtsanwalts oder einer sonstigen zur Rechtsberatung befugten Person oder Stelle ein, bevor Sie den Einspruch einlegen.
Sollten Sie den Anspruch nur zu einem Teil bestreiten wollen, können Sie den Einspruch auf diesen Teil beschränken. In diesem Fall empfiehlt es sich, den Teil des Anspruchs, den Sie bestreiten wollen, nach dem Teilbetrag der Hauptforderung und den Nebenforderungen (Zinsen, vorgerichtliche Kosten, Kosten des Verfahrens) in der Einspruchsschrift genau zu bezeichnen.

82 Bei der **maschinellen Bearbeitung** erhält der Antragsgegner einen Ausdruck (s dazu RdNr 78) mit gleichlautenden Hinweisen.[84]

83 Die Ausfertigung wird dem Antragsgegner **von Amts wegen zugestellt** (§§ 699 Abs 3 S 1 ZPO, 50 ArbGG). Nach der Rückkunft der Zustellungsurkunde wird das Datum der Zustellung im Fall der nichtmaschinellen Bearbeitung auf der Urschrift und der Ausfertigung für den Antragsteller (Blätter 3 und 4 des Vordrucksatzes) eingesetzt, bei der maschinellen Bearbeitung in den Ausdruck der Ausfertigung für den Antragsteller aufgenommen. Sodann erhält der Antragsteller diese Ausfertigung zugeschickt. Hat er die Übergabe des Vollstreckungsbescheids an sich beantragt oder die Auslagen für die Zustellung nicht im voraus entrichtet, werden ihm beide Ausfertigungen zugesandt (§ 699 Abs 4 S 2, 3 ZPO). Dann muß der Antragsteller einen Gerichtsvollzieher mit der Zustellung beauftragen; die Geschäftsstelle vermittelt die Zustellung nicht (§ 699 Abs 4 S 3 ZPO).

84 Soll der Vollstreckungsbescheid im Ausland anerkannt und vollstreckt werden, so muß eine Vollstreckungsklausel erteilt werden (§ 33 AVAG).[85] Außerdem ist, da der Vollstreckungsbescheid einem Versäumnisurteil gleichsteht (§ 700 Abs 1 ZPO),

[84] BGBl 78 I 705 (Anlage 5 der VO).
[85] S dazu RdNr 2.

gemäß § 339 Abs 2 ZPO die Einspruchsfrist im Vollstreckungsbescheid oder nachträglich durch besonderen Beschluß zu bestimmen.

Konnte die **Zustellung** an der von dem Antragsteller angegebenen Adresse **nicht erfolgen,** wird er hierüber und den von der Bundespost mitgeteilten Grund informiert sowie darauf hingewiesen, daß durch eine erneute Zustellung nochmals Auslagen entstehen, die der Antragsteller im voraus zu entrichten hat (vgl hierzu im einzelnen RdNr 36f – Unzustellbarkeit eines Mahnbescheids –; das Formular[86] zur Nachricht über die Nichtzustellung eines Vollstreckungsbescheids entspricht im wesentlichen dem hinsichtlich des Mahnbescheids). 85

Die **erneute Zustellung** kann bei nichtmaschineller Bearbeitung formlos beantragt werden. Im Fall maschineller Bearbeitung ist der folgende Vordruck zu verwenden, der dem Antragsteller mit der Nichtzustellungsnachricht zugeht: 86

Mahnsache

Antragsteller: Vor- und Nachname/Firmenbezeichnung

gegen

Antragsgegner: Vor- und Nachname/Firmenbezeichnung

wegen

DM

Zeilen-Nummer

Datum des Antrags	Geschäftsnummer des Amtsgerichts
1	

An das
Amtsgericht
– Mahnabteilung –

Antrag auf Neuzustellung eines Vollstreckungsbescheids

2 **Die neue Anschrift lautet:**
Straße, Hausnummer – **bitte kein Postfach!** – | Postleitzahl, Ort

3 1 = Ich beantrage, dem Antragsgegner den Vollstreckungsbescheid unter dieser neuen Anschrift zuzustellen. Die Zahlung des Auslagenbetrages für die Zustellung durch das Gericht habe ich veranlaßt.
2 = Ich möchte den Vollstreckungsbescheid nunmehr selbst durch einen Gerichtsvollzieher zustellen lassen und beantrage, mir den Bescheid für diesen Zweck in Ausfertigung zu übergeben.

Bezeichnung des Absenders

4 Unterschrift des Antragstellers/Vertreters/Prozeßbevollmächtigten

---

[86] BGBl 78 I 705 (Anlage 7 der VO).

87 Sofern das Gericht, bei dem das Mahnverfahren anhängig ist, auf ein entsprechendes Gesuch (§ 204 Abs 1 ZPO) hin die **öffentliche Zustellung**[87] bewilligt, wird der Vollstreckungsbescheid an der Gerichtstafel des Gerichts angeheftet, bei welchem der Antragsgegner seinen allgemeinen Gerichtsstand hat[88] (§§ 699 Abs 4 S 4 iVm 692 Abs 1 Nr 1 und 690 Abs 1 Nr 5 ZPO) bzw welches nach § 703d Abs 3 ZPO zuständig ist.

XVI. Einspruch gegen den Vollstreckungsbescheid, Antrag auf Einstellung der Zwangsvollstreckung

88 Aus dem Vollstreckungsbescheid kann gemäß § 794 Abs 1 Nr 4 ZPO vollstreckt werden. Er steht einem für vorläufig vollstreckbar erklärten Versäumnisurteil gleich (§ 700 Abs 1 ZPO) und ist daher **ausschließlich** mit dem **Einspruch** (§ 338 ZPO) anfechtbar; die Einlegung hat bei dem Gericht zu erfolgen, das den Vollstreckungsbescheid erlassen hat. Die **Einspruchsfrist** beträgt zwei Wochen seit Zustellung (§ 339 ZPO), in Arbeitsgerichtsverfahren eine Woche (§ 59 ArbGG), bei Zustellung im Ausland nach der Bestimmung des Gerichts (§ 339 Abs 2 ZPO). Sie wird auch durch die Zustellung im Parteibetrieb (vgl § 699 Abs 4 S 2 ZPO) in Lauf gesetzt.[89] Ein **verspäteter Widerspruch** wird gemäß § 694 Abs 2 ZPO als Einspruch behandelt. Das gleiche gilt, wenn der Vollstreckungsbescheid von dem Rechtspfleger verfügt wird, obwohl Widerspruch eingelegt war, aber nicht zu den Akten gelangt oder übersehen worden ist,[90] oder wenn der Rechtspfleger bei einem unklar gefaßten Teilwiderspruch einen Teilvollstreckungsbescheid erlassen hat.[91]

89 Die **Einspruchsschrift** muß gemäß §§ 700 Abs 1, 340 Abs 2 ZPO die Bezeichnung des Vollstreckungsbescheids und die Erklärung enthalten, daß gegen diesen Einspruch[92] eingelegt werde. Bei teilweisem Einspruch ist der Umfang der Anfechtung anzugeben. Eine Begründung ist nicht erforderlich; denn § 340 Abs 3 ZPO ist nach § 700 Abs 3 S 2 ZPO nicht anzuwenden. Es besteht weder Anwaltszwang noch ist der Nachweis der Vollmacht erforderlich, auch wenn der Vollstreckungsbescheid von dem Landgericht erlassen worden ist (§§ 702, 703, 700 Abs 3 ZPO).[93] Der Einspruch muß handschriftlich unterzeichnet sein.[94]

Gleichzeitig kann der Antragsgegner die **Einstellung der Zwangsvollstreckung** gemäß §§ 719, 707, 700 Abs 1 ZPO beantragen. Dieser Antrag kann auf Einstellung der Zwangsvollstreckung gegen Sicherheitsleistung gerichtet sein; nur ausnahmsweise kann ohne Sicherheitsleistung eingestellt werden, wenn der Vollstreckungsbescheid gesetzwidrig ergangen ist oder der Antragsgegner das Unterlassen des Widerspruchs nicht verschuldet hat (§§ 719 Abs 1 iVm 700 Abs 1 ZPO). Diese Tatsachen sind gemäß § 294 ZPO glaubhaft zu machen. Auch kann der Antrag darauf gerichtet

---

[87] Vgl RdNr 307ff.
[88] Rosenberg-Schwab § 165 IV 4, Thomas Putzo § 699 Anm 5c, Holch RdNr 107.
[89] Bischof NJW 80, 2035; OLG Koblenz NJW 81, 408; vgl auch OLG Karlsruhe NJW-RR 87, 895 (selbst bei Fehlen der Rechtsbehelfsbelehrung).
[90] KG Rpfleger 83, 489, Thomas-Putzo § 694 Anm 2, Rosenberg-Schwab § 165 III 5b.
[91] BGHZ 85, 361 = NJW 83, 633.
[92] Der Gebrauch des Wortes ist nicht entscheidend, RGZ 141, 350.
[93] Hornung, Rpfleger 78, 431 mwNachw, aA Baumbach-Lauterbach § 700 Anm 3 D.
[94] BGHZ 101, 134, 139 = NJW 87, 2588.

sein, die Zwangsvollstreckung von einer Sicherheitsleistung des Antragstellers abhängig zu machen, sodaß die Zwangsvollstreckung nur nach Sicherheitsleistung beginnen oder weiter geführt werden kann (§ 707 ZPO). Auch soweit eine Glaubhaftmachung nicht erforderlich ist, wird der Antrag zweckmäßigerweise eingehend begründet. Denn vor einer Einstellung der Zwangsvollstreckung hat das Gericht die Zulässigkeit des Rechtsmittels und die sachlichen Erfolgsaussichten vorzuprüfen, um feststellen zu können, ob überhaupt eine Gefahr unrechtmäßiger Vollstreckung besteht.[95]

Muster einer Einspruchsschrift: 90

In der Mahnsache
König gegen Schnabel
– B 10533/ . . –
lege ich gegen den Vollstreckungsbescheid des Amtsgerichts Hünfeld vom 8. 1. 19 . .
hiermit

Einspruch

ein. Ich beantrage,

die Zwangsvollstreckung ohne Sicherheitsleistung einzustellen.

Der Vollstreckungsbescheid ist in gesetzwidriger Weise ergangen. Der Mahnbescheid vom 18. 12. 19 . . ist während der Betriebsferien, die vom 22. 12. 19 . . bis zum 10. 1. 19 . . dauerten, unter der Adresse meiner Werkstatt am 28. 12. 19 . . durch Niederlegung zugestellt worden. Ich wohne jedoch nicht dort, sondern in der Adickesallee 5. Infolgedessen habe ich erst jetzt nach Ende der Betriebsferien von dem Erlaß des Mahnbescheids erfahren. Wie ich mir von der Handwerkskammer habe sagen lassen, ist eine Ersatzzustellung durch Niederlegung nur bei Zustellung unter der Wohnungsadresse, nicht aber unter der Geschäftsadresse zulässig.[96] Zur Glaubhaftmachung füge ich eine Bescheinigung der Handwerkskammer bei, aus welcher sich die Adressen meiner Wohnung und meiner Werkstatt ergeben. Außerdem beziehe ich mich hinsichtlich der Dauer der Betriebsferien auf das beigefügte Exemplar der Frankfurter Rundschau vom 15. 12. 19 . ., auf dessen Seite 5 sich eine Anzeige über die Dauer der Betriebsferien befindet.
Die geltend gemachte Forderung besteht im übrigen nicht, weil . . .

(Anlage) (Unterschrift)

XVII. Abgabe und streitiges Verfahren

Nach der Einlegung des Einspruchs gibt der Rechtspfleger die Sache **von Amts wegen** 91
an das im Mahnbescheid (§ 692 Abs 1 Nr 1 ZPO) gemäß § 690 Abs 1 Nr 5 ZPO bezeichnete Gericht am allgemeinen Gerichtsstand des Antragsgegners (bzw an das gemäß § 703d Abs 3 ZPO bezeichnete Gericht) ab (§ 700 Abs 3 S 1 ZPO); ein Antrag einer Partei ist nicht erforderlich. Die Zulässigkeit des Einspruchs wird dabei nicht geprüft; auch über einen etwaigen Antrag auf Einstellung der Zwangsvollstreckung wird nicht entschieden, zuständig ist vielmehr das Gericht, welches über das Rechtsmittel entscheidet (§§ 707, 719 ZPO).

---

[95] BGHZ 8, 47, 49, BGH NJW 65, 1276, BAG NJW 71, 910, OLG Frankfurt NJW 76, 2137, Stein-Jonas § 707 II, Baumbach-Lauterbach § 707 Anm 2 E, F mwNachw, Schneider MDR 73, 356, 358, aA Wieczorek § 707 C I b 3.
[96] Vgl §§ 181–183, 187 S 2 ZPO, BGH NJW 76, 149, BAG NJW 76, 1421, 1422.

92 Aufgrund der Verweisung im § 700 Abs 3 S 2 ZPO gelten für das **weitere Verfahren** die Vorschriften für das Verfahren nach einem Widerspruch hier entsprechend, wobei sich jedoch Besonderheiten im Hinblick auf §§ 700 Abs 3, 340ff ZPO ergeben. Wegen des Verfahrens der Abgabe im allgemeinen, der Rechtsmittel gegen den Abgabebeschluß und der Einleitung des streitigen Verfahrens wird auf die früheren Ausführungen (RdNr 48ff, 53ff) verwiesen.
Die Abgabe ist den Parteien mitzuteilen (§ 696 Abs 1 S 3 ZPO). Mit Eingang der Akten bei dem bezeichneten Gericht gilt der Rechtsstreit als dort anhängig (§ 694 Abs 1 S 4 ZPO). Im arbeitsgerichtlichen Mahnverfahren wird auf den Einspruch ohne Antrag Termin zur mündlichen Verhandlung bestimmt (§ 46a Abs 6 ArbGG). Die Akten werden dem Richter am Amtsgericht bzw – je nach den Gepflogenheiten der Kammer – dem Vorsitzenden oder dem Berichterstatter beim Landgericht zweckmäßigerweise noch vor der Zustellung der Einspruchsschrift vorgelegt, damit die Zulässigkeit des Einspruchs geprüft und über einen etwaigen Einstellungsantrag entschieden werden kann.
Mit dem Eingang der Akten bei dem Landgericht besteht für das weitere Verfahren Anwaltszwang.[97]

XVIII. Verwerfung des Einspruchs durch Beschluß

93 Ergibt die Prüfung der Statthaftigkeit, der Rechtzeitigkeit, der Form und der Frage eines Verzichts auf den Einspruch dessen **offenbare Unzulässigkeit**, kommt eine Verwerfung durch Beschluß nach § 341 ZPO in Betracht. In einem solchen Fall ist es nicht sinnvoll, die Einspruchsschrift dem Antragsteller zuzustellen. Insbesondere gebietet der Grundsatz des rechtlichen Gehörs – Art 103 GG – nicht, den Antragsteller zu hören, da er durch die beabsichtigte Entscheidung nicht beschwert wird. Dagegen ist dem **Antragsgegner Gelegenheit zur Stellungnahme** und gegebenenfalls zur Rücknahme des unzulässigen Einspruchs zu geben. Wegen weiterer Einzelheiten zu dieser Frage kann auf die Ausführungen im Fall der unzulässigen Berufung verwiesen werden (vgl RdNr 1010ff).

94 Die Verfügung lautet im Fall verspäteter Einlegung etwa:

1. Schreiben an Antragsgegner (Anschrift wie Blatt … d A):

   Betr: Ihr Einspruch gegen den Vollstreckungsbescheid in Sachen … gegen Sie

   Ausweislich der Akten ist Ihnen der Vollstreckungsbescheid vom … am … zugestellt worden. Ihr Einspruch vom … ist am … bei dem Amtsgericht … eingegangen. Die Einspruchsfrist von 14 Tagen war jedoch schon am … abgelaufen. Ihr Einspruch muß daher als unzulässig verworfen werden. Es wird Ihnen hiermit Gelegenheit gegeben, bis zum … zu der Frage der Zulässigkeit Stellung bzw Ihren Einspruch zurückzunehmen.
   Vorsorglich weise ich Sie auf die Möglichkeit der Wiedereinsetzung in den vorigen Stand hin, falls Sie ohne Ihr Verschulden gehindert waren, die Einspruchsfrist einzuhalten (§ 233 ZPO); ob in Ihrem Fall die Voraussetzungen einer Wiedereinsetzung vorliegen, kann zur Zeit noch nicht beurteilt werden.

---

[97] BGH VersR 83, 785 mwNachw.

[*Falls Sie die Kosten für einen Rechtsanwalt nicht aufbringen können, müßten Sie innerhalb der Wiedereinsetzungsfrist von 2 Wochen ab dem Tag der Behebung des Hindernisses, das der Einhaltung der Einspruchsfrist entgegenstand, Prozeßkostenhilfe und gegebenenfalls Beiordnung eines Rechtsanwaltes zur Durchführung des streitigen Verfahrens beantragen.*]

Hochachtungsvoll

2. Wiedervorlage am ...

Trägt der Antragsgegner innerhalb der Frist nichts Erhebliches vor und stellt insbesondere keinen Antrag auf Wiedereinsetzung, wird der Einspruch durch Beschluß **ohne mündliche Verhandlung** als **unzulässig verworfen.** 95

Beschluß

In dem Rechtsstreit
... gegen ...
wird der Einspruch des Antragsgegners gegen den Vollstreckungsbescheid des Amtsgerichts ... vom ..., ... B .../.., auf seine Kosten verworfen.

Gründe

Gegen den ihm am ... zugestellten Vollstreckungsbescheid hat der Antragsgegner Einspruch eingelegt, welcher am ... bei dem Amtsgericht ... einging; die Einspruchsfrist von 2 Wochen war jedoch am ... abgelaufen. Aus diesem Grund war der Einspruch als unzulässig zu verwerfen. Die Kostenentscheidung beruht auf § 91 ZPO.

..., den ... 19 ...
Amtsgericht, Abt ...
[*Landgericht, ... Zivilkammer*]

Vfg

1. Ausfertigung
   a) Antragsgegner mit ZU [*-vertreter mit ZU-EB*]
   b) Antragsteller [*-vertreter*] formlos
2. Kosten
3. Weglegen

Nimmt der Antragsgegner den unzulässigen Einspruch aufgrund der Hinweise des Gerichts zurück (vgl RdNr 105), kann gemäß § 8 Abs 1 S 3 GKG von der Erhebung **von Gerichtskosten abgesehen** werden (vgl das Muster eines Beschlusses im Fall der Rücknahme einer unzulässigen Berufung RdNr 1014). 96

XIX. Mündliche Verhandlung über den Einspruch

Soweit der Einspruch nicht zurückgenommen und nicht durch Beschluß als unzulässig verworfen wird, ist **Termin zur mündlichen Verhandlung über den Einspruch** zu bestimmen (§ 341a ZPO).[98] Ob in diesem Termin – wie § 341a ZPO es vorsieht – generell auch zur Hauptsache verhandelt werden sollte, erscheint fraglich; denn der im Mahnbescheid nur individualisierte Anspruch ist bisher noch gar nicht begründet worden, und es dürfte nicht sinnvoll sein, dem Antragsteller aufzugeben, seinen Anspruch zu begründen, wenn die Wahrscheinlichkeit besteht, daß in dem Termin 97

[98] BGH NJW 82, 888, mwNachw.

der Einspruch als unzulässig verworfen wird. Dann erscheint vielmehr zweckmäßig, den Parteien Gelegenheit zur Stellungnahme zu der Frage der Zulässigkeit zu geben und einen nahen Termin anzuberaumen. Die Verfügung lautet dann:

98 Vfg

1. Termin zur mündlichen Verhandlung über den Einspruch wird bestimmt auf...
2. Den Parteien wird Gelegenheit gegeben, bis zum ... zu der Frage der Zulässigkeit Stellung zu nehmen. Der Einspruch ist am ... beim ... gericht ... eingegangen.
3. Nachricht von 1 und 2 an Kläger [-*Vertreter*] mit ZU [*EB*] mit Abschriften der Einspruchsschrift, Beklagten [-*Vertreter*] mit ZU [*EB*]
4. Zum Termin

99 Ist der Einspruch dagegen offensichtlich **zulässig**, wird der Kläger gemäß §§ 697 Abs 1, 700 Abs 3 S 2 mit der Zustellung der Einspruchsschrift aufgefordert, seinen **Anspruch** binnen 2 Wochen zu **begründen**. Das weitere Verfahren entspricht dem streitigen Verfahren nach Einlegung des Widerspruchs; auf die früheren Ausführungen kann insoweit verwiesen werden (vgl RdNr 54ff).
Die Verfügung des Richters lautet also:

Vfg

1. Einspruchsschrift dem Kläger [-*Vertreter*] zustellen und mitteilen, daß der Einspruch am ... beim Amtsgericht ... eingegangen ist.
2. Kläger zur Begründung des Anspruchs auffordern.
3. Wiedervorlage am ...

100 Bei der Ausführung der angeführten Verfügungen ist von der Geschäftsstelle den Parteien weiter **mitzuteilen**, daß das Amtsgericht, welches den Vollstreckungsbescheid erlassen hat, den Rechtsstreit an dieses Gericht abgegeben hat, daß beim Landgericht Anwaltszwang herrscht und infolgedessen die angeführten Stellungnahmen bzw die Anspruchsbegründung nur durch einen beim Landgericht zugelassenen Rechtsanwalt abgegeben werden können. Außerdem sind die Parteien aufzufordern, zu der Frage der Übertragung an den Einzelrichter Stellung zu nehmen (vgl hierzu im einzelnen RdNr 55).

101 Nach Ablauf der Begründungsfrist oder Eingang der Begründung entscheidet der Vorsitzende bzw der Richter am Amtsgericht, ob er einen **frühen ersten Termin** anberaumen **oder** ein **schriftliches Vorverfahren** anordnen will (§§ 697 Abs 2, 3, 700 Abs 3 S 2 ZPO, vgl RdNr 57). Der Kläger kann nunmehr einen Antrag auf Verweisung stellen (§§ 696 Abs 5 ZPO, vgl RdNr 58), auch wenn § 700 Abs 3 S 2 ZPO den § 696 Abs 5 ZPO nicht erwähnt.[99]

XX. Entscheidung über den Einstellungsantrag

102 Enthält der Einspruch einen Antrag auf Einstellung der Zwangsvollstreckung, setzt der Richter dem Kläger außerdem eine **Frist zur Stellungnahme** hierzu. Nur in Eilfällen kann einem solchen Antrag einstweilig ohne Anhörung des Gegners entsprochen werden; in diesem Fall ist nur eine befristete Einstellung für die Dauer der Frist zur Stellungnahme am Platz.[100] Für die Entscheidung ist zu prüfen, ob überhaupt die

---

[99] Baumbach-Lauterbach § 700 Anm 4 B mwNachw.
[100] BVerfG 18, 404, OLG Celle MDR 70, 243f, MDR 86, 63, Schneider MDR 73, 356, 357.

Gefahr der unrechtmäßigen Vollstreckung besteht, ob also der Einspruch zulässig ist und in der Sache selbst Aussicht auf Erfolg besteht.[101] Häufig wird dies erst nach der Anspruchsbegründung zu beurteilen sein. In einem solchen Fall kommen die Zurückstellung der Entscheidung nach Einverständniserklärung des Schuldners, die einstweilige Einstellung bis zum Ablauf der Frist zur Stellungnahme oder die Einstellung gegen Sicherheit nach erklärtem Einverständnis des Gläubigers in Betracht; im Zweifel ist jedoch der Antrag des Schuldners zugunsten des Gläubigers abzulehnen.[102]

Die **Entscheidung** des Richters über den Einstellungsantrag kann also lauten: 103

... C .../..

Beschluß

In dem Rechtsstreit
König gegen Schnabel
wird die Zwangsvollstreckung aus dem Vollstreckungsbescheid des Amtsgerichts Hünfeld – vom 8. 1. 19.. – B 10533/... – einstweilen bis zur Entscheidung über den Einspruch ohne Sicherheitsleistung eingestellt, nachdem der Beklagte glaubhaft gemacht hat, daß der Mahnbescheid ihm nicht ordnungsgemäß zugestellt worden war (§§ 700 Abs 1, 719 Abs 1 S 2, 707 Abs 1 ZPO).

[... *wird die Zwangsvollstreckung aus dem Vollstreckungsbescheid ... einstweilen bis zur Entscheidung über den Einspruch ohne (gegen) Sicherheitsleistung (in Höhe von ... DM) eingestellt. Diese Anordnung ergeht vorläufig. Das Gericht behält sich vor, aufgrund der Stellungnahme des Gegners den Einstellungsbeschluß aufzuheben oder abzuändern.*]

[... *wird die Zwangsvollstreckung aus dem Vollstreckungsbescheid ... bis zum ... einstweilen ohne (gegen) Sicherheitsleistung (in Höhe von ... DM) eingestellt; am ... wird das Gericht auf der Grundlage der bis dahin eingegangenen Stellungnahmen der Parteien über die weitere Einstellung entscheiden.*]

[... *wird die Zwangsvollstreckung aus dem Vollstreckungsbescheid ... gegen Sicherheitsleistung des Beklagten in Höhe von ... DM einstweilen eingestellt. Der Antrag auf Einstellung der Zwangsvollstreckung ohne Sicherheitsleistung wird zurückgewiesen, weil der Vollstreckungsbescheid in gesetzlicher Weise ergangen ist und der Beklagte nicht glaubhaft gemacht hat, daß der Vollstreckungsbescheid ohne sein Verschulden ergangen ist (§§ 700 Abs 1, 719 Abs 1 S 2 ZPO).*]

[... *wird der Antrag auf Einstellung der Zwangsvollstreckung ... zurückgewiesen, da die beabsichtigte Rechtsverfolgung – zur Zeit – keine hinreichende Aussicht auf Erfolg bietet; denn ...*]

XXI. Weiteres Verfahren

Das weitere Verfahren richtet sich nach den allgemeinen Vorschriften für das streitige Verfahren nach Einlegung des Widerspruchs (vgl RdNr 58 ff). 104

Wie der Widerspruch kann auch der Einspruch bis zum Beginn der mündlichen Verhandlung zur Hauptsache ohne Einwilligung des Klägers/Antragstellers **zurückgenommen** werden, solange noch kein Versäumnisurteil gegen den Beklagten/Antragsgegner ergangen ist (§§ 700 Abs 3 S 2, 697 Abs 4 S 1 ZPO). Nach Beginn der 105

[101] S RdNr 89 mwNachw.
[102] OLG Köln MDR 75, 850, Baumbach-Lauterbach § 707 Anm 2 F, Schneider MDR 73, 356, 358.

mündlichen Verhandlung kann der Einspruch gemäß §§ 346, 515 Abs 1 ZPO nur mit Zustimmung des Klägers zurückgenommen werden. Durch die Rücknahme geht der Antragsgegner des eingelegten Einspruchs verlustig und hat die durch den Einspruch entstandenen Kosten[103] zu tragen (§§ 700 Abs 1, 346, 515 ZPO).

106 Durch ein Urteil nach § 345 ZPO (sogenanntes **2. Versäumnisurteil**) darf ein Einspruch im Fall der Säumnis des Beklagten nach §§ 700 Abs 3 S 3, 331 Abs 1, 2 ZPO nur verworfen werden, wenn der Anspruch schlüssig dargetan ist. Dies setzt in aller Regel rechtzeitige Zustellung der Anspruchsbegründung an den Beklagten voraus. Dennoch kann ausnahmsweise ein zweites Versäumnisurteil ergehen, wenn der Anspruch bereits im Mahnbescheid schlüssig dargetan ist.[104]

---

[103] Zur etwaigen Niederschlagung von Gerichtskosten s RdNr 96.
[104] AA Bender-Belz-Wax RdNr 240.

2. Kapitel: Prozeßkostenhilfe, Beratungshilfe

ArbGG §§ 11, 11a
BerHG
BRAGO §§ 121-133
BRAO §§ 48, 49a
BSHG §§ 76, 88
RpflG §§ 20, 24a
ZPO §§ 114-127a

Bundeseinheitliche Ausführungsvorschriften der Länder:
Armenanwaltsvergütung bei Verweisung oder Abgabe eines Verfahrens an ein Gericht eines anderen Landes (Anlage 2 der KostV)[1]
Ausgleich von Kosten in Verfahren vor den Gerichten für Arbeitssachen und den ordentlichen Gerichten (Anlage 3 zur KostV)[2]
Bestimmungen über die Festsetzung der aus der Staatskasse zu gewährenden Vergütung der Rechtsanwälte[3] v 10. 12. 1980
Durchführungsbestimmungen zum Gesetz über die Prozeßkostenhilfe v 1. 10. 1985 (DB-PKHG)[4]
Kosten bei Verweisung oder Abgabe eines Verfahrens an ein Gericht eines anderen Landes (Anlage 1 zur KostV)[5]
Vereinbarung über die Bewilligung von Reiseentschädigungen an mittellose Personen und von Vorschußzahlungen an Zeugen und Sachverständige v 1. 8. 1977[6]
Vereinbarung über die Bewilligung von Reiseentschädigungen an mittellose Personen und von Vorschußzahlungen an Zeugen und Sachverständige in Verfahren vor den Gerichten für Arbeitssachen[7] v 1. 4. 1978
VO zur Durchführung des § 88 Abs 2 Nr 8 des BSHG v 11. 2. 1988 (BGBl 88 I 150)[8]
VO zur Einführung eines Vordrucks für die Erklärung über die persönlichen und wirtschaftlichen Verhältnisse bei Prozeßkostenhilfe v 24. 11. 1980 (BGBl 80 I 2163)
VO zur Einführung von Vordrucken im Bereich der Beratungshilfe v 2. 1. 1981 (BGBl 81 I 26)

Schrifttum:
Beyer, Rechtsfragen bei der Gewährung von Prozeßkostenhilfe, JurBüro 89, 439
Dörndorfer, Prozeßkostenhilfe für Anfänger, 1988
Greißinger, Beratungshilferecht, 1987
Kalthoener-Büttner, Prozeßkostenhilfe und Beratungshilfe, 1987
Klinge, Das Beratungshilfegesetz, 1980
Lindemann-Trenk-Hinterberger, Beratungshilfegesetz, 1987
Schoreit-Dehn, Beratungshilfegesetz, Prozeßkostenhilfegesetz, 3. Aufl 1987
Vogel, Prozeßkostenhilfe im familiengerichtlichen Verfahren, 1984

---

[1] Piller-Hermann Nr 10 aE iVm Anl VI.
[2] Piller-Hermann Nr 10 aE iVm Anl VII.
[3] Piller-Hermann Nr 10c, weitere Fundstellen vgl Schönfelder, Fußnote zu § 98 BRAGO.
[4] NJW 81, 804, Piller-Hermann Nr 10h; weitere Fundstellen Baumbach-Lauterbach § 117 ZPO Anm 4B.
[5] Piller-Hermann Nr 10 aE iVm Anl VI; weitere Fundstellen vgl Schönfelder, Fußnote zu § 121 BRAGO.
[6] Piller-Hermann Nr 10d.
[7] Piller-Hermann Nr 10d Anl I.
[8] Sartorius I Nr 417.

I. Voraussetzungen der Prozeßkostenhilfe

150 **Armut** allein darf nicht Grund dafür sein, daß jemand auf die Wahrung seiner Rechte vor Gericht verzichtet. Wer[9] nach seinen persönlichen und wirtschaftlichen Verhältnissen nicht in der Lage ist, die Kosten für ein gerichtliches Verfahren – Erkenntnisverfahren, Mahnverfahren, Beweissicherungsverfahren, Verfahren auf Erlaß eines Arrests oder einer einstweiligen Verfügung, Zwangsvollstreckung[10] – vollständig und auf einmal aufzubringen, erhält auf Antrag gemäß § 114 ZPO Prozeßkostenhilfe, wenn die beabsichtigte Rechtsverfolgung oder -verteidigung hinreichende Aussicht auf Erfolg bietet und nicht mutwillig erscheint. So einleuchtend und klar dieser Grundsatz auch ist, hat es der Gesetzgeber in den §§ 114ff ZPO verstanden, eine komplizierte, unübersichtliche und teilweise unangemessen großzügige Regelung zu treffen.[11]
Die Vorschriften der ZPO über die Prozeßkostenhilfe gelten im **Arbeitsgerichtsverfahren** entsprechend (§ 11a Abs 3 ArbGG).[12]
Zu den Voraussetzungen im einzelnen:

1. Kostenarmut

151 Wann eine Partei nicht in der Lage ist, die Prozeßkosten vollständig und auf einmal aufzubringen, richtet sich nach ihren Einkommens- und Vermögensverhältnissen unter Berücksichtigung der Zahl der Unterhaltsberechtigten und der Höhe der voraussichtlichen Prozeßkosten.

152 Die Höhe der **veraussichtlichen Prozeßkosten** ist nach dem im Zeitpunkt der Bewilligung zu erwartenden, üblichen Verfahrensablauf zu ermitteln. In der Regel sind für bürgerliche Rechtsstreitigkeiten an Gerichtskosten eine $^{10}/_{10}$ Verfahrensgebühr,[13] eine $^{20}/_{10}$ Urteilsgebühr[14] – nach vorausgegangenem Mahnverfahren nur die Urteilsgebühr –, Auslagen für eine Zustellung in der Höhe der Postgebühren[15] von 6.– DM sowie drei $^{10}/_{10}$ Rechtsanwaltsgebühren – Prozeß-, Verhandlungs- und Beweisgebühr[16] –, Auslagenpauschale[17] sowie die Umsatzsteuer[18] zugrundezulegen und weitere absehbare Auslagen, etwa für weitere Zustellungen, Vorschüsse für eine Beweisaufnahmen, einzusetzen. In Berufungssachen erhöhen sich die einzusetzenden (Gerichts-) Verfahrensgebühr[19] auf $^{15}/_{10}$, die drei Anwaltsgebühren[20] auf je $^{13}/_{10}$. In erstinstanzlichen Scheidungs- und Folgesachen ermäßigt sich die Urteilsgebühr[21] auf $^{10}/_{10}$, in Berufungs- und Beschwerdeverfahren[22] auf $^{15}/_{10}$.

---

[9] Für Ausländer und Staatenlose gelten seit der Neufassung 1980 keine Sonderregeln mehr, auf das Erfordernis der Gegenseitigkeit ist verzichtet; zu Problemen der Prozeßkostenhilfe für Ausländer s Schuster-Strunz SGb 88, 534.
[10] Abzulehnen ist die Auffassung, Prozeßkostenhilfe könne nur für die einzelne Zwangsvollstreckungsmaßnahme bewilligt werden; wie hier Tempel Band I 624 mwNachw, aA LG Berlin JurBüro 89, 836.
[11] Siehe dazu im einzelnen Baumbach-Lauterbach, Übers v § 114 ZPO Anm 1 A mwNachw.
[12] Vgl insbesondere RdNr 175.
[13] GKG Nr 1010 KV.
[14] GKG Nr 1016 KV.
[15] GKG Nr 1902 KV.
[16] § 31 Nr 1-3 BRAGO.
[17] § 26 BRAGO.
[18] § 25 Abs 2 BRAGO.
[19] GKG Nr 1020 KV.
[20] § 11 S 4 BRAGO.
[21] GKG Nr 1116 KV.
[22] GKG Nr 1126 KV.

Der **Schätzung** der voraussichtlichen Prozeßkosten in den angeführten, wohl häufigsten Fällen dient die folgende Übersicht[23] mit Stand vom 1. 4. 1989, wobei gegebenenfalls individuelle weitere Auslagen noch hinzugesetzt werden müssen:

Kostenvoranschlag zur Bewilligung von Prozeßkostenhilfe (§ 115 VI ZPO)

	Bürgerliche Rechtsstreitigkeiten ohne Scheidungs- und Folgesachen					Verfahren in Scheidungs- und Folgesachen	
	I. Instanz				II. Instanz	I. Instanz	II. Instanz
	nach Mahnverfahren		ohne Mahnverfahren				
Streitwert	nur GKG	GKG + BRAGO	nur GKG	GKG + BRAGO	GKG + BRAGO	GKG + BRAGO	GKG + BRAGO
1	2	3	4	5	6	7	8
DM	DM	DM	DM	DM	DM	DM	DM
300	36	194	51	209	264	194	256
600	63	280	78	295	372	271	360
900	89	364	105	381	479	348	462
1200	111	446	132	467	577	425	556
1500	134	522	159	547	675	496	650
1800	155	595	186	625	773	565	743
2100	179	669	213	704	872	635	837
2400	201	743	240	782	970	704	931
2700	224	817	267	860	1068	773	1024
3000	246	891	294	939	1166	843	1118
3500	269	1002	321	1055	1313	950	1261
4000	291	1113	348	1170	1460	1056	1403
4500	314	1225	375	1286	1607	1163	1546
5000	336	1336	402	1402	1755	1270	1689
5500	359	1448	429	1518	1902	1377	1831
6000	381	1559	456	1634	2049	1484	1974
6500	404	1671	483	1750	2196	1591	2116
7000	426	1782	510	1866	2343	1698	2259
7500	449	1893	537	1982	2490	1805	2402
8000	471	2005	564	2098	2637	1912	2544
8500	494	2116	591	2214	2784	2019	2687
9000	516	2228	618	2330	2931	2126	2829
9500	539	2339	645	2446	3078	2233	2972
10000	561	2450	672	2561	3225	2339	3114
11000	591	2586	708	2703	3405	2469	3288
12000	621	2723	744	2846	3585	2600	3462
13000	651	2859	780	2988	3765	2730	3636
14000	681	2995	816	3130	3945	2860	3810
15000	711	3131	852	3272	4125	2990	3984
16000	741	3267	888	3414	4304	3120	4157
17000	771	3403	924	3556	4484	3250	4331
18000	801	3539	960	3698	4664	3380	4505
19000	831	3675	996	3840	4844	3510	4679
20000	861	3811	1032	3982	5024	3640	4853
25000	951	4123	1140	4312	5439	3934	5250
30000	1041	4435	1248	4642	5854	4228	5647
35000	1131	4748	1356	4973	6269	4523	6044
40000	1221	5060	1464	5303	6684	4817	6441
45000	1311	5372	1572	5633	7099	5111	6838
50000	1401	5684	1680	5963	7514	5405	7235
55000	1491	5997	1788	6294	7929	5700	7632

[23] Anlage zur Nr 1.3 DB-PKH, NJW 89, 2873, HessJMBL 89, 158 iVM 87, 493. Daß der Richter an diesen Runderlaß nicht gebunden ist, versteht sich von selbst.

	Bürgerliche Rechtsstreitigkeiten ohne Scheidungs- und Folgesachen					Verfahren in Scheidungs- und Folgesachen	
	I. Instanz nach Mahnverfahren		I. Instanz ohne Mahnverfahren		II. Instanz	I. Instanz	II. Instanz
Streitwert	nur GKG	GKG + BRAGO	nur GKG	GKG + BRAGO	GKG + BRAGO	GKG + BRAGO	GKG + BRAGO
1	2	3	4	5	6	7	8
DM	DM	DM	DM	DM	DM	DM	DM
60000	1581	6309	1896	6624	8344	5994	8029
65000	1671	6621	2004	6954	8759	6288	8426
70000	1761	6934	2112	7285	9174	6583	8823
75000	1851	7246	2220	7615	9589	6877	9220
80000	1941	7558	2328	7945	10004	7171	9617
85000	2031	7871	2436	8276	10419	7466	10014
90000	2121	8183	2544	8606	10834	7760	10411
95000	2211	8495	2652	8954	11249	8054	10808
100000	2301	8807	2760	9266	11664	8348	11205
115000	2526	9289	3030	9793	12312	8785	11808
130000	2751	9770	3300	10319	12960	9221	12411
145000	2976	10252	3570	10846	13609	9658	13015
160000	3201	10733	3840	11372	14257	10094	13618
175000	3426	11215	4110	11899	14906	10531	14222
190000	3651	11696	4380	12425	15554	10967	14825
205000	3876	12178	4650	12952	16203	11404	15429
220000	4101	12659	4920	13487	16851	11840	16032
235000	4326	13151	5190	14005	17500	12277	16636
250000	4551	13622	5460	14531	18148	12713	17239
265000	4776	14104	5730	15058	18797	13150	17843
280000	5001	14585	6000	15584	19445	13586	18446
295000	5226	15067	6270	16111	20093	14023	19049
310000	5451	15548	6540	16637	20742	14459	19653
325000	5676	16030	6810	17164	21390	14896	20256
340000	5901	16511	7080	17690	22039	15332	20860
355000	6126	16993	7350	18217	22687	15769	21463
370000	6351	17474	7620	18743	23336	16205	22067
385000	6576	17956	7890	19270	23984	16642	22670
400000	6801	18437	8160	19796	24633	17078	23274
430000	7251	19298	8700	20747	25796	17849	24347
460000	7701	20158	9240	21697	26960	18619	25421
490000	8151	21019	9780	22648	28123	19390	26494
520000	8601	21879	10320	23598	29287	20160	27568
550000	9051	22739	10860	24548	30450	20930	28651
580000	9501	23600	11400	25499	31614	21701	29715
610000	9951	24460	11940	26449	32777	22471	30788
640000	10401	25321	12480	27400	33941	23242	31862
670000	10851	26181	13020	28350	35104	24012	32935
700000	11301	27041	13560	29300	36268	24782	34009
730000	11751	27902	14100	30251	37431	25553	35082
760000	12201	28762	14640	31201	38595	26323	36156
790000	12651	29623	15180	32152	39758	27094	37229
820000	13101	30483	15720	33102	40922	27864	38303
850000	13551	31343	16260	34052	42085	28634	39376
880000	14001	32204	16800	35003	43249	29405	40450
910000	14451	33064	17340	35953	44412	30175	41523
940000	14901	33925	17880	36904	45576	30946	42597
970000	15351	34785	18420	37854	46739	31716	43670
1000000	15801	35645	18960	38804	47903	32486	44744

Ob eine Partei ganz oder teilweise zur Tragung der ermittelten, voraussichtlichen Prozeßkosten in der Lage ist oder nicht, richtet sich nach ihren konkreten **Einkommens- und Vermögensverhältnissen.** Auszugehen ist dabei zunächst – unabhängig von dem Streitwert – von dem monatlichen Nettoeinkommen[24] des Antragstellers. Es ist nicht zulässig, den Antragsteller darauf zu verweisen, die Klageerhebung zu verschieben, bis er die Kosten angespart hat.[25] Die (im Gegensatz zu der voranstehenden Kostenschätzungsübersicht selbstverständlich bindende) **Tabelle**[26] zu § 114 ZPO legt die Grenzen[27] für die Gewährung von Prozeßkostenhilfe ohne oder mit Ratenzahlung sowie die Höhe der Raten in Abhängigkeit vom **Einkommen** und der Zahl der unterhaltsberechtigten Personen fest: 153

Nettoeinkommen auf volle Deutsche Mark abgerundet monatlich bei Unterhaltsleistungen auf Grund gesetzlicher Unterhaltspflicht für							Monatsrate Deutsche Mark
	0	1	2	3	4	5 Personen*	
bis	850	1300	1575	1850	2125	2400	0
	900	1350	1625	1900	2175	2450	40
	1000	1450	1725	2000	2275	2550	60
	1100	1550	1825	2100	2375	2650	90
	1200	1650	1925	2200	2475	2750	120
	1300	1750	2025	2300	2575	2850	150
	1400	1850	2125	2400	2675	2950	180
	1500	1950	2225	2500	2775	3050	210
	1600	2050	2325	2600	2875	3150	240
	1800	2250	2525	2800	3075	3350	300
	2000	2450	2725	3000	3275	3550	370
	2200	2650	2925	3200	3475	3750	440
	2400	2850	3125	3400	3675	3950	520

* Bei Unterhaltsleistungen für mehr als 5 Personen erhöhen sich die in dieser Spalte angeführten Beträge um 275 Deutsche Mark für jede weitere Person.

Liegt das monatliche Nettoeinkommen[29] eines Alleinstehenden **unter** 850.- DM, ist Prozeßkostenhilfe ohne die Anordnung von Ratenzahlung zu bewilligen. Dieser Betrag erhöht sich nach der Anzahl der Personen, denen der Antragsteller unterhaltspflichtig ist und denen er Naturalunterhalt leistet; eine gesetzliche Unterhalspflicht wird bei der Anwendung der Tabelle nicht berücksichtigt, soweit eine Geldrente gezahlt wird (§ 115 Abs 3 ZPO).[30] Hat ein Unterhaltsberechtigter ein eigenes Einkommen, ist er bei der Anwendung der Tabelle ebenfalls nicht zu berücksichtigen, es sei denn daß im Fall der Zusammenrechnung der Einkommen von Partei und selbstverdienendem Unterhaltsberechtigten sich eine geringere oder gar keine Monatsrate ergibt (§ 117 Abs 4 ZPO). 154

Übersteigt das Nettoeinkommen den in Zeile 1 der Tabelle aufgeführten, nach der Zahl der berücksichtigungsfähigen Unterhaltsberechtigten maßgeblichen Betrag, ist

---

[24] Zu dessen Ermittlung siehe RdNr 155.
[25] BGHZ 10, 139 = NJW 53, 1510.
[26] Zur Verfassungsmäßigkeit vgl BVerfG NJW 88, 2232.
[27] Auch bei spürbarer Erhöhung der Lebenshaltungskosten ist nicht das Gericht, sondern der Gesetzgeber berufen, die gesetzliche Regelung des Prozeßkostenhilferechts veränderten Verhältnissen anzupassen; OLG Köln FamRZ 88, 191, 192; 89, 524; OLG Oldenburg FamRZ 89, 199; OLG Hamm FamRZ 89, 523; aA OLG Celle FamRZ 88, 1076.
[29] Zu dessen Ermittlung siehe RdNr 155.
[30] Zahlt der Antragsteller eine Geldrente, ist dies – soweit angemessen – bei der Ermittlung des Nettoeinkommens zu berücksichtigen; vgl dazu RdNr 156 aE.

der Partei die Aufbringung der in der letzten Spalte angeführten Monatsraten zuzumuten. Allerdings steht damit nicht auch schon fest, daß der Antragsteller überhaupt Prozeßkostenhilfe erhält: Liegen nämlich die voraussichtlichen Prozeßkosten unter der Summe von 4 Monatsraten, erhält er keine Prozeßkostenhilfe (§ 115 Abs 4 ZPO), übersteigen dagegen die voraussichtlichen Prozeßkosten den Betrag von 4 Monatsraten steht der Partei Prozeßkostenhilfe unter der Anordnung von Ratenzahlung zu, wobei sie je nach der Höhe der voraussichtlichen Prozeßkosten mindestens 5 und höchstens 48 Raten (vgl § 115 Abs 4, Anl 1 zu § 114 ZPO) aufzubringen hat.

Beispiel: Betragen die voraussichtlichen Prozeßkosten nicht mehr als 600.- DM, erhält keine Prozeßkostenhilfe, wer als Alleinstehender über ein Nettoeinkommen von 1300.- DM und mehr verfügt; betragen dagegen die voraussichtlichen Kosten 750.- DM erhält dieser Antragsteller Prozeßkostenhilfe unter Anordnung von 5 Raten je 150.- DM.

Ist das Nettoeinkommen **höher** als der in der letzten Zeile der Tabelle angeführte, nach der Zahl der Unterhaltsberechtigten maßgebliche Betrag, kann eine Partei grundsätzlich keine Prozeßkostenhilfe verlangen; ausnahmsweise erhält sie jedoch gemäß § 115 Abs 5 ZPO Prozeßkostenhilfe, wenn die Belastung mit den Kosten der Prozeßführung ihren angemessenen Lebensunterhalt erheblich beeinträchtigen würde. In einem solchen Fall erhöht sich die in der Tabelle enthaltene Höchstrate von 520.- DM um den Einkommensteil, der die tabellarische Nettoeinkommensobergrenze übersteigt.

Beispiel: Bei einem Nettoeinkommen der Partei von 3175.- DM und der Unterhaltspflicht für den Ehepartner und ein Kind (tabellarische Obergrenze: 3125.- DM) erhöht sich die zumutbare Monatsrate um 50.- DM auf 570.- DM.

155 Das **Nettoeinkommen** ist die Differenz zwischen dem Bruttoeinkommen und den nach § 115 Abs 1 ZPO abzugsfähigen Belastungen. Zum (Brutto-)Einkommen gehören alle Einkünfte in Geld oder Geldeswert (§ 115 Abs 1 S 2 ZPO), gleichgültig aus welcher Quelle sie stammen oder welcher Rechtsgrund ihnen zugrundeliegt. Einkommen sind daher insbesondere alle **Einkünfte**[31] aus

Arbeitsverhältnissen – Löhne, Gehälter, Urlaubs- und Weihnachtsgelder, Zulagen, Überstundenvergütungen, Auslösungen, Gratifikationen, Prämien, Tantiemen, Ruhegehälter, Pensionen, Abfindungen nach dem KSchG, Aufwandsentschädigungen wie Spesen oder Kilometergeld, soweit sie nicht zur Deckung der tatsächlichen Unkosten gebraucht werden, Sachbezüge (freie Wohnung, freie Verpflegung), Deputate usw –,

selbständiger oder freiberuflicher Erwerbstätigkeit – Gewinne, Honorare, Entnahmen, Erfindervergütungen, Tantiemen usw –,

Vermögen – Kapitalerträge wie Zinsen oder Dividenden, Miete und Pacht, Leibrenten, Altenteil, Schmerzensgeldrenten, Versicherungsleistungen[32] usw –,

Sozialversicherungsrenten – auch nach dem BEG, Kinderzuschuß zur Rente usw –,

Sozialleistungen – Sozialhilfe und andere Leistungen nach BSGH[33], Arbeitslosengeld, Arbeitslosenhilfe, Leistungen nach BAföG, Erziehungsgeld, Kindergeld, Wohngeld usw –,

freiwillige Leistungen Dritter,

u a m.

---

[31] Vgl dazu Kalthoener-Büttner RdNr 205 ff mwNachw, Schoreit-Dehn § 115 ZPO RdNr 5 ff.
[32] zB aus einer Aussteuerversicherung, OLG Köln FamRZ 88, 1297.
[33] BVerfG NJW 88, 2231.

Von dem so ermittelten Bruttoeinkommen sind nach § 115 Abs 1 S 3 ZPO iVm § 76 Abs 2 BSHG folgende **Belastungen** abzusetzen: 156

Steuern, soweit sie auf das Einkommen entrichtet wurden – Lohn- und Einkommensteuer, Kirchensteuer, Kapitalertragsteuer, Körperschaftsteuer –,

Sozialversicherungsbeiträge, soweit es sich um Pflichtbeträge handelt – Arbeitslosen- und Rentenversicherung, Kranken- und Unfallversicherung, auch Pflichtbeiträge Selbständiger, wie Handwerkerversicherung, Altershilfe für Landwirte, Künstlersozialversicherung, usw –,

weitere Versicherungsbeiträge, soweit sie gesetzlich vorgeschrieben oder nach Grund und Höhe angemessen sind, – Haftpflichtversicherung, private Kranken- und Unfallversicherung, Hausrat-, Feuer-, Gebäude- und sonstige Sachversicherungen; Lebensversicherungen, soweit sie an Stelle der gesetzlichen Sozialversicherung einer angemessenen Altersversorgung dienen, usw –,

Werbungskosten, nämlich die mit der Erzielung des Einkommens verbundenen notwendigen Ausgaben – Fahrtkosten, Beiträge zu Gewerkschaften und Berufsverbänden, Arbeitsmittel wie Kleidung oder Fachliteratur, Mehraufwendungen durch doppelte Haushaltsführung usw –,

besondere Belastungen, soweit sie nach pflichtgemäßem Ermessen des Richters angemessen sind; eine übertriebene Großzügigkeit ist hierbei nicht am Platz, nachdem der Gesetzgeber den Kreis der Berechtigten weit gezogen hat; es geht nicht an, daß der Antragsteller auf Kosten der Allgemeinheit Vermögen[34] bildet, ebensowenig, daß das Gericht den aufwendigen oder leichtsinnigen Lebensstil[35] des Antragstellers durch die Anerkennung von Abzügen honoriert, indem es ihm einen faulen Prozeß aus fremden Taschen ermöglicht.[36]

Abzugsfähig sind daher zB krankheitsbedingte Aufwendungen, Kosten der unfallbedingten Ersatzanschaffung eines bescheidenen, beruflich notwendigen PKW.

Darlehenszinsen und Tilgungsleistungen sind – entgegen der durch den eingeführten Vordruck[37] für die Erklärung über die persönlichen und wirtschaftlichen Verhältnisse geradezu provozierten Auffassung zahlreicher Antragsteller – keineswegs ohne weiteres abzugsfähig; es kommt vielmehr entscheidend darauf an, für welchen Zweck das Darlehen verwendet worden ist; war Anlaß für die Kreditaufnahme zB der Erwerb eines Hauses, sind entsprechend §§ 115 Abs 2 ZPO, 88 BSHG Aufwendungen nur abzugsfähig, wenn das Darlehen dem Erwerb eines kleinen Hausgrundstücks dient, welches der Antragsteller mit seinen Angehörigen selbst bewohnt, und nur nach Kürzung um die – in die Tabelle eingearbeitete – (fiktive) Miete[38] in Höhe von 156.- DM bzw 18% des Nettoeinkommens.

Wer ein Geschäft oder Unternehmen auf Kreditbasis gründet, erwirbt oder betreibt, dem ist in der Regel auch zumutbar, damit zusammenhängende Rechtsstreitigkeiten und solche des täglichen Lebens in gleicher Weise zu finanzieren;[39] es gehört nicht zu den Sozialaufgaben der Allgemeinheit, die Folgen unternehmerischer Waghalsigkeiten aufzufangen.[40]

---

[34] Vgl OLG Bamberg JurBüro 86, 1414; 87, 133; OLG Köln FamRZ 85, 414.

[35] OLG Bamberg FamRZ 86, 699, OLG Düsseldorf JurBüro 87, 769.

[36] Baumbach-Lauterbach Übers 1B vor § 114 ZPO.

[37] Vgl das bei RdNr 163 abgedruckte Muster.

[38] OLG Bamberg FamRZ 84, 721, Kalthoener-Büttner RdNr 260.

[39] So auch OLG Frankfurt NJW-RR 87, 320 mwNachw, OLG Bamberg JurBüro 85, 606, aA Kalthoener-Büttner RdNr 330 mwNachw.

[40] Einschränkend auf Luxuserwerb und Spekulationsgeschäfte auch Kalthoener-Büttner RdNr 269 mwNachw der uneinheitlichen Rechtssprechung.

Abzugsfähig sind dagegen Aufwendungen für Kredite, welche zur Finanzierung lebensnotwendiger Verpflichtungen – etwa Krankheitskosten – dienen.

Unterhaltsleistungen sind grundsätzlich keine abzugsfähige Belastung iS § 115 Abs 1 S 3 ZPO, sondern die Zahl der Unterhaltsberechtigten erhöht nach Maßgabe der Tabelle zu § 114 ZPO die Einkommensgrenzen[41] für die Gewährung von Prozeßkostenhilfe. Zahlt allerdings der Antragsteller einem gesetzlichen Unterhaltsberechtigten eine **Geldrente**, wird der Berechtigte bei der Anwendung der Tabelle nicht mitgezählt, dafür wird die Unterhaltszahlung von dem Bruttoeinkommen des Antragstellers abgezogen, soweit dies angemessen ist (§ 115 Abs 3 ZPO); die Prüfung der Angemessenheit ist nur erforderlich bei vertraglichen Vereinbarungen und Prozeßvergleichen, als Maßstab können die unterhaltsrechtlichen Tabellen und Leitlinien der Familiensenate der Oberlandesgerichte dienen.

157 Auch wenn das Nettoeinkommen des Antragstellers hinter dem maßgeblichen Betrag in der Tabelle zurückbleibt, kann Prozeßkostenhilfe nicht bewilligt werden, soweit ihm zumutbar ist, sein Vermögen zur Finanzierung der Prozeßkosten einzusetzen (§ 115 Abs 2 ZPO iVm § 88 BSHG).

Zum **Vermögen** sind alle geldwerten Sachen und Rechte zu rechnen, soweit sie überhaupt realisierbar sind, etwa Ersparnisse, Grund- und Wohnungseigentum, Fahrzeuge, Hausrat, Schmuck, Antiquitäten, Kunstgegenstände, Sammlungen (Briefmarken, Mineralien, Münzen und dergl), Edelmetalle, Gewerbebetriebe mit allen Anlagen und Einrichtungen und Goodwill, Schmerzensgeld,[42] Wertpapiere, Bank- oder Bausparguthaben, Beteiligungen, Erbteile, Lebensversicherungen – ggf durch Beleihung des Rückkaufwerts –, andere Forderungen aller Art – auch auf Schadensersatz oder Zugewinnausgleich –, Ansprüche auf Prozeßkostenvorschuß[43] – zB nach §§ 1360a Abs 4 BGB gegen den Ehegatten während bestehender Ehe[44] oder nach § 1610 BGB gegen die unterhaltspflichtigen Eltern, soweit es sich um eine persönliche Angelegenheit handelt[45] –, Ansprüche auf Erstattung von Prozeßkosten durch eine Rechtsschutzversicherung,[46] Ansprüche auf kostenlosen Rechtsschutz durch Gewerkschaften[47] oder Berufsverbände und dergl – soweit die Inanspruchnahme der kostenlosen Leistung im Einzelfall zumutbar ist – u a m.

Zur Finanzierung der Prozeßkosten brauchen die in § 88 BSHG aufgeführten Gegenstände – das **Schonvermögen** – nicht eingesetzt zu werden, nämlich:

Aufbaudarlehen, also öffentliche Mittel zum Aufbau oder zur Sicherung einer Lebensgrundlage oder zur Gründung eines Hausstands,

Hausrat, soweit dies nach den bisherigen Lebensverhältnissen des Antragstellers angemessen ist,

Arbeitsmittel, also Gegenstände, die zur Aufnahme oder Fortsetzung der Berufsausbildung oder der Erwerbstätigkeit unentbehrlich sind,

Familien- und Erbstücke, deren Veräußerung für den Antragsteller und seine Familie eine besondere Härte bedeuten würde,

---

[41] Siehe RdNr 153.

[42] AA OLG Celle NJW-RR 88, 768, Tempel Band I 627.

[43] § 127a ZPO enthält keine zusätzliche Anspruchsgrundlage, sondern regelt die prozessuale Durchsetzbarkeit des Anspruchs durch einstweilige Anordnung entsprechend §§ 620a-g ZPO.

[44] Zwischen geschiedenen Eheleuten besteht kein Anspruch auf Prozeßkostenvorschuß, vgl BGH NJW 84, 148 = FamRZ 84, 291.

[45] Siehe dazu im einzelnen OLG Frankfurt FamRZ 83, 588.

[46] BGH Rpfleger 81, 437, NJW-RR 87, 1343.

[47] LAG Hamm NJW 87, 1358, LAG Bremen NJW 85, 223, LAG Hannover AnwBl 84, 164, LAG Kiel NJW 84, 830, LAG Frankfurt NZA 84, 236.

kulturelle Gegenstände, nämlich Gegenstände, die zur Befriedigung geistiger, besonders wissenschaftlicher oder künstlerischer, Bedürfnisse dienen und deren Besitz nicht Luxus ist,

kleines Hausgrundstück, besonders ein Familienheim, wenn es der Antragsteller allein oder zusammen mit Angehörigen, denen es nach seinem Tod weiter als Wohnung dienen soll, ganz oder teilweise bewohnt,

kleinere Barbeträge oder sonstige Geldwerte in Höhe[48] von 2500.- DM bis 4500.- DM mit Zuschlägen von 500.- DM für jeden Unterhaltsberechtigten; die Beträge können in besonderen Notlagen[49] erhöht, aber auch wegen vorsätzlicher oder grobfahrlässiger Herbeiführung der Notlage herabgesetzt werden.[50]

Soweit der Antragsteller über einsatzpflichtiges Vermögen verfügt, hat er es – gegebenenfalls nach (Teil-)Verwertung – zur Finanzierung der Prozeßkosten zu verwenden, soweit dies nicht nach § 115 Abs 2 ZPO unzumutbar ist und nach § 88 Abs 3 BSHG eine Härte für den Antragsteller und seine unterhaltsberechtigten Angehörigen bedeuten würde. In diesem Rahmen ist – ähnlich wie bei der Einkommensermittlung – zu berücksichtigen, welche Belastungen, Steuern, Privat- und Sozialversicherungsbeiträge und dergl, der Antragsteller zu tragen hat. Wenn ein Verkauf kurzfristig nicht möglich ist oder beim Eilverkauf zusätzliche Verluste drohen, muß sich der Antragsteller auf eine Beleihung des Vermögenswertes verweisen lassen.[51]

Prozeßkostenhilfe ist zu versagen, wenn die voraussichtlichen Prozeßkosten aus dem Vermögen aufgebracht werden können. Ist dies nur teilweise möglich, ist Prozeßkostenhilfe unter Festsetzung des aus dem Vermögen zu zahlenden Betrags zu bewilligen; im Fall der Anordnung der Zahlung von (mehreren) Teilbeträgen aus dem Vermögen ist deren Höchstzahl nicht begrenzt.

Verfügt der Antragsteller zwar nach den dargestellten Grundsätzen nicht über die **158**
zur Führung des Rechtsstreits erforderlichen Mittel, macht er aber auch von bestehenden Erwerbsmöglichkeiten keinen Gebrauch, muß er sich auf eine mögliche Arbeitsaufnahme oder die Erzielung von Einkünften aus nicht genutzten Vermögenswerten verweisen lassen, selbst wenn das bisherige Nichtgebrauchmachen mit einem möglichen Prozeß nichts zu tun hatte; bei einer solchen Sachlage ist das **fiktive Einkommen** der Berechnung zugrunde zu legen.[52]

Dagegen steht dem Antragsteller wegen **Rechtsmißbrauchs** Prozeßkostenhilfe überhaupt nicht zu, wenn er sich der Mittel im Hinblick auf den bevorstehenden Prozeß begeben hat, sei es daß er sein Einkommen – etwa durch grundlose Aufgabe einer Arbeitsstelle – vermindert hat, sei es daß er Vermögenswerte ohne gleichwertige Gegenleistung – etwa durch Schenkung, im Weg vorweggenommener Erbfolge oder als Darlehen[53] – auf andere übertragen hat,[54] sei es daß er auf bestehende Ansprüche auf Prozeßkostenvorschuß[55] oder kostenlosen Rechtsschutz verzichtet hat.

---

[48] Die angegebenen Beträge ergeben sich aus der Verordnung zu § 88 BSHG, welche einen Orientierungsrahmen darstellt (so auch Kalthoener-Büttner RdNr 322, Zöller-Schneider § 115 ZPO RdNr 36), nicht aber den Richter bindet, zumal § 88 BSHG nur entsprechend anwendbar ist (aA VG Freiburg NJW 83, 1926, Christl NJW 81, 785, Baumbach-Lauterbach § 115 ZPO Anm 2A).

[49] Für Schwerbehinderte beträgt der Freibetrag 8000.- DM.

[50] § 88 Abs 2 Nr 8 BSHG iVm § 2 der VO zu § 88 BSHG.

[51] Kalthoener-Büttner RdNr 327ff, Thomas-Putzo § 115 ZPO Anm 3a, OLG Frankfurt NJW-RR 87, 320, VG Frankfurt NJW-RR 87, 1535, aA Tempel Band I 627.

[52] OLG Koblenz FamRZ 86, 1014, Kalthoener-Büttner RdNr 279ff.

[53] OLG Karlsruhe FamRZ 85, 414.

[54] Thomas-Putzo § 114 ZPO Anm 4 mwNachw; siehe auch OLG Koblenz FamRZ 87, 613, OLG Düsseldorf JurBüro 87, 1715.

[55] Baumbach-Lauterbach § 114 ZPO Anm 1.

159 Ist der Antragsteller nicht der ursprünglich und unmittelbar Berechtigte oder Verpflichtete, sind bei der Bewilligung von Prozeßkostenhilfe die Beziehungen zwischen dem Antragsteller und dem möglicherweise Dahinterstehenden genau zu überprüfen:
Die Vorschiebung eines **Dritten,** der zur Tragung der Prozeßkosten nicht in der Lage ist, damit dieser den Rechtsstreit für den tatsächlich am Ausgang des Rechtsstreits Interessierten führt,[56] der selbst die Voraussetzungen für die Gewährung von Prozeßkostenhilfe nicht erfüllt, ist rechtsmißbräuchlich.[57]
Macht jemand ein fremdes Recht in fremden Namen geltend, sind für die Gewährung von Prozeßkostenhilfe grundsätzlich die persönlichen und wirtschaftlichen Verhältnisse des Vertretenen maßgebend, nicht die des **Vertreters.**
Wird ein fremdes Recht in eigenem Namen geltend gemacht, sind ebenfalls die Verhältnisse des Rechtsinhabers für die Bewilligung von Prozeßkostenhilfe maßgebend.[58] Eine Ausnahme kann auch im Fall der Sicherungsabtretung nicht gemacht werden.[59]
Eine **Partei kraft Amtes**[60] – Konkursverwalter, Nachlaßverwalter, Testamentsvollstrecker, Zwangsverwalter – erhält Prozeßkostenhilfe, wenn die voraussichtlichen Prozeßkosten aus der verwalteten Vermögensmasse nicht oder nur teilweise aufgebracht werden können und den am Gegenstand des Rechtsstreits wirtschaftlich Beteiligten nicht zumutbar ist, die Kosten aufzubringen (§ 116 S 1 Nr 1 ZPO). Neben der Unzulänglichkeit der verwalteten Vermögensmasse – aufgrund einer Abwägung der wirtschaftlichen Verhältnisse der Vermögensmasse und der voraussichtlichen Prozeßkosten ähnlich derjenigen bei Privatpersonen[61] – setzt die Gewährung von Prozeßkostenhilfe voraus, daß denjenigen, denen der Erfolg im Rechtsstreit letztlich zugute kommt, die Aufbringung der Kosten unzumutbar ist. Wirtschaftlich beteiligt in diesem Sinn sind beispielsweise der Erbe im Prozeß des Testamentsvollstreckers, die Gläubiger des Gemeinschuldners im Prozeß des Konkursverwalters.
Ist Träger des verwalteten Vermögens eine juristische Person oder parteifähige Vereinigung steht der verwaltenden Partei kraft Amtes – also dem Konkursverwalter einer GmbH, dem Zwangsverwalter eines Grundstücks, das einem nicht rechtsfähigen Verein gehört – Prozeßkostenhilfe nur zu, wenn die – strengeren – Voraussetzungen[62] des § 116 S 1 Nr 2 ZPO erfüllt sind.
Einer inländischen[63] **juristischen Person**[64] – AG, GmbH, eV, VVaG, KGaA – oder inländischen parteifähigen Vereinigung[65] – oHG, KG, nicht rechtsfähiger Verein als Beklagter – kann Prozeßkostenhilfe nur gewährt werden, wenn weder von ihr noch den am Gegenstand des Rechtsstreits wirtschaftlich Beteiligten die Kosten aufge-

---

[56] Das ist etwa der Fall, wenn der Antragsteller ein vorgeblich eigenes Recht in eigenem Namen geltend macht.
[57] BGH LM § 114 ZPO aF Nr 11, BGHZ 47, 292.
[58] BGH LM § 114 ZPO aF Nr 4, OLG Celle NJW 87, 783.
[59] AA OLG Hamm VersR 82, 1068.
[60] Baumbach-Lauterbach Grundz 2C vor § 50 ZPO.
[61] Siehe dazu RdNr 153ff.
[62] Siehe diese im folgenden.
[63] Baumbach-Lauterbach § 116 ZPO Anm 4. Ausländischen juristischen Personen und parteifähigen Vereinigungen kann Prozeßkostenhilfe nur aufgrund zwischenstaatlicher Vereinbarung gewährt werden; vgl dazu Baumbach-Lauterbach Anh zu § 114 ZPO.
[64] S dazu im einzelnen Baumbach-Lauterbach § 50 ZPO Anm 2C.
[65] S dazu im einzelnen Baumbach-Lauterbach § 50 ZPO Anm 2D.

bracht werden können – das entspricht den Voraussetzungen des § 116 S 1 Nr 1 ZPO – und außerdem die Unterlassung der Rechtsverfolgung oder -verteidigung allgemeinen Interessen zuwiderlaufen würde (§ 116 S 1 Nr 2 ZPO); ein solches allgemeines Interesse ist gegeben, wenn der Zusammenbruch der juristischen Person oder parteifähigen Vereinigung weitreichende, gemeinwirtschaftliche Nachteile haben würde, wobei es auf die Abwägung im Einzelfall ankommt,[66] wenn also zB in Zeiten von Massenarbeitslosigkeit durch die Führung des Rechtsstreits der Verlust von Arbeitsplätzen vermieden werden kann.[67] Die Voraussetzung des allgemeinen Interesses muß nicht nur dann erfüllt sein, wenn die juristische Person selbst den Rechtsstreit mit Hilfe von Prozeßkostenhilfe führen will, sondern auch wenn infolge des zwischenzeitlich eröffneten Konkurses der Prozeß von dem Konkursverwalter geführt werden müßte.[68] Die These, daß die Durchführung des Konkursverfahrens für sich genommen schon das Erfordernis des allgemeinen Interesses erfülle, weil anderenfalls Faustrecht der Gläubiger drohe, vermengt in unzulässiger Weise die Argumente: Solange sich Gläubiger noch um Vermögenswerte streiten, ist dem Konkursverwalter schon nach § 116 S 1 Nr 1 ZPO Prozeßkostenhilfe zu versagen, weil die Aufbringung der Kosten den wirtschaftlich Beteiligten zuzumuten ist; die Frage des allgemeinen Interesses stellt sich daher erst, wenn im Grund überhaupt nichts mehr zu verteilen ist.

Soweit Parteien kraft Amtes, juristische Personen und parteifähige Vereinigungen in der Lage sind, die voraussichtlichen Prozeßkosten teilweise oder in Teilbeträgen aufzubringen, kann Prozeßkostenhilfe unter entsprechenden Anordnungen gewährt werden (§ 116 S 2 ZPO); dabei ist die Anzahl von Teilbeträgen nicht beschränkt.

2. Erfolgsaussicht

Die Bewilligung von Prozeßkostenhilfe setzt außerdem eine Prüfung voraus, ob der 160
begehrte Rechtsschutz notwendig ist. Das ist dann der Fall, wenn die beabsichtigte Rechtsverfolgung oder -verteidigung hinreichende Aussicht auf Erfolg bietet und nicht mutwillig erscheint (§ 114 ZPO).

Bei einer zwar summarischen, aber nicht nur oberflächlichen Prüfung muß sich eine gewisse Wahrscheinlichkeit dafür ergeben, die beabsichtigte Prozeßführung werde in tatsächlicher und rechtlicher Hinsicht **Erfolg** haben. Dies ist in der Regel[69] der Fall, wenn die Endentscheidung nur nach Beweisaufnahme ergehen kann. Eine vorweggenommene Beweiswürdigung ist dabei grundsätzlich unzulässig; ausnahmsweise kann aber die Erfolgsaussicht wegen handgreiflicher Unwahrscheinlichkeit der Beweisbarkeit verneint werden.[70]

> **Beispiel:** Prozeßkostenhilfe ist ausnahmsweise zu versagen, wenn das einzig erhebliche Beweismittel des Antragsteller ein Zeuge ist, der im vorausgegangenen Strafverfahren zwar die Behauptungen des Antragstellers bestätigt, dem aber der Strafrichter wegen Widersprüchen zu anderen feststehenden Tatsachen nicht geglaubt hat.

---

[66] BGH NJW 86, 2059.
[67] BFH NJW 74, 256.
[68] OLG Frankfurt NJW 88, 2053 = ZIP 88, 794, aA KG NJW 90, 459, Uhlenbruck KTS 88, 435.
[69] Wegen der Erfolgsaussicht im Bereich des Familien- und Abstammungsrechts siehe Baumbach-Lauterbach § 114 ZPO Anm 2Ba; hinsichtlich der Beurteilung schwieriger Rechtsfragen RdNr 173.
[70] Vgl BVerfG NVwZ 87, 786, OLG München JurBüro 86, 606, Baumbach-Lauterbach § 114 ZPO Anm 2Ba.

Mutwillig handelt, wer – müßte er die Kosten selbst aufbringen – wegen Zweifelhaftigkeit des Anspruchs nur einen Teil einklagen oder wegen geringer Beitreibungsaussichten die Klage nicht oder nur wegen eines Teils erheben würde, oder wer von zwei möglichen Verfahrensarten die kostspieligere wählt;[71] mutwillig handelt auch, wer einen zusammenhängenden Prozeßstoff auseinanderreißt und einzelne Ansprüche in besonderen Gerichtsständen geltend machen will anstatt alle Ansprüche im allgemeinen Gerichtsstand des Beklagten.[72]
In der **Rechtsmittelinstanz** kann die Erfolgsaussicht grundsätzlich nicht verneint werden, wenn der Antragsteller in der früheren Instanz obsiegt und der Gegner das Rechtsmittel eingelegt hat (§ 119 S 2 ZPO). Das gilt jedoch nicht, wenn neue Tatsachen eingetreten oder bekannt geworden sind, die einer Bestätigung der angefochtenen Entscheidung entgegenstehen, wie zB offensichtliche Fehler der Vorinstanz, Änderung der Gesetzeslage, neues tatsächliches Vorbringen des Gegners, sachdienliche Klageänderung.

II. Antrag auf Bewilligung von Prozeßkostenhilfe

161 Der **Antrag** kann schriftlich bei dem Prozeßgericht gestellt (§ 117 Abs 1 ZPO) oder mündlich zu Protokoll der Geschäftsstelle – nach § 129a ZPO eines jeden Amtsgerichts – erklärt werden. Prozeßgericht ist dasjenige, bei welchem der Rechtsstreit anhängig ist oder gemacht werden soll. Für die Bewilligung hinsichtlich der Zwangsvollstreckung ist das Vollstreckungsgericht zuständig.[73] Der Antrag ist zu richten auf die Bewilligung von Prozeßkostenhilfe (§ 117 Abs 1 S 1 ZPO); zweckmäßigerweise wird zugleich die Beiordnung des Rechtsanwalts der Wahl der Partei oder – wenn der Antragsteller selbst keinen zu seiner Vertretung bereiten Anwalt gefunden hat – eines von dem Vorsitzenden ausgewählten Rechtsanwalts (§ 121 ZPO) beantragt, unter bestimmten Voraussetzungen auch eines Verkehrsanwalts oder eines Anwalts zur Wahrnehmung eines auswärtigen Beweistermins.
In dem Prozeßkostenhilfegesuch sind das **Streitverhältnis** darzulegen und Beweismittel anzugeben (§ 117 Abs 1 ZPO). Damit das Gericht die Erfolgsaussicht prüfen kann, hat das Gesuch den beabsichtigten (Sach-)Antrag und die tatsächlichen Behauptungen unter Beweisantritt zu enthalten.
Das Gesuch kann mit der **Klageschrift** verbunden werden, wie dies in der Praxis häufig geschieht. Hier ist jedoch Vorsicht am Platz. Hört das Gericht den Gegner im Prozeßkostenhilfeverfahren (§ 118 Abs 1 ZPO) und stellt es ihm dabei die Klageschrift zu oder verzichtet der Gegner ausdrücklich oder stillschweigend auf förmliche Zustellung, behandelt die Rechtsprechung überwiegend die Klage als erhoben (§ 253 ZPO), wenn nicht klar zum Ausdruck gebracht wurde, daß die Klage nur für den Fall der Bewilligung von Prozeßkostenhilfe als erhoben oder nur als Entwurf einer zukünftig zu erhebenden Klage gelten solle. Dies hat ebenso wie eine Zustel-

---

[71] ZB Klage statt Mahnverfahren, OLG Stuttgart MDR 55, 556; negative Feststellungswiderklage, obwohl das Gericht im Rahmen der Klage über die Höhe der Ansprüche abschließend entscheidet, OLG Hamm FamRZ 84, 481.
[72] OLG Karlsruhe NJW-RR 88, 1389.
[73] BGH NJW 79, 1048, OLG Celle NdsRpfl 81, 232, OLG Braunschweig MDR 65, 302, Baumbach-Lauterbach § 117 ZPO Anm 4, Stein-Jonas § 118 ZPO Anm 2b.

lung nach Versagung von Prozeßkostenhilfe für den Antragsteller, der den Rechtsstreit keinesfalls auf eigene Kosten durchführen will oder kann, unangenehme Kostenfolgen (§ 269 Abs 3 ZPO). Wenn der Antragsteller kein besonderes Interesse an alsbaldiger Klagezustellung[74] hat, wird er deshalb zweckmäßigerweise entweder nur die Bewilligung von Prozeßkostenhilfe für eine noch zu erhebende Klage erbitten oder bei Verbindung von Prozeßkostenhilfegesuch und Klage ausdrücklich darauf hinweisen, daß die Klage nur als Entwurf[75] gelten solle, wobei die Klageschrift nicht unterschrieben wird.

Entsprechendes gilt für die Verbindung des Gesuchs mit einer **Rechtsmittelschrift;** sie ist nicht eingereicht iS § 518 Abs 1 ZPO, wenn der Prozeßkostenhilfeantrag mit dem Entwurf einer Rechtsmittelschrift verbunden wird oder der Rechtsmittelschriftsatz den Hinweis enthält, Berufung oder Revision solle nur für den Fall der Bewilligung von Prozeßkostenhilfe eingelegt sein.[76] Zur Beurteilung der Erfolgsaussicht ist im allgemeinen die Begründung des Rechtsmittels erforderlich.[77]

Dem Gesuch ist eine **Erklärung über die persönlichen und wirtschaftlichen Verhältnisse** 162
des Antragsteller (Familienverhältnisse, Beruf, Vermögen, Einkommen und Lasten) mit entsprechenden Belegen beizufügen (§ 117 Abs 2 ZPO). Gemäß § 117 Abs 4 ZPO ist der durch die Verordnung vom 24. 11. 1980[78] eingeführte **Vordruck** zu verwenden, soweit es sich nicht um die Erklärung

- einer Partei kraft Amtes, einer juristischen Person oder einer parteifähigen Vereinigung,
- eines minderjährigen unverheirateten Kindes, das einen Unterhaltsanspruch geltend machen oder vollstrecken will,
- eines minderjährigen unverheirateten nichtehelichen Kindes, das die Feststellung der Vaterschaft begehrt,

handelt;[79] das entbindet die genannte Person aber nicht von der formlosen Erklärung über ihre persönlichen und wirtschaftlichen Verhältnisse.[80]

Eine Erklärung ist auch abzugeben, wenn die Partei Prozeßkostenhilfe für die Rechtsmittelinstanz begehrt und eine Erklärung in dem vorausgegangenen Rechtszug schon abgegeben hatte.[81] Dies kann auch durch Bezugnahme auf den früheren ausgefüllten Vordruck geschehen; in diesem Fall ist allerdings deutlich zu machen, daß sich die Verhältnisse nicht verändert haben.[82]

---

[74] Alsbaldige Klagezustellung kann bei drohender Verjährung oder bei Klage auf Abänderung eines vollstreckbaren Titels (§ 323, insbes Abs 3 ZPO) geboten sein.
[75] BGH NJW 52, 545, NJW 54, 640, NJW 56, 1878; OLG Celle MDR 63, 687, OLG Köln FamRZ 84, 916; Thomas-Putzo § 117 ZPO Anm 1.
[76] Thomas-Putzo § 518 ZPO Anm 1 b, BGH NJW-RR 87, 376.
[77] BGH FamRZ 88, 942.
[78] BGBl 80 I 2163.
[79] § 2 der Verordnung.
[80] OLG Oldenburg NJW 81, 2130, KG NJW 82, 111, Baumbach-Lauterbach § 117 ZPO Anm 3 B.
[81] BGH NJW 83, 2145, 2146; NJW 86, 62.
[82] BGH NJW 83, 2145, 2146.

163 Der Vordruck für die Erklärung hat folgenden Wortlaut, wobei sich die Buchstaben im Kreis auf die Ausfüllhinweise beziehen:

Erklärung über die persönlichen und wirtschaftlichen Verhältnisse

– Anlage zum Antrag auf Bewilligung der Prozeßkostenhilfe –

Antragsteller (Name, Vorname, ggf. Geburtsname)	Beruf	Geburtsjahr	Verheiratet?
Anschrift (Straße, Hausnummer, Postleitzahl, Wohnort)	Telefonisch tagsüber erreichbar unter Nr.		

Ⓐ Besteht eine Rechtsschutzversicherung?

☐ Nein ☐ Ja. Sie tritt aber im vorliegenden Fall nicht ein. Den Versicherungsschein füge ich bei.

Bezieht der Antragsteller vom Sozialamt laufende Leistungen zum Lebensunterhalt?

☐ Nein ☐ Ja. Den letzten Bewilligungsbescheid füge ich bei. [In diesem Fall brauchen Sie den Vordruck unter Ⓑ bis Ⓔ nicht auszufüllen]

Ⓑ

Angehörige, denen der Antragsteller Unterhalt gewährt Name, Vorname (Anschrift nur, wenn abweichend von der des Antragstellers)	Geburtsjahr	Familienverhältnis (z. B. Ehegatte, Kind, Schwiegermutter)	Hat der Angehörige eigene Einkünfte?	Wenn Unterhalt ausschließlich durch Zahlung gewährt wird: Monatsbetrag in DM
1			☐ Nein / Ja, DM mtl. netto	
2			☐ Nein / Ja, DM mtl. netto	
3			☐ Nein / Ja, DM mtl. netto	
4			☐ Nein / Ja, DM mtl. netto	
5			☐ Nein / Ja, DM mtl. netto	

Ⓒ

Welche **Einkünfte** (brutto) haben der Antragsteller und sein Ehegatte im Monat?	Antragsteller: Einkünfte aus	Monatsbetrag in DM	Ehegatte: Einkünfte aus	Monatsbetrag in DM
	nichtselbständiger Arbeit? ☐ Nein ☐ Ja		nichtselbständiger Arbeit? ☐ Nein ☐ Ja	
	selbständiger Arbeit? ☐ Nein ☐ Ja		selbständiger Arbeit? ☐ Nein ☐ Ja	
	Vermietung und Verpachtung? ☐ Nein ☐ Ja		Vermietung und Verpachtung? ☐ Nein ☐ Ja	
	Kapitalvermögen? ☐ Nein ☐ Ja		Kapitalvermögen? ☐ Nein ☐ Ja	
	Unterhaltsleistungen? ☐ Nein ☐ Ja		Unterhaltsleistungen? ☐ Nein ☐ Ja	
	Einkünfte anderer Art? ☐ Nein ☐ Ja		Einkünfte anderer Art? ☐ Nein ☐ Ja	
Einkünfte anderer Art bitte kurz bezeichnen z. B.: *Rente, Kindergeld, Wohngeld, Arbeitslosengeld, Krankengeld, Ausbildungsfördg.*				
Abzüge	1 Steuern auf die Einkünfte		1 Steuern auf die Einkünfte	
Bitte kurz bezeichnen	2 Sozialversicherungsbeiträge		2 Sozialversicherungsbeiträge	
z. B.: 1 *Lohnsteuer* 2 *Pflichtbeiträge* 3 *Lebensversich.* 4 *Fahrt zur Arbeit*	3 Sonstige Versicherung		3 Sonstige Versicherung	
	4 Werbungskosten		4 Werbungskosten	
Besondere Belastungen Bitte kurz bezeichnen z. B.: *Körperbehinderung des/der … Hohe Unterhaltsleistungen für …*				

Ⓓ **Vermögen des Antragstellers und seines Ehegatten**		Verkehrswert, Betrag in DM
Ist **Grundvermögen** (z. B. Grundstück, Familienheim, Wohnungseigentum, Erbbaurecht) vorhanden? ☐ Nein ☐ Ja	Kurze Bezeichnung nach Lage, Größe, Nutzungsart, Jahr der Bezugsfertigkeit. Bitte Feuerversicherungsschein beifügen	
Sind **Bausparguthaben** vorhanden? ☐ Nein ☐ Ja Ist das Guthaben auszahlbar? ☐ Nein ☐ Ja	Bezeichnung der Bausparkasse. Falls Guthaben auszahlbar, bitte angeben, ob es alsbald für ein Familienheim des Antragstellers verwendet wird	
Sind **Bank-** oder **Sparguthaben** u. dgl. vorhanden? ☐ Nein ☐ Ja	Bezeichnung der Bank, Sparkasse oder des sonstigen Kreditinstituts	
Sind **Wertpapiere** vorhanden? ☐ Nein ☐ Ja	Bezeichnung der Wertpapiere	
Sind (von Hausrat, Kleidung, Berufsbedarf, soweit nicht Luxus, abgesehen) **sonstige Vermögenswerte** einschl. Bargeld oder Wertgegenstände vorhanden? ☐ Nein ☐ Ja	Bezeichnung des Gegenstandes	

Ⓔ **Verbindlichkeiten** (Bitte nur ausfüllen, wenn Vermögenswerte angegeben sind)		Betrag der Restschuld in DM
Darlehnsschulden **für die Beschaffung oder die Erhaltung des Familienheims des Antragstellers**	Bezeichnung des Gläubigers/Kreditinstituts	
Anschaffungsdarlehn oder dgl. **für einen oben angegebenen Vermögenswert**	Bezeichnung des Gläubigers/Kreditinstituts und des Gegenstandes	
Sonstige Verbindlichkeiten	Bezeichnung des Gläubigers/Kreditinstituts und des Verwendungszwecks	

Ich versichere hiermit, daß meine Angaben vollständig und wahr sind.

Zahl der Anlagen: ....

Aufgenommen:

Ort, Datum

.... (Unterschrift des Antragstellers/ges. Vertreters) .... (Unterschrift, Amtsbezeichnung)

164 Der Vordruck enthält außerdem auf einem Vorblatt allgemeine **Hinweise**[83] über die Gewährung von Prozeßkostenhilfe sowie die folgenden

Ausfüllhinweise

Ⓐ Sollten Sie eine **Rechtsschutzversicherung** haben, prüfen Sie bitte zuerst, ob Ihre Versicherung die Kosten übernehmen muß. Fragen Sie im Zweifelsfall bei Ihrer Versicherung nach.

Ⓑ Wenn Sie für **Angehörige** sorgen müssen, wird dies bei der Bewilligung der Prozeßkostenhilfe berücksichtigt. Deshalb liegt es in Ihrem Interesse, wenn Sie angeben, welchen Personen Sie Unterhalt gewähren und ob diese eigene Einkünfte haben. Bitte füllen Sie die letzte Spalte nur dann aus, wenn Sie den Unterhalt ausschließlich durch Geldzahlungen leisten.

Ⓒ Bitte fügen Sie zur Glaubhaftmachung Ihrer Angaben **Belege** bei.

Einkünfte aus nichtselbständiger Arbeit sind zum Beispiel Lohn oder Gehalt. Anzugeben sind die Einkünfte im letzten Monat vor der Antragstellung. Bitte fügen Sie bei:

1. die **letzte Lohn- oder Gehaltsabrechnung des Arbeitgebers;**
2. falls vorhanden, den **letzten Bescheid des Finanzamts über einen Lohnsteuerjahresausgleich oder die Einkommensteuer,** sonst die **Lohnsteuerbescheinigung des Arbeitgebers, aus der die Brutto- und Nettobezüge des Vorjahrs ersichtlich sind.**

Werbungskosten bis 47 DM monatlich brauchen Sie nicht zu belegen.

Haben Sie oder Ihr Ehegatte **Einkünfte aus selbständiger Arbeit,** aus Gewerbebetrieb oder aus Land- oder Forstwirtschaft, erläutern Sie diese bitte auf einem besonderen Blatt und tragen Sie im Vordruck als Monatsbetrag der Einkünfte **ein Zwölftel des** voraussichtlichen **Jahresgewinns** ein. Fügen Sie bitte den letzten Bescheid über den durch das Finanzamt festgestellten Gewinn bei.

Bei **Einkünften aus Vermietung und Verpachtung** und aus **Kapitalvermögen** in der Spalte „Monatsbetrag in DM" bitte **ein Zwölftel der** voraussichtlichen **Jahreseinnahmen** eintragen. Der Nutzungswert der Wohnung im eigenen Haus ist nicht anzugeben. Bitte geben Sie die mit der Erzielung des Einkommens verbundenen notwendigen Ausgaben unter [4] Werbungskosten an.

Wenn Sie eine **besondere Belastung** geltend machen, geben Sie bitte den Monatsbetrag an, der von Ihren Einkünften abgesetzt werden soll. Erläutern Sie Ihre Angabe bitte auf einem besonderen Blatt.

Im Einzelfall können auch hohe **Ratenverpflichtungen** eine besondere Belastung sein. Bitte geben Sie an, wofür, seit wann und bis wann die Ratenverpflichtung besteht.

Besonders hohe **Mietkosten** (ohne Heizung, Strom, Gas, Wasser) oder besonders hohe **Zahlungsverpflichtungen für das Familienheim** können ebenfalls im Einzelfall vom Gericht als eine besondere Belastung anerkannt werden. Bitte geben Sie diese Zahlungen vorsorglich an, wenn sie ein Fünftel Ihres monatlichen Nettoeinkommens übersteigen.

Ⓓ Prozeßkostenhilfe kann auch dann bewilligt werden, wenn zwar **Vermögenswerte** vorhanden sind, diese aber zur Sicherung einer angemessenen Lebensgrundlage (Ausbildung, Berufsausübung, Wohnung, Hausstand) oder einer angemessenen Vorsorge dienen. Derartige Vermögenswerte, die Sie aber – abgesehen von den im Vordruck vorgesehenen Ausnahmen – angeben müssen, sind zum Beispiel:

Gegenstände, die für die Berufsausbildung oder die Berufsausübung benötigt werden;

ein kleines Hausgrundstück (Familienheim);

ein angemessener Hausrat;

kleinere Barbeträge oder Geldwerte; Beträge bis insgesamt 4 000 DM für den Antragsteller zuzüglich 400 DM für jede Person, der er Unterhalt gewährt, sind in der Regel als ein solcher kleinerer Barbetrag oder Geldwert anzusehen.

Sollte der Einsatz oder die Verwertung eines (anderen) Vermögensgegenstandes für Sie und Ihre Familie eine Härte bedeuten, erläutern Sie dies bitte auf einem besonderen Blatt.

Ⓔ Bitte fügen Sie zur Glaubhaftmachung Ihrer Angaben Belege bei.

165 Der Antragsteller hat den Vordruck vollständig und gewissenhaft auszufüllen. Eine unvollständige **Ausfüllung** bleibt aber folgenlos, wenn die Lücken durch die beigefügten Anlagen geschlossen werden, zB die fehlende Höhe der monatlichen Einkünfte sich aus den Verdienstbescheinigungen entnehmen läßt;[84] allerdings kann es

---

[83] BGBl 80 I 2165.
[84] BGH NJW 86, 62.

nicht Aufgabe des Gerichts sein, sich die erforderlichen Angaben aus einer Vielzahl von Belegen zusammmenzusuchen.

Weil durch die Verordnung zur Einführung des Vordrucks die gesetzlichen Voraussetzungen der Gewährung von Prozeßkostenhilfe nicht verändert werden können – soweit geht die Ermächtigung in § 117 Abs 3 ZPO nicht –, kann es zwar dem Antragsteller nicht zum Nachteil gereichen, wenn er aufgrund mißverständlicher Formulierungen des Vordrucks und der Ausfüllhinweise zunächst nur die dort geforderten Angaben macht; doch ist das Gericht nicht nur nicht gehindert, sondern in verschiedenen Fällen verpflichtet, **ergänzende Angaben** und zusätzliche Belege zu verlangen. So genügt entgegen dem Wortlaut des Klammerzusatzes bei der Frage nach Bezug von **Sozialhilfe** die Beifügung des letzten Bewilligungsbescheids des Sozialamts zur Darlegung der Kostenarmut allein nicht, sondern es müssen selbstverständlich auf Verlangen des Gerichts Angaben zu Einkünften, Belastungen, Vermögen und Verbindlichkeiten gemacht werden.[85] Es kann auch keine Rede davon sein, daß allein die Einkünfte und Belastungen des letzten Monats zur Beurteilung des Einkommensverhältnisse ausreichen; in der Regel werden die Angaben die letzten sechs Monate, nicht selten sogar die letzten 12 Monate umfassen müssen. Entgegen D der Ausfüllhinweise sind Beträge bis 4000.- (jetzt 4500.-) DM nicht in der Regel Schonvermögen.[86]

Der Erklärung sind entsprechende **Belege** beizufügen, insbesondere Verdienstbescheinigungen, Steuerbescheide, bei selbständigen Gewerbetreibenden und Angehörigen freier Berufe Bilanzen oder ein Status, aber auch Kontoauszüge, Rechnungen, Überweisungsträger, Darlehensurkunden und Versicherungsverträge. Eine Glaubhaftmachung ist bei Antragstellung nicht erforderlich (vgl § 118 Abs 2 S 1 ZPO), aber zur Vereinfachung und Beschleunigung des Bewilligungsverfahrens empfehlenswert.

Beispiele:

1. Schriftliches **Gesuch** des Antragstellers **unter Benennung** eines **Rechtsanwalts:** 166

An das
Amtsgericht [*Landgericht*]
in ...
In Sachen ... gegen ...
überreiche ich in der Anlage die Klageschrift nebst zwei Abschriften und beantrage, mir für den ersten Rechtszug Prozeßkostenhilfe zu bewilligen und mir Rechtsanwalt Dr Folk beizuordnen.

Zur Tragung der Prozeßkosten bin ich außerstand, wie sich aus der beigefügten Erklärung über meine persönlichen und wirtschaftlichen Verhältnisse ergibt. Zur Glaubhaftmachung füge ich eine Verdienstbescheinigung für das letzte Halbjahr bei. Die Klage soll nur dann als erhoben gelten, wenn mir Prozeßkostenhilfe bewilligt wird. Die Beiordnung eines Anwalts ist im Hinblick auf die rechtliche Schwierigkeit der Sache geboten; Rechtsanwalt Dr Folk, der auch die Klageschrift entworfen hat, ist zu meiner Vertretung bereit, sofern mir Prozeßkostenhilfe bewilligt wird.

(Unterschrift)

---

[85] KG MDR 88, 1064, m Anm Bratfisch Rpfleger 89, 160, OLG Stuttgart MDR 84, 59, OLG Oldenburg NdsRpfl 83, 119, Tempel Band I 630.

[86] Wie hier zB KG FamRZ 82, 420, aA Kalthoener-Büttner RdNr 322 mwNachw.

167 2. Schriftsatz eines bereits von dem Antragsteller **beauftragten Rechtsanwalts:**

An das
Landgericht [*Amtsgericht*]
in ...

In Sachen ... gegen ...
zeige ich [*unter Vorlage der Vollmacht*] an, daß ich den Antragsteller vertrete und beantrage,

dem Antragsteller für den ersten Rechtszug Prozeßkostenhilfe zu bewilligen und mich als Rechtsanwalt beizuordnen.

In der Anlage überreiche ich die Erklärung über die persönlichen und wirtschaftlichen Verhältnisse, den Einkommensteuerbescheid für das vergangene Jahr 19 .., eidesstattliche Versicherungen des Antragstellers und seiner Ehefrau, daß die Einkünfte des laufenden Jahres die des Vorjahres nicht übersteigen sowie den Entwurf einer Klageschrift. Abschriften für den Gegner sind beigefügt.

(Unterschrift)
Rechtsanwalt

168 3. **Gesuch zu Protokoll** der Geschäftsstelle **ohne Benennung eines Rechtsanwalts:**

Amtsgericht Frankfurt am Main 2. 1. 19..
Gegenwärtig: Rechtspfleger Schulz

Es erschien
Erwin Becker, Darmstädterstraße 25, 6000 Frankfurt am Main,
ausgewiesen durch BPA 123456789, OB Ffm, v 13. 8. 19..
[*persönlich bekannt*]
und erklärte:
Ich beantrage,

mir für den ersten Rechtszug Prozeßkostenhilfe für eine Klage auf Zahlung von 2600.- DM gegen Hubert Maier zu bewilligen und einen Rechtsanwalt beizuordnen.

Ich beabsichtige, gegen

Hubert Maier, Odenwaldstraße 3, 6000 Frankfurt am Main,

Klage mit dem Antrag zu erheben,

den Antragsgegner zur Zahlung von 2600.- DM nebst 4% Zinsen seit dem 14. 10. 19.. zu verurteilen.

Der Antragsgegner ist mein Schwager. Zwischen dem 23. 9. und 13. 10. 19.. hatte ich ihn in meine Wohnung aufgenommen. In der Zeit vom 11. 10., 14 Uhr, bis 13. 10., 9 Uhr, habe ich als Aushilfsfahrer der Quick-Spedition GmbH einen Transport von Frankfurt nach Flensburg durchgeführt.

Beweis: Spesenabrechnung vom 13. 10. 19..

Vor Fahrtantritt habe ich dem Antragsgegner meine Wohnungsschlüssel ausgehändigt und ihn gebeten, in meiner Abwesenheit auf die Wohnung aufzupassen. Als ich am Vormittag des 13. 10. 19.. von der Fahrt zurückkam, mußte ich feststellen, daß mein Sparbuch Nr 13596 der Frankfurter Sparkasse mit einem Guthaben von 987.50 DM fehlte und mein PKW BMW 316 mit dem amtlichen Kennzeichen F – LX 636 eine Beschädigung an der Frontpartie aufwies, deren Behebung nach dem Kostenvoranschlag der Firma BMW-Haus Koch GmbH 1650.– DM kosten wird. Der Antragsgegner war nicht anwesend. Mein Verdacht fiel sofort auf ihn. Ich habe dann die Polizei verständigt. Als ich bei der Sparkasse mein Sparkonto sperren lassen wollte, stellte sich heraus, daß am Tag zuvor 950.– DM abgehoben worden waren. Am 14. 10. 19.. traf ich den Antragsgegner zufällig in der Stadt und stellte ihn zur Rede. Er gab mir gegenüber auch gleich zu, mit meinem Wagen eine Spritztour unternommen zu haben, wobei er den Frontschaden verursacht habe. Er meinte aber, beweisen könne ich ihm gar nichts, er werde alles abstreiten.

Nach der Personenbeschreibung der Sparkassenangestellten in den Ermittlungsakten der Staatsanwaltschaft Frankfurt .. Js .../.. kann nur der Antragsgegner am 12. 10. 19.. gegen 14.30 Uhr den Betrag von 950 DM bei der Filiale „Sandweg" der Frankfurter Sparkasse abgehoben haben.

Beweis: Beiziehung der Akten der StA Frankfurt .. Js .../..
Zeugnis der Sparkassenangestellten Helga Köhler und Hermann Breitner, zu laden über die Frankfurter Sparkasse, Filiale Sandweg.

Hinsichtlich der Verursachung des Fahrzeugschadens beziehe ich mich auf das
Zeugnis meines Nachbarn Hollmann, Frankfurt am Main,
der am 12. 10. 19.. gegen 13 Uhr sah, daß der Antragsgegner das zu diesem Zeitpunkt noch unbeschädigte Fahrzeug aus meiner Garage holte. Er sah dann den Wagen am Abend gegen 22 Uhr beschädigt auf der Straße vor dem Haus stehen. Den PKW kann nur der Antragsgegner benutzt haben, da sich die Schlüssel in meiner Wohnung befunden haben; der Aufbewahrungsort an einem Schlüsselbrett in der Küche war dem Antragsgegner bekannt. Der Antragsgegner hat es abgelehnt, mir den Schaden zu ersetzen.

Zur Zahlung der Prozeß- und Anwaltskosten bin ich nicht in der Lage. Ich bin erwerbsunfähig und lebe zur Zeit von Sozialhilfe; den letzten Bescheid füge ich bei, ebenso wie die Erklärung über die persönlichen und wirtschaftlichen Verhältnisse. Mein Rentenantrag wird bei BfA bearbeitet. Einen zu meiner Vertretung bereiten Rechtsanwalt konnte ich trotz intensiver Suche nicht finden, was wahrscheinlich darauf zurückzuführen ist, daß ich mich wegen eines Sprachfehlers mündlich nur schwer und zeitraubend verständlich machen kann; unter anderem war ich in den Büros der Rechtsanwälte Eilig, Hurtig und Fahrig, wurde aber immer gleich an der Tür oder im Flur von Sekretärinnen „abgefertigt".

Vorgelesen, genehmigt und unterschrieben

Erwin Becker *Schulz*
(Rechtspfleger)

III. Prüfung des Prozeßkostenhilfegesuchs

Die Erklärung des Antragstellers über seine persönlichen und wirtschaftlichen Verhältnisse ist mit den dazugehörigen Belegen in eine gesonderte Beiakte zu nehmen.[87] Das Prozeßkostenhilfegesuch erhält beim Amtsgericht das Aktenzeichen C, beim Landgericht das Aktenzeichen O, das Beiheft daneben den Klammerzusatz (PKH).[88] Über das Gesuch entscheidet, wer für das Verfahren **zuständig** ist, für welches um Prozeßkostenhilfe nachgesucht wird. In der Regel ist dies der Richter des Prozeßgerichts; der Rechtspfleger ist zuständig, soweit ihm die Entscheidung in der Hauptsache übertragen ist (§ 4 Abs 1 RpflG). Im Rahmen der Zwangsvollstreckung ist das Vollstreckungsgericht zuständig.[89] Dort entscheidet regelmäßig der Rechtspfleger; jedoch bleibt dem Richter das Prozeßkostenhilfeverfahren in den Fällen vorbehalten, in welchen dem Prozeßgericht die Vollstreckung obliegt oder in welchen um Prozeßkostenhilfe für eine Rechtsverfolgung oder -verteidigung nachgesucht wird, die eine sonstige richterliche Handlung erfordert (§ 20 Nr 5 RpflG). Der Antrag ist nach Eingang (also noch vor der Übersendung an den Gegner) dem Richter bzw Rechtspfleger vorzulegen, damit gleichzeitig etwa erforderliche **Maßnahmen** gemäß § 118 Abs 2 ZPO durchgeführt werden können. Zuständig ist der Vorsitzende oder 169

[87] Nr 2.1 DB-PKHG.
[88] §§ 13 Nr 1, 38 Nr 1 AktO, Nr 2.1 DB-PKHG.
[89] Vgl RdNr 161.

ein von ihm beauftragter Richter (§ 118 Abs 3 ZPO). Um die Erfolgsaussicht beurteilen zu können, kann das Gericht von dem Antragsteller Ergänzung seiner Angaben zur Sache und die Glaubhaftmachung seiner Behauptungen fordern (§ 118 Abs 2 S 1 ZPO); dabei sollten eidesstattliche Versicherungen möglichst nicht verlangt werden.[90] Es muß ferner dem Gegner Gelegenheit zur Stellungnahme geben, soweit dies nicht unzweckmäßig erscheint (§ 118 Abs 1 ZPO); eine Anhörung ist ausnahmsweise entbehrlich im Eilverfahren, bei Aufenthalt des Gegners im Ausland oder wenn die Ablehnung des Gesuchs von vornherein feststeht.[91] Die Erklärung über die persönlichen und wirtschaftlichen Verhältnisse des Antragstellers und andere Unterlagen über seine Einkommens- und Vermögensverhältnisse dürfen dem Gegner nicht zugänglich gemacht werden;[92] selbstverständlich bleibt es dem Antragsgegner unbenommen, sich zu den – ihm meist viel besser als dem Gericht bekannten – Vermögensverhältnissen des Antragsteller zu äußern, damit er nicht durch falsche Angaben in einen Prozeß gezogen wird und Anwaltskosten aufbringen muß, die er auch im Fall des Obsiegens nicht beitreiben kann.

Das Gericht kann **Erhebungen** anstellen, insbesondere die Vorlegung von Urkunden anordnen, Auskünfte einholen (§ 118 Abs 2 S 2 ZPO) und Zeugen und Sachverständige uneidlich vernehmen, wenn Erfolgsaussicht und fehlende Mutwilligkeit anders nicht hinreichend geklärt werden können (§ 118 Abs 2 S 3 ZPO). Das Verfahren soll mit möglicher Beschleunigung durchgeführt werden; es ist nicht sein Sinn, den Rechtsstreit in der Hauptsache entscheidungsreif zu machen. Erhebungen sind deshalb nur zulässig, wenn sie ohne erhebliche Verzögerungen angestellt werden können, umfangreiche Beweisaufnahmen sind zu vermeiden.[93]

Mit diesen Maßnahmen nach § 118 Abs 2 ZPO kann der Vorsitzende den Rechtspfleger beauftragen und ihm auch die Beurkundung von Vergleichen nach § 118 Abs 1 S 3 ZPO übertragen (§ 20 Nr 4 a RpflG); die Beauftragung erfolgt durch eine Verfügung, die den Parteien mitzuteilen ist.

Im Prüfungsverfahren findet keine **mündliche Verhandlung** statt; ausnahmsweise kann das Gericht die Parteien zu einer mündlichen Erörterung laden, wenn eine Einigung zu erwarten ist (§ 118 Abs 1 S 3 ZPO); die mündliche Erörterung kann nicht dem (nach § 20 Nr 4 a RpflG beauftragten) Rechtspfleger übertragen werden. Findet eine mündliche Verhandlung statt, kann der ausbleibende Antragsgegner nicht durch Ordnungsmittel zum Erscheinen angehalten werden.[94]

170 Nach Vorlage des Prozeßkostenhilfegesuchs **verfügt** der Richter bzw der (nach § 20 Nr 5 RpflG zuständige) Rechtspfleger:

31 C 433/..

Verfügung

1. Abschrift des Prozeßkostenhilfeantrags [*mit Abschrift – des Entwurfs – der Klageschrift*] an Antragsgegner zur Stellungnahme bis zum 25. 1. 19.. [*binnen 3 Wochen*] mit dem Zusatz: Über den Antrag wird nach Fristablauf entschieden werden, auch wenn Sie sich nicht äußern. Die Stellungnahme kann schriftlich (bitte zweifach) oder zu Protokoll der Geschäftsstelle erfolgen.

---

[90] Tempel § 9 II 2, Baumbach-Lauterbach § 118 ZPO Anm 6, Thomas-Putzo § 118 ZPO Anm 1 b.
[91] Baumbach-Lauterbach § 118 ZPO Anm 2 C; dem steht die Entscheidung des BVerfG NJW 76, 30 nicht entgegen, da sie sich auf Anträge bezieht, zu denen sich die durch die Entscheidung **benachteiligte** Partei nicht hatte äußern können.
[92] BGHZ 89, 67 = NJW 84, 740, 741.
[93] Baumbach-Lauterbach § 118 ZPO Anm 7.
[94] OLG Hamm NJW 54, 1688, JMBlNRW 59, 181.

2. Dem Antragsteller wird aufgegeben, bis zum 25. 1. 19. .
   a) darzulegen, seit wann und aufgrund welchen Ereignisses er erwerbsunfähig ist, und eine Durchschrift seines Rentenantrags sowie etwaige Bescheide des Rententrägers beizufügen,
   b) die Höhe seines Bankguthabens sowie Grund und Höhe seiner Bankverbindlichkeiten unter Vorlage von Belegen mitzuteilen; die Angabe „Die Bankverbindlichkeiten übersteigen das Guthaben" ist allein nicht ausreichend,
   c) die Spesenabrechnung vom 13. 10. 19. . und den Kostenvoranschlag für die Fahrzeugreparatur vorzulegen,
   d) die ladungsfähige Anschrift des Zeugen Hollmann anzugeben.
3. Akten der StA Frankfurt . . Js . . ./. . anfordern.
4. Bescheinigung über den Verdienst des Antragsteller für die Zeit von . . . bis . . . [*die letzten 6/12 Monate*] bei der Quick-Spedition GmbH anfordern, aus der sich jeweils das monatliche Bruttoeinkommen, einbehaltene Lohnsteuer, Sozialabgaben, sonstige Abzüge, Spesen, Gratifikationen, Urlaubsgeld, sonstige Vergütungen oder Vergünstigungen ergeben.
5. Nachricht von 2–4 an Parteien.
6. Wiedervorlage am 26. 1. 19. .

Frankfurt, 3. 1. 19. .
Amtsgericht, Abt 31
(Unterschrift)

Zu dem Prozeßkostenhilfegesuch kann sich der **Antragsgegner** schriftlich oder mündlich zu Protokoll der Geschäftsstelle **äußern** (§ 118 Abs 1 S 1, 2 ZPO). 171

Amtsgericht Frankfurt am Main 8. 1. 19. .
31 C 433/. .

Gegenwärtig: Rechtspfleger Schulz

Es erschien
der Bautechniker Hubert Maier, Odenwaldstraße 3,
6000 Frankfurt, und erklärte:

In Sachen Becker gegen Maier
beantrage ich,

den Antrag auf Gewährung von Prozeßkostenhilfe vom 2. 1. 19. . zurückzuweisen.

Der Antragsteller ist nicht kostenarm. Er mag zwar Sozialhilfe beziehen, aber dann handelt es sich nicht um seine einzigen Einkünfte. Er ist nämlich regelmäßig, wenn auch nur tageweise, bei der Firma Quick tätig. Während der Zeit, in welcher ich bei ihm wohnte, war er jeweils etwa die halbe Woche als Fahrer unterwegs. Er hat meiner Schätzung nach etwa 600,– DM je Woche verdient.

Beweis: Zeugnis des Geschäftsführers der Quick GmbH

Die Behauptungen des Antragstellers zur Sache selbst sind aus der Luft gegriffen. Ich habe das fragliche Sparbuch zwar einmal gesehen, aber nicht in Händen gehabt, geschweige denn das Geld abgehoben. Wer das getan hat, weiß ich nicht. Am 12. 10. 19. . war ich bei einem Fußballspiel im Stadion, welches um 14 Uhr begonnen hatte.

Beweis: Anliegende Eintrittskarte für das Spiel am 12. 10. 19. .
Zeugnis meiner Arbeitskollegen Krakel und Brill

Auch den PKW des Antragsteller habe ich nicht gefahren. Der Schaden muß zudem schon vor dem 12. 10. 19. . entstanden sein. Denn der Antragsteller fragte mich bereits Anfang Oktober 19. ., ob ich nicht eine preiswerte Werkstatt kenne, er habe für einen kleinen Blechschaden einen viel zu hohen Kostenvoranschlag bekommen.

Vorgelesen, genehmigt und unterschrieben

Hubert Maier *Schulz*
(Rechtspfleger)

Nach Eingang der Äußerung des Antragsgegners kann erforderlich sein, dem Antragsteller Gelegenheit zur Erwiderung zu geben; damit können neue Auflagen des Gerichts verbunden sein.

IV. Entscheidung über das Prozeßkostenhilfegesuch

172 Nach Eingang der angeforderten Stellungnahmen bzw nach Ablauf der dazu gesetzten Frist und Abschluß der angestellten Erhebungen entscheidet das Gericht **ohne mündliche Verhandlung** durch Beschluß (§ 127 Abs 1 ZPO).

1. Verweigerung der Prozeßkostenhilfe

173 Der Beschluß, durch den Prozeßkostenhilfe verweigert wird, soll eine **kurze Begründung** enthalten, aus der die für die Entscheidung maßgebenden rechtlichen oder tatsächlichen Gründe ersichtlich sind. Umfangreichende und tiefschürfende Ausführungen zu schwierigen Rechtsfragen sind fehl am Platz; hält das Gericht solche für notwendig, spricht dies dafür, dem Antragsteller ohne weiteres Prozeßkostenhilfe zu bewilligen, um die Rechtsfragen im ordentlichen Prozeß unter anwaltlicher Mitwirkung zu erörtern und zu entscheiden.[95]
Eine **Kostenentscheidung** enthält der Beschluß nicht. Gerichtsgebühren entstehen nicht. Dem Gegner werden die durch seine Anhörung entstandenen Kosten nicht ersetzt (§ 118 Abs 1 S 3 ZPO). Bei Versagung der Prozeßkostenhilfe haftet allerdings der Antragsteller für die gerichtlichen Auslagen (§§ 49, 63 GKG).[96]

31 C 433/..

Beschluß

In Sachen Becker gegen Maier (volles Rubrum wie Bl .... dA)
wird der Antrag des Antragsteller auf Gewährung von Prozeßkostenhilfe vom 2. 1. 19.. zurückgewiesen.
Die Entscheidung ergeht gerichtsgebührenfrei, außergerichtliche Kosten werden nicht erstattet.

Gründe:

Der Antrag auf Gewährung von Prozeßkostenhilfe ist gemäß §§ 114 Abs 1, 115 Abs 6 ZPO zurückzuweisen. Dem Antragsteller kann Prozeßkostenhilfe nicht bewilligt werden, weil die voraussichtlichen Prozeßkosten von 860.– DM[97] hinter der Summe von 4 Monatsraten von je 240.– DM zurückbleiben, welche der Antragsteller als Alleinstehender bei einem Einkommen bis zu 1600.– DM nach der Anlage zu § 114 ZPO[98] zu zahlen hat. Über ein Nettoeinkommen dieser Höhe verfügt der Antragsteller mindestens: Zwar hat er eine Bescheinigung über erhaltene Sozialhilfe für die Zeit vom 1. 9.–31. 10. 19.. vorgelegt, was an sich darauf schließen ließe, daß er zur Tragung der Prozeßkosten nicht in der Lage ist, doch hat er nach der vom Gericht eingeholten

---

[95] OLG Frankfurt NJW 90, 458; Tempel, Band I 625, hält eine solche Verfahrensweise nur in Ausnahmefällen für möglich.
[96] OLG Celle NJW 66, 114.
[97] Vgl Übersicht RdNr 152: Streitwert bis 2700.– DM, Spalte 5.
[98] Vgl RdNr 153.

Verdienstbescheinigung der Quick-Spedition GmbH vom 7. 1. 19.. in der Zeit vom 15. 10.–31. 12. 19.. regelmäßig, wenn auch nur tageweise, als Aushilfe gearbeitet und dabei im Monat durchschnittlich 2200.– DM brutto, in den Monaten davor sogar noch mehr verdient. Mit diesem Einkommen ist er in der Lage, die Kosten des Verfahrens selbst zu tragen.

Außerdem bietet die beabsichtigte Rechtsverfolgung derzeit keine hinreichende Aussicht auf Erfolg und erscheint mutwillig. Denn der Antragsteller hat keinen geeigneten Beweis für seine Behauptungen angetreten. Aus den beigezogenen Ermittlungsakten ergibt sich, daß eine Wahlgegenüberstellung des Antragsgegners mit den von dem Antragsteller als Zeugen benannten Sparkassenangestellten negativ verlaufen ist. Die ladungsfähige Anschrift des Zeugen Hollmann hat der Antragsteller trotz entsprechender Auflage nicht mitgeteilt. Im übrigen fällt auf, daß der Kostenvoranschlag das maschinenschriftliche Datum 8. 10. 19.. trägt und davor handschriftlich die Ziffer „1" gesetzt worden ist, was der Antragsteller auf Rückfrage des Gerichts nicht zu erklären vermochte.

Die Kostenentscheidung beruht auf §§ 1 Abs 1 GKG, 118 Abs 1 S 4 ZPO.

Frankfurt, 10. 1. 19..
Amtsgericht, Abt 31
(Unterschrift)

2. Bewilligung von Prozeßkostenhilfe

Ergibt die Prüfung anhand der Erklärung über die persönlichen und wirtschaftlichen Verhältnisse, der beigefügten und nachgeforderten Unterlagen des Antragstellers und etwa eingeholter Auskünfte, daß die finanziellen Voraussetzungen der Bewilligung von Prozeßkostenhilfe vorliegen und ist die beabsichtigte Rechtsverfolgung oder -verteidigung hinreichend aussichtsreich und nicht mutwillig, **bewilligt** das Gericht Prozeßkostenhilfe für die jeweilige Instanz (§ 119 ZPO) durch Beschluß (§ 127 ZPO). Ist der Antragsteller nach seinen Einkommens- und Vermögensverhältnissen zur Leistung von Raten oder Teilbeträgen in der Lage, setzt das Gericht Höhe und Anzahl[99] der **Monatsraten** und/oder des aus dem Vermögen zu zahlenden Betrags fest (§ 120 Abs 1 ZPO) und bestimmt, daß die Zahlungen grundsätzlich an die Landeskasse[100] zu leisten sind. Nach § 120 Abs 1 S 2 ZPO ist das Gericht verpflichtet, den Zeitpunkt und das Maß einer Ratenerhöhung festzulegen, wenn bereits jetzt bei vorausschauender Betrachtung mit begründeter Wahrscheinlichkeit anzunehmen ist, eine besondere Belastung iS § 115 Abs 1 S 3 ZPO werde in Zukunft wegfallen. 174

Prozeßkostenhilfe kann unter Zurückweisung des Antrags im übrigen auch nur für einen von mehreren Streitgegenständen oder nur für einen **Teil** des Streitgegenstands bewilligt werden, wenn die Erfolgsaussicht nur hinsichtlich eines Teils zu bejahen ist, zB hinsichtlich eines Teils des geforderten Schmerzensgeldbetrags oder der geltend gemachten Unterhaltsrente.[101]

Rückwirkende Kraft hat die Bewilligung[102] von Prozeßkostenhilfe grundsätzlich nicht, kann ihr aber zur Vermeidung grober Unbilligkeit ausdrücklich beigelegt werden, aber selbst dann nur bis zu dem Zeitpunkt, in welchem erstmals alle

---

[99] Baumbach-Lauterbach § 120 ZPO Anm 3 B, aA OLG Schleswig SchlHA 81, 114.
[100] Vgl § 120 Abs 2 ZPO, insbesondere wegen der Ausnahme bei Verfahren vor dem BGH.
[101] Siehe dazu RdNr 177.
[102] Zu den Wirkungen im einzelnen siehe RdNr 181 ff.

Voraussetzungen für eine positive Entscheidung von Seiten des Antragstellers erfüllt waren, dh sämtliche Unterlagen (Antrag, Erklärung über die persönlichen und wirtschaftlichen Verhältnisse auf dem eingeführten Vordruck, Belege, schlüssiges Vorbringen in der Hauptsache) eingereicht waren und das Gericht dem Antrag bei ordnungsgemäßen, unverzüglichen Geschäftsgang hätte stattgeben können und müssen.[103]

175 In Anwaltsprozessen ist der Partei ein zu ihrer Vertretung bereiter, bei dem Prozeßgericht zugelassener **Rechtsanwalt** ihrer Wahl **beizuordnen** (§ 121 Abs 1 ZPO), in anderen Verfahren auf Antrag nur, wenn entweder der Gegner durch einen Rechtsanwalt vertreten[104] ist oder eine Vertretung durch einen Rechtsanwalt erforderlich erscheint (§ 121 Abs 2 ZPO), etwa weil der Sachverhalt tatsächlich oder rechtlich schwierig oder die Partei hilflos ist. Die Beiordnung eines Rechtsbeistands ist nicht zulässig.[104a]

Die **Auswahl** des Anwalts obliegt grundsätzlich der Partei. Soweit nicht schon ein Rechtsanwalt seine eigene Beiordnung namens der Partei beantragt, ist bei dem von der Partei benannten Rechtsanwalt – gegebenenfalls telefonisch – anzufragen, ob er zur Vertretung der Partei bereit ist. Nur wenn eine Partei selbst keinen zu ihrer Vertretung bereiten Rechtsanwalt findet, ordnet der Vositzende ihr auf Antrag einen Rechtsanwalt bei (§ 121 Abs 4 ZPO); das kann auch ein von der Partei benannter Anwalt sein, der dieser gegenüber eine Vertretung abgelehnt hatte. In jedem Fall ist der Rechtsanwalt vor seiner Beiordnung zu hören. Denn der beigeordnete Rechtsanwalt muß die Vertretung der Partei gemäß § 48 BRAO übernehmen und kann lediglich beantragen, aus wichtigem Grund die Beiordnung aufzuheben.

Neben dem beigeordneten Prozeßbevollmächtigten kann nach § 121 Abs 3 ZPO der Partei auf ihren Antrag ein **Verkehrsanwalt** oder ein Anwalt zur Wahrnehmung eines auswärtigen Beweistermins beigeordnet werden, wenn besondere – von dem Antragsteller im Antrag darzulegende – objektive Umstände dies erfordern, wenn zB einer Partei unverhältnismäßig hohe Reisekosten zum Gericht oder der Kanzlei ihres Prozeßbevollmächtigten entstünden.

Im **Arbeitsgerichtsverfahren** gelten die besonderen Bestimmungen der §§ 11, 11a ArbGG; der Vorsitzende ordnet der kostenarmen Partei auf Antrag einen Rechtsanwalt bei, wenn der Gegner durch einen Anwalt vertreten ist und die Partei selbst nicht durch einen Mitarbeiter einer Gewerkschaft oder eines Arbeitgeberverbands vertreten werden kann.

Beispiele der Bewilligung von Prozeßkostenhilfe:

176 1. Volle Bewilligung **ohne Ratenzahlungsanordnung:**

..C[*O*] .../..

Beschluß

Im Rechtsstreit ... gegen ...

wird dem Antragsteller Prozeßkostenhilfe für den ersten Rechtszug bewilligt.

Zur Wahrnehmung der Rechte in diesem Rechtszug wird ihm Rechtsanwalt Horst Folk, Frankfurt am Main, beigeordnet.

---

[103] BGH NJW 85, 921 mwNachw, OLG Frankfurt NJW-RR 89, 192; vgl auch BVerfG NVwZ 88, 720.

[104] Die Regelung ist verfassungsgemäß, eine Analogie ist im Fall der Vertretung durch einen rechtskundigen Behördenvertreter nicht geboten, BVerfG NJW 88, 2597.

[104a] OLG Düsseldorf MDR 89, 1108.

Der Antrag auf Gewährung von Prozeßkostenhilfe für die Zwangsvollstreckung wird zurückgewiesen, da hierfür das Vollstreckungsgericht zuständig ist (§ 119 Abs 1 S 1 ZPO iVm § 20 Nr 5 RpflG).

..., den ... 19..
Amtsgericht, Abt ..
[*Landgericht, ..Zivilkammer*]

2. Teilweise Bewilligung: 177

31 C 433/..

Beschluß

In Sachen Becker gegen Maier
wird dem Antragsteller Prozeßkostenhilfe für eine Klage auf Zahlung von 950.– DM bewilligt und ihm insoweit Rechtsanwalt Klaus Zahner, Bornheimer Straße 13, Frankfurt am Main, beigeordnet.
Im übrigen wird der Antrag vom 2. 1. 19.. zurückgewiesen.
Die Entscheidung ergeht gerichtsgebührenfrei; außergerichtliche Kosten werden nicht erstattet.

Gründe:

Der Antrag auf Gewährung von Prozeßkostenhilfe für eine Klage auf Zahlung von 1650.– DM wegen Beschädigung des PKW war zurückzuweisen, da der Antragsteller für seine Behauptung, der Antragsgegner habe den Wagen beschädigt, keinen geeigneten Beweis angetreten hat. Weil unter solchen Umständen eine verständige Partei, die selbst für die Prozeßkosten aufkommen müßte, von einer Klageerhebung absehen würde, erscheint die beabsichtigte Rechtsverfolgung mutwillig.
Die Kostenentscheidung beruht auf §§ 1 Abs 1 GKG, 118 Abs 1 S 4 ZPO.

Frankfurt am Main, 10. 1. 19..
Amtsgericht, Abt 31
(Unterschrift des Richters)

3. Bewilligung mit Ratenzahlungsanordnung: 178

31 C 433/..

Im Rechtsstreit Becker gegen Maier
wird dem Antragsteller Prozeßkostenhilfe für den ersten Rechtszug bewilligt.
Zur Wahrnehmung der Rechte wird ihm Rechtsanwalt Klaus Zahner, Bornheimer Straße 13, 6000 Frankfurt am Main [*und als Korrespondenzanwalt Rechtsanwalt Dr. Dieter Berger, Wormserstr 35, 7000 Stuttgart*] beigeordnet.
Von dem Antragsteller sind auf die voraussichtlichen Prozeßkosten von 860.– DM fünf Monatsraten von je 180.– DM jeweils am 5. jeden Monats, erstmals am 5. 2. 19.. zu entrichten. Zu dieser Leistung ist der alleinstehende Antragsteller aufgrund der Anlage 1 zu § 114 ZPO verpflichtet, da sich sein monatliches Nettoeinkommen nach der Auskunft der Quick-Spedition auf 1400,– DM beläuft.
[*Aus dem Vermögen des Antragsteller sind auf die Prozeßkosten – einmalig am 1. 3. 19.. 500.– DM – .. Raten von je ... DM jeweils am ... zu entrichten. Zu dieser Leistung ist der Antragsteller verpflichtet, weil von seinen Bankguthaben nur 2500.– DM als kleinerer Geldwert gemäß §§ 115 Abs 2 ZPO iVm 88 BSHG unberücksichtigt bleiben können. – Die Höhe der Raten ergibt sich aus der beigefügten Berechnung.*]

Frankfurt am Main, 10. 1. 19..
Amtsgericht Abt 31
(Unterschrift des Richters)

[*Anlage zum Beschluß vom ... Aktenzeichen .../..*]

A. Anrechenbares Einkommen und einzusetzende Vermögensbeträge (§ 115 ZPO)

1. Monatliches Einkommen aus Erwerbstätigkeit (selbständig und unselbständig)
   brutto ________ DM
   ges. Abzüge ________ DM
   bes. Belastungen ________ DM
   Endbetrag ____________ DM

2. Monatliches sonstiges Einkommen
   brutto ________ DM
   ges. Abzüge ________ DM
   bes. Belastungen ________ DM
   Endbetrag ____________ DM

   Summe des monatlichen Gesamteinkommens ____________ DM

3. Vermögensbeträge (soweit sie nach § 88 BSHG zu verwenden sind)
   Vermögen insgesamt ________ DM Nach § 88 BSHG ist das Vermögen, bestehend aus
   Belastung ________ DM
   Freibetrag ________ DM nicht zu verwenden, da
   ________ DM

B. Zu erwartende Kosten (Anlage zu Nr 1.3 DB-PKHG)

Wert: ________ DM Kosten: ____________ DM
________ DM ____________ DM

abzüglich aus dem Vermögen zu zahlender Beträge (siehe 3.) ____________ DM
auf Raten zu verteilende Kostenbelastung ____________ DM

C. Höhe der Raten gemäß Tabelle (Anlage zu § 114 ZPO) ____________ DM

3. Mitteilung der Entscheidung, Rechtsmittel

179 Die Entscheidung über Gewährung oder Versagung von Prozeßkostenhilfe wird den Parteien – soweit sie noch nicht anwaltlich vertreten sind – persönlich, anderenfalls ihren Bevollmächtigten sowie den beigeordneten Rechtsanwälten mitgeteilt (§ 329 Abs 2 ZPO). Ist die Klageschrift bereits eingereicht, werden gleichzeitig Termin bestimmt oder das schriftliche Vorverfahren[105] angeordnet sowie gegebenenfalls weitere Anordnungen zum Fortgang des Verfahrens getroffen. Zweckmäßigerweise wird der Antragsteller mit der Mitteilung über die Gewährung von Prozeßkostenhilfe auf die gesetzlichen Möglichkeiten der Aufhebung nach § 124 ZPO hingewiesen. Die Gewährung von Prozeßkostenhilfe ist von der Geschäftsstelle auf dem Aktendeckel neben dem Namen der Partei mit den Hinweis „Prozeßkostenhilfe mit/ohne Zahlungsbestimmung bewilligt Bl ...“ zu vermerken.[106]

---

[105] Siehe dazu RdNr 283 ff.
[106] Nr 2.2 DB-PKHG.

Verfügung

Beschlußausfertigung [*mit Anlage*] an:
Antragsteller [-*vertreter*] mit Belehrung nach § 124 ZPO
Antragsgegner [-*vertreter*]
Rechtsanwalt .. mit Zusatz:[107]

Bitte setzen Sie sich umgehend mit dem Antragsteller in Verbindung. Soweit erforderlich stehen Ihnen auf Anforderung die Gerichtsakten zwischen dem ... und dem ... für drei Tage zur Einsichtnahme in Ihrem Büro zur Verfügung.

Die Bewilligung von Prozeßkostenhilfe kann von dem Gegner der kostenarmen Partei überhaupt nicht, von der Staatskasse nur nach Maßgabe des § 127 Abs 3 ZPO mit der **Beschwerde** angefochten werden, wenn eine Zahlungsanordnung nicht getroffen worden ist. Ist Prozeßkostenhilfe ganz oder teilweise versagt, die Zahlung von Raten oder Teilbeträgen aus dem Vermögen angeordnet oder die Beiordnung eines Rechtsanwalts abgelehnt worden, findet in erstinstanzlichen Sachen die Beschwerde[108] statt (§ 127 Abs 3 ZPO). Eine Entscheidung des Berufungsgerichts ist dagegen unanfechtbar. Die weitere Beschwerde ist ausgeschlossen. 180

V. Wirkung der Prozeßkostenhilfe

Durch die Bewilligung von Prozeßkostenhilfe wird die kostenarme Partei[109] – abgesehen von der Belastung mit etwa angeordneten Zahlungen sowie von der nachträglichen Abänderung der Bewilligung nach § 124 ZPO – ab der Mitteilung des Beschlusses[110] von rückständigen und künftigen **Gerichts- und Gerichtsvollzieherkosten** befreit, insbesondere also von der Verpflichtung zur Einzahlung von Vorschüssen für Zeugen und Sachverständige sowie zur Sicherheitsleistung für Prozeßkosten. 181

Rechtsanwaltsgebühren für den eigenen Anwalt braucht sie nicht aufzubringen; der beigeordnete Rechtsanwalt erhält Gebühren[111] nach §§ 121ff BRAGO von der Staatskasse, ohne daß der Rechtsanwalt oder die Staatskasse hieraus Ansprüche gegen die kostenarme Partei herleiten können (§ 122 Abs 2 ZPO). Bis zu einem Streitwert von 5000.– DM erhält der Rechtsanwalt die üblichen Gebühren nach der Anlage zu § 11 BRAGO, bei höheren Streitwerten die ermäßigten Gebühren nach § 123 BRAGO.

Soweit die von der Staatskasse eingezogenen Beiträge die Gerichts- und Gerichtsvollzieherkosten übersteigen, erhält der Rechtsanwalt den übersteigenden Betrag bis zur Höhe der Regelgebühren (§ 124 BRAGO). Vorschüsse und Zahlungen, die der Rechtsanwalt von der kostenarmen Partei oder einem Dritten erhalten hat, sind zunächst auf die Vergütung anzurechnen, für die ein Anspruch gegen die Staatskasse nicht besteht (§ 129 BRAGO).

---

[107] Nur im Fall der Beiordnung nach § 121 Abs 4 ZPO; denn durch die Beiordnung allein ist der Rechtsanwalt noch nicht Parteivertreter, sondern es bedarf dazu der Erteilung eines Auftrags und einer Vollmacht des Mandanten. Anders ist dies nur im Fall der Beiordnung nach § 625 ZPO.
[108] Vgl. RdNr 1109.
[109] Prozeßkostenhilfe erlischt mit dem Tod des Antragstellers; OLG Frankfurt NJW 85, 751.
[110] Zur Frage rückwirkender Bewilligung vgl RdNr 174.
[111] Vgl die Gebührentabelle im Anh III.

Die Gebühren werden gemäß § 128 BRAGO wie üblich von dem Urkundsbeamten der Geschäftsstelle des ersten Rechtszugs auf Antrag festgesetzt.[112] Der Festsetzungsantrag ist auf dem durch die Vereinbarung über die Festsetzung der aus der Staatskasse zu gewährenden Vergütung für Rechtsanwälte eingeführten Vordruck zweifach einzureichen. Für entstandene Gebühren und Auslagen kann der Anwalt einen Vorschuß aus der Staatskasse verlangen (§ 127 BRAGO); in der Praxis kommt dies nur bei lange dauernden, umfangreichen Verfahren vor.

Die Bewilligung von Prozeßkostenhilfe wirkt sich vorläufig auch auf den **Gegner** aus; auch er wird von rückständigen und zukünftigen Gerichts- und Gerichtsvollzieherkosten einstweilig befreit, wenn dem Kläger der jeweiligen Instanz Prozeßkostenhilfe ohne Zahlungsanordnung bewilligt ist (§ 122 Abs 2 ZPO).

Für das **Bewilligungsverfahren** selbst gibt es keine Prozeßkostenhilfe,[113] auch nicht für den Gegner zur Abwehr der angekündigten Klage.[114]

182 Über den Wortlaut des § 122 ZPO hinaus hat die kostenarme Partei in entsprechender Anwendung der §§ 114ff ZPO Anspruch auf Erstattung von **Reisekosten,** wenn sie zu deren Aufbringung entsprechend §§ 114, 115 ZPO nicht in der Lage, die Reise aber notwendig ist (das ist immer der Fall, wenn die Partei geladen worden ist) und im übrigen – unter Berücksichtigung der Bedeutung der Sache und des mutmaßlichen Verhaltens einer verständigen, nicht mittellosen Partei – der Anspruch auf rechtliches Gehör und gegebenenfalls das Fragerecht nach § 397 ZPO schwerer wiegt als die Möglichkeit einer Vertretung durch einen ortsansässigen Rechtsanwalt.[115] Die Entscheidung ist ein Akt der Rechtsprechung; über die Bewilligung entscheidet auf Antrag der mittellosen Partei das **Gericht,** das die Ladung veranlaßt hat. Die Ablehnung ist mit der Beschwerde nach § 127 ZPO angreifbar.[116]

In **Eilfällen** kann der aufsichtsführende Richter des Amtsgerichts, in dessen Bezirk sich der Antragsteller aufhält, im Verwaltungsweg eine Reiseentschädigung bewilligen (Nr I 2 der Vereinbarung über die Bewilligung von Reiseentschädigungen an mittellose Personen).

Soweit das Gericht in der Bewilligung nichts anderes bestimmt hat, wird die Reiseentschädigung durch den für den Erlaß der Auszahlungsanordnungen zuständigen Beamten der Geschäftsstelle zur **Zahlung** angewiesen. Sie umfaßt neben Fahrkosten auch unvermeidbare Zehr- und Übernachtungskosten, Reisekosten einer notwendigen Begleitperson, nicht aber Verdienstausfall. In der Regel werden Fahrkarten für öffentliche Verkehrsmittel oder Gutscheine zu deren Erwerb zur Verfügung gestellt; teilweise bestehen Absprachen des Gerichts mit einem Hotel oder dergl, in dem die kostenarme Partei nach Anmeldung durch den zuständigen Verwaltungsbeamten auf Kosten der Justizverwaltung übernachten kann.

Die **Bewilligung** seitens des Gerichts erfolgt durch Beschluß. Eine Durchschrift der Kassenanordnung ist zu den Sachakten zu nehmen (Nr I 1 der Vereinbarung über die Bewilligung von Reiseentschädigungen an mittellose Personen); die gewährten Mittel gehören zu den Kosten des Verfahrens (GKG KV Nr 1907).

---

[112] Zur Festsetzung vgl RdNr 760.
[113] BGHZ 91, 312 mwNachw.
[114] OLG Bremen FamRZ 89, 198.
[115] BGHZ 64, 139, 141ff, OLG Bamberg JurBüro 89, 1285, AG Krefeld m Anm Mümmler JurBüro 89, 371.
[116] BGHZ 64, 139, 141ff, aA Stein-Jonas § 115 I 2 ZPO.

Antrag 183

An das
Landgericht ...

Aktenzeichen: .. 0 .../..

Im Rechtsstreit ... gegen ...
beantrage ich,

mir die Reisekosten, die mir durch die Wahrnehmung des Termins am ... entstehen werden, zu bewilligen.

Durch Beschluß der Kammer vom ... ist mir Prozeßkostenhilfe bewilligt und Rechtsanwalt ... beigeordnet worden. Im Beweisbeschluß vom ... ist mein persönliches Erscheinen im Termin zur Beweisaufnahme angeordnet worden. Ich bin nicht nur bereit nach ... zu kommen, sondern halte es auch für sachdienlich, wenn der Verlauf der Gespräche und der mündlichen Vereinbarungen zwischen dem Beklagten und mir umfassend erörtert wird, insbesondere im Hinblick darauf, daß ich Rechtsanwalt ... bisher immer nur schriftlich informieren konnte. Ich bin jedoch aufgrund meiner finanziellen Verhältnisse nicht in der Lage, die Kosten der Reise, insbesondere der Bahnfahrt, zu tragen; ich beziehe mich insoweit auf die vorgelegten Prozeßkostenhilfe-Unterlagen und erkläre, daß sich seitdem an meinen persönlichen und wirtschaftlichen Verhältnissen nichts geändert hat.

(Unterschrift)

Entscheidung 184

23 O 275/..

Beschluß

Im Rechtsstreit ... gegen ...
wird dem Kläger [*Beklagten*] zur Teilnahme am Termin vom ... vor dem Landgericht ... ein Reisekostenvorschuß bewilligt.[117] Dem Kläger [*Beklagten*] ist für die Bahnreise am ... von ... nach ... und zurück ein Gutschein für eine Rückfahrkarte 2. Klasse zur Verfügung zu stellen. Außerdem werden die notwendigen Zu- und Abgangskosten (Bus/Straßenbahn/U-Bahn) sowie unvermeidbare Zehr- und Übernachtungskosten bewilligt; hierfür wird ein Vorschuß von ... DM ausgezahlt. Die endgültige Entscheidung erfolgt nach Vorlage entsprechender Belege und dem Nachweis der Unvermeidbarkeit nach dem Termin.
[*Ein Vorschuß auf Übernachtungskosten kann dem Antragsteller nicht gewährt werden; es besteht jedoch bei Vorlage der Ausfertigung dieses Beschlusses eine Übernachtungsmöglichkeit im Hotel ... (Name, Anschrift, Telefon); im Fall des Nichtantritts der Reise ist umgehend das Hotel oder die Geschäftsstelle zu benachrichtigen.*]

...(Ort),...(Datum)
Landgericht,...Zivilkammer

(Unterschrift) *(Unterschrift)* *(Unterschrift)*

Verfügung

1. Ausfertigung an Parteivertreter sowie Antragsteller persönlich
2. Ausfertigung zweifach an Gebührenanweisungsstelle mit der Bitte um weitere Veranlassung.

...,... (Datum, Unterschrift)

---

117 Das Gericht kann sich auf die bloße Bewilligung beschränken; die Reiseentschädigung wird dann von dem für den Erlaß von Auszahlungsanordnungen zuständigen Beamten angewiesen.

185 Die Bewilligung von Prozeßkostenhilfe läßt die **Kostentragungspflicht** nach den §§ 91 ff ZPO unberührt (§ 123 ZPO).[118] Unterliegt die kostenarme Partei in der Hauptsache ganz oder teilweise, hat sie dem siegenden Gegner die von ihm gezahlten oder noch zu zahlenden Gerichts- und Anwaltskosten nach Maßgabe der Kostenentscheidung und des Kostenfestsetzungsbeschlusses zu erstatten. Der Staatskasse steht allerdings ein Erstattungsanspruch gegen die unterlegene, kostenarme Partei nicht zu.

Obsiegt die kostenarme Partei in der Hauptsache, kann die Staatskasse nach Eintritt der Rechtskraft der Kostengrundentscheidung von dem unterlegenen Gegner die Gerichts- und Gerichtsvollzieherkosten einziehen (§ 125 ZPO). Der beigeordnete Rechtsanwalt kann seine Gebühren und Auslagen – ohne die Begrenzung nach § 123 BRAGO – von dem unterlegenen Gegner nach § 126 ZPO aus eigenem Recht in eigenem Namen beitreiben, soweit er nicht bereits von der Staatskasse befriedigt ist. In dem Umfang, in dem die Staatskasse bereits Zahlungen an den beigeordneten Rechtsanwalt geleistet hat, gehen dessen Ansprüche auf sie über, die Staatskasse kann den Betrag von dem unterlegenen Gegner wie Gerichtskosten einziehen (§ 130 BRAGO).

VI. Aufhebung und Abänderung der Prozeßkostenhilfe-Bewilligung, Anwaltswechsel

186 Das Gericht kann die Bewilligung von Prozeßkostenhilfe nach § 124 ZPO **aufheben,** wenn

1. die Partei durch unrichtige Darstellung des Streitverhältnisses die für die Bewilligung der Prozeßkostenhilfe maßgebenden Voraussetzungen vorgetäuscht hat;
2. die Partei absichtlich oder aus grober Nachlässigkeit unrichtige Angaben über die persönlichen oder wirtschaftlichen Verhältnisse gemacht hat;
3. die persönlichen oder wirtschaftlichen Voraussetzungen für die Prozeßkostenhilfe nicht vorgelegen haben (also das Gericht die objektive Lage unrichtig beurteilt hat); in diesem Fall ist die Aufhebung ausgeschlossen, wenn seit der rechtskräftigen Entscheidung oder sonstigen Beendigung des Verfahrens vier Jahre vergangen sind;
4. die Partei länger als drei Monate mit der Zahlung einer Monatsrate oder eines sonstigen Betrags im Rückstand ist.

Zuständig ist im Fall § 124 Nr 1 ZPO der Spruchkörper, in den Fällen § 124 Nr 2–4 ZPO der Rechtspfleger (§ 20 Nr 4c RpflG), eine Entscheidung des Spruchkörpers bleibt allerdings nach § 1 RpflG wirksam. Der Sachverhalt ist von Amts wegen zu ermitteln. Die Aufhebung wirkt auf den Zeitpunkt der Bewilligung zurück.[119]

Die **Beiordnung** eines Rechtsanwalts, der im Vertrauen auf seinen Anspruch gegen die Staatskasse tätig geworden ist, kann im Zusammenhang mit der Aufhebung der Bewilligung von Prozeßkostenhilfe selbst dann nicht rückwirkend abgeändert werden, wenn der ursprüngliche Beschluß den gesetzlichen Regelungen nicht entsprach (zB ein Hauptbevollmächtigter am Wohnsitz der Partei und ein Unterbevollmäch-

---

[118] Diese Regelung ist verfassungsgemäß, BVerfGE 51, 296.
[119] Str, wie hier Baumbach-Lauterbach § 124 ZPO Anm 6 mwNachw.

tigter am Terminsort beigeordnet worden waren statt eines Rechtsanwalts am Sitz des Gerichts und eines Verkehrsanwalts am Wohnsitz der Partei[120]). Ein Rechtsanwalt behält daher im Fall der Aufhebung der Bewilligung von Prozeßkostenhilfe seinen Anspruch gegen die Staatskasse, soweit die Gebühren im Zeitpunkt der Aufhebung der Bewilligung bereits entstanden waren. Nach der Aufhebung kann er die üblichen Gebühren nach § 11 BRAGO ohne die Beschränkung nach § 123 BRAGO gegen seine Partei geltend machen mit Ausnahme der Beträge, die er bereits von der Staatskasse erhalten hat; insoweit gehen seine Ansprüche gegen die Partei auf die Staatskasse über, diese kann sie wie Gerichtskosten von dem Antragsteller einziehen (§ 130 BRAGO).

Nach § 120 Abs 4 ZPO kann das Gericht[121] nach Anhörung der Partei die Entscheidung über die zu leistenden **Zahlungen ändern**, wenn sich die persönlichen oder wirtschaftlichen Verhältnisse wesentlich geändert haben; dies ist zB der Fall, wenn das Einkommen des Antragstellers erheblich gestiegen ist oder der Antragsteller nachträglich die Klageforderung realisieren konnte.[122] Da auch die schlichte Bewilligung von Prozeßkostenhilfe eine Entscheidung „über die zu leistenden Zahlungen“ enthält – daß nämlich Monatsraten nicht erbracht werden müssen –, können nicht nur Raten dem Betrag nach erhöht oder der Anzahl nach vermehrt, sondern auch erstmals angeordnet werden. Die Änderung wirkt auf den Zeitpunkt der Bewilligung zurück.

Aus den §§ 120 Abs 4, 124 Nr 3 ZPO ergibt sich weiter, daß das Gericht Prozeßkostenhilfe auch **vollständig entziehen** kann, wenn sich die persönlichen oder wirtschaftlichen Verhältnisse der Partei gegenüber den bei Bewilligung maßgebenden grundlegend geändert haben.[123] Denn § 120 Abs 4 ZPO zeigt, daß nachträgliche Veränderungen berücksichtigt werden sollen, und ein einleuchtender Grund, warum der nicht mehr kostenarmen Partei zwar 48 Monatsraten bis zur Höhe der voraussichtlichen Kosten auferlegt werden können, nicht aber auch die Differenz zu den tatsächlichen Prozeßkosten, ist nicht ersichtlich; aus § 124 Nr 3 ZPO ergibt sich, daß eine unrichtige Beurteilung der wirtschaftlichen Lage der Partei durch das Gericht berichtigt werden soll, und falsch war im Fall nachträglicher erheblicher Veränderungen der Einkommens- und Vermögensverhältnisse der Partei die unausgesprochene Erwartung des Gerichts, die im Zeitpunkt der Entscheidung über das Prozeßkostenhilfegesuch bestehende Lage werde sich auch in absehbarer Zeit nicht ändern.[124] Schließlich würde es dem Gerechtigkeitsempfinden gröblich widersprechen, daß eine Partei aufgrund einer einmal erfolgten Bewilligung von Prozeßkostenhilfe trotz einer nachhaltigen Verbesserung ihrer wirtschaftlichen Verhältnisse – etwa durch einen großen Lottogewinn, eine beträchtliche Teilleistung des Gegners – sei es freiwillig, sei es aufgrund eines rechtskräftigen Teilurteils oder dergl – den Rechtsstreit auf Kosten der Allgemeinheit führen könnte. Dagegen ist eine Abände-

---

[120] LG Frankfurt, Beschluß v 18. 11. 1977, 2/24 T 24/77.

[121] Nach § 20 Nr 4c RpflG ist zuständig der Rechtspfleger, doch geht im laufenden Verfahren vor dem Ende der Instanz die Zuständigkeit des Richters vor; Kalthoener-Büttner RdNr 413.

[122] KG NJW-RR 89, 511.

[123] Str, wie hier OLG Düsseldorf NJR-RR 87, 252 mwNachw, OLGZ 89, 68, OLG Frankfurt Rpfleger 86, 69, NJW-RR 86, 358, OLG Koblenz Rpfleger 84, 160, 330, OLG Saarbrücken NJW 83, 1068, AG Friedberg FamRZ 82, 515, v Blumenthal Rpfleger 84, 458; vgl auch BVerfG NJW 85, 1767; aA Baumbach-Lauterbach Übers 1 A vor § 114 ZPO, § 120 ZPO Anm 6 A, § 124 ZPO Anm 2 C, Kalthoener-Büttner RdNr 845, jeweils mwNachw.

[124] Vgl dazu BVerfG NJW 85, 1767, aA Baumbach-Lauterbach § 124 Anm 7 C c ZPO.

rung oder Aufhebung der Bewilligung von Prozeßkostenhilfe wegen **Aussichtslosigkeit** der weiteren Rechtsverfolgung nach durchgeführter Beweisaufnahme in der Regel unzulässig.[125]

Die **Beiordnung** eines Rechtsanwalts kann auf Antrag der kostenarmen Partei für die Zukunft aufgehoben und ein **anderer Anwalt** beigeordnet werden, wenn hierfür so triftige Gründe bestehen, daß auch eine verständige Partei, die ihre Anwaltskosten selbst tragen muß, die durch den Anwaltswechsel entstehenden zusätzlichen Kosten auf sich genommen hätte.[126]

187 Erhält das Gericht nach der Bewilligung von Prozeßkostenhilfe Kenntnis, daß sich die wirtschaftlichen Verhältnisse der bis dahin kostenarmen Partei geändert haben, sind von Amts wegen **Ermittlungen** anzustellen. Auf Verlangen des Gerichts hat die Partei sich darüber zu erklären, ob eine Veränderung eingetreten ist (§ 120 Abs 4 S 2 ZPO). Vor einer Änderung der ursprünglichen Bewilligung zu seinem Nachteil ist der Prozeßkostenhilfeempfänger **anzuhören.**

31 C 433/..

Verfügung

1. Schreiben an den Kläger [*Beklagten*]:
Im Rechtsstreit Becker gegen Maier
war Ihnen zur Durchführung der Klage Prozeßkostenhilfe ohne Zahlungsanordnung [*unter Anordnung der Zahlung von .. Raten in Höhe von ... DM – bis zur Höhe der voraussichtlichen Prozeßkosten von ... DM –*] aufgrund Ihrer Erklärung über Ihre persönlichen und wirtschaftlichen Verhältnisse vom 2. 1. 19.. bewilligt worden. Wie sich in der mündlichen Verhandlung vom 1. 4. 19.. herausstellte, haben Sie im Februar 19.. Ihren Großvater Alfred Wagner beerbt, der über ein nicht unerhebliches Vermögen verfügte [*haben Sie nach Wechsel Ihrer Arbeitsstelle jetzt ein größeres Einkommen*]. Es ist deshalb zu prüfen, ob die Voraussetzungen für die Gewährung von Prozeßkostenhilfe noch vorliegen. Wenn sich Ihre Einkommens- und Vermögensverhältnisse nicht nur geringfügig verbessert haben, kommt eine Erhöhung von Betrag und Anzahl der Raten in Betracht, gegebenenfalls ist die Bewilligung gänzlich aufzuheben. Teilen Sie bitte bis zum 10. 5. 19.. mit, ob und in welchem Maß eine Veränderung in Ihren Verhältnissen eingetreten ist; sind Sie der Auffassung, daß Ihnen auch weiterhin Prozeßkostenhilfe zustehe, stelle ich Ihnen anheim, eine neue Erklärung über Ihre persönlichen und wirtschaftlichen Verhältnisse einzureichen und – soweit Änderungen eingetreten sind – Belege beizufügen.
2. Abschrift von 1 an Rechtsanwalt Zahner zur Stellungnahme in eigenem Interesse[127] bis zum ...
3. Wiedervorlegen am 11. 5. 19..

---

[125] OLG München AnwBl 80, 300, OLG Düsseldorf MDR 79, 501, OLG Hamm JurBüro 77, 98, Baumbach-Lauterbach § 114 Anm 1 ZPO, Tempel Band I 640.
[126] OLG Frankfurt MDR 88, 501, vgl auch MDR 89, 167.
[127] Das gebietet der Grundsatz des rechtlichen Gehörs; BPatG GRUR 86, 734 mwNachw.

Entscheidung 188

31 C 433/..

Beschluß

In dem Rechtsstreit
Becker gegen Maier (volles Rubrum wie Bl ... dA)
wird die Bewilligung von Prozeßkostenhilfe aufgehoben.

Gründe:

In den Einkommens- und Vermögensverhältnissen des Klägers ist nach der Bewilligung von Prozeßkostenhilfe durch Beschluß vom 10. 1. 19.. dadurch eine wesentliche Verbesserung eingetreten, daß er Alleinerbe seines im Februar 19.. verstorbenen Großvaters Alfred Wagner geworden ist, der – wie der Kläger selbst einräumt – über „einige" Grundstücke verfügte. Es ist daher davon auszugehen, daß der Kläger zur Tragung der Prozeßkosten nunmehr in der Lage ist, zumal er trotz Aufforderung eine neue Erklärung über seine persönlichen und wirtschaftlichen Verhältnisse nicht eingereicht hat. Die Bewilligung der Prozeßkostenhilfe war daher gemäß §§ 120 Abs 4, 124 ZPO aufzuheben.

Frankfurt am Main, 15. 5. 19..
Amtsgericht, Abt 31
(Unterschrift)

Rechtsmittel 189

Gegen die Entscheidung des Rechtspflegers über die Änderung der Zahlungsanordnung oder die Aufhebung der Bewilligung von Prozeßkostenhilfe ist die Erinnerung zulässig (§ 11 Abs 1 RpflG). Dieser kann der Erinnerung abhelfen; anderenfalls legt er nach begründeter Nichtabhilfeentscheidung die Akten dem Richter vor (§ 11 Abs 2 RpflG). Die Entscheidung des Richters ist mit der Beschwerde anfechtbar (§ 127 Abs 1 S 2 ZPO); dies gilt nicht, wenn das Berufungsgericht den Beschluß erlassen hat. Eine weitere Beschwerde ist ausgeschlossen (§ 127 Abs 2 ZPO).

VII. Beratungshilfe

1. Voraussetzungen

Außerhalb eines gerichtlichen Verfahrens jeder Art vor einem beliebigen staatlichen Gericht wird auf Antrag einem kostenarmen Rechtssuchenden Beratungshilfe gewährt (§ 1 BerHG), wenn 190

1. er nach seinen persönlichen und wirtschaftlichen Verhältnissen die erforderlichen Mittel nicht aufbringen kann, was der Fall ist, wenn ihm Prozeßkostenhilfe ohne eigenen Beitrag zu gewähren wäre (§ 1 Abs 2 BerHG), also sein Einkommen[128] die Beträge der 1. Zeile der Anlage zu § 114 ZPO[129] nicht übersteigt,

---

[128] Zu dessen Ermittlung siehe RdNr 155 ff.
[129] Siehe RdNr 153.

2. eine zumutbare Möglichkeit, Hilfe zu erlangen, nicht besteht,
3. die Wahrnehmung der Rechte nicht mutwillig[130] ist,
4. es sich um eine Angelegenheit des Zivilrechts – soweit nicht die Arbeitsgerichte ausschließlich zuständig sind –, des Verwaltungs- und Verfassungsrechts,[131] des Straf- und Ordnungswidrigkeitenrechts handelt (§ 2 BerHG),
5. deutsches Recht anwendbar ist oder der Sachverhalt eine Beziehung zum Inland aufweist (§ 2 Abs 3 BerHG).

Die Beratungshilfe besteht in Beratung und – mit Ausnahme von Angelegenheiten des Straf- und Ordnungswidrigkeitenrechts – soweit erforderlich in Vertretung (§ 2 BerHG). Die Beratungshilfe wird grundsätzlich durch einen Rechtsanwalt gewährt, auch soweit Beratungsstellen eingerichtet sind; Rechtsbeistände sind zur Leistung von Beratungshilfe nicht zugelassen.[132] In einfachen Sachverhalten, in denen eine sofortige Auskunft, ein Hinweis auf andere Hilfemöglichkeiten oder die Aufnahme eines Antrags oder einer Erklärung genügt, kann der Rechtspfleger (§ 24a RpflG) des Amtsgerichts selbst die Beratungshilfe gewähren (§ 3 BerHG); es ist aber nicht seine Aufgabe, etwa den Sachverhalt zu ermitteln, komplizierte Rechtsfragen zu prüfen, Schreiben zu entwerfen oder mit Dritten zu verhandeln; solche und ähnliche Tätigkeiten sind keine Auskunft im Rechtssinn mehr, sondern dem Anwalt vorbehalten.[133]

In Bremen, Hamburg und Berlin tritt nach Maßgabe des Landesrechts anstelle der Beratungshilfe oder neben sie die dort eingeführte öffentliche Rechtsberatung.

2. Antrag auf Beratungshilfe

191 Der Antrag kann mündlich oder schriftlich bei dem Amtsgericht gestellt werden, in dessen Bezirk das Bedürfnis für die Beratungshilfe auftritt, meist also am Wohnsitz des Antragstellers.[134]

In dem Gesuch sind der Sachverhalt anzugeben, für den Beratungshilfe begehrt wird, und die persönlichen und wirtschaftlichen Verhältnisse des Antragstellers glaubhaft zu machen. Durch die Verordnung zur Einführung von Vordrucken im Bereich der Beratungshilfe[135] ist für schriftliche Anträge natürlicher Personen ein Vordruck eingeführt und dessen Benutzung vorgeschrieben worden; er ist auch zur Verwendung bei der Aufnahme mündlicher Anträge durch den Rechtspfleger vorgesehen.

Wendet sich der Rechtssuchende unmittelbar an einen Rechtsanwalt, kann der Antrag auch nachträglich gestellt werden (§ 4 BerHG). In diesem Fall hat der Rechtssuchende dem Rechtsanwalt gegenüber neben der Glaubhaftmachung seiner

---

[130] Siehe dazu RdNr 160.

[131] § 2 Abs 2 Satz 1 BerHG ist in der Auslegung, welche Angelegenheiten des Sozialversicherungsrechts aus der Bewilligung von Beratungshilfe ausnimmt, verfassungsgemäß; BVerfG JurBüro 86, 1025.

[132] LG Bielefeld Rpfleger 89, 69.

[133] Kalthoener-Büttner RdNr 973.

[134] Streitig, aber zu verneinen ist, ob (auch) das für den Kanzleiort des Rechtsanwalt zuständige Amtsgericht zuständig sein kann, da ein Beratungshilfebedürfnis immer in der Person des Rechtssuchenden entsteht, während das Aufsuchen des Rechtsanwalt nur die Folge davon ist. Vgl dazu Kalthoener-Büttner RdNr 968 mwNachw.

[135] BGBl 81 I 26.

persönlichen und wirtschaftlichen Verhältnisse zu versichern, daß ihm in derselben Angelegenheit Beratungshilfe weder gewährt noch durch das Amtsgericht versagt worden ist (§ 7 BerHG).

a) Antrag zu Protokoll des Amtsgerichts: 192

Amtsgericht ...(Ort) ...(Datum)
.. UR II .../..
Gegenwärtig: Rechtspfleger ...
Es erschien
... (Name und Anschrift des Rechtssuchenden)
ausgewiesen durch ... [*persönlich bekannt*]
und erklärte:
Ich beantrage Gewährung von Beratungshilfe.
Wegen des Sachverhalts, für den ich Beratungshilfe benötige, und meiner persönlichen und wirtschaftlichen Verhältnisse beziehe ich mich auf meine Erklärungen, die nach meinen Angaben in den als Anlage zum Protokoll beigefügten Vordruck aufgenommen worden sind.
vorgelesen, genehmigt und unterschrieben
(Unterschrift) *(Unterschrift)*
Rechtspfleger

Die dem Protokoll beigefügte Anlage entspricht inhaltlich einem schriftlichen Antrag.

b) Schriftlicher Antrag: 193

Der Antragsteller hat – auch im Fall nachträglicher Beantragung gemäß §§ 4 Abs 2 Satz 4, 7 BerHG – den eingeführten **Vordruck**[136] vollständig und gewissenhaft auszufüllen und entsprechende Belege beizufügen; die Ziffern im Kreis des Formulars beziehen sich auf die Ausfüllhinweise:

---

136 Dieser Vordruck ist ebensowenig wie derjenige zur Beantragung von Prozeßkostenhilfe geeignet, die gesetzlichen Voraussetzungen für die Gewährung von Beratungshilfe abzuändern oder zu erleichtern, und bindet daher das Gericht nicht, soweit er von den gesetzlichen Vorschriften abweicht; vgl dazu RdNr 165.

Stempel des Rechtsanwalts

....
Geschäftsnummer des Amtsgerichts

↓ Eingangsstempel des Amtsgerichts

An das

Amtsgericht ....

....
Postleitzahl, Ort

Antragsteller (Name, Vorname, ggf. Geburtsname)	Beruf	Geburtsjahr
Anschrift (Straße, Hausnummer, Postleitzahl, Wohnort)		Telefonisch erreichbar unter Nummer

Ⓐ Es wird Beratungshilfe in folgender Angelegenheit beantragt:

Ⓑ Eine Rechtsschutzversicherung tritt für den vorliegenden Fall nicht ein.
Antragsteller ist nicht Mitglied einer Organisation oder eines Vereins, von dem er im gegebenen Fall kostenlose Beratung oder Vertretung beanspruchen kann.

Bezieht Antragsteller vom Sozialamt laufende Leistungen zum Lebensunterhalt? ☐ Nein ☐ Ja, den letzten Bewilligungsbescheid füge ich bei. (In diesem Fall sind Angaben zu Ⓒ bis Ⓘ nicht erforderlich.)

Ⓒ Antragsteller hat ein monatliches Bruttoeinkommen von DM ....

Antragsteller hat ein monatliches Nettoeinkommen von DM ....

Der mit dem Antragsteller in häuslicher Gemeinschaft lebende Ehegatte hat ein monatliches Nettoeinkommen von DM ....

Ⓓ Antragsteller macht besondere Belastungen geltend. ☐ Nein ☐ Ja, in diesem Fall bitte Angaben auf der Rückseite unter Ⓖ

Ⓔ Antragsteller gewährt Unterhalt an:

Ehegatten	☐ Nein	☐ Ja	
geschiedenen Ehegatten	☐ Nein	☐ Ja	
Kinder	☐ Nein	☐ Ja	Zahl der Kinder: ....
Eltern oder Großeltern	☐ Nein	☐ Ja	Zahl dieser Personen: ....

Die Personen, denen Antragsteller Unterhalt gewährt, haben eigenes Einkommen. ☐ Nein ☐ Ja, in diesem Fall bitte Angaben auf der Rückseite unter Ⓗ

Ⓕ Antragsteller hat Vermögen. ☐ Nein ☐ Ja, in diesem Fall bitte Angaben auf der Rückseite unter Ⓘ

G Besondere Belastungen, die Antragsteller geltend macht

Grund	Monatlicher Betrag in DM

H Personen, denen der Antragsteller Unterhalt gewährt und die eigenes Einkommen haben

Name, Vorname	Familienverhältnis	Monatl. Nettoeink. in DM

I Vermögen des Antragstellers

		Verkehrswert oder Guthabenbetrag
Grundvermögen ☐ Nein ☐ Ja	Bezeichnung nach Lage, Größe, Nutzungsart	
Bank-, Spar-, Bauspar-guthaben, Wertpapiere ☐ Nein ☐ Ja	Bezeichnung der Bank, Sparkasse oder des sonstigen Kreditinstituts. Bei auszahlbarem Bausparguthaben bitte darlegen, ob es alsbald für ein Familienheim des Antragstellers verwendet wird.	
Sonstige Vermögenswerte (einschließlich Bargeld); Haushalt, Kleidung, Berufs-gegenstände, soweit nicht Luxus, bleiben außer Betracht	Bezeichnung des Gegenstandes	

Verbindlichkeiten (bitte nur ausfüllen, wenn Vermögenswerte angegeben)	Restbetrag in DM
Art der Verbindlichkeit, Bezeichnung des Gläubigers, Verwendungszweck	

In der Angelegenheit, für die ich Beratungshilfe beantrage, ist mir bisher Beratungshilfe weder gewährt noch durch das Amtsgericht versagt worden.

Ich versichere, daß meine Angaben vollständig und wahr sind.

Ort, Datum

....

....
(Unterschrift des Antragstellers/gesetzlichen Vertreters)

Belege zu folgenden Angaben haben vorgelegen:

☐ Bewilligungsbescheid für laufende Hilfe zum Lebensunterhalt

☐ Einkünfte

☐ Sonstiges:

....

....

....

Ort, Datum

....

....
(Unterschrift des Rechtspflegers/Rechtsanwalts)

194 Dem Antragsvordruck sind auf einem Vorblatt allgemeine Hinweise[137] sowie die folgenden Ausfüllhinweise beigefügt.

Ausfüllhinweise

Ⓐ Geben Sie bitte kurz an, worüber Sie beraten werden wollen (kurze Angabe des Sachverhalts). Geben Sie gegebenenfalls den Namen und die Anschrift Ihres Gegners an.

Ⓑ Sollten Sie eine Rechtsschutzversicherung haben, prüfen Sie bitte zuerst, ob Ihre Versicherung die Kosten übernehmen muß. Fragen Sie im Zweifelsfall bei Ihrer Versicherung nach.

Wenn Sie die an sich mögliche kostenlose Beratung durch einen Verband, dessen Mitglied Sie sind, in Ihrem Fall nicht für ausreichend halten, begründen Sie dies kurz auf einem besonderen Blatt.

Ⓒ Anzugeben sind als Bruttoeinkommen Einkünfte jeder Art (Lohn, Gehalt, Renten; Einkünfte aus selbständiger Arbeit, Vermietung, Verpachtung, Kapitalvermögen; ferner Kindergeld, Unterhaltsleistungen, Wohngeld, Arbeitslosengeld, Ausbildungsförderung). Nettoeinkommen ist der Betrag, der nach Abzug der auf die Einkünfte gezahlten Steuern, Beiträge zur Sozialversicherung und zur Arbeitslosenversicherung, Beiträge zu sonstigen Versicherungen sowie der Werbungskosten zur Verfügung steht. Maßgebend ist in der Regel der letzte Monat vor der Antragstellung; bei Einkünften aus selbständiger Arbeit sowie bei unregelmäßig anfallenden Einkünften ist jedoch ein Zwölftel der voraussichtlichen Jahreseinkünfte anzugeben.

Fügen Sie bitte zur Glaubhaftmachung Ihrer Angaben Belege bei, z. B. Lohn- oder Gehaltsabrechnung des Arbeitgebers, bei Selbständigen den letzten Steuerbescheid.

Das Einkommen des Ehegatten ist anzugeben, weil er unter Umständen als Unterhaltspflichtiger in wichtigen und dringenden Angelegenheiten für die Kosten der Inanspruchnahme eines Rechtsanwalts aufkommen muß.

Ⓓ Wenn Sie eine besondere Belastung (z. B. Aufwendungen wegen Körperbehinderung, hohe Unterhaltsleistungen) geltend machen, geben Sie bitte unter Ⓖ den Monatsbetrag an, der von Ihren Einkünften abgesetzt werden soll.

Erläutern Sie Ihre Angabe wenn nötig auf einem besonderen Blatt. Im Einzelfall können auch hohe **Zahlungsverpflichtungen** eine besondere Belastung sein. Bitte geben Sie an, wofür, seit wann und bis wann die Verpflichtung besteht.

Besonders hohe **Mietkosten** oder monatliche **Zahlungsverpflichtungen für das Familienheim** können im Einzelfall vom Gericht als besondere Belastung anerkannt werden. Bitte geben Sie diese Zahlungen vorsorglich an, wenn sie **ein Fünftel** Ihres monatlichen Nettoeinkommens übersteigen.

Ⓔ Wenn Sie für Angehörige sorgen müssen, wird dies bei der Bewilligung der Beratungshilfe berücksichtigt. Deshalb liegt es in Ihrem Interesse, wenn Sie angeben, welchen Personen Sie Unterhalt gewähren und ob diese eigene Einkünfte haben.

Ⓕ Vermögen sind Grundvermögen, Eigentumswohnungen, Ersparnisse jeder Art, Bausparguthaben, Wertpapiere und sonstige wertvolle Gegenstände. Beratungshilfe kann auch dann bewilligt werden, wenn zwar Vermögenswerte vorhanden sind, diese aber zur Sicherung einer angemessenen Lebensgrundlage (Ausbildung, Berufsausübung, Wohnung, Hausstand) oder einer angemessenen Vorsorge dienen. Derartige Vermögenswerte sind zum Beispiel:

Gegenstände, die für die Berufsausbildung oder die Berufsausübung benötigt werden;
ein kleines Hausgrundstück (Familienheim);
ein angemessener Hausrat;
kleinere Barbeträge oder Geldwerte; Beträge bis insgesamt 4 000 DM für den Antragsteller zuzüglich 400 DM für jede Person, der er Unterhalt gewährt, sind in der Regel als ein solcher kleinerer Barbetrag oder Geldwert anzusehen.

Sollte der Einsatz oder die Verwertung eines anderen Vermögensgegenstandes für Sie und Ihre Familie eine Härte bedeuten, erläutern Sie dies bitte auf einem besonderen Blatt.

3. Entscheidung

195 Der Rechtspfleger prüft, ob die Voraussetzungen für die Gewährung von Beratungshilfe gegeben sind. Für die Prüfung der Bedürftigkeit gelten kraft der Verweisung in § 1 Abs 2 BerHG die Maßstäbe der Prozeßkostenhilfe zur Berechnung des Einkommens,[138] des Einsatzes von Vermögen[139] und der Berücksichtigung besonderer Belastungen,[140] wobei das Nettoeinkommen die Beträge der ersten Zeile der Tabelle[141] zu § 114 ZPO nicht übersteigen darf. Für das Bewilligungsverfahren gelten die Vorschriften des FGG sinngemäß (§ 5 BerHG).

[137] BGBl 81 I 27.
[138] Vgl RdNr 155.
[139] Vgl RdNr 157.
[140] Vgl RdNr 156.
[141] Vgl RdNr 153.

a) Bewilligung 196

Ergibt die Prüfung der persönlichen und wirtschaftlichen Verhältnisse, daß der Antragsteller die erforderlichen Mittel für die Wahrnehmung von Rechten nicht aufbringen kann, eine andere zumutbare Hilfemöglichkeit nicht zur Verfügung steht und das Anliegen nicht mutwillig ist, stellt der Rechtspfleger, wenn er die Angelegenheit nicht selbst erledigt, dem Rechtssuchenden unter genauer Bezeichnung der Angelegenheit einen **Berechtigungsschein** für Beratungshilfe durch einen Rechtsanwalt seiner Wahl aus (§ 6 Abs 1 BerHG):

Amtsgericht ... ...(Datum)
.. UR II .../..

Berechtigungsschein für Beratungshilfe
durch einen Rechtsanwalt

... (Name, Anschrift des Rechtssuchenden)
hat Anspruch auf Beratungshilfe in folgender Angelegenheit:
... (genaue Bezeichnung).

(Unterschrift) (Dienstsiegel)
Rechtspfleger

Hinweise für den Berechtigten

Gegen Vorlage dieses Berechtigungsscheins wird ein Rechtsanwalt Ihrer Wahl Sie in der angegebenen Sache rechtlich beraten und außergerichtlich vertreten. In Angelegenheiten des Strafrechts und des Ordnungswidrigkeitenrechts berät er nur, übernimmt aber keine Vertretung. Der gewählte Rechtsanwalt ist verpflichtet, Ihnen Beratungshilfe zu leisten, und darf sie nur im Einzelfall aus wichtigem Grund ablehnen. Er berät und vertritt Sie als Rechtsanwalt in eigener Verantwortung. Vereinbarungen über eine Vergütung für die Beratungshilfe sind nichtig. Dem Rechtsanwalt steht gegen Sie lediglich eine Gebühr von 20.– DM zu, die er in Notfällen erlassen kann. Im übrigen erhält der Rechtsanwalt eine Vergütung aus der Landeskasse.

b) Zurückweisung 197

.. UR II .../..

Beschluß

In dem Beratungshilfe-Prüfungsverfahren
des Rechtssuchenden ...
wird der Antrag auf Gewährung von Beratungshilfe vom ... zurückgewiesen.

Gründe:

Dem Antragsteller kann Beratungshilfe nicht bewilligt werden, weil die Wahrnehmung der Rechte, für welche der Antragsteller Beratungshilfe begehrt, mutwillig ist (§ 1 Nr 3 BerHG). Es ist dem Antragsteller zumutbar, vor der Inanspruchnahme eines Rechtsanwalts auf Kosten der Allgemeinheit seinen behaupteten Anspruch auf Nachbesserung seines PKW erst einmal selbst gegenüber der Reparaturwerkstatt geltend zu machen und deren Ergebnis abzuwarten.

...(Ort), ...(Datum)
Amtsgericht, Abt ...
(Unterschrift des Rechtspflegers)

4. Rechtsmittel

198 Gegen den zurückweisenden Beschluß ist nur die unbefristete Erinnerung statthaft (§ 6 Abs 2 BerHG, § 11 Abs 1 Satz 1 RpflG); der Richter entscheidet endgültig.[142] Ob auch gegen die Bewilligung von Beratungshilfe der Staatskasse ein Rechtsmittel zusteht, ist streitig, aber aus dem allgemeinen Grundsatz der richterlichen Kontrolle von Rechtspflegerentscheidungen zu bejahen.[143]

5. Wirkung

199 Durch die Bewilligung der Beratungshilfe erlangt der Rechtssuchende einen Anspruch auf Beratung und ggf Vertretung durch den Rechtsanwalt seiner Wahl. Der Rechtsanwalt ist verpflichtet, die Beratungshilfe zu übernehmen; nur aus wichtigem Grund – etwa wenn der Sachverhalt einen seiner Mandanten betrifft – kann er die Übernahme ablehnen (§ 49a BRAO).

Der Anwalt erhält von der Staatskasse (§ 131 BRAGO) für einen Rat oder eine Auskunft eine **Gebühr** von 35.– DM, für die in § 118 BRAGO bezeichneten Tätigkeiten eine Gebühr von 90.– DM sowie im Fall eines Vergleichs oder der Erledigung nach §§ 23, 24 BRAGO eine Gebühr von 110.– DM (§ 132 BRAGO). Dem Rechtsanwalt steht gegen den Rechtssuchenden selbst eine Anerkennungsgebühr von 20.– DM zu (§ 8 Abs 1 BerHG), die auf den Anspruch gegen die Staatskasse nicht anzurechnen[144] ist, aber von ihm nach den Verhältnissen des Rechtssuchenden erlassen werden kann. Eine Gebührenvereinbarung ist nichtig (§ 8 Abs 2 BerHG).

Die **Gebühren** werden von dem Urkundsbeamten der Geschäftsstelle des Amtsgerichts **festgesetzt**,[145] das den Berechtigungsschein erteilt hat oder im Fall nachträglicher Beantragung nach §§ 4 Abs 2 Satz 4, 7 BerHG für den Kanzleiort des Rechtsanwalts zuständig ist (§§ 133, 128 BRAGO). Der Festsetzungsantrag ist auf dem durch die Verordnung vom 2. 1. 1981 eingeführten Vordruck[145] für den Antrag des Rechtsanwalts auf Zahlung einer Vergütung für gewährte Beratungshilfe zu stellen (§ 1 Abs 2 der VO).

---

[142] BayObLG Rpfleger 85, 406, OLG Hamm JurBüro 84, 1746, OLG Stuttgart MDR 84, 153.
[143] Vgl dazu Weiß Rpfleger 88, 341, OLG Hamm JurBüro 84, 1746, Kalthoener-Büttner RdNr 985.
[144] Kalthoener-Büttner RdNr 986.
[145] Vgl dazu RdNr 761.

3. Kapitel: Klageerhebung, Terminsvorbereitung

I. Einreichung der Klageschrift

ZPO §§ 253–262, 495–499, 282, 130, 131, 133
GKG §§ 11, 65 KV Nr 1010
BRAGO §§ 31 Nr 1, 37 Nr 1, 2

Eine **Klage** ist ein Gesuch an das Gericht, dem Kläger in einer bestimmten Angelegenheit Rechtsschutz durch Erlaß eines Urteils zu gewähren. In der Sache selbst kann ein Urteil nur ergehen, wenn die Klage – spätestens bis zum Schluß der mündlichen Verhandlung, auf die das Urteil ergeht – **zulässig** ist. Das ist nur der Fall, wenn sämtliche (positiven und negativen) Prozeßvoraussetzungen erfüllt sind. Sie sind deshalb schon vor der Fertigung der Klageschrift durch den Kläger bzw seinen Prozeßbevollmächtigten und nach ihrer Einreichung durch das Gericht in jeder Lage des Verfahrens von Amts wegen zu prüfen. 200

Prozeßvoraussetzungen sind:

1. Deutsche Gerichtsbarkeit (§§ 18–20 GVG),
2. Zulässigkeit des Rechtswegs zu den Zivilgerichten (§ 13 GVG), wobei maßgeblich ist, ob um eine Rechtsfolge des Privatrechts oder des öffentlichen Rechts gestritten wird,
3. Zuständigkeit des angerufenen Gerichts
   a) international (§§ 12–37, 606b ZPO, Art 5–17 EGÜbk),
   b) sachlich (§§ 23–23c, 71 GVG, 2, 48 ArbGG[1]),
   c) örtlich (§§ 12–37, 606 ZPO, 48 ArbGG),
   d) funktionell (§§ 72, 119, 133 ZPO, 8 GVG, 8, 64, 72 ArbGG),
4. ordnungsgemäße Klageerhebung[2] (§ 253 ZPO),
5. Parteifähigkeit (§§ 50 ZPO, 10 ArbGG),
6. Prozeßfähigkeit (§§ 51ff, 607, 640b ZPO),
7. gesetzliche Vertretung Prozeßunfähiger (§ 51 ZPO),
8. Prozeßvollmacht[3] gewillkürter Vertreter (§§ 78f, 609, 624 ZPO, 11 ArbGG),
9. Postulationsfähigkeit des Prozeßbevollmächtigten (§§ 78 ZPO, 18ff BRAO, 11 ArbGG),
10. Prozeßführungsbefugnis (§ 51 ZPO),
11. Rechtsschutzbedürfnis, -interesse, wobei es – soweit nicht besondere Regelungen wie §§ 256–259 ZPO bestehen – schon durch die bloße Behauptung des Klägers, ihm stehe der geltendgemachte Anspruch zu, begründet wird und nur ausnahmsweise fehlt, wenn das Rechtsschutzziel auf einfacherem, schnellerem und billigerem Weg erreicht werden könnte,
12. keine entgegenstehende Rechtskraft (§ 322 ZPO),

---

[1] Ob es sich im Fall der Anrufung der Arbeitsgerichte um eine Frage der Zuständigkeit oder der Zulässigkeit des Rechtswegs handelt, ist streitig, aber ohne praktische Bedeutung; vgl Grunsky, § 1 ArbGG RdNr 2 mwNachw.
[2] Vgl dazu RdNr 201ff.
[3] Nach aA handelt es sich um eine Prozeßhandlungsvoraussetzung, weil ihr Fehlen nur die jeweilige Prozeßhandlung unzulässig macht.

13. keine anderweitige Rechtshängigkeit (§ 261 ZPO),
14. keine Schiedsklausel (§§ 1027a ZPO, 102 ArbGG),
15. keine fehlende Ausländersicherheit (§§ 110ff ZPO),
16. keine fehlende Kostenerstattung (§ 269 Abs 4 ZPO).

201 Bei dem **Amtsgericht** – ausgenommen in den in § 78 Abs 1 S 2 ZPO aufgeführten Familiensachen – und bei dem **Arbeitsgericht** kann die Klage schriftlich eingereicht oder mündlich zu Protokoll der Geschäftsstelle erklärt werden (§§ 496 ZPO, 45 Abs 2 ArbGG), und zwar der Geschäftsstelle eines jeden Amtsgerichts (§ 129a ZPO). Diese übersendet das Protokoll unverzüglich an das Gericht, an welches die Erklärung gerichtet ist; Wirkungen entfaltet die so aufgenommene Klage jedoch nicht vor Eingang des Protokolls bei diesem Gericht (§ 129a ZPO). Bei dem **Landgericht** und bei dem **Familiengericht** im Rahmen des § 78 Abs 1 S 2 ZPO kann die Klage nur in der Form eines Schriftsatzes erhoben werden, welcher von einem bei dem Prozeßgericht zugelassenen Rechtsanwalt unterzeichnet ist (§§ 78 Abs 1, 129, 253 ZPO).

Die **Klageschrift** muß enthalten:

a) die Angabe der **Parteien**[4] mit Namen, Vornamen, Straße und Hausnummer,[5] Postleitzahl, Wohnort immer, Beruf, Geburtsdatum, Stockwerk sowie zusätzliche Angaben wie jun, sen und dergleichen bei der Gefahr von Verwechslungen, bei Firmen die gewöhnlich verwendete Bezeichnung, ggf unter Angabe des Inhabers, bei Gesellschaften und juristischen Personen unter Angabe der vertretungsberechtigten Personen – Komplementär, Geschäftsführer, Vorstand –, bei nicht prozeßfähigen natürlichen Personen deren gesetzlicher Vertreter mit Namen und Anschrift (§ 253 Abs 2 Nr 1 ZPO; hier ist höchste Genauigkeit anzuraten, da diese Angaben in das Urteil aufgenommen werden und sich bei Mängeln oft Schwierigkeiten in der Zwangsvollstreckung ergeben),

b) die Angabe des angerufenen Gerichts (§ 253 Abs 2 Nr 1 ZPO), gegebenenfalls auch der Kammer für Handelssachen (§ 96 Abs 1 GVG),

c) die bestimmte Angabe des **Gegenstands** und des **Grunds** des Anspruchs, dh die Anführung aller Tatsachen, die zur Begründung des geltend gemachten Anspruchs dienen (§ 253 Abs 2 Nr 2 ZPO); sie soll auch die Angabe der Beweismittel enthalten (§ 253 Abs 4, 130 Nr 5 ZPO); im Hinblick auf die Gefahr der Zurückweisung verspäteten Vorbringens ist es zweckmäßig, in der Klageschrift nicht nur die Umstände vorzutragen, die für die bloße Schlüssigkeit des geltendgemachten Anspruchs erforderlich sind, sondern den Streit insgesamt in seinem tatsächlichen Ablauf – soweit er erheblich ist – darzustellen;

d) einen bestimmten **Antrag**, der in der mündlichen Verhandlung gestellt werden soll (§ 253 Abs 2 Nr 2 ZPO), der zweckmäßigerweise wörtlich so zu fassen ist, daß ihn das Gericht bei Erlaß des Urteils (bes in abgekürzter Form, § 313b Abs 2 ZPO) übernehmen kann,

e) die **Unterschrift**[6] der Partei, ihres Bevollmächtigten oder gesetzlichen Vertreters, in Anwaltsprozessen des bei dem Prozeßgericht zugelassenen Rechtsanwalts[7] (§ 253 Abs 4, 130 Nr 6 ZPO).

---

[4] Auch des Klägers, BGH NJW 88, 2114.

[5] Die Angabe eines Postfachs allein ist unzulässig.

[6] Die an die Lesbarkeit einer Unterschrift zu stellenden Anforderungen behandelt BGH NJW 89, 588.

[7] BGHZ 92, 254; 100, 208; BGH NJW 85, 328; aA Kunz-Schmidt NJW 87, 1296, Späth VersR 74, 625, Vollkommer, Formenstrenge und prozessuale Billigkeit, 1973, S 126, 254, 260, 365.

Außer diesen generell erforderlichen Angaben enthält die Klageschrift weiter:

f) Unnötig, aber üblich ist ein **Kostenantrag** (§ 308 Abs 2 ZPO).
g) Anträge zur **vorläufigen Vollstreckbarkeit**[8] sind nur in den Fällen der §§ 710–712 ZPO erforderlich, aber auch dann nur sinnvoll, wenn die tatsächlichen Voraussetzungen der Erleichterung bzw Erschwerung der Zwangsvollstreckung substantiiert dargetan und glaubhaft gemacht werden (vgl § 714 Abs 2 ZPO).
h) Die Angabe des **Streitwerts** ist erforderlich, wenn hiervon die Zuständigkeit des Gerichts abhängt und der Streitgegenstand nicht in einer bestimmten Geldsumme besteht (§ 253 Abs 3 ZPO).
i) Ferner soll die Klageschrift eine Äußerung dazu enthalten, ob einer Übertragung des Rechtsstreits auf den **Einzelrichter** iS § 348 Abs 1 ZPO Gründe entgegenstehen (§ 253 Abs 3 ZPO).
k) Zweckmäßig sind weiter die Anträge, ein **Anerkenntnisurteil** nach § 307 Abs 2 ZPO oder ein **Versäumnisurteil** nach § 331 Abs 2 ZPO zu erlassen, falls der Beklagte auf die Aufforderung des Gerichts nach § 276 ZPO den Klageanspruch schriftlich anerkennt oder seine Verteidigungsabsicht nicht rechtzeitig anzeigt.
l) Häufig sind Anträge auf kostenlose Erteilung von Abschriften nach KV Nr 1902 Ziff 1b GKG.

Der Klageschrift sind die für die Zustellung erforderlichen **Abschriften** beizufügen 202
(§ 253 Abs 5 ZPO). Fehlende Abschriften läßt die Geschäftsstelle auf Kosten des Klägers herstellen (KV Nr 1900 Ziff 1b GKG) oder fordert sie nach. Sind die Parteien anwaltlich vertreten, ist die Einreichung einer weiteren Abschrift für die Partei persönlich üblich. Soweit in der Klageschrift auf **Urkunden** Bezug genommen wird, die sich in Händen der Partei befinden, sind sie in Urschrift oder in Fotokopie bzw Abschrift – selbstverständlich geordnet – beizufügen (§§ 253 Abs 4, 131 Abs 1 ZPO). Wenn sie dem Gegner bekannt oder umfangreich sind, genügt das Anerbieten der Einsichtnahme (§§ 253 Abs 4, 131 Abs 3 ZPO); auf Aufforderung des Gerichts – von Amts wegen oder auf Antrag des Gegners – sind sie vor der mündlichen Verhandlung auf der Geschäftsstelle niederzulegen, wovon der Gegner zu benachrichtigen ist (§ 134 ZPO).

Wenn Prozeßkostenhilfe nicht bewilligt ist oder gleichzeitig mit der Klage begehrt 203
wird,[9] empfiehlt es sich, den **Gerichtskostenvorschuß** in Höhe einer Gebühr für das Verfahren im allgemeinen (KV Nr 1010 GKG) und der Auslagen für die Zustellung (KV Nr 1902 GKG) in Kostenmarken oder durch Gebührenstempleraufdruck einzuzahlen, weil vor der Zahlung dieser Gebühren die Klage nicht zugestellt werden soll (§ 65 Abs 1 S 1 GKG). Ohne Vorschuß wird die Klage in Scheidungsfolge- und bestimmten Entmündigkeitssachen zugestellt (§ 65 Abs 2 GKG). Das gleiche gilt – sofern die beabsichtigte Rechtsverfolgung nicht aussichtslos oder mutwillig erscheint (§ 65 Abs 7 S 2 GKG) –, wenn glaubhaft gemacht wird, daß dem Kläger die alsbaldige Zahlung der Kosten mit Rücksicht auf seine Vermögenslage oder aus sonstigen Gründen Schwierigkeiten bereiten würde (§ 65 Abs 7 S 1 Nr 3 GKG) oder der zum Prozeßbevollmächtigten bestellte Rechtsanwalt erklärt oder die Partei glaubhaft macht, eine Verzögerung würde dem Antragsteller einen nicht oder nur schwer zu ersetzenden Schaden bringen (§ 65 Abs 7 S 1 Nr 4 GKG; vgl dazu das Beispiel RdNr 369). Daher empfiehlt sich der Antrag immer, wenn zB Verjährung

---

[8] Zur Fassung des Antrags s RdNr 689ff und den Aufsatz des Bearbeiters JurBüro 77, 622.
[9] Vgl RdNr 161ff.

droht. Soweit die Klage nicht ausnahmsweise ohne Kostenvorschuß zugestellt wird, fordert das Gericht die Kosten bei dem Kläger an.

204 Ein Bevollmächtigter hat nach § 80 ZPO eine schriftliche **Vollmacht** zu den Akten zu reichen. Diese Verpflichtung braucht ein Rechtsanwalt nicht generell, sondern nur auf Rüge des Gegners zu erfüllen (§§ 88, 80 ZPO).

205 **Schema einer Klageschrift**

Amtsgericht [*Landgericht*]
– Abt ... [... *Zivil – Kammer – für Handelssachen*][10] –
... (Ort)

... (Datum)

Klage
... (Beruf, Vor- und Nachname, Straße, Hausnummer, PLZ, Ort) – Kläger –
[*Prozeßbevollmächtigter: Rechtsanwalt ... (Name, Ort, bei Nichtanwälten: Straße)*]
gegen
... (Beruf, Vor- und Nachname, Straße, Hausnummer, PLZ, Ort) – Beklagter –
[*wegen ...*][11]
[*Streitwert: DM ...*][12]
Ich erhebe im Namen und in Vollmacht des Klägers Klage und beantrage,
den Beklagten zu verurteilen, ...
[*das Urteil ohne Sicherheitsleistung für vorläufig vollstreckbar zu erklären*][13]
[*hilfsweise für den Fall des Unterliegens des Klägers das Urteil nicht für vorläufig vollstreckbar zu erklären*].[14]
Weiterhin beantrage ich für den Fall, daß der Beklagte schriftlich den geltendgemachten Anspruch anerkennt,
Erlaß eines Anerkenntnisurteils,
und für den Fall, daß der Beklagte seine Verteidigungsabsicht nicht rechtzeitig anzeigt,
Erlaß eines Versäumnisurteils,
jeweils im schriftlichen Verfahren.

Begründung

... (1. des geltendgemachten Anspruchs
2. des Antrags zur vorläufigen Vollstreckbarkeit) ...
Einen Gerichtskostenvorschuß in Höhe von DM ... füge ich in Kostenmarken bei [*weise ich durch Abdruck des Gebührenstemplers nach*].
Anlagen: (Unterschrift)

Entwürfe zu Klageschriften im folgenden Abschnitt RdNr 210ff.

---

[10] § 96 Abs 1 GVG; ein ausdrücklicher Antrag ist entbehrlich, wenn die Kammer für Handelssachen hier angegeben wird.
[11] Genaue Angabe des Gegenstandes, sonst entbehrlich; völlig sinnlos ist die Formulierung „wegen Forderung"; vgl auch Schneider, Kleines Formbuch, 2. Aufl 1972, § 2 Fußn 3.
[12] § 253 Abs 3 ZPO.
[13] Hier zB § 710 ZPO; nur sinnvoll, wenn die tatsächlichen Voraussetzungen glaubhaft gemacht werden.
[14] § 712 S 2 ZPO, vgl im übrigen Fußn 13.

Klage zu Protokoll der Geschäftsstelle 206

Geschäftsstelle des Amtsgerichts Goslar, den 5. Januar 19..
Es erschien der Kaufmann Walter Schirner, Goslar, Wallstraße 1, und erklärte:
Ich erhebe gegen den Gemüsehändler Wilhelm Großkopf, Goslar, Siemensstraße 2, bei dem Amtsgericht in Goslar folgende Klage:
Am 14. Juli 19.. bot der Beklagte mir Gartenhimbeeren der Ernte 19.. zum Preise von 250 DM pro Zentner frei Hof an. Ich erklärte mich bereit, 50 Zentner abzunehmen und die Transportgefäße zur Verfügung zu stellen. Am 16. Juli 19.. habe ich dem Beklagten den Abschluß schriftlich bestätigt. Widerspruch erfolgte nicht. Am folgenden Tage sandte ich dem Beklagten die Gefäße zu. Der Beklagte erklärte, die Himbeeren binnen drei Tagen zu liefern.
Beweis: Zeugnis meines Buchhalters Walter Meyer, Bahnhofstraße 18, 3380 Goslar[15]
Die Lieferung erfolgte nicht, auch nicht nach Mahnung mit Schreiben vom 23. Juli 19.. Ich setzte dem Beklagten durch Einschreibebrief vom 25. Juli eine Nachfrist zur Lieferung bis 30. Juli 19.. mit der Androhung, mich bei nicht fristgemäßer Lieferung anderweit einzudecken und Schadensersatz vom Beklagten zu fordern. Der Beklagte hat trotzdem nicht geliefert und die leeren Transportgefäße zurückgebracht.
Beweis: wie oben
Ich habe mich Anfang August anderweitig eingedeckt und pro Zentner Himbeeren 300.– DM zahlen müssen.
Beweis: Zeugnis des Meyer und anliegende Originalrechnung[16]
Der Schaden beträgt 2500.– DM
Ich beantrage,

den Beklagten zu verurteilen, an mich 2500.– DM nebst 5% Zinsen seit Klagezustellung zu zahlen und das Urteil für vorläufig vollstreckbar zu erklären.

Ich bitte, die Vollstreckbarkeit nicht von einer Sicherheitsleistung abhängig zu machen. Ich habe meinen Betrieb im Jahre 19.. unter Inanspruchnahme von Bankkredit aufgebaut und bin deshalb zur Sicherheitsleistung nicht in der Lage. Der Beklagte will, wie ich von einem Berufskollegen gehört habe, sein Gewerbe aufgeben und nach dem Rheinland verziehen. Die Aussetzung der Vollstreckung würde mir deshalb einen schwer zu ersetzenden Nachteil bringen (§ 710 ZPO).
Zur Glaubhaftmachung dieser Umstände überreiche ich eine eidesstattliche Versicherung meines Angestellten Werner Maas.[17]
Ich zahle 93.– DM in Gerichtskostenmarken ein.[18]

vorgelesen genehmigt unterschrieben
Schirner *(Unterschrift)*
Rechtspfleger

---

[15] §§ 282, 373 ZPO.
[16] §§ 282, 373, 420 ZPO.
[17] § 714 Abs 2 ZPO.
[18] § 65 Abs 1 S 1 GKG, KV Nr 1010, 1902.

II. Entwürfe typischer Klage- und Antragsschriften

210 Abänderungsklage des Unterhaltsberechtigten[19]

ZPO § 323

Ich beantrage zu erkennen:

Das Urteil [*Der Vergleich*] des Amtsgerichts ... vom ... Aktenzeichen ... wird mit Wirkung seit Klagezustellung[20] dahin abgeändert: Der Beklagte hat an Stelle einer monatlichen Unterhaltsrente von ... DM an den Kläger eine solche von ... DM, monatlich im voraus zu zahlen.

Der Kläger ist der Sohn des Beklagten aus geschiedener Ehe. Er ist jetzt 12 Jahre alt und befindet sich bei seiner Mutter, der die elterliche Sorge durch das Vormundschaftsgericht übertragen worden ist (Beschluß des Amtsgerichts ... vom ... Aktenzeichen ...).

Nach dem oben bezeichneten Urteil [*Vergleich*] ist der Beklagte verpflichtet, an den Kläger eine monatliche Unterhaltsrente von ... DM zu zahlen. Nach Rechtskraft des Urteils [*Abschluß des Vergleichs*] haben sich die Verhältnisse, die für die Bestimmung der Höhe der Rente maßgebend waren, wesentlich verändert.[21] Während der Kläger früher die Grundschule besuchte, besucht er jetzt das Gymnasium in ... Seine Bedürfnisse sind deshalb gestiegen; die Mehrkosten belaufen sich auf ca ... DM monatlich. Der Beklagte, der zur Zeit der früheren Verurteilung nur ein Einkommen von ... DM hatte, verdient jetzt ... DM netto monatlich.

Beweis: Zeugnis seines Arbeitgebers ...

Sein Einkommen ist also über die Erhöhung aufgrund der allgemeinen wirtschaftlichen Entwicklung hinaus wesentlich gestiegen. Der Kläger benötigt jetzt für die Deckung seines Lebensbedarfs ... DM.[22] Der Beklagte kann diesen Betrag leisten. Er ist am ... vergeblich aufgefordert worden, die Unterhaltsrente zu erhöhen.

---

[19] Eine Abänderungsklage ist nicht zulässig, soweit der Anspruch im Vereinfachten Verfahren zur Abänderung von Unterhaltstiteln geltend gemacht werden kann (vgl dazu RdNr 860ff); sie ist also bei Unterhaltsrenten minderjähriger Deutscher nur noch zulässig, wenn Erhöhung oder Herabsetzung aus anderen Gründen als der allgemeinen Entwicklung der wirtschaftlichen Verhältnisse begehrt wird, also zB wegen wesentlicher Erhöhung oder Verminderung der Leistungsfähigkeit des Verpflichteten oder des Bedarfs des Berechtigten, jeweils aufgrund der persönlichen Verhältnisse (Thomas-Putzo Vorb III v § 641 l ZPO; Baumbach-Lauterbach § 641 l ZPO Anm 1 mwNachw).

[20] Das Urteil darf nur für die Zeit nach Erhebung der Klage abgeändert werden (§ 323 Abs 3 ZPO), anders bei Vergleichen (BGH NJW 85, 66 mwNachw; Baumbach-Lauterbach 5 A zu § 323 ZPO mit Nachw).

[21] Das ist Voraussetzung für die Abänderung (§ 323 Abs 1 ZPO). Eine Erhöhungsklage ohne Erfüllung dieser Voraussetzungen (sog Zusatzklage) wäre nur zulässig, wenn die frühere Klage als Teilklage bezeichnet war oder sich so auffassen ließ (BGHZ 34, 110; 93, 330; 94, 145; BGH NJW-RR 87, 642; BGH NJW 87, 1551).

[22] Zur Zulässigkeit der Abänderungsklage muß eine Abweichung von mindestens 10% eingetreten sein, OLG Düsseldorf Rpfleger 83, 462 mwNachw.

Abänderungsklage des Unterhaltsverpflichteten[23] 211

ZPO § 323

Ich beantrage zu erkennen:

Das Urteil [*Der Vergleich*] des Amtsgerichts ... vom ... Aktenzeichen wird mit Wirkung seit Klagezustellung[24] dahin abgeändert: Der Kläger hat an Stelle einer monatlichen Unterhaltsrente von ... DM an die Beklagte nur noch eine solche von ... DM zu zahlen [*dahin abgeändert: Die Unterhaltsverpflichtung des Klägers fällt mit Wirkung vom ... weg*].

Die Beklagte ist meine geschiedene Ehefrau.

Nach dem oben bezeichneten Urteil [*Vergleich] bin ich verpflichtet, an die Beklagte eine monatliche Unterhaltsrente von ... DM zu zahlen. Nach Rechtskraft des Urteils haben sich die Verhältnisse, die für die Bestimmung der Höhe der Rente maßgebend waren, wesentlich verändert.*[25] *Ich habe damals ... DM verdient. Seit dem ... bin ich krank und erwerbsunfähig. Ich beziehe Krankengeld von der ... Krankenkasse.*

Beweis: Auskunft der ... Kasse

Ich bin seit dem ... wiederverheiratet.

Beweis: Heiratsurkunde.

Ich habe für folgende Angehörige zu sorgen ...

Die Beklagte, die zur Zeit der früheren Verurteilung ohne Erwerb war, ist jetzt als ... bei ... beschäftigt und verdient dort mindestens ... DM monatlich.

Beweis: Zeugnis des Geschäftsführers ...

Auf Grund dieser Änderung der Verhältnisse kann ich nur noch einen Unterhaltsbeitrag von ... DM [brauche ich keinen Unterhalt mehr zu] leisten.

Die Beklagte ist am ... vergeblich aufgefordert worden, der Ermäßigung zuzustimmen [*auf den Unterhalt zu verzichten*].

Ich beantrage ferner,

die Zwangsvollstreckung aus dem Urteil ... [*Vergleich ...*] einstweilen bis zur Entscheidung in diesem Rechtsstreit einzustellen.[26]

Abzahlungsgeschäft 212

Abzahlungsgesetz

Alternativklagen aus Abzahlungsgeschäften auf Zahlung des Kaufpreises oder Herausgabe der verkauften Sachen sind nicht zulässig.[27] Zulässig ist aber eine Klage des Verkäufers auf Herausgabe der verkauften Sache mit Abwendungsbefugnis des Käufers durch Zahlung des Kaufpreises.[28]

Für Klagen aus Abzahlungsgeschäften ist das Gericht ausschließlich zuständig, in dessen Bezirk der Käufer zur Zeit der Klageerhebung seinen Wohnsitz, in Ermangelung eines solchen seinen gewöhnlichen Aufenthaltsort hat (§ 6a Abs 1 AbzG). Eine abweichende Vereinbarung ist nur zulässig für den Fall, daß der Käufer nach Ver-

---

[23] Vgl Fußn 19.

[24] Ein Urteil darf nur für die Zeit nach Klageerhebung abgeändert werden (§ 323 Abs 3 ZPO). Ob für die frühere Zeit eine Vollstreckungsgegenklage (§ 767 ZPO) zulässig ist, ist streitig; vgl zum Stand der Meinungen Graba NJW 89, 481.

[25] § 323 Abs 1 ZPO.

[26] Die einstweilige Einstellung ist in entspr Anwendung des § 769 ZPO zulässig; BGH NJW 86, 2057 mwNachw.

[27] Ostler-Weidner § 3 AbzG Anm 45f mwNachw, Palandt § 3 AbzG Anm 3, MünchKomm-Westermann § 5 AbzG RdNr 17.

[28] Ostler-Weidner 40ff zu § 3 AbzG; Baumbach-Lauterbach 2 D zu § 260 ZPO, MünchKomm-Westermann § 5 AbzG RdNr 17.

tragsschluß seinen Wohnsitz oder gewöhnlichen Aufenthaltsort aus dem Geltungsbereich des AbzG verlegt oder sein Wohnsitz oder gewöhnlicher Aufenthaltsort im Zeitpunkt der Klageerhebung nicht bekannt ist (§ 6a Abs 2 AbzG).

Ich beantrage:

Der Beklagte wird verurteilt, an den Kläger die folgenden Gegenstände ... herauszugeben oder stattdessen nach Wahl des Beklagten ... DM zu zahlen.

Durch Teilzahlungsvertrag vom ... habe ich an den Beklagten ... (Gegenstand) verkauft.
Beweis: Anliegende Abschrift des Vertrages.
Die gekauften Gegenstände wurden dem Beklagten am ... geliefert.
Beweis: Anliegende Empfangsquittung
Der Beklagte hat eine Anzahlung von ... DM geleistet. Der Rest war in monatlichen Raten von je ... DM beginnend am ... abzuzahlen. Ich habe mir das Recht vorbehalten, von dem Vertrag zurückzutreten, wenn der Beklagte seinen Verpflichtungen nicht nachkommt. Das Eigentum an dem verkauften Gegenstand habe ich mir vorbehalten, bis der Restkaufpreis vollständig bezahlt ist.
Der Beklagte hat außer der Anzahlung nur noch in Raten ... DM gezahlt. Mit den seit dem ... fälligen Raten ist er im Rückstand. Die Mahnungen vom ... und vom ..., letztere mit der Androhung des Rücktritts,
Beweis: Anliegende Schreiben
waren erfolglos. Ich trete deshalb von dem Vertrag zurück [*bin deshalb von dem Vertrag mit Schreiben vom ... zurückgetreten*]. Der Beklagte ist zur Herausgabe an mich verpflichtet. Er mag die Herausgabeverpflichtung dadurch abwenden, daß er den Rest des Kaufpreises mit ... DM an mich bezahlt.
Für den Fall der Herausgabe habe ich dem Beklagten nichts zurückzugewähren, weil die gezahlten Beträge durch meinen Anspruch auf Ersatz der Aufwendungen und auf Wertersatz für die Überlassung des Gebrauchs und der Benutzung aufgezehrt sind.
Dies ergibt sich aus folgender Berechnung:
Die bisher geleisteten Zahlungen des Beklagten wurden gemäß § 367 BGB wie folgt verrechnet:

Kaufpreisforderung		DM
abzüglich geleisteter Anzahlung		DM
Finanzierungsbetrag		DM
zuzüglich		
Kreditgebühren	DM	
Bearbeitungs-, Verwaltungs- u. Auskunftsgebühren	DM	
	DM	DM
		DM
zuzüglich		
Verzugszinsen	DM	
Mahngebühren	DM	
Kosten der Rechtsverfolgung und Gerichtskosten	DM	
....	DM	
....	DM	
	DM	DM
		DM
abzüglich am ... gezahlter Raten		DM
Restforderung des Klägers		DM

Bei der Herausgabe der Möbel würden dem Kläger folgende Aufwendungen[29] gemäß § 2 AbzG zustehen:

Überlassungsvergütung		DM
[*Wertminderung*]		DM
berechnet nach ... (Grundlagen) – für die Zeit vom ... bis ... – Beweis: Sachverständigengutachten		
Rücktransportkosten	DM	
Bearbeitungs-, Verwaltungs- und Auskunftsgebühren	DM	
Kreditgebühren	DM	
Mahngebühren	DM	
Verzugszinsen	DM	
Kosten der Rechtsverfolgung und Gerichtskosten	DM	
....	DM	
....	DM	
	DM	DM
		DM
abzüglich		
Anzahlung	DM	
am ... gezahlte Raten	DM	
Zahlung nach Rückrechnung	DM	
....	DM	
	DM	DM
Somit sind nach Herausgabe der Möbel noch zu zahlen:		DM

Damit ist nachgewiesen, daß der Beklagte an den hier streitigen Gegenständen kein Zurückhaltungsrecht hat und zur Herausgabe der gesamten im Klageantrag genannten Gegenstände verpflichtet ist.

Hat der Beklagte nach Verrechnung (§ 2 AbzG) noch einen Betrag zu zahlen, so kann nach Rücktritt vom Vertrag auf Herausgabe der verkauften Sache und Zahlung des Restbetrages für Ersatzansprüche des Verkäufers (§ 2 AbzG) geklagt werden.

Hat der Beklagte aus der Verrechnung (§ 2 AbzG) noch ein Guthaben, so lautet der Klageantrag (§§ 2, 3 AbzG):

> Der Beklagte wird verurteilt, an den Kläger die folgenden Gegenstände ... herauszugeben Zug um Zug gegen Zahlung von ... DM
> durch den Kläger.

---

[29] Zur Berechnung der Gebrauchsvergütung vgl RdNr 642, Palandt § 2 AbzG Anm 3.

213 Anfechtung der Anerkennung der nichtehelichen Vaterschaft

BGB §§ 1600f–1600m, 1706–1709
ZPO §§ 640–641k
GVG § 23a

Schrifttum:
Firsching, HRP 5: Familienrecht S 490
Demharter, FamRZ 85, 232

An das
Amtsgericht ...
Klage
des ......, Klägers,
gegen
d.. am ... geborene ..., Beklagte.,
gesetzlich vertreten durch das Jugendamt ... als Pfleger
Ich erhebe Klage mit dem Antrag,
festzustellen, daß der Kläger nicht der Vater des beklagten Kindes ist.
Das beklagte Kind ist am ... von der ... in ... nichtehelich geboren worden.
Beweis: Anliegend Geburtsurkunde
Der Kläger hat am ... durch Urkunde vor ... die Vaterschaft anerkannt und sich zur Zahlung einer Unterhaltsrente verpflichtet.
Beweis: Anliegend Abschrift der Urkunde
Das Kind stammt jedoch nicht vom Kläger.
(Fall des § 1600 m Satz 1 BGB:) Entgegen der Abstammungsvermutung des § 1600 m BGB kann der Kläger jetzt den Beweis führen, daß er nicht der Vater des Kindes ist. Der Kläger hatte nämlich in der Empfängniszeit des § 1592 BGB, die vom ... bis ... lief, mit der Mutter des Kindes keinen Geschlechtsverkehr.
[*Zwar hatte der Kläger in diesem Zeitraum mit der Mutter des Kindes verschiedentlich Geschlechtsverkehr, doch hat dies nicht zur Empfängnis geführt*].
Beweis: Zeugnis der Kindesmutter
[*Blutgruppengutachten, erbbiologisches Vaterschaftsgutachten*]
(Fall des § 1600 m Satz 2 BGB:) Die Vaterschaftsvermutung des § 1600 m BGB gilt nicht, weil die Anerkennungserklärung auf einem Irrtum beruhte
[*durch arglistige Täuschung/Drohung herbeigeführt worden ist*].
Die Kindesmutter hat nämlich der Wahrheit zuwider Mehrverkehr in der Empfängniszeit mit dem ... auf ausdrückliches Befragen des Klägers verneint.
Beweis: ...
Das Kind stammt nicht vom Kläger, sondern von dem genannten Mann.
Beweis: ...
Das hat dieser am ... in ... gegenüber den Zeugen ... auch eingeräumt.
Beweis: Zeugnis der ...
Mindestens bleiben nach Würdigung aller Umstände schwerwiegende Zweifel an der Vaterschaft des Klägers (§ 1600o Abs 2 Satz 2 BGB).

Anfechtungsklage gegen Ausschlußurteil im Aufgebotsverfahren

S RdNr 1272

Anfechtung der Ehelichkeit eines Kindes 214

BGB §§ 1592–1600, 1629 Abs 2, 1795 Nr 1
ZPO §§ 640–640h
GVG § 23a
Schrifttum:
Firsching, HRP 5: Familienrecht S 135ff, 437f

An das
Amtsgericht ...
Klage
des ..., Klägers,
gegen
den am ... geborenen ..., Beklagten,
gesetzlich vertreten durch den Pfleger ...[30]
Ich erhebe Klage und beantrage,
festzustellen, daß das beklagte Kind nicht das eheliche Kind des Klägers ist.
Das beklagte Kind ist am ... von der [*inzwischen geschiedenen*] Ehefrau des Klägers geboren.
Beweis: Anliegende Geburtsurkunde
Der Kläger lebt seit ... von seiner Ehefrau getrennt. Der letzte eheliche Verkehr war am ... [*Die Ehe ist durch Urteil des ...gerichts ... rechtskräftig seit ... geschieden*].
Beweis: [*Urteil des ...gerichts ... AktZ ...*]
Vernehmung der Ehefrau
Die Kindesmutter hat deshalb das Kind nicht vom Kläger empfangen.
[*Der Kläger hat von der Geburt des Kindes am ... erfahren. Die zweijährige Anfechtungszeit ist deshalb gewahrt.*][31]
Prozeßvollmacht und Geburtsurkunde sind beigefügt.

Anfechtung wegen Gläubigerbenachteiligung außerhalb des Konkurses 215

Anfechtungsgesetz

Ich beantrage:
Die Beklagte wird verurteilt,
1. die Zwangsvollstreckung aus dem Urteil des ... in ... vom ... in den Pkw Marke ... Typ ... mit dem amtlichen Kennzeichen ... zu dulden,
2. die Zwangsvollstreckung aus dem Urteil des ... in ... vom ... in nachstehende von dem Schuldner ... an die Beklagte abgetretene Forderungen zu dulden:
a) Forderung des Schuldners ... gegen ... aus ... in Höhe von ...
b) ...
3. an den Kläger ... DM nebst 4% Zinsen seit Klagezustellung zu zahlen.
Durch Urteil des ... in ... vom ... ist der Ehemann der Beklagten ... verurteilt worden, an den Kläger ... DM zu zahlen. Die vom Kläger versuchte Zwangsvollstreckung gegen den Schuldner war erfolglos.
Beweis: Anliegende vollstreckbare Ausfertigung des Urteils mit Zustellungsurkunde und Fruchtlosigkeitsbescheinigung des Gerichtsvollziehers.
Am ..., also innerhalb des letzten Jahres, hat der Schuldner mit der Beklagten einen Vertrag geschlossen, in dem er anerkannte, der Beklagten aus Darlehen einen Betrag

---

30 Das Kind wird durch einen vom Vormundschaftsgericht zu bestellenden Pfleger vertreten (§§ 1629 Abs 2, 1795 Nr 1 BGB). Ist die Ehe der Kindesmutter geschieden, so bedarf die Mutter der Übertragung der elterlichen Gewalt durch das Vormundschaftsgericht, um das Kind im Anfechtungsprozeß zu vertreten (BGH NJW 72, 1708).
31 Nur für den Fall, daß die Geburt des Kindes länger als 2 Jahre zurückliegt.

von ... DM zu schulden. Zur Verrechnung auf dieses Darlehen hat der Schuldner der Beklagten seinen Pkw übereignet und die oben bezeichneten Forderungen abgetreten. Er hat ihr ferner seine goldene Armbanduhr übereignet, die die Beklagte zum Preis von 2000 DM weiterveräußert hat.

Die Veräußerungen des Schuldners werden mit dieser Klage wegen Benachteiligung des Klägers angefochten. Da der Vertrag zwischem dem Schuldner und der Beklagten, seiner Ehefrau, innerhalb des letzten Jahres geschlossen worden ist, wird vermutet, daß der Schuldner die Absicht hatte, den Kläger zu benachteiligen, und daß die Beklagte diese Absicht kannte (§ 3 Nr 2 AnfG). [*Der Schuldner hatte die Absicht, seine Gläubiger, insbes den Kläger, zu benachteiligen. Das ergibt sich aus folgendem: ... Der Beklagte kannte die Absicht ... Beweis: ...*][32]

Soweit die Beklagte die übertragenen Gegenstände noch besitzt, muß sie die Zwangsvollstreckung dulden. Für die weiterveräußerte Uhr muß sie den Gegenwartswert erstatten (§ 7 Abs 1 AnfG).

217 Anfechtung von Hauptversammlungsbeschlüssen einer Aktiengesellschaft

AktG §§ 241 Nr 5, 243–248, 249 Abs 2, 251, 254, 255, 257
GVG § 95 Abs 2

Schrifttum:
Reuter Betr 88, 2615

An das
Landgericht (Kammer für Handelssachen/Zivilkammer)
in ...[33]
Klage
des Aktionärs ...
Prozeßbevollmächtigter: Rechtsanwalt ...
gegen
die ... Aktiengesellschaft in ...
vertreten durch
a) den Vorstand, nämlich ...
b) den Aufsichtsrat, nämlich ...[34]

Ich erhebe namens des Klägers Klage und beantrage:

> Der Beschluß der Hauptversammlung der beklagten Aktiengesellschaft vom ... (Niederschrift des Notars ... in ... UR Nr ...), durch den dem Vorstand Entlastung erteilt worden ist, wird für nichtig erklärt.

Die Beklagte ist eine Aktiengesellschaft mit dem Sitz in ... Das Aktienkapital beträgt ... DM. Der Kläger besitzt als Aktionär der Beklagten nominal ... DM Aktien. In der Hauptversammlung vom ... war er anwesend.

Beweis: Handelsregister, anliegende Bankbescheinigung, anliegende Abschrift des notariellen Protokolls.

In der Hauptversammlung wurde der Beschluß gefaßt, dem Vorstand für das Geschäftsjahr ... Entlastung zu erteilen. Der Kläger hat gegen diesen Beschluß Widerspruch zur Niederschrift erklärt.

Beweis: Die Niederschrift.

Der Kläger ficht den Beschluß über die Entlastung des Vorstandes gemäß § 243 AktG wegen Verletzung des Gesetzes [*der Satzung*] an. Vor der Beschlußfassung hat der Kläger in der Hauptversammlung von dem Vorstand Auskunft darüber verlangt ...

---

[32] Die Eventualfassung gilt für die in § 3 Nr 1 AnfG genannten Anfechtungsfälle.

[33] Zuständig ist ausschließlich das Landgericht, in dessen Bezirk die Gesellschaft ihren Sitz hat (§ 246 Abs 3 S 1 AktG).

[34] § 246 Abs 2 S 2 AktG.

Der Vorstand hat die Auskunft unter Hinweis auf § 131 Abs 2 Nr 1 AktG verweigert, weil die Erteilung der Auskunft nach vernünftiger kaufmännischer Beurteilung geeignet sei, der Gesellschaft oder einem verbundenen Unternehmen einen nicht unerheblichen Nachteil zuzufügen. Diese Begründung ist nicht stichhaltig. Der Vorstand war nicht berechtigt, die erbetene Auskunft zu verweigern ...
Der Beschluß der Hauptversammlung beruht auf der Verletzung der Auskunftspflicht. Wäre die Auskunft wahrheitsgemäß erteilt worden, wäre dem Vorstand die Entlastung versagt worden. Die Beklagte hat zu beweisen, daß die Verletzung der Auskunftspflicht ohne Einfluß auf den angefochtenen Hauptversammlungsbeschluß gewesen ist (RGZ 167, 151, 165; BGHZ 36, 131, 139).
Einer Einleitung des Auskunfterzwingungsverfahrens nach § 132 AktG bedarf es nicht.[35]

Anfechtungsklage des Konkursverwalters

S Schrader-Uhlenbruck-Delhaes, HRP 3: Konkurs- und Vergleichsverfahren, RdNr 356 ff.

Aufhebung des Schiedsspruches vgl RdNr 1363.

Ausländische Schuldtitel – Klage auf Erklärung der Vollstreckbarkeit 218

ZPO §§ 722, 723

Die Zwangsvollstreckung aus ausländischen Entscheidungen muß grundsätzlich durch ein Vollstreckungsurteil nach §§ 722, 723 ZPO für zulässig erklärt werden, soweit nicht durch zwei oder mehrseitige Übereinkommen Sonderregelungen getroffen sind, wie dies insbesondere durch das Übereinkommen der Europäischen Gemeinschaft über die gerichtliche Zuständigkeit und die Vollstreckung gerichtlicher Entscheidungen in Zivil- und Handelssachen – EGÜbk – v 27. 9. 68 geschehen ist.[36]
Die Klage nach § 722 ZPO lautet:

Ich erhebe Klage und beantrage,
die Zwangvollstreckung aus dem Urteil des ... gerichts in ... (Ort/Land) vom ... Aktenzeichen ... zuzulassen.
Die Formel dieses Urteils lautet [*in Übersetzung*]: ...
Durch das im Antrag genannte rechtskräftige Urteil ist der Beklagte verurteilt worden, an mich ... zu zahlen. Der Beklagte hat jetzt seinen Wohnsitz in der Bundesrepublik Deutschland. Zur Vollstreckung ist erforderlich, daß die Zwangsvollstreckung in der Bundesrepublik Deutschland für zulässig erklärt wird.

---

[35] BGH NJW 83, 878.
[36] Vgl dazu HRP 1 b RdNr 200 ff.

218A Bauvertrag – Klage auf Werklohn

BGB §§ 631ff
VOB/B § 16 Nr 3
AGBG § 9

Schrifttum:
Werner-Pastor, Der Bauprozeß, 5. Aufl 1986

Landgericht – Zivilkammer –
6200 Wiesbaden

In Sachen
Firma Heinrich Otte & Sohn KG, vertreten durch den persönlich haftenden Gesellschafter Max Otte, Bleidenstädterstraße 17, 6450 Hanau,

– Klägerin –

Prozeßbevollmächtigter: Rechtsanwalt Lenk, Wiesbaden,
gegen
Bauherrengemeinschaft Wilhelminenstraße, bestehend aus:
1. Dr med Hugo Grotius, Königsallee 43, 4000 Düsseldorf,
2. Zahnarzt Peter Bemm, Am Stachus 18, 8000 München,
3. Steuerberater Otfried Sling, An der Außenalster 3, 2000 Hamburg,
4. . . ., 5. . . ., 6. . . ., 7. . . .
vertreten durch den Treuhänder Mirr Trautkehner, Kennedy-Allee 112, 6000 Frankfurt am Main,

– Beklagte –

Streitwert vorläufig: 36300.– DM
erhebe ich Klage im Namen und in Vollmacht der Klägerin. Im Termin zur mündlichen Verhandlung werde ich beantragen,

die Beklagten zur Zahlung folgender Beträge jeweils zuzüglich 8,5% Zinsen seit 1. 10. 19. . zu verurteilen:
den Beklagten zu 1. 5009.40 DM,
den Beklagten zu 2. 9873.60 DM,
den Beklagten zu 3. 6279.90 DM,
den Beklagten zu . . .

Die Beklagten errichten im Bauherrenmodell ein größeres Wohn- und Geschäftsgebäude in der Wilhelminenstraße 77 in Wiesbaden. Sie beauftragten – vertreten durch den Treuhänder – die Klägerin mit den Zimmererarbeiten zum Pauschalpreis von 185000.– DM.
Beweis: Vertrag vom 4. 2. 19. .
Nach § 1 sind Bestandteil des Vertrages die in der Anlage beigefügten Besonderen Vertragsbedingungen und die VOB/B, welche der Treuhänder im Zusammenwirken mit dem Baubetreuer bei einer Vielzahl von Objekten benutzt.
Beweis: Zeugnis der Bauherren der Bauvorhaben Kaiserstraße 33, . . . und Schloßstraße 54, . . .
Die Klägerin hat die Arbeiten bis Ende Juli 19. . erbracht. Die Beklagten haben durch den Treuhänder die vereinbarten ersten drei Abschlagsleistungen in Höhe von 70% des Pauschalpreises, wenn auch mit Verzögerungen, überwiesen. Am 1. 8. 19. . fand die förmliche Abnahme statt.
Beweis: Abnahmeprotokoll
Die darin erhobenen Beanstandungen hat die Klägerin noch vor dem 15. 9. 19. . bis auf eine (Nr . . . des Protokolls) behoben, die wetterbedingt erst im nächsten Frühjahr behoben werden kann.
Beweis: Sachverständigengutachten
Dann stellte die Klägerin ihre Schlußrechnung vom 15. 9. 19. . über den Pauschalpreis von 185000.– DM abzüglich der geleisteten Zahlungen von 129500.– DM.
Beweis: Schlußrechnung vom 15. 9. 19. .

Die Beklagten verweigerten deren Begleichung wegen der gerügten Mängel und erklärten, sie behielten die Restsumme von 55000.– bis zu deren Behebung ein.
Beweis: Schreiben vom 20. 9. 19..
Auf die Mahnung der Klägerin, in welcher diese darlegte, daß aufgrund der Abnahme der Werklohnanspruch bis auf den vereinbarten Sicherheitseinbehalt von 2% des Pauschalpreises seit 1. 8. 19.. fällig sei und die Mängel bis auf einen beseitigt worden seien, folglich allenfalls eine Zurückbehaltung in Höhe des Zwei- bis Dreifachen der voraussichtlichen Mängelbeseitigungskosten in Betracht komme,
Beweis: Schreiben vom 1. 10. 19..
erklärten die Beklagten nunmehr, sie dächten nicht daran, auch nur noch einen Pfennig zu bezahlen.
Beweis: Schreiben vom 15. 11. 19..
Auf eine erneute Mahnung vom 2. 1. 19.. hin behaupteten die Beklagten schließlich, ein Anspruch der Klägerin sei – selbst wenn er ansonsten berechtigt sein möge – gemäß § 16 Nr 3 Abs 2 VOB/B ausgeschlossen, weil die Klägerin auf die Schlußbezahlungserklärung im Schreiben vom 15. 11. 19.. nicht binnen 12 Werktagen den zur Erhaltung der Ansprüche erforderlichen Vorbehalt erklärt habe. Diese Auffassung der Beklagten ist unrichtig. Selbst wenn das Schreiben vom 15. 11. 19.. als Schlußzahlungserklärung aufzufassen sein sollte (was nach Meinung der Klägerin zu verneinen ist, weil ...), können sich die Beklagten nicht auf § 16 Nr 3 Abs 2 VOB/B berufen. Denn die Regelungen der VOB/B sind nicht als Ganzes in den Werkvertrag einbezogen worden, sondern mit erheblichen Änderungen zum Nachteil der Klägerin; so weicht zB Nr ... der Besonderen Vertragsbedingungen von § ... VOB/B ab, Nr ... von § ... VOB/B, sodaß die geänderten Bestimmungen keinen ausgewogenen Ausgleich der gegensätzlichen Interessen von Bauherren und Bauunternehmer mehr darstellen und infolgedessen der Inhaltskontrolle nach § 9 AGBG nicht standhalten (BGHZ 86, 135 = NJW 83, 816; BGH NJW 87, 2582, 88, 55).
Der Klägerin stehen daher selbst unter Berücksichtigung des Sicherheitseinbehalts von 2% des Pauschalpreises (= 3700.– DM) und des Dreifachen der von den Beklagten selbst auf 5000.– DM geschätzten Kosten der Nachbesserung des noch zu beseitigenden Mangels, was die Klägerin für weit übersetzt hält, von der restlichen Werklohnforderung von 55000.– DM derzeit wenigstens 36300.– DM zu. Die Aufteilung auf die einzelnen Beklagten beruht auf der Größe ihrer Anteile von: Beklagter zu 1. 13.8%, Beklagter zu 2 27,2%, Beklagter zu 3 17,3% ...
Die Klägerin behält sich die Erhöhung der Klage nach Durchführung der Nachbesserungsarbeiten bzw Ablauf der Gewährleistungsfrist vor.

Besitzentziehung 219

BGB § 861

Ich beantrage,
den Beklagten zu verurteilen, an den Kläger den Radlader Fabrikmarke ... Fahrgestell-Nr ... herauszugeben.
Ich war Besitzer des oben bezeichneten Radladers, den ich in der letzten Woche auf der Baustelle ... in ... zum Erdaushub benutzte.
Beweis: Zeugnis des ...
Ich habe das Fahrzeug in der vergangenen Nacht auf der Baustelle stehen gelassen, weil es heute noch gebraucht wurde. Von dort hat der Beklagte heute in den frühen Morgenstunden den Radlader eigenmächtig abgeholt und auf seinen Hof gefahren. Er verweigert die Herausgabe mit der Behauptung, er habe noch eine Forderung aus einer Fahrzeugreparatur an mich. Er erklärte mir in Gegenwart des Zeugen ..., er wolle den Radlader als Pfand behalten, bis ich seine nach meiner Ansicht unberechtigte Forderung anerkenne und mich zur Zahlung verpflichte.
Beweis: Zeugnis des ...

Der Beklagte hat in verbotener Eigenmacht gehandelt. Ich begehre deshalb Wiedereinräumung des Besitzes und bitte wegen der Eilbedürftigkeit um nahen Termin.

220 Besitzstörung

BGB § 862
ZPO § 890

Ich beantrage:

1. Der Beklagte wird verurteilt, den Steinhaufen von dem Hausgarten des Klägers in ... zu entfernen.
2. Der Beklagte wird weiter verurteilt, es zu unterlassen, Steine aus seinem Garten in dem Hausgarten des Klägers in ... abzulegen. Für jeden Fall der Zuwiderhandlung wird ihm die Festsetzung eines Ordnungsgelds bis zu DM 500000.– – im Fall der Nichtbeitreibbarkeit Ordnungshaft – oder einer Ordnungshaft bis zu 6 Monaten angedroht.[37]

Ich bin Mieter einer Wohnung im Haus ... Zu dieser Wohnung gehört ein Hausgarten.
Beweis: Mietvertrag
Der Beklagte ist mein Gartennachbar. Er hat jetzt begonnen, seinen stark verwahrlosten Garten in Ordnung zu bringen, und hat dabei die aufgesammelten Steine über die Grenze auf meinen Gartenteil geworfen, wo sie jetzt einen Haufen bilden. Dadurch sind bei mir Anpflanzungen beschädigt worden. Der Steinhaufen behindert mich auch in der Benutzung meines Gartens.
Beweis: Zeugnis des ...
Fotografien 1–3 der Anlage
Ich habe den Beklagten aufgefordert, die Steine zu entfernen. Darauf hat er mir erwidert, er denke nicht daran, er habe in seinem Garten für die Steine keinen Platz; sie stammten im übrigen aus dem Erdaushub des Hauses, in dem ich wohne, und seien in der – Jahre zurückliegenden Bauzeit – widerrechtlich auf sein Grundstück gelangt. Trotz meines Widerspruchs hat er sein Verhalten fortgesetzt und erklärt, ich hätte ihm gar nichts zu sagen. Mein Hauswirt habe ihm die Rückführung der Steine in meinen Garten gestattet. Das trifft aber nicht zu.
Beweis: Zeugnis des ...
Ich verlange deshalb Beseitigung der Steine. Da bei dem Verhalten des Beklagten zu befürchten ist, daß er sein rechtswidriges Verhalten fortsetzt, bitte ich, ihn auch zur Unterlassung künftiger Störungen zu verurteilen.

221 Drittschuldnerklage

ZPO §§ 835, 836, 841, 856

Schrifttum:
Reetz, Die Rechtsstellung des Arbeitgebers als Drittschuldner in der Zwangsvollstreckung, 1985

Zu beachten ist, daß für eine Drittschuldnerklage nach Pfändung von Lohn oder Gehalt aus einem Arbeitsvertrag das Arbeitsgericht zuständig ist (§ 2 Abs 1 Nr 2, Abs 4 ArbGG).

Ich beantrage,
den Beklagten zu verurteilen, an den Kläger ... DM nebst ... Zinsen seit ... zu zahlen.
Mir steht auf Grund des Urteils des ... in ... vom ... Aktenzeichen ... gegen den ... in ... ein Anspruch auf Zahlung von ... DM nebst ... Zinsen seit dem ... und aus dem Kostenfestsetzungsbeschluß in der gleichen Sache ein Anspruch auf Zahlung von

[37] Art 6 EGStGB.

... DM nebst Zinsen seit ... zu. Der Schuldner ist als ... bei dem Beklagten beschäftigt; ausgehend von dem üblichen Tariflohn von ... DM machen die gepfändeten Lohnteile ... DM aus.[38] Durch Pfändungs- und Überweisungsbeschluß des Amtsgerichts in ... vom ... Aktenzeichen ... ist der Anspruch des Schuldners gegen den Beklagten aus ... wegen der mir zustehenden Forderung zuzüglich ... Gerichts-, Zustellungs- und Zwangsvollstreckungskosten gepfändet und mir zur Einziehung überwiesen worden. Der Beschluß ist dem Beklagten am ... zugestellt worden mit der Aufforderung, sich gemäß § 840 ZPO zu erklären. Er hat eine Erklärung nicht abgegeben.[39] [*Er hat erklärt, daß ... Diese Angaben treffen nicht zu, weil ...*]
Dem Schuldner ... verkünde ich hiermit den Streit.

Eigentumsherausgabeklage 222

BGB § 985

Ich beantrage:
Der Beklagte wird verurteilt, an den Kläger ein Motorrad, Fabrikmarke ..., Fahrgestell-Nr ..., polizeiliches Kennzeichen ..., herauszugeben.
Der Kläger hat das im Klageantrag bezeichnete Motorrad von ... käuflich erworben. Das Motorrad war zur Zeit des Verkaufs im Besitz des Beklagten, weil der Verkäufer es dem Beklagten für 3 Tage geliehen hatte. Der Verkäufer hat dem Kläger das Eigentum an dem Motorrad übertragen, indem er ihm den Anspruch auf Herausgabe gegen den Beklagten abtrat.
Beweis: Anliegender Kaufvertrag.
Der Kläger ist dadurch Eigentümer des Motorrades geworden (§ 931 BGB). Er hat den Beklagten von der Abtretung benachrichtigt und aufgefordert, das Motorrad an den Kläger herauszugeben. Der Beklagte hat aus nichtigen Gründen die Herausgabe verweigert.
Beweis: Anliegendes Schreiben des Beklagten vom ...

Eheaufhebungsklage 223

EheG §§ 28–39
ZPO §§ 606–613, 615–619
GVG §§ 23a, b

Schrifttum:
Firsching, HRP 5: Familienrecht S 25f

An das
Amtsgericht – Familiengericht – in

Klage
... Kläger ..
Prozeßbevollmächtigter: Rechtsanwalt ...
gegen
... Beklagte.

Ich erhebe namens d.. Kläger .. Klage und beantrage, zu erkennen:
Die am ... vor dem Standesbeamten in ... unter Heiratsregister Nr ... geschlossene Ehe der Parteien wird aufgehoben.
Die Eheleute, die deutsche Staatsangehörige sind, haben am ... vor dem Standesbeamten in ... die Ehe geschlossen (Heiratsregister Nr ...).
Beweis: Anliegende Heiratsurkunde

---

[38] Diese Angaben sind zur Schlüssigkeit erforderlich, LAG Hamburg NJW-RR 86, 743.
[39] Der Gläubiger kann nach § 840 ZPO nicht auf Auskunft gegen den Drittschuldner klagen (BGH NJW 84, 1901, str.); jedoch macht sich der Drittschuldner bei Verletzung der Erklärungspflicht schadensersatzpflichtig (BGH NJW 87, 64).

Die Ehe ist kinderlos geblieben [*Aus der Ehe sind folgende Kinder hervorgegangen: ..., geboren am ...*].
Die Eheleute leben seit ... [*nicht*] getrennt.
D.. Kläger .. begehrt Aufhebung der Ehe, weil er/sie sich bei der Eheschließung über solche persönlichen Eigenschaften d.. Beklagten geirrt hat, die ihn/sie bei verständiger Würdigung des Wesens der Ehe von der Heirat abgehalten haben würden (§ 32 EheG). D.. Beklagte leidet an einer unheilbaren Krankheit, die schon vor der Ehe bestanden hat ... D.. Kläger .. hat von der Krankheit [*der ganzen Schwere der Krankheit und ihrer Wirkung auf die Ehe*] erst am ... erfahren.
Beweis: ...
Die Klagefrist von einem Jahr ist deshalb gewahrt (§ 35 EheG).
Heiratsurkunde ist beigefügt. Den Wert des Gegenstandes gebe ich mit ... DM an. Der Ehemann hat ein Einkommen von ... monatlich netto, die Ehefrau ... [*ist ohne Einkommen*]. An Vermögen ist vorhanden: ...

224 Ehenichtigkeitsklage

EheG §§ 16–26
ZPO §§ 606–613, 615–619, 620–620g, 631–637
GVG §§ 23a, b
Schrifttum:
Firsching, HRP 5: Familienrecht S 24f

(Eingang wie RdNr 223)
... und beantrage:
Die am ... vor dem Standesbeamten in ... unter Heiratsregister Nr ... geschlossene Ehe der Parteien wird für nichtig erklärt.
Die Eheleute, die deutsche Staatsangehörige sind, haben am ... vor dem Standesbeamten in ... unter Heiratsregister Nr ... die Ehe geschlossen.
Beweis: Anliegende Heiratsurkunde
Aus der Ehe sind folgende [*keine*] Kinder hervorgegangen: ... geb. am ... Die Eheleute leben seit ... getrennt. D.. Kläger.. begehrt, daß die Ehe für nichtig erklärt wird, weil d.. Beklagte zur Zeit der Eheschließung geschäftsunfähig war [*sich im Zustand der Bewußtlosigkeit oder vorübergehenden Störung der Geistestätigkeit befand*] (§ 18 EheG) ...
Heiratsurkunde ist beigefügt.
(Angaben zum Wert des Streitgegenstandes wie RdNr 223)

225 Ehescheidung – Antrag auf einverständliche Scheidung

BGB §§ 1564–1566
ZPO §§ 606–618, 622–630
GVG §§ 23a, b
Schrifttum:
Firsching, HRP 5: Familienrecht S 79f, 247ff

An das Amtsgericht
– Familiengericht –
in ...

In Sachen
... – Antragsteller/in –
Verfahrensbevollmächtigte(r): Rechtsanwalt...
gegen ... – Antragsgegner/in –
Verfahrensbevollmächtigte(r): Rechtsanwalt ...

beantrage ich in Namen und in Vollmacht de. Antragsteller .. zu erkennen:

Die vor dem Standesbeamten in ... am ... unter ... von den Parteien geschlossene Ehe wird geschieden.

Die Parteien schlossen am ... die Ehe.

Beweis: Anliegende Heiratsurkunde

D.. Antragsgegner.. wird ebenfalls die Scheidung beantragen; die Antragsschrift wird dem Gericht in den nächsten Tagen zugehen [*ist beigefügt*].

[*D.. Antragsgegner.. stimmt der Scheidung zu, wie sich aus der beigefügten Erklärung ergibt.*]

Die Parteien leben länger als ein Jahr getrennt; da d.. Antragsgegner.. selbst die Scheidung beantragt [*der Scheidung zustimmt*], gilt die Ehe als gescheitert (§ 1566 Abs 1 BGB).

Aus der Ehe sind folgende, noch minderjährige Kinder hervorgegangen:

... geb am ......

[*Die Ehe ist kinderlos geblieben.*]

Die Parteien haben sich über

a) die elterliche Sorge und die Regelung des persönlichen Verkehrs des nicht sorgeberechtigten Elternteils,

b) die Unterhaltspflicht gegenüber den berechtigten Kindern,

c) die durch die Ehe begründete gesetzliche Unterhaltspflicht,

d) die Rechtsverhältnisse an Ehewohnung und Hausrat

wie folgt geeinigt: ...

Es soll dementsprechend ein gerichtlicher Vergleich abgeschlossen werden.

Der Versorgungsausgleich ist durchzuführen.

[*Die Parteien haben den Versorgungsausgleich durch Urkunde vom ... des Notars ... UR .../.. vor mehr als einem Jahr vor Antragstellung (§ 1408 Abs 2 BGB) ausgeschlossen,*

Beweis: anliegende Ausfertigung der Urkunde vom ...

sodaß ein Versorgungsausgleich nicht vorzunehmen ist].

Familiensachen der in § 621 Abs 1 ZPO bezeichneten Art sind anderweitig nicht anhängig [*sind anhängig bei dem Amtsgericht ... AZ: ...*]

Ein Muster eines Vergleichs über die Scheidungsfolgen befindet sich bei RdNr 530.

Ehescheidung – Antrag auf streitige Scheidung 226

BGB §§ 1564–1568
ZPO §§ 606–618, 622–629
GVG §§ 23a, b

Schrifttum:
Firsching, HRP 5: Familienrecht S 80, 249ff

(Eingang wie RdNr 225)

Die Eheleute, die deutsche Staatsangehörige sind, haben am ... vor dem Standesbeamten in ... die Ehe geschlossen (Heiratsurkunde Nr ...).

Beweis: Anliegende Heiratsurkunde.

Die Ehe ist kinderlos geblieben.

[*Aus der Ehe sind folgende Kinder hervorgegangen: ... geboren am ...*]

Die Ehe ist gescheitert. Die Parteien leben seit dem ... getrennt. An diesem Tag hat d.. Antragsgegner.. die Wohnung verlassen und will die häusliche Gemeinschaft nicht wiederherstellen, ...

Familiensachen der in § 621 Abs 1 ZPO bezeichneten Art sind nicht anderweitig anhängig [*sind anhängig, nämlich unter de. Aktenzeichen ... beim ...gericht in ...*].

Der Versorgungsausgleich ist durchzuführen.

227 **Klage auf Entschädigung nach Fristsetzung** zur Vornahme einer Handlung (nicht Herausgabe)

ZPO §§ 510b, 255
ArbGG § 61 Abs 2

Schrifttum:
Birmanns, DGVZ 81, 147

Ich beantrage,
den Beklagten zu verurteilen,
den Putz von der Mauer zwischen den Grundstücken Frankfurt am Main, Hainerweg 117 und 119, zu entfernen und zweilagigen Zementmörtelputz, fein verrieben, in Stärke von ... cm neu aufzutragen,
diese Arbeiten binnen eines Monats nach Rechtskraft des Urteils [*bis zum ...*] [*innerhalb einer vom Gericht zu bestimmenden Frist*] durchzuführen,
für den Fall, daß der Beklagte die Arbeiten innerhalb der gesetzten Frist nicht ausführt, an den Kläger eine angemessene Entschädigung zu zahlen.[40]

Der Beklagte hat für den Kläger vor 1½ Jahren Bauarbeiten durchgeführt und ua die fragliche Mauer errichtet. Als Sprünge und Risse auftraten, rügte der Kläger gegenüber dem Beklagten diese Mängel; am ... einigten sich die Parteien, daß der Bausachverständige Ing Hart die Ursache der Risse feststellen und einen Vorschlag zu deren Behebung machen solle; der Beklagte verpflichtete sich, in der von dem Sachverständigen vorgeschlagenen Weise die Mängel zu beheben, falls der Sachverständige feststelle, daß die Mängel auf mangelhafte Werksleistungen des Beklagten zurückzuführen seien.
Beweis: Schreiben des Beklagten vom ...

Der Sachverständige stellte am ... fest, daß die Mängel auf ungenügende Vorbereitung des Putzgrundes zurückzuführen sind und daß der Beklagte dies zu vertreten hat. Außerdem führt der Sachverständige aus, daß nur durch Aufbringen eines neuen Putzes – wie im Antrag beschrieben – die Mängel ordnungsgemäß beseitigt werden können, während das – vom Beklagten vorgeschlagene – zweimalige Streichen mit einer Latexfarbe keine ordnungsgemäße Mängelbeseitigung darstelle.
Beweis: Gutachten vom ...

Der Beklagte weigert sich, die Arbeit in der beschriebenen Weise auszuführen; er will nur die größeren Risse mit dauerplastischem Material ausfüllen, wobei diese Arbeiten erst im kommenden Jahr durchgeführt werden könnten.
Beweis: Zeugnis des ...

Als Entschädigung im Fall der Nichtausführung ist ein Betrag von DM ... angemessen. Dies ergibt sich aus der Kostenermittlung des Sachverständigen.
Beweis: Gutachten vom ...

228 Klage des **Erben gegen den Erbschaftsbesitzer** (Stufenklage)

BGB §§ 2018, 2027, 259–261
ZPO § 254
GKG § 18

Ich beantrage:
1. Der Beklagte wird verurteilt, mir und meinem Bruder ... in ...
a) ein Verzeichnis des Bestandes des Nachlasses nach dem am ... in ... verstorbenen ... vorzulegen,
b) über den Verbleib [*der folgenden*] nicht mehr vorhandenen oder unauffindbaren Nachlaßgegenstände Auskunft zu geben: ...
c) über die Verwaltung des Nachlasses seit dem ... bis zum ... Rechnung zu legen.

---

[40] Entschädigung kann gleichzeitig nur in Verfahren vor dem Amts- und Arbeitsgericht verlangt werden.

2. Der Beklagte wird weiter verurteilt, zu Protokoll an Eidesstatt zu versichern,

a) daß er nach bestem Wissen den Bestand des Nachlasses des verstorbenen ... so vollständig angegeben habe, als er dazu imstande sei,

b) daß er die Auskunft über den Verbleib der [*folgenden*] nicht mehr vorhandenen oder nicht auffindbaren Nachlaßgegenstände so vollständig abgegeben habe, als er dazu imstande sei: ...

c) daß er nach bestem Wissen die Einnahmen aus der Erbschaft des am ... in ... verstorbenen ... in dem Verzeichnis vom ... so vollständig angegeben habe, als er dazu imstande sei.

3. Der Beklagte wird weiter verurteilt, an den Kläger ein Drittel des Überschusses, wie er sich aus der Rechnungslegung ergeben wird, zu zahlen.[41]

Am ... ist in ... mein Vater, der ..., verstorben. Er ist von seinen drei Söhnen, nämlich mir, dem Beklagten und dem ... in ... je zu einem Drittel des Nachlasses beerbt worden (Erbschein des Amtsgerichts ... vom ... Aktenzeichen ...). Der Beklagte hat den Nachlaß in Besitz genommen und bis jetzt verwaltet.

Beweis: ...

Ich habe ihn wiederholt vergeblich aufgefordert, ein Verzeichnis des Nachlasses vorzulegen, über den Verbleib der Erbschaftsgegenstände Auskunft zu erteilen, Rechnung zu legen und den Überschuß aus der Verwaltung zu verteilen.

Beweis: ...

Er ist dieser Aufforderung nicht nachgekommen.

Der Beklagte ist deshalb gemäß § 2027 BGB verpflichtet, über den Bestand der Erbschaft und über den Verbleib der nicht mehr vorhandenen oder auffindbaren Nachlaßgegenstände Auskunft zu erteilen.

Da er die Verwaltung allein geführt hat, ist er zur Rechnungslegung verpflichtet (§§ 666, 681 BGB).

Es ist zu erwarten, daß der Beklagte die von ihm erbetenen Angaben nicht mit der erforderlichen Sorgfalt machen wird, weil ... Ich werde dazu nach Vorlage der Auskunft und der Rechnung noch weitere Angaben machen. Er ist deshalb verpflichtet, die in §§ 259, 260 BGB vorgesehene eidesstattliche Versicherung abzugeben.

Er ist ferner verpflichtet, mir als Miterben ein Drittel des Überschusses aus der Verwaltung des Nachlasses, wie er sich aus der Rechnung ergeben wird, auszuzahlen (§ 2042 BGB).

Klage des **Erben gegen den Hausgenossen** des Erblassers (Stufenklage) 229

BGB §§ 2018, 259 Abs 3, 260, 261
ZPO § 254
GKG § 18

Ich beantrage:

Der Beklagte wird verurteilt,

a) Auskunft darüber zu erteilen, welche erbschaftlichen Geschäfte er geführt hat und was ihm über den Verbleib der Erbschaftsgegenstände bekannt ist,

b) zu Protokoll die eidesstattliche Versicherung abzugeben, daß er seine Angaben nach bestem Wissen so vollständig gemacht habe, als er dazu imstande sei,

c) die in seinem Besitz befindlichen Nachlaßgegenstände an den Kläger herauszugeben.

Am ... ist in ... mein Bruder, der ..., verstorben. Nach dem Erbschein des Amtsgerichts ... vom ... Aktenzeichen ... bin ich sein alleiniger Erbe geworden. Der Beklagte hat mit meinem Bruder bis zu dessen Tod in häuslicher Gemeinschaft gelebt.

Beweis: ...

Auf meine Aufforderung hat mir der Beklagte mitgeteilt, daß mein Bruder außer

---

[41] Ist der Beklagte nicht Erbe, so ist auf Herausgabe des Nachlasses an den oder die Erben zu klagen (§§ 2018, 2039 BGB).

einigen wertlosen Kleidungsstücken und Wäsche nichts hinterlassen habe. Das ist aber unrichtig ... Der Beklagte ist deshalb zur Auskunftserteilung verpflichtet. Nach der ganzen Sachlage besteht Grund zu der Annahme, daß die Auskunft nicht mit der erforderlichen Sorgfalt erteilt wird. Hierzu werde ich nach Vorlage der Auskunft noch die nötigen Ausführungen machen und Beweise antreten. Der Beklagte ist auch verpflichtet, den vorhandenen Nachlaß an mich herauszugeben. Woraus der Nachlaß besteht, wird sich aus der Auskunft ergeben.

230 **Feststellungsklage**

ZPO § 256 Abs 1

Ich erhebe Feststellungsklage und beantrage:

Es wird festgestellt, daß der zwischen den Prozeßparteien am ... abgeschlossene Vertrag über ... rechtswirksam ist.

Die Parteien haben am ... einen Vertrag über ... geschlossen.
Beweis: Der Vertrag
Der Beklagte hat am ... mit dem anliegend in Abschrift mitgeteilten Schreiben diesen Vertrag wegen Irrtums angefochten. Zur Begründung hat er geltend gemacht, daß ...
Die Anfechtung ist nicht begründet ...
Der Kläger hat ein rechtliches Interesse an alsbaldiger Feststellung, daß der Vertrag rechtswirksam ist ...

231 **Zwischenfeststellungsklage**

ZPO § 256 Abs 2

In dem Rechtsstreit ...
Aktenzeichen ...
erhebe ich nunmehr namens des Klägers Zwischenfeststellungsklage gemäß § 256 Abs 2 ZPO und beantrage,

festzustellen, daß der zwischen den Parteien am ... geschlossene Vertrag über ... wirksam ist.

Der Beklagte hat auf die Zahlungsklage eingewendet, daß er den Vertrag wegen Irrtums und arglistiger Täuschung angefochten habe. Die Rechtswirksamkeit des Vertrages ist nicht nur für den Zahlungsanspruch, sondern auch für weitere Ansprüche aus dem Vertrag erheblich ...

Weitere Feststellungsklagen vgl RdNr 213, 214, 247 (Vaterschaft), 239, 262 (Schadensersatzpflicht), 240 (Feststellung der Unwirksamkeit einer Kündigung des Arbeitsverhältnisses).

232 **Handelsvertreter** – Klage auf **Buchauszug** und Gestattung der Einsicht in die Geschäftsbücher (Stufenklage)

HGB § 87c
ArbGG[42] § 5 Abs 3
ZPO § 254
GKG § 18

Ich beantrage:

1. Die Beklagte wird verurteilt, dem Kläger einen Buchauszug über alle in der Zeit von ... bis ... abgeschlossenen Geschäfte zu erteilen, die auf die Tätigkeit des Klägers zurückzuführen sind oder mit Dritten abgeschlossen wurden, die der Klä-

[42] Handelsvertreter gelten nur dann als Arbeitnehmer im Sinne des § 5 Abs 3 ArbGG, wenn sie zum Personenkreis nach § 92a HGB (sog Einfirmenvertreter) gehören und wenn sie während der letzten 6 Monate des Vertragsverhältnisses durchschnittlich nicht mehr als 2000 DM an Vergütung bezogen haben. Trifft beides zu, dann ist das Arbeitsgericht zuständig.

ger als Kunden für Geschäfte der gleichen Art geworben hat [*sowie solche Geschäfte, die ohne seine Mitwirkung mit Personen seines Bezirks in dieser Zeit abgeschlossen worden sind*].[43]

2. Die Beklagte wird weiter verurteilt, dem Kläger für die genannte Zeit eine Abrechnung über seine Provision zu erteilen.

3. Die Beklagte wird weiter verurteilt, die sich aus der Abrechnung ergebende Provision an den Kläger zu zahlen.

Durch Vertrag vom ... hat die Beklagte den Kläger zum Handelsvertreter bestellt. Nach dem Vertrag steht dem Kläger neben einem Spesenzuschuß eine Provision von ... für jedes Geschäft zu, das auf seine Tätigkeit zurückzuführen ist oder das mit von ihm geworbenen Kunden zustandekommt (§ 87 Abs 1 HGB). Es soll monatlich abgerechnet werden.

Beweis: Vertrag.

[*Da der Kläger Bezirksvertreter im Sinne des § 87 Abs 2 HGB ist, ist Provision auch von solchen Geschäften zu zahlen, die ohne seine Mitwirkung mit Personen seines Bezirks geschlossen sind.*] Die Beklagte hat für die Zeit vom ... bis ... nicht abgerechnet. Der Kläger verlangt deshalb mit der Klage Abrechnung für diese Zeit (§ 87 c Abs 1 HGB). Darüber hinaus ist die Beklagte verpflichtet, für diese Zeit einen Buchauszug zu erteilen (§ 87 c Abs 2 HGB). Sie ist ferner verpflichtet, die sich aus der Abrechnung ergebenden Provisionsbeträge zu zahlen. Der Kläger hat die Beklagte am ... vergeblich aufgefordert, ihren Verpflichtungen nachzukommen.

Beweis: Schreiben vom ...

Der Kläger behält sich vor, Einsicht in die Geschäftsbücher der Beklagten zu verlangen (§ 87 c Abs 4 HGB).

Hypothekenklage, Hypothekenzinsklage 233

BGB §§ 1113 ff

Ich beantrage:

1. Der Beklagte wird verurteilt, an den Kläger ... DM nebst ...% Zinsen seit dem ... zu zahlen.[44]

2. Der Beklagte wird weiter verurteilt, wegen dieser Forderung die Zwangsvollstreckung in das im Grundbuch von ... Band ... Blatt ... eingetragene Grundstück aus der dort in Abt. III unter Nr ... eingetragenen Hypothek zu dulden.

Der Beklagte ist Eigentümer des im Grundbuch von ... Band ... Blatt ... eingetragenen Grundstücks.

Beweis:
1. Grundbuchauszug vom ...
2. Beiziehung der Grundakten

Auf diesem Grundstück lastet die in Abt. III unter Nr ... für den Kläger eingetragene Hypothek im Betrag von ... DM, die mit ...% jährlich zu verzinsen ist. Die Zinsen sind jeweils fällig am ... jeden Vierteljahrs.

Beweis: Schuldurkunde.

Der Beklagte hat die am ... fälligen Zinsbeträge nicht gezahlt. Nach § ... der Hypothekenurkunde kann der Kläger infolgedessen die Hypothek zum ... kündigen. Diese Kündigung hat der Kläger durch Einschreibebrief vom ... mit Wirkung zum ... ausgesprochen. Der Beklagte hat nicht gezahlt.

Als persönlicher Schuldner ist der Beklagte zur Zahlung und als dinglicher Schuldner zur Duldung der Zwangsvollstreckung aus der Hypothek in das Grundstück verpflichtet.[44]

Interventionsklage siehe Wiederspruchsklage RdNr 265.

---

[43] Der Unterfall gilt nur, wenn der Kläger Bezirksvertreter ist (§ 87 Abs 2 HGB).

[44] Ist der Beklagte nicht persönlicher Schuldner, so entfällt der Klageantrag 1. Es kann dann nur Klage nach dem Antrag 2 erhoben werden, in den der Forderungsbetrag nebst den Zinsen einzusetzen ist.

235 Kauf – Klage auf Zahlung des Kaufpreises

BGB §§ 433ff

Ich beantrage:

Der Beklagte wird verurteilt, an den Kläger ... DM nebst ...% Zinsen seit ... zu zahlen.

Der Beklagte kaufte von dem Kläger laut Bestellschein vom ... die aus der anliegenden Rechnungsdurchschrift ersichtlichen Waren zum Preis von ... DM.
[*Der Kläger hat die Ware am ... geliefert, der Beklagte hat sie abgenommen*].[45]
Der Beklagte hat die Ware nicht bezahlt. Eine am ... ihm zugesandte Mahnung war erfolglos. Seitdem befindet sich der Beklagte im Verzug. Er hat seit diesem Tag die Schuld mit ...% zu verzinsen. Soweit der Zinssatz über den gesetzlichen Zins hinausgeht, wird er damit begründet, daß der Kläger in Höhe der Schuld Bankkredit aufgenommen hat, den er in dieser Höhe verzinsen muß.
Beweis: Anliegende Bankbescheinigung
[*Laut Bestellschein ... ist als Erfüllungsort (Gerichtsstand) der Sitz des angerufenen Gerichts vereinbart, beide Parteien sind Vollkaufleute*][46]

236 Kauf – Klage des Käufers auf Erfüllung mit Fristsetzung

ZPO § 255

Ich beantrage:

Der Beklagte wird verurteilt, an den Kläger innerhalb ... Woche seit Rechtskraft dieses Urteils ... zu liefern.

Der Kläger hat vom Beklagten am ... folgende Ware gekauft ... Lieferung sollte bis zum ... erfolgen. Der Beklagte hat nicht geliefert; auch eine am ... zugesandte Mahnung war erfolglos.
Beweis: ...
Der Beklagte ist deshalb verpflichtet zu liefern. Ich bitte, ihm dazu eine Frist zu setzen (§ 255 ZPO).

237 Kauf – Klage auf Minderung oder Wandlung

BGB §§ 459ff

Ich beantrage:

Der Beklagte wird verurteilt, an den Kläger [*gegen Rückgabe der gelieferten Ware, nämlich*] ... DM zu zahlen.

Der Kläger kaufte vom Beklagten am ... folgende Waren ... Der Kaufpreis wurde am ... bezahlt. Die Ware hatte bei Lieferung folgende Mängel ...
Beweis: ...
[*Der Kläger hat folgende Eigenschaften der Ware zugesichert ...*
Beweis: ...
Die Ware hatte diese Eigenschaften nicht.
Beweis ...]
Der Kläger hat die Mängel dem Beklagten am ... mitgeteilt [*dem Beklagten gegenüber unverzüglich, nämlich am ... gerügt*][47] und Minderung [*Wandlung*] verlangt. Der Beklagte hat die Mängel bestritten und Zahlung abgelehnt [*die Rückerstattung des Kaufpreises abgelehnt*]. Die Höhe der Minderung des Kaufpreises ergibt sich aus folgenden Umständen ...

Kauf – Klage auf Schadensersatz wegen Nichterfüllung vgl RdNr 206.

---

[45] Die Erfüllung gehört nicht zum Klagegrund.
[46] § 38 ZPO.
[47] Beim Handelskauf, § 377 HGB.

Kraftfahrzeugunfallklage

239

StVG §§ 7ff
BGB §§ 823, 831, 847, 276, 254
Pflichtversicherungsgesetz §§ 3, 12, 13
VO über den Entschädigungsfonds für Schäden
aus Kraftfahrzeugunfällen v 14. 12. 65 (BGBl 65 I 2093)

Ich beantrage zu erkennen:

1. Die Beklagten[48] werden als Gesamtschuldner verurteilt,

a) an den Kläger ... nebst 4% Zinsen seit Klagezustellung zu zahlen,

b) an den praktischen Arzt ... DM ... zu zahlen,

c) an den Kläger ein angemessenes Schmerzensgeld zuzüglich 4% Zinsen seit Zustellung der Klage[49] zu zahlen.

2. Es wird festgestellt, daß die Beklagten als Gesamtschuldner verpflichtet sind, allen Schaden zu ersetzen, der dem Kläger aus dem Unfall vom ... in ... in Zukunft noch erwachsen wird, soweit der Anspruch nicht auf Versicherungsträger übergegangen ist.

Der Kläger befuhr am ... die ...straße in ... mit seinem Fahrrad. Beim Einbiegen in die ... straße überholte der Beklagte zu 1) den Kläger mit dem PKW – Marke ... Typ ... amtliches Kennzeichen ... – des Beklagten zu 2), welcher bei der Beklagten zu 3) haftpflichtversichert ist; dabei wurde der Kläger angefahren und zu Fall gebracht. Ich habe der Beklagten zu 3) das Schadensereignis innerhalb von 2 Wochen nach dem Unfall schriftlich angezeigt (Schreiben vom ...).

Der Unfall hat sich wie folgt abgespielt ...

Beweis: Zeugen ...
Akten der Polizeidienststelle ... [*der Staatsanwaltschaft] in ..., Tagebuch-Nr [Aktenzeichen]* ...

Der Beklagte zu 1) ist wegen des Vorfalls durch Urteil des ... in ... am ... zu einer ... strafe von ... wegen ... verurteilt worden. Es ist dort festgestellt worden, daß der Unfall allein auf das Verschulden des Beklagten zu 1) zurückzuführen ist. Dieser ist deshalb zum Schadensersatz verpflichtet. Der Beklagte zu 2) haftet als Halter für den angerichteten Schaden und das Schmerzensgeld. Denn es handelte sich um ein Firmenfahrzeug, und der Beklagte zu 1) ist bei dem Beklagten zu 2) angestellt.[50] Die Verpflichtung der Beklagten zu 3) ergibt sich aus § 3 PflichtversicherungsG iVm § 10 AKB.

Der Kläger hat folgende Verletzungen erlitten: ... Er war vom ... bis ... in Krankenhausbehandlung, danach bis ... in ambulanter ärztlicher Behandlung.

Beweis: ...

Er war erwerbsunfähig wegen der Unfallfolgen von ... bis ...

Beweis: ...

---

[48] Ist das den Schaden verursachende Kraftfahrzeug nicht ermittelt oder besteht keine Pflichtversicherung, so kann der Entschädigungsfonds in Anspruch genommen werden (§§ 12, 13 PflichtversichG). Rechte und Pflichten des Entschädigungsfonds nimmt der Verein Verkehrsopferhilfe eV in Hamburg wahr. Der Klage gegen den Verein muß ein Verfahren vor der Schiedsstelle vorangehen. Näheres vgl VO v 14. 12. 65, BGBl 65 I 2093.

[49] Auch für das unbezifferte Schmerzensgeld können Zinsen seit Klagestellung verlangt werden (BGH NJW 65, 531 = VersR 65, 380).

[50] War der Beklagte zu 1) Verrichtungsgehilfe des Beklagten zu 2), so haftet dieser in der Regel ebenfalls für das Schmerzensgeld (§ 831 BGB). Der Beklagte zu 2) als Geschäftsherr muß dann beweisen, daß der Beklagte zu 1) sich verkehrsrichtig und damit rechtmäßig benommen hat (BGHZ 24, 21). Er muß ferner den Entlastungsbeweis nach § 831 Abs 1 Satz 2 BGB führen.

Danach hat der Kläger zu fordern:
1. Verdienstausfall[51]

Der Verdienstausfall für die Zeit vom ... bis ... betrug		... DM
Davon sind abzuziehen:		
Häusliche Ersparnis,	... DM pro Tag ... DM	
Krankengeld	... DM pro Tag ... DM	
	Sa. ... DM ... DM	
Bleibt von den Beklagten zu erstatten		... DM

2. Sachschaden:

Das Fahrrad wurde vollständig zertrümmert. Es hatte einen Neuwert von ... DM. Da es 2 Jahre alt war, sind 25% vom Neuwert abzusetzen	... DM
Die Hose des Klägers wurde beschädigt. Die Reparaturkosten betragen laut anliegender Rechnung	... DM

Für die von der Sozialversicherung nicht gedeckten Arztkosten hat der Kläger noch ... DM an den Arzt ... zu zahlen. Die Beklagten sind als Gesamtschuldner verpflichtet, den Kläger von dieser Verbindlichkeit zu befreien.
3. Zu der Höhe des Schmerzensgeldes wird folgendes ausgeführt: ... Die Höhe des zuzubilligenden Schmerzensgeldes wird in das Ermessen des Gerichts gestellt. Vorgeschlagen wird ein Betrag von ... DM.[52]
Der Feststellungsantrag ist begründet. Die Verletzung des Klägers waren schwer. Es ist noch nicht abzusehen, ob nicht dauernde Gesundheitsschäden zurückbleiben oder noch weitere Schäden offenbar werden, die auf den Unfall ursächlich zurückzuführen sind.
Beweis: Ärztliches Gutachten.
[*Das angerufene Gericht ist §§ 32 ZPO, 20 StVG als Gericht des Unfallorts zuständig*].

Wegen einer Teilklage vgl RdNr 254.

240 **Kündigung des Arbeitsverhältnisses** – Klage auf Feststellung der Unwirksamkeit

Kündigungsschutzgesetz

Die Klage ist innerhalb von 3 Wochen nach Zustellung der Kündigung beim Arbeitsgericht zu erheben (§ 4 KSchG). Dies gilt auch dann, wenn der Arbeitnehmer zunächst gemäß § 3 KSchG Einspruch gegen die Kündigung beim Betriebsrat eingelegt hat.

Ich erhebe Klage und beantrage:
1. Es wird festgestellt, daß das Arbeitsverhältnis der Parteien durch die Kündigung vom ... nicht aufgelöst ist[53] [*daß die Änderung der Arbeitsbedingungen sozial ungerechtfertigt ist*][54].
[*2. Das Arbeitsverhältnis zwischen den Parteien wird aufgelöst. Die Beklagte wird verurteilt, an den Kläger eine Abfindung von ... DM zu zahlen.*]

Der Kläger ist bei der Beklagten ununterbrochen seit dem ..., also länger als 6 Monate als ... beschäftigt.
Durch Kündigungsschreiben vom ... hat die Beklagte das Arbeitsverhältnis gemäß ... mit Wirkung zum ... gekündigt [*und in Zusammenhang mit der Kündigung die Fortsetzung des Arbeitsverhältnisses zu geänderten Arbeitsbedingungen angeboten*].
Das Schreiben ist dem Kläger am ... zugegangen.
Beweis: Anliegende Abschrift des Kündigungsschreibens.

---

[51] Soweit das LohnfortzahlungsG nicht eingreift.
[52] Zur Fassung und Begründung des Schmerzensgeldantrages vgl Geigel, Der Haftpflichtprozeß, Kap 7 RdNr 25 ff; BGHZ 4, 138 = NJW 52, 382; NJW 64, 1797; VersR 63, 185; 66, 538.
[53] Fall des § 1 KSchG (sozial ungerechtfertigte Kündigung).
[54] Fall des § 2 KSchG (sozial ungerechtfertigte Änderung der Arbeitsbedingungen).

Der Kläger hat gemäß § 3 KSchG Kündigungseinspruch beim Betriebsrat eingelegt. Dieser hat den Einspruch für gerechtfertigt erklärt. Verhandlungen mit der Beklagten führen zu keinem Ergebnis.
Die Kündigung [*Die Änderung der Arbeitsbedingungen*] ist sozial nicht gerechtfertigt, weil ...
[*Da dem Kläger die Fortsetzung des Arbeitsverhältnisses nicht zugemutet werden kann, wird beantragt, das Arbeitsverhältnis aufzuheben und dem Kläger eine angemessene Abfindung zuzusprechen (§§ 9ff KSchG). ...*
Als angemessene Abfindung fordert der Kläger ...]

Leasingvertrag – Schadensersatz wegen Nichterfüllung nach fristloser Kündigung wegen Zahlungsverzugs 240 A

BGB §§ 535 ff
Schrifttum:
von Westphalen, Der Leasing-Vertrag, 3. Aufl 1987

Klage
Firma Allgemeine Leasing GmbH, vertreten durch den Geschäftsführer Klaus Zehner, Eschersheimer Landstraße 101, 6000 Frankfurt 1,
– Klägerin –
Prozeßbevollmächtigter: Rechtsanwalt Werner Braun, Frankfurt,
gegen
Paul Hilpert KG iL, vertreten durch den Liquidator Erich Paule, Sodener Weg 3, 6240 Königstein,
– Beklagte –

In Namen und in Vollmacht der Klägerin erhebe ich Klage mit dem Antrag,
die Beklagte zu verurteilen, an die Klägerin 17084.– DM zuzüglich 8% Zinsen seit dem 11. 4. 19.. zu zahlen.

Die Beklagte, die ein Tiefbauunternehmen betrieb, wollte einen Baukran erwerben. Sie fand ein geeignetes Gerät bei der Firma Maschinenhandelsgesellschaft mbH zum Preis von 232000.– DM. Da die Beklagte nur zur Anzahlung von 52000,– DM in der Lage war, wandte sie sich wegen der Finanzierung an die Klägerin, welche ihr in der Vergangenheit schon mehrfach Geräte finanziert hatte. Die Parteien schlossen am 5. 7. 19.. einen Leasingvertrag, durch den sich die Klägerin verpflichtete, den Kran zum genannten Preis zu erwerben und direkt an die Beklagte ausliefern zu lassen, während die Beklagte sich zu einer Mietsonderzahlung in Höhe von 52000.– DM bei Vertragsschluß – welche sie vereinbarungsgemäß unmittelbar an die Lieferantin zahlte – sowie zur Leistung von 54 monatlichen Leasingraten in Höhe von 2,2% der Aufwendungen der Klägerin von 180000.–, also 3960.–, jeweils fällig am 1. eines jeden Monats verpflichtete. Die Parteien vereinbarten weiter, daß die Klägerin nach Ablauf der Vertragsdauer von 4,5 Jahren der Beklagten die Übertragung des Eigentums gegen Zahlung eines Kaufpreises von 18000.– DM andienen werde. Dem Teilamortisationsvertrag lagen die – in der Anlage beigefügten – Allgemeinen Leasingbedingungen zugrunde.
Beweis: Leasingvertrag Nr 12345 v 5. 7. 19..

Die ersten sieben Raten für die Monate Juli 19.. bis Januar 19.. hat die Beklagte in Höhe von insgesamt 27720.– DM gezahlt. Mit den folgenden Raten geriet sie in Rückstand. Die Klägerin mahnte mit Schreiben vom 18. 2. und 10. 3. 19..
Beweis: Schreiben vom 18. 2., 10. 3. 19..

Als die Beklagte bei einer Besprechung mit dem Prokuristen der Klägerin am 28. 3. 19.. erklärte, sie sei zur Zahlung in nächster Zeit nicht in der Lage,
Beweis: Zeugnis Prokurist Max Ernst, zu laden bei der Klägerin
kündigte die Klägerin gemäß § 10 der AllgLeasingBed den Vertrag mit Schreiben vom 5. 4. 19.., zugestellt am 8. 4. 19.. fristlos, weil die Beklagte mit mehr als zwei Leasing-

raten in Verzug war. Am 10. 4. 19.. holte die Klägerin das Gerät bei der Beklagten ab und verwertete es anschließend bestmöglich zum Preis von 170000.– DM.

Beweis: Kaufvertrag mit der Diehler Baugesellschaft v 22. 4. 19..

Der Verkaufpreis liegt geringfügig über dem von dem Sachverständigen Kundig ermittelten Verkehrswert.

Beweis: Gutachten v 13. 4. 19..

Durch die von der Beklagten verschuldete vorzeitige Vertragsbeendigung ist der Klägerin ein Schaden in Höhe der Klageforderung entstanden, den der Beklagte aus dem Gesichtspunkt der positiven Vertragsverletzung bzw § 11 der AllgLeasingBed zu ersetzen hat; dieser errechnet[55] sich wie folgt:

Summe aller vertraglich geschuldeten Leasingraten (54 × 3960.–)		213840.– DM
(dies entspricht einer Effektivverzinsung von ca 7%)		
abzüglich der geleisteten Raten (7 × 3960.–)		27720.– DM
		186120.– DM
abzüglich infolge der vorzeitigen Fälligkeit ersparter Aufwendungen		
Refinanzierungskosten (Effektiv ca 3%)		12376.– DM
Verwaltungskosten (Effektiv ca 1%)		4125.– DM
Risikozuschlag (Effektiv ca 1%)		4125.– DM
		165494.– DM
abzüglich Verwertungserlös		
Verkaufpreis	170000.–	
abzüglich Sicherstellungs- und Verwertungskosten (2%)	5100.–	
Nettoerlös	164900.–	
hiervon 90% gemäß § 11 II ALeaB		148410.– DM
		17084.– DM

Zum Beweis für die Richtigkeit der voranstehenden Abrechnung, insbesondere die darin enthaltenen tatsächlichen Angaben und die Üblichkeit und Angemessenheit der angeführten Prozentsätze beziehe ich mich auf

Zeugnis des Prokuristen Ernst sowie Sachverständigengutachten.

Da die Klägerin auf den Zeitpunkt der Rückgabe am 10. 4. 19.. abgerechnet hat, stehen ihr die geltend gemachten Zinsen aus der Restforderung ab 11. 4. 19.. zu. Deren Höhe beruht auf dem derzeitigen Refinanzierungssatz der Klägerin.

Beweis: Zeugnis Ernst

241 Miete – Klage auf Räumung einer Wohnung[56]

BGB §§ 564–565 e, 556–556 c
ZPO §§ 29 a, 93 b, 308 a, 708 Nr 7, 721
GVG § 23 Nr 2 a

Ich beantrage:

Der Beklagte wird verurteilt, die Wohnung in ... straße Nr ..., bestehend aus ... zu räumen und an den Kläger herauszugeben.

Der Beklagte ist aufgrund des Mietvertrages vom ... Mieter der im Klageantrag bezeichneten Wohnung im Haus des Klägers. Der monatliche Mietzins beträgt ... DM.

Beweis: Mietvertrag.

---

[55] Zur Berechnung vgl BGH NJW 82, 1747; 85, 2253; 86, 1335; 87, 1690; OLG Hamm NJW-RR 87, 1140; OLG Stuttgart NJW-RR 88, 501.

[56] In Berlin gelten bis zum 31. 12. 1994 noch einige mietrechtliche Sondervorschriften, vgl Gesetz zur dauerhaften sozialen Verbesserung der Wohnungssituation im Land Berlin v 14. 7. 87 (BGBl 87 I 1625).

Der Kläger hat mit Schreiben vom ..., das dem Beklagten am ... zugestellt worden ist, das Mietverhältnis mit der gesetzlichen Kündigungsfrist (§ 565 Abs 2 BGB) zum ... gekündigt. In diesem Schreiben hat der Kläger gemäß § 564a Abs 1 BGB als Gründe für die Kündigung angegeben: ...
Gleichzeitig hat er den Mieter auf die Möglichkeit des Widerspruchs nach § 556a BGB sowie auf die Form und die Frist des Widerspruchs hingewiesen.[57]
Beweis: Anliegende Durchschrift des Kündigungsschreibens mit Zustellungsurkunde [*Einschreibquittung*].
Der Beklagte hat der Kündigung mit Schreiben vom ... [*nicht – rechtzeitig –*] widersprochen.
Beweis: Anliegende Fotokopie des Schreibens.
Der Kläger begehrt mit der Klage Räumung der Wohnung, weil er – wie im Kündigungsschreiben ausgeführt – ein berechtigtes Interesse an der Beendigung des Mietverhältnisses hat *(§ 564b Abs 1, 3 BGB).*
[*Der Mieter hat seine vertraglichen Verpflichtungen nicht unerheblich verletzt – § 564b Abs 2 Nr 1 BGB.*]
[*Der Vermieter benötigt den Raum als Wohnung für sich – die zu seinem Hausstand gehörenden Personen – seine Familienangehörigen – § 564b Abs 2 Nr 2 BGB.*][58] [*Der Vermieter würde durch die Fortsetzung des Mietverhältnisses an einer angemessenen wirtschaftlichen Verwertung des Grundstücks gehindert und dadurch erhebliche Nachteile erleiden – § 564b Abs 2 Nr 3.*][59]
[*– sonstige Gründe ...*]
Hierzu wird ausgeführt: ...
Der Widerspruch des Beklagten und sein Verlangen nach Fortsetzung des Mietverhältnisses ist unbegründet, da [*– der Widerspruch nicht rechtzeitig erhoben worden ist –*] die vertragsmäßige Beendigung des Mietverhältnisses für den Mieter oder seine Familie keine Härte bedeuten würde, die auch unter Würdigung der berechtigten Interessen des Vermieters nicht zu rechtfertigen wäre (§ 556a BGB) ...

Miete – Klage auf Zustimmung zur Erhöhung der Miete 242

MHRG (Art 3 des 2. WoKSchG) § 2
ZPO § 29a
GVG § 23 Nr 2a

Der Vermieter muß vor Klageerhebung den Anspruch auf Erhöhung des Mietzinses dem Mieter gegenüber schriftlich geltend machen und begründen, wobei er insbesondere darzulegen hat, daß der verlangte Mietzins die üblichen Entgelte für Wohnraum vergleichbarer Art, Größe, Ausstattung, Beschaffenheit und Lage nicht übersteigt; zur Höhe der Vergleichsmiete kann er auf einem Mietpreisspiegel oder ein Sachverständigengutachten Bezug nehmen oder drei vergleichbare Wohnungen anführen (§ 2 Abs 1, 2 MHRG). Stimmt der Mieter nicht bis zum Ablauf des zweiten Monats nach Zugang zu, kann der Vermieter bis zum Ablauf von zwei weiteren Monaten auf Erteilung der Zustimmung klagen (§ 2 Abs 3 MHRG). Zuständig ist ausschließlich das Amtsgericht.

Ich beantrage:
D.. Beklagte. wird [*werden*] verurteilt, die Zustimmung zu folgender Erklärung zu erteilen: Die Monatsmiete des zwischen den Parteien abgeschlossenen Mietvertrages vom ... über die Wohnung in ... beträgt mit Wirkung vom ... DM.

---

[57] § 564a Abs 2 BGB.
[58] Vgl dazu BVerfG NJW 88, 2725.
[59] Vgl BVerfG NJW 89, 972.

D.. Beklagte. ist [*sind*] laut Mietvertrag vom ... Mieter einer Wohnung im Haus des Klägers in ... Die Monatsmiete ist auf ... vereinbart worden. Eine Erhöhung der Miete ist im Mietvertrag nicht ausgeschlossen worden.
Beweis: Anliegende Abschrift des Mietvertrages.
Der vereinbarte Mietzins besteht seit mindestens einem Jahr unverändert. Die üblichen Entgelte, die in der Gemeinde [*in vergleichbaren Gemeinden*] für die Vermietung von Räumen vergleichbarer Art, Größe, Ausstattung, Beschaffenheit und Lage gezahlt werden, sind höher.
Als Vergleichsobjekte werden angegeben: a) ... b) ... c) ... (Name des Wohnungsinhabers, Adresse, Geschoß, Quadratmeterpreis); diese Wohnungen sind mit der vermieteten hinsichtlich Art, Größe, Ausstattung, Beschaffenheit und Lage aus folgenden Gründen vergleichbar, ...
[*Zum Beweis hierfür beziehe ich mich auf das der Klage in Fotokopie beigefügte Gutachten des öffentlich bestellten vereidigten Sachverständigen ... v ...*]
[*Dies ergibt sich aus dem Mietpreisspiegel der Gemeinde ... Die vermietete Wohnung hat folgende Merkmale ... und entspricht damit der Gruppe ... der Übersicht über die üblichen Entgelte der Gemeinde ...*]
Die Miete erhöht sich gegenüber der vor über drei Jahren gezahlten um nicht mehr als 30%; denn sie betrug damals bis zum ... DM ...
Beweis: Zustimmungserklärung vom ...
Mit Schreiben vom ..., dem Beklagten ... am ... zugegangen,
Beweis: Posteinlieferungs-, Rückschein
hat der Kläger den Anspruch auf Erhöhung der Miete unter Angabe obiger Vergleichswohnungen und der Umstände, aus welchen sich die Vergleichbarkeit ergibt [*unter Beifügung des angeführten Gutachtens*] [*unter Hinweis auf die angeführte Übersicht über die üblichen Entgelte der Gemeinde ... und unter Angabe der Umstände, aus welchen sich die Vergleichbarkeit der vermieteten Wohnung mit denen der Gruppe ... der Übersicht ergibt*], geltend gemacht.[60]
D.. Beklagte ... hat [*haben*] dem Erhöhungsverlangen bis zum Ablauf des zweiten Monats nach Zugang, dem ... 19.., nicht zugestimmt (§ 2 Abs 3 MHRG).
Es ist daher Klage geboten.
Gemäß § 2 Abs 4 MHRG steht dem Kläger der erhöhte Mietzins ab .., dem Beginn des dritten Monats nach Zugang des Erhöhungsverlangens, zu.

243 **Miete – Klage auf Räumung wegen Verzugs** mit der Zahlung des Erhöhungsbetrages nach Verurteilung[56] im Fall RdNr 242

MHRG (Art 3 des WoKSchG) § 9 Abs 2
ZPO § 708 Nr 7
GVG § 23 Nr 2a

Ich beantrage:
D.. Beklagte. wird [*werden*] verurteilt, die Wohnung im Haus ..., bestehend aus ... zu räumen und an den Kläger herauszugeben.
Durch Urteil des ...gerichts ... Aktenzeichen ... ist [*sind*] d.. Beklagte. verurteilt worden, die Zustimmung zu einer Erhöhung der Wohnungsmiete auf monatlich ... DM zu erteilen. Die Erhöhung ist am ... in Kraft getreten. Das Urteil ist seit ... rechtskräftig.
Beweis: Anliegendes Urteil mit Rechtskraftbescheinigung.
D.. Beklagte. hat [*haben*] den Erhöhungsbetrag nicht gezahlt. Die fristlose Kündigung war deshalb nach Ablauf von zwei Monaten nach Rechtskraft zulässig (§ 9 Abs 2 MHRG). Der Kläger hat mit Schreiben vom ... das Mietverhältnis fristlos gekündigt.
Beweis: Anliegende Abschrift des Schreibens mit Postquittung.
D.. Beklagte. hat [*haben*] nicht geräumt.

---

[60] Zu den Voraussetzungen eines Erhöhungsverlangens vgl BVerfG NJW 89, 969.

Miete – Klage auf Räumung eines Geschäftsraums, eines Grundstücks oder eines eingetragenen Schiffs **nach Ablauf der Mietzeit** oder nach **ordentlicher Kündigung** 244

BGB §§ 556, 564a, 565 Abs 1
ZPO § 708 Nr 7
GVG § 23a

Ich beantrage:

D.. Beklagte. wird [*werden*] verurteilt, die im ... Stockwerk des Hauses ... straße ... in ... gelegenen Geschäftsräume [*das Grundstück in .../das im Schiffsregister ... unter ... eingetragene Schiff mit dem Namen ..., derzeit festgemacht in ...*] zu räumen und an d.. Kläger herauszugeben.

D.. Beklagte. hat [*haben*] durch Mietvertrag vom ... die im Klageantrag bezeichneten Räume [*das Grundstück/Schiff*] vom Kläger gemietet. Der Mietzins beträgt ... DM monatlich.
Beweis: Anliegender Mietvertrag.
Das Mietverhältnis ist nach diesem Vertrag am ... abgelaufen. D.. Beklagte.. hat [*haben*] entgegen §§ 556 Abs 1, 564 Abs 1 BGB nicht geräumt.
[*Der Mietzins ist nach Monaten bemessen. Das Mietverhältnis war deshalb am 3. Werktag eines Kalendermonats für den Ablauf des übernächsten Monats/des Kalendervierteljahrs*[61] *kündbar (§ 565 Abs 1 Nr 3 BGB). Der Vermieter hat mit Schreiben vom ... fristgemäß unter Angabe der Gründe der Kündigung zum ... gekündigt.*
Beweis: Anliegende Abschrift des Kündigungsschreibens mit Einschreibquittung.
D.. Beklagte. hat/haben nicht geräumt.]

Miete – Klage auf Räumung von Wohn- und Geschäftsräumen **nach fristloser Kündigung**[56] 245

BGB §§ 553–554a, 556a Abs 4, 564a Abs 1, 3
ZPO §§ 29a, 708 Nr 7
GVG § 23 Nr 2a

Ich beantrage:

D.. Beklagte. wird [*werden*] *verurteilt, die Wohnung [die Geschäftsräume*] im Haus ..., bestehend aus ... zu räumen und an den Kläger herauszugeben.

D.. Beklagte. hat [*haben*] durch Mietvertrag vom ..,. die im Klageantrag bezeichneten Räume vom Kläger gemietet. Der Mietzins beträgt ... DM monatlich.
Beweis: Anliegender Mietvertrag
D.. Beklagte. ist [*sind*] mit der Zahlung der Miete für folgende Zeiträume im Rückstand:
Monat ... ... DM
Monat ... ... DM
[*Der Mieter – Der ..., dem der Mieter den Gebrauch der Räume überlassen hat, – hat ungeachtet einer Abmahnung des Klägers einen vertragswidrigen Gebrauch der Mietsache fortgesetzt und damit die Rechte des Klägers als Vermieter in erheblichem Maß verletzt (§ 553 BGB). Er hat nämlich ...*
Beweis: ...
Der Kläger hat den Beklagten mit Schreiben vom ... gemahnt, den vertragswidrigen Gebrauch zu unterlassen.
Beweis: Anliegende Durchschrift des Schreibens vom ... mit Einschreibquittung
Die Abmahnung war erfolglos, denn der Beklagte – der ... – hat ...
Beweis: ...]

---

[61] Bei Geschäftsräumen, gewerblich genutzten unbebauten Grundstücken oder im Schiffsregister eingetragenen Schiffen.

[Der Mieter hat schuldhaft in solchem Maß seine Verpflichtungen verletzt, insbesondere den Hausfrieden so nachhaltig gestört, daß dem Kläger die Fortsetzung des Mietverhältnisses nicht zugemutet werden kann (§ 554 a BGB). Er hat nämlich ...
Beweis: ...]
Der Kläger hat deshalb das Mietverhältnis durch eingeschriebenen Brief vom ... dem Beklagten gegenüber unter Angabe der Kündigungsgründe fristlos gekündigt.[62]
Beweis: Anliegende Briefdurchschrift mit Einschreibquittung

247 Nichteheliches Kind – Vaterschaftsfeststellung und Regelunterhalt (Statusverfahren)

BGB §§ 1592, 1600 n, 1600 o, 1615 a–1615 o
ZPO §§ 640, 640 c–640 f, 640 h–641 k, 642–644, 708 Nr 8.
RegelunterhaltsVO
GVG § 23 a

Schrifttum:
Firsching, HRP 5: Familienrecht, S 490 ff

Klage
des Kindes ..., geboren am ... in ..., wohnhaft in ...
gesetzlich vertreten durch das Jugendamt in ... als Amtsvormund, Kläger..,
gegen
..., wohnhaft in..., Beklagten,
Name und Anschrift der Kindesmutter:[63] ...
wegen Feststellung der nichtehelichen Vaterschaft und Zahlung des Regelunterhalts.
Das klagende Kind beantragt:

1. Es wird festgestellt, daß der Beklagte der Vater des klagenden Kindes ist.
2. Der Beklagte wird verurteilt, dem klagenden Kind zu Händen des jeweiligen gesetzlichen Vertreters vom Tag der Geburt, dem ......, bis zum vollendeten 18. Lebensjahr den Regelunterhalt[64] monatlich im voraus zu zahlen, die rückständigen Beträge sofort.

Das klagende Kind ist am ... von der oben angegebenen Mutter nicht ehelich geboren.
Beweis: Anliegender Abstammungsnachweis
Die Vormundschaft wird beim dortigen Amtsgericht unter dem Aktenzeichen ... geführt. Das angerufene Gericht ist deshalb für die Klage zuständig (§ 641 a ZPO).
Der Beklagte hat der Mutter des Kindes in der gesetzlichen Empfängniszeit (vom ... bis ...) beigewohnt.
Beweis: Zeugnis der Kindesmutter
Der Beklagte ist daher als Vater des Kindes festzustellen (§ 1600 o BGB). Er ist auch zur Gewährung des Regelunterhalts verpflichtet.
Der Beklagte ist zur Anerkennung der Vaterschaft und seiner Unterhaltspflicht vergeblich aufgefordert worden.

---

[62] Bei Wohnraum muß die Kündigung schriftlich ausgesprochen werden; das Kündigungsschreiben soll die Gründe der Kündigung enthalten (§ 564 a Abs 1 BGB). Die Vorschrift ist jedoch bei der fristlosen Kündigung ohne praktische Bedeutung, weil die Zustellung der Klage die Form wahrt (Palandt Anm 2 zu § 564 a BGB, BayObLG NJW 81, 2197); in diesem Fall sollte die zuzustellende Abschrift unterschrieben – und nicht nur beglaubigt – sein.
[63] Diese Angaben im Rubrum sind empfehlenswert, weil die Mutter unter Mitteilung der Klage zum Termin zur mündlichen Verhandlung zu laden ist (§ 640 e ZPO).
[64] Wird gemäß § 643 ZPO im Vaterschaftsfeststellungsprozeß auch auf Zahlung des Regelunterhalts geklagt, kann nicht gleichzeitig ein Zuschlag oder Abschlg zum Regelunterhalt nach § 642 d ZPO, Erhöhung oder Herabsetzung nach §§ 1615 c, 1615 h BGB oder Stundung oder Erlaß von Rückständen beantragt werden (§ 643 Abs 1 S 2 ZPO).

Es wird beantragt,
dem klagenden Kind für den Rechtsstreit Prozeßkostenhilfe zu bewilligen und die Klage erst nach deren Bewilligung zuzustellen.
Weder das Kind noch seine Mutter oder die mütterlichen Verwandten sind nach ihren Einkommens- und Vermögensverhältnissen zur Tragung der Kosten des Rechtsstreit in der Lage; denn ...
[*Zugleich wird beantragt,*
dem Beklagten durch einstweilige Anordnung gemäß § 641d ZPO aufzugeben, dem klagenden Kind zu Händen des gesetzlichen Vertreters ab Antragstellung einen monatlich im voraus zahlbaren Unterhalt von ... DM[65] *zu zahlen.*
Zur Glaubhaftmachung der nichtehelichen Vaterschaft wird eine eidesstattliche Versicherung der Kindesmutter überreicht, wonach ihr der Beklagte in der Empfängniszeit beigewohnt hat.[66]
Die Anordnung ist erforderlich, weil weder die Kindesmutter noch ihre Eltern in der Lage sind, dem Kind Unterhalt zu gewähren.[67]
Glaubhaftmachung: Anliegende Lohnbescheinigung, eidesstattliche Versicherung]

Über die einstweilige Anordnung in Kindschaftssachen vgl RdNr 844ff.

Nichteheliches Kind – (Neu-)Festsetzung des Unterhaltsbetrags 248

ZPO § 642a, b
RpflG § 20 Nr 11

Aufgrund des rechtskräftigen oder für vorläufig vollstreckbaren Urteils setzt der Rechtspfleger (§ 20 Nr 11 RpflG) auf Antrag den Regelunterhalt entsprechend der RegelunterhaltsVO durch Beschluß fest (§ 642a ZPO). Entsprechendes gilt, wenn der Regelbedarf geändert wird oder sich ein sonstiger für die Berechnung maßgebender Umstand ändert (§ 642b ZPO). Sowohl bei der Erst- wie bei der Neufestsetzung ist gemäß §§ 642a Abs 5, 642b Abs 1 S 3 ZPO eine maschinelle Bearbeitung wie im vereinfachten Verfahren zur Abänderung von Unterhaltstiteln zulässig.[68]

Ich beantrage,
a) den von dem Antragsteller[*gegner*] an den Antragsgegner[*steller*] zu zahlenden Regelunterhalt [*abzüglich – zuzüglich ... vom Hundert des Regelbedarfs*] [*unter Abänderung des Unterhaltsfestsetzungsbeschlusses vom ...*] wie folgt [*neu*] festzusetzen:
Laufender Unterhalt ab ..., zahlbar am 1. jeden Monats,
1. bis zur Vollendung des 6. Lebensjahres monatlich ... DM
2. vom 7. bis zur Vollendung des 12. Lebensjahres monatlich ... DM
3. vom 13. bis zur Vollendung des 18. Lebensjahres monatlich ... DM
Unterhaltsrückstand für die Zeit vom ... bis ...... DM zuzüglich 4 vom Hundert Zinsen seit dem ...
b) dem Antragsteller für dieses Verfahren Prozeßkostenhilfe zu bewilligen.
Nach Urteil des ...gerichts vom ... – Aktenzeichen ... – hat der ... an den ... den Regelunterhalt zuzüglich [*abzüglich*] ... vom Hundert des Regelbedarfs zu zahlen.
[*Nach dem Beschluß des ...gerichts vom ... – Aktenzeichen ... – sind bisher folgende Unterhaltsbeträge zu zahlen: ...*

---

[65] Zur Bemessung des Unterhaltsbetrags kann der Regelunterhalt als Grundlage dienen.
[66] Oft ist die Glaubhaftmachung erst nach Beweisaufnahme im Prozeß möglich. Dann muß der Antrag bis dahin zurückgestellt werden (Odersky II 3 zu § 641d).
[67] Odersky II 2d zu 641d; Baumbach-Lauterbach § 641d Anm 2; Thomas-Putzo § 641d Anm 2c mwNachw.
[68] Vgl dazu RdNr 860ff.

Eine Neufestsetzung der Unterhaltsbeträge ist erforderlich, weil der Regelbedarf geändert worden ist – weil ...].
Die [*neuen*] Unterhaltsbeträge errechnen sich nach dem Regelbedarf zuzüglich eines Zuschlags in Höhe von ...% des Regelbedarfs abzüglich folgenden anrechenbaren Leistungen: ...

Das Muster eines auf diesen Antrag ergehenden Beschlusses befindet sich bei RdNr 654.

249 **Nichteheliches Kind – Klage auf Zahlung des Unterhalts oder des Regelunterhalts** (**Unterhaltsprozeß**)

§§ 642–642e ZPO

Das nichteheliche Kind kann den Unterhaltsverpflichteten auch auf Zahlung eines **bestimmten Unterhaltsbetrags** im Rahmen eines gewöhnlichen Unterhaltsprozesses verklagen. Das kommt besonders dann in Betracht, wenn der nichteheliche Vater die Vaterschaft anerkannt hat, nach seinen Einkommens- und Vermögensverhältnissen mehr als den Regelunterhalt zahlen kann und muß, über die Höhe des Unterhalts aber keine Einigung zustande kommt. Das bietet keine Besonderheiten. Das Kind kann aber auch auf Zahlung des **Regelunterhalts** im gewöhnlichen **Unterhaltsprozeß** klagen (§ 642 ZPO). In diesem Verfahren kann – im Gegensatz zum Statusprozeß (RdNr 247) – zugleich ein Zuschlag oder Abschlag vom Regelunterhalt sowie Stundung oder Erlaß von Unterhaltsrückständen begehrt werden (§ 642d ZPO).
Der **Antrag** lautet dann:

Der Beklagte wird verurteilt, dem ... vom Tag der Geburt (...) bis zum vollendeten 18. Lebensjahr den Regelunterhalt [*zuzüglich eines Zuschlags von ...% des Regelbedarfs*] zu zahlen.

Es ist auch möglich, von vornherein nur Klage auf Zahlung des Regelunterhalts „abzüglich eines Abschlages von ...% vom Regelbedarf“ zu erheben, wenn der Verpflichtete nur weniger als den Regelbedarf leisten kann. Damit wird einem Antrag des Beklagten auf Herabsetzung zuvorgekommen.

250 Verlangt das Kind einen **Zuschlag** zum anerkannten oder ausgeklagten Regelunterhalt (§ 642d ZPO), so lautet der Antrag:

Der Beklagte wird verurteilt, mit Wirkung vom ... zusätzlich zu dem Regelunterhalt laut vollstreckbarer Urkunde [*Urteil*] des ... vom ... Aktenzeichen ... einen Zuschlag in Höhe von ...% des Regelbedarfs zu zahlen.

251 Verlangt der Verpflichtete **Zubilligung eines Abschlags** vom Regelunterhalt (§ 642d ZPO), so lautet der Antrag:

Von dem Regelunterhalt, den der Kläger nach dem Urteil des ... vom ... Aktenzeichen ... zu leisten hat, ist mit Wirkung vom ... ein Betrag von ...% des Regelbedarfs abzuziehen.

In beiden Fällen wird der Betrag des Regelunterhalts nach Abschluß des Prozeßverfahrens vom Rechtspfleger festgesetzt, vgl. RdNr 248, 654.

Nichtigkeitsklage 252

ZPO §§ 578, 579, 583–591, 707

Ich beantrage zu erkennen:

1. Das am ... verkündete Urteil des Amtsgerichts ... Aktenzeichen ... wird aufgehoben.
2. Der Beklagte wird mit seiner Klage abgewiesen.
3. Der Beklagte wird verurteilt, an den Kläger ... DM zu zahlen.

Der Kläger ist mein Sohn und noch minderjährig. Er wird durch mich gesetzlich vertreten.
Beweis: Anliegende Geburtsurkunde.
Der Beklagte hat am ... in den Akten ... des angerufenen Gerichts gegen den Kläger im Streitverfahren ein Urteil erwirkt. In diesem Verfahren war der Kläger nicht nach Vorschrift des Gesetzes vertreten. Das Gericht hat die Klage nicht mir, sondern meinem Sohn zugestellt. Das Urteil ist ebenfalls an meinen Sohn zugestellt worden und rechtskräftig geworden.[69] Der Gerichtsvollzieher hat inzwischen ... DM beigetrieben.
Beweis: anliegender Titel und Benachrichtigung des Gerichtsvollziehers.
Mir ist das Urteil nunmehr am ... zugestellt worden. Ich habe den Beklagten aufgefordert, auf die Rechte aus dem genannten Urteil zu verzichten und die beigetriebenen Beträge zurückzuzahlen. Darauf hat der Beklagte nicht geantwortet. Da die Frist zur Erhebung der Nichtigkeitsklage demnächst abläuft (§ 586 Abs 3 ZPO), erhebe ich hiermit Nichtigkeitsklage und verlange Zurückzahlung des unrechtmäßig zwangsweise beigetriebenen Betrags.
Die Zuständigkeit ergibt sich aus § 584 ZPO.
Ich beantrage,
die Zwangsvollstreckung aus dem Urteil bis zur rechtskräftigen Entscheidung über die Klage einstweilen einzustellen.

Reisevertrag – Klage auf Minderung, Schadensersatz wegen Mängeln 252 A

BGB §§ 651 c, d, f, g

Schrifttum:
Estel, Checkliste für das Reisevertragsrecht, NJW 86, 1734
Isermann, Reisevertragsrecht, 1988
Löwe, Das neue Pauschalreiserecht, 1981
Tempel, Voraussetzungen für die Ansprüche aus dem Reisevertrag, NJW 86, 547

Ich beantrage,
die Beklagte zu verurteilen, an die Klägerin DM 2846.45 nebst 4% Zinsen seit dem 16. 9. 19.. zu zahlen.
Die Klägerin machte gegen die Beklagte Gewährleistungsansprüche aus Reisevertrag geltend. Sie buchte bei der Beklagten für sich und ihren Ehemann eine Flugreise nach Kreta, Bungalowanlage Sunbeach, zwischen Heraklion und Malia, Halbpension, für die Zeit vom 1.–14. 8. 19.. zum Preis von 3600.–.
Beweis: Reisebestätigung vom 13. 5. 19..
Nach der Beschreibung im Prospekt liegt die Anlage unmittelbar am Strand und verfügen alle Bungalows über getrennte Schlaf- und Wohnräume, Bad mit Dusche und WC sowie eine Terrasse mit Meerblick.
Beweis: Fotokopie der Seite 105 des Prospektes
Der der Klägerin zugewiesene „Bungalow" Nr 19 war etwa einer Baubaracke vergleichbar, er verfügte nur über einen spärlich möblierten Raum mit zwei einfachen Liegen, einem schmuddeligen Sessel und einem altersschwachen, wackeligen Stuhl.

---

[69] RGZ 121, 63, 64ff; 162, 223, 225; BGH NJW 88, 2049 mwNachw.

Der Meerblick besteht aus einem schmalen Durchblick zwischen zwei Hochhäusern hindurch, die zwischen den Bungalows und dem Meer liegen. Als der Ehemann der Klägerin den Wasserhahn an der Dusche öffnen wollte, spritzte das Wasser in vollem Strahl aus der Mitte des Schlauches. Der Ehemann der Klägerin wandte sich sogleich an die Rezeption. Der Angestellte des Hotels erklärte, die Reiseleiterin der Beklagten sei nicht mehr anwesend, werde aber im Lauf des folgenden Tages wiederkommen; ein anderer Bungalow sei nicht frei, den Schlauch werde er reparieren lassen. Notgedrungen bezogen die Klägerin und ihr Mann das Zimmer. Am nächsten Morgen stellte sich heraus, daß der Strand zum Teil aus löcherigen betonierten Streifen besteht, zwischen denen Geröll aufgeschüttet ist; in dem Geröll findet sich eine Menge Abfall. Ein Lagern am Strand ist damit so gut wie ausgeschlossen.
Beweis: Fotografien von Zimmer, Terrasse, Anlage, Blick zu den Hochhäusern und Strand, Zeugnis der ...
Die Klägerin rügte am 2. 8. 19.. die genannten Mängel – die Dusche war nicht repariert, sondern nur der defekte Schlauch abgenommen worden – gegenüber der Reiseleiterin, die eine Niederschrift darüber aufnahm.
Beweis: Niederschrift vom 3. 8. 19..
[*Die Klägerin konnte die Mängel gegenüber der Reiseleiterin nicht rügen, da diese während der 14 Tage des Aufenthalts der Klägerin keine der angekündigten Sprechstunden wahrnahm und zahllose Versuche, sie telefonisch zu erreichen fruchtlos waren.*
Beweis (nur vorsorglich, unter Verwahrung gegen die Beweislast, vgl LG Frankfurt, NJW-RR 86, 540): Zeugnis der ..]
[*Einer Rüge bedurfte es nicht, da die Mängel offensichtlich sind (MünchKomm – Wolter § 651d BGB RdNr 5, LG Frankfurt NJW 88, 233, 234); denn nicht einer der 30 Bungalows verfügt über getrennte Wohn- und Schlafräume, alle liegen hinter den beiden Hochhäusern, die den Blick zum Meer versperren. Selbst die Unbenutzbarkeit der Dusche war der Reiseleiterin bekannt, hatten doch schon frühere Gäste Mitte Juli gerügt, daß der Schlauch gebrochen sei. Beweis: Fotografien, Zeugnis des ...*]
Die Reiseleiterin bot der Klägerin als Ersatz ein Appartement im Hotel Olympic an; dies stellt jedoch keinen geeigneten Ersatz dar, weil es 2,8 km vom Strand entfernt liegt und nicht einmal über einen Balkon, geschweige denn über eine Terrasse verfügte.
Beweis: Prospekt Seite 127
Nach Ablehnung seitens der Klägerin bot die Reiseleiterin einen Bungalow im Adventure-Club an, machte aber den Bezug von dem Anerkenntnis der Verpflichtung zur Zahlung eines Aufpreises von 50,– DM je Tag und Person mit der Begründung abhängig, diese Anlage sei Klassen besser als Sunbeach.
Beweis: Zeugnis des ...
Als die Klägerin auch dies zurückwies und auf mangelfreier Erfüllung des geschlossenen Vertrags bestand, stellte die Reiseleiterin ein geeignetes Ersatzobjekt für den nächsten Wechsel in Aussicht. Tatsächlich erhielten die Klägerin und ihr Ehemann dann nach einer Woche einen Bungalow in Stalis, der dem gebuchten in etwa entsprach. Der Umzug kostete sie jedoch einen vollen Urlaubstag (8. 8. 19..).
Beweis: Zeugnis ...
Die Klägerin macht daher auf der Grundlage der Frankfurter Tabelle zur Reisepreisminderung (NJW 85, 113 mit Erläuterungen von Tempel NJW 85, 97) ausgehend von dem Reisepreis von 3600.– DM für 14 Tage, was pro Tag einem anteiligen Preis von (abgerundet) 257.– DM entspricht, folgende Minderung geltend:

Fehlendes Zimmer	20%
Ausfall Dusche	15%
Fehlender Meerblick	5%
Verschmutzter Strand	15%
insgesamt	55%

jeweils für 7 Tage; das entspricht einer Minderung von 141.35 DM/Tag
und mithin für 7 Tage 989.45 DM
sowie für den Umzugstag 100% des Tagespreises, also 257.— DM,
insgesamt also 1246.45 DM.
[*Da der Klägerin auch nach einer Woche das zugesagte Ersatzobjekt nicht zur Verfügung gestellt wurde, beträgt die Minderung 14 × 141.35 DM, also 1978.90 DM.*]
Durch Mängel im Gewicht von wenigstens 50%, wie sie hier an 8 Tagen vorliegen, wird in der Regel die Reise erheblich beeinträchtigt, sodaß der Reisende zusätzlich eine angemessene Entschädigung wegen nutzlos aufgewandter Urlaubszeit verlangen kann (§ 651 f Abs 2 BGB); dies gilt auch, wenn der Urlaub nur an einzelnen Tagen zu mehr als 50% beeinträchtigt war (OLG Frankfurt NJW-RR 88, 632). Angesichts des Einkommens der Klägerin und ihres Ehemannes, der für die mißlungene Reise aufgewandten Reisekosten und der übrigen Umstände (vgl BGH NJW 83, 35) ist ein Betrag von 100.– DM je Person und Tag (vgl LG Frankfurt NJW-RR 88, 1451)
angemessen, mithin weitere 1600.— DM,
sodaß sich ein Anspruch von insgesamt 2846.45 DM
ergibt.
Die Klägerin hat ihre Gewährleistungsansprüche mit Schreiben vom 16. 8. 19.. innerhalb der Monatsfrist des § 651 g BGB gegenüber der Beklagten geltend gemacht.
Beweis: Rückschein vom 18. 8. 19..
Die Beklagte hat jedoch einen Ersatz endgültig abgelehnt.
Beweis: Schreiben vom 16. 9. 19..

Restitutionsklage[70] 253

ZPO §§ 578, 580–591, 641 i, 707

Schrifttum:
Braun, Aktuelle Fragen der Restitutionsklage, FamRZ 89, 1129

Ich beantrage zu erkennen:

1. Das am ... verkündete Urteil des ...gerichts ... – Aktenzeichen ... – wird aufgehoben.
2. Die in dem Rechtsstreit ... Aktenzeichen ... vor dem ...gericht ... erhobene Klage auf Feststellung der Vaterschaft und Zahlung von Unterhalt wird abgewiesen.
3. Der Kläger ist nicht der Vater des Beklagten.
4. Der Beklagte trägt die Kosten des Rechtsstreits einschließlich der Kosten des früheren Verfahrens.

Ich bin durch das am ... verkündete Urteil des ...gerichts ... Aktenzeichen ... verurteilt worden, an den Beklagten vom Tag seiner Geburt bis zur Vollendung des 18. Lebensjahres den Regelunterhalt gemäß § 1615f BGB zu entrichten. Gleichzeitig ist festgestellt worden, daß ich der Vater des nichtehelichen Kindes bin. Das Urteil ist rechtskräftig.
Beweis: Beiziehung der Akten ...
Das Urteil hat mich als den Vater des nichtehelich geborenen Beklagten angesehen, weil die Kindesmutter ... beschworen hat, in der Empfängniszeit nur mit mir und keinem anderen Manne Geschlechtsverkehr gehabt zu haben.
Beweis: Protokoll der Vernehmung vom ..., Urteil vom ...

---

[70] Es ist Widerklage auf Rückerstattung des Geleisteten ohne Zinsen möglich, bei Verschulden des Beklagten auch besondere Klage auf Schadensersatz (einschließlich Zinsen und Kosten), die mit der Wiederaufnahmeklage verbunden werden kann (Rosenberg-Schwab § 162 IV 3 Abs 4, Thomas-Putzo § 585 Anm, § 590 Anm 3, streitig); im obigen Beispiel ist die Geltendmachung eines Rückerstattungsanspruchs aus materiellen Gründen – § 1615 b BGB – ausgeschlossen.

Das war aber falsch. Die Kindesmutter ist inzwischen durch strafgerichtliches Urteil rechtskräftig wegen Meineides verurteilt worden.
Beweis: Urteil vom ..., Beiziehung der Akten ...
Von dem Urteil habe ich am ... Kenntnis erhalten.
Beweis: Anliegende Benachrichtigung.
[*Das Urteil hat mich als den Vater des nichtehelich geborenen Beklagten angesehen, weil ein Gutachten ergeben hat, daß nach Würdigung aller Umstände schwerwiegende Zweifel an meiner Vaterschaft nicht verbleiben (§ 1600o Abs 2 Satz 2 BGB). Ein neues Gutachten, das im Vorprozeß nicht vorgelegen hat, kommt demgegenüber zu dem Ergebnis, daß ich nicht der Vater des Kindes sein kann.*
Beweis: Anliegendes Gutachten des ... vom ...
Die Restitutionsklage ist deshalb gemäß § 641 i ZPO zulässig.]
Neben der Aufhebung des früheren Urteils wird die Feststellung begehrt, daß ich nicht der Vater bin.
Ich beantrage,
die Zwangsvollstreckung aus dem Urteil des ... vom ... einstweilen bis zur Entscheidung über diese Klage einzustellen.

254 Teilklage

Der Kläger kann bei Zahlungsklagen zur Verminderung des Kostenrisikos nur einen Teil der Klageforderung einklagen. Dabei muß er aber darauf achten, daß die Verjährungsfrist hinsichtlich des nicht eingeklagten Teils weiterläuft und daß der Beklagte negative Feststellungswiderklage erheben kann, wenn es ihm angezeigt erscheint.
Entschließt sich der Kläger zu einer Teilklage, und setzt sich der Gesamtbetrag aus verschiedenen selbständigen Einzelansprüchen zusammen, so muß der Kläger angeben, welcher Teilbetrag von jedem der selbständigen Einzelansprüche geltend gemacht wird. Es können auch ein oder mehrere Einzelansprüche voll, andere in bestimmter Reihenfolge hilfsweise geltend gemacht werden.[71]
Beispiel der **Aufteilung** bei einer Unfallklage:

Von dem Gesamtschaden in Höhe von 100000 DM macht der Kläger einstweilen nur einen Teilbetrag von 26000 DM geltend. Dieser Teilbetrag verteilt sich auf die einzelnen oben genannten Schadensbeträge wie folgt:

1. Arzt- und Krankenhauskosten – in der datumsmäßigen Reihenfolge der Rechnungen –	10000.– DM
2. Sachschaden am Kraftfahrzeug	4000.– DM
3. Verdienstausfall	5000.– DM
4. Schmerzensgeld	7000.– DM

Der Rest der Arzt- und Krankenhauskosten in Höhe von 12000 DM wird hilfsweise nacheinander für die in Ziffer 3 und 4 genannten Beträge geltend gemacht.

255 Unlauterer Wettbewerb – Klage auf Unterlassung, Auskunftserteilung (Rechnungslegung) und Schadensersatz

UWG
Gesetz über Preisnachlässe (Rabattgesetz)
DVO zum RabattG
ZugabeVO

---

[71] BGHZ 11, 192, BGH MDR 53, 164, BGH LM Nr 11 zu § 253 ZPO, BGH NJW-RR 87, 639; BAG NZA 88, 200; Baumbach-Lauterbach 5B zu § 253 ZPO, mwNachw.

WZG § 33
ZPO §§ 32, 890
GVG §§ 95 Abs 1 Nr 5, 96

Schrifttum:
Baumbach-Hefermehl, Wettbewerbsrecht, 15. Aufl 1988
v Gamm-Teplitzky, Wettbewerbs- und Wettbewerbsverfahrensrecht, 5. Aufl 1987
Nirk-Kurtze, Wettbewerbsstreitigkeiten, 1980
Pastor, Der Wettbewerbsprozeß, 3. Aufl 1980

Ich beantrage:

1. Der Beklagte wird unter Androhung eines vom Gericht für jeden Fall der Zuwiderhandlung festzusetzenden Ordnungsgeldes bis zu 500000.– DM oder Ordnungshaft bis zu sechs Monaten, [(bei Firmen oder Gesellschaften:) *zu vollstrecken an ihrem Inhaber – Geschäftsführer – Vorstand – persönlich haftenden Gesellschafter*] verurteilt, es zu unterlassen,
a) zu behaupten, daß ...
[*in öffentlichen Bekanntmachungen oder Mitteilungen, die für einen größeren Kreis von Personen bestimmt sind, zu behaupten, daß* ...], [*ohne daß darauf hingewiesen wird, daß* ...]
b) die Ware ... in der Form [*Farbe*] ... herzustellen und/oder zu vertreiben.
[*bei der Werbung und/oder beim Vertrieb der Ware ... die Bezeichnung ... /... zu verwenden.*]
2. Es wird festgestellt, daß der Beklagte verpflichtet ist, dem Kläger allen Schaden zu ersetzen, der daraus entstanden ist oder noch entsteht, daß der Beklagte ... (Fassung entsprechend den Anträgen zu Nr 1).
3. Der Beklagte wird verurteilt, dem Kläger darüber Auskunft zu erteilen [*Rechnung zu legen*]. ...
4. Der Kläger ist befugt, innerhalb einer vom Gericht zu bestimmenden Frist den entscheidenden Teil des Urteils zu Nr 1 auf Kosten des Beklagten in der Zeitung ... in ... einmal zu veröffentlichen.

Der Kläger stellt in seinem Betrieb ... her und vertreibt diese Ware im Bundesgebiet.
Der Beklagte vertreibt ... Beide stehen seit langer Zeit im Wettbewerb.
Der Beklagte hat in einem an ... gerichteten Schreiben vom ... [*in Rundschreiben und Anzeigen*] für ihre Ware mit folgenden Angaben geworben: ...
Beweis: Anl Schreiben/Rundschreiben/Anzeige
Diese Angaben sind irreführend. Sie sind geeignet, bei einem nicht unerheblichen Teil der umworbenen Verkehrskreise irrige Vorstellungen über das Angebot insbesondere über ... hervorzurufen ...
Der Beklagte ist deshalb verpflichtet, die beanstandete Werbung zu unterlassen (§§ 1, 3, 13 UWG).
Der Beklagte hat ferner die Ware ... in der Form [*Farbe*] ... hergestellt und vertrieben. Er hat damit das Erzeugnis des Klägers ..., für das sich dieser einen besonderen Rechtsschutz nicht hat erteilen lassen, in sklavischer Weise unter Umständen nachgeahmt, die das Verhalten des Beklagten als unlauter erscheinen lassen. Das folgt aus ...
Beweis: ...
Der Beklagte ist deshalb gehalten, die Herstellung und den Vertrieb zu unterlassen (§§ 1, 13 UWG).
Der Beklagte ist auch verpflichtet. Schadensersatz zu leisten. Er wußte oder mußte wissen, daß die beanstandeten Angaben irreführend sind ... Die Ware des Klägers ... hat er vorsätzlich nachgeahmt. ...
Da der Kläger seinen Schaden noch nicht beziffern kann, ist Feststellungsklage zulässig (§ 256 ZPO).
Um es dem Kläger zu ermöglichen, seinen Schaden zu berechnen, ist der Beklagte verpflichtet, Auskunft darüber zu erteilen [*Rechnung darüber zu legen*]. ...

Die Veröffentlichungsbefugnis ist dem Kläger gemäß § 23 Abs 2 UWG zuzusprechen. Das angerufene Gericht ist gemäß §§ 24 Abs 2 UWG, 32 ZPO zuständig, da die wettbewerbswidrige Handlung in seinem Bezirk stattgefunden hat. Das beanstandete Rundschreiben ist auch dem ... zugegangen [*Die Anzeige ist in der Zeitung in ... erschienen / Die Ware ... ist in ... vertrieben worden*].

256 Unterhaltsklage des ehelichen Kindes

ZPO §§ 621–621f
GVG § 23b

Ich werde beantragen,
den Beklagten zu verurteilen, an den Kläger zu Händen seiner Mutter, Frau ..., ...(Straße), ... (Ort), ab 1. 12. 19... eine monatliche Unterhaltsrente von ... DM, jeweils fällig am 5. eines Monats zuzüglich 4% Zinsen[72] ab Rechtshängigkeit aus den bei Klagezustellung rückständigen Teilbeträgen, den folgenden ab Fälligkeit zu zahlen.

Der Kläger ist das eheliche Kind des Beklagten, dessen Ehe mit der Mutter des Klägers durch Urteil des ...gerichts in ... von ... rechtskräftig geschieden worden ist. Durch Beschluß des ...gerichts in ... von ... (AZ ...) ist der Mutter die elterliche Sorge übertragen. Der Kläger hat weder ein Einkommen noch Vermögen. Der Beklagte ist als ... bei der ... beschäftigt und verdient monatlich DM ... netto.
Beweis: Zeugnis des Arbeitgebers des Beklagten ...

Der Unterhaltsbedarf des Kindes beträgt monatlich DM ... Zur Zahlung dieses Betrages ist der Beklagte auch in der Lage. Obwohl er durch Schreiben vom ... zur Zahlung aufgefordert worden ist, hat er bisher nichts bezahlt.

Die Mutter des Klägers, die keine Ansprüche auf Unterhalt gegen den Beklagten hat, geht einer Halbtagsbeschäftigung bei ... nach, durch die sie DM ... monatlich netto verdient.
Beweis: Vorlage der Verdienstbescheinigung

Über die Haushaltsführung und die Versorgung des Klägers hinaus ist sie daher zu einem Unterhaltsbeitrag weder verpflichtet noch in der Lage.

Unterhaltsklage des nichtehelichen Kindes s RdNr 247–251

258 Urkundenprozeß[73]

ZPO §§ 592–600

Ich erhebe Klage im Urkundenprozeß und beantrage:
Der Beklagte wird verurteilt, an den Kläger ... DM nebst ...% Zinsen seit ... zu zahlen.

Ich habe dem Beklagten am ... ein Darlehen von ... DM gewährt. Das Darlehen sollte ab ... mit ...% jährlich verzinst werden. Die Rückzahlung sollte vereinbarungsgemäß am ... erfolgen. Der Beklagte hat mir über diese Verpflichtung den anliegenden Schuldschein ausgestellt [... *den in Fotokopie beigefügten Schuldschein ausgestellt; das Original werde ich in der mündlichen Verhandlung vorlegen*]. Er hat am Fälligkeitstag nicht gezahlt. Die Zinsen sind seit ... rückständig.

Vollstreckbarkeit ausländischer Titel – Klage auf Erklärung vgl RdNr 218, 698 und Bd 1b RdNr 200ff.

---

[72] BGH NJW-RR 87, 306.
[73] Im arbeitsgerichtlichen Verfahren gelten die Vorschriften des Fünften Buchs der ZPO nicht, § 46 Abs 2 S 2 ArbGG.

Vollstreckungsgegenklage[74] (Vollstreckungsabwehrklage) 259

ZPO §§ 767, 769, 770

Ich beantrage,
die Zwangsvollstreckung aus dem am ... verkündeten Urteil des Amtsgerichts ... [*in Höhe von ... DM*] *für unzulässig zu erklären.*
Das angerufene Gericht hat mich am ... verurteilt, an den Beklagten ... DM zu zahlen.
Beweis: Anliegendes Urteil vom ...
Nach Erlaß des Urteils habe ich den Urteilsbetrag [*den Betrag von ... DM*] an den Beklagten gezahlt.
Beweis: Anliegende 5 Quittungen.
Trotzdem betreibt der Beklagte gegen mich die Zwangsvollstreckung wegen eines Betrages von ... DM nebst Zinsen und Vollstreckungskosten. Der Gerichtsvollzieher hat bei mir am ... bewegliche Habe verpfändet. Versteigerungstermin steht am ... an.
Beweis: Anliegende Benachrichtigung des Gerichtsvollziehers.
Ich beantrage,
die Zwangsvollstreckung bis zum Erlaß des Urteils in diesem Rechtsstreit einstweilen ohne Sicherheitsleistung einzustellen.
Durch die Zwangsvollstreckung würde mir ein nicht zu ersetzender Nachteil entstehen. Der Beklagte ist nämlich mittellos und würde mir die zu viel gezahlten Beträge nicht erstatten können. Das mache ich glaubhaft durch ...

Vollstreckungsklausel – Klage auf Erteilung nach § 731 ZPO vgl Bd 1b RdNr 70ff.

Vorzugsweise Befriedigung[75] 260

BGB § 559
ZPO §§ 805, 769, 770

Ich beantrage:
Der Beklagte wird verurteilt, daß der Erlös aus den von dem Gerichtsvollzieher ... am ... bei ... gepfändeten Gegenständen bis zum Betrag von ... DM [*in Höhe der Forderung des Klägers von ... DM zuzüglich ...% Zinsen von ... bis zum Tag der Auszahlung*] an den Kläger ausgezahlt wird.
Der Gerichtsvollzieher ... hat am ... im Auftrag des Beklagten bei ... folgende Gegenstände gepfändet: ... Versteigerungstermin hat er auf den ... bestimmt.
Beweis: Anliegende Benachrichtigung.
Mir steht als Vermieter des Schuldners an den vom Schuldner in die Mieträume eingebrachten Sachen ein Pfandrecht zu (§ 559 BGB). Der Schuldner hat an mich für die Zeit vom ... bis ... noch ... DM Miete zu zahlen.
Beweis: Anliegender Mietvertrag und Mietabrechnung.
Die in der Wohnung des Schuldners verbliebenen Sachen sind unpfändbar und unterliegen deshalb nicht meinem Pfandrecht.
Beweis: Auskunft des Gerichtsvollziehers.
Ich habe den Beklagten vergeblich aufgefordert, mein Vorrecht anzuerkennen und in die Auszahlung des Erlöses in Höhe meiner Mietforderung an mich einzuwilligen.
Ich beantrage,
die Hinterlegung des Versteigerungserlöses bis zur Höhe meiner Forderung einstweilen bis zur Entscheidung in diesem Rechtsstreit anzuordnen.
Die Höhe des Mietrückstandes mache ich durch anliegende eidesstattliche Versicherung meines Steuerberaters glaubhaft.[75]

---

[74] Entscheidungen s Schrader-Steinert, HRP 1b RdNr 431ff.
[75] Entscheidung s Schrader-Steinert, HRP 1b RdNr 490ff; zur Beweislast s BGH NJW 86, 2426.

261 Warenzeichen – Zeichenrechtliche Löschungsklage

WZG §§ 11, 31–33
GVG §§ 95 Abs 1 Nr 4c; 96
Landesrechtliche Zuständigkeitsregelungen in Warenzeichenstreitsachen:[76]
BaWü VO v 17. 2. 61 (GBl 40)
Bayern § 23 VO v 2. 2. 88 (GVBl 88, 6, 31, 97)
Hessen VO v 22. 12. 77 (GVBl 78, 69)
RhlPf § 8 VO v 21. 11. 85 (GVBl 85, 267), letzte Änderung v 5. 7. 88 (GVBl 88, 152)

Ich beantrage namens des Klägers:

Der Beklagte wird verurteilt, in die Löschung des unter seinem Namen als Inhaber in der Zeichenrolle des Bundespatentamts unter Nr ... eingetragenen Warenzeichens einzuwilligen.[77]

Für den Kläger ist aufgrund seiner Anmeldung vom ... in der Zeichenrolle des Bundespatentamts unter Nr ... ein Warenzeichen für die vom Kläger hergestellten Waren, nämlich ... eingetragen. Das Zeichen ist ein Wort- und Bildzeichen, bestehend aus ...
Beweis: Anliegende Urkunde über die Eintragung
Für den Beklagten ist seit dem ... aufgrund seiner Anmeldung vom ... für die gleiche oder gleichartige Waren, nämlich ... das gleiche [*verwechslungsfähige*] Warenzeichen eingetragen.
Beweis: Anliegende Auskunft des Patentamts.
Das angegriffene Zeichen ist mit dem Klagezeichen identisch [*begründet in der eingetragenen Form die Verwechslungsgefahr. Das ergibt sich aus ...*] Der Kläger kann aufgrund der früheren Anmeldung gemäß § 11 Abs 1 Nr 1 WZG Einwilligung in die Löschung des Warenzeichens des Beklagten in der Zeichenrolle verlangen.

262 Warenzeichen – Verletzungsklage

WZG §§ 9, 16, 24, 25, 29–33
GVG §§ 95 Abs 1 Nr 4c; 96
ZPO § 32
Landesrechtliche Zuständigkeit vgl RdNr 261

Ich beantrage namens des Klägers:

1. Der Beklagte wird unter Androhung vom Gericht festzusetzenden Ordnungsgelds oder -haft verurteilt, es zu unterlassen, die Waren ... unter der Bezeichnung ... [*unter Verwendung eines Bildzeichens, das ... darstellt*] zu vertreiben, und diese Bezeichnungen [*dieses Bildzeichen*] auf Ankündigungen, Preislisten, Briefen, Rechnungen oder ähnlichem Schriftwerk anzubringen oder in Anzeigen zu verwenden.
2. Der Beklagte wird verurteilt, die unter Nr 1 angegebene Kennzeichnung auf den in seinem Besitz befindlichen Verpackungen, Ankündigungen, Preislisten, Briefen, Rechnungen und ähnlichen Schriftwerken unkenntlich zu machen [*die ... zu vernichten*].
3. Es wird festgestellt, daß der Beklagte verpflichtet ist, dem Kläger allen Schaden zu ersetzen, der daraus entstanden ist oder noch entsteht, daß der Beklagte die von ihm vertriebene Ware ... unter der Bezeichnung ... [*unter Verwendung des Bildzeichens ...*] vertrieben hat.
4. Der Beklagte wird verurteilt, dem Kläger darüber Auskunft zu erteilen [*Rechnung zu legen*], wieviel Ware ... und zu welchem Preis er unter der beanstandeten Bezeichnung [*unter Verwendung des Bildzeichens ...*] seit dem ... vertrieben hat.

---

[76] Baumbach-Hefermehl WZG § 32 RdNr 5, Steinkamp S 349.
[77] In den Fällen des § 11 Abs 2 Nr 2 und 4 WZG kann der Antrag auf Löschung auch zunächst beim Patentamt angebracht werden (§ 11 Abs 4 WZG).

Für den Kläger ist aufgrund der Anmeldung vom ... in der Zeichenrolle des Bundespatentamts unter Nr... ein Warenzeichen für die vom Kläger hergestellten Waren, nämlich ... eingetragen. Das Zeichen ist ein Wort- [*Bild*-] Zeichen, bestehend aus ...
Beweis: Anliegende Urkunde über die Eintragung
Der Beklagte vertreibt seit ... die Ware ..., die nicht von dem Kläger stammt, unter Verwendung folgenden Zeichens: ... Er hat Verpackungen, Ankündigungen, Preislisten und Rechnungen mit demselben Zeichen versehen.
Beweis: Anliegende Nachweise
Das von dem Beklagten verwendete Zeichen ist mit dem Klagezeichen identisch [*verwechslungsfähig*]. Das ergibt sich daraus ... Der Beklagte ist deshalb zur Unterlassung verpflichtet (§§ 24, 25, 31 WZG). Er muß die beanstandete Kennzeichnung auf Verpackungen ... unkenntlich machen [*die ... vernichten*].
Er ist ferner zum Schadensersatz verpflichtet. Da der Kläger seinen Schaden noch nicht berechnen kann, ist Feststellungsklage zulässig (§ 256 ZPO). Um dem Kläger zu ermöglichen, seinen Schaden zu berechnen, ist der Beklagte verpflichtet, Auskunft darüber zu erteilen [*Rechnung darüber zu legen*], wie in dem Klageantrag Nr 4 angegeben.
Das angerufene Gericht ist zuständig, weil die Verletzung des Warenzeichens auch im Bezirk des angerufenen Gerichts [*des Landgerichts in ...*] stattgefunden hat.

Wechsel – Klage des Ausstellers gegen Annehmer 263

WG Art 28, 47, 48
ZPO §§ 602–605, 708 Nr 4

Ich erhebe Klage im Wechselprozeß und beantrage:

Der Beklagte wird verurteilt, an den Kläger ... DM nebst Zinsen in Höhe von 2% über dem Diskontsatz der Deutschen Bundesbank, mindestens 6% jährlich[78] seit ... und ... DM Wechselunkosten zu zahlen.

Der Kläger ist Aussteller und Inhaber des vom Beklagten angenommenen, am ... fällig gewesenen Wechsels über ... DM.
Beweis: Anliegende Wechselabschrift, Parteivernehmung des Beklagten.
Der Wechsel wurde dem Beklagten am Verfalltag zur Zahlung vorgelegt, aber nicht bezahlt. [*Mangels Zahlung wurde Protest erhoben. Die Unkosten betragen ... DM*].[79]

Wechsel – Klage des Inhabers gegen Aussteller, Annehmer und Indossanten 264

WG Art 28, 47–49
ZPO §§ 602–605, 708 Nr 4

Ich erhebe Klage im Wechselprozeß und beantrage:

Die Beklagten werden als Gesamtschuldner verurteilt, an den Kläger ... DM nebst Zinsen in Höhe von 2% über dem Diskontsatz der Deutschen Bundesbank, mindestens 6% jährlich[78] seit ... sowie ... DM Wechselunkosten, ... DM Auslagen und ... DM Provision zu zahlen.

Der Kläger ist legitimierter Inhaber eines am ... von dem Beklagten zu 1 ausgestellten und von dem Beklagten zu 2 angenommenen Wechsels über ... DM, der am ... fällig war. Der Beklagte zu 3 ist Girant (Indossant) des Wechsels.
Beweis: Anliegende Wechselabschrift.
Für die Echtheit der Unterschriften: Parteivernehmung.
Der Bezogene hat am Fälligkeitstag nicht gezahlt. Der Wechsel wurde deshalb ordnungsgemäß mangels Zahlung protestiert.

---

[78] Vgl § 1 des Gesetzes über die Wechsel- und Scheckzinsen v 3. 7. 1925 (RGBl 93).
[79] Bei der Klage gegen den Annehmer ist der Protest nicht erforderlich.

Daraus sind die aus der Protesturkunde ersichtlichen Unkosten entstanden.
Beweis: Die Protesturkunde.
Der Kläger hat den Wechsel eingelöst und dabei ... DM Unkosten bezahlt.
Beweis: Anliegende Rückrechnung.
Dem Kläger selbst stehen ⅓% Provision zu (Art 48 Abs 1 Nr 4 WG). Portoauslagen in Höhe von ... DM sind ebenfalls von den Beklagten zu erstatten. Die Zuständigkeit des angerufenen Gerichts ergibt sich aus § 603 ZPO.

265 **Widerspruchsklage** (Interventionsklage)[80]

ZPO §§ 771, 769

Ich beantrage:

Die im Auftrag des Beklagten durch den Gerichtsvollzieher ... am ... bei dem Schuldner ... vorgenommene Zwangsvollstreckung in folgende Gegenstände ... wird für unzulässig erklärt.

Der Gerichtsvollzieher ... hat bei dem ... im Auftrag des Beklagten am ... folgende Gegenstände gepfändet: ...
Beweis: Anliegende Abschrift des Pfändungsprotokolls.
An diesen Gegenständen steht mir ein die Veräußerung hinderndes Recht zu. Ich bin nämlich Eigentümer der Pfandstücke, weil ich sie dem Schuldner durch Vertrag vom ... unter Eigentumsvorbehalt zu einem Preis von ... DM verkauft habe.
Beweis: Anliegende Abschrift des Vertrags.
Auf den Kaufpreis hat der Schuldner lediglich ... DM gezahlt, so daß noch ... DM geschuldet werden. Der Schuldner ist deshalb noch nicht Eigentümer der Sache geworden.
Beweis: Anliegende Kontokarte, Zeugnis meines Buchhalters ...
Ich habe den Beklagten am ... unter Glaubhaftmachung meines Eigentums aufgefordert, die Pfandstücke freizugeben. Er hat innerhalb der ihm gesetzten angemessenen Frist von 14 Tagen nicht geantwortet. Klage ist deshalb geboten.
Ich beantrage,

die Zwangsvollstreckung ohne Sicherheitsleistung einstweilen bis zum Erlaß des Urteils einzustellen.

Versteigerungstermin steht schon am ... an. Zur Glaubhaftmachung meines Eigentums überreiche ich anliegende eidesstattliche Versicherung meines Buchhalters.

Wiederaufnahmeverfahren s Nichtigkeitsklage RdNr 252, Restitutionsklage RdNr 253

266 **Zugewinn – Klage auf vorzeitigen Ausgleich**

BGB §§ 1385–1389
ZPO §§ 253, 254, 621 Abs 1 Nr 8, 621 b
GVG § 23 b

Ich werde beantragen:

1. Der Beklagte hat den Zugewinn, den die Eheleute bis zur Zeit der Erhebung der Klage erzielt haben, vorzeitig auszugleichen.
2. Der Beklagte hat über den Bestand seines Endvermögens im Zeitpunkt der Erhebung dieser Klage[81] Auskunft zu erteilen.
3. Der Beklagte wird verurteilt, an die Klägerin den Geldbetrag zu zahlen, der sich nach Ausgleich des Zugewinns als Guthaben für sie ergibt.

---

[80] Entscheidungen s Schrader-Steinert, HRP 1 b RdNr 477 ff.
[81] Für die Berechnung des Zugewinns ist der Zeitpunkt der Klageerhebung maßgebend (§§ 1387 BGB, 253 ZPO).

Die Parteien haben am ... in ... unter Heiratsregister Nr... die Ehe geschlossen. Sie leben im gesetzlichen Güterstand der Zugewinngemeinschaft.
Die Eheleute leben seit ... mehr als drei Jahren getrennt.
Beweis: Vernehmung des Beklagten
Die Klägerin kann deshalb gemäß § 1385 BGB vorzeitigen Ausgleich des Zugewinns verlangen.
Nach Rechtskraft des Urteils auf vorzeitigen Ausgleich kann die Klägerin von dem Beklagten Auskunft über den Bestand seines Endvermögens und Zahlung des Betrages verlangen, der sich aus dem Ausgleich des Zugewinns als Guthaben für sie ergibt (§§ 1379, 1378 Abs 3 BGB, 254 ZPO).[82] Über das Anfangsvermögen der Parteien macht die Klägerin folgende Angaben. ...

III. Wahl der Verfahrensart

ZPO §§ 216, 271–277, 296, 358a
GKG §§ 11, 65, KV Nr 1010

1. Allgemeines

Nach Eingang der Klage wird die Sache in das **Zivilprozeßregister** sowie in das **Namensregister** eingetragen. Die Klage erhält beim Amtsgericht das Aktenzeichen C, in Familiensachen F, beim Landgericht das Aktenzeichen O. Außerdem ist die Zählkarte gemäß der Anordnung über die Zählkartenerhebung vom 1. 1. 82[83] auszufüllen. 280
Ist die Prozeßgebühr der Gerichtskosten nicht bezahlt, so wird die Sache dem Kostenbeamten zur Einforderung der Gebühr vorgelegt (§ 65 Abs 1 GKG). Wird die Gebühr trotz Anforderung nicht bezahlt, wird die Sache nach Ablauf von 6 Monaten weggelegt.

Nach der Zahlung der Gebühr wird die Sache beim Amtsgericht dem Richter, beim Landgericht dem Vorsitzenden zur Bestimmung der Verfahrensart[84] vorgelegt, also noch vor der Zustellung der Klage (vgl § 274 ZPO). 281

Leidet die Klageschrift an formellen Mängeln, die alsbald behoben werden können (zB fehlende Unterschrift, fehlende oder falsche Parteibezeichnung, fehlender Antrag uä), wirkt der Richter auf Behebung der Mängel hin. Er kann die Klage dann auch urschriftlich an den Kläger zur Berichtigung oder Ergänzung zurücksenden. Die urschriftliche Rücksendung muß aber unterbleiben, wenn ersichtlich mit der Klage eine Frist gewahrt oder die Verjährung unterbrochen werden soll. Die Berichtigung oder Ergänzung erfolgt dann und kann immer durch besonderen Schriftsatz erfolgen, der zuzustellen ist. Unverbessert gebliebene Mängel des Inhalts der Klageschrift oder Fehlen der Unterschrift führen zur Abweisung der Klage als unzulässig (sog Prozeßabweisung), wenn es sich um notwendige Erfordernisse handelt (§ 253 Abs 2 ZPO).[85] 282

---

[82] Mit der Klage auf vorzeitigen Ausgleich des Zugewinns kann die Klage auf Auskunftserteilung und Zahlung verbunden werden (Stufenklage), OLG Celle FamRZ 83, 171, Staudinger RdNr 18 zu § 1385 BGB; Erman § 1385 BGB RdNr 4.
[83] Abgedruckt bei Piller-Hermann 1a.
[84] § 272 ZPO; im Arbeitsgerichtsverfahren gibt es die Wahlmöglichkeit nicht, § 46 Abs 2 ArbGG.
[85] Näheres vgl Rosenberg-Schwab § 98 III, Stein Jonas § 253 RdNr 171 ff, Baumbach-Lauterbach § 253 ZPO Anm 2D, Thomas-Putzo § 253 Anm 4.

283 Weist die Klageschrift keine formellen Mängel (mehr) auf, prüft der Richter unverzüglich (vgl §§ 216 Abs 2, 271 Abs 1 ZPO), ob er einen **frühen ersten Termin** zur mündlichen Verhandlung (§ 275 ZPO) bestimmen oder ein **schriftliches Vorverfahren**[86] (§ 276 ZPO) veranlassen will, damit der Rechtsstreit in einem umfassend vorbereiteten Termin zur mündlichen Verhandlung (Haupttermin) erledigt werden kann (§ 272 ZPO). Die Auswahl der Verfahrensart hängt davon ab, welcher Weg im konkreten Fall besser geeignet ist, den entscheidungserheblichen Streitstoff zu sammeln. Die Anberaumung eines frühen ersten Termins ist angezeigt, wenn es sich um eine einfach gelagerte Sache handelt, die keiner großen schriftlichen Vorbereitung bedarf, oder wenn zu erwarten steht, daß die Sache nicht streitig verhandelt oder vergleichsweise erledigt werden wird. Auch in tatsächlich oder rechtlich komplizierteren Rechtsstreitigkeiten kann ein früher erster Termin geeignet sein, den Streitstoff zu ordnen; in der Regel wird es allerdings zweckmäßig sein, in derartigen Sachen den Verhandlungstermin schriftlich vorzubereiten. Bei der Entscheidung ist auch von Bedeutung, ob die Parteien gewandt genug sind, den Streitstoff schriftlich vorzutragen. Die Entscheidung des Richters ist unanfechtbar.[87] An die einmal getroffene Wahl ist das Gericht gebunden.[88] Stellt sich im Vorverfahren heraus, daß die Sache einfach gelagert ist, braucht der Richter jedoch keine Frist zur Replik zu setzen, sondern beraumt den Haupttermin an; ergibt sich aus der Klageerwiderung, daß die Sache rechtlich oder tatsächlich kompliziert ist, muß er den frühen ersten Termin verlegen oder diesen zur Erörterung des weiteren Vorgehens nutzen.[89]

284 Beim Landgericht hat der Vorsitzende, falls die Kammer mehr als zwei Beisitzer hat, die nach dem Mitwirkungsplan (§ 21g Abs 2, 3 GVG) berufenen Richter zu vermerken und den Berichterstatter zu bestimmen, soweit sich beides nicht aus dem Plan von selbst ergibt.

2. Früher erster Termin

285 Entscheidet sich der Richter für einen frühen ersten Termin, bestimmt er Tag und Stunde der mündlichen Verhandlung. Sie soll so früh wie möglich stattfinden (§ 274 Abs 2 ZPO). Dabei ist zu berücksichtigen, daß zwischen der **Terminierung** und dem Verhandlungstag die Klageschrift mit der Ladung den Parteien noch zuzustellen ist und die Einlassungsfrist von mindestens zwei Wochen (in Meß- und Marktsachen mindestens vierundzwanzig Stunden, § 274 Abs 3 ZPO, in Arbeitsgerichtsverfahren eine Woche, § 47 ArbGG) gewahrt sein muß; ist die Zustellung im Ausland vorzunehmen, hat der Vorsitzende die Einlassungsfrist zu bestimmen (§ 274 Abs 3 S 3 ZPO). Der Termin muß dann so weit hinausgerückt werden, daß bis dahin die Zustellung mit Sicherheit bewirkt und die Einlassungsfrist seit Zustellung abgelaufen ist. Bei Räumungsklagen wegen Mietrückstandes ist zu beachten, daß im Termin die Monatsfrist des § 554 Abs 2 Nr 2 BGB verstrichen ist. Termine sollen in umsichtig berechneten Zeitabständen angesetzt werden, damit unnötiges Warten der Parteien und Zeugen vermieden wird und zur mündlichen Erörterung genügend

---

[86] In Ehe- und Kindschaftssachen finden die §§ 275 Abs 1 S 1, Abs 3, 4, 276 keine Anwendung, §§ 611, 640 ZPO.
[87] OLG Frankfurt, MDR 83, 411.
[88] Bischoff NJW 77, 1897, Thomas-Putzo § 272 Anm 2, aA Hartmann NJW 78, 1457, Baumbach-Lauterbach § 272 Anm 3.
[89] Bischoff NJW 77, 1897.

Zeit bleibt. Zu dem Termin sind beide Parteien zu laden (§ 274 ZPO; Ausnahmen: §§ 218, 497 Abs 2 ZPO), nach Bestellung eines Prozeßbevollmächtigten an diesen (§ 176 ZPO); die Ladungsfrist richtet sich nach § 217 ZPO.

Zur Vorbereitung des frühen ersten Termins kann der Vorsitzende oder ein von ihm 286
bestimmtes Mitglied des Gerichts dem Beklagten eine **Frist** zur schriftlichen **Klageerwiderung** setzen (§ 275 Abs 1 S 1 ZPO). Sie beträgt mindestens zwei Wochen (§ 277 Abs 3 ZPO); über die Folgen einer Fristversäumung (vgl § 296 Abs 1 ZPO) ist der Beklagte zu belehren (§ 277 Abs 2 ZPO). Unterbleibt die Bestimmung einer Frist, ist der Beklagte aufzufordern, etwaige Verteidigungsmittel unverzüglich schriftlich mitzuteilen (§ 275 Abs 1 S 2 ZPO).

Nach Eingang der Klageerwiderung kann gemäß § 275 Abs 4 ZPO das Gericht – also im Gegensatz zu Abs 1 nicht der Vorsitzende oder der Berichterstatter allein – dem Kläger eine **Frist** zur Stellungnahme auf die Klageerwiderung (**Replik**) setzen.[89a]

Im Anwaltsprozeß ist der Beklagte außerdem aufzufordern, einen bei dem Pro- 287
zeßgericht zugelassenen Rechtsanwalt zu bestellen, wenn er eine Verteidigung gegen die Klage beabsichtigt (§ 271 Abs 2 ZPO) und binnen einer von dem Vorsitzenden zu bestimmenden Frist von mindestens zwei Wochen nach Zustellung sich durch den zu bestellenden Rechtsanwalt dazu zu äußern, ob einer Übertragung der Sache auf den Einzelrichter Gründe entgegenstehen (§ 271 Abs 3 ZPO).

Ist der Rechtsstreit beim Amtsgericht anhängig, ist der Beklagte gemäß § 499 ZPO über die Folgen eines schriftlichen Anerkenntnisses (Anerkenntnisurteil im schriftlichen Verfahren, § 307 Abs 2 ZPO) zu belehren.

Gemäß § 273 ZPO ist das Gericht immer verpflichtet, **vorbereitende Maßnahmen** 288
rechtzeitig zu veranlassen und in jeder Lage des Verfahrens darauf hinzuwirken, daß sich die Parteien rechtzeitig und vollständig erklären. Deshalb ist schon bei der Terminierung zu prüfen, was zur Förderung des Rechtsstreits noch geschehen kann. Vorbereitende Maßnahmen trifft beim Kollegialgericht der Vorsitzende oder ein von ihm bestimmtes Mitglied, in der Regel der Berichterstatter. Ob es allerdings zweckmäßig ist, daß sich der Vorsitzende auf ein mehr oder minder schematisches Terminieren beschränkt und dem Berichterstatter die Entscheidung über prozeßleitende Verfügungen überläßt, erscheint fraglich; jedenfalls in umfangreicheren oder schwierigeren Rechtsstreitigkeiten ist ein Zusammenwirken beider angebracht.

Als vorbereitende Maßnahmen kommen folgende **Anordnungen** in Betracht (§ 273 289
Abs 2 ZPO):

1. Auflage an die Parteien, ihr **Vorbringen zu ergänzen** oder zu erläutern, insbesondere sich innerhalb einer Frist über bestimmte Punkte zu erklären (Nr 1),
2. Auflage an die Parteien, **Urkunden,** zB Schriftwechsel, Pläne, Zeichnungen, Lichtbilder, oder andere **Gegenstände,** zB Muster, **vorzulegen** (Nr 1),
3. Einholung **amtlicher Auskünfte** oder Anforderung von Urkunden bei Behörden oder Trägern eines öffentlichen Amtes (Nr 2), zB Ermittlungs- oder Strafakten, Akten der Baubehörde oder vorangegangener Verfahren,
4. Anordnung des **persönlichen Erscheinens** der Parteien (Nr 3),
5. **Ladung von Zeugen,** die von einer Partei bereits benannt sind, zur mündlichen Verhandlung (Nr 4), sofern der Beklagte dem Klageanspruch bereits widersprochen hat (§ 273 Abs 3 ZPO), zB in der Begründung eines Einspruchs gegen einen Vollstreckungsbescheid oder im weiteren Verlauf des Verfahrens bis zum Ter-

---

89a OLG Frankfurt, 17. ZS, NJW-RR 86, 1445, MDR 79, 764, Baumbach-Lauterbach § 275 ZPO Anm 4, aA OLG Frankfurt, 9. ZS, MDR 90, 60 mwNachw.

min, und Anforderung eines entsprechenden Auslagenvorschusses (§ 273 Abs 3 S 2 ZPO),

6. **Ladung von Sachverständigen** zur mündlichen Verhandlung (Nr 4), auch wenn sich die Partei hierauf nicht berufen hat (§ 144 Abs 1 ZPO), sofern der Beklagte dem Klageanspruch bereits widersprochen hat (§ 273 Abs 3 ZPO, s dazu oben 5) und Anforderung eines entsprechenden Auslagenvorschusses.[90]

Die getroffenen Anordnungen sind den Parteien mitzuteilen.

290 Im Lauf des Verfahrens wird die Notwendigkeit solcher Anordnungen ständig geprüft werden müssen. Je sorgfältiger der Verhandlungstermin vorbereitet wird, desto seltener sind Vertagungen erforderlich, die zur Überlastung der Sitzungen und damit zur Verkümmerung des rechtlichen Gehörs führen können.

291 Weitergehende Maßnahmen bedürfen eines besonderen **Beweisbeschlusses,** den das Gericht (bei Kollegialgerichten also nicht der Vorsitzende oder das von ihm bestimmte Mitglied allein) schon **vor der mündlichen Verhandlung** erlassen kann (§ 358a S 1 ZPO). Der Erlaß eines Beweisbeschlusses setzt voraus, daß die Behauptung beweisbedürftig ist, insbesondere der Gegner sie bereits bestritten hat. Aufgrund eines solchen Beweisbeschlusses können vor der mündlichen Verhandlung folgende Maßnahmen durchgeführt werden (§ 358a S 2 ZPO):

1. **Beweisaufnahme** vor dem **beauftragten** oder **ersuchten Richter** (Nr 1) in den gesetzlich vorgesehenen Fällen nach §§ 355 Abs 1 S 2 iVm 372 Abs 2, 375, 402, 434, 451 ZPO,
2. Einholung **amtlicher Auskünfte** (Nr 2),
3. Einholung **schriftlicher Auskünfte von Zeugen** nach § 377 Abs 3, 4 ZPO (Nr 3), zB Verdienstbescheinigungen, ärztlicher Atteste,
4. **Begutachtung** durch einen Sachverständigen (Nr 4),
5. Einnahme eines **Augenscheins** (Nr 5).

292 Die **Verfügung des Richters** lautet etwa wie folgt:

Vfg

1. Termin zur mündlichen Verhandlung [*und Beweisaufnahme*] wird bestimmt auf ... (Wochentag), den ... 19... (Datum), ... Uhr [*pünktlich*], Saal ...
2. Das persönliche Erscheinen des Klägers [*Beklagten*] [*Geschäftsführers de. ...*] wird angeordnet.
3. Dem Kläger wird aufgegeben, bis zum ... [*binnen ... Wochen seit Zustellung*]
a) darzulegen, ...
b) folgende Urkunden vorzulegen: ...
c) ...
4. Dem Beklagten wird aufgegeben, bis zum ... [*binnen ... Wochen seit Zustellung*]
a) sich zu der Übertragung des Rechtsstreits auf den Einzelrichter zu äußern,
b) schriftlich auf die Klage zu erwidern,
c) darzulegen, ...
d) folgende Urkunden vorzulegen; ...
e) ...
5. Zu dem Termin sollen
als Zeugen a) ... (Anschrift wie Bl ... dA),
b) ... (Anschrift wie Bl ... dA),
als Sachverständige c) ... (Anschrift wie Bl ... dA)
geladen werden,
sofern der Kläger einen Auslagenvorschuß in Höhe von DM ... für a) und DM ... für

[90] Außer im Fall des § 144 Abs 1 ZPO.

c), der Beklagte für b) DM ... bis zum ... einzahlen oder Gebührenverzichtserklärungen vorlegen.

6. Es soll eine Auskunft zu der Frage, ...,
bei ... eingeholt werden.

7. ... (weitere Auflagen oder Hinweise)
[(bei Räumungsklagen wegen Zahlungsverzugs):
Der Beklagte wird weiter darauf hingewiesen, daß er nach § 554 Abs 2 Nr 2 BGB auch eine berechtigte fristlose Kündigung wegen Zahlungsverzugs dadurch abwenden kann, daß er den Mietrückstand bis zum Ablauf eines Monats nach Zustellung der Klage zahlt oder eine öffentliche Stelle sich zur Zahlung verpflichtet, sofern er von dieser Möglichkeit nicht schon in den letzten zwei Jahren Gebrauch gemacht hat; es wird daher geraten, sich mit der zuständigen Stelle (Sozialamt, ...) in Verbindung zu setzen]

8. Nachricht von Nr 1–7 an
a) Kläger zu ZU [*Klägervertreter mit ZU-EB*] mit Belehrung über die Folgen der Versäumung der Frist zur Ergänzung des Vorbringens,
b) Beklagten mit ZU [*Beklagtenvertreter mit ZU-EB*] und Abschrift der Klageschrift (Bl ... dA) und Belehrung über [*Anwaltszwang,*] die Folgen der Versäumung der Frist zur Klageerwiderung und eines schriftlichen Anerkenntnisses.

..., den ...
Landgericht, ... Zivilkammer
Der Vorsitzende
[*Amtsgericht, Abt* ...]

In **Arbeitssachen** findet zunächst eine Verhandlung vor dem Vorsitzenden statt, der auf eine gütliche Beilegung des Streits hinwirken soll (§ 54 ArbGG). Erledigt sich der Rechtsstreit nicht, so bestimmt der Vorsitzende Termin zur Verhandlung vor der Kammer des Arbeitsgerichts. Dabei hat er alle Maßnahmen zu treffen, damit der Rechtsstreit in einem Termin beendet werden kann (§ 56 ArbGG). 293

3. Schriftliches Vorverfahren

Entscheidet sich der Richter für das schriftliche Vorverfahren,[91] macht also keinen Gebrauch von der Möglichkeit eines früheren ersten Termins, fordert er den Beklagten auf, dem Gericht binnen einer Notfrist von zwei Wochen (im Fall der Zustellung der Klage im Ausland setzt der Richter die Dauer der Frist nach seinem Ermessen fest) nach Zustellung der Klageschrift schriftlich anzuzeigen, wenn er sich gegen die Klage **verteidigen** will, und setzt ihm eine Frist von mindestens zwei weiteren Wochen zur schriftlichen **Klageerwiderung** (276 Abs 1 ZPO). Die Fristsetzung muß im Hinblick auf den Erlaß eines Versäumnisurteils im schriftlichen Vorverfahren klar gesetzt[92], von dem zuständigen Richter unterschrieben (Paraphe genügt nicht)[93] und förmlich zugestellt werden (§ 329 Abs 2 S 2 ZPO). Beim Landgericht fordert er den Beklagten außerdem auf, binnen einer Frist von mindestens zwei Wochen sich zu der Übertragung des Rechtsstreits auf den Einzelrichter zu äußern (§ 271 Abs 3 ZPO); weiter ist der Beklagte zu belehren über den Anwaltszwang, der auch schon für die angeführte Erklärung gilt (§§ 276 Abs 2, 271 Abs 2 ZPO). 294

---

[91] Vgl Fußnote 86.
[92] BVerfG NJW 82, 1960.
[93] BGH VersR 83, 33.

Sowohl beim Land- wie beim Amtsgericht ist der Beklagte nach § 276 Abs 2 ZPO über die Folgen der Versäumung der Notfrist zur Anzeige der Verteidigungsabsicht (Versäumnisurteil im schriftlichen Verfahren gemäß § 331 Abs 3 ZPO), nach § 277 Abs 2 ZPO über die Folgen der Versäumung der Frist zur Klageerwiderung (Zurückweisung gemäß § 296 Abs 1 ZPO) sowie beim Amtsgericht nach § 499 ZPO über die Folgen eines schriftlichen Anerkenntnisses (Anerkenntnisurteil im schriftlichen Verfahren, § 307 Abs 2 ZPO) zu belehren und zwar ohne Rücksicht darauf, ob die Partei (noch) nicht anwaltlich vertreten ist;[94] dem Beklagten muß durch die Belehrung klar gemacht werden, daß er sich grundsätzlich nur innerhalb der gesetzten Frist wirksam verteidigen kann, und daß er bei ihrer Versäumung den Prozeß vollständig verlieren kann; die bloße Wiedergabe des gesetzlichen Wortlauts genügt nicht.[95] Dem Kläger wird die Bestimmung der Notfrist mitgeteilt (§ 276 Abs 1 S 1 ZPO). Ihm kann außerdem von dem Vorsitzenden eine **Frist zur Stellungnahme auf die Klageerwiderung** gesetzt werden (§ 276 Abs 3 ZPO); sie beträgt mindestens zwei Wochen (§ 277 Abs 4, 3 ZPO).

295 Auch im schriftlichen Vorverfahren hat das Gericht nach § 273 ZPO **vorbereitende Maßnahmen** rechtzeitig zu veranlassen und kann die oben angeführten Anordnungen treffen (vgl hierzu RdNr 288–291)

296 Die **Verfügung** lautet:

Vfg

1. Von der Bestimmung eines Termins wird zunächst abgesehen und schriftliches Vorverfahren angeordnet.
2. Dem Beklagten wird aufgegeben, binnen einer Notfrist von zwei Wochen nach Zustellung der Klageschrift dem Gericht schriftlich anzuzeigen, wenn er sich gegen die Klage verteidigen will.
3. In diesem Fall wird ihm weiter aufgegeben, binnen einer Frist von weiteren zwei [. . .] Wochen schriftlich auf die Klage zu erwidern
[*(nur beim Landgericht) und sich durch einen zu bestellenden Rechtsanwalt zu der Übertragung des Rechtsstreits auf den Einzelrichter zu äußern*].
4. . . . . . . (weitere Anordnungen nach § 273 ZPO und Hinweise, vgl RdNr 292)

. . .

8. Nachricht von Nr 1–7 an
   a) Kläger mit ZU [*Klägervertreter mit ZU-EB*] [*mit Belehrung über die Folgen der Versäumung der Frist zur Ergänzung des Vorbringens*]
   b) Beklagten mit ZU [*Beklagtenvertreter mit ZU-EB*] und Abschrift der Klageschrift (Bl . . . dA) und Belehrung über [*Anwaltszwang*,] die Folgen der Versäumung der Frist zur Anzeige über die Verteidigungsabsicht, der Frist zur Klageerwiderung und eines schriftlichen Anerkenntnisses.

. . ., den . . .
Landgericht, . . . Zivilkammer
Der Vorsitzende
[*Amtsgericht, Abt . . .*]

---

[94] BGHZ 86, 225; 88, 180; BGH NJW 86, 133.
[95] BGHZ 86, 218.

IV. Ladung, Belehrung, Zustellung

ZPO §§ 166–213 a, 271, 274, 276, 277, 497, 499
GKG §§ 11, 65, KV Nr 1902
ZRHO § 14
Erlaß des Bundesministers für Verteidigung über Zustellungen, Ladungen, Vorführungen und Zwangsvollstreckungen in der Bundeswehr[96] v 16. 3. 82/20. 6. 83
Wiener Übereinkommen über diplomatische Beziehungen v 18. 4. 61 (BGBl 64 II 975)
Wiener Übereinkommen über konsularische Beziehungen v 24. 4. 63 (BGBl 69 II 1585)
Zusatzabkommen zum Nato-Truppenstatut[97] v 3. 8. 59 (BGBl 61 II 1218) und Gesetz hierzu v 18. 8. 61 (BGBl 61 II 1183) Art 32, 36

1. Allgemeines

Soweit Termin bestimmt worden ist, wird die Sache von der Geschäftsstelle in den **Verhandlungskalender** eingetragen. Der Urkundsbeamte der Geschäftsstelle beglaubigt die Abschrift der Klage (§ 210 ZPO), soweit dies der einreichende Anwalt nicht schon getan hat (§§ 170 Abs 2 entspr, 208 ZPO) und veranlaßt ihre Zustellung (§ 209 ZPO) an den Beklagten mit den in der Verfügung enthaltenen Anordnungen des Richters (§§ 271 Abs 2, 274 Abs 2 ZPO). Im Verfahren vor dem Amtsgericht wird dem Kläger die Ladung formlos mitgeteilt, sofern der Richter nicht die Zustellung angeordnet hat (§ 497 Abs 1 ZPO); soweit sich Anordnungen nach § 273 ZPO usw an den Kläger richten, ist förmlich zuzustellen. Die Geschäftsstelle trägt weiter dafür Sorge, daß Parteien, Zeugen und Sachverständige – soweit dies nicht von der Einzahlung eines Vorschusses abhängig gemacht ist – geladen, Akten angefordert und Auskünfte eingeholt werden. 297

2. Belehrungen

Nunmehr sind die Parteien gemäß §§ 271, 276, 277, 499 ZPO zu belehren, was zweckmäßigerweise durch ein Formular geschieht; nicht zutreffende Absätze sind zu streichen. 298

...gericht ...
... (Geschäftsnummer)

Beachten Sie bitte in Ihrem eigenen Interesse die nachstehenden

wichtigen Hinweise

(§§ 215, 271 Abs 2 ZPO)
In dem Verfahren besteht **Anwaltszwang,** dh Sie müssen sich durch einen bei dem angeführten Gericht zugelassenen Rechtsanwalt vertreten lassen, wenn Sie Erklärungen abgeben oder Anträge stellen wollen, insbesondere wenn Sie eine Verteidigung gegen die Klage beabsichtigen. Mitteilungen, die Sie selbst dem Gericht gegenüber mündlich oder schriftlich machen, **dürfen nicht** berücksichtigt werden.

---

[96] Abgedruckt bei Baumbach-Lauterbach Schlußanh II.
[97] Abgedruckt bei Baumbach-Lauterbach Schlußanh III.

(§ 276 Abs 2 ZPO)
Wenn Sie Ihre **Verteidigungsabsicht** nicht entsprechend der Aufforderung des Gerichts innerhalb der bestimmten Frist anzeigen (im Anwaltsprozeß muß auch diese Erklärung der von Ihnen zu bestellende Anwalt abgeben), kann nach § 331 Abs 3 ZPO auf Antrag des Klägers gegen Sie ein Versäumnisurteil im schriftlichen Verfahren ergehen. Da es sich um eine Notfrist handelt, kann Sie nicht verlängert werden (§ 224 Abs 2 ZPO).

(§ 277 Abs 2 ZPO)
Innerhalb der vom Gericht gesetzten **Frist zur Klageerwiderung** (§§ 275 Abs 1 S 1, Abs 3, 276 Abs 1 S 2 ZPO) **bzw zur Stellungnahme auf die Klageerwiderung** (§§ 275 Abs 4, 276 Abs 3 ZPO) sollen Sie (im Anwaltsprozeß durch einen von Ihnen zu bestellenden Rechtsanwalt) konkret Ihre Behauptungen, Ihre Einwände gegen das Vorbringen des Gegners sowie Ihre Beweismittel, insbesondere die Namen und Anschriften von Zeugen, unter genauer Angabe der zu beweisenden Tatsachen dem Gericht in doppelter Ausfertigung mitteilen und Urkunden vorlegen.
Versäumen Sie die Frist, sind später vorgebrachte Angriffs- und Verteidigungsmittel nur zuzulassen, wenn nach der freien Überzeugung des Gerichts dadurch die Erledigung des Rechtsstreits nicht verzögert wird oder wenn Sie die Verspätung genügend entschuldigen (§ 296 Abs 1 ZPO). Verspätete Rügen, die die Zulässigkeit der Klage betreffen und auf die der Beklagte verzichten kann, sind nur zuzulassen, wenn dieser die Verspätung genügend entschuldigt (§ 296 Abs 3 ZPO).

(§ 276 Abs 2, § 277 Abs 2 ZPO)
Diese Regelungen können dazu führen, daß das Gericht eine für Sie ungünstige Entscheidung allein aufgrund des Vorbringens Ihres Gegners trifft, ohne Ihre eigene Stellungnahme zu berücksichtigen; es kann also geschehen, daß Sie den Prozeß verlieren, nur weil Sie die Fristen ohne triftigen Entschuldigungsgrund nicht eingehalten haben.
Falls das Gericht ein verspätetes Vorbringen zuläßt und dadurch die Erledigung des Rechtsstreits verzögert wird, kann das Gericht Ihnen eine besondere Gebühr (§ 34 GKG) auferlegen, die Sie selbst dann zu tragen haben, wenn Sie in der Hauptsache obsiegen.

(§ 282 ZPO)
Auch soweit Ihnen eine **Frist** zur Klageerwiderung oder zur Stellungnahme hierauf **nicht gesetzt** worden ist, haben Sie Ihre Angriffs- und Verteidigungsmittel so zeitig vorzubringen, wie es nach der Prozeßlage einer sorgfältigen und auf Förderung des Verfahrens bedachten Prozeßführung entspricht (§ 282 Abs 1 ZPO). Wenn der Gegner zu Ihrem Vorbringen voraussichtlich Erkundigungen einziehen muß, ist es rechtzeitig vor der Verhandlung schriftlich mitzuteilen (§ 282 Abs 2 ZPO). Dies bedeutet, daß Sie möglichst umgehend alles das mitteilen sollten, was für die Entscheidung des Gerichts von Bedeutung sein kann.
Verspätetes Vorbringen kann das Gericht zurückweisen, wenn die Zulassung die Erledigung des Rechtsstreits verzögern würde und die Verspätung auf grober Nachlässigkeit beruht (§ 296 Abs 2 ZPO). Diese Regelungen können dazu führen, daß das Gericht eine für Sie ungünstige Entscheidung allein aufgrund des Vorbringens Ihres Gegners trifft, also ohne Ihre eigene Stellungnahme zu berücksichtigen – und das, weil Sie leichtfertig Ihre Stellungnahme zu spät abgegeben haben. Rügen zur Zulässigkeit der Klage sind vor der Verhandlung zur Hauptsache vorzubringen (§ 282 Abs 3 ZPO); verspätete Rügen sind nur zuzulassen, wenn Sie unverzichtbar sind oder die Verspätung genügend entschuldigt wird (§ 296 Abs 3 ZPO).

(§ 499 ZPO)
Sofern Sie den geltendgemachten **Anspruch nicht bestreiten** wollen, können Sie ihn schriftlich anerkennen. Auf Antrag des Klägers kann dann das Gericht im schriftli-

chen Verfahren ein Anerkenntnisurteil gegen Sie erlassen (§ 307 Abs 2 ZPO). Die dadurch entstehenden Gerichts- und ggf Anwaltskosten Ihres Gegners sind in jedem Fall niedriger als bei Durchführung des Prozesses. Wenn Sie durch Ihr Verhalten keinen Anlaß zur Erhebung der Klage gegeben haben, fallen bei sofortigem Anerkenntnis die Kosten dem Kläger zur Last (§ 93 ZPO).

3. Mitteilungen

Von dem Eingang einer Klage hat das Gericht in bestimmten Fällen anderen Behör- 299
den **Mitteilung** zu machen. Die Verpflichtung ergibt sich teilweise aus dem Gesetz (zB §§ 90 GWB, 20 AGBG, 50 FGG), teilweise aus der – bundeseinheitlichen – Anordnung über Mitteilungen in Zivilsachen (MiZi) mit Ergänzungen und Änderungen durch die Länder sowie aus landesrechtlichen Sondervorschriften.[98] So hat die Geschäftsstelle den zuständigen Träger der Sozialhilfe von dem Eingang einer Klage auf **Räumung von Wohnraum** bei Zahlungsverzug des Mieters (§ 554 BGB) unter Übersendung einer beglaubigten Abschrift der Klageschrift zu benachrichtigen.

Bei Klagen gegen Angehörige des **öffentlichen Dienstes** ist zu prüfen, ob der Dienstvorgesetzte zu benachrichtigen ist.

Klagen gegen Rechtsanwälte, Patentanwälte, Notare, Notarassessoren, Rechtsbeistände und Inhaber von Erlaubnisscheinen nach § 177 Patentanwaltsordnung wegen Geldforderungen oder Räumung aufgrund Zahlungsverzugs sind in manchen Bundesländern den Berufskammern und den Dienstvorgesetzten mitzuteilen.[99]

Klagen wegen Unterlassung der Verwendung oder Widerrufs der Empfehlung von **Allgemeinen Geschäftsbedingungen** sowie wegen Einwendungen des Verwenders bei abweichender Entscheidung durch den BGH oder den Gemeinsamen Senat nach §§ 13, 19 AGBG sind von dem Gericht dem Bundeskartellamt mitzuteilen (§ 20 AGBG).

Kommt eine Tätigkeit des Vormundschaftsgerichts in Betracht, ist dem zuständigen Amtsgericht Mitteilung zu machen (§ 50 FGG). Das gilt insbesondere bei **Ehe-, Kindschafts- und Entmündigungssachen.** In Ehesachen ist gelegentlich die Benachrichtigung der Religionsgemeinschaft angeordnet.[100]

In **Kindschaftssachen** ist der Elternteil, der nicht am Rechtsstreit als Partei beteiligt 300
ist, unter Mitteilung der Klage zum Termin zur mündlichen Verhandlung zu laden (§ 640e S 1 ZPO).

Hat die Mutter die Anerkennung der Vaterschaft angefochten, so ist das Kind unter Mitteilung der Klage zum Termin zu laden (§ 640e S 2 ZPO).

---

[98] Abgedruckt bei Piller-Hermann 3c.
[99] Näheres zu den Verfügungen der Landesjustizverwaltungen vgl Piller-Hermann 3c Anl I–XI.
[100] Vgl Piller-Hermann 3c Anh.

4. Durchführung der Zustellung

301 Solange sich für eine Partei ein Anwalt nicht gemeldet hat, bedient sich der Urkundsbeamte der Geschäftsstelle zur **Ausführung der Zustellung** in der Regel der **Post** (§ 211 ZPO), selten des **Gerichtswachtmeisters.**

Nach Meldung eines **Anwalts** für eine Partei müssen nach § 176 ZPO die Zustellungen an diesen erfolgen; dann ist die Zustellung durch die Post die Ausnahme, üblich ist die Übersendung des zuzustellenden Schriftstücks – häufig über das Gerichtsfach des betreffenden Anwalts – unter Beifügung eines vorbereiteten Empfangsbekenntnisformulars. Nach der Unterzeichnung durch den Prozeßbevollmächtigten ist das **Empfangsbekenntnis** Nachweis der Zustellung (§ 212a ZPO) wie die von dem Postbediensteten oder Gerichtswachtmeister ausgefüllte **Zustellungsurkunde** (§ 212 ZPO).

Außerdem kann die Zustellung dadurch vollzogen werden, daß das Schriftstück auf der betreffenden Geschäftsstelle (§ 153 GVG) dem **ausgehändigt** wird, an den die Zustellung zu bewirken ist; den Zeitpunkt der Aushändigung hat der Geschäftsstellenbeamte in der Akte und auf dem Schriftstück zu vermerken (§ 212b ZPO).

Durch die **Niederlegung des Mandats** allein ändert sich nichts daran, daß die Zustellungen an den bisherigen Prozeßbevollmächtigten zu bewirken sind. Denn eine Kündigung des Mandats, sei es durch den Anwalt, sei es durch den Mandanten, wirkt grundsätzlich nur im Innenverhältnis; dem Gegner und dem Gericht gegenüber entfaltet die Kündigung erst dann Wirkung, wenn im Anwaltsprozeß ein neuer Prozeßbevollmächtigter seine Bestellung anzeigt (§ 87 ZPO). Bis dahin ist der bisherige Prozeßbevollmächtigte kraft Gesetzes verpflichtet, Zustellungen anzunehmen. Auf eine Beschränkung seiner Vollmacht kann er sich dabei nicht berufen (§ 83 ZPO). Wird ein Empfangsbekenntnis auch nach Hinweis auf die Rechtslage nicht unterzeichnet zurückgesandt, muß dem Anwalt mit Zustellungsurkunde (§§ 211f ZPO) zugestellt werden.

302 Von der Zustellung durch die Post ist die **Zustellung durch Aufgabe zur Post** (§§ 175, 213 ZPO) zu unterscheiden. Diese Form der Zustellung kommt nur in Betracht, wenn eine Partei die nach § 174 ZPO erforderliche Benennung eines **Zustellungsbevollmächtigten** unterlassen hat; dann können – mit Ausnahme der prozeßeinleitenden Zustellung[101, 102] – Schriftstücke durch Übersendung per Post (als gewöhnlicher Brief, ggf als Einschreiben, uU mit Rückschein) zugestellt werden (§ 175 ZPO), wobei der Urkundsbeamte in den Akten zu vermerken hat, zu welcher Zeit und unter welcher Adresse die Aufgabe erfolgt ist (§ 213 ZPO); ein Vermerk, das Schriftstück sei dem Wachtmeister zwecks Zustellung durch Aufgabe zur Post übergeben worden, genügt nicht.[103] Die Zustellung löst grundsätzlich die gleichen Wirkungen wie eine Inlandszustellung aus; Unkenntnis des Ausländers über die Rechtsfolgen ist kein Wiedereinsetzungsgrund.[103a]

---

[101] BGH NJW 87, 592, Thomas-Putzo § 175 ZPO Anm 1.

[102] Ein Vollstreckungsbescheid kann nunmehr nach § 175 ZPO zugestellt werden, nachdem gemäß § 34 AVAG der Antragsgegner innerhalb der Widerspruchsfrist einen Zustellungsbevollmächtigten zu benennen hat (insoweit ist BGH NJW 87, 592 überholt).

[103] BGH NJW 79, 218.

[103a] BGH FamRZ 89, 1287 m abl Anm Hausmann; vgl auch BGH NJW 89, 1432, 1433 = BGHZ 98, 263.

Zustellungen an **Deutsche,** die das Recht der **Exterritorialität** in einem anderen Staat genießen[104] und einer diplomatischen Vertretung der Bundesrepublik Deutschland angehören, sowie an Konsuln der Bundesrepublik Deutschland erfolgen mittels eines entsprechenden Ersuchens des Vorsitzenden (§ 202 Abs 1 ZPO) an den nach der Geschäftsverteilung der Bundesregierung zuständigen Minister, in der Regel also an den Bundesminister des Auswärtigen,[105] nicht an den Bundeskanzler, wie § 200 ZPO ausführt. Ist Zustellungsempfänger ein Konsulatsbeamter oder -angestellter, ein Familienmitglied, oder ein deutscher Bediensteter dieser Personen ist ebenfalls um die Vermittlung des Auswärtigen Amts zu bitten (§ 14 Abs 2 ZRHO). In beiden Fällen ist das Ersuchen mit Begleitbericht (vgl RdNr 901 ff) der Landesjustizverwaltung vorzulegen (§ 14 Abs 1, 2 ZRHO). 303

Eine im **Ausland** zu bewirkende Zustellung erfolgt mittels Ersuchen des Vorsitzenden (§ 202 Abs 1 ZPO) an die zuständige Behörde des fremden Staates oder den in diesem Staat residierenden Botschafter oder Konsul der Bundesrepublik Deutschland (§ 199 ZPO); vgl hierzu im einzelnen RdNr 900 ff. 304

Zustellungen an **Ausländer,** die sich in der Bundesrepublik Deutschland aufhalten, werden nach den allgemeinen Grundsätzen bewirkt (s RdNr 301); **Personen,** die nach §§ 18–20 GVG der **deutschen Gerichtsbarkeit nicht unterliegen,** können im Inland Schriftstücke nur in Ausnahmefällen nach den Bestimmungen der Wiener Übereinkommen bzw nach Staatsverträgen zugestellt werden; dagegen besteht die Möglichkeit der Zustellung im Ausland nach § 199 ZPO, uU auch der öffentlichen Zustellung nach § 203 Abs 2 ZPO.[106] 305

Zustellungen an **Mitglieder der ausländischen Streitkräfte** in der Bundesrepublik Deutschland und deren Angehörige im Sinne Art 1 des Nato-Truppenstatuts erfolgen – solange sie sich noch im Bundesgebiet aufhalten – nach Art 32, 36 des Zusatzabkommens durch Vermittlung der jeweiligen Verbindungsstelle, zweckmäßigerweise als Einschreiben gegen Rückschein. 306

Die Anschriften der Verbindungsstellen lauten:

– *amerikanische Streitkräfte,*[107] *und zwar*
  für Heer und Marine:
  Office of the Judge Advocate, HQ USAREUR and 7th Army, Postfach 10 43 23, 6900 Heidelberg 1,
  für *Luftwaffe:*
  HQ USAFE/JAC, Gebäude 527, 6792 Ramstein/Flugplatz;
– *belgische Streitkräfte:*
  Service belge de Liaison en République Fédérale d'Allemagne, Germanicusstraße 5, 5000 Köln 51;
– *britische Streitkräfte:*
  Services Liaison Office in:[108]
  2810 Verden/Aller, Kleine Wallstraße,
  3000 Hannover 61, Herderstraße 1,

---

[104] Unter den Voraussetzungen des § 175 ZPO ist auch an diese Personen eine Amtszustellung durch Aufgabe zur Post zulässig, OLG Köln MDR 86, 142 = Rpfleger 86, 142 = OLGZ 86, 216.

[105] § 14 Abs 1 ZRHO.

[106] Baumbach-Lauterbach §§ 200 Anm 1, 203 Anm 3 ZPO.

[107] Erforderlich ist die Angabe von Dienstgrad, vollem Namen (auch des Anfangsbuchstabens des zweiten Vornamens oder Beinamens), Sozialversicherungsnummer, Einheit oder Dienststelle und APO-Nummer (einer Art militärischer Postleitzahl).

[108] Zur örtlichen Zuständigkeit vgl Kraatz NJW 87, 2136.

3040 Soltau, Winsener Str. 33,
3250 Hameln 1, Scharnhorststraße 1 (Scharnhorst-Kaserne),
4000 Düsseldorf 12, Sauerweg 23,
4050 Mönchengladbach, Schillerstraße 54,
4400 Münster, Studtplatz 21,
4500 Osnabrück, Blumenthalstraße 10,
4600 Dortmund 1, Auf dem Howart 8–10,
4790 Paderborn, Infanterie-Kaserne, Erzberger Straße 30/32,
4800 Bielefeld, Detmolder Straße 284,
4950 Minden/Westfalen, Marienwallkaserne, Marienwall 24–26,
5860 Iserlohn/Soest, Rubenstraße 48;

– *französische Streitkräfte:*
  Service du Affaires Judiciaires du Commandant en Chef des Forces Francaises en Allemagne (C.C.F.F.A.), Schwarzwaldkaserne, 7570 Baden-Baden;
– *kanadische Streitkräfte:*
  Senior Legal Adviser, Europe Headquarters, Canadian Forces Europe C.F.P.O. 5000, 7630 Lahr;
– *niederländische Streitkräfte:*
  Königlich Niederländische Botschaft, Sträßchensweg 2, 5300 Bonn.

Das **Vermittlungsersuchen** lautet:

> ... gericht ... ..., den ... 19...
> Geschäftsnummer: ...
>
> In Sachen ...
> gegen ... (Nachname, Vornamen, Anschrift, Dienstgrad, Sozialversicherungs-/Personalnummer, Militäreinheit)
> werden Sie um Vermittlung der Zustellung des als Anlage bezeichneten Schriftstücks und um baldmögliche Zusendung des Zustellungsnachweises gebeten.
> [*Da dieses Ersuchen heute zum zweiten Male erfolgt, wird nach Art 32c) und i) ZusAbk zum Truppenstatut darauf aufmerksam gemacht, daß die Zustellung mit Ablauf des siebten Tages nach Eingang dieses Ersuchens bei der dortigen Verbindungsstelle als zugestellt gilt, nachdem das vorangegangene Zustellungsersuchen mit gleichem Inhalt vom ... bisher unbeantwortet blieb.*]
> Anlage: Klageschrift vom ...

Die Verbindungsstellen sind nach Art 32 Abs 2 NTS-ZA verpflichtet, den Eingang jedes Zustellungsersuchens unverzüglich zu bestätigen, die Zustellung vorzunehmen und dem deutschen Gericht eine Urkunde über die vollzogene Zustellung zuzuleiten.

Die Bestätigung der Verbindungsstelle für das amerikanische Heer lautet beispielsweise:

DEPARTMENT OF THE ARMY
HEADQUARTERS, UNITED STATES ARMY, EUROPE, and SEVENTH ARMY
OFFICE OF THE JUDGE ADVOCATE
APO NEW YORK 09403 -0113

REPLY TO
ATTENTION OF

AEAJA-IL-I (27)

Datum des Eingangsstempels
[s. Anlage]

An den
Absender des Zustellungsersuchens
[s. Anlage]

Betreff: Eingangsbestätigung gemäss Artikel 32 Abs. (1)(b) des Zusatzabkommens zum NATO-Truppenstatut (ZAbkNTrST) [BGBL. 1961 II S. 1244]

In der Anlage erhalten Sie eine Ablichtung Ihres Zustellungsersuchens, die mit unserem Eingangsstempel versehen ist. Falls unter/über dem Datum Ihres Zustellungsersuchens eine handschriftliche Datumsangabe erscheint, bezieht sie sich auf das Datum des Poststempels.

Wir bestätigen hiermit gemäss Artikel 32 Abs. (1)(b) ZAbkNTrSt, dass Ihr in Ablichtung beiliegendes Zustellungsersuchen hier am Tage unseres Eingangs - stempels eingegangen ist.

Diese Eingangsbestätigung ist kein Zustellungsnachweis. Der Zustellungsnachweis wird Ihnen nach erfolgter Zustellung mittels eines besonderen Formblattes übersandt.

Bitte beachten Sie unsere unten angegebene Postanschrift. Sie erleichtern der Deutschen Bundespost die Arbeit und vermeiden Irrläufer, wenn Sie nur diese Anschrift (ohne weitere Zusätze!) verwenden.

Unsere Postanschrift:

Office of the Judge Advocate
HQ USAREUR and Seventh Army
Postfach 10 43 23

6900 Heidelberg 1

F: Heidelberg (06221) 1 31 87
57 73 88

Die Verbindungsstellen sind im allgemeinen – soweit zulässig – auch bereit, bei der Ermittlung der derzeitigen Anschrift zu helfen.[109] Die Verbindungsstelle für das amerikanische Heer rät zu etwa folgender Fassung:

Amtsgericht______________________ ______________________________
Postanschrift: (Datum)
Az.: ____________________________

An das
Office of the Judge Advocate
HQ USAREUR and Seventh Army
Postfach 104323
6900 Heidelberg 1

Betreff: Ersuchen um Mitteilung der Wohnanschrift

Sehr geehrte Damen und Herren!
Das Jugendamt ______________________________ hat als Amtspfleger des Kindes __________ beim Amtsgericht ______________________________
gegen ______________________________ SSN(*): ______________
letzte bekannte Anschrift in der Bundesrepublik Deutschland ______________
Klage wegen ____
eingereicht. Das Verfahren wird unter dem oben angegebenen Aktenzeichen gefuehrt.

Gleichzeitig hat es mitgeteilt, dass Ihre Dienststelle möglicherweise Auskunft über den gegenwaertigen Aufenthalt des Beklagten geben könne. Die Auskunft könne jedoch aus Rechtsgründen von dem Jugendamt nicht selbst eingeholt werden, sondern dürfe aufgrund geltender US-Rechtsvorschriften nur dem zuständigen Gericht erteilt werden.

---

[109] Sofern der Soldat in der Bundesrepublik Deutschland stationiert ist; ansonsten muß über folgende Suchanschriften in den Vereinigten Staaten selbst nachgeforscht werden:

a) Aktive Mitglieder der US-Armee (Soldaten und Offiziere)
Commander
US Army Enlisted Records and Evaluation Center
ATTN: PCRE-RF-L
Ft Benjamin Harrison, IN 46249-5301
U.S.A.

b) Mitglieder der Reserve (Soldaten und Offiziere)
Commander
US Army Reserve Components Personnel and Administration Center
ATTN: DARC-PSE-VS
9700 Page Boulevard
St. Louis, MO 63132-5200
U.S.A.

c) Aus dem Wehrdienst ausgeschiedene Mitglieder der US-Armee
Chief
National Personnel Records Center
9700 Page Boulevard
St. Louis, MO 63132-5200
U.S.A.

d) Pensionäre der US-Armee
Commander
US Army Finance and Accounting Center
ATTN: Retired Pay Operations
Indianapolis, IN 46249
U.S.A.

Um den Fortgang des Verfahrens zu ermöglichen bzw. dem Beklagten die Möglichkeit der Verteidigung zu geben, ersuchen wir Sie deshalb um Mitteilung der derzeitigen Wohnanschrift des Beklagten.

Gerichtssiegel:

(Unterschrift)

*Sozialversicherungsnummer

5. Öffentliche Zustellung

Ist eine Zustellung nicht möglich, weil der Aufenthalt des Empfängers unbekannt ist 307
(§ 203 Abs 1 ZPO), eine Auslandszustellung angesicht der für die bestehenden Vorschriften unausführbar ist oder keinen Erfolg verspricht (§ 203 Abs 2 ZPO) oder eine Inlandszustellung wegen der Exterritorialität der Wohnung, in welcher die Zustellung erfolgen soll (§ 203 Abs 3 ZPO), nicht bewirkt werden kann,[110] bewilligt das Gericht auf Antrag der Partei durch Beschluß die **öffentliche Zustellung** (§ 204 ZPO).

An Mitglieder der ausländischen Streitkräfte in der Bundesrepublik und deren Angehörige im Sinne des Art 1 des Nato-Truppenstatuts ist die öffentliche Zustellung unzulässig (Art 36 Zusatzabkommen zum Nato-Truppenstatut).

Die öffentliche Zustellung erfolgt durch **Anheftung an die Gerichtstafel**; eine Ladung 308
muß aber außerdem mindestens einmal in den Bundesanzeiger eingerückt werden. Der Richter kann auch die Veröffentlichung in anderen Blättern und die mehrmalige Veröffentlichung anordnen (selten), vgl § 204 ZPO.

Enthält das zuzustellende Schriftstück keine Ladung, so gilt es als zugestellt, wenn seit der Anheftung an die Gerichtstafel zwei Wochen verstrichen sind (§ 206 Abs 2 ZPO). Die Ladung gilt aber erst an dem Tag als zugestellt, an dem seit der letzten Einrückung in die öffentlichen Blätter ein Monat (nach Anordnung des Gerichts auch länger) verstrichen ist (§ 206 Abs 1 ZPO). Da die Einlassungsfrist regelmäßig zwei Wochen beträgt (§ 274 Abs 3 ZPO), ist der Termin so weit hinaus anzusetzen, daß seit der letzten Einrückung in die öffentlichen Blätter (in den Bundesanzeiger, wenn nicht noch andere öffentliche Blätter bestimmt sind) mit Sicherheit mindestens 1 Monat und 2 Wochen verstrichen sind.

In einer anhängigen Sache braucht bei der öffentlichen Zustellung nur die Ladungsfrist gewahrt zu sein (§ 217 ZPO).

Antrag 309

Geschäftsstelle des Amtsgerichts Goslar, den 7. Januar 19..
Es erschien der Kaufmann Walter Schirner, Goslar, Wallstraße 1, und erklärte:
Zu meiner am 5. Januar 19.. aufgenommenen Klage gegen den Gemüsehändler Wilhelm Großkopf zeige ich an, daß der Beklagte inzwischen, wie ich heute erfahren habe, unter Hinterlassung von Schulden geflüchtet ist. Sein Aufenthalt ist unbekannt. Zum Nachweis überreiche ich eine Bescheinigung der Meldebehörde.

---

[110] § 203 Abs 3 ZPO betrifft nur den Fall, daß einer Person zugestellt werden soll, die selbst keine Immunität genießt, sich aber in einer ausländischen Mission aufhält, wo die Zustellung nicht erfolgen kann, weil der Immunität genießende Hausherr den Zutritt verweigert. Eine öffentliche Zustellung an diesen kommt überhaupt nur nach §§ 199, 203 Abs 2 ZPO in Betracht.

Ich beantrage,
die öffentliche Zustellung der Klage und Ladung zu bewilligen.
50 DM Auslagenvorschuß überreiche ich in Kostenmarken.[111]
vorgelesen genehmigt unterschrieben

310 **Bewilligung der öffentlichen Zustellung**

Amtsgericht Goslar, den 7. Januar 19. . .

Beschluß

In dem Rechtsstreit
Kaufmann Walter Schirner, Goslar, Wallstraße 1, Kläger,
gegen
Gemüsehändler Wilhelm Großkopf, zuletzt Goslar, Siemensstraße 2, jetzt unbekannten Aufenthalts, Beklagter,
wegen Schadensersatz aus Vertrag,
wird die öffentliche Zustellung der Klage und der Terminsladung an den Beklagten bewilligt (§§ 203, 204 ZPO).
Der Verhandlungstermin vom 17. Januar 19. . wird aufgehoben und neuer Verhandlungstermin auf den
1. März 19. ., 10 Uhr, bestimmt.
(Richter)

311 Die öffentliche Zustellung wird von der Geschäftsstelle besorgt (§ 204 Abs 1 ZPO). Diese muß darauf achten, daß der zur Einrückung in den Bundesanzeiger (oder die vom Gericht zu bestimmenden anderen Blätter – § 204 Abs 3 ZPO) kommende Auszug zur Ersparung von Kosten möglichst knapp gefaßt wird. In dem Auszug müssen aber das Prozeßgericht, die Parteien, der Gegenstand des Prozesses, der Zweck der Ladung und die Zeit, zu der geladen wird, bezeichnet werden (§ 205 ZPO).
Der Urkundsbeamte verfügt also:

1. Beschluß mit Nachricht von der Terminsverlegung an Kläger formlos.
2. Ersuchen um Veröffentlichung im Bundesanzeiger laut anliegendem Entwurf.
3. Begl Abschrift der Klage und der Terminsladung an Gerichtstafel aushängen.
4. Wieder vorlegen nach 2 Wochen.

312 Der Entwurf der Veröffentlichung lautet zweckmäßig und kurz:[112]

Amtsgericht Goslar
10 C 108/. .: Walter Schirner, Kaufmann in Goslar, Wallstr. 1 [*vertreten durch . . .*] klagt gegen Wilhelm Großkopf, Gemüsehändler, früher Goslar, Siemensstraße 2, jetzt unbekannten Aufenthalts, mit dem Antrag auf Zahlung von 2500 DM nebst 5% Zinsen seit Klagezustellung. Beklagter wird zum Verhandlungstermin vor das Amtsgericht Goslar auf den 1. März 19. ., 10 Uhr, Saal 17, geladen.

313 Der Bundesanzeiger übersendet dann das Belegblatt, aufgrund dessen der Richter die Ordnungsmäßigkeit der Ladung prüft:

1. Zustellung in Ordnung.
2. Veröffentlichungskosten anweisen.
3. Zum Termin.

---

[111] Die Erhebung eines Auslagenvorschusses ist zur Deckung der Kosten der Veröffentlichung erforderlich (§§ 204 Abs 3 ZPO, 68 Abs 1 GKG, KV Nr 1903).
[112] Vielfach ist angeordnet, daß der Entwurf vor der Absendung dem Sachbearbeiter zur Genehmigung vorzulegen ist.

V. Verweisung

ZPO § 281
BRAGO § 14
GKG § 9
ArbGG § 48

Auf Bedenken hinsichtlich der Zuständigkeit des angerufenen Gerichts werden die Parteien zweckmäßigerweise bereits mit der ersten Verfügung des Richters hingewiesen. Das Amtsgericht hat vor der Verhandlung zur Hauptsache auf die sachliche und örtliche **Unzuständigkeit** und die Folgen der rügelosen Einlassung nach § 504 Abs 2 ZPO hinzuweisen. 314

Eine Verweisung des Rechtsstreits an das zuständige Gericht setzt einen entsprechenden Antrag des Klägers voraus und ist nur nach Rechtshängigkeit (und nicht schon nach Anhängigkeit)[113] möglich. Sie erfolgt – nach Gewährung rechtlichen Gehörs –[114] durch **Beschluß**, und zwar regelmäßig aufgrund mündlicher Verhandlung.[115] Eine Verweisung ohne mündliche Verhandlung in eindeutigen Fällen ist unter den Voraussetzungen der Abs 2 und 3 des § 128 ZPO[116] unbedenklich; ob das Schweigen einer Partei auf die Ankündigung des Gerichts, es werde nach Ablauf einer ausreichenden Frist zur Stellungnahme schriftlich entscheiden, als Erklärung des Einverständnisses zur Entscheidung ohne mündliche Verhandlung ausreicht, ist zwar fraglich, doch gilt § 281 Abs 3 ZPO auch für Beschlüsse, die auf einem solchen Verfahrensfehler beruhen.[117] 315

Der Verweisungsbeschluß ist grundsätzlich **unanfechtbar**, das darin bezeichnete Gericht an ihn gebunden, es sei denn er beruhe auf Willkür.[118] Der Beschluß begründet die Zuständigkeit des neuen Gerichts für alle Anspruchsgrundlagen.[119] 316

Die durch die Verweisung entstehenden **Mehrkosten** sind stets dem Kläger aufzuerlegen (§ 281 Abs 3 ZPO); Gerichtskosten werden nur erhoben, wenn die Anrufung des unzuständigen Gerichts auf verschuldeter Unkenntnis der tatsächlichen oder rechtlichen Verhältnisse beruht (§ 9 Abs 2 GKG). Über die Kosten entscheidet das neue Gericht (§§ 281 Abs 3 ZPO, 9 Abs 1 GKG).
Wegen Kosten der Verweisung nach Abgabe des Mahnverfahren vgl RdNr 59.

Beispiel: 317

Beschluß

In Sachen ... gegen ...
erklärt sich das Amtsgericht Frankfurt am Main auf Antrag des Klägers für sachlich [*örtlich*] unzuständig und verweist den Rechtsstreit an das Land- [*Amts-*] gericht Frankfurt [*Wiesbaden*].
Die Mietzinsforderung des Klägers betrifft Geschäfts- und nicht Wohnräume und

---

[113] BayObLG MDR 64, 767, Rosenberg-Schwab § 39 II 2, Thomas-Putzo § 281 Anm 3.
[114] BVerfG NJW 82, 2367.
[115] BGH NJW 88, 1795.
[116] Siehe dazu RdNr 720ff.
[117] BGH NJW 88, 1794.
[118] BGHZ 1, 341, BGH FamRZ 86, 1090.
[119] BGH NJW 64, 45; 68, 351; BAG NJW 64, 1435.

übersteigt DM 5000.– (§§ 29a ZPO, 23 Nr 1, 2a GVG) [*Der Beklagte ist nach Wiesbaden verzogen (§ 13 ZPO)*].

Frankfurt, 28. 9. 19...
Amtsgericht, Abteilung 17
Alerich
Richter am Amtsgericht

Vfg

1. Beschluß Parteien zustellen
2. Urschriftlich mit Akten
   an das
   Landgericht Frankfurt
   [*Amtsgericht Wiesbaden*]

unter Hinweis auf obigen Beschluß. Um Mitteilung des neuen Aktenzeichens wird gebeten.

(Ort, Datum, Unterschrift)

318 Wird trotz Unzuständigkeit des angerufenen Gerichts (und – beim Amtsgericht – trotz Belehrung) keine Verweisung beantragt, wird das Gericht durch rügelose Einlassung des Beklagten zuständig (§ 39 ZPO), soweit nicht eine ausschließliche Zuständigkeit eines anderen Gerichts begründet ist (§ 40 Abs 2 ZPO).

VI. Übertragung des Rechtsstreits an den Einzelrichter zur Entscheidung

ZPO §§ 348, 349, 524
ArbGG §§ 58, 64

320 Die Zivilkammer des Landgerichts kann in Verfahren des ersten Rechtszuges nach Anhörung[120] der Parteien – die in der Regel nach §§ 253 Abs 3, 271 Abs 3 ZPO erfolgt – einen Rechtsstreit insgesamt einem Kammermitglied als Einzelrichter zur Entscheidung übertragen, wenn nicht

1. die Sache **besondere Schwierigkeiten** tatsächlicher oder rechtlicher Art aufweist oder
2. die Rechtssache **grundsätzliche Bedeutung** hat (§ 348 ZPO).

Die Übertragung steht im **Ermessen** der Kammer und erfolgt durch deren Beschluß.[121] Welchem Mitglied der Rechtsstreit zu übertragen ist, ergibt sich aus dem Plan über die Geschäftsverteilung innerhalb der Kammer, welchen der Vorsitzende zu Beginn eines Geschäftsjahres aufzustellen hat (§ 21g Abs 2, 3 GVG); in aller Regel wird dem Berichterstatter die Sache als Einzelrichter übertragen. Auch der Vorsitzende kommt als Einzelrichter in Betracht.

Zu welchem Zeitpunkt die Kammer den Beschluß zur Übertragung an den Einzelrichter erläßt, hängt von der einzelnen Sache ab; der Zeitraum reicht von dem Ablauf der Frist zur Stellungnahme nach § 271 Abs 3 ZPO bis zur Verhandlung zur Hauptsache im Haupttermin (§§ 348 Abs 3, 278 ZPO).

Ein Anspruch der Parteien auf Übertragung besteht nicht.

---

[120] OLG Karlsruhe VersR 86, 662 mwNachw.

[121] OLG Düsseldorf NJW 76, 114, Schuster NJW 75, 1495, Holch DRiZ 75, 275, Rosenberg-Schwab § 111 II 2, Thomas-Putzo § 348 Anm 2.

Der **Beschluß** lautet: 321

> In Sachen ... gegen ...
> wird der Rechtsstreit gemäß § 348 ZPO dem Berichterstatter [*dem Vorsitzenden*] [*dem Richter am Landgericht*] ...[122] als Einzelrichter zur Entscheidung übertragen, da die Sache weder besondere Schwierigkeiten tatsächlicher oder rechtlicher Art aufweist noch grundsätzliche Bedeutung hat. Denn es handelt sich um einen alltäglichen Verkehrsunfall [*es geht um einfach gelagerte Fragen des Kauf-, Werkvertrags-, Schadensersatzrechts*].
>
> ..., den ...
> (Ort, Datum)
> Landgericht, ... Zivilkammer
>
> (Unterschrift) (Unterschrift) (Unterschrift)

Den Parteien ist der Beschluß **formlos mitzuteilen;** er ist **unanfechtbar.** Nach der Übertragung ist der Einzelrichter das Prozeßgericht. Er führt den Prozeß bis zur Beendigung der Instanz ausschließlich allein durch und erläßt alle erforderlich werdenden Entscheidungen. 322

Nur ausnahmsweise ist eine **Rückübertragung** an die Kammer möglich, wenn sich aus 323
einer wesentlichen Änderung der Prozeßlage, etwa durch Klageänderung oder Widerklage, Aufrechnung oder Rechtsänderung, ergibt, daß die Entscheidung von grundsätzlicher Bedeutung ist oder besondere Schwierigkeit aufweist. Die Erkenntnis, daß bei der Übertragung an den Einzelrichter die Schwierigkeit und die Bedeutung der Sache von der Kammer verkannt worden sind, rechtfertigt eine Rückübertragung nicht. Auch vor Rückübertragung, die durch Beschluß des Einzelrichters erfolgt, ist den Parteien Gelegenheit zur Stellungnahme zu geben. Eine erneute Übertragung an den Einzelrichter ist ausgeschlossen (§ 348 Abs 4 S 2 ZPO).

Eine bloße Vorbereitung der Entscheidung des Rechtsstreits durch den Einzelrichter 324
ist in erstinstanzlichen Verfahren nunmehr ausgeschlossen; Beweisaufnahmen müssen vor der Kammer durchgeführt werden, soweit nicht im Einzelfall die Voraussetzungen der Übertragung der Beweisaufnahme an ein Mitglied der Kammer als **beauftragten Richter** oder an ein Amtsgericht als **ersuchten Richter** nach §§ 372 Abs 2, 375, 402, 434, 451 ZPO vorliegen.

Die Umgehung dieser Regelung durch die Übertragung des Rechtsstreits zur Beweiserhebung an den Einzelrichter ist gesetzwidrig, das Verfahren leidet dann an einem erheblichen Verfahrensfehler.[123] Gleichwohl bleibt der Verstoß vielfach folgenlos, weil einerseits die Parteien ihn nicht rügen und andererseits bestimmte Senate in diesem Fall von § 539 ZPO keinen Gebrauch machen, in der klaren Erkenntnis, daß zum einen nicht jede Beweisaufnahme vor der Kammer stattfinden kann und daß zum anderen Entscheidungen durch das Kollegium nicht selten profunder sind als solche des Einzelrichters.

In erstinstanzlichen Sachen kann nach der derzeitigen – keineswegs glücklichen – Rechtslage lediglich der Vorsitzende einer Kammer für Handelssachen nach § 349 ZPO ohne Zuziehung der ehrenamtlichen Richter die Entscheidung des Rechtsstreits vorbereiten und dabei Beweise erheben. In dem **Berufungsverfahren** kann nach § 524 ZPO der Rechtsstreit dem Einzelrichter zur (weiteren) Vorbereitung und in gewissem Umfang zur Beweisaufnahme übertragen werden.

---

122 Die Angabe des Namens ist nicht erforderlich.
123 OLG Düsseldorf NJW 76, 1103, Thomas-Putzo § 355 Anm 2 mwNachw.

325 Im **arbeitsgerichtlichen Verfahren** erfolgt die Beweisaufnahme grundsätzlich vor der Kammer. Ist sie am Sitz des Arbeitsgerichts nicht möglich, wohl aber in dessen Bezirk, so kann sie dem Vorsitzenden übertragen werden (§ 58 Abs 1 ArbGG); im übrigen leisten die Arbeitsgerichte und außerhalb des Sitzes des Arbeitsgerichtes die Amtsgerichte den Gerichten für Arbeitssachen Rechtshilfe (§ 13 ArbGG). Diese Vorschriften gelten nach § 64 Abs 3 ArbGG auch im Berufungsverfahren entsprechend.

4. Kapitel: Mündliche Verhandlung

ZPO §§ 136–139, 159–163, 275–278
BRAGO § 31 Nr 2

I. Ablauf bis zum Beginn der Beweisaufnahme

Jeder Termin – mag es sich um einen frühen ersten Termin (275 ZPO) oder um den Haupttermin nach Vorbereitung im schriftlichen Verfahren (§§ 278, 276 ZPO) oder um einen weiteren Termin handeln – beginnt mit der Eröffnung durch den Vorsitzenden (§ 136 Abs 1 ZPO) durch den **Aufruf der Sache** und die **Feststellung der Präsenz** von Parteien, Nebenintervenienten, Vertretern, Bevollmächtigten, Beiständen, Zeugen, Sachverständigen (einschließlich eines Dolmetschers) (§ 160 Abs 1 Nr 2, 4 ZPO). 330

Die **mündliche Verhandlung** im eigentlichen Sinn wird durch die Stellung der **Anträge** – durch Bezugnahme auf Schriftsätze, durch Verlesung aus vorbereitenden Schriftsätzen oder einer dem Protokoll als Anlage beizufügenden Schrift oder durch Erklärung zu Protokoll, sofern dies der Vorsitzende gestattet (§ 297 ZPO) – eingeleitet (§ 137 ZPO). 331

Es folgt sodann die **Einführung in den Sach- und Streitstand** durch das Gericht (§ 278 Abs 1 ZPO); der Vorsitzende oder der Berichterstatter legt in der gebotenen Kürze dar, welcher Sachverhalt dem Rechtsstreit zugrundeliegt und worüber die Parteien streiten. Die Ausführlichkeit der Einführung hängt letztlich davon ab, ob unvorbereitete Verfahrensbeteiligte zugegen sind, etwa Sachverständige oder ein Beisitzer ohne Aktenkenntnis; da unterstellt werden darf, daß Parteien und ihre Bevollmächtigten, der Vorsitzende und der Berichterstatter die Sache genau kennen, kann sich – wenn die Kammer alle anstehenden Sachen vorberaten hat – die Einführung letztlich auf Stichworte beschränken.

Eine Einführung im Fall unvorbereiteter Beteiligter lautet etwa: 332

> Der Kläger verlangt von dem Beklagten, beide sind Kaufleute, Bezahlung zweier Kaffeemühlen. Der Beklagte wendet ein, er habe bei Bestellung DM 100.– angezahlt und gleich nach Lieferung, Mitte Juli, Mängel festgestellt und gerügt: die Kaffeebohnen rutschten nicht nach, die Mühle erwärme sich stark und sei zu laut. Der Kläger bestreitet die Anzahlung und die Mängel; er behauptet, die Rüge sei erst im August erfolgt, schlechte Mahlergebnisse seien auf Bedienungsfehler zurückzuführen.

Wenn die Sache vorberaten, also der zweite Beisitzer beim Landgericht informiert ist, und beim Amtsgericht genügt zur Einführung der Hinweis:

> In dieser Sache geht es um die Bezahlung von zwei Kaffeemühlen, wobei streitig ist, ob der Beklagte eine Anzahlung geleistet hat, die Mühlen Mängel aufweisen und ob der Beklagte sie gegebenenfalls rechtzeitig gerügt hat.

Sodann wird – soweit erforderlich – das Sach- und Streitverhältnis mit den Parteien in tatsächlicher und rechtlicher Hinsicht **erörtert** (§ 139 ZPO). Auf rechtliche Gesichtspunkte, die entscheidungserheblich sein können, die die Partei aber für uner- 333 heblich hält oder übersehen hat, muß das Gericht hinweisen und der Partei Gelegenheit zur Äußerung geben. Wird dies versäumt, darf das Gericht auf den rechtlichen Gesichtspunkt die Entscheidung nicht stützen (§ 278 Abs 3 ZPO); der Hinweis ist in einem möglichst kurzfristig anberaumten Termin (§ 278 Abs 4 ZPO) nachzuholen.

Bei der Erörterung sollen erschienene Parteien, insbesondere wenn sie das Gericht nach § 141 ZPO zur Aufklärung des Sachverhaltes geladen hat, gehört werden (§ 278 Abs 1 S 2 ZPO, vgl auch § 137 Abs 4 ZPO).

In dem angeführten Beispiel ist etwa zu erörtern:

Den Anforderungen an eine unverzügliche Rüge im Sinne des § 377 HGB genügt eine Rüge nahezu einen Monat nach Lieferung sicher nicht, daher muß über den Zeitpunkt der telefonischen Rüge Beweis erhoben werden. Über das Vorhandensein der behaupteten Mängel muß nach Auffassung des Gerichts ein Sachverständigengutachten eingeholt werden. Hinsichtlich der behaupteten Anzahlung muß der Beklagte angesichts des Bestreitens des Klägers Beweis antreten.

334 Wird das Verfahren im **frühen ersten Termin** zur mündlichen Verhandlung nicht abgeschlossen, trifft das Gericht alle **Anordnungen**, die **zur Vorbereitung des Haupttermins** erforderlich sind (§ 275 Abs 2 ZPO).

Im Beispielsfall endet ein früher erster Termin mit einem Auflagen- und/oder Beweisbeschluß (siehe dazu im einzelnen RdNr 550ff, 559).

335 Handelt es sich um einen **Haupttermin,** soll die **Beweisaufnahme** unmittelbar folgen (§ 278 Abs 2 S 1 ZPO); dabei kann es sich um Durchführung eines in einem vorangegangenen frühen ersten Termin ergangenen Beweisbeschlusses oder um eine Beweisaufnahme aufgrund vorbereitender Maßnahmen des Gerichts nach §§ 139, 273, 358a ZPO handeln,

wenn also im Beispielsfall der Vorsitzende dem Beklagten anheimgestellt hatte, für die Behauptung der Anzahlung Beweis anzutreten, etwaige für Anzahlung und Rüge benannte Zeugen geladen (§ 273 ZPO) oder das Gericht ein Sachverständigengutachten nach § 358a ZPO eingeholt hat (zum Ablauf der Beweisaufnahme s RdNr 560ff).

II. Sitzungsprotokoll

337 Über die mündliche Verhandlung und jede Beweisaufnahme[1] ist ein Protokoll aufzunehmen (§ 159 Abs 1 S 1 ZPO). Dies geschieht derzeit noch überwiegend durch einen **Protokollführer** (Urkundsbeamten der Geschäftsstelle). Doch kann der Vorsitzende von dessen Zuziehung absehen und das Protokoll **selbst aufnehmen** (§ 159 Abs 1 S 2 ZPO). Diese Aufnahme durch den Richter oder Protokollführer kann auf verschiedenen Wegen erfolgen: Entweder endgültig durch Aufzeichnung in **Langschrift** mit Hand oder Maschine oder vorläufig durch Aufzeichnung in einer gebräuchlichen **Kurzschrift,** mit einer Kurzschriftmaschine, mit einem Tonband- oder **Diktiergerät** oder durch verständliche Abkürzungen und der (endgültigen) Herstellung nach der Sitzung (§ 160a ZPO).

---

[1] Zum Inhalt des Protokolls einer Beweisaufnahme s. RdNr 584ff.

Der **Inhalt** des Protokolls ergibt sich aus § 160 ZPO; es enthält zunächst nach Absatz 1: 338

1. Ort und Tag
2. Namen der Richter, des Urkundsbeamten der Geschäftsstelle, eines Dolmetschers
3. Bezeichnung des Rechtsstreits
4. Namen der erschienenen Parteien, Nebenintervenienten, Vertreter, Bevollmächtigten, Beistände, Zeugen und Sachverständigen
5. Öffentlichkeit oder Nichtöffentlichkeit der Verhandlung

Sodann ist der **Gang der Verhandlung** aufzunehmen (§ 160 Abs 2 ZPO), sowie gegebenenfalls nach Absatz 3 festzustellen: 339

1. Anerkenntnis, Verzicht, Vergleich
2. Anträge
3. Geständnis und bestimmte Erklärungen
4. Aussagen von Zeugen,[2] Sachverständigen und Parteien
5. Augenscheinsergebnis
6. Entscheidungen
7. Verkündungen
8. Klage- oder Rechtsmittelrücknahme
9. Rechtsmittelverzicht

Anerkenntnis,[3] Verzicht und Vergleich, zu Protokoll erklärte Anträge, Geständnisse und bestimmte Erklärungen, Aussagen der Zeugen, Sachverständigen und Parteien, Ergebnis eines Augenscheins, Klage- oder Rechtsmittelrücknahme und Rechtsmittelverzicht[4] sind den Parteien je nach der Art der Aufzeichnung **vorzulesen,** zur Durchsicht **vorzulegen,** von Tonträgern **abzuspielen** und zu vermerken, daß dies geschehen und Genehmigung erteilt ist, oder welche Einwände erhoben worden sind (§ 162 Abs 1 ZPO); die Verweigerung der Genehmigung steht der Verwertung in der Beweiswürdigung nicht entgegen.[5] 340

Der Kläger erklärte: Ich verzichte auf den geltend gemachten Anspruch.
vorgelesen [*abgespielt*] und genehmigt

Das Protokoll ist vom Vorsitzenden und dem beigezogenen Urkundsbeamten der Geschäftsstelle zu **unterzeichnen.** Die vorläufigen Aufzeichnungen sind zu den Akten zu nehmen oder – soweit ungeeignet – bei der Geschäftsstelle aufzubewahren (§ 160a Abs 3 ZPO).

---

[2] Auch mündlich erteilte, amtliche Auskünfte; BVerwG NJW 88, 2491.
[3] Ein Anerkenntnis ist auch wirksam, wenn es nicht vorgelesen und genehmigt wurde, OLG Frankfurt NJW-RR 88, 574.
[4] Die Wirksamkeit eines Rechtsmittelverzichts ist nicht von ordnungsgemäßer Protokollierung abhängig; BGH NJW 84, 1465, BGH NJW-RR 86, 1327.
[5] BVerwG NJW 86, 3154.

341 **Muster** eines **Protokolls** (nach vorläufiger Aufnahme in Kurzschrift durch Protokollführer):

Amtsgericht Goslar, den 15. Februar 19..
2 C 125/...

Protokoll über die öffentliche Sitzung

Gegenwärtig:
Richter am Amtsgericht Dr Berner
Justizsekretär Seger als Urkundsbeamter der Geschäftsstelle
In dem Rechtsstreit
Mehner gegen Schwarz
erschienen bei Aufruf
1. für den Kläger Rechtsanwalt Dr Fechter,
2. der Beklagte mit Rechtsanwalt Dr Scharf.
Der Anwalt des Klägers stellte den Antrag der Klageschrift (Bl 1 d A) mit der Ergänzung des Schriftsatzes vom 31. Januar 19.. (Bl 5 d A).
Der Anwalt des Beklagten stellte den Antrag, die Klage abzuweisen.
Die Parteien verhandelten sodann zur Sache.
Auf Befragen des Gerichts[6] erklärte der Beklagte:
Ich kann den Beweis dafür, daß ich an den Kläger als Anzahlung für die beiden gelieferten elektrischen Kaffeemühlen am 1. April 19.. den Betrag von 1000 DM gezahlt habe, nicht durch Vorlage von Urkunden oder Benennung von Zeugen führen.
Rechtsanwalt Dr Scharf beantragte darauf Parteivernehmung des Klägers über diese Behauptung.
Der Anwalt des Klägers erklärte, daß dieser bereit sei, sich vernehmen zu lassen.

vorgelesen genehmigt[7]

...
(im frühen ersten Termin folgt der Erlaß eines Beweisbeschlusses – vgl hierzu RdNr 559 –, im Haupttermin die Beweisaufnahme – vgl hierzu RdNr 592).

Dr Berner Seger

342 Bei vorläufiger Aufzeichnung mit einem Tonaufnahmegerät überprüft der Urkundsbeamte der Geschäftsstelle die **Richtigkeit der Übertragung** und bestätigt sie durch seine Unterschrift, auch wenn er nicht zur Sitzung zugezogen war (§ 163 Abs 1 ZPO).

Öffentliche Sitzung Frankfurt, 23. 9. 19..
des Amtsgerichts
31 C 16687/..

In dem Rechtsstreit
Wengler
gegen
Huber

Gegenwärtig:
Richter am Amtsgericht
Alerich
von der Zuziehung eines Urkundsbeamten der Geschäftsstelle wurde abgesehen

erschienen bei Aufruf
...

... (weiter wie RdNr 341)

Alerich

Für die Richtigkeit der Übertragung
Schopp
Justizangestellte als Urkundsbeamtin der Geschäftsstelle

---

[6] § 139 ZPO.
[7] §§ 160 Abs 3 Nr 2, 162 ZPO.

Tonträger können gelöscht werden, wenn die Partei innerhalb eines Monats nach Mitteilung der (nach der Sitzung hergestellten) Protokollabschrift keine Einwendungen erhoben hat oder das Verfahren rechtskräftig abgeschlossen ist (§ 160a Abs 3 ZPO). Ein Verstoß gegen die Aufbewahrungspflicht bleibt folgenlos, solange keine Zweifel an der Richtigkeit der Wiedergabe oder der Deutung einer protokollierten Beweisaufnahme bestehen.[8]

Unrichtigkeiten des Protokolls sind auf Antrag oder von Amts wegen zu **berichtigen** (§ 164 ZPO). Unrichtig ist alles, was falsch aufgenommen worden ist, gleichgültig, ob es sich um offensichtliche Fehler handelt. 343

Goslar, den 20. 2. 19 . .

In Sachen Mehner gegen Schwarz
beantrage ich namens des Beklagten,

das Protokoll der mündlichen Verhandlung vom 15. Februar 19 . . dahin zu berichtigen, daß es statt DM 1000.– richtig DM 100.– heißen muß.

Es war nie die Rede von einer Anzahlung von DM 1000.–, auch der Beklagte hat davon nicht gesprochen.

Rechtsanwalt

Nach **Anhörung** der Parteien und – soweit die Berichtigung deren Aussagen betrifft – der Zeugen und Sachverständigen ist die Berichtigung auf dem Protokoll oder einer mit dem Protokoll zu verbindenden Anlage (mit Verweisung hierauf im Protokoll selbst) zu vermerken. Der Vermerk bzw die Verweisung auf dem Protokoll sind von dem Richter und dem etwa hinzugezogenen Urkundsbeamten der Geschäftsstelle zu unterschreiben; ein förmlicher Beschluß ist nicht erforderlich. 344

Im Protokoll heißt es dann:

Berichtigung

Auf Seite 2 des Protokolls (Blatt . . dA) muß es im drittletzten Absatz statt DM 1000.– richtig

100.– (einhundert) DM

heißen.

Goslar, 4. 3. 19 . .

Dr Berner Seger

Bloße **Übertragungsfehler** (Lese-, Hörfehler) erfordern keine förmliche Berichtigung, solange das Protokoll noch nicht herausgegeben ist; stellt der Richter bei der Unterzeichnung solche Fehler fest, gibt er den Entwurf zusammen mit der vorläufigen Aufzeichnung an den Urkundsbeamten zurück, damit dieser überprüfen kann, daß tatsächlich ein Übertragungsfehler vorliegt. 345

Gegen den Berichtigungsbeschluß oder dessen Ablehnung ist ein **Rechtsmittel** nicht gegeben.[9] 346

---

[8] BVerwG NJW 88, 2491.

[9] OLG Hamm NJW 89, 1680, Thomas-Putzo § 164 Anm 2.

III. Ablehnung eines Richters

ZPO §§ 41–48
BRAGO § 37 Nr 3

350 Ein Verfahrensbeteiligter – die Parteien und Streitgehilfen, nicht aber der Prozeßbevollmächtigte im eigenem Namen – kann einen Richter ablehnen, wenn entweder ein **Ausschließungsgrund** vorliegt (§ 41 ZPO) oder wenn die **Besorgnis der Befangenheit** begründet ist (§ 42 ZPO). Besorgnis der Befangenheit besteht, wenn der Beteiligte einen vernünftigen Grund vorbringen kann, der von seinem Standpunkt aus bei objektiver Betrachtungsweise befürchten läßt, daß der Richter nicht unparteiisch entscheiden werde (§ 42 Abs 2 ZPO). Wer sich bei dem Richter bereits auf eine Verhandlung eingelassen oder Anträge gestellt hat, kann den Richter nachträglich nur noch dann ablehnen, wenn der Ablehnungsgrund später entstanden oder dem Ablehnenden erst später bekannt geworden ist, was glaubhaft zu machen ist (§§ 43, 44 Abs 4 ZPO).

Auch wenn ein Ablehnungsgesuch nicht angebracht ist, hat jeder Richter die **Amtspflicht zur Anzeige** der betreffenden Tatsachen iS der §§ 41 und 42 ZPO, auch wenn er sich selbst nicht für befangen hält (§ 48 ZPO).

351 Das **Ablehnungsgesuch** bedarf keiner Form. Der Ablehnungsgrund ist glaubhaft zu machen. Die eidesstattliche Versicherung der ablehnenden Partei ist nicht zugelassen, wohl aber das Zeugnis des abgelehnten Richters (§ 44 Abs 2 ZPO).

Der Richter muß sich zu dem Ablehnungsgesuch **dienstlich äußern** (§ 44 Abs 3 ZPO).

In der Zeit zwischen Eingang des Gesuchs und der rechtskräftigen Entscheidung[10] über die Ablehnung darf der Richter in dem Ausgangsverfahren nur solche Handlungen vornehmen, die keinen Aufschub dulden, also einer Partei wesentliche Nachteile ersparen,[11] etwa Erlaß von Arrest und einstweiliger Verfügung, Terminsaufhebung, Schlußverteilung im Konkurs.[12]

352 Bei Kollegialgerichten entscheidet über das Ablehnungsgesuch grundsätzlich die **Kammer** bzw der **Senat,** dem der abgelehnte Richter angehört. Für ihn tritt der nach der Geschäftsverteilung bestimmte Vertreter ein. Erst wenn die Vertretungsregelung erschöpft ist, das Gericht also beschlußunfähig wird, entscheidet das im Rechtszug nächsthöhere Gericht (§ 45 Abs 1 ZPO).

Wird ein **Amtsrichter** abgelehnt, so entscheidet das Landgericht, in Kindschaftssachen und bei Ablehnung eines Familienrichters das Oberlandesgericht. Hält der Amtsrichter das Ablehnungsgesuch für begründet, so bedarf es keiner Entscheidung. Der Richter gibt die Sache dann seinem geschäftsplanmäßigen Vertreter ab (§ 45 Abs 2 Satz 2 ZPO). Andernfalls legt er die Sache dem Landgericht zur Entscheidung vor.

Das Landgericht entscheidet auch, wenn der Amtsrichter sich selbst wegen der Besorgnis der Befangenheit ablehnt; ist nämlich ein Ablehnungsgesuch nicht angebracht, macht der Amtsrichter aber selbst von einem Verhältnis Anzeige, das seine Ablehnung rechtfertigen könnte (§ 48 ZPO), so kann der Richter die Sache nicht

---

[10] BFH BB 75, 259, BayObLG MDR 88, 500.
[11] BPatG GRUR 85, 373.
[12] BVerfG KTS 88, 311.

ohne weiteres dem Vertreter übergeben. § 45 Abs 2 Satz 2 ZPO findet hier keine Anwendung.[13] Die Anzeige ist dann dem Landgericht zur Entscheidung vorzulegen. Diese ergeht ohne Anhörung der Parteien (§ 48 Abs 2 ZPO). Erklärt das Landgericht die Selbstablehnung für unbegründet, so steht dem betroffenen Amtsrichter keine Beschwerde zu.[14]
Ausnahmsweise darf und muß das Gericht in der bisherigen Besetzung über die Ablehnung entscheiden, wenn das Gesuch eindeutig nur der **Prozeßverschleppung** dient oder sonst offensichtlich **rechtsmißbräuchlich** ist.[15]

Ablehnungsgesuch 353

Geschäftsstelle des Amtsgerichts Goslar, den 15. Januar 19 . .
Es erschien der Gemüsehändler Wilhelm Großkopf, Goslar, Siemensstraße 2, und erklärte:
In dem Rechtsstreit des Kaufmanns Walter Schirner gegen mich lehne ich den Richter am Amtsgericht Dr Berner wegen Besorgnis der Befangenheit ab.
Wie ich durch einen Angestellten des Klägers erfahren habe, hat der amtierende Richter den Kläger, mit dem er näher bekannt ist, in den Fragen, die Gegenstand des vorliegenden Rechtsstreits bilden werden, beraten. Ich muß deshalb befürchten, daß der Richter nicht unparteiisch sachlich entscheiden wird.
Zur Glaubhaftmachung beziehe ich mich auf das Zeugnis des abgelehnten Richters.
vorgelesen genehmigt unterschrieben

Erster Fall: Der Amtsrichter hält das Ablehnungsgesuch für begründet: 354

1. Vermerk. Ich habe zwar den Kläger in den Fragen, die Gegenstand des vorliegenden Rechtsstreits bilden werden, nicht beraten, bin aber mit ihm näher befreundet. Ich möchte mich deshalb der Bearbeitung enthalten. Das Ablehnungsgesuch halte ich für begründet.
2. Vorzulegen dem Herrn Vertreter laut Geschäftsverteilungsplan.
Goslar, den 15. Januar 19 . . Dr Berner

Zweiter Fall: Der Amtsrichter hält das Ablehnungsgesuch für unbegründet: 355

Urschriftlich mit Akten dem Landgericht Braunschweig
zur Entscheidung über das Ablehnungsgesuch des Beklagten vorgelegt.
Über den Ablehnungsgrund äußere ich mich dienstlich wie folgt:
Ich kenne den Kläger nur flüchtig und bin mit ihm nicht näher bekannt. Ich habe ihm auch in dem vorliegenden Rechtsstreit keinen Rechtsrat erteilt. Der Kläger ist allerdings vor längerer Zeit in meinem Dienstzimmer erschienen, um mich in dieser Sache um Rat zu fragen. Ich habe seiner Bitte aber nicht entsprochen und ihn an die Geschäftsstelle (Justizinspektor Born) verwiesen. Dort ist er auch erschienen, um seine Klage aufnehmen zu lassen.
Goslar, den 15. Januar 19 . . Dr Berner
Richter am Amtsgericht

Die **Entscheidung** des Gerichts über das Ablehnungsgesuch ergeht durch Beschluß ohne mündliche Verhandlung. Der entscheidende Teil des Beschlusses lautet: 356

Das Ablehnungsgesuch des ... gegen den Richter am ... wird für begründet (unbegründet) erklärt.

---

[13] BGH NJW 70, 1644, Baumbach-Lauterbach § 48 ZPO Anm 2D, Thomas-Putzo § 48 ZPO Anm 2, aA Metzner ZZP 84 Bd 97, 196.
[14] OLG Celle NdsRpfl 66, 118, OLG Bremen FamRZ 76, 112.
[15] BVerfG MDR 61, 26, BGH LM § 42 Nr 5, BVerwG NJW 88, 722 mwNachw.

357 Gegen den Beschluß, durch den das Gesuch für begründet erklärt wird, findet kein **Rechtsmittel**, gegen den Beschluß, durch den das Gesuch für unbegründet erklärt wird, findet sofortige Beschwerde statt (§ 46 Abs 2 ZPO); das letztere gilt nicht für Entscheidungen der Oberlandesgerichte (§ 567 Abs 3 S 1 ZPO).

IV. Sicherheitsleistung für die Prozeßkosten

GG Art 116
ZPO §§ 110–113, 108–109
HinterlO
RpflG § 20 Nr 3
BRAGO § 37 Nr 3
HZPrAbk bzw HZPrÜbk Art 17
Europäisches Niederlassungsabkommen v 13. 12. 55 (BGBl 59 II 997) Art 9
AHKG Nr 23 (AHKABl 50, 140) Art 3
G über die Rechtsstellung heimatloser Ausländer v 25. 4. 51 (BGBl 51 I 269) § 11
Flüchtlingskonvention v 28. 7. 51 (BGBl 53 II 559) Art 16
Übereinkommen über die Rechtsstellung der Staatenlosen v 28. 9. 54 (BGBl 76 II 473) Art 16
Zusatzabkommen zum Nato-Truppenstatut v 3. 8. 59 (BGBl 61 II 1218) Art 31

360 **Angehörige fremder Staaten und Staatenlose** mit Wohnsitz im Ausland haben als Kläger – also nicht bei Arrest, einstweiliger Verfügung – dem Beklagten auf dessen Verlangen Sicherheit wegen der Prozeßkosten zu leisten, soweit nicht Gegenseitigkeit verbürgt ist oder eine sonstige Ausnahme des § 110 Abs 2 ZPO (Urkunden- oder Wechselprozeß, Widerklagen, Klagen auf öffentliche Aufforderung – §§ 946ff ZPO – oder aus im Grundbuch eingetragenen Rechten) gegeben ist. Die Beweislast für einen Befreiungsgrund trägt der Kläger.[16]

361 Nicht zur Sicherheitsleistung verpflichtet sind nach der **HZPrÜbk** die Angehörigen folgender europäischer Staaten: Belgien, Dänemark, Finnland, Frankreich, Island, Italien, Jugoslawien, Luxemburg, Niederlande, Norwegen, Österreich, Polen, Portugal, Rumänien, Schweden, Schweiz, Spanien, Tschechoslowakei, UdSSR, Ungarn, Vatikanstadt, aufgrund anderer **Verträge** oder innerstaatlichen Rechts: Bulgarien,[16] Griechenland, Großbritannien und Nordirland, Liechtenstein, Türkei, Zypern.
Wegen der übrigen Staaten vgl Baumbach-Lauterbach, Anhang zu § 110 ZPO, allerdings mit der gebotenen Vorsicht bei Anhaltspunkten für Zweifel.[17] Verschleppte Personen, heimatlose Ausländer, Flüchtlinge und Vertriebene sind den Inländern gleichgestellt. Für Mitglieder der Stationierungs-Streitkräfte vgl Art 31 Zusatzabkommen zum Nato-Truppenstatut. Staatsbürger und juristische Personen der DDR sind nicht sicherheitspflichtig, solange Gegenseitigkeit besteht.[18]

---

[16] BGH NJW 82, 1223
[17] Vgl die Erfahrungen des LG Nürnberg-Fürth MDR 89, 74.
[18] BGH Rpfleger 73, 15.

Erster Fall: Der Kläger **erkennt** die Pflicht zur Sicherheitsleistung dem Grund und der Höhe nach **an:** 362

Amtsgericht Goslar, den 15. Januar 19..
9 C 45/..

Protokoll über die öffentliche Sitzung

Gegenwärtig:
Richter am Amtsgericht Dr Berner
Justizsekretär Seger als Urkundsbeamter.
In dem Rechtsstreit
Saitis gegen Sander
erschienen bei Aufruf:
1. für den Kläger Rechtsanwalt Dr Fechter,
2. der Beklagte.
Der Beklagte erklärte:
Der Kläger ist staatenlos und hat seinen Wohnsitz nicht im Inland. Ich erhebe die prozeßbehindernde Einrede der mangelnden Sicherheit für die Prozeßkosten und verlange Sicherheitsleistung in Höhe von 400 DM.
Rechtsanwalt Dr Fechter erkannte die Pflicht der Sicherheitsleistung an.

Beschlossen und verkündet:

1. Der Kläger hat dem Beklagten binnen eines Monats wegen der Prozeßkosten Sicherheit in Höhe von 400 DM zu leisten.
2. Neuer Termin zur mündlichen Verhandlung wird auf den 22. Februar 19.. bestimmt.

Dr Berner Seger

Soweit das Gericht keine Bestimmung getroffen hat und die Parteien nichts vereinbart haben, erfolgt die Sicherheitsleistung durch Hinterlegung (§ 108 ZPO), idR von Geld.

Zweiter Fall: Der Kläger **erkennt** die Pflicht zur Sicherheitsleistung dem Grund oder der Höhe nach **nicht an.** Auch ohne Anordnung nach § 280 ZPO ist über die Einrede abgesondert zu verhandeln. Die Entscheidung ergeht durch Zwischenurteil. 363

Wird die Sicherheitsleistung angeordnet, lautet die Niederschrift:

Zwischenurteil

Der Kläger hat dem Beklagten binnen eines Monats wegen der Prozeßkosten Sicherheit in Höhe von 400 DM zu leisten.

Das Zwischenurteil ist unanfechtbar.[19]

Wird die prozeßhindernde Einrede verworfen, lautet die Niederschrift:

Zwischenurteil

Die Einrede der mangelnden Sicherheit für die Prozeßkosten wird verworfen.

Das verwerfende Zwischenurteil ist mit Tatbestand und Entscheidungsgründen abzusetzen. Es ist mit Rechtsmitteln anfechtbar (§ 280 Abs 2 ZPO).

---

[19] Demharter MDR 86, 186 mwNachw, Thomas-Putzo §§ 113 Anm 2, 280 Anm 2b, BGH Rpfleger 65, 224, NJW 74, 238.

364 **Dritter Fall:** Die **Sicherheit** ist **nicht geleistet** worden:

Amtsgericht Goslar, den 25. Januar 19..

...

erschienen bei Aufruf
1. für den Kläger Rechtsanwalt Dr Fechter,
2. der Beklagte.

Der Vertreter des Klägers erklärt, daß er den Nachweis der Sicherheitsleistung nicht erbringen könne.[20]

Der Beklagte beantragt, die Klage für zurückgenommen zu erklären.

Der Vertreter des Klägers widerspricht.

erkannt und verkündet:

Die Klage wird für zurückgenommen erklärt.

Der Kläger trägt die Kosten des Rechtsstreits.

Das Urteil ist hinsichtlich der Kostenentscheidung vorläufig vollstreckbar.[21]

Dr Berner Seger

365 Ist die Veranlassung für die Sicherheitsleistung entfallen, zB weil der Kläger die deutsche Staatsangehörigkeit erworben oder in der Hauptsache obsiegt hat, kann die Partei, die Sicherheit geleistet hat, schriftlich oder zu Protokoll der Geschäftsstelle beantragen, eine Frist zu bestimmen, binnen der ihr der Gegner die Einwilligung in die **Rückgabe der Sicherheit** zu erklären oder die Erhebung der Klage wegen seiner Ansprüche nachzuweisen hat (§ 109 ZPO). Das Verfahren nach § 109 ZPO ist neben dem nach § 715 ZPO auch anwendbar, wenn im Hinblick auf die vorläufige Vollstreckbarkeit eines Urteils Sicherheit geleistet worden ist. Wegen der Einzelheiten s Bd 1b RdNr 300ff, 310ff.

Antrag:

Paria Saitis Frankfurt, den 20. 2. 19..
Körnerstraße 173

Amtsgericht
3380 Goslar

In Sachen Saitis gegen Sander
– 9 C 45/.. –

überreiche ich in der Anlage Bescheinigung der Meldebehörde und Bestätigung der Anmeldung zum Gewerberegister der Stadt Frankfurt, woraus sich ergibt, daß ich nunmehr meinen Wohnsitz in der Bundesrepublik Deutschland habe.[22] Ich beantrage daher,

dem Beklagten eine Frist zur Einwilligung in die Rückgabe der von mir geleisteten Sicherheit oder zur Klageerhebung zu setzen.

366 **Fristsetzung:**

9 C 45/..

Beschluß

In dem Rechtsstreit
Saitis gegen Sander

wird dem Beklagten eine Frist von 2 Wochen gesetzt, binnen der er die Einwilligung in die Rückgabe der Sicherheit für die Prozeßkosten in Höhe von 400 DM zu erklären

---

[20] Die Sicherheit kann auch noch nach Fristablauf, jedoch nur bis zur Entscheidung geleistet werden (§ 113 ZPO).

[21] § 708 Nr 11 ZPO.

[22] Vgl § 110 Abs 1 S 2 ZPO.

oder die Erhebung der Klage wegen seiner Ansprüche nachzuweisen hat. Der Kläger hat nachgewiesen, daß er jetzt seinen Wohnsitz im Inland hat und damit die Veranlassung für die Sicherheitsleistung weggefallen ist (§§ 109, 110 ZPO).
Goslar, den 25. Februar 19 . .

Amtsgericht
Schneider
Rechtspfleger[23]

Der Beschluß ist dem Beklagten zuzustellen.

Ist die Auflage nach Ablauf der Frist nicht erfüllt, wird auf neuen Antrag der Partei, 367
die Sicherheit geleistet hatte, die **Rückgabe angeordnet:**

Beschluß

In dem Rechtsstreit . . .
wird die Rückgabe der von dem Kläger bei der Hinterlegungsstelle zum Aktenzeichen . . . hinterlegten Sicherheit in Höhe von 400 DM angeordnet.
Goslar, den 16. März 19 . .

Amtsgericht
Schneider
Rechtspfleger[23]

V. Zulassung Prozeßunfähiger, Prozeßpflegerbestellung

ZPO §§ 51–59, 329 Abs 3, 567
BRAGO § 37 Nr 3
BGB §§ 104–115

Prozeßfähigkeit ist die Fähigkeit, Prozeßhandlungen selbst und durch selbstbestellte 368
Vertreter wirksam vor- und entgegenzunehmen.[24] Prozeßfähig ist, wer sich durch Vertrag verpflichten kann (§ 52 ZPO); dies richtet sich nach bürgerlichem Recht (§ 51 Abs 1 ZPO), im wesentlichen also nach den §§ 104–115 BGB. Prozeßunfähig sind danach Geschäftsunfähige (§ 104 BGB), beschränkt Geschäftsfähige (§§ 106, 114 BGB), juristische Personen und Handelsgesellschaften sowie Geschäftsfähige, für die ein Pfleger den Rechtsstreit führt (§ 53 ZPO). Prozeßunfähigkeit ist eine von Amts wegen zu berücksichtigende Prozeßvoraussetzung (§ 56 Abs 1 ZPO); fehlt sie, kann ein Urteil in der Sache selbst nicht ergehen, die Klage ist vielmehr als unzulässig abzuweisen.
Das Gericht kann allerdings eine prozeßunfähige Partei vorläufig zur Prozeßführung zulassen, wenn die Behebung des Mangels in einem zumutbaren Zeitraum möglich erscheint und außerdem Gefahr im Verzug für die prozeßunfähige Partei besteht (§ 56 Abs 2 ZPO).

---

[23] § 20 Nr 3 RpflG.
[24] Rosenberg-Schwab § 44 I.

369 Klage mit **Antrag auf vorläufige Zulassung**

Klage 9. 11. 19..
des minderjährigen, am 6. 7. 19.. geborenen, Peter Jung,
Wiesenweg 2, 6233 Kelkheim, – Kläger –
Prozeßbevollmächtigter: Rechtsanwalt Dr Zehner, Kelkheim
gegen
Hubert Raser, Niederstraße 33, 6230 Frankfurt-Höchst
– Beklagter –
Streitwert: vorläufig mindestens 50000.– DM

Im Namen und in Vollmacht des Klägers erhebe ich Klage und beantrage,

den Beklagten zur Zahlung eines angemessenen, der Höhe nach in das Ermessen des Gerichts gestellten Schmerzensgelds zu verurteilen,

sowie

den Kläger vorläufig zur Prozeßführung zuzulassen.

Der Beklagte hat gestern am 8. 11. 19.. gegen 20 Uhr einen schweren Verkehrsunfall allein verschuldet. Infolge überhöhter Geschwindigkeit und fehlender Fahrtüchtigkeit wurde er in volltrunkenem Zustand mit seinem PKW auf der Landstraße zwischen Kelkheim und Hofheim, 300 m südwestlich des Hofes Hausen, aus der – in seiner Fahrtrichtung gesehen – scharfen Rechtskurve getragen und prallte frontal auf den aus Richtung Hofheim entgegenkommenden PKW des Paul Alt, Wiesenweg 2, Kelkheim, der mit der zulässigen Geschwindigkeit von 40 km/h den äußerst rechten Fahrbahnrand der schmalen Straße befuhr.

Beweis: Unfallaufnahme der Polizei Hofheim, Tagebuch Nr .../..

Paul Alt verstarb noch an der Unfallstelle. Der Kläger wurde schwerverletzt mit dem Rettungshubschrauber in die Universitätsklinik Frankfurt gebracht; er schwebt in Lebensgefahr, seine völlige Wiederherstellung ist angesichts schwerer innerer Verletzungen zweifelhaft, allenfalls nach monatelangem Krankenhausaufenthalt möglich.

Beweis: Sachverständiges Zeugnis des Dr. med. Bernd Meske.

Ein Schmerzensgeld von mindestens 50000.– DM ist angemessen; zur Höhe werde ich noch genauer Stellung nehmen, sobald der Heilungsverlauf absehbar ist.

Der Vollständigkeit halber weise ich daraufhin, daß mich der Kläger im Weg der Übermittlung durch die Krankenschwester Rita beauftragt hat, seine Rechte wahrzunehmen.

Beweis: Zeugnis der Schwester Rita, deren Namen und Anschrift ich im Fall des Bestreitens nachreichen werde.

Ich bitte,

gemäß § 65 Abs 7 S 1 Nr 4 GKG die Klage sofort ohne Gebührenvorschuß zuzustellen.

Ich versichere als Prozeßbevollmächtigter des Klägers, daß eine Verzögerung der Zustellung durch Streitwertfestsetzung und Kostenanforderung einen nicht zu ersetzenden Schaden nach ziehen kann, weil der Kläger noch nicht außer Lebensgefahr ist. [*Vorsorglich übernehme ich für den Prozeßkostenvorschuß die persönliche Haftung.*]

Der Antrag auf vorläufige Zulassung des Klägers zur Prozeßführung ist erforderlich, weil der Kläger derzeit keinen gesetzlichen Vertreter mehr hat; denn der bei dem Unfall verstorbene Paul Alt war der Vormund des Klägers. Die Gefahr im Verzug ergibt sich aus den obigen Darlegungen. Ich habe mit gleicher Post dem Vormundschaftsgericht Anzeige von dem Tod des Paul Alt gemacht und – unter Hinweis auf obige Anträge – um die alsbaldige Bestellung eines neuen Vormunds gebeten.

Beweis: Abschrift des Schriftsatzes vom 9. 11. 19..

Dr Zehner
Rechtsanwalt

Entscheidung:

Beschluß

Im Rechtsstreit
Jung gegen Raser
wird der minderjährige Kläger bis zur Bestellung eines neuen Vormunds vorläufig zur Prozeßführung zugelassen; es besteht Gefahr im Verzug, weil dem Kläger im Fall seines Todes der Verlust von Schmerzensgeldansprüchen droht.[24a] Dem Kläger wird Frist zum Nachweis der Bestellung eines neuen Vormunds bis zum 9. 2. 19.. gesetzt.

Frankfurt am Main, 9. 11. 19..
Landgericht, 30. Zivilkammer

Dr Pausch *Kuhl* *Herner*

Soll eine nicht prozeßfähige Partei verklagt werden, die – auch nur vorübergehend[25] – ohne gesetzlichen Vertreter ist,[26] hat ihr der Vorsitzende des Prozeßgerichts, falls mit dem Verzug Gefahr für den Kläger verbunden ist, auf Antrag einen besonderen Vertreter zu bestellen. Die Auswahl obliegt dem Vorsitzenden, ein Vorschlag des Klägers ist sinnvoll. Der Bestellte, zweckmäßigerweise ein beim Prozeßgericht zugelassener Rechtsanwalt, muß das Amt nicht annehmen; nimmt er es an, steht ihm die übliche Vergütung zu. 370

Antrag:

An das Amtsgericht Goslar
In Sachen des Maurers Erich Mai in Goslar, Breitestraße 12, Antragstellers,
gegen
den minderjährigen Schüler Franz Schorn, Goslar, Breitestraße 13, Antragsgegner,
wegen Schadensersatz aus unerlaubter Handlung
beabsichtige ich, gegen den Antragsgegner Klage auf Schadensersatz aus einem Verkehrsunfall vom ... zu erheben. Der Sachverhalt ergibt sich aus anliegendem Klageentwurf. Der Antragsgegner ist zur Zeit ohne gesetzlichen Vertreter, weil sein Vormund am ... in ... verstorben ist.
Beweis: ...
Gefahr ist im Verzug, weil ...
Ich beantrage,
dem Beklagten gemäß § 57 ZPO einen besonderen Vertreter zu bestellen.

Entscheidung: 371

Die Bestellung erfolgt durch Verfügung, die Zurückweisung des Antrags durch Beschluß.

Verfügung

In Sachen ...
wird [*mit seinem Einverständnis*] Rechtsanwalt Voß in Goslar zum besonderen Vertreter des Antragsgegners bis zum Eintritt seines gesetzlichen Vertreters für die anhängig zu machende Klage wegen Schadensersatz aus dem Verkehrsunfall vom 8. Dezember 19.. bestellt (§ 57 ZPO).
Goslar, den 7. Januar 19..

Amtsgericht
Dr Berner
Richter am Amtsgericht

24a Aufgrund des Gesetzes zur Änderung des BGB v 14. 3. 1990 ist seit dem 1. 7. 1990 § 847 Abs 1 Satz 2 BGB gestrichen und damit der Schmerzensgeldanspruch vererblich, sodaß Gefahr im Verzug in dieser Weise nicht mehr begründet werden kann.
25 BGH FamRZ 64, 76.
26 zB eine GmbH, die keinen Geschäftsführer mehr hat, LAG Hannover MDR 85, 170.

372 Schließlich kann auf Antrag des Klägers für den **Aneignungsberechtigten** eines **herrenlosen Grundstücks** oder **Schiffs** von dem Vorsitzenden des Prozeßgerichts ein Prozeßpfleger bestellt werden, dem bis zur Eintragung des neuen Eigentümers die Wahrnehmung der sich aus dem Eigentum ergebenden Rechte und Pflichten obliegt (§ 58 ZPO).

Entscheidung:

Verfügung

Der Fabrikant Max Greiner in Hanau ist Gläubiger einer Darlehenshypothek von 10000 DM, mit der das in Frankfurt, Waldstraße 1 belegene, im Grundbuch von Frankfurt Band 40 Blatt 1203 eingetragene Grundstück belastet ist. Er will den Grundeigentümer auf Zahlung und Duldung der Zwangsvollstreckung in das Grundstück verklagen. Der bisherige Eigentümer hat das Eigentum aufgegeben. Der Aneignungsberechtigte hat es noch nicht erworben.

Auf Antrag des Gläubigers wird deshalb der Justizinspektor iR Voß in Frankfurt zum Vertreter bestellt, dem bis zur Eintragung eines neuen Eigentümers die Wahrnehmung der sich aus dem Eigentum ergebenden Rechte und Verpflichtungen im Rechtsstreit obliegt (§ 58 ZPO).

Frankfurt, den 7. Januar 19..

Landgericht, 7. Zivilkammer
Der Vorsitzende
Trenkle

373 **Rechtsmittel**

Die vorläufige Zulassung des Prozeßunfähigen sowie die Bestellung des Prozeßpflegers sind unanfechtbar. Der bestellte Vertreter muß das Amt aber nicht annehmen. Gegen die Zurückweisung, die durch zuzustellenden Beschluß zu erfolgen hat, ist Beschwerde möglich (§ 567 ZPO).

VI. Streithilfe

ZPO §§ 66–71
BRAGO § 37 Nr 3

Schrifttum:
Kittner, Streithilfe und Streitverkündung, Jus 85, 703ff.

380 **Erklärung des Beitritts**

Die Streithilfe ist die Beteiligung am Rechtsstreit anderer. Voraussetzung der Streithilfe (Nebenintervention) ist ein rechtliches Interesse am Sieg derjenigen Prozeßpartei, der der Streithelfer beitritt (§ 66 ZPO). Der Beitritt geschieht durch eine beiden Parteien zuzustellende Beitrittserklärung; diese muß die Bezeichnung der Parteien und des Rechtsstreits sowie die bestimmte Angabe des Interesses enthalten, das der Streithelfer hat (§ 70 ZPO).

Geschäftsstelle des Amtsgerichts[27] Goslar, den 18. Januar 19..

Es erschien der Kaufmann Rudolf Bohl, Cellerstraße 51, Goslar und erklärte:

In dem Rechtsstreit König gegen Schnabel hat der Kläger Klage auf Zahlung von 3000 DM nebst 4% Zinsen seit Klagezustellung erhoben. Der Forderung liegt eine Warenlieferung des Klägers an den Beklagten vom 1. August 19.. zugrunde. Für die

[27] Eine Erklärung zu Protokoll ist nur bei dem Amtsgericht möglich, bei dem Landgericht herrscht also Anwaltszwang.

Erfüllung der Verbindlichkeit des Beklagten habe ich die selbstschuldnerische Bürgschaft übernommen. Ich habe deshalb ein rechtliches Interesse daran, daß der Beklagte in dem Rechtsstreit obsiegt. Zur Glaubhaftmachung werde ich die Bürgschaftsurkunde überreichen.[28]
Ich trete dem Beklagten als Streithelfer in dem Rechtsstreit bei und beantrage,
die Klage abzuweisen,
vorgelesen genehmigt unterschrieben

Verhandlung im Termin 381

Das Gericht prüft von Amts wegen auf die Beitrittserklärung hin, ob der Streithelfer partei-, prozeß- und postulationsfähig sowie nach den gesetzlichen Regeln wirksam vertreten ist, auf Antrag, die Streithilfe zurückzuweisen, das Interventionsinteresse und entscheidet bei Fehlen einer Prozeßvoraussetzung in der Person des Streithelfers sowie im Fall des Widerspruchs einer Partei gegen den Beitritt nach mündlicher Verhandlung mit allen drei Beteiligten durch Zwischenurteil[29] (§ 71 Abs 1 ZPO).

Amtsgericht Goslar, den 25. Januar 19..
Gegenwärtig:
Richter am Amtsgericht Dr Berner
Justizassistent Klee als Urkundsbeamter der Geschäftsstelle.
In dem Rechtsstreit
König gegen Schnabel
erschienen bei Aufruf:
1. für den Kläger Rechtsanwalt Meier,
2. der Beklagte,
3. dessen Streithelfer Bohl.
Der Vertreter des Klägers erklärte, daß die Bürgschaft des Streithelfers nach ihrem Wortlaut nicht die eingeklagte Schuld erfasse. Er beantragte,
die Nebenintervention zurückzuweisen.
Der Streithelfer beantragte
Zulassung der Nebenintervention.
Er legte zur Glaubhaftmachung die Bürgschaftserklärung vor, die zum Gegenstand der Verhandlung gemacht wurde.
Der Beklagte stellte im Zwischenstreit keine Anträge.

erkannt und verkündet:
Zwischenurteil[30]

1. Fall: Die Streithilfe ist **zulässig:**

Der Streithelfer Bohl wird zugelassen.[31]

2. Fall: Die Streithilfe ist **unzulässig:**

1. Die Streithilfe (Nebenintervention) wird zurückgewiesen.
2. Die Kosten des Zwischenstreits trägt der Streithelfer Bohl.[32]

Dr Berner Klee

Gegen das Urteil findet sofortige Beschwerde statt (§ 71 Abs 2 ZPO).

---

[28] Vgl § 71 Abs 1 S 2 ZPO.
[29] Die Entscheidung kann auch mit dem Endurteil verbunden werden; BGH NJW 82, 2070.
[30] Das Urteil ist vollstreckbar (§ 794 Nr 3 ZPO).
[31] Im Hinblick auf § 101 ZPO ohne Kostenentscheidung, vgl Thomas Putzo § 71 Anm 2 a.
[32] § 91 Abs 1 ZPO entsprechend (BAG NJW 68, 73).

382 **Wirkung**

Der Nebenintervenient tritt neben die Partei, wird aber nicht selbst Partei. Den Rechtsstreit muß er in der Lage annehmen, in welchem sich dieser im Zeitpunkt seines Beitritts befindet. Er unterstützt die Partei und darf dazu alle Prozeßhandlungen und Erklärungen vornehmen, die auch die Partei ergreifen kann; allerdings darf er sich nicht in Widerspruch zu dem Vorbringen der unterstützten Partei setzen (§ 67 ZPO), muß sich also deren Willen unterordnen. Der Nebenintervenient kann daher Tatsachen vorbringen und bestreiten, Einwendungen und Einreden[33] erheben, Beweise antreten – wobei er selbst Zeuge sein kann –; ein Rechtsmittel kann von dem Streithelfer – ausschließlich oder neben[34] der Hauptpartei – nur so lange eingelegt werden, als die Frist für die Hauptpartei läuft – es gibt keine gesonderte Rechtsmittelfrist für den Streithelfer, deshalb muß ihm auch das Urteil nicht von Amts wegen zugestellt werden.[35]
Der Streithelfer wird gemäß § 68 ZPO im Verhältnis zur Hauptpartei nicht mit der Behauptung gehört, der Rechtsstreit sei unrichtig entschieden. Die **Bindungswirkung** der Nebenintervention erstreckt sich in einem folgenden Prozeß zwischen Streithelfer und Hauptpartei auf die tatsächlichen und rechtlichen Feststellungen des Vorprozesses, soweit sie der Hauptpartei (für den Folgeprozeß) günstig[36] sind und das erste Urteil auf ihnen beruht. Ist im Ausgangsprozeß die Hauptpartei aus Gründen der Beweislast – non liquet – unterlegen, steht für den Folgeprozeß nicht schon das Gegenteil der nicht festgestellten Tatsache fest, und die Hauptpartei kann – wenn sie beweispflichtig ist – abermals aus Gründen der Beweislast unterliegen.[37] Die Bindungswirkung kann der Streithelfer nur beseitigen, indem er im Folgeprozeß darlegt und beweist, daß er durch Erklärungen und Handlungen der Hauptpartei daran gehindert worden ist, bestimmte Angriffs- und Verteidigungsmittel geltend zu machen, oder daß ihm damals unbekannte Angriffs- und Verteidigungsmittel von der unterstützten Partei absichtlich oder durch grobes Verschulden nicht vorgebracht worden sind; diese nun erstmals vorgebrachten Mittel müssen geeignet gewesen sein, eine andere Entscheidung im Vorprozeß herbeizuführen,[38] weil nur dann die Rede davon sein kann, der Vorprozeß sei mangelhaft geführt.

---

[33] Auch die Verjährungseinrede, BGH VersR 85, 80.
[34] BGH NJW 82, 2069.
[35] BGH NJW 86, 257.
[36] BGH NJW 87, 2874.
[37] BGH NJW 83, 820 mit Anm Baumgärtel JZ 83, 352 und Oertel JR 83, 419.
[38] Rosenberg-Schwab § 47 IV 6d.

VII. Streitverkündung

ZPO §§ 72–77
BRAGO § 37 Nr 3
Schrifttum:
Eibner, Aktuelle Probleme des Streitverkündungsrechts, JurBüro 88, 149, 281

Streitverkündung ist die förmliche Benachrichtigung eines Dritten von einem anhängigen[39] Rechtsstreit durch eine Prozeßpartei mit der Wirkung, daß der Streitverkündungsempfänger später nicht einwenden kann, der Rechtsstreit sei unrichtig entschieden oder schlecht geführt worden (Näheres vgl RdNr 391). Die Streitverkündung unterbricht auch die Verjährung (§§ 209 Nr 4, 215 BGB). Voraussetzung für die Streitverkündung ist, daß die Partei für den Fall des ungünstigen Ausgangs des Rechtsstreits einen Anspruch auf Gewährleistung oder Schadloshaltung gegen einen Dritten erheben zu können glaubt oder den Anspruch eines Dritten besorgt (§ 72 Abs 1 ZPO). Die Streitverkündung geschieht durch Einreichung eines Schriftsatzes beim Prozeßgericht, den die Geschäftsstelle dem Streitverkündungsempfänger zustellen und dem Prozeßgegner mitteilen muß (§ 73 ZPO). 390
Die Erklärung kann beim Amtsgericht auch zu Protokoll erfolgen (§ 496 ZPO); beim Landgericht besteht kein Anwaltszwang.[40]

Geschäftsstelle des Amtsgerichts Goslar, den 18. Januar 19..
Es erschien der Koch Ernst Schnabel aus Goslar, Waldstraße 4, und erklärte:
In dem Rechtsstreit des Kaufmanns Wilhelm König, Goslar, Bergstraße 10 gegen mich verkünde ich dem Fabrikanten Erich Müller in Goslar, Bahnhofstraße 1 den Streit und fordere ihn zum Beitritt auf.
König hat mich auf Zahlung von 3000 DM nebst Zinsen für am 1. August 19.. gelieferte Waren verklagt. Verhandlungstermin steht am 25. Januar 19.. 10 Uhr vor dem Amtsgericht Goslar Zimmer 17 an.
Der Kläger hat seine Forderung durch Urkunde vom 23. Dezember 19.. an Müller abgetreten. Müller hat die Abtretung angenommen. Ich muß im Fall des Unterliegens Ansprüche des Streitverkündeten besorgen.
vorgelesen genehmigt unterschrieben

Die Voraussetzungen der Streitverkündung werden im anhängigen Prozeß nicht geprüft, sondern im folgenden Rechtsstreit zwischen Streitverkündungsempfänger und Streitverkünder. Ob der Dritte, dem die Streitverkündung zugestellt wird, dem Rechtsstreit beitritt und welcher Partei, bleibt seiner Entschließung überlassen. Für einen Beitritt auf seiten des Gegners des Streitverkünders ergibt sich sein rechtliches Interesse iS § 66 Abs 1 ZPO am Ausgang des Rechtsstreits schon aus dem Umstand, daß ihm der Streit verkündet wurde und ein Urteil Bindungswirkung für ihn entfallen kann. Tritt er bei, so wird er Streithelfer der unterstützten Partei; tritt er nicht bei, so wird der Rechtsstreit gleichwohl fortgesetzt (§ 74 Abs 1, 2 ZPO). In beiden Fällen tritt die **Interventionswirkung** des § 68 ZPO (vgl dazu RdNr 382) gemäß § 74 Abs 3 ZPO ab dem Zeitpunkt ein, in dem ein Beitritt infolge der Streitverkündung möglich war. Die Bindungswirkung tritt nur gegen den Streitverkündungsempfänger, nicht auch gegen den Streitverkünder ein.[41] 391

---

[39] BGH NJW 85, 328.
[40] Baumbach-Lauterbach § 73 Anm 1 A, Thomas Putzo § 73 Anm 1.
[41] BGH NJW 87, 1894 m Anm Fenn JZ 87, 1036; NJW 87, 2874.

392 **Prädentenstreit**

Ist, wie in RdNr 390, eine Forderung eingeklagt, die ein Dritter für sich in Anspruch nimmt, und wird diesem Dritten deshalb der Streit verkündet, so kann der Dritte (als Forderungsprätendent) in den Rechtsstreit eintreten[42] (§ 74 Abs 1 ZPO). Hinterlegt der Beklagte alsdann den Schuldbetrag zugunsten der beiden Forderungsprätendenten (Kläger und Hauptintervenient), so wird er auf seinen Antrag aus dem Rechtsstreit durch Endurteil entlassen; der Rechtsstreit wird alsdann zwischen den beiden Forderungsprätendenten (Kläger und Streitverkündungsempfänger) fortgesetzt (§ 75 ZPO).[43]

393 Amtsgericht Goslar, den 25. Januar 19..

Protokoll über die öffentliche Sitzung

Gegenwärtig:
Richter am Amtsgericht Dr Berner
Justizassistent Klee als Urkundsbeamter der Geschäftsstelle
In dem Rechtsstreit
König gegen Schnabel
erschienen bei Aufruf:
1. für den Kläger Rechtsanwalt Meier,
2. der Beklagte,
3. der Streitverkündete Müller.

Es wurde festgestellt, daß dem Letzteren die Streitverkündung am 20. Januar 19.. zugestellt worden ist.
Der Streitverkündete erklärte darauf, daß er in den Rechtsstreit eintrete. Er legte Abtretungserklärung des Klägers vom 23. Dezember 19.. vor.
Der Beklagte überreichte darauf Hinterlegungsquittung, nach der er heute beim Amtsgericht Goslar als Hinterlegungsstelle Hauptforderung und Zinsen mit 3060.– DM unter Verzicht auf das Recht zur Rücknahme zugunsten des Klägers und des Streitverkündeten hinterlegt hat (HL 3..).

Er beantragte,
ihn aus dem Rechtsstreit zu entlassen.
vorgelesen und genehmigt.
Rechtsanwalt Meier widersprach. Der Streitverkündete gab keine Erklärung ab.

394 Erkannt und verkündet:[44]

1. Der Beklagte wird aus dem Rechtsstreit entlassen.
2. Der Beklagte trägt die durch seinen unbegründeten Widerspruch entstandenen Kosten des Rechtsstreits.[45]
3. Das Urteil ist hinsichtlich der Kosten vorläufig vollstreckbar.

---

[42] Der Beanspruchter muß in den Rechtsstreit eintreten (§ 64 ZPO), ein Beitritt genügt nicht; Stein-Jonas § 75 RdNr 1, 7, Thomas-Putzo § 75 Anm 2d.
[43] Vgl auch BGH NJW-RR 87, 1440.
[44] Endurteil (str, Stein-Jonas § 75 RdNr 9, Baumbach-Lauterbach § 75 Anm 3B, Rosenberg-Schwab § 134 I 1a, Thomas-Putzo § 75 Anm 3a); wird der Antrag auf Entlassung aus dem Rechtsstreit verworfen, geschieht dies durch Zwischenurteil (Stein-Jonas § 75 RdNr 9, aA Baumbach-Lauterbach § 75 Anm 3B: Beschluß).
[45] Hat der Beklagte die Legitimation des Klägers nur wegen der Ansprüche des Dritten beanstandet, treffen ihn keine Kosten (OLG Hamburg OLGZ 13, 88, OLG Celle NdsRpfl 52, 151, Stein-Jonas § 75 RdNr 10, Thomas-Putzo § 75 Anm 4).

Nunmehr erklärte Rechtsanwalt Meier, daß er die Klage ändere.
Er beantragte,[46]
1. dem Erstkläger den von dem Koch Ernst Schnabel in Goslar bei dem Amtsgericht in Goslar, Hinterlegungsstelle, zu HL 3.. hinterlegten Betrag von 3060.– DM zuzusprechen,
2. dem Zweitkläger Müller die Kosten des Rechtsstreits aufzuerlegen.
Der Zweitkläger Müller beantragte,
1. ihm den hinterlegten Betrag zuzusprechen,
2. dem Erstkläger die Kosten des Rechtsstreits aufzuerlegen.

erkannt und verkündet: 395

1. Der von dem Beklagten bei dem Amtsgericht in Goslar zu HL 3.. hinterlegte Betrag von 3060.– DM wird dem Erstkläger König [*dem Zweitkläger Müller*] zugesprochen.
2. Der Zweitkläger Müller [*der Erstkläger König*] trägt die gesamten Kosten des Rechtsstreits einschließlich der Kosten der Hinterlegung,[47] jedoch mit Ausnahme der Kosten, die dem Beklagten durch das am 25. Januar 19.. verkündete Urteil auferlegt worden sind.
3. Das Urteil ist vorläufig vollstreckbar.

Dr Berner Klee

Die Urteile sind mit Tatbestand und Entscheidungsgründen abzusetzen.

---

[46] Über das nun folgende Verfahren herrscht wegen der unklaren Fassung des § 75 ZPO keine Einigkeit; das Beispiel folgt Stein-Jonas § 75 RdNr 11f, Baumbach-Lauterbach § 75 Anm 4; aA Thomas-Putzo § 75 Anm 3: Antrag auf Einwilligung in die Auszahlung des hinterlegten Betrags.
[47] Auch die Kosten des Beklagten, soweit über sie noch nicht erkannt ist, Stein-Jonas § 75 RdNr 13, Thomas-Putzo § 75 Anm 4.

5. Kapitel: Besondere Verfahrensabläufe

399 Nicht jeder Rechtsstreit folgt dem gängigen Ablauf – Antragstellung in der mündlichen Verhandlung, Beweisaufnahme, Endurteil –, vielmehr kann das Verfahren durch verschiedene – meist vom Willen einer Partei, aber auch von objektiven Umständen abhängige – Ereignisse einen abweichenden Verlauf nehmen, der zur zeitweiligen Unterbrechung, zur vorläufigen, gelegentlich auch endgültigen Beendigung des Prozesses führt.

I. Versäumnisverfahren

ZPO §§ 330–347, 311, 313b, 315, 317, 697 Abs 5, 708 Nr 2, 734
GKG KV Nr 1014, 1015
BRAGO §§ 31 Abs 1, 33 Abs 1, 35, 38

1. Säumnis des Beklagten

400 Zeigt der Beklagte **im schriftlichen Vorverfahren** entgegen der Aufforderung des Vorsitzenden gemäß § 276 Abs 1 S 2, Abs 2 ZPO nicht rechtzeitig, dh nicht innerhalb der Notfrist von zwei Wochen nach Zustellung im Inland (bzw der von dem Vorsitzenden festgesetzten Frist bei Zustellung im Ausland, § 276 Abs 1 S 3 ZPO) an, daß er sich gegen die Klage verteidigen will, so kann der Kläger beantragen, ein Versäumnisurteil gegen den Beklagten **ohne mündliche Verhandlung** zu erlassen (§ 331 Abs 3 S 1 ZPO). Einen entsprechenden Antrag kann der Kläger bereits in der Klageschrift[1] stellen (§ 331 Abs 3 S 3 ZPO). Voraussetzung des Erlasses eines Versäumnisurteils im schriftlichen Vorverfahren ist zunächst, daß dem Beklagten die **Frist** des § 276 Abs 1 S 1 ZPO **zur Anzeige** seiner Verteidigungsabsicht in der erforderlichen Form[2] (vgl RdNr 294) zugestellt und er gemäß § 276 Abs 2 ZPO über die Folgen der Fristversäumung **belehrt** worden ist (§ 335 Abs 1 Nr 4 ZPO). Weiterhin setzt die – die Verkündung ersetzende (§ 310 Abs 3 ZPO) – Zustellung des Urteils voraus, daß die Anzeige des Beklagten nicht noch vor der Übergabe des von den Richtern unterschriebenen Urteils bei der Geschäftsstelle eingeht (§ 331 Abs 3 S 2 ZPO). Ohne Erklärung zur Feriensache ist eine Entscheidung während der Gerichtsferien unzulässig.[3] Wegen der weiteren Voraussetzungen siehe RdNr 402f.

401 Erscheint der Beklagte trotz ordnungsmäßiger Ladung **im Termin zur mündlichen Verhandlung**[4] nicht oder verhandelt er nicht, so kann der Kläger beantragen, **Versäumnisurteil** gegen den Beklagten zu erlassen (§§ 331 Abs 1, 332, 333, 334 ZPO).

---

[1] Vgl Schema einer Klageschrift RdNr 205.
[2] OLG Nürnberg NJW 81, 2266.
[3] Thomas-Putzo § 331 Anm 1d mwNachw, OLG Koblenz NJW 79, 1465, aA AG Bergisch-Gladbach NJW 77, 2080.
[4] Im Verfahren vor dem ArbG vgl § 55 ArbGG.

Ist der Termin zur Beweisaufnahme vor dem Prozeßgericht bestimmt (§ 370 Abs 1 ZPO), so beginnt die mündliche Verhandlung erst nach Abschluß der Beweisaufnahme (§ 367 Abs 1 ZPO). Der Beklagte muß, unter Einhaltung der Einlassungsfrist (§ 274 ZPO) bzw der Ladungsfrist (§ 217 ZPO), **ordnungsgemäß geladen** sein (§ 335 Abs 1 Nr 2 ZPO; Zustellungsurkunde prüfen!), soweit nicht eine Ladung entbehrlich ist, weil die Terminsbestimmung in einer verkündeten Entscheidung enthalten (§ 218 ZPO) oder bei Einreichung oder Protokollierung eines Antrags mitgeteilt worden ist (§ 497 Abs 2 ZPO). Nach Beweisaufnahme vor dem ersuchten Richter genügt die Bekanntmachung des neuen Verhandlungstermins, die zuzustellen ist (§ 370 Abs 2 Satz 2 ZPO).

402 In beiden Verfahrensarten müssen weiter die **allgemeinen Prozeßvoraussetzungen**[5] sowie die besonderen **Zulässigkeitserfordernisse des § 335 ZPO** vorliegen, insbesondere müssen die Sachanträge und das zu ihrer Begründung notwendige Tatsachenvorbringen des Klägers dem Beklagten rechtzeitig mitgeteilt worden sein (§ 335 Abs 1 Nr 3 ZPO).

403 Wird der Antrag auf Erlaß des Versäumnisurteils gestellt, so gilt das tatsächliche Vorbringen des Klägers nach § 331 Abs 1 ZPO als **zugestanden** mit Ausnahme des Vorbringens über Vereinbarung des Erfüllungsorts oder Gerichtsstands nach §§ 29 Abs 2, 38 ZPO. Rechtfertigt das Vorbringen das Klagebegehren, erläßt das Gericht das Versäumnisurteil nach Klageantrag (§ 331 Abs 2 Halbsatz 1 ZPO), nach mündlicher Verhandlung durch Verkündung, im schriftlichen Vorverfahren ohne mündliche Verhandlung durch Zustellung (§§ 331 Abs 3, 310 Abs 3 ZPO).

Das Vorbringen des Klägers rechtfertigt die Klage nicht, wenn der Kläger nicht alle erforderlichen anspruchsbegründenden Tatsachen oder wenn er die tatsächlichen Voraussetzungen einer Einwendung oder die Erhebung einer Einrede seitens des Beklagten vorträgt, ohne dies durch entsprechende Behauptungen zu entkräften.

Ist das Vorbringen **nicht schlüssig,** weist das Gericht den Kläger auf die Bedenken hin und gibt ihm, sofern es nicht neues Vorbringen nach § 296 ZPO als verspätet zurückweist, Gelegenheit, das Vorbringen zu ergänzen (§ 139 ZPO). Läßt das Gericht neues Vorbringen zu, muß der Termin auf Antrag vertagt werden, damit es dem Beklagten zugestellt werden kann. Im schriftlichen Vorverfahren ist das ergänzende Vorbringen dem Beklagten zuzustellen und ihm erneut aufzugeben, mitzuteilen, ob er sich gegen die Klage in der ergänzten Form verteidigen wolle (§ 276 Abs 1 ZPO entsprechend).

404 Steht dem Erlaß des Versäumnisurteils ein **behebbarer Mangel** entgegen, wie zB nicht rechtzeitige Ladung, beharrt aber der Kläger auf seinem Antrag, wird der Antrag durch Beschluß zurückgewiesen; Rechtsmittel ist die sofortige Beschwerde nach § 336 ZPO.

Beschluß

Im Rechtsstreit ... gegen ...
wird der Antrag des Klägers auf Erlaß eines Versäumnisurteils zurückgewiesen.

Gründe

Der Erlaß eines Versäumnisurteils ist unzulässig, da eine ordnungsgemäße Ladung des Beklagten zum Termin vom ... sich nicht feststellen läßt; das Datum auf der Zustellungsurkunde läßt sich nicht eindeutig entziffern, sodaß nicht auszuschließen ist, daß die Ladungsfrist nicht gewahrt ist.

---

[5] BGH NJW-RR 86, 1041; vgl auch RdNr 200.

Ergeht der Beschluß in der mündlichen Verhandlung, tritt Stillstand des Verfahrens ein, bis der Kläger Antrag auf Anberaumung eines neuen Termins stellt; im schriftlichen Vorverfahren wird Termin zur mündlichen Verhandlung bestimmt. 405

Ist der **Mangel nicht behebbar,** insbesondere das Vorbringen unschlüssig und eine Ergänzung nicht möglich oder nicht zugelassen, oder weigert sich der Kläger, einen behebbaren Mangel – zB durch Ergänzung seines Vorbringens – zu beseitigen oder führt die Prüfung der Prozeßvoraussetzungen zum Ergebnis, daß die Klage unzulässig ist,[6] wird die Klage durch Urteil abgewiesen (sog **unechtes Versäumnisurteil,** § 331 Abs 2 Halbsatz 2 ZPO). 406

Versäumnisurteile bedürfen weder des Tatbestandes noch der Entscheidungsgründe, gleichgültig ob sie gegen den Beklagten oder den Kläger ergangen sind (§ 331b Abs 1 ZPO). 407

Darüber hinaus können Versäumnisurteile in **abgekürzter Form** auf die bei den Akten befindliche Klageschrift oder auf den Mahnbescheid gesetzt werden. Ist das nicht möglich, kann das abgekürzte Urteil auf ein besonderes Blatt gesetzt werden, das mit der Klage oder dem Mahnbescheid verbunden wird. Hierfür werden in aller Regel Formulare verwandt. Die Verbindungsstelle ist dann mit dem Gerichtssiegel zu versehen, wenn die Teile nicht mit Schnur und Siegel verbunden werden (§§ 313b, 317 Abs 4, 697 Abs 5 ZPO). Die Namen der mitwirkenden Richter braucht es nicht zu enthalten. Der Bezeichnung der Parteien, ihrer gesetzlichen Vertreter und der Prozeßbevollmächtigten bedarf es nur insoweit, als von den Angaben der Klageschrift abgewichen wird. In der Urteilsformel kann auf die Klageschrift Bezug genommen werden. Ist das nicht möglich, etwa weil sich die Anträge im Lauf des Verfahrens geändert haben, so muß der Urteilsausspruch formuliert werden.

Ist zu erwarten, daß das Versäumnisurteil im **Ausland** vollstreckt werden soll, muß das Versäumnisurteil auf Antrag mit Tatbestand und Entscheidungsgründen versehen werden (§ 32 AVAG). Ist das Urteil in abgekürzter Form abgesetzt worden, sind Tatbestand und Entscheidungsgründe nachträglich abzufassen und besonders zu unterschreiben. In diesem Fall können Tatbestand und Entscheidungsgründe auch von Richtern unterschrieben werden, die nicht an der Entscheidung mitgewirkt haben. 408

Das Versäumnisurteil nach einem Termin zur mündlichen Verhandlung braucht im Zeitpunkt der Verkündung noch nicht schriftlich abgefaßt zu sein (§ 311 Abs 2 S 2 ZPO). 409

Muß die Zustellung des Versäumnisurteils im Ausland oder durch öffentliche Bekanntmachung erfolgen, kann das Gericht bereits im Urteil die **Dauer der Einspruchsfrist** bestimmen; unterläßt es dies, kann die Bestimmung nachträglich durch Beschluß ohne mündliche Verhandlung erfolgen (§ 339 Abs 2 ZPO). 410

Ist die vom Richter (nach §§ 226, 239 Abs 3, 274 Abs 3, 520 Abs 3 S 2, 555 Abs 2 ZPO) bestimmte Einlassungs- oder Ladungsfrist nach seinem Ermessen zu kurz bemessen oder ist die Partei ohne ihr Verschulden nach Annahme des Richters am Erscheinen verhindert, so kann und muß das Gericht **von Amts wegen vertagen** (§ 337 ZPO). Ob das Nichterscheinen unverschuldet ist, wenn ein Rechtsanwalt unter Verstoß gegen eine standesrechtliche Übung ein Versäumnisurteil beantragt, ist zweifelhaft;[7] damit werden standesrechtliche Rücksichten über die Interessen des Mandanten gestellt, jedenfalls soweit es sich nicht nur um die Einhaltung einer kurzen Wartefrist (ca 15 Minuten) handelt. 411

---

[6] BGH NJW-RR 86, 1041 m Anm Dunz JZ 87, 27.

[7] Kein Verschulden: BGH NJW 76, 196, Baumbach-Lauterbach § 337 Anm 1, Thomas-Putzo § 337 Anm 1b, aA OLG Frankfurt MDR 76, 586, Peters NJW 76, 675.

Auf **Antrag** der erschienenen Partei ist der Termin nur zu vertagen, wenn die Voraussetzungen des § 227 ZPO erfüllt sind; für den erschienenen Rechtsanwalt haben die Interessen seines Mandanten Vorrang vor kollegialer Rücksichtnahme, insbesondere braucht er keine langfristige Vertagung hinzunehmen.[8]
Über den Antrag auf **Entscheidung nach Lage der Akten** an Stelle eines Versäumnisurteils vgl RdNr 460.

412 **Erlaß eines Versäumnisurteils in der mündlichen Verhandlung:**

Amtsgericht — Goslar, den 17. Januar 19..

Protokoll über die öffentliche Sitzung

Gegenwärtig:
Richter am Amtsgericht Dr Berner
Justizassistent Klee als Urkundsbeamter der Geschäftsstelle
In dem Rechtsstreit
Schirner gegen Großkopf
erschienen bei Aufruf
für den Kläger Rechtsanwalt Dr Fechter, für den Beklagten niemand.
Es wurde festgestellt, daß der Beklagte zum heutigen Termin am 19. 12. 19.. ordnungsgemäß geladen worden ist (Bl ... d A).
Der Anwalt des Klägers nahm auf die Klageschrift [*den Mahnbescheid*] Bezug – überreichte anliegende Kostenrechung –[9]
und beantragte, Versäumnisurteil gegen den Beklagten zu erlassen.
Es wurde ein Versäumnisurteil des aus dem Vermerk zur Klageschrift [*zum Mahnbescheid*] ersichtlichen Inhalts verkündet.
Dr Berner — Klee

Auf die Klageschrift (den Mahnbescheid) ist folgender Vermerk zu setzen:

Verkündet
am 17. Januar 19..
Klee
als Urkundsbeamter der
Geschäftsstelle

Im Namen des Volkes
Versäumnisurteil

Erkannt nach dem Antrag der Klageschrift [*des Mahnbescheids*]
Zinsen seit dem 6. Januar 19..[10]
Vorläufig vollstreckbar.[11]
Prozeßbevollmächtigter des Klägers: Rechtsanwalt Dr Fechter, Goslar.[12]

Amtsgericht Goslar
Dr Berner
Richter am Amtsgericht

---

[8] BGH NJW 78, 428, Thomas-Putzo § 337 Anm 1b.
[9] Der Rechtsanwalt überreicht zweckmäßigerweise gleich seine Kostenrechnung, damit der Festsetzungsbeschluß auf das Urteil gesetzt werden kann (§ 105 ZPO).
[10] Der Zinsbeginn muß eingesetzt werden, wenn im Klageantrag Zinsen „seit Zustellung der Klage" verlangt werden. Der Zinsbeginn würde sich sonst nicht aus der Urschrift des Urteils, sondern nur aus der bei den Akten befindlichen Zustellungsurkunde ergeben, die nach 5 Jahren vernichtet wird, während die Urschrift des Urteils weiter aufbewahrt wird.
[11] Ohne Sicherheitsleistung gemäß § 708 Nr 2 ZPO.
[12] Die Einsetzung des Prozeßbevollmächtigten des Klägers ist geboten, weil er in der Klageschrift nicht aufgeführt, sondern erst im Termin erstmalig aufgetreten ist (§ 313b Abs 2 Satz 3 ZPO).

Im schriftlichen Vorverfahren ist der Wortlaut – abgesehen von dem Verkündungsvermerk (s RdNr 422) – gleich.

Entgegen der verbreiteten Gepflogenheit muß ein Versäumnisurteil nicht in Anwesenheit der Partei in der mündlichen Verhandlung verkündet werden, sondern es kommt auch eine Verkündung am Schluß der Sitzung in Abwesenheit der Partei oder in einem besonders anberaumten (nahen) Verkündungstermin in Betracht. Diese beiden letzten Möglichkeiten sind in komplexen Sachverhalten zweckmäßig, um die Schlüssigkeit – bis hin zum Zinsausspruch – (nochmals) zu überprüfen. Dann kann der Richter auch das Versäumnisurteil in vollständiger Form auf die Richtigkeit kontrollieren. 413

Im Namen des Volkes
Versäumnisurteil

In dem Rechtsstreit
Walter Schirner, Wallstraße 1, 3380 Goslar,

– Kläger –

Prozeßbevollmächtigter: Rechtsanwalt Dr Fechter, Goslar,
gegen
Wilhelm Großkopf, z Zt unbekannten Aufenthalts,
zuletzt wohnhaft Siemensstraße 2, 3380 Goslar,

– Beklagter –

hat das Amtsgericht Goslar
durch Richter am Amtsgericht Dr Berner
aufgrund der mündlichen Verhandlung vom 17. Januar 19..
für Recht erkannt:

Der Beklagte wird verurteilt, an den Kläger 2.500.– DM nebst 5% Zinsen seit dem 6. Januar 19.. zu zahlen.
Der Beklagte trägt die Kosten des Rechtsstreits.
Das Urteil ist vorläufig vollstreckbar.[11]

Dr Berner

2. Säumnis eines Streitgenossen

Bei Säumnis eines Streitgenossen kann Versäumnisurteil gegen diesen nur bei einfacher Streitgenossenschaft erlassen werden. Bei notwendiger Streitgenossenschaft (§ 62 ZPO) wird der Säumige kraft Gesetzes durch den oder die Erschienenen vertreten. Ein trotzdem gestellter und nach Belehrung (§ 139 Abs 2 ZPO) aufrechterhaltener Antrag auf Erlaß des Versäumnisurteils ist zurückzuweisen (§§ 331, 335 ZPO). 414

Die Verhandlung bei Säumnis eines Streitgenossen bei einfacher Streitgenossenschaft bietet keine Besonderheiten; auch hier steht das Nichtverhandeln dem Nichterscheinen gleich. Wird kein Antrag auf Erlaß eines Versäumnisurteils gegen den säumigen Streitgenossen gestellt, kommt das Verfahren insoweit zum Ruhen (vgl dazu RdNr 462). Beim Ausscheiden eines Streitgenossen ist über seine Kostenpflicht bis zu seinem Ausscheiden zu entscheiden.[13]

---

[13] Baumbach-Lauterbach 2 Aa zu § 91; 1 zu § 100 ZPO; aA Thomas-Putzo § 100 Anm 1 d: nur über seine eigenen außergerichtlichen Kosten.

415 Der auf die Klageschrift (den Mahnbescheid) zu setzende Vermerk hat also folgenden Wortlaut:

Im Namen des Volkes
Versäumnisurteil

Erkannt nach dem Antrag der Klageschrift [*des Mahnbescheids*] nur gegen den Beklagten zu 2. Der Beklagte zu 2 trägt seine eigenen außergerichtlichen Kosten; die bis zu diesem Urteil entstandenen Gerichtskosten und außergerichtlichen Kosten des Klägers trägt der Beklagte zu 2) zur Hälfte.
Vorläufig vollstreckbar.

Amtsgericht Goslar
Dr Berner
Richter am Amtsgericht

3. Säumnis des Klägers

416 Erscheint der Kläger trotz ordnungsgemäßer Ladung nicht, oder erscheint er zwar, verhandelt aber nicht, so kann der Beklagte den Erlaß des Versäumnisurteils auf Klageabweisung gegen ihn beantragen (§§ 330, 333 ZPO). Zu beachten ist hier, daß beim Amtsgericht die erste Ladung des Klägers nach Klageerhebung oder nach Mahnverfahren im Regelfall ohne förmliche Zustellung erfolgt (§ 497 Abs 1 S 1 ZPO). Die Ladung gilt im Ortsbestellverkehr am folgenden, sonst am zweiten Werktag nach Aufgabe als zugestellt (§§ 497 Abs 1 S 2, 270 Abs 2 S 2 ZPO).
Das Versäumnisurteil ist ohne sachlichrechtliche Prüfung allein aufgrund der Säumnis des Klägers zu erlassen;[14] es weist – wenn die förmlichen Voraussetzungen vorliegen – die Klage in der Sache mit voller Rechtskraftwirkung ab.[15] Fehlen Prozeßvoraussetzungen führt dies zur Klageabweisung durch Prozeßurteil.[16]

417 Auch das die Klage abweisende Versäumnisurteil kann in abgekürzter Form (§ 313b Abs 1 ZPO) zu den Akten gebracht werden:

Amtsgericht Goslar, den 17. Januar 19..

Protokoll über die öffentliche Sitzung

Gegenwärtig:
Richter am Amtsgericht Dr Berner
Justizangestellter Klee als Urkundsbeamter der Geschäftsstelle
In dem Rechtsstreit
Schirner gegen Großkopf
erschienen bei Aufruf
1. für den Kläger niemand,
2. für den Beklagten dessen Ehefrau mit Terminsvollmacht.
Es wurde festgestellt, daß der Kläger zum heutigen Termin am 19. 12. 19.. zu Händen des Angestellten Müller [*durch Niederlegung*] ordnungsgemäß geladen worden ist (Zustellungsurkunde Bl ... d.A.) [*daß dem Kläger der Termin vom 19. 12. 19.. ordnungsgemäß mitgeteilt worden ist*].[17]
Die Vertreterin des Beklagten nahm auf die Klageschrift [*den Mahnbescheid*] Bezug und beantragte, ein Versäumnisurteil gegen den Kläger zu erlassen.

---

[14] BGH FamRZ 87, 928; OLG München NJW-RR 89, 1405.
[15] BGHZ 35, 341.
[16] OLG München OLGZ 88, 488 = NJW-RR 89, 1405.
[17] Im Fall des § 497 ZPO.

Es wurde folgendes Versäumnisurteil verkündet:
Die Klage wird abgewiesen.
Der Kläger trägt die Kosten des Verfahrens.
Das Urteil ist vorläufig vollstreckbar.
Dr Berner Klee

Auf die Klageschrift (den Mahnbescheid) ist folgender Vermerk zu setzen: 418

Verkündet am 17. Januar 19..
Klee, Justizassistent
als Urkundsbeamter der Geschäftsstelle

Versäumnisurteil
Im Namen des Volkes

(Tenor wie RdNr 417).

4. Kosten, Zustellung

419 Bei einem Versäumnisurteil sowohl gegen den Kläger wie den Beklagten entstehen keine Gerichtsgebühren (GKG KV Nr 1014–1017). Einem Rechtsanwalt als Prozeßbevollmächtigten stehen eine $^{10}/_{10}$ Prozeß- (§ 31 Abs 1 Nr 1 BRAGO) und eine $^{5}/_{10}$ Verhandlungsgebühr (§ 33 Abs 1 S 1 BRAGO, auch im schriftlichen Vorverfahren gemäß § 35 BRAGO) zu.
Die Kosten können nach § 105 ZPO **vereinfacht festgesetzt** werden: Der Beschluß kann auf das Urteil und die Ausfertigungen gesetzt werden (soweit nicht vorher Ausfertigungen erteilt worden sind), der festgesetzte Betrag ist den Parteien mitzuteilen, dem Gegner des Antragstellers unter Beifügung der Kostenberechnung; vgl RdNr 752ff.

420 Das **im schriftlichen Vorverfahren** erlassene Versäumnisurteil ist den Parteien gemäß § 310 Abs 3 ZPO zuzustellen. Diese Zustellung **ersetzt die Verkündung**, die Wirkungen treten mit der letzten notwendigen Amtszustellung ein; in diesem Zeitpunkt beginnt auch der Lauf der Einspruchsfrist. Eine weitere Zustellung ist nicht erforderlich (§ 317 Abs 1 S 2 ZPO).
Das verkündete Versäumnisurteil ist nur der unterliegenden Partei zuzustellen (§ 317 Abs 1 S 1 ZPO).

421 Zugestellt wird den Parteien grundsätzlich die **Ausfertigung** des vollständigen Urteils, beim Versäumnisurteil also in der Regel nach § 313b Abs 1 ZPO ohne Tatbestand und Entscheidungsgründe. Ist das Versäumnisurteil nach § 313b Abs 2 ZPO in abgekürzter Form hergestellt, erfolgt die Ausfertigung in gleicher Weise unter Benutzung einer beglaubigten Abschrift der Klageschrift oder in der Weise, daß das Urteil durch Aufnahme der in § 313 Abs 1 Nr 1–4 ZPO bezeichneten Angaben – Bezeichnung der Parteien, ihrer gesetzlicher Vertreter und der Prozeßbevollmächtigten, Bezeichnung des Gerichts und die Namen der mitwirkenden Richter, Tag des Schlusses der mündlichen Verhandlung, Urteilsformel – vervollständigt wird (§ 317 Abs 4 ZPO). Der Urkundsbeamte der Geschäftsstelle hat nach § 317 Abs 3 ZPO die Ausfertigung mit Gerichtssiegel zu versehen und zu unterschreiben; an seine Unterschrift sind die gleichen Anforderungen zu stellen wie an die Unterschrift eines Rechtsanwalts unter einem bestimmenden Schriftsatz.[18]

---

[18] BGH NJW 88, 713.

Bei der Zustellung ist die unterlegene Partei (bzw ihr Prozeßbevollmächtigter) auf die Folgen einer Versäumnis der Frist zur Begründung des Einspruchs in etwa folgender Art **hinzuweisen** (§ 340 Abs 3 S 4 ZPO):[19]

> Gegen dieses Urteil können Sie binnen zwei Wochen seit der Zustellung Einspruch bei dem Prozeßgericht einlegen. Den Einspruch können Sie bei dem Amtsgericht selbst schriftlich in doppelter Ausfertigung einreichen oder mündlich zu Protokoll erklären; beim Landgericht muß ein dort zugelassener Rechtsanwalt den Einspruch einlegen. In dem Schriftsatz muß die Bezeichnung des angefochtenen Urteils und die Erklärung, daß gegen dieses Urteil Einspruch eingelegt werde, enthalten sein. Weiter haben Sie darin ihre Angriffs- und Verteidigungsmittel, soweit es nach der Prozeßlage einer sorgfältigen und auf Förderung des Verfahrens bedachten Prozeßführung entspricht, sowie Rügen, die die Zulässigkeit der Klage betreffen, vorzubringen.
> Auf Antrag kann der Vorsitzende die Frist für die Begründung verlängern, wenn nach seiner freien Überzeugung der Rechtsstreit durch die Verlängerung nicht verzögert wird oder wenn die Partei erhebliche Gründe darlegt. Angriffs- und Verteidigungsmittel und Rügen zur Zulässigkeit der Klage, die erst nach Ablauf der Frist vorgebracht werden, sind nur zuzulassen, wenn nach der freien Überzeugung des Gerichts ihre Zulassung die Erledigung des Rechtsstreits nicht verzögern würde oder wenn die Partei die Verspätung genügend entschuldigt. Der Entschuldigungsgrund ist auf Verlangen des Gerichts glaubhaft zu machen (§ 296 Abs 1, 3, 4 ZPO).
> Diese Regelungen können dazu führen, daß das Gericht eine für Sie ungunstige Entscheidung allein aufgrund des Vorbringens Ihres Gegners trifft, ohne Ihre eigene Stellungnahme zu berücksichtigen; es kann also geschehen, daß Sie den Prozeß verlieren, nur weil Sie die Frist ohne trifftigen Entschuldigungsgrund nicht eingehalten haben.

422 Nach Rückkunft der Zustellungsurkunden füllt der Urkundsbeamte der Geschäftsstelle den **Verkündungsvermerk** des im schriftlichen Verfahren ergangenen Versäumnisurteils aus:

> Verkündet durch Zustellung an den Kläger am ...
> an den Beklagten am ...
> (Unterschrift)
> als Urkundsbeamter der Geschäftsstelle.

5. Einspruch gegen das Versäumnisurteil und Antrag auf Einstellung der Zwangsvollstreckung

ZPO §§ 338–347, 707, 708 Nr 3, 719
BRAGO § 38

423 Gegen ein Versäumnisurteil steht der säumigen Partei der Einspruch zu (§ 338 ZPO). Dieses Rechtsmittel ist nur **statthaft**, wenn das Urteil auf der Säumnis beruht. Ein sog unechtes Versäumnisurteil (Klageabweisung trotz Säumnis des Beklagten, weil unzulässig oder unschlüssig) ist stattdessen wie üblich mit der Berufung angreifbar. Ob ein streitiges oder ein Versäumnisurteil vorliegt, richtet sich nicht nach der vom Gericht verwendeten Bezeichnung, sondern nach dem Inhalt der Entscheidung.[20] In allen Zweifelsfällen aufgrund falscher Bezeichnung oder falscher Ent-

---

[19] Zur Belehrung im Verfahren vor den Arbeitsgerichten s § 59 S 3 ArbGG.
[20] BGH VersR 76, 251, OLG München NJW-RR 89, 1405.

scheidungsform ist nach dem Grundsatz der Meistbegünstigung jedes Rechtsmittel gegeben, das entweder gegen die Entscheidung, die bei richtiger Sachbehandlung hätte ergehen müssen, oder gegen die tatsächlich ergangene Entscheidung statthaft ist.[21]

Die **Einspruchsfrist** beträgt zwei Wochen (§ 339 Abs 1 ZPO), im arbeitsgerichtlichen **424**
Verfahren eine Woche (§ 59 S 1 ArbGG) ab Zustellung des Versäumnisurteils. Die Einlegung vor Zustellung (nicht aber vor Verkündung) ist zulässig.[22] Muß das Versäumnisurteil im Ausland oder durch öffentliche Bekanntmachung zugestellt werden, hängt die Dauer der Einspruchsfrist von der Bestimmung des Gerichts im Versäumnisurteils bzw durch nachträglichen Beschluß (§ 339 Abs 2 ZPO) ab. In jedem Fall handelt es sich um **Notfristen.**

Der Einspruch wird durch Einreichung der **Einspruchsschrift**[23] bei dem Gericht, das **425**
das Versäumnisurteil erlassen hat, eingelegt (§ 340 Abs 1 ZPO; § 59 S 2 ArbGG). Die Einspruchsschrift ist ein bestimmender Schriftsatz, der im Anwaltsprozeß von einem Rechtsanwalt unterzeichnet sein muß; im Verfahren vor dem Amtsgericht kann der Einspruch nach § 496 ZPO schriftlich eingereicht oder mündlich zu Protokoll der Geschäftsstelle – nach § 129a ZPO eines jeden Amtsgerichts – erklärt werden (entsprechend beim Arbeitsgericht nach § 59 S 2 ArbGG). Die für die Zustellung an den Gegner erforderliche Zahl von Abschriften soll beigefügt sein (§ 340a ZPO).

Die Einspruchsschrift muß die Bezeichnung des angefochtenen Versäumnisurteils **426**
nach Aktenzeichen und Datum und die Erklärung **enthalten,** daß gegen dieses Urteil Einspruch eingelegt werde (§ 340 Abs 2 Nr 1 und 2 ZPO). Der Einspruch kann auch nur gegen ein Teil des Versäumnisurteils (Teil der geltend gemachten Forderung, einzelne Streitgenossen usw) gerichtet werden; in diesem Fall ist der Umfang der Anfechtung zu bezeichnen (§ 340 Abs 2 ZPO). Daneben muß die Partei den Einspruch **begründen,** nämlich gemäß § 340 Abs 3 ZPO die Rügen zur Zulässigkeit der Klage und – soweit es einer sorgfältigen und auf Förderung des Verfahrens bedachten Prozeßführung entspricht – ihre Angriffs- und Verteidigungsmittel vorbringen. Verspätetes Vorbringen kann nach § 296 Abs 1, 3, 4 ZPO zurückgewiesen werden.

Auf Antrag kann der Vorsitzende die **Frist** für die Begründung **verlängern,**[24] wenn nach seiner freien Überzeugung der Rechtsstreit durch die Verlängerung nicht verzögert wird oder die Partei erhebliche Gründe darlegt (die bloße Behauptung der „Arbeitsüberlastung" ist dafür nicht ausreichend!). Außerdem kann die säumige Partei **Einstellung der Zwangsvollstreckung** nach §§ 707, 719 ZPO beantragen (vgl dazu im einzelnen RdNr 88ff).

---

[21] OLG München NJW-RR 89, 1405, OLG Köln MDR 69, 225, Rosenberg-Schwab § 136 II 2a, Stein-Jonas vor § 511 RdNr 23–25, Thomas-Putzo II 2 vor § 511.

[22] RGZ 110, 169; dahingestellt: BGH NJW 89, 530.

[23] Die Bezugnahme auf eine vor Verkündung eingereichte Einspruchsschrift ist ausreichend; BGH NJW 89, 530.

[24] Nach Hartmann, NJW 88, 2659, soll es sich (auch im Fall der Verlängerung) um eine Notfrist handeln, aA Thomas-Putzo § 340 Anm 2 ZPO.

427 Muster einer Einspruchsschrift

In Sachen Wald gegen Stoll Frankfurt, 9. 6. 19..
Aktenzeichen...
melde ich mich für den Beklagten. In seinem Namen und aufgrund der mir erteilten Vollmacht lege ich hiermit

Einspruch

gegen das Versäumnisurteil vom 22. 5. 19.. ein und beantrage,

1. die Zwangsvollstreckung ohne, hilfsweise gegen Sicherheitsleistung einzustellen,
2. die Frist zur Begründung des Einspruchs bis zum 13. 7. 19.. zu verlängern.

Begründung[25]

Der Beklagte schuldet den von dem Kläger begehrten Betrag nicht, da er ihn vor etwa 1 ½ Jahren bereits gezahlt hat. Der Beklagte ist überzeugt, hierüber eine Quittung oder einen Überweisungsbeleg vorlegen zu können. Er erlitt jedoch am 15. 4. 19.., also kurz vor der Zustellung der Klageschrift, einen Herzanfall, der auch jetzt noch eine stationäre Behandlung im Krankenhaus... bis mindestens 1. 8. 19.. erforderlich macht. Da der Beklagte alleine lebt und erst jetzt einen Bekannten mit der Leerung seines Briefkastens beauftragen konnte, hat er vor wenigen Tagen erstmals von der Zustellung der Klageschrift durch Niederlegung und dem Erlaß des Versäumnisurteils Kenntnis erlangt. Zur Glaubhaftmachung beziehe ich mich auf das beiliegende Attest des Dr. med. Masker, Frankfurt am Main, vom 7. 6. 19.. und die eidesstattliche Versicherung des Herrn Freund vom 6. 6. 19..
Aus diesem Grund war der Beklagte nicht in der Lage, seine Verteidigungsabsicht rechtzeitig zu erklären oder nach seinen Unterlagen zu suchen.

...
(Rechtsanwalt)

(Entscheidung über Einstellungsantrag: RdNr 435).

6. Verwerfung des Einspruchs durch Beschluß

428 Nach Eingang der Einspruchsschrift wird diese zur **Prüfung der Zulässigkeit** nach § 341 ZPO zweckmäßigerweise dem Richter vorgelegt, der prüft, ob der Einspruch an sich statthaft (§ 338 ZPO), in der gesetzlichen Form (§ 340 Abs 1, 2 S 1 ZPO)[26] und Frist (§ 339 ZPO) eingereicht und kein Verzicht auf den Einspruch (§ 346 ZPO) erfolgt ist.

429 Fehlt es an einem der Erfordernisse und kommt eine Wiedereinsetzung nach § 236 Abs 2 S 2 ZPO (s dazu RdNr 446) nicht in Betracht, kann das Gericht den Einspruch durch Beschluß **als unzulässig verwerfen.** Zuvor hat es jedoch der den Einspruch einlegenden Partei rechtliches Gehör zu gewähren, also auf den Grund der Unzulässigkeit hinzuweisen.[27] Gleichzeitig sollte der einlegenden Partei Gelegenheit zur Zurücknahme gegeben werden. In diesem Fall ist die vorherige Zustellung der Einspruchsschrift nicht sinnvoll (siehe dazu im Einzelnen RdNr 93, 1010).

430 Wird der Einspruch zurückgenommen, bedarf es keiner weiteren Entscheidung; die **Zurücknahme** hat gemäß §§ 346, 515 Abs 3 ZPO die unmittelbare Rechtsfolge des Verlustes des eingelegten Einspruchs, der Verpflichtung zur Kostentragung und das Versäumnisurteil wird – wenn die Einspruchsfrist abgelaufen ist – rechtskräftig.

---

[25] Erforderlich wegen §§ 340 Abs 3 S 2, 719 Abs 1 S 2 ZPO.

[26] Ein rechtzeitiger eingelegter Einspruch bleibt auch dann zulässig, wenn er nicht rechtzeitig begründet ist; BGH NJW 79, 1988, OLG München NJW-RR 89, 255.

[27] BGH VersR 75, 899.

Wird der Einspruch **nicht zurückgenommen,** kann das Gericht nach § 341 Abs 2 S 1 ZPO ohne mündliche Verhandlung durch Beschluß entscheiden: 431

Beschluß

Im Rechtsstreit Schirner gegen Großkopf
wird der Einspruch des Beklagten vom 6. 2. 19.. gegen das Versäumnisurteil vom 17. 1. 19.. auf seine Kosten als unzulässig verworfen.

Gründe

Gegen das am 21. 1. 19.. ihm zugestellte Versäumnisurteil vom 17. 1. 19.. hat der Beklagte am 6. 2. 19.. Einspruch eingelegt. Da die Einspruchsfrist des § 339 Abs 1 ZPO von zwei Wochen bereits am 2. 2. 19.. abgelaufen und der Einspruch mithin verspätet ist, war er gemäß § 341 Abs 1 S 2 ZPO als unzulässig zu verwerfen. Die Kostenentscheidung beruht auf § 97 Abs 1 ZPO entsprechend.

Der Beschluß ist der einlegenden Partei förmlich zuzustellen (§ 329 ZPO); sie kann, wenn gegen ein Urteil gleichen Inhalts die Berufung stattfindet, sofortige Beschwerde einlegen (§ 341 Abs 2 S 2 ZPO). 432

7. Mündliche Verhandlung über den Einspruch und Entscheidung

Ergibt die Prüfung der Zulässigkeit keinen Anlaß für Bedenken (wird also der Einspruch nicht durch Beschluß als unzulässig verworfen), so ist **Termin zur mündlichen Verhandlung über den Einspruch** und die Hauptsache zu bestimmen und den Parteien bekannt zu machen (§ 314a ZPO). Gleichzeitig wird die Einspruchsschrift der Gegenpartei unter Mitteilung des Datums der Zustellung des Versäumnisurteils und des Eingangs des Einspruches zugestellt (§ 340a ZPO). 433

Verfügung 434

1. Termin zur mündlichen Verhandlung über den Einspruch und die Hauptsache wird anberaumt auf ...
2. Auf Antrag des Beklagten [*Klägers*] wird die Frist zur Begründung des Einspruchs bis zum ... verlängert.
3. Dem Kläger [*Beklagten*] wird anheimgestellt, bis zum ... [*binnen drei Tagen*] zum Einstellungsantrag Stellung zu nehmen.[28]
4. a) Nachricht von 1–3 an Kläger [*-vertreter] mit Durchschrift der Einspruchsschrift mit ZU [EB]*
   b) Nachricht von 1–3 an Beklagten [-Vertreter] mit ZU [*EB*]
5. [*Anordnungen nach § 273 ZPO (siehe RdNr 289–292)*]
6. Wiedervorlage am ... (genau!)

Frankfurt, den ...
Amtsgericht, Abteilung ...

Einstellungsbeschluß[29]: 435

Im Rechtsstreit Wald gegen Stoll
wird die Zwangsvollstreckung aus dem Versäumnisurteil vom 22. 5. 19.. ohne Sicherheitsleistung vorläufig eingestellt, da der Beklagte glaubhaft gemacht hat, daß seine Säumnis unverschuldet war. Nach dem Attest des Dr. med. Masker ist der Beklagte seit 15. 4. 19.. in stationärer Behandlung und konnte sich um seine persönlichen

---

[28] Wegen der Möglichkeit zur Entscheidung über den Einstellungsantrag ohne vorherige Anhörung des Gegners s RdNr 102.
[29] Zum Umfang der Prüfungspflicht des Gericht s RdNr 89, 102.

Angelegenheiten nicht kümmern. Wie sich aus der eidesstattlichen Versicherung des Karl Freund ergibt, hat er am 5. 6. 19.. von dem Beklagten bei einem Besuch im Krankenhaus den Briefkastenschlüssel erhalten und die Benachrichtigungsscheine über die Zustellungen aufgefunden.

436 Ist der Einspruch zulässig, wird der Prozeß in die Lage **zurückversetzt,** in der er sich bei Eintritt der Säumnis befand (§ 342 ZPO). Damit verlieren alle **Prozeßhandlungen ab** dem Zeitpunkt, in dem der Säumige hätte handeln müssen, ihre Bedeutung. Deshalb kann zB dem Antrag des Beklagten auf klageabweisendes Versäumnisurteil nicht mehr die Bedeutung rügeloser Einlassung zur Hauptsache beigemessen werden.[30] Unberührt bleiben aber alle früheren Prozeßhandlungen **vor der Säumnis.** Eine vorher abgelaufene Frist läuft nicht neu. Vorbringen, das vor Säumnis verspätet war, weil eine gesetzte Frist nicht eingehalten worden war, bleibt verspätet.[31] Wird es in der Einspruchsschrift erstmals vorgebracht, kann es **als verspätet zurückgewiesen** werden, soweit seine Berücksichtigung zu einer Verzögerung der Erledigung des Rechtsstreits führt (§ 296 ZPO); das ist allerdings nicht der Fall, soweit dieses Vorbringen in dem nach § 341a ZPO anzuberaumenden Termin erledigt werden kann.[32] Wegen der einschneidenden Folgen der Zurückweisung ist das Gericht gehalten zu prüfen, ob nicht zur Vermeidung einer Verzögerung in der Erledigung des Rechtsstreits vorbereitende Maßnahmen möglich und geboten sind. Kann ein verspätet angetretener Beweis aufgrund zumutbarer vorbereitender Maßnahmen nach § 273 ZPO noch im Termin nach § 341a ZPO erhoben werden, kommt eine Zurückweisung nicht in Betracht.[33] Das Gericht ist aber weder verpflichtet, den Termin soweit hinauszuschieben, daß durch vorbereitende Maßnahmen – etwa durch Einholung eines Sachverständigengutachtens – die Verzögerung aufgefangen wird,[34] noch braucht es eine nach Umfang oder Inhalt den am Terminstag vorgesehenen Rahmen überschreitende Beweisaufnahme[35] durchzuführen.

Die **Verhandlung** über den Einspruch und zur Hauptsache kann – je nach Fallgestaltung – folgenden Verlauf nehmen:

a) Der **Beklagte erscheint** und der **Einspruch** ist **zulässig:**

Im Rechtsstreit
Schirner gegen Großkopf
erschienen bei Aufruf
1. für den Kläger Rechtsanwalt Dr Fechter,
2. der Beklagte.
Es wurde festgestellt, daß das Versäumnisurteil [*der Vollstreckungsbescheid*] vom 17. Januar 19.. dem Beklagten am 21. Januar 19.. zugestellt worden ist. Der Anwalt des Klägers stellte den Antrag [*des Schriftsatzes vom ...*], das Versäumnisurteil [*den Vollstreckungsbescheid*] vom 17. Januar 19.. aufrechtzuerhalten.
Der [*Anwalt des*] Beklagte. stellte den Antrag [*des Schriftsatzes vom ...*], unter Aufhebung des Versäumnisurteils [*Vollstreckungsbescheids*] vom 17. Januar 19.. die Klage abzuweisen.
Die Parteien verhandelten sodann zur Sache.

---

[30] BGHZ 4, 339.
[31] BGH NJW 80, 1105, 1106.
[32] BGHZ 76, 173.
[33] BGH NJW 80, 1105, 1106.
[34] BGH NJW 81, 286.
[35] BGH NJW 83, 576; BVerfG NJW 89, 706 hält eine Beweisaufnahme mit 6 Zeugen zu einem umgrenzten Beweisthema für zumutbar (zweifelhaft).

Am Schluß der Sitzung wurde [*in Abwesenheit der Parteien*] folgendes Urteil verkündet:

Im Namen des Volkes

Die zu verkündende **Urteilsformel** lautet (§ 343 ZPO), wenn

(1) die Klage begründet ist: 437

1. Das am 17. Januar 19.. verkündete Versäumnisurteil wird aufrechterhalten.
2. Der Beklagte trägt die weiteren Kosten des Rechtsstreits.
3. Das Urteil ist gegen Sicherheitsleistung von DM ... vorläufig vollstreckbar. Die Vollstreckung aus dem Versäumnisurteil darf nur gegen Leistung dieser Sicherheit fortgesetzt werden.[36]

(2) die Klage **unbegründet** ist: 438

1. Das am 17. Januar 19.. verkündete Versäumnisurteil wird aufgehoben. Die Klage wird abgewiesen.
2. Der Kläger trägt die Kosten des Rechtsstreits mit Ausnahme der durch die Säumnis des Beklagten entstandenen Kosten, die dieser zu tragen hat.[37]
3. Das Urteil ist [*hinsichtlich der Kostenentscheidung*] vorläufig vollstreckbar. Der Kläger darf die Vollstreckung durch Sicherheitsleistung in Höhe von DM ... abwenden, wenn nicht der Beklagte vor der Vollstreckung Sicherheit in gleicher Höhe leistet.[38, 39]

(3) die Klage nur **teilweise begründet** ist: 439

1. Das am 17. Januar 19.. verkündete Versäumnisurteil wird insoweit aufrechterhalten, als der Beklagte zur Zahlung von 1600 DM nebst 5% Zinsen seit dem 6. Januar 19.. verurteilt worden ist. Im übrigen wird das Versäumnisurteil aufgehoben und die Klage abgewiesen.[40]
2. Der Beklagte trägt die durch seine Säumnis entstandenen Kosten ganz[37] und ⅘ der übrigen Kosten des Rechtsstreits, der Kläger ⅕ der übrigen Kosten.
3. Das Urteil ist vorläufig vollstreckbar, für den Kläger jedoch nur gegen Sicherheitsleistung in Höhe von DM ... Der Kläger darf die Vollstreckung durch Sicherheitsleistung in Höhe von DM ... abwenden, wenn nicht der Beklagte vor der Vollstreckung Sicherheit in gleicher Höhe leistet.[38, 39]

Dr Berner Klee

Diese Urteile sind mit Tatbestand und Entscheidungsgründen abzusetzen. Sie sind mit der Berufung anfechtbar.

---

[36] § 709 S 2 ZPO, sofern der Gegenstand der Verurteilung in der Hauptsache des aufrechterhaltenen Versäumnisurteils DM 1500,– oder der Wert der Kosten des Versäumnisurteils und dieses Urteils DM 2000,– übersteigen; ansonsten ist nach § 708 Nr 11 ZPO auszusprechen: Das Urteil ist vorläufig vollstreckbar.

[37] § 344 ZPO.

[38] §§ 708 Nr 11, 712 ZPO.

[39] Die vorläufige Vollstreckbarkeit des Versäumnisurteils tritt mit Verkündung selbsttätig außer Kraft, soweit die Aufhebung oder Abänderung reicht (§ 717 Abs 1 ZPO). Folge für die Zwangsvollstreckung: §§ 775 Nr 1, 776 ZPO.

[40] In anderen Fällen kann man sich so helfen, daß die Urteilsformel mit den Worten „... mit der Maßgabe ..." gefaßt wird, zB „... mit der Maßgabe aufrecht erhalten, daß die Zahlung nur Zug um Zug gegen ... zu erfolgen hat". Wegen der vollstreckungsrechtlichen Folgen (Aufhebung von Vollstreckungsmaßnahmen, Rangverlust) muß eine Aufhebung zum Zweck der bloßen Klarstellung oder Änderung unterbleiben (Baumbach-Lauterbach § 343 Anm 1 A, Stein-Jonas, § 341 RdNr 3 a).

440 b) Der **Beklagte erscheint** wieder **nicht** oder verhandelt nicht zur Sache,[41] der **Einspruch** ist **zulässig** (sog „Zweites" Versäumnisurteil, § 345 ZPO):

> ... erschienen bei Aufruf
> für den Kläger Rechtsanwalt Dr Fechter,
> für den Beklagten niemand.
> Es wurde festgestellt, daß das Versäumnisurteil [*der Vollstreckungsbescheid*] vom 17. Januar 19.. dem Beklagten am 21. Januar 19.. zugestellt worden ist.
> Der Anwalt des Klägers beantragte,
> den Einspruch des Beklagten durch Versäumnisurteil zu verwerfen.
> Es wurde das aus der Anlage zur Klage (zum Mahnbescheid) ersichtliche Versäumnisurteil verkündet.
> Dr Berner
> Klee

Die Anlage zur Klage bzw zum Mahnbescheid hat außer dem Verkündungsvermerk folgenden Wortlaut:

> 1. Der Einspruch des Beklagten gegen das am 17. Januar 19.. verkündete Versäumnisurteil wird verworfen.
> 2. Der Beklagte trägt die weiteren Kosten.
> 3. Das Urteil ist vorläufig vollstreckbar.[42]
>
> Dr Berner
> Richter am Amtsgericht

Gegen das Urteil ist nur Berufung im Rahmen des § 513 ZPO mit der Begründung, ein Fall der Versäumung habe nicht vorgelegen, statthaft.

442 c) Der **Beklagte erscheint** wieder **nicht,** der **Einspruch** ist **nicht zulässig** (dh nicht statthaft oder nicht frist- und formgerecht eingelegt): Der Einspruch gemäß § 341 Abs 1 ZPO wird durch (unechtes) Versäumnisurteil[43] als unzulässig verworfen.

> ... erschienen bei Aufruf
> für den Kläger Rechtsanwalt Dr Fechter,
> für den Beklagten niemand.
> Es wurde festgestellt, daß das Versäumnisurteil [– *der Vollstreckungsbescheid* –] vom 17. Januar 19.. dem Beklagten am 21. Januar 19.. zugestellt worden ist. Der Einspruch ist erst am 6. Februar 19.. beim Gericht eingegangen.
> Der Anwalt des Klägers beantragte,
> den Einspruch durch Versäumnisurteil als unzulässig zu verwerfen.
> Es wurde folgendes [*anliegendes*] Urteil verkündet:
> 1. Der Einspruch des Beklagten gegen das am 17. Januar 19.. verkündete Versäumnisurteil wird als unzulässig verworfen.
> 2. Der Beklagte trägt die weiteren Kosten des Rechtsstreits.
> 3. Das Urteil ist vorläufig vollstreckbar.[44]
> Dr Berner
> Klee

Dieses Urteil ist mit Tatbestand und Entscheidungsgründen abzusetzen. Rechtsmittel nach den allgemeinen Regeln.

---

[41] Kein Verhandeln zur Sache bei Ablehnungs- und Aussetzungsgesuchen; BGH NJW-RR 86, 1252.
[42] § 708 Nr 2 ZPO.
[43] LAG Hamburg NJW 75, 952 mwNachw, Stein-Jonas § 341 RdNr 21, Thomas-Putzo § 345 Anm 1a, aA Baumbach-Lauterbach § 341 Anm 2 Bb: echtes Versäumnisurteil.
[44] § 708 Nr 3 ZPO.

d) Der **Beklagte erscheint**, der **Einspruch** ist **nicht zulässig** (§ 341 Abs 1 ZPO): 443

... erschienen bei Aufruf
für den Kläger Rechtsanwalt Dr Fechter,
der Beklagte.
Es wurde festgestellt, daß ... (usw wie Form RdNr 442)
Der Anwalt des Klägers beantragte,
den Einspruch als unzulässig zu verwerfen.
Der Beklagte beantragte
Aufhebung des Versäumnisurteils und Klageabweisung.

Erkannt und verkündet:

Der Einspruch des Beklagten gegen das am 17. Januar 19.. verkündete Versäumnisurteil wird als unzulässig verworfen.
Der Beklagte trägt die weiteren Kosten des Rechtsstreits.
Das Urteil ist vorläufig vollstreckbar.[44]

Das Urteil ist mit Tatbestand und Entscheidungsgründen abzusetzen. Rechtsmittel nach allgemeinen Regeln.

e) Der **Beklagte erscheint**, der **Einspruch** ist **zulässig**: 444
Die Parteien verhandeln darauf streitig zur Sache. Das weitere Verfahren bietet keine Besonderheiten. Wird neuer Verhandlungstermin anberaumt und erscheint zu diesem Termin der Beklagte (oder der Kläger) nicht, wird auf Antrag ein neues erstes Versäumnisurteil erlassen; § 345 ZPO ist dann nicht anwendbar.[45] Rechtsmittel: Einspruch nach § 338 ZPO.

8. Wiedereinsetzung in den vorigen Stand wegen Versäumung der Einspruchsfrist

ZPO §§ 233–238, 338, 339

a) Voraussetzungen

Die Folgen der Fristversäumung können durch Wiedereinsetzung in den vorigen Stand beseitigt werden. Die Wiedereinsetzung ist **zulässig**, wenn eine Partei ohne ihr Verschulden verhindert war, die Notfrist zur Einlegung des Einspruchs[46] (§ 339 Abs 1 ZPO) einzuhalten. 445

Das Gesuch muß **enthalten** 446
a) die Angabe der die Wiedereinsetzung begründenden Tatsachen, dh des Hindernisses, des Zeitpunkts seiner Behebung sowie der Tatsachen, die ein Verschulden der Partei ausschließen,
b) die Angabe der Mittel zur Glaubhaftmachung und
c) die Nachholung der versäumten Verfahrenshandlung, also die Einlegung des Einspruchs gegen das Versäumnisurteil oder, falls dies bereits geschehen, die Bezugnahme darauf (§ 236 ZPO).

---

[45] BGHZ 63, 96; BGH VersR 84, 288 mwNachw; Baumbach-Lauterbach § 345 Anm 1 Bb, Thomas-Putzo § 345 Anm 1b.
[46] Streitig ist, ob auch die verlängerte Begründungsfrist eine Notfrist ist, bei welcher Wiedereinsetzung in Betracht kommt (so Hartmann NJW 88, 2659, aA Thomas-Putzo § 340 Anm 2 ZPO).

Das Gericht kann **auch ohne einen ausdrücklichen Antrag** Wiedereinsetzung gewähren, wenn innerhalb der Frist des § 234 Abs 1 ZPO die versäumte Prozeßhandlung – hier also der Einspruch – nachgeholt wird (§ 236 Abs 2 S 2 ZPO).
Die **Frist** für das Wiedereinsetzungsgesuch beträgt zwei Wochen nach Behebung des Hindernisses, höchstens jedoch ein Jahr nach Ablauf der Einspruchsfrist (§ 234 ZPO).

447 Die Entscheidung kann – wie dies in der Regel geschieht – mit der Entscheidung in der Hauptsache verbunden werden. Die Verhandlung und Entscheidung kann aber auf den Antrag auf Wiedereinsetzung beschränkt werden (vgl § 238 ZPO).
Eine mündliche Verhandlung ist nur erforderlich, wenn über die nachgeholte Prozeßhandlung nur in mündlicher Verhandlung entschieden werden kann. Im Fall des § 341 Abs 2 ZPO kann daher auch ohne mündliche Verhandlung über die Wiedereinsetzung durch Beschluß entschieden werden.

448 **Antrag**

Geschäftsstelle des Amtsgerichts Goslar, den 6. Februar 19..
In dem Rechtsstreit Schirner gegen Großkopf erschien der Beklagte und erklärte: In dem oben bezeichneten Rechtsstreit bin ich durch Versäumnisurteil vom 17. Januar 19.. zur Zahlung von 2500 DM nebst Zinsen und Übernahme der Kosten des Verfahrens verurteilt worden. Dieses Urtei ist meiner Büroangestellten in meiner Abwesenheit am 21. Januar 19.. zugestellt worden. Ich war vom 20. Januar 19.. an auf einer unaufschiebbaren Geschäftsreise in England unterwegs. Wegen eines Autounfalles, den ich auf der Rückreise am 27. Januar 19.. erlitt, konnte ich erst am 6. Februar 19.. zurückkehren.
Ich lege gegen das Versäumnisurteil Einspruch ein und beantrage
Wiedereinsetzung in den vorigen Stand wegen Versäumung der Einspruchsfrist.
Zur Glaubhaftmachung der die Wiedereinsetzung begründenden Umstände erbiete ich mich zur Versicherung an Eides Statt. Ich werde ferner eine Bescheinigung des Krankenhauses beibringen, daß ich vom 27. Januar bis 5. Februar 19.. wegen meiner Verletzungen in stationärer Behandlung war.
vorgelesen genehmigt unterschrieben

Der Antrag ist dem Gegner zur Kenntnis zu geben. Beabsichtigt das Gericht über den Antrag mündlich zu verhandeln, ist gleichzeitig Termin zu bestimmen.

b) Entscheidung durch Beschluß

449 Da die Entscheidung, daß ein Einspruch als unzulässig zu verwerfen ist, ohne mündliche Verhandlung durch Beschluß getroffen werden kann (§ 341 Abs 1 S 2, Abs 2 ZPO), kann das Gericht auch über den Wiedereinsetzungsantrag durch Beschluß entscheiden; zweckmäßig ist dies jedoch nur in eindeutigen Fällen. Dann kann gleichwertig gemäß § 341 Abs 2 ZPO auch über den Einspruch entschieden werden.

450 Bei **Zurückweisung** des Antrages lautet der Beschluß:

1. Der Antrag des Beklagten auf Wiedereinsetzung in den vorigen Stand wegen Versäumung der Einspruchsfrist wird zurückgewiesen.
2. Der Einspruch gegen das Versäumnisurteil vom ... wird als unzulässig verworfen.
3. Der Beklagte trägt die Kosten des weiteren Verfahrens.

Gründe: ...

Rechtsmittel: Sofortige Beschwerde (§§ 238 Abs 2, 341 Abs 2 ZPO).

Im Fall der **Stattgabe:** 451

1. Dem Beklagten wird wegen Versäumung der Einspruchsfrist Wiedereinsetzung in den vorigen Stand gewährt.
2. Die Kosten der Wiedereinsetzung fallen dem Beklagten zur Last.[47]

c) Entscheidung aufgrund mündlicher Verhandlung

Wird das Verfahren über den Antrag **mit** der Verhandlung über die **Hauptsache verbunden,**[48] ist aufzunehmen: 452

Es wurde festgestellt, daß das Versäumnisurteil [*der Vollstreckungsbescheid*] vom ... am ... zugestellt worden ist. Der Einspruch ist am ..., also verspätet, beim Gericht eingegangen.
Der Anwalt des Klägers beantragte, den Einspruch unter Zurückweisung des Antrags auf Wiedereinsetzung in den vorigen Stand als unzulässig zu verwerfen, hilfsweise das Versäumnisurteil aufrechtzuerhalten.
Der Beklagte beantragte, die Wiedereinsetzung in den vorigen Stand zu bewilligen und unter Aufhebung des Versäumnisurteils die Klage abzuweisen.

Der Tenor des Urteils lautet bei Zurückweisung des Antrags auf Verwerfung des Einspruchs als unzulässig (Urteilsformel wie Form RdNr 442), bei Stattgeben auf Entscheidung in der Sache selbst (Urteilsformel wie Form RdNr 437–439). In beiden Fällen muß die Verwerfung oder Bewilligung der Wiedereinsetzung aus den Entscheidungsgründen ersichtlich sein. 453

Beschränkt das Gericht das Verfahren zunächst **auf** die Verhandlung und Entscheidung über die **Wiedereinsetzung,** muß es im Protokoll heißen: 454

beschlossen und verkündet:
Das Verfahren wird zunächst auf die Verhandlung und Entscheidung über den Wiedereinsetzungsantrag beschränkt.
Die Parteien verhandelten darauf streitig mit den Anträgen auf Erteilung und Verwerfung der Wiedereinsetzung.
erkannt und verkündet:
Zwischenurteil

Bei Stattgabe: 455

Dem Beklagten wird Wiedereinsetzung in den vorigen Stand wegen Versäumung der Einspruchsfrist erteilt.
Die Kosten der Wiedereinsetzung fallen dem Beklagten zur Last.[47]
Das Urteil ist hinsichtlich der Kostenentscheidung vorläufig vollstreckbar.

Bei Zurückweisung:[49] 456

Der Antrag auf Wiedereinsetzung in den vorigen Stand wird auf Kosten des Beklagten verworfen.
Das Urteil ist hinsichtlich der Kostenentscheidung vorläufig vollstreckbar.
Dr Berner Klee

Die Urteile sind mit Tatbestand und Entscheidungsgründen abzusetzen. Das stattgebende Urteil ist unanfechtbar, das zurückweisende mit der Berufung angreifbar.

---

[47] Die Kosten der Wiedereinsetzung fallen dem Antragsteller stets zur Last, soweit sie nicht durch einen unbegründeten Widerspruch des Gegners entstanden sind (§ 238 Abs 3 ZPO).
[48] Ein besonderer Beschluß ist hierzu nicht erforderlich.
[49] Eine isolierte Zurückweisung des Antrags auf Wiedereinsetzung ohne Entscheidung über die verspätete Prozeßhandlung ist in aller Regel unangebracht (BGHZ 47, 298, 291).

II. Entscheidung nach der Lage der Akten, Ruhen des Verfahrens

ZPO §§ 251, 251a, 331a 708 Nr 2
GKG KV Nr 1016, 1017
BRAGO §§ 31, 33 Nr 1

460 Eine **Entscheidung nach Aktenlage** ergeht
a) auf **Antrag** der einen Partei **bei Säumnis** der anderen, wenn sie, statt Erlaß des Versäumnisurteils zu beantragen, den Rechtsstreit gefördert oder den Rechtszug beendet wissen will (§ 331a ZPO),
b) **von Amts wegen,** wenn beide Parteien ausbleiben oder wenn die erschienene Partei untätig bleibt (§ 251a Abs 1 ZPO). In diesem Fall kann das Gericht auch vertagen oder das Ruhen des Verfahrens anordnen (§ 251a Abs 3 ZPO).

461 Die Entscheidung nach Aktenlage setzt hinreichende Klärung des Sach- und Streitstandes voraus und kann in jeder **sachlichen Entscheidung** des Gerichts bestehen (zB Auflage, Beweisbeschluß, Urteil).
Ein Urteil darf aber nur ergehen, wenn in demselben Rechtszug vorher mindestens einmal streitig mündlich verhandelt worden ist (§ 251a Abs 2, 331a S 2 ZPO). Das Urteil darf auch erst in einem besonderen, auf mindestens zwei Wochen hinaus anzusetzenden Termin verkündet werden. Die ausgebliebene Partei wird davon formlos benachrichtigt. Das Gericht bestimmt neuen Termin zur mündlichen Verhandlung, wenn die säumige Partei dies spätestens am siebten Tag vor dem Verkündungstermin beantragt und glaubhaft macht, daß sie ohne ihr Verschulden ausgeblieben ist und die Verlegung des Termins nicht rechtzeitig beantragen konnte (§ 251a Abs 2 ZPO).
Entscheidungsstoff ist der Akteninhalt, soweit er bis zum Termin entstanden ist, und der Inhalt der früheren mündlichen Verhandlungen, gleichgültig, ob er schriftlich festgelegt wurde oder nicht.
Richterwechsel seit der früheren mündlichen Verhandlung steht dem Erlaß des Urteils nicht entgegen.[50]

462 **Das Ruhen des Verfahrens** kann von Amts wegen im Fall der Säumnis beider Parteien nach § 251a ZPO oder auch auf Antrag beider Parteien angeordnet werden, wenn ein wichtiger Grund vorliegt, insbesonders wenn Vergleichsverhandlungen schweben (§ 251 ZPO). Wird das Ruhen angeordnet, so kann das Verfahren vor Ablauf von drei Monaten nur mit Zustimmung des Gerichts wieder aufgenommen werden (§ 251 Abs 2 ZPO), welche das Gericht erteilt, wenn ein wichtiger Grund vorliegt. Die Zustimmung braucht nicht besonders erklärt zu werden, sie liegt in der Terminsbestimmung.

---

[50] RGZ 132, 330 (336), Stein-Jonas § 309 RdNr 17, Baumbach-Lauterbach 3 D zu § 251a, Thomas-Putzo § 251a Anm 3a, § 309 Anm 1, aM insbes Rosenberg-Schwab § 109 III 1; unentschieden BGHZ 11, 27. Vgl Auerhammer ZZP 67, 256ff.

Beispiel: 463

Amtsgericht Goslar, den 17. Januar 19..

Protokoll über die öffentliche Sitzung

Gegenwärtig:
Richter am Amtsgericht Dr Berner
Justizsekretär Seger als Urkundsbeamter der Geschäftsstelle
in dem Rechtsstreit
Schirner gegen Großkopf
erschien für den Kläger Rechtsanwalt Dr Fechter,
für den Beklagten niemand.
Rechtsanwalt Dr Fechter beantragte Entscheidung nach Lage der Akten.

a) Der Rechtsstreit ist **entscheidungsreif** und in einem **früheren** Termin hat bereits eine **mündliche Verhandlung** stattgefunden: 464

beschlossen und verkündet:

1. Termin zur Verkündung einer Entscheidung nach Lage der Akten wird auf den 31. Januar 19.. 9 Uhr anberaumt.
2. Dem Beklagten ist der Verkündungstermin durch Übersendung der Protokollabschrift mitzuteilen.

Dr Berner Seger

b) Die Sache ist **nicht entscheidungsreif** oder ein Urteil kann nicht verkündet werden, weil **früher keine mündliche Verhandlung** stattgefunden hat, entweder: 465

Es wurde der aus der Anlage ersichtliche Beweisbeschluß [*Auflagenbeschluß*] verkündet.
Termin [*zur Beweisaufnahme und*] zur mündlichen Verhandlung wird auf den 31. Januar 19.. anberaumt.[51]

Oder: 466

beschlossen und verkündet:

Die Sache wird auf den
31. Januar 19.. 9 Uhr vertagt.[52]

Oder, jedoch nur im Fall des § 251a ZPO, nicht bei Säumnis nur einer Partei, § 331a Satz 2:[53] 467

beschlossen und verkündet:

Das Verfahren ruht.
Dr Berner Seger

Wird das Ruhen des Verfahrens angeordnet, so verfügt der Richter eine Frist zur Wiedervorlage von 6 Monaten. Wird das Verfahren bis zur Wiedervorlage nicht aufgenommen, so werden die Akten weggelegt.

---

[51] Wird der Beweis- oder Auflagenbeschluß mündlich verkündet, jedoch nicht wörtlich in die Sitzungsschrift aufgenommen, so ist gemäß § 160 Abs 5 ZPO zu verfahren; zur Fassung des Beweisbeschlusses vgl RdNr 553ff.

[52] Die Vertagung ist sowohl im Fall des § 251a wie des § 331a ZPO möglich, obwohl § 251a Abs 3 in § 331a ZPO nicht zitiert ist (Baumbach-Lauterbach 2 B zu § 331a ZPO).

[53] Im Fall des § 331a ZPO (Säumnis einer Partei) kann das Ruhen von Amts wegen nicht angeordnet werden (§ 331a Satz 2, in dem § 251a Abs 3 ZPO nicht für anwendbar erklärt ist).

III. Anerkenntnisurteil

ZPO §§ 307, 160 Abs 3 Nr 1, 162, 311, 313b, 315, 499, 708 Nr 1, 734
GKG KV Nr 1014, 1015
BRAGO §§ 31 Abs 1, 33 Abs 1, 35

470 Erklärt der Beklagte **im schriftlichen Vorverfahren** auf die Aufforderung des Gerichts nach § 276 Abs 1 S 1 ZPO, schriftlich anzuzeigen, ob er sich gegen die Klage verteidigen wolle, daß er den Anspruch des Klägers ganz oder zum Teil anerkenne, so ist er auf Antrag des Klägers – der schon in der Klageschrift gestellt werden kann – ohne Sachprüfung dem Anerkenntnis gemäß zu verurteilen (§ 307 Abs 2 ZPO), sofern die Prozeßvoraussetzungen erfüllt sind. Im Verfahren vor dem Amtsgericht ist weitere Voraussetzung, daß der Beklagte gemäß § 499 ZPO über die Folgen hinsichtlich des schriftlichen Anerkenntnisses belehrt worden war. Das prozessuale Anerkenntnis ist Prozeßhandlung; es ist weder kondizierbar noch anfechtbar, es kann nur widerrufen werden, wenn die Prozeßhandlung von einem Restitutionsgrund betroffen ist.[54]

471 Das Urteil bedarf nicht des Tatbestandes oder der Entscheidungsgründe und ist als Anerkenntnisurteil zu bezeichnen (§ 313b Abs 1 ZPO). Es kann wie ein Versäumnisurteil gemäß § 313b Abs 2 ZPO in abgekürzter Form ergehen (s dazu im einzelnen RdNr 407). Das gilt nicht, wenn das Anerkenntnisurteil im Ausland vollstreckt werden soll (s RdNr 408).

472 Auf die Klageschrift (den Mahnbescheid) ist folgender Vermerk zu setzen:

Im Namen des Volkes
Anerkenntnisurteil

Erkannt nach dem Antrag der Klageschrift [*des Mahnbescheids*]
Zinsen seit dem 6. Januar 19..[55]
Kosten zu Lasten des Beklagten.
Vorläufig vollstreckbar.
Prozeßbevollmächtigter des Klägers: Rechtsanwalt Dr Fechter, Goslar[56]

Amtsgericht Goslar, den ...
Dr Berner
Richter am Amtsgericht

473 Die Verkündung des Urteils wird durch die Zustellung ersetzt (§ 310 Abs 3 ZPO).

474 Erkennt der Beklagte **in der mündlichen Verhandlung** den gegen ihn geltend gemachten Anspruch ganz oder zum Teil an, ist er auf Antrag des Klägers dem Anerkenntnis gemäß zu verurteilen (§ 307 Abs 1 ZPO).

Das Anerkenntnis, das ausdrücklich erklärt werden muß und bedingungsfeindlich ist, muß im Protokoll festgestellt (§ 160 Abs 3 S 1 ZPO), den Beteiligten vorgelesen, zur Durchsicht vorgelegt oder von einem Tonträger vorgespielt und von ihnen genehmigt werden (§ 162 Abs 1 ZPO). Ein Verstoß gegen die Protokollierungsregeln nimmt dem Protokoll zwar die Beweiskraft einer öffentlichen Urkunde, führt aber nicht zur Unwirksamkeit der Prozeßhandlung.[57]

---

[54] Vgl BGHZ 80, 389, 391ff = NJW 81, 2193, OLG Frankfurt NJW-RR 88, 574, 575.
[55] Der Zinsbeginn muß eingesetzt werden, wenn in der Klage oder in dem Mahnbescheid Zinsen „seit Zustellung" der Klage oder des Mahnbescheids verlangt werden.
[56] Die Einsetzung der Prozeßbevollmächtigten ist nötig, wenn er in der Klageschrift oder Mahnbescheid nicht aufgeführt, sondern erst später bevollmächtigt worden ist.
[57] BGH NJW 84, 1465, OLG Frankfurt NJW-RR 88, 574.

Für den Fall, daß der Kläger nach Anerkenntnis des Klageanspruchs nicht den Erlaß eines Anerkenntnisurteils, sondern streitmäßige Verurteilung des Beklagten beantragt, ist ebenfalls Anerkenntnisurteil zu erlassen, es sei denn, daß der Kläger ein schutzwürdiges Interesse an der Erlangung einer Streitentscheidung hat.[58] 475

Öffentliche Sitzung des Amtsgerichts Goslar, den 17. Januar 19..
Gegenwärtig:
Richter am Amtsgericht Dr Berner
Justizassistent Klee als Urkundsbeamter der Geschäftsstelle
In dem Rechtsstreit,
Schirner gegen Großkopf
erschienen bei Aufruf
1. für den Kläger Rechtsanwalt Dr Fechter,
2. [*für*] der [*den*] Beklagte. [*Rechtsanwalt ...*].
Der Anwalt des Klägers nahm auf die Klageschrift [*den Mahnbescheid – den Schriftsatz vom ...*] Bezug.
Der [*Anwalt de.*] Beklagte. erkannte den Anspruch an.
Vorgelesen und genehmigt[59]
Der Anwalt des Klägers überreichte anliegende Kostenrechnung[60] und beantragte, den Beklagten dem Anerkenntnis gemäß zu verurteilen.
Es wurde ein Anerkenntnisurteil des aus dem Vermerk zur Klageschrift [*zum Mahnbescheid*] ersichtlichen Inhalts verkündet.
Dr Berner Klee

Auf die Klageschrift (den Mahnbescheid) ist ein Vermerk wie RdNr 472 zu setzen.

Erkennt der Beklagte nur einen Teil des Anspruchs an oder erkennt er nur den Hauptanspruch, nicht aber die Pflicht zur Kostentragung an, ergeht **Teil-Anerkenntnisurteil**; dann lautet der auf die Klageschrift (den Mahnbescheid) zu setzende Vermerk:[61] 477

Verkündet am 17. Januar 19..
Klee, Justizassistent
als Urkundsbeamter der Geschäftsstelle

Im Namen des Volkes
Teil-Anerkenntnisurteil

Erkannt nach dem Antrag der Klageschrift [*des Mahnbescheids*], jedoch nur in Höhe von ... [*in Höhe des Hauptanspruchs*]. Zinsen seit dem[55] ...
Die Kostenentscheidung bleibt dem Schlußurteil vorbehalten.
Vorläufig vollstreckbar.
[*Prozeßbevollmächtigter des Klägers ...*][56]

Amtsgericht Goslar
Dr Berner
Richter am Amtsgericht

Der Rechtsstreit wird dann über den nicht anerkannten Teil des Anspruchs oder über die Pflicht zur Kostentragung fortgesetzt.[61]

Eine Urteilsgebühr entsteht nicht (GKG KV Nr 1014, 1015); der Rechtsanwalt erhält neben der 10/10 Prozeßgebühr eine 5/10 Verhandlungsgebühr (auch im schriftlichen Verfahren, § 35 BRAGO). 478

---

58 BGHZ 10, 333; Thomas-Putzo § 307 Anm 4a mwNachw, Stein-Jonas § 307 RdNr 30.
59 §§ 160 Abs 3 Nr 1 und 162 ZPO.
60 Damit der Festsetzungsbeschluß auf das Urteil gesetzt werden kann (§ 105 ZPO).
61 Stein-Jonas § 307 RdNr 40, nach aA (Thomas-Putzo § 307 Anm 4b) ist in diesem Fall das Anerkenntnisurteil bis zur Entscheidungsreife hinsichtlich der Kosten zurückzustellen.

IV. Unterbrechung und Aussetzung des Verfahrens

ZPO §§ 148–155, 239–250, 252, 614, 640f

1. Unterbrechung

480 Das **Verfahren** wird **unterbrochen** in folgenden Fällen:

1. **Tod** oder Eintritt der **Prozeßunfähigkeit einer Partei** (§§ 239, 241 ZPO),[62]
2. **Tod** oder **Verlust der Rechtsstellung** eines **gesetzlichen Vertreters** einer Partei, ohne daß die Partei prozeßfähig wird (§ 241 ZPO),
3. Anordnung der **Nachlaßverwaltung** über das Vermögen einer Partei (§ 241 Abs 3 ZPO) oder Eintritt der **Nacherbfolge** hinsichtlich des Streitgegenstandes in der Person einer Partei, sofern der Vorerbe über den Gegenstand verfügen durfte oder mit Zustimmung des Nacherben verfügt hat (§ 242 ZPO).

In den Fällen 1–3 wird das Verfahren jedoch nur unterbrochen, wenn die Prozeßpartei nicht durch einen Prozeßbevollmächtigten vertreten war (§ 246 ZPO).[63] War ein Prozeßbevollmächtigter bestellt, so muß das Gericht das Verfahren auf Antrag des Bevollmächtigten, in den Fällen des Todes und der Nacherbfolge auch auf Antrag des Gegners aussetzen (§ 246 ZPO).

Das **Verfahren** wird ferner in folgenden Fällen **unterbrochen:**

4. Eröffnung des **Konkurses** im Inland[64] über das Vermögen einer Partei, wenn der Streitgegenstand zur Konkursmasse gehört (§ 240 ZPO),
5. **Stillstand der Rechtspflege** (§ 245 ZPO),
6. **Tod des Rechtsanwalts** einer Partei **oder** Eintritt seiner **Unfähigkeit**, die Vertretung fortzuführen, im Anwaltsprozeß iS § 78 ZPO (§ 244 ZPO). Soweit im Amtsgerichtsprozeß eine Vertretung durch einen Rechtsanwalt nicht vorgeschrieben ist, findet in diesem Fall keine Unterbrechung statt, vielmehr muß sich die Partei dann selbst vertreten oder einen neuen Anwalt bestellen.

481 **Während der Unterbrechung** des Verfahrens hört der Lauf jeder Frist auf; nach Beendigung der Unterbrechung beginnt die volle Frist von neuem zu laufen (§ 249 Abs 1 ZPO). Prozeßhandlungen der Parteien, die die Hauptsache in dem unterbrochenen Verfahren betreffen, sind dem Gegner gegenüber unwirksam (§ 249 Abs 2 ZPO). Dazu gehören nicht Prozeßhandlungen mit dem Ziel, die Unterbrechung geltend zu machen oder zu beseitigen; auch Kostenfestsetzungs- wie Prozeßkostenhilfeverfahren sind zulässig. Unwirksam sind weiter alle Handlungen des Gerichts gegenüber beiden Parteien. Zulässig sind allein Entscheidungen über Prozeßkostenhilfeanträge im Falle des § 244 ZPO, Berichtigungen nach §§ 319, 320 ZPO, Streitwertfestsetzung sowie Verkündungen von Entscheidungen, wenn die Unterbrechung nach Schluß der letzten mündlichen Verhandlung (§ 249 Abs 3 ZPO), im schriftlichen Verfahren nach dem Zeitpunkt eintritt, der gemäß § 128 Abs 2 S 2, Abs 3 S 2 ZPO dem Schluß der mündlichen Verhandlung entspricht (das ist der Zeitpunkt, bis zu dem Schriftsätze eingereicht werden können).[65]

---

[62] Entsprechend auch, wenn die Testamentsvollstreckung wegfällt (RGZ 155, 350, 354, BGH NJW 64, 2301), oder bei Erlöschen einer juristischen Person, wenn das Vermögen ohne Liquidation auf einen Gesamtnachfolger übergeht, insbes im Fall der §§ 339 AktG (BGH MDR 71, 913), der Umwandlung (BFH NJW 88, 2760); Baumbach-Lauterbach 2 A zu § 239 ZPO; Rosenberg-Schwab § 127 I 1 mit Nachw.

[63] BGH JZ 81, 631.

[64] BGH NJW 88, 3096.

[65] Thomas-Putzo § 128 Anm 3 d.

Die **Unterbrechung** wird durch Aufnahme des Verfahrens in den Fällen der §§ 239,[66] 240, 242, 243 ZPO (Nachlaßkonkurs) und durch Anzeige in den Fällen der §§ 241, 243 (Nachlaßpflegschaft und Testamentsvollstreckung), § 244 ZPO (Wegfall des Anwalts im Anwaltsprozeß) **beendet.** Die Aufnahme durch den Nachfolger und die Anzeige erfolgen durch Einreichung eines Schriftsatzes, den das Gericht dem Gegner zustellt (§§ 250, 241 Abs 2 ZPO). Wird bei der Unterbrechung durch Tod (§ 239 ZPO) oder durch Nacherbfolge (§ 242 ZPO) die Aufnahme durch den Nachfolger verzögert, so wird auf Antrag des Gegners der Rechtsnachfolger zur Aufnahme und zur Verhandlung der Hauptsache geladen (§§ 239 Abs 2, 242 ZPO). Das Gericht bestimmt dann die Ladungsfrist (§ 239 Abs 3 ZPO). 482
Verzögert im Fall der Unterbrechung durch Wegfall des Anwalts im Anwaltsprozeß die Partei die Anzeige des neu bestellten Anwalts, ist auf Antrag des Gegners die Partei selbst zur Verhandlung der Hauptsache zu laden oder zur Bestellung eines neuen Anwalts binnen einer vom Vorsitzenden zu bestimmenden Frist aufzufordern (§ 244 Abs 2 ZPO).
Die Unterbrechung durch Konkurs dauert bis zur Aufnahme nach den konkursrechtlichen Vorschriften (§ 240 ZPO). Bei Aufhebung des Konkursverfahrens nach §§ 116, 163, 190 KO, bei Bekanntmachung der Einstellung[67] nach §§ 202, 204, 205, 76 Abs 1 S 2 KO oder bei Freigabe des Streitgegenstandes durch den Konkursverwalter[68] wird der Prozeß von dem bisherigen Gemeinschuldner einfach fortgesetzt; im Fall der Freigabe ist aus Gründen der Klarheit über das Ende der Unterbrechung Aufnahme nach § 250 ZPO erforderlich.[69]

Im folgenden wird als **Beispiel die Unterbrechnung durch Tod einer Partei** gebracht:

a) **Feststellung** der Unterbrechung 483

Amtsgericht — Goslar, den 17. Januar 19..

Protokoll über die öffentliche Sitzung

Gegenwärtig:
Richter am Amtsgericht Dr Berner
Justizsekretär Seger als Urkundsbeamter der Geschäftsstelle
In dem Rechtsstreit
Schirner gegen Großkopf
erschienen bei Aufruf:
1. der Kläger,
2. für den Beklagten dessen Ehefrau.
Frau Großkopf zeigte an, daß ihr Ehemann am 14. Januar 19.. verstorben sei. Sie legte Sterbeurkunde zur Einsicht vor.
Das Verfahren ist unterbrochen.
Dr Berner — Seger

Der Richter verfügt nun eine Frist von 6 Monaten. Wird das Verfahren bis zum Fristablauf nicht aufgenommen oder von dem Kläger die Aufnahme betrieben, wird Weglegung der Akten verfügt.

---

66 Zur Aufnahme durch Erben nach Tod einer Partei, wenn ein Testamentsvollstrecker vorhanden ist, s BGH NJW 88, 1390.
67 BGHZ 64, 1, 3.
68 BGH NJW 67, 781, OLG Stuttgart NJW 73, 1756 mwNachw.
69 BGHZ 36, 261, Baumbach-Lauterbach § 240 Anm 3.

484 b) **Antrag** auf Ladung zur **Aufnahme** und Verhandlung der Hauptsache

Geschäftsstelle des Amtsgerichts Goslar, den 28. Februar 19..
Es erschien der Kaufmann Schirner und erklärte:
In dem Rechtsstreit Schirner gegen Großkopf ist das Verfahren durch den Tod des Beklagten unterbrochen worden. Die Erben sind die Witwe, Frau Minna Großkopf geb. Becker, und der minderjährige Sohn des Verstorbenen, Walter Großkopf, dessen gesetzlicher Vertreter seine Mutter, die andere Miterbin, ist. Die Erben haben die Erbschaft angenommen und verzögern die Aufnahme des Rechtsstreits.
Ich beantrage, die Rechtsnachfolger des Beklagten zur Aufnahme und zugleich zur Verhandlung der Hauptsache zu laden.
vorgelesen genehmigt unterschrieben

485 c) **Verfügung des Richters**

1. Termin zur Aufnahme und mündlichen Verhandlung der Hauptsache am 16. März 19.. 10 Uhr.
2. Die Ladungsfrist wird auf 2 Wochen bestimmt.

Goslar, den 28. Februar 19.. Dr Berner

486 d) **Entscheidung**

Das Verfahren kann dann folgenden Verlauf nehmen:
Erscheinen beide Parteien und wird die Rechtsnachfolge **anerkannt**, so wird zur Hauptsache verhandelt, ohne daß eine Entscheidung zur Aufnahme ergeht. Wird die Rechtsnachfolge **bestritten** und die Aufnahmelast geleugnet, wird die Nachfolge entweder durch Zwischenurteil (§§ 146, 303 ZPO) oder bei gleichzeitiger Entscheidung in der Hauptsache in den Gründen des Endurteils festgestellt; bei Verneinung der Rechtsnachfolge Zurückweisung der Aufnahme oder des Antrags auf Fortsetzung des Verfahrens durch Endurteil unter Verurteilung in die Kosten des Aufnahmeverfahrens; die Unterbrechung dauert dann fort.
Ist der **geladene** Rechtsnachfolger **säumig**, so ist die Rechtsnachfolge als zugestanden anzunehmen und auf Antrag Versäumnisurteil zu erlassen (§§ 239 Abs 4, 330, 331 ZPO) oder nach Aktenlage zu entscheiden (§ 331 a ZPO).
Ist der **Ladende säumig** und nimmt der Nachfolger auf, kann Versäumnisurteil oder Entscheidung nach Aktenlage in der Sache selbst ergehen; nimmt der Nachfolger in diesem Fall nicht auf, weil er die Aufnahmelast leugnet, ergeht Versäumnisurteil auf Zurückweisung des Aufnahmeantrags.
Erscheint im Termin **niemand**, ist Vertagung oder Ruhen des Verfahrens anzuordnen.[70]

2. Aussetzung

487 Die **Aussetzung des Verfahrens** findet in folgenden Fällen statt:
1. **Zwingend** in den Fällen des **Todes**, des **Verlustes der Prozeßfähigkeit** einer Partei, des **Wegfalls des gesetzlichen Vertreters**, der Anordnung der **Nachlaßverwaltung**, des Eintritts der **Nacherbfolge** (§§ 239, 241, 242 ZPO; vgl RdNr 480), wenn ein Prozeßbevollmächtigter bestellt war, und zwar auf Antrag des Bevollmächtigten, in den Fällen des Todes und der Nacherbfolge auch auf Antrag des Gegners (§ 246 ZPO). Beendigung erfolgt wie bei der Unterbrechung (vgl RdNr 482).

---

[70] Vgl dazu eingehend Rosenberg-Schwab § 127 I 3 b.

2. **Nach Ermessen** des Gerichts ohne Antrag **wegen Vorgreiflichkeit** eines anderen Zivil-, Straf- oder Verwaltungsverfahrens (§§ 148, 149 ZPO), im Fall der Hauptintervention auch auf Antrag einer Partei (§ 65 ZPO). Beendigung erfolgt durch Beschluß jederzeit (§ 150 ZPO) oder durch Erledigung des Vorverfahrens, ohne daß es einer Aufnahmeerklärung seitens der Parteien oder eines Aufhebungsbeschlusses bedarf.[71]
3. Darüber hinaus **zwingend** auf Antrag **bei Vorgreiflichkeit von Ehe- und Familienstandsfragen** in den Fällen der §§ 151–154 ZPO. Beendigung durch Aufnahme nach Erledigung des Vorverfahrens (§ 250) und im Fall des verzögerlichen Betreibens des Vorverfahrens durch Aufhebung der Anordnung nach § 155 ZPO.
4. Bei **Zusammentreffen von Nichtigkeits- und Restitutionsklage** (§ 578 Abs 2 ZPO), **zwingend** von Amts wegen.
5. Wenn eine Partei **vom Verkehr** mit dem Streitgericht **abgeschnitten ist, nach Ermessen** des Gerichts auch von Amts wegen (§ 247 ZPO). Beendigung durch entsprechenden Beschluß.
6. Verfahren auf **Herstellung des ehelichen Lebens** und auf **Scheidung** soll das Gericht nach § 614 ZPO aussetzen, wenn es zur gütlichen Beilegung der Herstellungsklage zweckmäßig ist bzw Aussicht auf Fortsetzung der Ehe besteht.
7. Wenn das Gericht in **Kindschaftssachen** nach Abschluß der übrigen Beweisaufnahme die Erstattung eines Gutachtens anordnet, das wegen des Alters des Kindes noch nicht erstattet werden kann (§ 640f ZPO).
8. Weitere Fälle der Aussetzung vgl Stein-Jonas § 148 ZPO RdNr 23ff, Baumbach-Lauterbach Einf 1 A vor § 148, siehe auch RdNr 889.

Die **Folgen** der Aussetzung sind denen der Unterbrechung gleich (§ 249 ZPO; vgl RdNr 481). **488**

Das Gericht kann in den Fällen der §§ 148ff ZPO, § 248 Abs 2 ZPO entsprechend, auch ohne mündliche Verhandlung, aber unter Gewährung rechtlichen Gehörs beider Parteien entscheiden.[72] **489**

Beispiel (§ 246 ZPO):

> erschienen bei Aufruf
> 1. der Kläger,
> 2. für den Beklagten Rechtsanwalt Dr Weiß.
> Rechtsanwalt Dr Weiß teilte mit, daß der Beklagte am 14. Januar 19.. verstorben sei und beantragte die Aussetzung des Verfahrens bis zur Aufnahme durch die Erben.
> beschlossen und verkündet:
> Das Verfahren wird bis zur Aufnahme durch die Rechtsnachfolger des Beklagten ausgesetzt (§ 246 ZPO).
> Dr Berner Seger

Rechtsmittel: Soweit über die Aussetzung durch Beschluß entschieden wird, findet gegen die Anordnung der Aussetzung die Beschwerde, gegen die Ablehnung die sofortige Beschwerde statt (§ 252 ZPO). Dies gilt auch, soweit das Landgericht als Berufungsgericht entschieden hat; dann beschränkt sich die Nachprüfung auf die verfahrensrechtlichen Voraussetzungen, nicht aber auf die sachliche Berechtigung.[73] **490**

---

[71] BGH NJW 89, 1729, 1730 mwNachw.
[72] Baumbach-Lauterbach § 148 Anm 2B, Thomas-Putzo § 148 Anm 2, aA Stein-Jonas § 148 ZPO RdNr 42: Mündliche Verhandlung.
[73] OLG Celle NJW 75, 2208, OLG Hamm MDR 77, 761.

V. Erledigung der Hauptsache

ZPO § 91 a
GKG KV Nr 1018 f, 1028 f, 1038 f, 1062, 1083, 1118, 1128, 1138, 1180
BRAGO § 37 Nr 7

500 Erklären die Parteien den Rechtsstreit in der Hauptsache für erledigt, so ist über die Kosten nach mündlicher Verhandlung,[74] mit Einverständnis der Parteien auch ohne mündliche Verhandlung (§ 128 Abs 2 ZPO) durch Beschluß zu entscheiden. Die Entscheidung regelt die Kostenfrage unter Berücksichtigung des bisherigen Sach- und Streitstandes[75] nach billigem Ermessen (§ 91 a ZPO). Abzustellen ist darauf, wer die Kosten hätte tragen müssen, wenn sich die Hauptsache nicht erledigt hätte, wobei aber auch Billigkeitserwägungen Platz finden können.[76]

501 1. Beide Parteien erklären **übereinstimmend** die **Erledigung** der Hauptsache oder der **Gegner widerspricht** der Erledigungserklärung **nicht:**
In diesem Fall ist über die Kosten nach § 91 a ZPO zu entscheiden, gleichgültig, ob der Rechtsstreit wirklich und wie er in der Hauptsache erledigt ist.[77]

502 Öffentliche Sitzung des Amtsgerichts Goslar, den 17. Januar 19..
Gegenwärtig:
Richter am Amtsgericht Dr Berner
Justizsekretär Seger als Urkundsbeamter der Geschäftsstelle
In dem Rechtsstreit
Schirner gegen Großkopf
erschienen bei Aufruf
1. für den Kläger Rechtsanwalt Dr Fechter,
2. der Beklagte.
Der Beklagte legte Postquittung vor, wonach er die Klageforderung nebst Zinsen gestern an den Kläger gezahlt hat. Rechtsanwalt Dr Fechter erklärte darauf den Rechtsstreit in der Hauptsache für erledigt. Der Beklagte widersprach nicht.
Rechtsanwalt Dr Fechter behauptete, den Beklagten vergeblich zur Zahlung binnen 1 Woche am 2. Dezember 19.. aufgefordert zu haben. Der Beklagte gab dies zu.
vorgelesen genehmigt
Die Erschienenen verhandelten darauf streitig über die Kostenpflicht.
beschlossen und verkündet:
Der Beklagte trägt die Kosten des Rechtsstreits.
Dr Berner Seger

---

[74] BGHZ 13, 145; 21, 300.
[75] Berücksichtigung präsenter Beweismittel ist aber möglich (BGHZ 13, 145; 21, 300; OLG Braunschweig NdsRpfl 54, 203; Düsseldorf JMBlNRW 52, 153; Stein-Jonas § 19 a RdNr 27, aA Baumbach-Lauterbach § 91 a Anm 3 A). Die Prüfung schwieriger Rechtsfragen kann unterbleiben, BGH NJW 54, 1954.
[76] Stein-Jonas § 91 a RdNr 27.
[77] HM. Dies gilt auch für den Fall, daß die Erledigung zwischen Einreichung und Zustellung der Klage eingetreten ist (BGHZ 21, 299; OLG Celle OLGZ 65, 178; OLG Nürnberg NJW 75, 2206; aA OLG München NJW 76, 974; Baumbach-Lauterbach § 91 a Anm 2 A).

Der Beschluß ist in allen Fällen zu begründen. 503

Beschluß

In dem Rechtsstreit
des Kaufmannes Walter Schirner in Goslar, Wallstr. 1, Klägers,
Prozeßbevollmächtigter: Rechtsanwalt Dr Fechter, Goslar,
gegen
den Gemüsehändler Wilhelm Großkopf, Goslar, Siemensstr. 2, Beklagten,
hat das Amtsgericht Goslar auf die mündliche Verhandlung vom 17. Januar 19..
durch den Amtsgerichtsrat Dr Berner beschlossen:
Der Beklagte trägt die Kosten des Rechtsstreits.

Gründe

Der Beklagte hat die Klageforderung nebst Zinsen nach Klageerhebung am 16. Januar 19.. an den Kläger gezahlt. Beide haben daraufhin den Rechtsstreit in der Hauptsache für erledigt erklärt und nur noch streitig über die Kostenpflicht verhandelt.
Das Gericht hat gemäß § 91 a ZPO über die Kosten unter Berücksichtigung des bisherigen Sach- und Streitstandes nach billigem Ermessen zu entscheiden. Der Beklagte war, da er auf Mahnung nicht gezahlt hat, bei Klageerhebung im Verzug. Er hat zur Klage Veranlassung gegeben und nach Klageerhebung die Forderung dadurch anerkannt, daß er den Kläger befriedigte. Er muß deshalb gemäß § 91 a ZPO die Kosten tragen.

Dr Berner
Richter am Amtsgericht

2. Einseitige Erledigungserklärung des Klägers, die **Hauptsache ist tatsächlich erledigt**[78] (dh die Klage war im Zeitpunkt des nach ihrer Zustellung eingetretenen erledigenden Ereignisses zulässig und begründet,[79] die erledigenden Tatsachen sind unstreitig, zugestanden oder bewiesen[80]): 504
In diesem Fall ist durch Urteil (§ 300 ZPO) die Erledigung festzustellen. Über die Kosten ist nach § 91 ZPO zu entscheiden, § 91 a ZPO ist nicht anwendbar.[81, 80]

Der Tenor lautet: 505

Die Hauptsache ist erledigt.
Der Beklagte trägt die Kosten des Verfahrens.
Das Urteil ist [*gegen eine Sicherheitsleistung von DM ...*] vorläufig vollstreckbar.
Dem Beklagten bleibt nachgelassen, die Zwangsvollstreckung gegen Sicherheitsleistung von DM ... abzuwenden, wenn nicht der Kläger vor der Vollstreckung Sicherheit in dieser Höhe leistet.

3. Einseitige Erledigungserklärung des Klägers, die **Hauptsache ist tatsächlich nicht erledigt** (dh die Klage war unzulässig oder unbegründet, Erledigung trat vor Rechtshängigkeit ein oder ein erledigendes Ereignis ist nicht erwiesen): 506
In diesem Fall ist die Klage durch Urteil abzuweisen; § 91 a ZPO ist nicht anwendbar.[82] Falls das erledigende Ereignis nicht erwiesen ist, setzt ein Urteil den Hinweis

[78] Eine nur zur Abwendung der Zwangsvollstreckung bewirkte Erfüllung führt nicht zur Erledigung der Hauptsache, BGH NJW 85, 2405.
[79] BGH NJW 86, 588, NJW-RR 88, 1151.
[80] Nach aA (so die 5. Auflage im Anschluß an v Gamm MDR 56, 715 unter Hinweis auf RGZ 114, 230 ua) ist weiter danach zu unterscheiden, ob die materielle Erledigung streitig (dann wie oben) oder unstreitig ist (dann § 91 a ZPO entsprechend).
[81] BGHZ 20, 209; 23, 240; OLG Celle NdsRpfl 60, 13.
[82] BGH NJW-RR 88, 1151, BGHZ 83, 12, BGH NJW 1968, 991; OLG Saarbrücken NJW 67, 2212; Stein-Jonas § 91 a RdNr 42, 43.

des Gerichts auf Stellung eines Hilfsantrages (nämlich nach dem ursprünglichen Klageantrag zu entscheiden) und das Beharren des Kläger auf der Erledigungserklärung voraus. Teilweise wird die Auffassung vertreten, daß für den Antrag des Beklagten, die Klage abzuweisen (statt sich der Erledigung anzuschließen), ein besonderes schutzwürdiges Interesse an dieser negativen Feststellung erforderlich sei;[83] doch wird dies dem Schutz des Beklagten vor unzulässigen und unbegründeten Klagen nicht gerecht.[84]

507 **4. Einseitige Erledigungserklärung des Beklagten:**
Die Erklärung ist unzulässig, weil nur der Kläger den Streitgegenstand bestimmen kann.[85] Jedoch hat der unzulässige Antrag keine Auswirkungen; durch Urteil ist die Klage abzuweisen, wenn sie von Anfang an unzulässig oder unbegründet war oder durch die Erledigung geworden ist, ohne daß dies eines Abweisungsantrages bedürfte (vgl RdNr 403).

508 **5. Säumnis des Beklagten nach Erledigungserklärung durch den Kläger:**
Es ergeht Kostenversäumnisurteil. Nach Einspruch ist dann über die Kosten unter Beachtung der Grundsätze des § 91a ZPO durch Urteil zu entscheiden (§ 343 ZPO).

509 **6. Teilweise Erledigung:**
Wird der Rechtsstreit **übereinstimmend** nur zum Teil für erledigt erklärt, kann ein Beschluß nach § 91a ZPO nicht ergehen. Wird der Rechtsstreit später durch Urteil beendigt, so ist in diesem auch über die Kosten des erledigten Teils nach § 91a ZPO zu befinden.[86] Eine Aufspaltung der Kosten nach erledigtem und nicht erledigtem Teil des Streitgegenstandes erfolgt im Tenor nicht.

Beispiel (Streitwert DM 1000.–, erledigt DM 500.–, abgewiesen DM 400.–, zugesprochen DM 100.–):

> Der Beklagte wird – soweit nicht die Hauptsache erledigt ist – verurteilt, an den Kläger DM 100.– zu zahlen.
> Im übrigen wird die Klage abgewiesen.
> Von den Kosten des Verfahrens tragen der Beklagte 6/10, der Kläger 4/10.
> Das Urteil ist vorläufig vollstreckbar.
> Der Beklagte kann die Vollstreckung durch Sicherheitsleistung in Höhe von DM ... abwenden, wenn nicht der Kläger vor der Vollstreckung in gleicher Höhe Sicherheit leistet, der Kläger durch Sicherheitsleistung in Höhe von DM ..., wenn nicht der Beklagte vor der Vollstreckung in gleicher Höhe Sicherheit leistet.
>
> Entscheidungsgründe
>
> ... Die Entscheidung hinsichtlich der Kosten beruht auf §§ 91, 91a ZPO. Soweit Erledigung der Hauptsache eingetragen ist, hat der Beklagte die Kosten zu tragen, weil er in der Hauptsache unterlegen wäre, da er sich in Verzug befand. Hinsichtlich des nicht erledigten Teils haben die Parteien die Kosten nach dem Maß des Unterliegens zu tragen.
>
> (Unterschrift des Richters)

---

[83] BAG NJW 62, 125; BVerwG NJW 65, 1035; OLG Düsseldorf MDR 57, 386; München MDR 57, 298.
[84] BGH NJW 69, 237 = MDR 69, 133; OLG Hamburg MDR 58, 250; OLG Franfurt MDR 60, 322; Stein-Jonas § 91a RdNr 42; Baumbach-Lauterbach 2 C zu § 91a ZPO, alle mit Nachw.
[85] Habscheid JZ 63, 624, Stein-Jonas § 91a RdNr 50, Thomas-Putzo § 91a Anm 8, aA Rosenberg-Schwab § 133 III 3.
[86] BGHZ 40, 265, 269, BGH Rpfleger 59, 238, OLG Hamm JurBüro 81, 278, OLG Düsseldorf JurBüro 83, 1876. Der Streitwert erhöht sich dann nicht um den Betrag der Kosten, der auf den erledigten Teil entfällt, BGH Rpfleger 55, 12.

Im Fall **einseitiger** Teilerledigungserklärung gilt das zu RdNr 506 Ausgeführte. In der Endentscheidung heißt es gegebenenfalls: 510

Im übrigen ist der Rechtsstreit in der Hauptsache erledigt.

Rechtsmittel: Gegen die Entscheidung über die Kosten findet sofortige Beschwerde statt (§ 91a Abs 2 ZPO), unanfechtbar ist die Entscheidung aber dann, wenn in der Hauptsache kein Rechtsmittel gegeben wäre. Weitere Beschwerde ist ausgeschlossen (§ 568 Abs 3 ZPO). Ergeht die Entscheidung bei einseitiger oder teilweiser Erledigung durch Urteil, so ist Berufung nach den allgemeinen Vorschriften neben der sofortigen Beschwerde[87] möglich. 511

Der **Streitwert** besteht bei übereinstimmender Erledigungserklärung von der Erledigungserklärung an aus der Summe der bis dahin enstandenen Kosten, bei teilweiser Erledigungserklärung aus dem Wert des nicht erledigten Teils ohne Kosten.[88] Im Fall einseitiger Erledigungserklärung ist äußerst streitig, ob der Streitwert unverändert bleibt[89] oder sich auf die Summe der entstandenen Kosten reduziert.[90] 512

VI. Vergleich

BGB § 127a, 779
ZPO §§ 794 Abs 1 Nr 1, 160, 160a, 162, 279 Abs 1
BRAGO § 23

Schrifttum:
Michel, Der Prozeßvergleich in der Praxis, Jus 86, 41

Der Prozeßvergleich, auf den der Richter in jeder Lage des Verfahrens hinwirken soll (vgl § 279 Abs 1 ZPO), ohne jedoch dabei seine Rolle als Mittler eines Ausgleichs aufzugeben und in den Parteien das Gefühl aufkommen zu lassen, unter dem Druck des Gerichts zu handeln, muß in einer mündlichen Verhandlung vor dem erkennenden Gericht oder einem ersuchten Richter abgeschlossen werden. Er muß in das Sitzungsprotokoll oder eine Anlage des Protokolls in Anwesenheit beider Parteien oder ihrer Vertreter, in Anwaltsprozeß beider Prozeßbevollmächtigten, aufgenommen, den Abschließenden vorgelesen oder zur Durchsicht vorgelegt und von ihnen **genehmigt** werden. Dies muß im Protokoll festgestellt werden (§ 162 Abs 1, S 1, 3 ZPO). Ist der Inhalt des Protokolls gemäß § 160a ZPO nur vorläufig in einer gebräuchlichen Kurzschrift, mit einer Kurzschriftmaschine, einem Tonaufnahmegerät oder durch verständliche Abkürzung aufgezeichnet worden, muß der Vergleich vorgelesen oder abgespielt werden[91] (§ 162 Abs 1 S 2 ZPO) und von den Beteiligten genehmigt werden. Auch dies muß im Protokoll festgestellt werden; das Protokoll ist unverzüglich nach der Sitzung herzustellen, die vorläufigen Aufzeichnungen sind nach § 160a Abs 3 ZPO aufzubewahren. Die ordnungsgemäße Protokollierung ist unabdingbare Wirksamkeitsvoraussetzung.[91] Nur im Prozeßkosten- 520

---

[87] BGH NJW 63, 583, BGHZ 40, 265, BGH NJW 67, 1131, BGH NJW 69, 237.
[88] OLG München MDR 76, 760, OLG Frankfurt MDR 83, 1033.
[89] KG WRP 87, 11, MDR 84, 408, OLG Frankfurt MDR 84, 320, BGH NJW 82, 768, OLG München AnwBl 85, 384, OLG Bamberg JurBüro 83, 1561, OLG Schleswig SchlHA 84, 152, OLG Koblenz JurBüro 84, 282, OLG Frankfurt JurBüro 82, 914.
[90] OLG Koblenz MDR 84, 671, OLG Celle JurBüro 85, 1080, BGH JurBüro 83, 255.
[91] Ein nur „laut diktierter und genehmigter" Vergleich ist unwirksam; KG Rpfleger 73, 325, BGHZ 14, 381, 386, Rosenberg-Schwab § 132 I 3.

hilfeverfahren kann der Richter den Rechtspfleger mit der Beurkundung von Vergleichen gemäß § 118 Abs 1 S 3 ZPO beauftragen (§ 20 Nr 4 a RpflG).

521 Der Prozeßvergleich hat **„Doppelnatur"**; er ist **Prozeßhandlung und materielles Rechtsgeschäft.**[93] Ein aus prozessualen Gründen unwirksamer Prozeßvergleich kann – dem mutmaßlichen Willen der Parteien entsprechend – als materieller Vergleich aufrechterhalten werden.[94] Der Widerrufsvorbehalt ist materiellrechtlich eine aufschiebende Bedingung.[95] Die gerichtliche Protokollierung ersetzt jede nach BGB vorgeschriebene Form (§ 127a BGB). Ein Prozeßvergleich beendet in der Regel den Rechtsstreit insgesamt; anderenfalls handelt es sich um einen Teil- oder Zwischenvergleich.

Im Fall des Streits über die Wirksamkeit des Vergleichs aus verfahrensrechtlichen Gründen oder über das wirksame Zustandekommen aus materiellen Gründen, zB wegen Nichtigkeit, Anfechtung, Bedingungseintritt, („Streit über rechtliche Existenz") wird auf den solchermaßen begründeten Antrag der Partei Termin zur Fortsetzung des alten Verfahrens bestimmt. Dagegen sind Einwände gegen den Fortbestand aufgrund nachträglicher Ereignisse, zB Aufhebung, Fehlen oder Wegfall der Geschäftsgrundlage,[96] („Streit über die Anpassung an veränderte Verhältnisse") in einem neuen Rechtsstreit geltend zu machen.

Beispiele:[97]

a) Schuldrechtliche Zahlungsverpflichtung

BGB §§ 127a, 779
ZPO § 794 Abs 1 Nr 1

522 **Zahlungsverpflichtung gegen Verzicht auf Mehrforderung:**

Amtsgericht Goslar, den 4. Februar 19..

Protokoll über die öffentliche Sitzung

Gegenwärtig:
Richter am Amtsgericht Dr Berner
Justizsekretär Seger als Urkundsbeamter der Geschäftsstelle
In dem Rechtsstreit[98]
des Kaufmanns Walter Schirner, Goslar, Wallstr 1, Klägers,
Prozeßbevollmächtigter: Rechtsanwalt Dr Fechter, Goslar,
gegen
den Gemüsehändler Wilhelm Großkopf, Goslar, Siemensstraße 2, Beklagten,
erschienen bei Aufruf
1. für den Kläger Rechtsanwalt Dr Fechter,
2. für den Beklagten dessen Ehefrau mit Terminsvollmacht.

---

93 BGHZ 28, 171.
94 BGH NJW 85, 1962.
95 BGHZ 88, 364.
96 Aufhebung: BGHZ 41, 310, Fehlen der Geschäftsgrundlage: BGH NJW 86, 1348, Wegfall der Geschäftsgrundlage: BGH NJW 66, 1658.
97 Die Dispositionsbefugnis der Parteien umfaßt auch die vergleichsweise Verteilung der Kosten; deshalb sind Gestaltungen denkbar, die etwa § 92 Abs 1 ZPO völlig entgegengesetzt sind; die Kostenregelungen in den folgenden Beispielen zeigen daher nur unterschiedliche Formulierungsmöglichkeiten auf.
98 Enthält die Niederschrift einen Vergleich, so sind die Parteien, ihre gesetzlichen Vertreter und Prozeßbevollmächtigten im Rubrum nach Namen, Stand oder Gewerbe und Wohnort genau zu bezeichnen (vgl § 794 Abs 1 Nr 1 ZPO).

Es wurde festgestellt, daß das Versäumnisurteil vom 17. Januar 19.. dem Beklagten am 21. Januar 19.. zugestellt worden und daß der Einspruch rechtzeitig am 24. Januar 19.. eingegangen ist.

Die Parteien schlossen darauf folgenden Vergleich:

1. Der Beklagte zahlt an den Kläger 1250 DM
nebst 5% Zinsen seit dem 1. Januar 19..
2. Der Kläger verzichtet auf die Mehrforderung.
3. Der Kläger verzichtet auf die Rechte aus dem am 17. Januar 19.. verkündeten Versäumnisurteil.[99]
4. Die Gerichtskosten werden geteilt. Außergerichtliche Kosten sind nicht zu erstatten.[100]
5. Rechtsanwalt Dr Fechter behält sich den Widerruf dieses Vergleichs durch Anzeige an das Gericht bis 11. Februar 19.. vor.[101]

vorgelesen genehmigt
beschlossen und verkündet:

Für den Fall des Widerrufs wird Termin zur Verkündung einer Entscheidung anberaumt auf ...[102]

Dr Berner Seger

Wird der Vergleich in einer **Anlage** beigefügt, so heißt es im Protokoll: 523

Die Parteien schlossen den aus der Anlage ersichtlichen Vergleich, der ihnen vorgelesen und von ihnen genehmigt wurde.

Die Anlage ist zweckmäßig als solche zu bezeichnen und die Bezeichnung vom Richter und Urkundsbeamten zu unterschreiben. Der Vergleichstext selbst bedarf keiner Unterschrift.

Wird der Vergleich – gegebenenfalls nach § 159 ZPO auch ohne Zuziehung eines 524
Protokollführers – nach § 160a ZPO vorläufig auf einen **Tonträger aufgezeichnet**, ist der Wortlaut im wesentlichen der gleiche[103] mit folgenden Ausnahmen:

...
Gegenwärtig:
Richter am Amtsgericht Dr Berner
ohne Hinzuziehung eines Protokollführers
...

vorgespielt und genehmigt

Das unverzüglich nach der Sitzung hergestellte Protokoll ist von dem Vorsitzenden und – soweit hinzugezogen – von dem Urkundsbeamten der Geschäftsstelle zu unterschreiben (§ 163 ZPO). Bei der vorläufigen Aufzeichnung auf Tonträger hat der Urkundsbeamte der Geschäftsstelle – auch wenn er nicht hinzugezogen war –

---

[99] Der Verzicht ist zweckmäßig, weil das Urteil noch in der Welt ist.

[100] Haben die Parteien den Kostenpunkt ausgenommen, so findet § 98 ZPO Anwendung, § 91a ZPO ist grds ausgeschlossen (BGH LM § 91a Nr 30, OLG München JurBüro 83, 1882, OLG Frankfurt NJW 56, 146; aM OLG Köln NJW 56, 1524, OLG Hamm JMBlNRW 56, 135, die § 91a ZPO anwenden). Soll nach dem Vergleichswortlaut das Gericht über die Kosten gemäß § 91a ZPO entscheiden, so ist das Gericht hieran gebunden (BGH NJW 65, 103; OLG Celle NdsRpfl 68, 278, OLG Frankfurt MDR 79, 763, OLG Hamm AnwBl 82, 72).

[101] Zum Widerruf vgl Bergerfurth NJW 69, 1797; keine Wiedereinsetzung bei Versäumung der Widerrufsfrist BGH NJW 74, 107, BAG NJW 78, 1876 mwNachw.

[102] Dies ist dann zweckmäßig, wenn durch eine mündliche Verhandlung eine weitere Förderung der Sache nicht zu erwarten ist.

[103] Im Fall der vorläufigen schriftlichen Aufzeichnung ergeben sich gegenüber dem Wortlaut nach RdNr 522 keine Änderungen.

die Richtigkeit der Übertragung zu prüfen und durch seine Unterschrift zu bestätigen:

...
Dr Berner

Für die Richtigkeit der Übertragung von dem Tonträger
Seger

525 **Zahlungsverpflichtung gegen Leistung mit beschränkter Abgeltungsklausel:**

...

1. Der Beklagte zahlt zur Abgeltung der Klageforderung [*aller Ansprüche aus dem Vertrag vom ...*] [*aller Ansprüche aus dem Ereignis vom ...*] bis zum ... [*spätestens zwei Wochen nach Rechtskraft des Vergleichs*] an den Kläger einen Betrag von DM ... Zug um Zug gegen Herausgabe des ... gerätes ... (Marke, Nr, Farbe, Größe).
2. Die Kosten des Verfahrens werden gegeneinander aufgehoben.[104]

526 **Zahlungsverpflichtung gegen Verzicht auf Mehrforderung bei rechtzeitiger Zahlung:**

...

1. Der Beklagte zahlt an den Kläger einen Betrag von DM 1000.– nebst .. % Zinsen.
2. Für den Fall, daß der Beklagte bis zum ... den Betrag von DM 750.– an den Kläger gezahlt hat, verzichtet der Kläger auf seine Mehrforderung[105] gemäß Nr 1.
3. Damit sind alle gegenseitigen Ansprüche abgegolten.
4. Von den Kosten des Verfahrens trägt der Beklagte ⅘, der Kläger ⅕.
   [*Der Beklagte trägt die Kosten des Verfahrens mit der Ausnahme eines Betrags von DM 100.–, welche der Kläger trägt.*]

527 **Ratenzahlungsverpflichtung mit allgemeiner Abgeltung:**

...

1. Der Beklagte zahlt an den Kläger noch DM ... in monatlichen Raten von je DM ..., jeweils fällig am 10. eines Monats, die erste am 10. .. 19 . .
2. Bleibt der Beklagte mit der Zahlung einer Rate länger als zwei Wochen in Rückstand, wird der gesamte Restbetrag auf einmal und sofort fällig.
3. Mit diesem Vergleich sind alle wechselseitigen Ansprüche der Parteien [aus welchem Rechtsgrund auch immer][106] erledigt.
4. ... (Kosten)

528 **b) Zahlungsverpflichtung bei Abzahlungsgeschäften, Herausgabepflicht nach Verfall**[107]

BGB §§ 127a, 426, 779
ZPO § 794 Abs 1 Nr 1
AbzG

Die Parteien schlossen folgenden Vergleich:
1. D.. Beklagte. zahl... an den Kläger als Gesamtschuldner den Restkaufpreis von ... DM in monatlichen Raten von ... DM, beginnend mit dem ...
2. Wird eine Rate nicht spätestens bis zum ... ten Tag nach Fälligkeit gezahlt, so hat [*haben*] d.. Beklagte. auf Verlangen d.. Kläger.. an diesen folgende Gegenstände herauszugeben: ...

---

[104] In diesem Fall werden – wie in RdNr 522 – die Gerichtskosten geteilt, jede Partei trägt ihre außergerichtlichen Kosten selbst.
[105] Eine solche Formulierung kann bei drohender Insolvenz, vorangegangener fruchtloser Zwangsvollstreckung usw zweckmäßig sein.
[106] Überflüssig, aber von Parteien nicht selten gewünscht.
[107] Fassung nach dem Stuttgarter Modell JW 30, 2765. Die in § 4 Abs 2 AbzG genannten Beschränkungen gelten nur bis zum ersten Gesamtverfall. Die Regelung in einem nach Verfall geschlossenen Vergleich ist deshalb nicht den Beschränkungen des § 4 Abs 2 AbzG unterworfen (hM, vgl Ostler-Weidner 84 zu § 4 AbzG mit Nachw, MünchKomm-Westermann § 4 AbzG RdNr 14 mwNachw).

3. Der Nachweis der rechtzeitigen Zahlung obliegt d.. Beklagte..
4. Verlangt d.. Kläger.. Herausgabe der Gegenstände gemäß Nr 2, so beurteilen sich die Rechte der Parteien im übrigen nach dem Vertrag vom ... und nach §§ 1–3 AbzGesetz.
5. D.. Beklagte. übernehmen die Kosten des Rechtsstreits.

c) Vergleich über die Folgen einer Ehescheidung

BGB §§ 127a, 1363ff, 1408 Abs 2, 1569ff, 1585c, 1587o, 1601f, 1634, 1671
ZPO §§ 624, 630, 794 Abs 1 Nr 5
HausratsVO

Ehegatten können vor der Scheidung einen Vergleich über die Scheidungsfolgen schließen. Eine solche Vereinbarung ist wirksam, auch wenn sie die Scheidung erleichtern soll; nichtig ist ein Vergleich nach §§ 134, 138 BGB, wenn sich aus dem Inhalt der Vereinbarung oder den Umständen des Falls ein Verstoß gegen gesetzliche Vorschriften oder die guten Sitten ergibt. 529

Im Fall der einverständlichen Scheidung muß bereits die Antragsschrift (vgl RdNr 225) einen übereinstimmenden Vorschlag der Ehegatten zur Regelung der **elterlichen Sorge** über ein gemeinschaftliches Kind (§ 1671 BGB) und über die Regelung des **persönlichen Verkehrs** des nicht sorgeberechtigten Elternteils mit dem Kind (§ 1634 BGB) enthalten (§ 630 Abs 1 Nr 2 ZPO) sowie die Einigung der Ehegatten über die Regelung der **Unterhaltspflicht gegenüber** einem **Kind** (§§ 1601, 1602 BGB), die **durch die Ehe begründete** gesetzliche **Unterhaltspflicht**[108] (§§ 1569ff BGB), die Rechtsverhältnisse an der **Ehewohung** und dem **Hausrat** (HausratsVO), § 630 Abs 1 Nr 3 ZPO. Einem Scheidungsantrag darf das Gericht erst stattgeben, wenn über Unterhalt, Ehewohnung und Hausrat ein vollstreckbarer Titel vorliegt. Der Vergleich, der außerdem den **Ausgleich des Zugewinns**[109] (§§ 1363ff, 1378 Abs 3 BGB) regeln kann, wird zweckmäßigerweise vor Einreichung des Scheidungsantrags bei einem Notar oder im Verlauf des Verfahrens vor dem Familiengericht protokolliert, damit der Berechtigte einen vollstreckbaren Titel erlangt, den § 630 Abs 3 ZPO voraussetzt.

Eine für das Scheidungsverfahren bewilligte Prozeßkostenhilfe erstreckt sich auch auf die Folgesachen, soweit sie nicht ausdrücklich ausgenommen sind (§ 624 Abs 2 ZPO).

Wird die Vereinbarung in Form eines **Vergleichs** vor dem Scheidungsgericht (Amts- 530
gericht oder Oberlandesgericht) erklärt, so hat das Protokoll etwa folgenden **Wortlaut:**

Die Parteien schlossen folgenden Vergleich:
1. Beide Eheleute schlagen gemeinsam vor, die elterliche Sorge über das Kind [*die Kinder*] ... d.. zu übertragen.[110]
2. Der persönliche Verkehr d... mit dem Kind [*den Kindern*] soll wie folgt geregelt werden:
a) D... hat das Recht mit dem Kind [den Kindern] an jedem ... und ... Sonn-[...]tag von ... bis ... Uhr, während ... Wochen der Sommerferien und einer Woche der

[108] Hat der Träger der Sozialhilfe durch schriftliche Anzeige den Anspruch des unterhaltsberechtigten Ehegatten auf sich übergeleitet, ist der Vergleich dem Träger der Sozialhilfe gegenüber unwirksam (BGHZ 20, 127).
[109] Die Auflassung eines Grundstücks kann in einem „für den Fall der Scheidung" abgeschlossenen Vergleich nicht wirksam erklärt werden (BayObLG Rpfleger 72, 400, MünchKomm-Kanzleiter § 925 BGB RdNr 25. Dazu Blomeyer Rpfleger 72, 385 und Hornung Rpfleger 73, 77).
[110] § 1671 Abs 3 BGB.

Oster- [*Pfingst-, Herbst-, ...*] ferien, wobei der genaue Termin zwischen den Eltern zu vereinbaren ist, zusammen zu sein.
b) ... (Regelungen über Abholung, Verhinderung eines Elternteils oder des Kindes usw).
3. D ... verpflichtet sich, ab ... monatlich im voraus an d ... eine Unterhaltsrente von ... DM und zu Händen d ... für das Kind ... eine solche von weiteren ... DM, zu zahlen, jeweils fällig am 5. [*20.*] eines Monats.[111]
[*Der Bemessung der Unterhaltsrenten liegt ein Einkommen d... von ... DM monatlich zu Grunde*][112]
[Die *Ehegatten verzichten gegenseitig auf Unterhalt auch für den Fall der Not*].
4. Die Ehegatten verzichten gegenseitig auf Ausgleich des Zugewinns.
[*D... verpflichtet sich, als Ausgleich des Zugewinns an ... den Betrag von ... DM zu zahlen und zwar ...*].
5. Von dem Hausrat erhält ...
6. Die Wohnung ... soll d ... verbleiben. D ... verpflichtet sich, alle zum Eintritt d ..... in den Mietvertrag erforderlichen Erklärungen abzugeben.
7. Die Kosten des Rechtsstreits soll – ungeachtet einer etwa anderen Entscheidung des Gerichts – der ... tragen.
vorgelesen und genehmigt

Wird der Vergleich vor einem Notar protokolliert, ist eine Unterwerfungsklausel erforderlich (§§ 630 Abs 3, 794 Abs 1 Nr 5 ZPO).

531 Die Ehegatten können nach § 1587o BGB im Zusammenhang mit einer Scheidung eine Vereinbarung über den **Ausgleich** von Anwartschaften und Anrechten für eine **Versorgung** wegen Alters oder Berufs- oder Erwerbsunfähigkeit schließen; sie muß notariell beurkundet oder in einem gerichtlichen Vergleich enthalten sein und bedarf der Genehmigung des Familiengerichts.[113]
Außerdem kann der Versorgungsausgleich durch eine ausdrückliche Vereinbarung in einem Ehevertrag gemäß § 1408 Abs 2 BGB ausgeschlossen werden. Der Ausschluß ist im Fall der Scheidung nur wirksam, wenn im Zeitpunkt des Antrags ein Jahr seit dem Vertragsschluß verstrichen ist.[114]

532 d) Aufhebung eines Grundstückskaufvertrages

BGB §§ 127a, 313
GBO §§ 19, 28, 29

Die Parteien schlossen folgenden Vergleich:
1. Der zwischen den Parteien am ... vor dem Notar ... in ... – UR .../.. – geschlossene Vertrag wird [*mit Wirkung vom ...*] aufgehoben.
2. Beide Parteien sind sich darüber einig, daß das Eigentum an dem Grundstück ... bei dem Kläger verbleiben soll.
3. Die Beklagten bewilligen die Löschung der zu ihren Gunsten im Grundbuch von ..., Band ..., Blatt ... Abteilung II, laufende Nummer ..., eingetragenen Auflassungsvormerkung.

---

[111] Zum Vergleich über Unterhaltsansprüche vgl MünchKomm-Kanzleiter § 1585c mwNachw, zu Wertsicherungsklauseln Köhler § 69, zur Vollstreckung des Kindesunterhalts nach Abschluß des Scheidungsverfahren MünchKomm-Hinz § 1629 BGB RdNr 39.
[112] Zusatz empfehlenswert wegen späterer Änderungsklagen gemäß § 323 ZPO.
[113] MünchKomm-Strobel § 1587o BGB, Kissel, Ehe und Ehescheidung Bd I S 197ff, Friderici AnwBl 78, 157, Firsching, HRP 5: Familienrecht S 121f.
[114] MünchKomm-Kanzleiter § 1408 BGB, Kissel, Ehe und Ehescheidung Bd I S 199, Firsching, HRP 5: Familienrecht S 120f.

4. Die Beklagten übernehmen die durch die Aufhebung des Vertrages entstehenden Kosten des Notars ... und des Grundbuchamtes.
5. Beide Parteien weisen den Notar hiermit an, von der von den Beklagten geleisteten Anzahlung in Höhe von DM ..., die sich auf Notaranderkonto Nr. ... bei ... befindet, einen Betrag von DM ... an den Kläger, den Restbetrag [*in Höhe von DM ...*] [*einschließlich zwischenzeitlich angefallenen Zinsen*] an die Beklagten auszuzahlen.
6. Damit sind alle gegenseitigen Ansprüche aus dem unter Nr 1 angeführten Vertrag abgegolten.
7. Die Kosten des Verfahrens einschließlich des Vergleichs tragen die Beklagten.

e) **Räumungsvergleich bei Kündigungswiderspruch** des Mieters 533

BGB §§ 556a, 556b, 556c,
ZPO §§ 93, 93b, 721, 794a

Die Parteien schlossen folgenden Vergleich:
1. Das durch Mietvertrag vom ... zwischen den Parteien begründete Mietverhältnis wird bis ... fortgesetzt.
2. Für das fortgesetzte Mietverhältnis gelten die Bestimmungen des erwähnten Mietvertrags weiter, [*jedoch mit folgenden Änderungen:*
a) Der Monatsmietzins wird mit Wirkung vom ... auf ... DM vereinbart,[115]
b) ...]
3. D.. Beklagte. verpflichte. sich, die Wohnung in ..., bestehend aus ... am ... zu räumen und an d.. Kläger.. herauszugeben.[116]
4. D.. Beklagte. verzichte. auf Gewährung einer weiteren Räumungsfrist über den in Ziffer 3 genannten Zeitpunkt hinaus (§ 794a ZPO).[117]
[*D.. Beklagte. können gemäß § 794a ZPO eine weitere Räumungsfrist in Anspruch nehmen, wenn er – sie – nachweis.., daß er – sie – bis zum Räumungstermin trotz aller zumutbaren Anstrengungen eine angemessene Wohnung, bestehend aus ... zu einem Mietpreis bis zu ... nicht gefunden hat – haben.*][117]
5. Die Gerichtskosten werden geteilt, die außergerichtlichen Kosten werden gegeneinander aufgehoben. [*Die Kosten des Rechtsstreits trag.. d.. Kläger*].[118]

f) **Unfall-Abfindungsvergleich**[119] 534

Die Parteien schlossen folgenden Vergleich:
1. D.. Beklagte. zahl.. [*als Gesamtschuldner*] zur Abfindung aller Ansprüche aus dem Verkehrsunfall vom ... [*aus dem der Klage zu Grunde liegenden Unfall*] an d.. Kläger.. einen Betrag von ... DM.
2. D.. Kläger.. tritt hiermit alle Ansprüche, die ihm aus dem in Ziffer 1 genannten Unfall etwa gegen dritte Personen zustehen, an d.. Beklagte. [*an ...*] ab.
3. Die Parteien sind sich darüber einig, daß mit diesem Vergleich auch alle künftig etwa noch entstehenden Ansprüche d.. Kläger.. gegen d.. Beklagte. oder irgendwelche dritte Personen abgefunden sind, und zwar auch solche Ansprüche, die aus unvorhergesehenen Folgen des Unfalls entstehen sollten.[120]

---

[115] Die Erhöhung der Miete durch vergleichsweise Regelung ist auch dann rechtlich wirksam, wenn sich die neue Miete nicht an der ortsüblichen Vergleichsmiete orientiert (Palandt § 10 MHRG Anm 1 mwNachw).
[116] Die vergleichsweise Verpflichtung zur Räumung verstößt nicht gegen § 564b Abs 6 BGB, auch wenn die Kündigungsgründe des § 564b Abs 2 BGB nicht vorliegen (Palandt § 564 Anm 1c).
[117] Ein Verzicht ist zulässig; vgl Hoffmann MDR 65, 176, Schmidt-Futterer NJW 65, 19, Thomas-Putzo § 721 Anm 2b ee.
[118] Vgl § 93b ZPO.
[119] In Anlehnung an Arndt DRiZ 65, 190f, und Geigel, Der Haftpflichtprozeß Kap 40 RdNr 38.
[120] Vgl aber BGH LM Nr 16 zu § 779 BGB.

4. Die Wirksamkeit des Vergleichs ist davon abhängig, daß d.. Kläger.. bis zum ... eine Erklärung folgender unterhalts- oder dienstberechtigter Personen ... beibringt, daß auch sie gegenüber d.. Beklagten auf Ansprüche verzichten und an d.. Beklagten alle Ansprüche aus dem Verkehrsunfall vom ... gegen dritte Personen abtreten.
5. Die Kosten des Rechtsstreits ...

535 g) Unterhaltsvergleich[121]

BGB § 1361

Die Parteien schlossen folgenden Vergleich:
1. Der Beklagte zahlt an die Klägerin für diese und das gemeinschaftliche Kind ... der Parteien eine monatliche Unterhaltsrente von ... DM, und zwar ... DM für die Klägerin, ... DM für das Kind, beginnend mit dem ..., jeweils fällig am ....
2. Die Rechte aus § 323 ZPO bleiben unberührt; dabei gehen die Parteien für die heutige Regelung davon aus, daß die Klägerin kein Einkommen hat, während der Beklagte ... DM monatlich netto verdient. Die Klägerin ist nicht verpflichtet, eine entgeltliche Tätigkeit auszuüben; etwaige Verdienste braucht sie sich [*bis zur Höhe von ... DM*] nicht anrechnen zu lassen. Die Rentenhöhe soll sich nur bei einer wesentlichen Änderung der Einkommensverhältnisse des Beklagten ändern; als wesentlich soll eine Änderung dann gelten, wenn sie monatlich ... DM netto übersteigt.
3. Die Kosten ... (usw)

h) Vergleich im Wettbewerbsprozeß

Schrifttum:
Pastor, Der Wettbewerbsprozeß, 3. Aufl 1980, Kapitel 72

536 Kosten nach gesicherter Unterwerfungserklärung:

Vor Eintritt in die mündliche Verhandlung erklärt der Beklagte:
Ich verpflichte mich, es zu unterlassen die Bezeichnung ... für ... zu verwenden [*die Behauptung, ..., aufzustellen*].
Ich unterwerfe mich für jeden Fall der Zuwiderhandlung gegen diese Verpflichtung einer Vertragsstrafe von ... DM.
Der Kläger erklärt: Ich nehme dieses Angebot an.
vorgelesen genehmigt
Beide Parteien erklären nunmehr den Rechtsstreit für in der Hauptsache erledigt.
Sie schließen über die Kosten folgenden Vergleich:
Die Gerichtskosten trägt jede Partei zur Hälfte.
Ihre außergerichtlichen Kosten trägt jede Partei selbst.[122]
vorgelesen genehmigt

537 Vergleich über den ganzen Streit:

Nach Erörterung der Sach- und Rechtslage schließen die Parteien auf Vorschlag des Gerichts folgenden Vergleich:
1. Der Beklagte verpflichtet sich, es zu unterlassen, ...
[*2. Dem Beklagten wird eine Aufbrauchs-(Umstellungs-)frist bis zum ... für ... gewährt.*]

---

[121] MünchKomm-Wacke § 1361 BGB RdNr 25; vgl auch RdNr 530.
[122] Häufige Kostenregelung. Es ist aber auch jede andere Kostenvereinbarung denkbar. Für den Fall, daß keine Einigung über die Kosten zu erzielen ist, vgl RdNr 522 mit Fußn.

3. Für jeden Fall der Zuwiderhandlung gegen die Verpflichtung gemäß Nr 1 unterwirft sich der Beklagte einer Vertragsstrafe von ... DM.[123]
[4. *Der Kläger verzichtet auf alle Schadensersatzansprüche aus ..., die bis zum Ablauf der Aufbrauchfrist gemäß Nr 2 dieses Vergleichs entstanden sind oder noch entstehen.*]
5. Die Kosten ...

vorgelesen genehmigt

VII. Zurücknahme der Klage

ZPO § 269
GKG KV Nr 1012
BRAGO §§ 32, 37 Nr 7

Die Klage kann durch Einreichung eines Schriftsatzes oder durch Erklärung in der mündlichen Verhandlung zurückgenommen werden (§ 269 Abs 2 ZPO). Ohne Einwilligung des Beklagten ist dies aber nur bis zum Beginn der mündlichen Verhandlung zulässig (§ 269 Abs 1 ZPO). Durch die Klagerücknahme wird ein noch nicht rechtskräftiges Urteil ohne besonderen Ausspruch wirkungslos. Der Kläger hat die Kosten des Rechtsstreits zu tragen, soweit nicht über sie bereits rechtskräftig erkannt ist (§ 269 Abs 3 ZPO). Diese Wirkungen sind auf Antrag des Beklagten durch Beschluß auszusprechen. Der Beschluß bedarf keiner mündlichen Verhandlung. 540

Wird die Klage **vor dem ersten Termin** zurückgenommen, so hebt der Richter den Termin auf, benachrichtigt die Parteien und verfügt die Weglegung der Akten. Auf Kostenantrag des Beklagten werden die Akten wieder vorgelegt und der Richter erläßt dann den Kostenbeschluß. 541

Rücknahme der Klage **im ersten Termin** vor Stellung der Anträge: 542

... erschienen bei Aufruf:
1. für den Kläger Rechtsanwalt Dr Fechter,
2. der Beklagte.

Rechtsanwalt Dr Fechter erklärte:
Ich nehme im Namen des Klägers die Klage zurück.

vorgelesen und genehmigt

Der Beklagte beantragte, die Kosten dem Kläger aufzuerlegen.

beschlossen und verkündet:

Der Kläger trägt die Kosten des Rechtsstreits, nachdem er die Klage zurückgenommen hat (§ 269 Abs 3 ZPO).

Rücknahme der Klage **nach mündlicher Verhandlung:** 543

Rechtsanwalt Dr Fechter erklärte:
Ich nehme im Namen des Kläger die Klage zurück.

vorgelesen und genehmigt

---

[123] Nr 1 des Vergleichs enthält eine vollstreckbare Verpflichtung. Eine Verurteilung zu Ordnungsgeld oder Ordnungshaft im Falle der Zuwiderhandlung ist aber erst nach einer Androhung durch das Gericht möglich (§ 890 Abs 2 ZPO). Deshalb wird meist die Vereinbarung einer Vertragsstrafe vorgezogen. Bei Verfall muß die Vertragsstrafe vom Verletzten eingeklagt werden. Vgl dazu Baumbach-Hefermehl, UWG Einl 475.

Der Beklagte erklärte:
Ich stimme der Klagerücknahme zu.

vorgelesen genehmigt

Der Beklagte beantragte, das Versäumnisurteil [*Vorbehaltsurteil*] vom ... für wirkungslos zu erklären und die Kosten dem Kläger aufzuerlegen.

beschlossen und verkündet

Das Versäumnisurteil [*Vorbehaltsurteil*] vom ... ist wirkungslos.
Der Kläger trägt die Kosten des Rechtsstreits (§ 269 Abs 3 ZPO).

544 Stimmt der Beklagte der nach mündlicher Verhandlung erklärten Klagerücknahme **nicht zu,** so wird der Rechtsstreit fortgesetzt.

6. Kapitel: Zurückweisung verspäteten Vorbringens

ZPO §§ 296, 273, 275–277, 282, 283, 296a, 156
ArbGG §§ 56 Abs 2, 61a Abs 5, 67

Schrifttum:
Fuhrmann, Die Zurückweisung schuldhaft verspäteter und verzögernder Angriffs- und Verteidigungsmittel im Zivilprozeß, 1989

Nach der Sammlung des Streitstoffs im Rahmen der Erörterung der Sach- und Rechtslage in der mündlichen Verhandlung muß sich das Gericht – bei Kollegialgerichten in einer Beratung – schlüssig werden, wie es weiter verfahren will; dies hängt regelmäßig davon ab, ob der Rechtsstreit ganz oder teilweise entscheidungsreif ist oder entscheidungserhebliche Umstände der (weiteren) Aufklärung bedürfen. Dabei stellt sich die Frage, ob das gesamte Vorbringen der Parteien – soweit es materiell-rechtlich überhaupt erheblich ist – berücksichtigt werden muß, oder ob – und gegebenenfalls in welchem Umfang – erhebliches Vorbringen außeracht zu bleiben hat, weil es nicht rechtzeitig in den Rechtsstreit eingeführt worden ist. 545

Dem Zweck, die teilweise unangemessen lange Dauer von Erkenntnisverfahren zu verkürzen, dient das anläßlich der Vereinfachungsnovelle eingeführte Institut der **Zurückweisung verspäteten Vorbringens**[1] in § 296 ZPO.[2] Es regelt drei unterschiedliche Sachverhalte, nämlich

- die Zurückweisung von Vorbringen nach **Fristüberschreitung** (§ 296 Abs 1 ZPO),
- die Zurückweisung im Fall der Verletzung der allgemeinen **Prozeßförderungspflicht** (§ 296 Abs 2 ZPO) sowie
- die Zurückweisung verspäteter **Rügen zur Zulässigkeit** der Klage (§ 296 Abs 3 ZPO)

vor Schluß der mündlichen Verhandlung mit unterschiedlichen Voraussetzungen und Folgen.

Mit Vorbringen **nach** Schluß der mündlichen Verhandlung befaßt sich die Regelung in § 296a ZPO.

Im Verfahren vor den **Arbeitsgerichten** ist § 296 ZPO nicht anwendbar. Das ArbGG enthält in §§ 56 Abs 2, 61a Abs 5 und 67 besondere Regelungen, wobei § 56 Abs 2 ArbGG in etwa §§ 296 Abs 1 iVm 273 Abs 2 Nr 1 ZPO entspricht (vgl dazu RdNr 546 Ziff 2a), § 61a Abs 5 ArbGG beschränkt auf das Kündigungsschutzverfahren in etwa §§ 296 Abs 1 iVm §§ 275, 276 ZPO hinsichtlich Klageerwiderung und Replik (vgl dazu RdNr 546 Ziff 2b–e); § 67 ArbGG betrifft die Berufung.

§ 296 Abs 1 ZPO schreibt zwingend die Zurückweisung von Vorbringen nach Ablauf bestimmter Fristen unter den folgenden **Voraussetzungen** vor: 546

---

[1] Restriktive – häufig praxisferne – Literatur und Rechtsprechung haben die vernünftige Regelung der Zurückweisung verspäteten Vorbringens entgegen den Intentionen des Gesetzgebers in der Wirkung stark beschnitten; die Meinungsäußerungen sind ebenso zahlreich wie kontrovers, so daß hier nur allgemeine Grundsätze dargestellt werden können, die sich an der Rechtsprechung des BGH orientieren. Dem Anwalt ist zu empfehlen, mit der Möglichkeit zu rechnen, daß das Gericht in diesem Rahmen von der Zurückweisung Gebrauch macht, und deshalb – soweit möglich und tunlich – alles Erhebliche rechtzeitig vorzutragen, dem Richter, von den gesetzlichen Möglichkeiten Gebrauch zu machen, soweit ihm sein „Obergericht" dazu noch Raum läßt.

[2] Zur Verfassungsmäßigkeit der Vorschrift s BVerfG NJW 85, 3005.

1. Es muß sich um **Angriffs- oder Verteidigungsmittel** handeln:
   zB Behauptungen, Bestreiten, Einwendungen – auch der Aufrechnung –, Einreden, Beweisanträge.
   (Eine Zurückweisung kommt also nicht in Betracht, soweit es sich um Klageänderung, Klageerweiterung,[3] Parteiwechsel, Widerklage[4] handelt.)
2. Eine der folgenden **Fristen** muß fruchtlos verstrichen sein:
   a) Frist zur **Ergänzung** oder Erläuterung des Vorbringens, zur Vorlage von Urkunden oder anderen Gegenständen gemäß § 273 Abs 2 Nr 1 ZPO,
   b) Frist zur schriftlichen **Klageerwiderung** für den Beklagten zur Vorbereitung des **frühen ersten Termins** nach § 275 Abs 1 ZPO bzw im frühen ersten Termin nach § 275 Abs 3 ZPO,
   c) Frist zur Stellungnahme auf die Klageerwiderung (**Replik**) für den Kläger vor bzw im **frühen ersten Termin** nach § 275 Abs 4 ZPO,
   d) Frist zur **Klageerwiderung** für den Beklagten im **schriftlichen Vorverfahren** nach § 276 Abs 1 S 2 ZPO,
   e) Frist zur Stellungnahme auf die Klageerwiderung (**Replik**) für den Kläger im **schriftlichen Vorverfahren** nach § 276 Abs 3 ZPO,
   f) Frist zur **Einspruchsbegründung** für die säumige Partei gemäß § 340 Abs 3 ZPO,
   g) Frist zur **Berufungsbegründung** für den Berufungskläger gemäß §§ 519, 527 ZPO,
   h) Frist zur **Berufungserwiderung** für den Berufungsbeklagten nach §§ 520 Abs 2, 527 ZPO,
   i) Frist zur Stellungnahme auf die Berufungserwiderung (**Replik**) für den Berufungskläger nach §§ 520 Abs 2, 527 ZPO,
   j) Frist zur **Klageerwiderung** für Antragsgegner nach Eingang der Anspruchsbegründung beim Streitgericht nach Widerspruch gegen einen Mahnbescheid gemäß § 697 Abs 3 ZPO bzw nach Einspruch gegen einen Vollstreckungsbescheid gemäß § 700 Abs 3 S 3 iVm § 697 Abs 3 ZPO.

   (Eine Zurückweisung kommt also nicht in Betracht, soweit die Anwendung von § 296 ZPO nicht im Gesetz ausdrücklich angeordnet ist,[5] eine analoge Anwendung scheidet aus.)
3. Die Frist muß **ordnungsgemäß gesetzt** worden sein:
   a) Die Verfügung ist von dem Vorsitzenden mit Namen (und nicht nur Paraphe) **unterzeichnet,**[6]
   b) der Partei ist eine von dem Urkundsbeamten der Geschäftsstelle **beglaubigte Abschrift** zugestellt worden,[7]
   c) die Partei ist – soweit vorgeschrieben (§§ 277 Abs 2, 340 Abs 3 ZPO) – ordnungsgemäß[8] über die Fristversäumung **belehrt**[9] worden.
4. Die Zulassung des Vorbringens würde die Erledigung des Rechtsstreits **verzögern:**
   Dies ist der Fall, wenn bei Berücksichtigung des Vorbringens der Rechtsstreit

---

[3] BGH JZ 82, 512.
[4] BGH NJW 81, 1217.
[5] BGH NJW 82, 1534.
[6] BGH NJW 80, 1167, JZ 81, 351.
[7] BGH NJW 80, 1167, 1960, JZ 81, 351.
[8] S dazu RdNr 298.
[9] BVerfG NJW 82, 1454, BGHZ 86, 225, 88, 184.

länger dauern wird als im Fall der Zurückweisung,[10] weil etwa infolge der Berücksichtigung des nicht fristgerechten Vorbringens eine ansonsten mögliche Endentscheidung – Endurteil, auch Grundurteil[11] – nicht ergehen kann, sondern Beweis erhoben werden **und** zu diesem Zweck ein neuer Termin anberaumt werden muß.[12] Daraus ergibt sich zwingend, daß eine Zurückweisung überhaupt nur in Betracht kommt, soweit das Vorbringen entscheidungserheblich und bestritten ist.

Auch im frühen ersten Termin[13] ist danach eine Zurückweisung möglich, sofern es sich nicht erkennbar um einen „Durchlauftermin"[14] handelt.

(Eine Zurückweisung kommt also nicht in Betracht, wenn keine Verzögerung der Entscheidung eintritt, was bei Gewährung eines Schriftsatznachlasses nach § 283 ZPO und der dadurch erforderlichen Anberaumung eines gesonderten Verkündungstermins – anstelle einer Entscheidung am Schluß der Sitzung – der Fall sein soll,[15] oder wenn nach der Sach- und Rechtslage eine Streiterledigung in diesem Termin von vornherein ausscheidet[16]).

5. Das Gericht kann die (drohende) Verzögerung **nicht** durch zumutbare vorbereitende Maßnahmen **auffangen:**
indem es zB im Fall verspäteter Benennung von Zeugen von vorbereiteten Maßnahmen nach § 273 ZPO Gebrauch macht und die Zeugen noch zum Termin lädt oder präsente Zeugen[17] in dem Termin vernimmt; das Gericht ist aber nicht verpflichtet, eine nach Inhalt oder Umfang den am Terminstag vorgesehenen Rahmen überschreitende Beweisaufnahme durchzuführen;[18] je umfassender das Beweisthema ist, umso weniger Zeugen sind zumutbar; im allgemeinen ist die Anhörung von etwa 3–4 Zeugen[19] zu einem überschaubaren Beweisthema – zB Hergang eines Verkehrsunfalls, Inhalt einer einfachen und kurzen geschäftlichen Besprechung – zumutbar;[20] wenn die Einholung eines Sachverständigengutachtens erforderlich würde, ist die Verzögerung meist nicht zu vermeiden, es sei denn der bereits anberaumte oder der nach dem üblichen Geschäftsgang vorzusehende Termin ist noch so fern, daß ein Gutachten bis dahin erstattet sein kann; zu einem Hinausschieben eines Termins nur im Hinblick auf die Einholung eines Gutachtens aufgrund verspäteten Vorbringens ist das Gericht nicht verpflichtet.[21]

---

[10] BGHZ 75, 138, 86, 31.
[11] BGH MDR 80, 50; nicht jedoch Teilurteil, BGHZ 77, 306.
[12] Verzögerung tritt daher nicht ein, wenn Zeugen präsent sind oder das Gericht sie noch nach § 273 Abs 2 Nr 4 ZPO zum Termin laden konnte.
[13] BGHZ 86, 31, 36f = NJW 83, 575.
[14] Damit meint das BVerfG (NJW 85, 1149, 1150) einen (frühen ersten) Termin, für den das Gericht eine zur Streitentscheidung geeignete Verfahrensvorbereitung erkennbar nicht getroffen hat, der also nach seiner von außen erkennbaren Planung nicht zur Entscheidung in der Sache, sondern nur zur Entgegennahme der Anträge bestimmt war.
[15] BGH NJW 85, 1539, 1556.
[16] BGH NJW 87, 500.
[17] In einem solchen Fall tritt jedoch eine Verzögerung ein, wenn eine der Partei günstige Aussage des verspätet benannten Zeugen die Vernehmung nicht präsenter Gegenzeugen erforderlich machen würde; BGH NJW 82, 1535.
[18] BGH NJW 83, 576.
[19] Hierbei sind auch etwaige Gegenzeugen mitzurechnen.
[20] Das BVerfG (NJW 89, 706) hält eine Vernehmung von 6 Zeugen für zumutbar; dies mag allenfalls in einem ganz einfach gelagerten Sachverhalt zutreffen.
[21] BGH NJW 81, 286.

6. Die Partei **entschuldigt** die Verspätung nicht genügend:
Das Gericht kann nach § 296 Abs 4 ZPO Glaubhaftmachung verlangen; hält es einen angegebenen Grund nicht für glaubhaft, hat es die Partei zur Glaubhaftmachung unter Einräumung einer kurzen Frist aufzufordern.[22]

547 § 296 Abs 2 ZPO stellt die Zurückweisung von Vorbringen bei **Verletzung der Prozeßförderungspflicht** (§ 282 ZPO) unter folgenden Voraussetzungen in das Ermessen des Gerichts:

1. Es muß sich um **Angriffs- oder Verteidigungsmittel** handeln:
Es gelten die gleichen Grundsätze wie bei § 296 Abs 1 ZPO, s dazu RdNr 546 Ziff 1, ungeachtet des Umstands, daß § 282 ZPO selbst weiter gefaßt ist.

2. Eine **Prozeßförderungspflicht** (§ 282 Abs 1 oder 2 ZPO) muß **verletzt** sein:
   a) Vorbringen, auf das der Gegner – wie vorauszusehen – ohne vorhergehende Erkundigung keine Erklärung abgeben kann, ist entgegen § 282 Abs 2 ZPO nicht **vor** der mündlichen Verhandlung durch vorbereitenden Schriftsatz so **rechtzeitig mitgeteilt** worden, daß der Gegner die erforderliche Erkundigung noch einzuziehen vermochte.
   (Die bloße Nichteinhaltung der Schriftsatzfrist des § 132 ZPO genügt zur Zurückweisung nicht.[23] War eine Tatsache schon bestritten und unter Beweis gestellt, fällt die Benennung weiterer Zeugen nicht unter § 282 Abs 2 ZPO.[24])
   b) Vorbringen ist entgegen § 282 Abs 1 ZPO **in** der mündlichen Verhandlung nicht so **rechtzeitig vorgebracht** worden, wie es nach der Prozeßlage einer sorgfältigen und auf Förderung des Verfahrens bedachten Prozeßführung entsprochen hätte.

   Beide Fälle von § 282 ZPO erfassen auch solche gesetzlichen Fristen, für welche die Anwendung von § 296 Abs 1 ZPO nicht ausdrücklich gesetzlich vorgeschrieben ist, wie zB §§ 379, 697 Abs 1 ZPO.

3. Die Zulassung des Vorbringens würde die Erledigung des Rechtsstreits **verzögern:**
Es gelten die gleichen Grundsätze wie bei § 296 Abs 1, s RdNr 546 Ziff 4, insbesondere ist eine Zurückweisung auch im frühen ersten Termin möglich, soweit es sich nicht erkennbar um einen „Durchlauftermin“ handelt.[25] Unterbleibt mangels Vorschusses die Ladung eines Zeugen und erscheint dieser im Termin auch nicht freiwillig, kann die Partei mit diesem Beweismittel ausgeschlossen werden;[26] das bloße Unterlassen der Ladung stellt noch kein Zurückweisen dar, mit der Folge, daß § 528 Abs 2 ZPO nicht anwendbar ist.[27]

4. Das Gericht kann die (drohende) Verzögerung **nicht** durch zumutbare Maßnahmen **auffangen:**
Es gelten die gleichen Grundsätze wie bei § 296 Abs 1 ZPO, vgl RdNr 546 Ziff 5. (Wird ein Auslagenvorschuß für einen Zeugen nach Ablauf der im Beweisbeschluß gesetzten Frist, aber noch zu einer Zeit gezahlt, zu der die Ladung noch nachgeholt werden kann, kommt eine Zurückweisung nicht in Betracht[28]).

---

[22] BGH NJW 86, 3193.
[23] BGH NJW 89, 716, 717.
[24] BGH NJW 89, 716, 717.
[25] Vgl BVerfG NJW 85, 1149.
[26] BGH NJW 82, 2559.
[27] BGH NJW 82, 2559.
[28] BVerfG NJW 86, 833.

5. Die Verspätung muß auf **grober Nachlässigkeit** beruhen:
   Die Partei muß sich also beim Vorbringen[29] ihrer Angriffs- und Verteidigungsmittel ausnehmend sorglos verhalten und das nicht beachtet haben, was jedem einleuchten muß.[30] Grobe Nachlässigkeit ist jedenfalls dann gegeben, wenn die Partei ihr bekannte Tatsachen und Beweismittel nicht rechtzeitig vorträgt, kann aber auch dann gelten, wenn die Partei unschwer in der Lage gewesen wäre, sich durch Erkundigungen über eine wesentliche Frage Gewißheit zu verschaffen oder Namen und Anschrift eines Zeugen zu erfahren.[31] Die Partei muß das Fehlen der groben Nachlässigkeit beweisen.[32]

§ 296 Abs 3 ZPO schreibt zwingend die Zurückweisung von verspäteten Rügen der Zulässigkeit unter folgenden Voraussetzungen vor: 548

1. Es muß sich um **Rügen zur Zulässigkeit** der Klage handeln:
   Die Partei muß also geltend machen, eine Prozeßvoraussetzung[33] liege nicht vor.
2. Es muß sich um eine **verzichtbare** Rüge handeln:
   a) **Zuständigkeit** des angerufenen – nicht ausschließlich zuständigen – Gerichts, wobei im Hinblick auf § 39 ZPO eine Rüge überhaupt nur bis zur Verhandlung in der Hauptsache – also bis zur Stellung der Anträge – erhoben werden könnte.[34]
   b) **Prozeßvollmacht** gewillkürter Vertreter (§ 88 Abs 1 ZPO).
   c) **Schiedsklausel**[35] (§§ 1027a ZPO).
   d) Fehlende **Ausländersicherheit** (§§ 110ff ZPO).
   e) Fehlende **Kostenerstattung** (§ 269 Abs 4 ZPO).
   (Eine Zurückweisung kommt also bei solchen Prozeßvoraussetzungen nicht in Betracht, die von Amts wegen zu berücksichtigen sind; damit beschränkt sich der Kreis der überhaupt zurückweisbaren Prozeßvoraussetzungen auf einige wenige, sodaß die Bedeutung der Vorschrift gering ist.)
3. Die Rüge ist **nicht rechtzeitig** vorgetragen:
   Ist eine Frist zur Klageerwiderung gesetzt (§§ 275 Abs 1, 3, 276 Abs 1, 697 Abs 3 ZPO), müssen Rügen vor ihrem Ablauf vorgebracht werden, sonst im Termin vor der Verhandlung zur Hauptsache, im schriftlichen Verfahren bis zu dem Zeitpunkt, der dem Schluß der mündlichen Verhandlung vor dem ersten Verkündungstermin entspricht.
4. Die Partei **entschuldigt** die Verspätung **nicht** genügend:
   Es gelten die gleichen Grundsätze wie bei § 296 Abs 1 ZPO, vgl RdNr 546 Ziff 6.

Keine Zurückweisung verspäteten Vorbringens im eigentlichen Sinn, aber eine in ihrer Wirkung vergleichbare Nichtberücksichtigung zu spät eingereichter Schriftsätze enthält § 296a ZPO. Vorbringen jeder Art, also nicht nur Angriffs- und Verteidigungsmittel und Rügen zur Zulässigkeit, das **nach Schluß der mündlichen Verhandlung,**[36] auf die das Urteil ergeht, vorgetragen wird, ohne daß der Partei die Nachrei- 549

---

29 Die grobe Nachlässigkeit muß sich gerade auf die Prozeßförderungspflicht beziehen, BGH NJW 82, 1533.
30 RGZ 166, 98, 101.
31 BGH NJW 88, 60.
32 BGH NJW 82, 2559.
33 Zu den Prozeßvoraussetzungen im allgemeinen s RdNr 200.
34 OLG Frankfurt ZIP 82, 1490.
35 BGH NJW 85, 743.
36 Im schriftlichen Verfahren der nach § 128 Abs 2 und 3, jeweils Satz 2 ZPO entsprechende Zeitpunkt.

chung eines Schriftsatzes nach § 283 ZPO gestattet worden ist, kann vom Gericht nicht mehr berücksichtigt werden, weil es nicht Gegenstand der mündlichen Verhandlung war. Das Gericht muß aber in jedem Fall prüfen, ob dieses Vorbringen Veranlassung gibt, die mündliche Verhandlung gemäß § 156 ZPO wiederzueröffnen.[37] Ein Grund, von der Wiedereröffnung abzusehen, kann durchaus sein, daß das Vorbringen in dem nicht nachgelassenen Schriftsatz verspätet im Sinn § 296 ZPO war und deshalb auch im Fall der Wiedereröffnung nach § 296 ZPO zurückzuweisen wäre. Diese Erwägungen werden zweckmäßigerweise in das Urteil aufgenommen.

Auch wenn einer Partei die **Nachreichung** eines Schriftsatzes gemäß § 283 ZPO gestattet worden ist, weil sie sich auf nicht rechtzeitig (§ 132 ZPO) vor dem Termin mitgeteiltes Vorbringen des Gegners in der mündlichen Verhandlung nicht erklären konnte, ist nicht jedes Vorbringen in dem nachgelassenen Schriftsatz zu berücksichtigen. Geht der nachgelassene Schriftsatz nicht fristgerecht ein, liegt es im Ermessen des Gerichts, ob es ihn noch berücksichtigt, was von dem Maß der Verspätung einerseits und dem Stand der Vorbereitung der anstehenden Entscheidung andererseits abhängt. Auch das Vorbringen in dem rechtzeitig nachgereichten Schriftsatz muß nicht in jedem Fall berücksichtigt werden; denn der Schriftsatznachlaß wird **nur zur Erwiderung** auf das (der Partei vor der letzten mündlichen Verhandlung nicht rechtzeitig mitgeteilte) Vorbringen des Gegners gewährt. Von dem Schriftsatznachlaß nicht erfaßt, sind daher alle Erklärungen der Partei, die nicht mit dem (verspäteten) Vorbringen des Gegners in Zusammenhang stehen;[38] insoweit gilt wiederum § 296a ZPO.

---

[37] BVerfG NJW 85, 3005.
[38] BGH NJW 66, 1657, FamRZ 79, 573.

7. Kapitel: Beweisaufnahme

I. Beweisbeschluß

ZPO §§ 284, 355–494
KostV § 14 Abs 5

Die Beweisanordnung des Gerichts setzt einen ordnungsmäßigen **Beweisantritt** voraus.[1] Die Partei tritt den Beweis an, indem sie die Beweismittel bezeichnet, deren sie sich zum Nachweis oder zur Widerlegung tatsächlicher Behauptungen bedienen will (§ 130 Nr 5 ZPO). 550

Der Beweis wird angetreten: beim **Augenscheinsbeweis** durch Bezeichnung von Gegenstand und Tatsache (§ 371 ZPO), beim **Zeugenbeweis** durch Benennung des Zeugen und Bezeichnung der Tatsachen (§ 373 ZPO), beim **Sachverständigenbeweis** durch Bezeichnung der zu begutachtenden Punkte (§ 403 ZPO), bei der **Parteivernehmung** durch den Antrag auf Parteivernehmung des Gegners (§ 445 ZPO) oder zutreffendenfalls Vernehmung der beweispflichtigen Partei (§ 447 ZPO).

Beim **Urkundenbeweis** kommt es darauf an, wer die Urkunde besitzt: Besitzt sie der 551
Beweisführer, erfolgt der Beweisantritt durch Vorlage der Urschrift (§ 420 ZPO); die Vorlage einer Kopie (auch einer beglaubigten) genügt zur Begründung der Beweiskraft des § 416 ZPO nicht. Besitzt die Urkunde der Gegner, so wird der Beweis durch den Antrag angetreten, dem Gegner die Vorlegung aufzugeben (§ 421 ZPO). Der Gegner ist dann zur Vorlage verpflichtet, wenn er materiellrechtlich zur Herausgabe oder Vorlegung verpflichtet ist (§ 422 ZPO) oder wenn er sich im Rechtsstreit selbst zum Beweis auf sie bezogen hat (§ 423 ZPO). Der **Vorlegungsantrag** muß die in § 424 ZPO bezeichneten Angaben enthalten, nämlich

1. die Bezeichnung der Urkunde,
2. die Bezeichnung der Tatsachen, die durch die Urkunde bewiesen werden sollen,
3. die möglichst vollständige Bezeichnung des Inhalts der Urkunde,
4. die Angabe der Umstände, auf welche die Behauptung sich stützt, daß die Urkunde sich in dem Besitz des Gegners befindet,
5. die Bezeichnung des Grundes, der die Verpflichtung zur Vorlegung der Urkunde ergibt, sowie dessen Glaubhaftmachung.

Bestreitet der Gegner den Besitz, so vernimmt ihn das Gericht über den Verbleib (§ 426 ZPO). Gelangt das Gericht zu der Überzeugung, daß der Gegner im Besitz der Urkunde ist, ordnet es die Vorlegung an (§ 426 ZPO). Legt er trotz Anordnung (§ 425 ZPO) die Urkunde nicht vor, so kann eine vom Beweisführer beigebrachte Abschrift als richtig, andernfalls die Behauptung über Beschaffenheit und Inhalt der Urkunde als bewiesen angenommen werden (§ 427 ZPO). Ist die Urkunde im Besitz eines Dritten und ist dieser eine Privatperson, so wird der Beweis durch den Antrag angetreten, eine Frist zur Herbeischaffung zu setzen (§ 428 ZPO). Das weitere Verfahren richtet sich dann nach §§ 429 bis 431 ZPO. Der Dritte kann vom Gericht zur Vorlage nicht gezwungen werden, vielmehr muß der Beweisführer ihn auf Vor-

---

[1] Das Gericht kann jedoch nach 144 ZPO ohne Beweisantritt von Amts wegen die Einnahme eines Augenscheins und die Begutachtung durch Sachverständige anordnen.

lage verklagen. Ist der Dritte eine Behörde oder ein öffentlicher Beamter, so wird der Beweis durch den Antrag angetreten, die Behörde oder den Beamten um die Mitteilung der Urkunde zu ersuchen (§ 432 ZPO).

552 Die **Beweisanordnung** des Gerichts ergeht durch Beweisbeschluß (§ 358 ZPO). Ein besonderer Beschluß ist – außer im Fall der Parteivernehmung (§ 450 ZPO) – entbehrlich, wenn sich die Beweisaufnahme an die Verhandlung sofort anschließt; dies ist zB regelmäßig der Fall, wenn der Vorsitzende oder der von ihm bestimmte Beisitzer Zeugen, Sachverständige oder Parteien nach § 273 ZPO zum Termin geladen hat.

Schon vor der ersten mündlichen Verhandlung kann das Gericht nach § 358a S 1 ZPO einen Beweisbeschluß erlassen und nach Maßgabe des § 358a S 2 ZPO auch vorher ausführen (lassen). Das ist insbesondere angebracht, wenn zum einen die Entscheidung des Rechtsstreits offensichtlich allein vom Ausgang der Beweisaufnahme abhängt und zum andern die Zeit bis zum Termin auf diese Weise nutzbringend verwendet werden kann.

553 Der **Beweisbeschluß enthält** die in § 359 ZPO aufgezählten Angaben, also die Tatsachen, die Beweismittel und – dies allerdings nicht in jedem Fall – die Bezeichnung der Partei, die sich auf das Beweismittel berufen hat. Er muß auch aussprechen, wer den Beweis aufnehmen soll: das Prozeßgericht oder der ersuchte Richter. Das **Beweisthema** muß einerseits so genau bestimmt sein, daß klar ist, welche Fakten aufgeklärt werden sollen; ein Zeuge muß dem Beweisthema entnehmen können, über welchen Fragenkreis er vernommen werden soll, damit er sich so auf seine Vernehmung vorbereiten kann, daß er über den jeweiligen Vorgang von sich aus berichten kann.[2] Andererseits ist zu bedenken, daß durch eine detaillierte Darstellung der Behauptungen die Aussage in eine bestimmte Richtung gedrängt werden kann; deshalb empfiehlt sich zur Verhinderung der Festlegung eines Zeugen und von Absprachen, das Beweisthema nur grob zu umreißen; aus den gleichen Erwägungen kann sich empfehlen, auch auf die Angabe des Beweisführers zu verzichten.[3]

554 Beispiel:

also **nicht:** ..., über die Behauptung des Klägers, er habe am 19. 10. 19.. um 22.05 Uhr an der Bar des Casino Royal von einer ihm bis dahin unbekannten Dame einen Scheck über DM 995.80 zur Einlösung entgegengenommen und ihr dafür einen Fünfhundert-, vier Hundert- und zwei Zwanzig-Mark-Scheine ausgehändigt, wobei nicht darüber gesprochen worden sei, wie die Dame in den Besitz des Schecks gekommen sei ...

sondern: ..., über die Umstände der Einlösung eines Schecks durch den Kläger am 19. 10. 19.. im Casino Royal ...

555 Das Gericht kann jederzeit von Amts wegen den Beweisbeschluß **aufheben** bzw von seiner weiteren Ausführung **absehen**, wenn es zB das Beweisthema nicht mehr als erheblich oder die Behauptung bereits als erwiesen erachtet und deshalb weitere Zeugen des Beweisführers[4] nicht mehr hören will. Ein ausdrücklicher Beschluß ist nicht erforderlich, die Aufhebung kann auch stillschweigend erfolgen, etwa durch Anberaumung eines Verkündungstermins; den Parteien ist jedoch vorher Gelegenheit zur Stellungnahme zu geben.[5]

---

[2] OLG Düsseldorf OLGZ 74, 492.
[3] Vgl das Beispiel RdNr 559.
[4] Ein Absehen von der Vernehmung von Gegenzeugen läßt sich nicht damit rechtfertigen, daß das Gegenteil bereits erwiesen sei (unzulässige vorweggenommene Beweiswürdigung).
[5] BVerwG NJW 65, 413.

Auch eine inhaltliche **Änderung** eines Beweisbeschlusses, dh seine (weitere) Ausführung, aber mit geändertem Inhalt, ist möglich (§ 360 ZPO). Von Amts wegen kann der Beweisbeschluß nach erneuter mündlicher Verhandlung uneingeschränkt geändert werden, ohne eine erneute Verhandlung jedoch nur, wenn der Gegner des Beweisführers zustimmt oder es sich um eine bloße Berichtigung oder Ergänzung des Beweisthemas oder um die Ersetzung oder Vermehrung von Zeugen und Sachverständigen handelt. Auf Antrag einer Partei braucht das Gericht auch bei Einverständnis des Gegners den Beweisbeschluß nicht zu ändern. Vor einer Änderung sind die Parteien nach Möglichkeit zu hören[6] und auf jeden Fall von der Änderung unverzüglich zu benachrichtigen.

Weder der ursprüngliche Beweisbeschluß noch seine Änderung sind anfechtbar (§ 355 Abs 2 ZPO).

Sind mit der Beweisaufnahme **Auslagen** verbunden, so kann und wird in aller Regel 556
das Gericht von dem Beweisführer einen zur Deckung hinreichenden **Vorschuß** anfordern und die Ausführung der Beweisaufnahme von der Zahlung abhängig machen (§ 379 ZPO). Das gilt nicht, wenn Prozeßkostenhilfe bewilligt ist; auch im Fall der Anordnung von Amts wegen nach § 144 ZPO kann die Beweiserhebung nicht von einem Vorschuß abhängig gemacht werden.[7] Ob das Gericht einen Vorschuß anfordert, steht ansonsten in seinem Ermessen; dabei ist die Verzögerung des Verfahrens gegen das Interesse der Staatskasse, aber auch des Klägers im Hinblick auf seine Haftung nach § 49 GKG abzuwägen. Nach der allgemeinen Praxis ist ein Vorschuß entbehrlich, wenn eine **Gebührenverzichtserklärung** vorgelegt wird.

Zur Einzahlung ist dem Beweisführer eine ausreichende Frist, die im Anwaltsprozeß drei Wochen nicht unterschreiten sollte, einzuräumen.[8] Gehen in der gesetzten Frist weder Vorschuß noch Verzichtserklärung ein, unterbleibt die Ladung, es sei denn sie kann trotz der Verspätung nachgeholt werden,[9] ohne daß dadurch das Verfahren verzögert wird (§ 379 S 2 ZPO).

Ein **Rechtsmittel** gegen die Anordnung der Einzahlung eines Auslagenvorschusses gibt es nicht.[10] Eine Beschwerde nach § 6 GKG kommt nicht in Betracht, weil die Anordnung auf § 379 ZPO beruht, welcher § 68 GKG vorgeht.

Ein **Beweisbeschluß** wird nur selten dem Wortlaut nach in das Sitzungsprotokoll 557
aufgenommen werden können. Ansonsten ist nach § 160 Abs 3 Nr 6, Abs 5 ZPO zu verfahren – also ein bereits vorbereiteter Beweisbeschluß als Anlage zum Protokoll zu nehmen – oder Verkündungstermin anzuberaumen. Gegen die Zulässigkeit der Verkündung eines „noch schriftlich abzusetzenden Beweisbeschlusses seinem wesentlichen Inhalt nach" in der mündlichen Verhandlung selbst bestehen Bedenken;[11] tatsächlich existiert der Beweisbeschluß noch nicht – er ist ja nicht abgesetzt und, wie die beabsichtigte schriftliche Abfassung zeigt, auch nicht so einfach und klar, daß er in das Protokoll diktiert werden könnte –, gleichwohl soll er mit der Verkündung wirksam sein (§§ 329 Abs 1, 312 Abs 1 ZPO); was das Gericht als „wesentlich" angesehen hat, läßt sich dem Protokoll nicht entnehmen; uU könnte eine mündlich bekanntgegebene Frist zur Einzahlung des Kostenvorschusses schon abgelaufen sein, bevor der schriftliche Beschluß das Gericht verlassen hat. Ein

---

6 BGH NJW 85, 1400.
7 BGH FamRZ 69, 477; OLG Hamburg FamRZ 86, 195.
8 OLG Frankfurt NJW 86, 731: 12 Tage sind zu kurz.
9 BVerfG NJW 86, 873.
10 OLG Frankfurt Rpfleger 73, 63.
11 OLG Frankfurt NJW 86, 730.

Zeitverlust (so noch die Vorauflage) tritt durch die Anberaumung eines (nahen) Verkündungstermins in aller Regel nicht ein; denn der Beschluß muß auf jeden Fall nach der Sitzung von dem Richter abgesetzt und von der Geschäftsstelle geschrieben werden.

559 Ein **Beweisbeschluß** lautet (im Anschluß an RdNr 341) etwa:

Beweisbeschluß

I. Es soll Beweis über folgende Fragen erhoben werden, ob[12]
1. der Beklagte bei der Bestellung zweier elektrischer Kaffeemühlen am 1. 4. 19.. eine Anzahlung von DM 100.– geleistet hat,
2. die Kaffeemühlen von der Lieferung am 14. 7. 19.. an erhebliche Mängel aufgewiesen haben, insbesondere der Mahlgang dauernd stockt, weil die Kaffeebohnen nicht nachrutschen, die Mühle sich so stark erwärmt, daß sie nach kurzem Betrieb stillgelegt werden muß, und das Mahlgeräusch zu laut ist,
3. der Beklagte – und gegebenenfalls wann – Mängel dem Kläger mitgeteilt hat,
4. etwa aufgetretene Mängel auf Bedienungsfehler zurückzuführen sind,

durch Vernehmung
a) des Klägers als Partei zu 1),
b) des Buchhalters Karl Müller, Mauerstraße 1, 3380 Goslar, als Zeugen zu 3),

sowie durch Einholung eines schriftlichen Gutachtens des Sachverständigen Oberingenieur Max Römer, Wallstraße 2, 3380 Goslar, zu 2) und 4).

II. Der Sachverständige wird gebeten, die Kaffeemühlen vor seiner Vernehmung zu untersuchen. Dem Beklagten wird aufgegeben, sie dem Sachverständigen auf dessen Anforderung zu überbringen.

III. Die Vernehmung des Klägers soll durch das für seinen Wohnsitz zuständige Amtsgericht in Hamburg erfolgen (§§ 375 Abs 1 Nr 3, 451 ZPO).

IV. Die Ladung des Zeugen Müller und die Beauftragung des Sachverständigen wird davon abhängig gemacht, daß der Beklagte bis zum ... [*binnen drei Wochen*] für den Zeugen einen Auslagenvorschuß von 100 DM und für den Sachverständigen einen solchen von 500 DM bei der Gerichtskasse einzahlt oder Gebührenverzichtserklärungen vorlegt.

V. Termin zur Beweisaufnahme und Fortsetzung der mündlichen Verhandlung wird nach Erledigung der auswärtigen Beweisaufnahme und Eingang des Gutachtens von Amts wegen bestimmt.[13]

Goslar, den 15. 2. 19..
Amtsgericht Abt ...
Dr Berner

---

[12] Weder § 359 ZPO noch ein anderer einleuchtender Grund machen die Angabe der Partei erforderlich, die eine Behauptung aufgestellt hat; im Gegenteil dürfte mancher Zeuge innerlich freier aussagen, wenn ihm nicht bewußt ist, wessen Behauptung er bestätigt. Daß auch diese Fassung gegen die mit Gewißheit nicht gerade seltenen Absprachen kein Mittel ist, versteht sich von selbst.

[13] Soweit eine auswärtige Beweisaufnahme oder ein schriftliches Sachverständigengutachten nicht erforderlich sind, wird der Termin zweckmäßigerweise sofort bestimmt.

II. Gang der Beweisaufnahme

ZPO §§ 284–287, 355–494
BRAGO §§ 31 Nr 3, 34, 37, 48, 54
GKG KV Nr 1902
ZSEG
Erlaß des Bundesministers für Verteidigung über Zustellungen, Ladungen, Vorführungen und Zwangsvollstreckungen in der Bundeswehr[14] v 16. 3. 82/20. 6. 83
Zusatzabkommen zum Nato-Truppenstatut[15] v 3. 8. 59 (BGBl 61 II 1218) und Gesetz hierzu v 18. 8. 61 (BGBl 61 II 1183) Art. 32, 39
Vereinbarung über die Bewilligung von Reiseentschädigungen an mittellose Personen und Vorschußzahlungen an Zeugen und Sachverständige v 1. 8. 77[16]
Vereinbarung über die Bewilligung von Reiseentschädigungen an mittellose Personen und von Vorschußzahlungen an Zeugen und Sachverständige in den Verfahren vor den Gerichten für Arbeitssachen v 1. 4. 78[17]

Die Beweisaufnahme findet grundsätzlich **vor dem Prozeßgericht** statt. Eine Übertra- 560
gung an ein Mitglied des Prozeßgerichts oder an ein anderes Gericht ist nur in den gesetzlich vorgesehenen Fällen der §§ 372 Abs 2, 375, 402, 434, 451, 524 ZPO zulässig.[18]

1. Sachverständigengutachten

ZPO §§ 402–414, 41–42
BRAGO § 37 Nr 3

Schrifttum:
Müller, Der Sachverständige in gerichtlichen Verfahren, 3. Aufl 1988

Das Prozeßgericht wählt einen oder mehrere Sachverständige aus. Dies kann na- 561
mentlich oder der Funktion nach geschehen, wenn die bestimmte Person eindeutig identifizierbar ist (zB Chefarzt der chirurgischen Abteilung). Es geht nicht an, daß der bestellte Sachverständige den Gutachtenauftrag ohne vorherige ausdrückliche Gestattung des Gerichts nach Anhörung der Parteien weitergibt.[19] Es kann die Wahl auch ändern (§ 404 Abs 1 ZPO). Sind für gewisse Arten von Gutachten Sachverständige öffentlich bestellt, so sollen andere Personen nur dann gewählt werden, wenn besondere Umstände dies erfordern (§ 404 Abs 2 ZPO). Die Parteien können auf Aufforderung des Gerichts Vorschläge machen (§ 404 Abs 3 ZPO). Einigen sie sich auf eine oder mehrere Personen als Sachverständige, so hat das Gericht dieser Einigung zu folgen, es kann die Wahl aber zahlenmäßig beschränken (§ 404 Abs 4 ZPO). Das Prozeßgericht kann die Auswahl auch dem verordneten Richter überlassen (§ 405 ZPO).

---

[14] Baumbach-Lauterbach Schlußanh II.
[15] Baumbach-Lauterbach Schlußanh III.
[16] Piller-Hermann 10d.
[17] Piller-Hermann 10d Anl I.
[18] Zur Frage der Rückverweisung vom Einzelrichter des Landgerichts an die Kammer nach Beweisaufnahme vgl RdNr 324.
[19] BGH NJW 85, 1399, BSG NJW 85, 1422.

Öffentlich bestellte Sachverständige kann der Richter Verzeichnissen entnehmen, welche die örtlichen Handwerks- und Industrie- und Handelskammern über die von ihnen bestellten Sachverständigen periodisch herausgeben; außerdem stellen Vereinigungen von Sachverständigen sowie Wirtschaftsverbände Listen zusammen. Wenn sich auf diese Weise ein Sachverständiger des einschlägigen Wissensgebiets nicht ermitteln läßt, empfehlen sich Anfragen bei sonstigen öffentlichen Institutionen, wie Kammern (Ärzte-, Apotheker-, Architekten-), Universitäten und dergl. Mit einer zusätzlichen Fotokopie guter (und pünktlich eingegangener) Gutachten läßt sich im Lauf der Zeit eine eigene Gruppe qualifizierter Sachverständiger zusammenstellen, was die – jedenfalls bei ungewöhnlicheren Fachgebieten – gelegentlich zeitraubende Suche erleichtert.

562 Wird **schriftliche Begutachtung** angeordnet – und das ist in Zivilsachen die Regel –, so hat der Sachverständige das Gutachten in der dazu bestimmten Frist[20] auf der Geschäftsstelle niederzulegen (§ 411 Abs 1 ZPO).

Vfg

1. Schreiben an [*Urschriftlich mit Akten an*]
Herrn ... in ...
Sehr geehrter Herr ...!
In dem Rechtsstreit ...
hat das Gericht Sie zum Sachverständigen ernannt. Sie werden gebeten, ein schriftliches Gutachten über die im Beweisbeschluß vom ... (Blatt ... der Akten) enthaltene Frage [*über folgende Frage ...*] zu erstatten.
[*Es wird gebeten, d... zu besichtigen und zu untersuchen. Von dem Besichtigungstermin müssen die Anwälte beider Parteien rechtzeitig benachrichtigt werden. Sie und die Parteien haben das Recht zugegen zu sein.*]
Falls über Art und Umfang des Gutachtenauftrags Unklarheiten bestehen oder sonstige Fragen auftreten sollten, setzen Sie sich bitte mit mir [*oder dem Berichterstatter ...*] in Verbindung.
Sie werden gebeten, das Gutachten unter Rücksendung der Akten und Beifügung Ihrer Gebührenrechnung bis zum ... hier einzureichen.
2. Wieder vorlegen am ...

563 Daneben kommt auch die **mündliche Erstattung** eines Gutachtens in Betracht. Doch eignet sich diese Form nur in einfach gelagerten Sachverhalten. Zum Gang der Vernehmung s RdNr 571 ff.

564 In schwierigen Fragen kann es zweckmäßig sein, den Sachverständigen **schon vor Erlaß eines Beweisbeschlusses** beizuziehen, damit er dem Gericht schon bei dessen Abfassung die erforderliche Sachkunde vermittelt.[21] Auch seine Teilnahme an Zeugenvernehmungen, ja an der mündlichen Verhandlung insgesamt kann sachdienlich sein.

565 Hat der Sachverständige ein schriftliches Gutachten erstattet, kann das Gericht das Erscheinen des Sachverständigen **zur Erläuterung des Gutachtens** im Verhandlungstermin anordnen (§ 411 Abs 3 ZPO). Wollen die Parteien Fragen stellen, so müssen sie die Ladung des Sachverständigen beantragen. Das Gericht muß dem Antrag stattgeben, wenn er so rechtzeitig gestellt wird, daß die Ladung des Sachverständigen zu dem Termin noch möglich ist.[22] Aus sachlichen Gründen kann der Antrag

---

[20] Die Bestimmung einer Frist schon im Gutachtenauftrag ist, obwohl weitgehend nicht üblich, zur Beschleunigung des Verfahrens notwendig.
[21] Sattelmacher-Sirp 2. Abschn IV 4.
[22] BGH NJW 75, 2142; BAG BB 81, 54; vgl auch Baumbach-Lauterbach § 411 Anm 5 mwNachw.

nur zurückgewiesen werden, wenn er rechtsmißbräuchlich gestellt worden ist oder ausgeschlossen werden kann, daß die Befragung zu einem anderen Ergebnis führen würde.[23]

Im Hinblick auf den für die Anhörung des Sachverständigen erforderlichen Zeitbedarf wird zweckmäßigerweise zunächst von einer Terminierung abgesehen und den Parteien mit der **Übersendung des Gutachtens** eine **Erklärungsfrist** gesetzt:[24] 566

Vfg

Je 1 Ausfertigung des Gutachtens mit folgendem Schreiben an die Parteien[-*vertreter*] übersenden:

In dem Rechtsstreit

... gegen ...

wird beiden Parteien aufgegeben, zu dem in der Anlage beigefügten Gutachten bis zum ______ zu erklären,

a) welche Einwendungen gegen das schriftliche Gutachten erhoben werden,

b) ob die Ladung des Sachverständigen zur Erläuterung seines Gutachtens beantragt wird und

c) welche Ergänzungsfragen dem Sachverständigen in der mündlichen Verhandlung gestellt werden sollen.

Derjenigen Partei, die die Ladung des Sachverständigen beantragt, wird weiter aufgegeben, innerhalb der gleichen Frist einen weiteren Auslagenvorschuß in Höhe von ______ DM einzuzahlen.[25]

Frankfurt am Main, den ...
Landgericht, ... Zivilkammer

Widersprechende Ergebnisse[26] von mehreren Sachverständigen (auch eines Privatgutachters) und sachkundige Einwände[27] einer Partei geben dem Gericht Veranlassung, die Feststellungen und Schlußfolgerungen des gerichtlich bestellten Sachverständigen zu überprüfen, den Sachverhalt weiter aufzuklären, den Sachverständigen zur **Ergänzung** seines Gutachtens zu veranlassen oder ein **neues** Gutachten eines **anderen Sachverständigen**[28] einzuholen. 567

Ein Sachverständiger kann aus denselben Gründen **abgelehnt** werden, wie ein Richter kraft Gesetzes ausgeschlossen ist (§ 41 ZPO, jedoch ohne Nr 5) oder wegen Besorgnis der Befangenheit abgelehnt werden kann (§ 42 ZPO), jedoch nicht deshalb, weil er als Zeuge vernommen worden ist (§ 406 Abs 1 ZPO). Das Gesuch ist vor der Vernehmung, bei schriftlicher Begutachtung vor der Einreichung des Gutachtens anzubringen, später ist es nur zulässig, wenn der Ablehnungsgrund vorher nicht geltend gemacht werden konnte, etwa weil sich aus dem Gutachten eine Voreingenommenheit des Sachverständigen ergibt; das ist glaubhaft zu machen (§ 406 Abs 2 ZPO). Der Ablehnungsgrund muß glaubhaft gemacht werden, jedoch ist die eidesstattliche Versicherung der Partei als Mittel der Glaubhaftmachung ausgeschlossen (§ 406 Abs 3 ZPO). Die Anhörung des Sachverständigen ist in aller Regel geboten. 568

---

[23] BGH NJW-RR 86, 1470, NJW-RR 89, 953.
[24] Vgl Gehle DiRZ 84, 101.
[25] BGH NJW 64, 658.
[26] BGH VersR 80, 533, BGH NJW 87, 442.
[27] BGH NJW-RR 88, 763.
[28] BGH NJW 86, 1928.

569 Die Entscheidung ergeht durch **Beschluß** nach freigestellter mündlicher Verhandlung. Zuständig ist das Prozeßgericht; wenn der Sachverständige von dem ersuchten Richter ernannt worden ist, ist dieser zuständig (§ 406 Abs 2, 4 ZPO).

Berechtigte **Ablehnungsgründe** können sein die vorangegangene Erstellung eines Privatgutachtens,[29] persönliche oder wirtschaftliche Beziehungen zu einer Partei,[30] Besichtigung des Streitobjekts ohne rechtzeitige Ladung beider Parteien,[31] Beschaffung von Informationen von einer Partei ohne Wissen der anderen bzw ohne Gestattung seitens des Gerichts.

Rechtsmittel ist, wird Ablehnung für unbegründet erachtet, die sofortige Beschwerde, andernfalls gibt es kein Rechtsmittel (§ 406 Abs 5 ZPO).

570 Beschluß

in Sachen Mehner gegen Schwarz

Die Ablehnung des Sachverständigen Oberingenieur Max Römer, Goslar, durch den Beklagten ist unbegründet.

Gründe

Es trifft zu, daß der Sachverständige in einem im Jahr 19.. gegen den Beklagten anhängig gewesenen Rechtsstreit ein für diesen ungünstiges Gutachten abgegeben hat. Dies ist aber kein Grund, der geeignet wäre, Mißtrauen gegen die Unparteilichkeit des Sachverständigen zu rechtfertigen. Das Gutachten aus dem Jahre 19.. ergibt, daß der Sachverständige damals unparteiisch und aus rein sachlichen Gesichtspunkten geurteilt hat. Gründe für die Befürchtung, daß dies im vorliegenden Fall anders sein werde, sind nicht ersichtlich.

Goslar, den 1. März 19..

Amtsgericht

Dr Berner

Richter am Amtsgericht

Vfg

1. Ausfertigung dem Beklagten zustellen, Kläger formlos
2. Wiedervorlegen 2 Wochen nach Zustellung.[32]

2. Vernehmung von Zeugen, Sachverständigen und Parteien

ZPO §§ 391–398, 400–402, 410, 451f, 478–484
ZSEG

571 Geladenen Zeugen ist nach § 14 ZSEG auf Antrag ein **Vorschuß** zu bewilligen, wenn sie nicht über Mittel für die Reise verfügen oder ihnen die Vorlage nicht zugemutet werden kann. Im Verwaltungsweg werden Vorschüsse durch den zum Erlaß von Auszahlungsanordnungen zuständigen Beamten der Geschäftsstelle bewilligt und zur Zahlung angewiesen. In Eilfällen kann sich ein Zeuge auch an das Amtsgericht seines Aufenthaltsortes wenden. Vgl im übrigen RdNr 182–185.

572 Die Beweisaufnahme beginnt mit der **Belehrung** der Zeugen, Sachverständigen und – ggf – der Partei. Das Gericht ermahnt sie zur Wahrheit und weist sie auf die Möglichkeit der Beeidigung, auf die Bedeutung des Eides und die Strafbarkeit einer

---

[29] OLG Frankfurt ZIP 82, 1489 = NJW 83, 581 L.
[30] BGH NJW 75, 1363, OLG Karlsruhe BauR 87, 599.
[31] OLG Frankfurt FamRZ 86, 1021.
[32] Vgl §§ 329 Abs 3, 406 Abs 5 ZPO.

falschen eidlichen oder uneidlichen Aussage hin (§§ 395 Abs 1, 480, 402, 451 ZPO). Sie kann folgendermaßen lauten

von **Zeugen:**

Als Zeuge sind Sie verpflichtet, die Wahrheit zu sagen. Sie dürfen nichts verschweigen und Ihrer Aussage nichts hinzufügen, was der Wahrheit nicht entspricht. Sie können auf Ihre Aussage beeidigt werden und würden sich strafbar machen, wenn Sie etwas Falsches beschwören. Aber auch dann, wenn Sie nicht beeidigt werden und bewußt etwas Falsches sagen, machen Sie sich strafbar. Dies gilt auch für die Angaben zur Person.

von **Sachverständigen,** sofern sie nicht allgemein beeidet sind:

Als Sachverständiger sind Sie verpflichtet, Ihr Gutachten unparteiisch und nach bestem Wissen und Gewissen zu erstatten. Sie können auf Ihr Gutachten beeidigt werden und würden sich strafbar machen, wenn Ihr Gutachten den erwähnten Anforderungen nicht genügt. Aber auch dann, wenn Sie nicht beeidigt werden und bewußt ein falsches Gutachten erstatten, machen Sie sich strafbar.

von **Parteien:**

Als Partei sind Sie nicht verpflichtet, Angaben zu machen. Aus Ihrer Weigerung, sich vernehmen zu lassen oder bestimmte Fragen zu beantworten, kann jedoch das Gericht Schlüsse ziehen, insbesondere unter Umständen die behauptete Tatsache als erwiesen ansehen. Wenn Sie aber aussagen, sind Sie verpflichtet, die Wahrheit zu sagen.

(Fortsetzung wie bei Zeugen).

Jeder **Zeuge** ist **einzeln** und in Abwesenheit der später zu vernehmenden Zeugen zu 573
vernehmen (§ 394 Abs 1 ZPO). Die Vernehmung zur Person (Vorname, Name, Alter, Beruf oder Gewerbe und Wohnort) umfaßt auch die für die Beurteilung der Glaubwürdigkeit wichtigen Fragen wie Verwandtschaft mit den Parteien, sonstige Beziehungen zu ihnen, eigenes Interesse an der Sache usw (§ 395 Abs 2 ZPO). Sodann soll sich der Zeuge im Zusammenhang zu der Beweisfrage äußern (§ 396 Abs 1 ZPO). Nötigenfalls sind weitere Fragen zu stellen (§ 396 Abs 2 ZPO). Anwälten sind auf Verlangen unmittelbare **Fragen** an den Zeugen zu gestatten. Parteien können darum bitten, daß der Richter bestimmte Fragen an den Zeugen richtet. Der Richter kann ihnen aber auch unmittelbare Fragen gestatten (§ 397 ZPO). Über die Zulässigkeit einer an den Zeugen gerichteten Frage entscheidet der ersuchte Richter vorläufig (§ 400 ZPO), im übrigen das Gericht (§ 397 Abs 3 ZPO).

Die **Beeidigung** eines **Zeugen** oder einer **Partei** steht im freien (nur auf Einhaltung 574
seiner Grenzen in der Revisionsinstanz nachprüfbaren[33]) Ermessen des Gerichts. Maßgeblich ist die Bedeutung der Aussage für die Entscheidung des Rechtsstreits[34] und die Herbeiführung einer wahrheitsgemäßen Aussage (§ 391 ZPO). In der Praxis bleibt ein Zeuge in aller Regel unbeeidet; denn es ist zweifelhaft, ob ein Eid tatsächlich geeignet ist, den Wahrheitsgehalt einer Aussage zu erhöhen.[35] Abzulehnen ist die Auffassung, bei sich widersprechenden Zeugenaussagen oder bei Zweifeln an der Glaubwürdigkeit von Zeugen komme der beeideten Aussage größeres Gewicht zu als der unbeeideten,[36] weshalb ein Ermessensfehler vorliege, wenn das Gericht unter solchen Umständen von der Beeidigung absehe.[37] Es besteht daher auch keine Pflicht des Gerichts darauf hinzuweisen, daß es einer unbeeideten Aussage nicht glauben will.[38]

---

[33] BGH NJW 65, 1530.
[34] § 58 Abs 2 S 2 ArbGG.
[35] AA Baumbach-Lauterbach § 391 Anm 2 B, Bull SchlHA 76, 38, Heimann-Trosien JZ 73, 609.
[36] BGHZ 43, 368.
[37] Wie hier (also kein Ermessensfehler) Schneider MDR 69, 429, Thomas-Putzo § 391 Anm 1.
[38] AA Baumbach-Lauterbach § 391 Anm 2 B.

Der Eid wird nach der Vernehmung geleistet (§ 392 S 1 ZPO).
Der **Sachverständige** ist **uneidlich** zu vernehmen (§§ 391, 402 ZPO). Zu beeidigen ist er nur, wenn die Bedeutung des Gutachtens es erfordert, oder zur Herbeiführung eines unparteiischen und wahrheitsgemäßen Gutachtens. Die Vereidigung kann vor oder nach der Erstattung geschehen (§ 410 Abs 1 Satz 1 ZPO).

575 Der Richter hat den Eidespflichtigen über die Bedeutung des Eides und darüber zu **belehren,** daß er den Eid mit oder ohne religiöse Beteuerung leisten kann (§ 480 ZPO).
Der Richter spricht dem **Zeugen** oder der Partei die **Eidesnorm** vor:

> „Sie schwören (bei Gott dem Allmächtigen und Allwissenden), daß Sie nach bestem Gewissen die reine Wahrheit gesagt und nichts verschwiegen haben."

und jeder Zeuge spricht einzeln unter Erheben der rechten Hand die Worte nach (§§ 392 Satz 3, 452, 481 ZPO):

> „Ich schwöre es (so wahr mir Gott helfe)."

Die Eidesnorm des **Sachverständigen** lautet (§ 410 Abs 1 ZPO):

> „Sie schwören (bei Gott dem Allmächtigen und Allwissenden), daß Sie das von Ihnen erforderte Gutachten unparteiisch und nach bestem Wissen und Gewissen erstatten werden (erstattet haben)."

Ist der Sachverständige **allgemein beeidigt,** so genügt die Berufung auf diesen Eid; sie kann auch im schriftlichen Gutachten erklärt werden (§ 410 Abs 2 ZPO).

576 Gibt der Schwurpflichtige an, daß er als Mitglied einer Religions- oder Bekenntnisgemeinschaft eine **Beteuerungsformel** dieser Gemeinschaft verwenden wolle, so kann er sie dem Eid anfügen (§ 481 Abs 3 ZPO). Gibt der Schwurpflichtige an, daß er aus **Glaubens- oder Gewissensgründen keinen Eid** leisten wolle, ist er darauf hinzuweisen, daß er eine dem Eid gleichstehende **Bekräftigung** abzugeben hat. In diesem Fall lautet die Eingangsformel:

> „Sie bekräftigen im Bewußtsein Ihrer Verantwortung vor Gericht",

worauf der Verpflichtete ohne Erheben der rechten Hand mit „Ja" antwortet (§ 484 ZPO).

577 Bei erneuter Vernehmung eines Zeugen oder Sachverständigen in demselben Verfahren steht es der nochmaligen Eidesleistung gleich, wenn der Schwurpflichtige die Richtigkeit seiner Aussage unter Berufung auf den früher geleisteten Eid versichert (§ 398 Abs 3 ZPO).

578 Nach Abschluß der Vernehmung (zur vorherigen **Genehmigung des Protokolls** siehe RdNr 591) werden Zeugen und Sachverständige durch den Vorsitzenden **entlassen.** Bei Sachverständigen und Zeugen, die ihren Anspruch auf Gebühren und Auslagen schriftlich geltend machen wollen, ist der Zeitpunkt der Entlassung in das Protokoll aufzunehmen. Soweit nicht auf Gebühren und Auslagen – durch Erklärung zu Protokoll – verzichtet wird oder eine Verzichtserklärung vorliegt, erhalten Zeugen und Sachverständige eine **Auszahlungsanordnung** (**Kassenanweisung**) etwa folgenden Inhalts:

579

Auszahlungsanordnung
für die Entschädigung von Zeugen

	05 – 536 03	19	
			L

Gericht / Staatsanwaltschaft
Amtsgericht Frankfurt

Geschäftsnummer
31 C 433/..

Sache, Datum des Termins
Becker ./. Maier 20.02.19..

Rechtshilfesache (ersuchende Behörde, Geschäfts-Nr.)

	A	B	
Empfänger (Name, Vorname, Beruf / Amtsbezeichnung)	Krakel, Paul Kraftfahrer Selbständig ☐ ja ☒ nein	Brill, Heinz Lagergehilfe Selbständig ☐ ja ☒ nein	Zeitpunkt der Entlassung: des Zeugen A (Datum, Uhrzeit) 20.02.19.. 11[55] des Zeugen B (Datum, Uhrzeit) 20.02.19.. 11[55]
Aufenthaltsort nach der Ladung	6054 Rodgau	623 Frankfurt-H	Unterschrift, Amtsbezeichnung Dr. Eckert
Anreise genehmigt von	/	6478 Nidda	Richter am AG
Geladen auf	Datum, Uhrzeit 20.02.19.. 10[00]	Datum, Uhrzeit 20.02.19.. 11[00]	Die Zeugen A und B erklärten, keine Vorschüsse erhalten zu haben.
Antritt der Reise am	Datum, Uhrzeit	Datum, Uhrzeit	
Beendigung der Reise am	Datum, Uhrzeit	Datum, Uhrzeit	Die Zeugen A und B erklärten, Vorschüsse erhalten zu haben in Höhe von
Versäumte Arbeitszeit			Zeuge A Zeuge B

Berechnung der Entschädigung	A	DM	Pf	B	DM	Pf	
Bahn	___ x ___ km ___. Klasse			___ x ___ km ___. Klasse			___ DM ___ DM
Zuschlag	TEE-IC-D-Zug			TEE-IC-D-Zug			Die Zeugen versicherten die Richtigkeit der Angaben
Flugkosten							
Kraftwagen / Wegegeld	___ x ___ km			___ x ___ km			Durchschrift dieser Auszahlungsanordnung ist zu den Sachakten gegeben.
Omnibus / Straßenbahn							
Sonstige Verkehrsmittel Aufwand für:							Sachlich A ___ DM und
Abwesenheit vom Aufenthaltsort	___/10 zu ___			___/10 zu ___			rechnerisch B ___ DM richtig
Übernachtung	___ x zu ___			___ x zu ___			mit ___ DM
Verdienstausfall / Zeitversäumnis	___ Std. zu ___			___ Std. zu ___			Auszahlen Ort
Andere notwendige Auslagen für							
Summe							Datum
aufgerundet auf							Unterschrift, Amtsbezeichnung
abzüglich Vorschuß							
noch auszuzahlen							

Quittung:
Überweisung:
Kontonummer, Kreditinstitut, BLZ

Maschinendruck / AL-Nr. / Zahlungsbeweis der LJK

An die
Landesjustizkasse
Frankfurt am Main

580 **Auszahlungsanordnung**

für die Entschädigung eines Sachverständigen

	05 – 536 04	19	
			L

Gericht / Staatsanwaltschaft
Amtsgericht Frankfurt

Geschäftsnummer
31 C 433/..

Sache
Becker ./. Maier

Termin am
20.02.19..

Rechtshilfesache (ersuchende Behörde, Geschäfts-Nr.)

Auslagenvorschuß
DM 1000.–
eingegangen Bl. III d. A.
nicht erhoben, weil
Unterschrift, Amtsbezeichnung / Verg.-Gr.

Empfänger (Name, Vorname, Beruf / Amtsbezeichnung)
Dr. Peter Hackler
Dipl.-Psych., Graphologe

[X] Sachverständiger [ ] Dolmetscher für Schriften

Aufenthaltsort nach Ladung
6200 Wiesbaden

Anreise von — Rückreise nach

Antritt der Reise (Datum, Uhrzeit) — Beendigung der Reise (Datum, Uhrzeit)

Für Terminswahrnehmung geladen auf (Datum, Uhrzeit)
20.02.19.. 11 30

entlassen am (Datum, Uhrzeit)
20.02.19.. 12 25

Std.-Betrag (§ 3 Abs. 2) . . . . 70.– DM

Erhöhung gem. § 3 Abs. 3 Buchst. a 20 v. H.

Unterschrift, Amtsbezeichnung
Dr. Eckert
Richter am AG

Berechnung der Entschädigung	DM	Pf
Bahn (___ Klasse) [ ] Rückfahrkarte [ ] einfache Fahrkarte		
Zuschlag für [ ] TEE-Zug [ ] IC-Zug [ ] D-Zug		
Omnibus		
[ ] Kraftwagen [ ] Wegegeld (2 × ___ km)		
Flugkosten		
Zu- und Abgang für		
Tagegeld ___ / 10 zu ___ DM		
Übernachtungsgeld ___ Übern. zu ___ DM		
Leistungsentschädigung: ___ Std. zu ___ DM		
Erhöhung nach § 3 Abs. 3 Buchst. ___ ZuSEG ___ v. H.		
Besondere Verrichtung nach lfd. Nr. ___ der Anlage zu § 5 ZuSEG		
Übersetzung: ___ Zeilen zu ___ DM		
notwendige Auslagen / andere Aufwendungen / Nebenkosten – Unterlagen beifügen – für:		
Summe:		
Umsatzsteuer ___ % von ___ DM		
Summe:		
aufgerundet auf		
abzüglich Vorschuß		
noch auszuzahlen		

Der Sachverständige/Dolmetscher versicherte,

[ ] keinen Vorschuß erhalten zu haben

[ ] für dieselbe Zeit keine Entschädigung erhalten zu haben

[ ] daß die Tätigkeit nicht zu seinen Dienstgeschäften gehört

Kontrollmitteilung

[ ] ausgefüllt

[ ] entfällt, da Gutachten im Rahmen freiberuflicher bzw. gewerblicher Haupttätigkeit erbracht

Durchschrift dieser Auszahlungsanordnung ist zu den Sachakten gegeben.

Sachlich und rechnerisch richtig.

Auszahlen.

Ort und Datum

Unterschrift, Amtsbezeichnung

Überweisung auf Konto Nr.

Quittung:

An die
Landesjustizkasse
Frankfurt am Main

Maschinendruck / AL-Nr. / Zahlungsbeweis der LJK

Die **Höhe der Entschädigung** wird von dem zum Erlaß von Auszahlungsanordnungen befugten Beamten festgesetzt. Eine Festsetzung durch Beschluß des Gerichts erfolgt nur auf Antrag des Zeugen, Sachverständigen oder der Staatskasse, außerdem wenn das Gericht die Festsetzung für angemessen hält (§ 16 ZSEG). In der Praxis allerdings erfolgt die Festlegung des Stundensatzes und Erhöhungssatzes nach § 3 ZSEG in der Regel durch den Richter, wie sich bereits aus dem Formular der Kassenanweisung ergibt. Die Entschädigung beträgt zwischen 40,– und 70,– DM je Stunde, je nach Schwierigkeit und Aufwand; dieser Betrag kann um bis zu 50% überschritten werden, wenn a) das Gutachten eine eingehende Auseinandersetzung mit der wissenschaftlichen Lehre darstellt oder b) der Sachverständige seine Einkünfte im wesentlichen durch Sachverständigentätigkeit erzielt. Wegen der nicht zu unterschätzenden Bedeutung **guter** Sachverständiger, die fundierte Gutachten in annehmbarer Zeit erstatten, ist eine kleinliche Festlegung des Stundensatzes nicht angebracht; denn mit nicht sonderlich überzeugenden, auf Einwände des Gegners ergänzungsbedürftigen, lange Zeit beanspruchenden Gutachten „billigerer" Sachverständiger ist niemandem gedient. 581

Gegen die Festsetzung durch das Gericht ist die **Beschwerde** zulässig.

3. Einnahme des Augenscheins

ZPO §§ 372, 160 Abs 3 Nr 5

Die Einnahme des Augenscheins erfolgt – gegebenenfalls unter Hinzuziehung von Sachverständigen – durch das **Prozeßgericht.** Das Gericht kann aber diese Beweisaufnahme einem **Mitglied des Prozeßgerichts** oder einem anderen Gericht übertragen; die Beschränkungen des § 375 ZPO gelten hier nicht (§ 372 ZPO). In Ausnahmefällen kommt auch die Einnahme des Augenscheins durch eine **Hilfsperson** in Betracht, insbesondere wenn Feststellungen überhaupt nur aufgrund von Fachkenntnissen getroffen werden können oder wenn die Augenscheinseinnahme durch das Gericht unzumutbar ist (zB Blutgruppen- und erbbiologische und andere ärztliche Untersuchungen). 582

Im Fall der Verweigerung der Augenscheinseinnahme seitens des Beweisführers wird er mit dem Beweismittel ausgeschlossen[39] (§§ 230, 367 ZPO), seitens des Gegners würdigt das Gericht die Weigerung,[40] seitens eines Dritten kann der Beweis nicht erhoben werden, wenn nicht der Beweisführer aufgrund eines materiellen Anspruchs gegen den Dritten dessen Zustimmung erzwingt.

Die Ergebnisse des Augenscheins sind im Protokoll festzustellen (§ 160 Abs 3 Nr 5 ZPO). Bedient sich das Gericht eines Augenscheinsmittlers ist er als Sachverständiger zu behandeln, soweit er aufgrund seiner Sachkunde tätig wird, also Schlußfolgerungen zieht, dagegen wie ein Zeuge (aber nicht als Zeuge),[41] soweit er nur über seine Wahrnehmungen berichtet. 583

---

[39] BGH NJW 63, 390.
[40] BGH NJW 60, 821.
[41] Baumbach-Lauterbach § 372 Anm 2, Thomas-Putzo § 372 Anm c.

4. Protokoll über die Beweisaufnahme

584 Hinsichtlich des Protokolls über die Beweisaufnahme durch Vernehmung von Zeugen, Parteien, Sachverständigen sowie durch Einnahme eines Augenscheins gelten die **allgemeinen Grundsätze** (s dazu RdNr 337ff), jedoch mit einigen **Besonderheiten** zur Vereinfachung nach §§ 160a Abs 2, 161, 162 Abs 2 ZPO:

585 Grundsätzlich sind die Aussagen der Zeugen, Sachverständigen und vernommenen Parteien im Protokoll festzustellen, bei einer wiederholten Vernehmung jedoch nur, soweit sie von der früheren Vernehmung abweichen (§ 160 Abs 3 Nr 4 ZPO); ebenso ist das Ergebnis eines Augenscheins aufzunehmen (§ 160 Abs 3 Nr 5 ZPO). Das Protokoll kann sofort endgültig hergestellt oder vorläufig aufgezeichnet und anschließend hergestellt werden (§ 160a ZPO).

586 Werden Aussagen von Zeugen, Sachverständigen und Parteien sowie Ergebnisse des Augenscheins mit einem **Tonaufnahmegerät vorläufig aufgezeichnet**, braucht dies nur im Protokoll vermerkt zu werden, also die Angaben nicht ins endgültige Protokoll übertragen zu werden, wenn nicht eine Partei dies bis zum rechtskräftigen Abschluß des Verfahrens beantragt oder das Rechtsmittelgericht die Ergänzung anfordert (§ 160a Abs 2 ZPO).

587 In der **Niederschrift** heißt es dann:

> ... Sodann wurden die Zeugen gemäß § 395 Abs 1 ZPO belehrt und einzeln gemäß § 394 ZPO vernommen:
> 1. Zeuge:
> Ich heiße Willy Meyer, bin 30 Jahre alt, Maurermeister, und wohne in Frankfurt [*Kalbächerstraße 5*],[42] mit den Parteien nicht verwandt und nicht verschwägert.
> Zur Sache:
> – Die Aussage des Zeugen wurde vorläufig auf Tonträger aufgezeichnet, erneut vorgespielt und genehmigt; von der Übertragung wurde gemäß § 160a Abs 2 ZPO abgesehen. –
> ...

588 Feststellungen nach § 160 Abs 3 Nr 4 und 5 ZPO – Aussagen von Zeugen, Sachverständigen und Parteien sowie das Ergebnis des Augenscheins – brauchen **nicht** in das Protokoll **aufgenommen** (und auch nicht vorläufig aufgezeichnet) zu werden,
– wenn das Prozeßgericht die Vernehmung oder den Augenschein durchführt und das **Endurteil** der **Berufung** oder der **Revision nicht unterliegt** (§ 161 Abs 1 Nr 1 ZPO),
– soweit die Klage **zurückgenommen**, der geltend gemachte Anspruch **anerkannt** oder auf ihn **verzichtet** wird, auf ein Rechtsmittel verzichtet oder der Rechtsstreit durch einen **Vergleich** beendet wird (§ 161 Abs 1 Nr 2 ZPO); vielmehr ist zu vermerken, daß die Vernehmung oder der Augenschein durchgeführt ist (§ 161 Abs 2 S 1 ZPO).

589 Im Sitzungsprotokoll heißt es also:

> ...
> Der Zeuge erklärte:
> Ich heiße Willy Meyer, bin 30 Jahre alt, Maurermeister, und wohne in Frankfurt, mit den Parteien nicht verwandt und nicht verschwägert.
> Der Zeuge sagte sodann zur Sache aus, von der Protokollierung wurde gemäß § 161 Abs 1 ZPO abgesehen.

---

[42] Die vollständige Adresse des Zeugen ist aufzunehmen, wenn sie mit der in der Ladung angegebenen nicht übereinstimmt.

Ungeachtet dessen kann das Gericht auch in diesem Fall die Angaben vorläufig aufzeichnen – wie sich aus § 161 Abs 2 S 3 ZPO ergibt –, eine Partei kann jedoch nicht die Ergänzung um diese Feststellungen verlangen. 590

Feststellungen nach § 160 Abs 3 Nr 1, 3–5, 8, 9 ZPO oder zu Protokoll erklärte Anträge sind den Beteiligten je nach Art der Aufzeichnung **vorzulegen, vorzulesen oder abzuspielen.** Daß dies geschehen und die **Genehmigung** erteilt ist bzw welche Einwendungen erhoben worden sind, ist im Protokoll zu vermerken. 591

vorgelesen [*abgespielt*] und genehmigt

In Anwesenheit der Beteiligten unmittelbar aufgezeichnete Zeugen-, Sachverständigen- und Parteiaussagen – also bei vollständiger, wortgetreuer Aufzeichnung etwa durch ein mitlaufendes Tonbandgerät – brauchen nur auf Verlangen der Vernommenen abgespielt zu werden. Soweit Zeugen-, Sachverständigen-, Parteiaussagen oder Ergebnisse eines Augenscheins in Gegenwart der Beteiligten diktiert worden sind, brauchen sie nicht abgespielt oder vorgelesen zu werden, wenn die Beteiligten darauf verzichten; im Protokoll ist der Verzicht zu vermerken (§ 162 Abs 2 ZPO).

[*laut*] diktiert und genehmigt
auf Verlesen [*Abspielen*] wurde verzichtet

Das Fehlen der Genehmigung führt weder zur Unwirksamkeit des Protokolls noch der jeweiligen Prozeßhandlung (Ausnahmen: §§ 288 Abs 1, 794 Abs 1 Nr 1 ZPO), sondern nimmt dem Protokoll die Beweiskraft einer öffentlichen Urkunde;[43] das Gericht würdigt die Verweigerung der Genehmigung und der erhobenen Einwände frei.

Muster eines Protokolls (im Anschluß an RdNr 559, 341): 592

Amtsgericht Goslar, den 15. März 19..
2 C 103/..

Protokoll über die öffentliche Sitzung

Gegenwärtig:
Richter am Amtsgericht Dr Berner
Referendar Schulze als Urkundsbeamter der Geschäftsstelle
[*ohne Hinzuziehung eines Urkundsbeamten der Geschäftsstelle*]
In dem Rechtsstreit
Mehner gegen Schwarz
erschienen bei Aufruf
1. für den Kläger Rechtsanwalt Dr Fechter,
2. der Beklagte und Rechtsanwalt Dr Scharf.
Außerdem sind der Zeuge Müller und der Sachverständige Römer erschienen. Der Zeuge und der Sachverständige wurden zur Wahrheit ermahnt sowie auf die Möglichkeit der Beeidigung, auf die Strafbarkeit einer uneidlichen vorsätzlichen falschen Aussage und die Bedeutung des Eides hingewiesen.[44]
Sie wurden darauf [*und zwar die Zeugen einzeln und in Abwesenheit der später abzuhörenden Zeugen*][45] wie folgt vernommen:
1. Zeuge Müller:
Ich heiße Karl Müller, bin 30 Jahre alt, Buchhalter in Goslar,
mit den Parteien nicht verwandt und nicht verschwägert.

---

[43] BGH NJW 84, 1465.
[44] §§ 395 Abs 1, 402, 451 ZPO.
[45] § 394 ZPO.

Zur Sache:
In bin Buchhalter bei dem Beklagten und war zugegen, als die beiden elektrischen Kaffeemühlen etwa Mitte Juli 19.. ausgepackt wurden. Sie machten äußerlich einen guten Eindruck. Einige Tage später wurde die eine der beiden Kaffeemühlen einem Kunden des Beklagten vorgeführt. Dabei erwärmte sich die Maschine stark. Das Mahlgeräusch war sehr laut. Das Mahlgut rutschte oft nicht nach, sondern blieb in dem Einfüllstutzen hängen. Deshalb mußte ständig nachgestopft oder gerührt werden. Die Dauer des Mahlvorgangs erschien dem Beklagten zu lang. Ich war zugegen, als der Beklagte noch am selben Tage den Kläger fernmündlich von den Mängeln unterrichtete und ihm erklärte, daß er, Beklagter, die Maschinen zur Verfügung stelle. Dieses Ferngespräch muß um den 18. Juli 19.. geführt worden sein.
Auf Vorhalt des Anwalts des Klägers:
Es ist richtig, daß wir bei der Mahlprobe als Mahlgut grob gemahlenen Bohnenkaffee verwendet haben. Ich weiß bestimmt, daß das von mir erwähnte Ferngespräch im Juli und nicht erst Ende August 19.. stattgefunden hat. Die Mühlen sind bis zur Besichtigung durch den Sachverständigen nicht mehr im Gebrauch gewesen.

vorgelesen genehmigt

[*laut diktiert und genehmigt, auf Abspielen wurde verzichtet*]

2. Sachverständiger Römer:
Ich heiße Max Römer, bin 60 Jahre alt, Oberingenieur in Goslar, mit den Parteien nicht verwandt und nicht verschwägert.
Der Sachverständige nahm Bezug auf sein schriftliches Gutachten vom 10. März 19.. und erklärte: [*Der Sachverständige erstattete sein Gutachten wie folgt: ...*]
Dieses Gutachten ist richtig. Ich mache es zum Gegenstand meiner Vernehmung. Die Mühlen arbeiten unter normalen Bedingungen einwandfrei; meine Vermutung, daß der Beklagte beim Probieren der Maschine gemahlenen Bohnenkaffee verwendet hat, hat sich durch die heutige Aussage des Zeugen Müller bestätigt.

vorgelesen genehmigt

[*laut diktiert und genehmigt, auf Abspielen wurde verzichtet*]

(Die Parteien verzichteten auf Beeidigung des Zeugen Müller.)[46]
Der Zeuge wurde im allseitigen Einverständnis [um 10.15 Uhr] entlassen.[47]

Der Anwalt des Beklagten beantragte, zum Nachweis der Mängel eine der gelieferten Mühlen unter Zuziehung des Sachverständigen in Augenschein zu nehmen.[48] Der Beklagte legte darauf eine elektrische Kaffeemühle vor. Sie wurde wie folgt in richterlichen Augenschein genommen:
Es handelt sich nach Fabrikmarke und -nummer um eine der von dem Kläger im Juli 19.. an den Beklagten gelieferten Mühlen. Sie ist äußerlich einwandfrei. Beim Probelauf konnte eine starke Erwärmung nicht festgestellt werden. ⅛ Pfund Kaffee wurde in knapp 1 Minute einwandfrei gemahlen. Der Motor arbeitete mit geringem Geräusch, das durch Unterlegen einer Filzplatte noch gedämpft werden konnte. Die Kaffeebohnen rutschten ohne Nachhilfe zum Mahlwerk nach.

vorgelesen genehmigt

[*laut diktiert und genehmigt, auf Abspielen wurde verzichtet*]

Jedoch erhob der Beklagte folgende Einwendungen:
Die Erwärmung halte ich für zu stark und das Geräusch des Motors für lauter als in den Feststellungen des Gerichts zum Ausdruck kam.[49]

---

[46] § 391 ZPO; die Aufnahme dieses Satzes ist entbehrlich, dagegen sind Anträge der Parteien zur Beeidigung aufzunehmen.
[47] Zweckmäßig, wenn weitere Aufklärung durch den Zeugen nicht erwartet werden kann. Hinsichtlich der Aufnahme der Uhrzeit s RdNr 578.
[48] §§ 371, 372 ZPO.
[49] §§ 160 Abs 3 Nr 5, 162 ZPO.

Der Anwalt des Beklagten beantragte Beeidigung des Sachverständigen.
Der Sachverständige wurde hierauf beeidigt.[50]
[*Der Sachverständige versicherte unter Berufung auf den von ihm allgemein geleisteten Eid, daß er das Gutachten unparteiisch und nach bestem Wissen und Gewissen erstattet habe.*]
Der Anwalt des Beklagten beantragte, den Sachverständigen auch noch zur Behauptung des Beklagten zu vernehmen, die Mühlen seien jedenfalls mangelhaft, weil sie nicht funkentstört seien.
Der Sachverständige wurde darauf nochmals hervorgerufen und erklärte: Es ist nicht richtig, daß die Mühlen keine Vorrichtung besitzen, die Rundfunk- und Fernsehstörungen in der näheren Umgebung verhindert.

vorgelesen und genehmigt
[*laut diktiert und genehmigt, auf Abspielen wurde verzichtet*]

Der Sachverständige versicherte die Richtigkeit dieser Ergänzung unter Berufung auf den soeben geleisteten Eid.[51]
Im Verlauf der Erörterung nannte der Beklagte den Sachverständigen „einen Esel" und einen „Sachunverständigen".[52] Er wurde dabei sehr erregt und mußte, da er sich trotz Mahnung nicht mäßigte, auf entsprechenden Beschluß des Gerichts aus dem Sitzungssaal entfernt werden.[53]
Nach kurzer Unterbrechung wurde die Verhandlung fortgesetzt. Dem Beklagten wurde auf Antrag seines Anwalts die Teilnahme wieder gestattet.[54]
Nach Anhörung des Beklagten und seines Anwalts[55] wurde

beschlossen und verkündet:[56]

Gegen den Beklagten wird ein Ordnungsgeld von DM 100.–, im Falle der Nichtbeitreibbarkeit eine Ordnungshaft von zwei Tagen[57] festgesetzt, weil er sich in der Sitzung einer Ungebühr schuldig gemacht hat. Er hat den Sachverständigen als Esel und Sachunverständigen bezeichnet.
Auf Befragen des Richters erklärte der Beklagte: Ich kann heute nicht mehr mit Sicherheit behaupten, an den Kläger die Anzahlung von 100 DM in bar bezahlt zu haben. Ich nehme es jedoch an.

vorgelesen genehmigt
[*laut diktiert und genehmigt, auf Abspielen wurde verzichtet*]

Ist der Rechtsstreit zur Entscheidung reif, wird die mündliche Verhandlung fortgesetzt und das Gericht bestimmt nach Verhandlung der Parteien über das Ergebnis der Beweisaufnahme und Wiederholung der Anträge zur Sache einen Verkündungstermin oder verkündet die Entscheidung sofort (s dazu RdNr 610ff); anderenfalls erläßt es einen (weiteren) Auflagen- und/oder Beweisbeschluß oder gibt bekannt, wie weiter verfahren werden soll, etwa durch Anberaumung eines neuen Termins zur Vernehmung eines nicht erschienenen Zeugen usw (vgl den folgenden Abschnitt). 593

---

[50] §§ 391, 402, 410 ZPO.
[51] §§ 402, 398 ZPO.
[52] § 182 GVG. Der Vorfall, der zur Festsetzung führt, muß aus der Niederschrift ersichtlich sein. Schilderung in der Begründung des Beschlusses genügt nicht (OLG Hamm JMBlNRW 77, 94; Kissel § 182 GVG RdNr 6).
[53] § 177 GVG.
[54] Das Gericht kann seinen Beschluß jederzeit aufheben oder abändern (Baumbach-Lauterbach 2 B zu § 177 GVG).
[55] Rechtliches Gehör ist erforderlich; Ausnahmen: Hergang unstreitig und Gefahr weiterer Ausschreitungen oder Täter nicht ansprechbar oder abwesend (OLG Düsseldorf NStZ 88, 238, OLG Hamm JMBlNRW 77, 131, MDR 78, 780).
[56] Der Beschluß kann nur in der Sitzung, nicht später erlassen werden (hM).
[57] § 178 GVG; Ordnungsgeld bis 2000 DM bzw Ordnungshaft bis zu 1 Woche. Vollstreckung nach Justizbeitreibungsordnung.

5. Ausbleiben eines Zeugen oder Sachverständigen[58]

ZPO §§ 380, 381, 400, 402, 409
EGStGB Art 6–9
JBeitrO
AO über die Einforderung und Beitreibung von Vermögensstrafen vom 20. 11. 74 (EBAO)

594 Erscheint ein ordnungsgemäßer geladener Zeuge ohne genügende Entschuldigung zum Termin nicht, hat das Gericht ohne jedes Wahlrecht von Amts wegen sowohl die durch das Ausbleiben verursachten **Kosten** (zB Fahrtkosten von Beteiligten und Zeugen, Kosten der Ladung) ihm aufzuerlegen als auch ein **Ordnungsgeld** und ersatzweise für den Fall der Nichtbeitreibbarkeit **Ordnungshaft** gegen ihn festzusetzen (§ 380 ZPO). Angesichts steigender Zahlen nicht erscheinender Zeugen ist dabei eine besondere Zurückhaltung des Gerichts nicht angezeigt. Insbesondere ist auf die nach dem Wortlaut und dem Zweck des § 380 ZPO gebundene Entscheidung ohne Einfluß, ob sich aus anderen Gründen seine Vernehmung erübrigt, etwa weil der Beweisführer auf die Vernehmung verzichtet.[59]

An eine **ausreichende Entschuldigung** sind – auch im Interesse der Parteien und ihrer Bevollmächtigten – strenge Anforderungen zu stellen, etwa plötzliche Erkrankung, wirklich unaufschiebbare berufliche Abwesenheit, anderer Gerichtstermin. Aber auch ein an sich ausreichender Entschuldigungsgrund muß **unverzüglich** nach Erhalt der Ladung bzw Eintritt des Ereignisses dem Gericht zur Vermeidung unnützer Termine und der damit verbundenen Kosten mitgeteilt werden.[60]

In die Niederschrift ist aufzunehmen:

.. erschienen bei Aufruf
1. für den Kläger Rechtsanwalt Dr Fechter
2. der Beklagte.

Es wurde festgestellt, daß der Zeuge Lässig zum heutigen Termin am 28. 10. 19.. ordnungsgemäß geladen worden (Zustellungsurkunde Bl 103 d. A.), aber nicht erschienen ist.

[(Ist dem Zeugen nach § 377 Abs 1 S 2 ZPO die Ladung formlos übersandt worden[61] heißt es:) ..., *daß die Ladung des Zeugen Lässig am 26. 10. 19.. zur Post gegeben worden, der Zeuge aber nicht erschienen ist.*]

beschlossen und verkündet:

1. Der Zeuge Herman Lässig, Goslar, Ahornstr. 2, wird wegen unentschuldigten Ausbleibens im heutigen Termin in die durch sein Ausbleiben verursachten Kosten sowie zu einem Ordnungsgeld von DM 200,– und für den Fall, daß dieses nicht beigetrieben werden kann, zu zwei Tagen Ordnungshaft[62, 63] verurteilt.
2. Neuer Termin zur Beweisaufnahme [*und mündlichen Verhandlung*] wird auf den ... anberaumt.

---

[58] Vor dem Prozeßgericht oder vor dem verordneten Richter.
[59] OLG Frankfurt OLGZ 83, 458, VGH Mannheim VBlBW 86, 64.
[60] Baumbach-Lauterbach § 381 Anm 1 c mwNachw.
[61] In diesem Fall genügt der Nachweis des Hinausgehens der Ladung, wenn der Zugang wahrscheinlich ist (Baumbach-Lauterbach 1 B zu § 380 ZPO). Ist der Zugang zweifelhaft oder eine Entschuldigung des Zeugen zu erwarten, so kann sich der Richter nach allg Praxis die Entscheidung über die Verurteilung des Zeugen vorbehalten.
[62] Verurteilung zu Haft und zwangsweise Vorführung sind gegen den ausgebliebenen Sachverständigen unstatthaft (§ 409 ZPO).
[63] EGStGB Art 6–8: DM 5–1000.– DM Ordnungsgeld, 1 Tag–6 Wochen Ordnungshaft.

Die Verfügung dazu lautet:

1. Der Ordnungsmittelbeschluß ist dem Zeugen zuzustellen.[64]
2. Der Zeuge ist zugleich zum neuen Termin mit Androhung der zwangsweisen Vorführung[62] zu laden (ZU).
3. Nach 3 Wochen (Zahlung bzw Beitreibung des Ordnungsgeldes).

Erscheint der Zeuge im nächsten Termin wiederum unentschuldigt nicht, wird er 595
erneut in die Kosten und zu einem (erhöhten) Ordnungsgeld verurteilt sowie die zwangsweise Vorführung angeordnet (§ 380 Abs 2 ZPO). Die Vollstreckung erfolgt von Amts wegen, in der Regel durch den Gerichtsvollzieher, der für den Wohnsitz des Zeugen zuständig ist.[65]

Ein gesonderter **Vorführungsbefehl** ist zweckmäßig:[66]

Gericht	Ort	Datum
Aktenzeichen		Telefon Nebenstelle

Vorführungsbefehl zum Termin am

Wochentag und Datum	Uhrzeit	Raum	Stock (E-Erdgeschoß)	im Gerichtsgebäude
☐ bei dem Amtsgericht	☐ bei dem Landgericht		☐ bei dem Oberlandesgericht	
in dem Rechtstreit ...			gegen ...	

Vorzuführende Person:

Vor- und Zunamen – auch Aliasnamen		
Wohn- oder letzter Aufenthaltsort, Straße, Haus-Nr.		
Geburtstag	Geburtsort	Sonstiges

Grund der Vorführung:

☐ Ausbleiben im Termin zur Vernehmung als Zeuge am ohne genügende Entschuldigung	

Name und Amtsbezeichnung ______________ Ausgefertigt/Beglaubigt ______________

[64] § 329 Abs 3 ZPO (Baumbach-Lauterbach 1 C zu § 380 und 1 B zu § 409 ZPO). Vollstreckung nach § 1 Nr 3 Justizbeitreibungsordnung.

[65] LG Regensburg DGVZ 80, 172.

[66] Nach § 191 GVGA jedoch nicht erforderlich.

Vfg

1. Ausfertigung und Abschrift des Vorführungsbefehls an die Gerichtsvollzieherverteilungsstelle bei dem Amtsgericht in ... mit dem Ersuchen, den Zeugen zu dem Termin vom ... durch den zuständigen Gerichtsvollzieher vorzuführen [*und gleichzeitig den Ordnungsmittelbeschluß zuzustellen*]
2. Nachricht von 1. an Parteien[*-vertreter*]

6. Verweigerung des Zeugnisses, Weigerung des Sachverständigen

ZPO §§ 383–390, 400, 408, 409, 411

596 a) **Weigerung ohne Angabe eines Grunds** oder **nach rechtskräftiger Verwerfung des angegebenen Grunds:**[67]

Beschluß

1. Dem Sachverständigen Klaus Rägler, Friedrichstraße 35, 6000 Frankfurt 31, werden die durch seine Weigerung, das von dem Gericht angeforderte Gutachten zu erstatten, verursachten Kosten auferlegt. Außerdem wird gegen ihn ein Ordnungsgeld[62, 63] von DM 500.– festgesetzt.
2. Dem Sachverständigen wird zur Erstattung des Gutachtens eine Frist bis zum ... gesetzt. Für den Fall, daß das Gutachten bei Ablauf der Frist bei Gericht nicht eingegangen sein sollte, wird die Festsetzung eines weiteren Ordnungsgeldes bis zu DM 1000.– angedroht.

Vfg

1. Ordnungsmittelbeschluß dem Sachverständigen zustellen, den Parteien formlos mitteilen
2. Kosten

Gegen den Beschluß ist die einfache Beschwerde zulässig (§ 409 Abs 2 ZPO).

597 b) **Weigerung unter Angabe eines Grunds** vor dem Prozeßgericht[68] (öffentliche Sitzung):

... erschienen
1. der Kläger,
2. der Beklagte,
3. der Zeuge Lässig.

Der Zeuge erklärte:
Ich verweigere die Aussage, weil die Beantwortung der Beweisfrage mir die Gefahr strafgerichtlicher Verfolgung zuziehen würde.
Zur Glaubhaftmachung gebe ich an: ... usw.

vorgelesen genehmigt

Die Parteien wurden zur Zeugnisverweigerung gehört.[69] Der Kläger erklärte, daß er die Weigerung nicht als berechtigt anerkenne.

---

[67] Auch durch den verordneten Richter (§§ 390, 400 ZPO).
[68] Nur das Prozeßgericht entscheidet über die Rechtmäßigkeit der Weigerung (§ 387 ZPO). Der verordnete Richter hat im Fall der Verweigerung mit Angabe eines Grunds die Sache dem Prozeßgericht zur Entscheidung zu übergeben, das Verhandlungstermin anberaumt und dazu die Parteien und den Zeugen (Sachverständigen) lädt (§ 389 ZPO).
[69] § 387 Abs 1 ZPO.

Der Beklagte erklärte:
Ich habe den Zeugen nicht benannt und verlange seine Vernehmung nicht.[70]

erkannt und verkündet:

Zwischenurteil

Entweder: 598

Die Aussageverweigerung des Zeugen Lässig ist begründet.
Der Kläger trägt die Kosten des Zwischenstreits.

Oder: 599

Die Aussageverweigerung des Zeugen Lässig ist unbegründet.
Der Zeuge trägt die Kosten des Zwischenstreits.[71]

(Unterschriften)

Das Zwischenurteil ist mit Tatbestand und Entscheidungsgründen abzusetzen. 600
Durch den Zwischenstreit entstehen keine Gerichtsgebühren und keine Anwaltsgebühren nach § 37 Nr 3 BRAGO.[72] Rechtsmittel ist die sofortige Beschwerde (§ 387 Abs 3 ZPO).[73]

7. Vernehmung im Wege der Rechtshilfe

ZPO §§ 362, 400
GVG § 157

Das **Ersuchungsschreiben** erläßt der Vorsitzende (§ 362 Abs 1 ZPO), der auch dar- 601
über befindet, ob dem ersuchten Richter die Gerichtsakten zu übersenden sind oder ob ein Auszug (meist der Beweisschluß) genügt. Sollen gleichzeitig örtlich verschiedene Gerichte um Rechtshilfe ersucht werden, so wird man, wenn irgend angängig, von der Aktenübersendung Abstand nehmen, um durch die Aktenübersendung von einem ersuchten Gericht zum anderen nicht zu viel Zeit zu verlieren. Die gleichzeitige Übersendung eines Auszuges an alle zu ersuchenden Gerichte verkürzt die Dauer der Beweisaufnahme meist erheblich; gegebenenfalls hilft die Versendung von Duplo-Akten. Ist der Sachverhalt aus dem Beweisbeschluß nicht zu ersehen, so empfiehlt es sich, ihn kurz mitzuteilen.
Die Erledigung von zivilrechtlichen Rechtshilfeersuchen ist in manchen Bundesländern einem Gericht besonders zugewiesen. In **Berlin** ist die Erledigung von zivilrechtlichen Rechtshilfeersuchen dem Amtsgericht Schöneberg in 1 Berlin 62 übertragen; ausgenommen sind Ersuchen, wenn eine der zu vernehmenden Personen sich in einer Berliner Vollzugsanstalt in Haft befindet; in diesem Fall ist das Amtsgericht Tiergarten zuständig (§ 6 der 1. VO über die Konzentration amtsgerichtlicher Zuständigkeiten v 14. 12. 72, GVBl 2303, mit Änderung v 14. 7. 75, GVBl 1735). In **Hamburg** ist die Erledigung zivilrechtlicher Rechtshilfeersuchen dem Amtsgericht Hamburg in 2 Hamburg 36 übertragen, soweit aufgrund eines Rechtshilfeersuchens

---

[70] Vgl § 399 Halbsatz 2 ZPO. Verzichtet der Beweisführende auf den Zeugen, verlangt jedoch der Gegner die Vernehmung, so ist dieser Gegner im Zwischenstreit (Baumbach-Lauterbach 1 zu § 387 ZPO).
[71] Dieses Urteil hat aufschiebende Wirkung für den Zeugen (§ 390 ZPO) und damit fürs Verfahren. Fortsetzung nach Rechtskraft von Amts wegen.
[72] OLG Hamburg MDR 87, 947.
[73] Nur der Zeuge ist beschwerdeberechtigt, OLG Frankfurt MDR 83, 236 = JurBüro 83, 136, aA Baumbach-Lauterbach § 387 Anm 4: auch der Gegner des Zwischenstreits.

in derselben Sache mehrere Personen zu vernehmen sind und andernfalls die Erledigung des Ersuchens in verschiedenen Amtsgerichtsbezirken erfolgen müßte (VO über die Zuständigkeit des Amtsgerichts Hamburg v 1. 9. 87, GVBl 87, 172).

602 **Verfügung des ersuchenden Gerichts**

Vfg

I. Urschriftlich mit [*ohne*] Akten
an das Amtsgericht, Abt Rechtshilfe
...
mit der Bitte, in Erledigung des Beweisbeschlusses vom ..., Blatt ... der Akten,
d.. Zeug..,
den Sachverständigen ...,
d.. Kläger.. [*Beklagte.*] als Partei
zu vernehmen [*und zu beeiden*].
[*Dem Rechtsstreit liegt folgender Sachverhalt zugrunde ...*]
II. Wiedervorlage des Retenten: 1 Monat

..., den ...
Amtsgericht, Abteilung ...
(Unterschrift des Richters)

603 **Verfügung des ersuchten Gerichts**

1. Termin zur Beweisaufnahme am 27. Februar 19.., 10 Uhr.
2. Kläger zur Parteivernehmung [*Zeugen ...*] mit ZU laden.
3. Nachricht vom Termin den Anwälten [*Parteien*].

Hamburg, den 18. Februar 19..
Dr Hamburger

Vernehmungsniederschrift des ersuchten Richters

604 Im Fall einer **Parteivernehmung** ist in das Protokoll aufzunehmen:

Nicht-öffentliche Sitzung des Amtsgerichts[74] Hamburg, den ...
Gegenwärtig:
Richter am Amtsgericht Dr Hamburger
Justizangestellte Weber als Urkundsbeamtin der Geschäftsstelle
In dem Rechtsstreit
Mehner gegen Schwarz
erschienen in dem zur Beweisaufnahme bestimmten Termin:
1. der Kläger
2. für den Beklagten und für Rechtsanwalt Dr Scharf Referendar Groß mit Untervollmacht.

Der Kläger wurde zur Wahrheit ermahnt sowie auf die Möglichkeit seiner Beeidigung und die Bedeutung des Eides hingewiesen.[75]
Er wurde darauf wie folgt vernommen:
Ich heiße Karl Mehner, bin 52 Jahre alt, Fabrikant in Hamburg; ich bin der Kläger.
Der Kläger wurde darauf hingewiesen,[76] daß er als Partei sich nicht zu vernehmen lassen braucht und den Eid verweigern kann, daß aber das Gericht aus der Weigerung Schlüsse ziehen und die behauptete Tatsache als erwiesen ansehen kann.
Er erklärte: Ich bin zur Aussage bereit.

---

[74] § 169 GVG.
[75] §§ 395 Abs 1, 451 ZPO; BGH NJW-RR 88, 395.
[76] Keine Belehrungspflicht (OLG Celle VersR 77, 361), aber empfehlenswert.

Zur Sache:
Der Beklagte erschien am 1. April 19.. bei mir, um zwei elektrische Kaffeemühlen zu bestellen. Nachdem er die Bestellformulare unterschrieben hatte, erklärte er, daß er eine Anzahlung von 100 DM leisten werde. Er wolle noch einmal wiederkommen und das Geld in meinem Kontor einzahlen. Der Beklagte ist dann auch noch einmal gekommen, hat aber weder an mich noch in meinem Kontor die Anzahlung geleistet. Er erklärte vielmehr, die Anzahlung durch seine Bank überweisen zu lassen. Aber auch das ist nicht geschehen.

vorgelesen genehmigt

Dr Hamburger Weber

Bei der Vernehmung von **Zeugen oder Sachverständigen** heißt es in der Niederschrift: 605

Die Zeugen [*Der Sachverständige*] wurden zur Wahrheit ermahnt. Sie wurden auf die Möglichkeit der Beeidigung, die Bedeutung des Eides und auf die Strafbarkeit falscher eidlicher oder uneidlicher Aussage hingewiesen. Dann wurden die Zeugen einzeln [*und in Abwesenheit der später zu hörenden Zeugen*] wie folgt vernommen:

Wird die Aussage mit dem Diktiergerät **vorläufig aufgezeichnet** (§ 160a ZPO), so 606
heißt es zum Schluß:

vorgespielt und genehmigt

Hat das Prozeßgericht die **eidliche Vernehmung** angeordnet, so heißt es nach der 607
Vorlesung und Genehmigung der Aussage, gegebenenfalls nach nochmaliger Belehrung:

Der Zeuge wurde auf seine vorstehende Aussage vereidigt.

III. Fortsetzung der mündlichen Verhandlung

ZPO §§ 370 Abs 1, 278, 285, 310, 329
ArbGG § 60

Jeder Beweistermin vor dem Prozeßgericht ist kraft Gesetzes zugleich zur **Fortsetzung der mündlichen Verhandlung** bestimmt (§ 370 Abs 1 ZPO). Diese Verhandlung setzt die frühere Verhandlung, die durch die Beweisaufnahme unterbrochen wurde, fort. 610

Soll eine von dem mit der Beweisaufnahme betrauten (ersuchten oder beauftragten) Richter vernommene Partei oder ein Zeuge beeidigt werden, entscheidet hierüber das Prozeßgericht.[77] Der Antrag kann bei der Fortsetzung der mündlichen Verhandlung gestellt werden. 611

Die Parteien haben über das **Ergebnis der Beweisaufnahme** unter Darlegung des Streitverhältnisses zu **verhandeln** (§ 285 Abs 1 ZPO). Eine Wiederholung der Anträge ist üblich, aber nicht erforderlich.[78] Das Ergebnis einer vor dem ersuchten Richter erfolgten Beweisaufnahme haben die Parteien aufgrund der Beweisverhandlung vorzutragen (§ 285 Abs 2 ZPO); dies geschieht in aller Regel durch Bezugnahme auf die Niederschrift (§ 137 Abs 3 ZPO) und das auch nur konkludent durch Aus- 612

---

[77] Rosenberg-Schwab § 123 VI, Thomas-Putzo § 391 Anm 1, aA Stein-Jonas § 391 RdNr 21, Baumbach Lauterbach § 391 Anm 3.
[78] BGH NJW 74, 2322.

führungen zur Beweiswürdigung. Nach § 278 Abs 2 ZPO ist weiter der **Sach- und Streitstand** mit den Parteien **zu erörtern.** Daß dies geschehen ist, muß im Protokoll vermerkt werden.[79]

613 Danach schließt der Vorsitzende die **mündliche Verhandlung** (§ 136 Abs 4 ZPO) entweder ausdrücklich oder konkludent, sei es durch Aufruf der nächsten Sache, sei es durch Verkündung einer Entscheidung.

Sofern nunmehr der Streit zur Entscheidung reif ist, wird das **Urteil** verkündet, und zwar entweder sofort oder in einem sofort anzuberaumenden Termin, der nur dann über drei Wochen hinaus angesetzt wird, wenn wichtige Gründe, insbesondere der Umfang oder die Schwierigkeit der Sache, aber auch Urlaub des Berichterstatters und dergleichen es erfordern (§ 310 Abs 1 ZPO). Dann muß das Urteil bei der Verkündung in vollständiger Form abgesetzt, also geschrieben und unterschrieben, nicht nur diktiert sein.[80] Auch ein am Schluß der Sitzung verkündetes Urteil sollte nicht später als nach drei Wochen vollständig abgefaßt der Geschäftsstelle übergeben werden, soweit nicht wichtige Gründe eine Fristverlängerung erfordern; absolute Grenze ist aber der Ablauf von 5 Monaten nach Verkündung.[81]

615 Im **Arbeitsgerichtsprozeß** kann ein besonderer Termin zur Verkündung des Urteils nur bestimmt werden, wenn die sofortige Verkündung aus besonderen Gründen nicht möglich ist, insbesondere wenn die Beratung nicht mehr am Terminstag stattfinden kann. Der Verkündungstermin darf nur aus wichtigen Gründen über drei Wochen hinaus angesetzt werden (§ 60 Abs 1 ArbGG). Ein am Schluß der mündlichen Verhandlung verkündetes Urteil ist vor Ablauf von drei Wochen der Geschäftsstelle zu übergeben, ausnahmsweise zunächst noch ohne Tatbestand und Entscheidungsgründe (§ 60 Abs 4 ArbGG).

616 Ist der Rechtsstreit noch nicht zur Entscheidung reif, muß der **weitere Gang des Verfahrens** bestimmt werden, sei es, daß das Gericht einen Auflagen- und/oder Beweisbeschluß verkündet, das Verfahren aussetzt oder einen neuen Verhandlungs- oder Beweisaufnahmetermin anberaumt.

617 Im Protokoll heißt es (im Anschluß an RdNr 592) weiter:

> Rechtsanwalt Dr Scharf beantragte, den Kläger auf seine Aussage vom 27. Februar 19.. zu beeidigen.[82]
>
> Die Anwälte verhandelten darauf unter Wiederholung der in der Verhandlung vom 15. Februar 19.. gestellten Anträge streitig zur Sache und über das Ergebnis der Beweisaufnahme. Der Sach- und Streitstand wurde erörtert.[79]

618 a) bei Entscheidungsreife
entweder:

> erkannt und verkündet:[83]
>
> 1. Der Beklagte wird verurteilt, an den Kläger 1450 DM nebst 5% Zinsen seit dem 1. September 19.. zu zahlen.
> 2. Der Beklagte trägt die Kosten des Rechtsstreits mit Ausnahme der durch die Anrufung des Amtsgerichts Hamburg entstandenen Kosten, die dem Kläger auferlegt werden.

---

[79] BGH NJW 90, 121.

[80] Der Wirksamkeit des Urteils steht die nicht vollständige Abfassung bei Verkündung nicht entgegen; BGH NJW 88, 2046.

[81] Vgl BGH NJW 86, 2958, 2959 für Berufungsurteile.

[82] § 452 ZPO. Unterbleibt die Beeidigung, so bedarf es keines Beschlusses (Baumbach-Lauterbach Anm 2 zu § 452 ZPO). Warum die Beeidigung unterblieben ist, wird in den Entscheidungsgründen des Urteils erörtert.

[83] §§ 310 Abs 1 S 1, 311 Abs 2 S 1 ZPO.

3. Das Urteil ist vorläufig vollstreckbar. Der Beklagte darf die Vollstreckung durch Sicherheitsleistung[84] in Höhe von DM 2750.– abwenden, wenn nicht der Kläger vor der Vollstreckung in gleicher Höhe Sicherheit leistet.

oder: 619

beschlossen und verkündet:

Eine Entscheidung soll am Schluß der Sitzung ergehen.[85]

Bei Wiederaufruf der Sache am Schluß der Sitzung erschien für die Parteien niemand.

Es wurde folgendes Urteil verkündet:

... (Tenor wie RdNr 618)

oder: 620

beschlossen und verkündet:

Termin zur Verkündung einer Entscheidung wird
auf den ... 19.., .. Uhr bestimmt.

b) bei Fortsetzung des Verfahrens: 621

beschlossen und verkündet:

1. Der Kläger soll auf seine Aussage vom 27. Februar 19.. beeidet werden.
2. Um die Beeidigung soll das Amtsgericht Hamburg .. ersucht werden.
3. Neuer Termin von Amts wegen nach Erledigung des Rechtshilfeersuchens.

[2. *Die Beeidigung soll durch das Prozeßgericht erfolgen.*
3. *Termin zur Beeidigung des Klägers und Fortsetzung der mündlichen Verhandlung wird bestimmt auf ...*]

Wird das Urteil in einem besonders angesetzten Termin verkündet, geschieht dies durch den Vorsitzenden – gegebenenfalls auch in Abwesenheit der anderen Mitglieder des Gerichts (§ 311 Abs 4 S 1 ZPO) – grundsätzlich durch Verlesen der Urteilsformel (§ 311 Abs 2 S 1 ZPO) bzw, wenn von den Parteien niemand erschienen ist, auch durch Bezugnahme auf die Urteilsformel (§ 311 Abs 4 ZPO). 622
Im Protokoll heißt es demnach:

In Sachen ... gegen ...
wurde anliegendes Urteil
durch Verlesen der Urteilsformel
[*durch Bezugnahme auf die Urteilsformel*]
verkündet.

---

[84] Bemessung der Höhe der Sicherheit: Hauptforderung, Zinsen und erstattungsfähige Kosten des Klägers; vgl RdNr 685.
[85] Dies ist immer zweckmäßig, um den Tenor noch einmal in Ruhe zu überprüfen.

8. Kapitel: Verfahrensbeendigung durch streitiges Urteil

I. Fassung des Urteils

ZPO §§ 300, 309–311, 313–313b, 315, 317, 91ff, 708–714
GKG §§ 11, 63 KV Nr 1014–1018

Schrifttum:
Arndt, Das Urteil, 2. Auflage 1962
Berg, Gutachten und Urteil, 11. Auflage 1985
Furtner, Das Urteil im Zivilprozeß, 5. Auflage 1985
Sattelmacher-Sirp, Bericht, Gutachten und Urteil, 31. Auflage 1989
Schellhammer, Die Arbeitsmethode des Zivilrichters, 8. Auflage 1986
Tempel, Mustertexte zum Zivilprozeß, Bd I 3. Auflage 1987

Das Urteil hat folgende **Bestandteile:** 630

1. Es ist unnötig, das Urteil durch eine Überschrift als solches zu kennzeichnen. Ratsam und allgemein üblich ist es jedoch, Teil-, Zwischen-, Anerkenntnis- und Versäumnisurteile mit einer entsprechenden **Bezeichnung** zu versehen. Gesetzlich vorgeschrieben ist dies bei den abgekürzten Anerkenntnis- und Versäumnis und Verzichtsurteilen (§ 313b Abs 1 S 2 ZPO).
2. **Überschrift** „Im Namen des Volkes" (§ 311 Abs 1 ZPO).
3. **Rubrum** (§ 313 Abs 1 Nr 1–3 ZPO) enthaltend die Bezeichnung 633

a) der **Parteien**
– nach Vornamen, Familiennamen, Postleitzahl, Wohnort, Straße, Hausnummer immer, Beruf, Geburtsdatum (insbesondere bei Minderjährigen), Stockwerk und zusätzliche Angaben wie jun, sen und dergleichen bei der Gefahr von Verwechslungen, bei Firmen (iS §§ 17ff HGB) der gewöhnlich verwendete Bezeichnung, ggf unter Angabe des Inhabers, bei Gesellschaften und juristischen Personen unter Angabe der vertretungsberechtigten Personen – Komplementär, Geschäftsführer, Vorstand –, bei nicht prozeßfähigen natürlichen Personen deren gesetzliche Vertreter – Eltern, Vormund, Pfleger – mit Vornamen, Familiennamen, Beruf und Anschrift, sowie
– ihrer Rolle im Verfahren (Kläger, Beklagter, Antragsteller, Antragsgegner, Arrestkläger, Arrestbeklagter, Verfügungskläger, Verfügungsbeklagter, Widerkläger, Widerbeklagter, Streithelfer).[1]

b) der **Prozeßbevollmächtigten** (Name, gegebenenfalls Vorname, Ort, gegebenenfalls auch Straße),

c) des **Gerichts,** der Namens der **Richter** (und deren Amtsbezeichnung), die bei der Entscheidung mitgewirkt haben,

d) des Tages, an dem die **mündliche Verhandlung geschlossen** worden ist, bei Entscheidung nach Aktenlage ist stattdessen anzuführen „durch Entscheidung nach Lage der Akten", bei Entscheidung im schriftlichen Verfahren nach § 128 Abs 2, 3 ZPO „im schriftlichen Verfahren aufgrund der bis zum ... eingereichten Schriftsätze".

---

[1] Über die richtige Bezeichnung der Partei im vollstreckbaren Titel vgl Petermann Rpfleger 73, 153.

634 4. **Urteilsformel** (**Urteilstenor,** § 313 Abs 1 Nr 4 ZPO); sie enthält den Urteilsspruch, der von der Darstellung des Tatbestands und der Entscheidungsgründe äußerlich zu sondern ist. Sie bildet die Grundlage für die Zwangsvollstreckung und enthält regelmäßig den Ausspruch des Gerichts zur Hauptsache, über die Kosten und die Vollstreckbarkeit.

In Sonderfällen kann noch hinzukommen: Der Vorbehalt der Haftungsbeschränkung (§§ 780, 786 ZPO), der Vorbehalt der Ausführung der Rechte im Urkunden-, Wechsel- und Scheckprozeß (§ 599 ZPO), bei Verurteilung zur Vornahme einer Handlung die Fristsetzung und die Festsetzung einer Geldentschädigung im Amtsgerichts- und Arbeitsgerichtsprozeß (§ 510b ZPO, § 61 Abs 2 ArbGG), in Räumungssachen über Wohnraum die Entscheidung über Gewährung einer Räumungsfrist (§ 721 ZPO) und in besonderen Fällen die Beschwer bzw Entscheidung über Zulassung der Berufung oder Revision (§§ 64 Abs 3, 72 ArbGG, § 546 ZPO). In Arbeitssachen tritt ferner die Festsetzung des Streitwerts hinzu (§ 61 Abs 1 ArbGG).

Vgl dazu die Beispiele RdNr 641 ff.

635 5. **Tatbestand** (§ 313 Abs 1 Nr 5 ZPO), dh eine knappe Darstellung des wesentlichen Inhalts der erhobenen Ansprüche und die dazu vorgebrachten Angriffs- und Verteidigungsmittel – insbesondere die nicht erledigten Beweisantritte – unter Hervorhebung der gestellten Anträge. Wegen der Einzelheiten des Sach- und Streitstandes soll auf die Schriftsätze, Protokolle und andere Unterlagen verwiesen werden (§ 313 Abs 2 ZPO), doch muß der Tatbestand trotz der Bezugnahme[2] noch aus sich heraus verständlich sein.[3] Maßgeblich ist der Zeitpunkt der letzten mündlichen Verhandlung bzw des entsprechenden Zeitpunktes (§ 128 ZPO).

Der Tatbestand enthält:

a) jedenfalls bei umfangreicheren tatsächlichen Vorbringen einen einleitenden Satz zur Information über das **Begehren** des Klägers,
b) den **unstreitigen Sachverhalt,**
c) die **Prozeßgeschichte,** soweit sie auf die Anträge der Parteien von Einfluß gewesen ist (Verweisung des Rechtsstreits an ein anderes Gericht, vorangegangenes Versäumnis-, Teil- oder Vorbehaltsurteil, Vollstreckungsbescheid),
d) die bestrittenen **Behauptungen** des **Klägers,**
e) den (durch Einrücken hervorzuhebenden) **Antrag** des **Klägers,**
f) den (durch Einrücken hervorzuhebenden) **Antrag** des **Beklagten,**
g) die bestrittenen **Behauptungen** des **Beklagten,**
h) gegebenenfalls **Erwiderung** des Klägers und des Beklagten,
i) den **Verfahrensverlauf,** soweit er noch für die Entscheidung erheblich ist, insbesondere Bezugnahme auf Beweisbeschluß und die Protokolle der Beweisaufnahme.

636 6. **Entscheidungsgründe** (§ 313 Abs 1 S 6 ZPO), nämlich eine kurze Zusammenfassung der Erwägungen, auf denen die Entscheidung in tatsächlicher und rechtli-

---

[2] Eine Verweisung muß konkret erfolgen, wenn sie einen Sinn haben soll, also auf einen bestimmten Schriftsatz oder andere Schriftstücke („Schriftsatz des Klägers vom ..., Bl .. dA, Rechnung, Leistungsverzeichnis, Auftragsbestätigung, Stundenlohnzettel, Niederschrift vom ..., Bl .. dA"). Die Angabe des Blattes der Akten dient der eindeutigen Bestimmung des in Bezug genommenen Schriftstücks und erleichtert die Auffindung bei Akteneinsicht oder in der nächsten Instanz; im übrigen erspart sie die Wiederholung („..., auf welche Bezug genommen wird .." und dergl), wenn zum Schluß des Tatbestandes der Satz folgt: „Auf die unter Angabe der Blattzahl der Akten angeführten Schriftstücke wird ergänzend Bezug genommen".

[3] Thomas-Putzo § 313 Anm IV A, D.

cher Hinsicht beruht (§ 313 Abs 3 ZPO). Dabei müssen – im Hinblick auf die Gewährung rechtlichen Gehörs – alle wesentlichen Tatsachenbehauptungen der Parteien verarbeitet sein[4] und nach § 286 Abs 1 S 2 ZPO die Gründe angegeben werden, die für die Überzeugung des Gerichts, eine Behauptung sei wahr oder nicht wahr, leitend waren.[5] Erwägungen (die zwar in einem Gutachten zu erörtern sind), auf denen aber die Entscheidung nicht beruht, sind überflüssig.
Die Entscheidungsgründe enthalten:
a) den **Entscheidungssatz** mit Angabe der **Anspruchsgrundlagen,**
b) die **Subsumtion** der festgestellten Tatsachen in der Reihenfolge der Anspruchsvoraussetzungen,
c) dabei ggf die **Würdigung** der erhobenen **Beweise,**
d) die Abhandlung von **Einwendungen** und **Einreden** ebenfalls in der Reihenfolge a–c),
e) knappe Begründung der **Nebenentscheidungen** – Kosten, Vollstreckbarkeit –.

7. **Unterschrift** des Richters, der das Urteil gefällt, nicht dessen, der das Urteil verkündet hat (§ 315 Abs 1 ZPO). Ist ein Richter verhindert, seine Unterschrift beizufügen, so wird dies unter Angabe des Verhinderungsgrundes von dem Vorsitzenden und bei dessen Verhinderung von dem ältesten beisitzenden Richter unter dem Urteil vermerkt (§ 315 Abs 1 ZPO): 637

Richter am Landgericht ... ist durch Krankheit [*urlaubsbedingte Abwesenheit*] verhindert zu unterschreiben

(Unterschrift)

Tatbestand und Entscheidungsgründe brauchen **nicht abgesetzt** zu werden, wenn die Parteien auf sie spätestens am zweiten Tag nach dem Schluß der mündlichen Verhandlung verzichten und ein Rechtsmittel unzweifelhaft nicht eingelegt werden kann (§ 313a Abs 1 ZPO), insbesondere wenn die Berufungssumme nicht erreicht ist, die Parteien auf Rechtsmittel verzichtet haben oder das Gericht in letzter Instanz entschieden hat. 638
Ein Weglassen von Tatbestand und Entscheidungsgründen ist nach § 313a Abs 2 ZPO jedoch nicht zulässig in Ehesachen (außer in einer die Scheidung aussprechenden Entscheidung), Kindschafts-, Entmündigungssachen, im Fall der Verurteilung zu künftig fällig werdenden wiederkehrenden Leistungen (§ 258 ZPO) oder wenn zu erwarten ist, daß das Urteil im Ausland geltend gemacht werden soll (stellt sich dies erst später heraus, ist das Urteil nach den in den Ausführungsgesetzen zu den internationalen Verträgen enthaltenen Vorschriften über die Vervollständigung von Anerkenntnis- und Versäumnisurteilen zu vervollständigen, § 313a Abs 2 Nr 5 ZPO, § 33 AVAG).[6]

---

[4] BVerfG Rpfleger 78, 128, NJW 80, 278.
[5] BGHZ 3, 175.
[6] Vgl auch RdNr 408.

Beispiele vollständiger Urteile:

639 a) **Endurteil** (Kaufpreisforderung)

Verkündet:
am 15. März 19..
Schulze, Referendar
als Urkundsbeamter
der Geschäftsstelle[7]
2 C 66/..

Im Namen des Volkes

In dem Rechtsstreit
des Fabrikanten Karl Mehner, Ferdinandstr. 133, Hamburg, Klägers.[8]
Prozeßbevollmächtigter: Rechtsanwalt Dr Fechter in Goslar,
gegen den Kaufmann Erich Schwarz, Marktstraße 100, Goslar, Beklagten,
Prozeßbevollmächtigter: Rechtsanwalt Dr Scharf in Goslar,
[*wegen Kaufpreisforderung*][9]
hat das Amtsgericht Goslar auf die mündliche Verhandlung vom 15. März 19.. durch den Richter am Amtsgericht Dr Berner für Recht erkannt:[10]

1. Der Beklagte wird verurteilt, an den Kläger 1450 DM (Eintausendvierhundertfünfzig Deutsche Mark) nebst 5% Zinsen seit dem 1. September 19.. zu zahlen.
2. Der Beklagte trägt die Kosten des Rechtsstreits mit Ausnahme der durch die Anrufung des Amtsgerichts Hamburg entstandenen Kosten, die dem Kläger auferlegt werden.
3. Das Urteil ist vorläufig vollstreckbar. Der Beklagte kann die Zwangsvollstreckung durch Sicherheitsleistung[11] in Höhe von 2750 DM abwenden, sofern nicht der Kläger vor der Vollstreckung in gleicher Höhe Sicherheit leistet.

Tatbestand

Die Parteien sind Kaufleute und standen miteinander in Geschäftsverbindung. Auf mündliche Bestellung lieferte der Kläger am 14. Juli 19.. dem Beklagten zwei elektri-

---

[7] § 315 Abs 3 ZPO. Der Urkundsbeamte, der den Verkündungsvermerk unterschreibt, braucht nicht notwendig derselbe zu sein, der bei der Verkündung mitgewirkt hat (Baumbach-Lauterbach Anm 3 zu § 315 ZPO).

[8] Überkommene, aber noch häufig anzutreffende Formulierung; zeitgemäßer ist die Fassung RdNr 640, die auch von verschiedenen Senaten des BGH verwendet wird, zB IX ZR 281/88 v 7. 12. 89.

[9] Entbehrlich; die Angabe ist nur sinnvoll, wenn der Grund des Anspruchs genau bezeichnet wird.

[10] Teilweise werden auch andere Formulierungen verwendet, vgl RdNr 640 und die folgende **süddeutsche Fassung:**

Im Namen des Volkes
Das Amtsgericht München
Richter am Amtsgericht ...
erläßt in Sachen

.... Kläger ...,
gegen
.... Beklagten,
wegen ......
auf Grund der mündlichen Verhandlung vom ... folgendes
Urteil: ...

Im **schriftlichen Verfahren** heißt es statt „aufgrund der mündlichen Verhandlung vom ...“ „im schriftlichen Verfahren aufgrund der bis zum ... eingereichten Schriftsätze“, bei Entscheidungen nach **Aktenlage** „durch Entscheidung nach Lage der Akten“.

[11] Bemessung der Höhe der Sicherheit: Hauptforderung, Zinsen und erstattungsfähige Kosten des Klägers; vgl RdNr 685.

sche Kaffeemühlen zum Gesamtpreis von 1450 DM. Der Kläger verlangt von dem Beklagten Zahlung des Kaufpreises nebst Verzugszinsen vom Tag der Fälligkeit an. Der Rechtsstreit war zunächst beim Amtsgericht in Hamburg anhängig, ist jedoch, nachdem der Beklagte dort die Einrede der örtlichen Unzuständigkeit erhoben hatte, auf Antrag des Klägers an das erkennende Gericht verwiesen worden.
Der Kläger trägt vor, entgegen den vorprozessualen Behauptungen des Beklagten seien die Mühlen bei Lieferung einwandfrei gewesen. Etwaige Mängel seien auf unsachgemäße Bedienung zurückzuführen. Dies ergebe sich schon aus der Tatsache, daß der Beklagte erst im August von angeblichen Mängeln Mitteilung gemacht habe.
Der Kläger beantragt,

den Beklagten zu verurteilen, an ihn 1450 DM nebst 5% Zinsen seit dem 1. September 19.. zu zahlen.

Der Beklagte beantragt,

die Klage abzuweisen.

Er behauptet, er habe bei der Bestellung am 1. April 19.. an den Kläger 100 DM Anzahlung geleistet. Er habe außerdem den Kaufvertrag rückgängig gemacht, weil die Mühlen mangelhaft gewesen seien. Der Mahlgang stocke dauernd, weil die Kaffeebohnen nicht nachrutschten. Die Maschine erwärme sich beim Betrieb stark und verursache großen Lärm. Sie besitze auch keine Vorrichtung, die Störungen des Rundfunkempfangs in naher Umgebung verhindere. Diese Mängel habe er dem Kläger gegenüber fernmündlich unverzüglich nach Empfang der Mühlen gerügt und die Ware zur Verfügung gestellt.
Aufgrund des Beschlusses vom 15. 2. 19.. (Bl 10 d A) hat das Gericht den Kläger als Partei (Bl 13f d A) und den Buchhalter Karl Müller als Zeugen (Bl 20 d A) vernommen, sowie ein Gutachten des Sachverständigen Römer vom 10. 3. 19.. (Bl. 23–25 d A) eingeholt und ihn zur Erläuterung vernommen (Bl 27 d A).
Auf die unter Angabe der Blattzahl der Akten angeführten Schriftstücke wird ergänzend Bezug genommen.

Entscheidungsgründe

Die Klage ist begründet. Dem Kläger steht ein Anspruch auf Zahlung des Kaufpreises für zwei Kaffeemühlen in Höhe von 1450.– DM zu (§ 433 Abs 2 BGB).
Es kann unentschieden bleiben, ob die Mängelrüge des Beklagten rechtzeitig war (§ 377 HGB). Der Beklagte hätte nur dann den Kaufvertrag rückgängig machen können, wenn die gelieferten Kaffeemühlen zur Zeit der Übergabe mit Fehlern behaftet gewesen wären, die den Wert oder die Tauglichkeit zu dem gewöhnlichen oder vertragsmäßig vorausgesetzten Gebrauch aufhoben oder erheblich minderten (§§ 459, 462 BGB). Daß die Kaffeemühlen derartige wesentliche Fehler gehabt hätten, hat die Beweisaufnahme jedoch nicht ergeben.
Der Sachverständige kommt in seinem schriftlichen Gutachten vom 10. März 19.. zu dem Ergebnis, daß die von ihm untersuchten Mühlen zwar Modelle aus dem Baujahr 19.., jedoch als voll gebrauchsfähig anzusehen seien und auch heute noch verkauft würden. Er hat weder festgestellt, daß das Nachrutschen der Kaffeebohnen stockt, es sei denn, daß feuchter oder vorgemahlener Kaffee als Mahlgut verwendet wird, noch daß die Mahlzeit so lang und die Erwärmung der Mühlen so stark ist, daß hierin ein wesentlicher Fehler gefunden werden könnte. Daß der Motor nicht völlig geräuschfrei arbeitet, hat der Sachverständige zwar festgestellt, er hält dies jedoch nicht für einen wesentlichen Mangel.
Der Sachverständige hat bei seiner Vernehmung vor dem Prozeßgericht sein Gutachten aufrechterhalten. Das Gericht folgt diesem schlüssigen und fachkundigen Feststellungen, zumal sie durch den Augenschein bestätigt wurden. Dabei wurde eine der gelieferten Kaffeemühlen in Betrieb gesetzt. Auch hierbei wurde nur festgestellt, daß der Motor nicht völlig geräuschfrei arbeitet. Der Beurteilung des Sachverständigen, daß dies keine erhebliche Minderung des Werts oder der Tauglichkeit herbeiführe, ist beizutreten, zumal auch der Beklagte sachliche Einwände gegen die Richtigkeit des

Gutachtens nicht vorgebracht hat. Der Beklagte ist mithin nicht berechtigt, den Kaufvertrag zu wandeln, vielmehr verpflichtet, den vereinbarten Kaufpreis zu zahlen (§ 433 BGB).
Daß der Beklagte am 1. April 19.. eine Anzahlung von 100 DM geleistet hat, ist nicht bewiesen. Er kann den ihm obliegenden Beweis nur durch Parteivernehmung des Klägers führen. Der Kläger hat bei seiner Vernehmung ausgesagt, der Beklagte habe zwar zunächst die Absicht gehabt, 100 DM anzuzahlen, sei davon aber wieder abgekommen und habe schließlich die Überweisung der Anzahlung in Aussicht gestellt. Diese Aussage des Klägers ist deswegen glaubwürdig, weil der Beklagte, wenn er eine bare Anzahlung geleistet hätte, sicherlich eine Quittung gefordert und erhalten hätte. Der Beklagte hat zuletzt auch selbst nicht mehr mit Sicherheit behaupten können, daß er den Betrag wirklich gezahlt habe. (Von einer Beeidigung des Klägers war unter diesen Umständen abzusehen). Die vom Beklagten in Aussicht gestellte Überweisung des Betrags ist unstreitig nicht erfolgt.
Der Zinsanspruch ist gemäß §§ 343, 352, 353 HGB begründet. Der Beklagte hat als der Unterlegene die Kosten des Rechtsstreits zu tragen (§ 91 ZPO). Dies gilt nicht für die durch die Anrufung des unzuständigen Hamburger Gerichts entstandenen Kosten, die der Kläger zu tragen hat (§ 276 Abs 3 ZPO). Der Ausspruch über die vorläufige Vollstreckbarkeit beruht auf §§ 708 Nr 11, 711 ZPO.

Dr Berner

640 **b) Grundurteil über Klage und Widerklage** (Verkehrsunfallsache)

24 O 423/..

Im Namen des Volkes
Grundurteil

Im Rechtsstreit
Karl-Heinz Vogel, Stedterweg 8, 6238 Hofheim

– Kläger –[12]

Prozeßbevollmächtigter: Rechtsanwalt Walter, Hofheim
gegen
Robert Wiesel, Mainstraße 45, 6050 Offenbach

– Beklagter –

hat die 24. Zivilkammer des Landgerichts Frankfurt am Main
durch Vorsitzenden Richter am Landgericht ..., Richter am Landgericht ... und Richter ...
aufgrund der mündlichen Verhandlung vom ...
für Recht erkannt:[13]
1. Der Anspruch des Klägers auf Ersatz seines Sachschadens am Motorrad ist dem Grunde nach zu ⅕ gerechtfertigt.
Im übrigen wird die Klage abgewiesen.
2. Der Widerklageanspruch ist dem Grunde nach zu ⅘ gerechtfertigt.
Im übrigen wird die Widerklage abgewiesen.
3. Die Kostenentscheidung bleibt dem Schlußurteil vorbehalten.

Tatbestand

Der Kläger verlangt von dem Beklagten Schadensersatz für sein bei dem Verkehrsunfall am 24. Juni 19.. zerstörtes Motorrad sowie Schmerzensgeld, der Beklagte im Wege der Widerklage Ersatz des Schadens an seinem PKW.
An diesem Tag gegen 18.15 Uhr befuhr der Kläger mit seinem Motorrad in dem Klosterforst zwischen A-dorf und B-dorf einen 5 m breiten unbefestigten Waldweg in

---

[12] Zum Kasus vgl Hirte, MDR 85, 731; auch einzelne Senate des BGH „ersparen" sich das „s", vgl Fußn 8.
[13] Weitere Urteilsformeln im Haftpflichtprozeß vgl RdNr 658 ff.

südöstlicher Richtung. Der Beklagte befuhr mit seinem PKW Mercedes 290 den von seiner Kiesgrube zur Bundesstraße 519 führenden 4,5 m breiten, von ihm mit Kies befestigten Privatweg durch den Wald in nordöstlicher Richtung, um auf die Bundesstraße zu gelangen. Etwa 1,5 km südöstlich von A-dorf kreuzen sich die beiden Wege im Wald. Auf der Kreuzung kam es zu einem Zusammenstoß zwischen beiden Fahrzeugen, an denen Sachschaden entstand. Der Kläger erlitt Verletzungen.

Das gegen beide Parteien eingeleitete Ermittlungsverfahren 11 Js 1578/.. der Staatsanwaltschaft in Frankfurt wurde eingestellt.

Der Kläger trägt vor, der Waldweg werde von Berufstätigen, sonst auch von einzelnen Einwohnern mit Kraftfahrzeugen, Krafträdern und Fahrrädern benutzt, ohne daß die Forstverwaltung je Maßnahmen ergriffen habe. Er habe deshalb dort fahren dürfen. Er sei so weit in die Kreuzung hineingefahren, daß ihm ein Blick nach rechts in Richtung der Kiesgrube möglich gewesen sei. Dann habe er angehalten, weil er in etwa 100 bis 200 m Entfernung den Wagen des Beklagten gesehen habe. Er habe ihn vorbeilassen wollen. Der Beklagte sei aber auf der linken Seite des Kiesabfuhrwegs unachtsam weitergefahren. Infolgedessen habe der PKW des Beklagten das Motorrad angefahren. Dabei sei sein (des Klägers) rechtes Bein gegen die linke Seite des Kraftfahrzeuges geraten und verletzt worden. Der Unfall sei vom Beklagten verschuldet, weil er zu schnell, unachtsam und auf der linken Seite des Fahrwegs die Kreuzung überquert habe. Das Motorrad sei so schwer beschädigt worden, daß eine Reparatur nicht mehr lohne. Er, Kläger, fordere deshalb Ersatz des Verkehrswert mit DM 2300.–. Als Schmerzensgeld verlange er DM 1500.–.

Der Kläger beantragt,

den Beklagten zur Zahlung von DM 3800.– nebst 4% Zinsen seit dem 24. Juni 19.. zu verurteilen und die Widerklage abzuweisen.[14]

Der Beklagte beantragt,

die Klage abzuweisen und im Weg der Widerklage

den Kläger zu verurteilen, an ihn DM 1021.20 nebst 10% Zinsen seit dem 24. Juni 19.. zu zahlen.

Der Beklagte behauptet, er sei im gemäßigten Tempo auf der rechten Seite seines Kiesabfuhrweges gefahren. Der Weg zwischen der Kiesgrube und der B 519 sei nur für den Zu- und Abgang von und zur Kiesgrube, nicht aber für andere Wegbenutzer zugelassen. Der vom Kläger befahrene Waldweg sei kein öffentlicher Weg. Am Eingang des Weges aus Richtung B-dorf sei ein amtliches Sperrschild nach Zeichen 250 der Straßenverkehrsordnung angebracht. Die Zufahrt von der anderen Seite sei durch ein privates Schild „Verbotener Weg" gesperrt gewesen. Der Kläger habe nicht an oder auf der Kreuzung gehalten, sondern sei von links unter Mißachtung der Vorfahrt des Beklagten auf den PKW in Höhe des linken Vorderrades aufgefahren. In diesem Zeitpunkt sei er, Beklagter, bereits auf der Kreuzung gewesen. Das ergebe sich aus den Beschädigungen der beiden Fahrzeuge. Er habe wegen des dichten Waldes den Kläger nicht sehen können. Er habe auch nicht erwarten können, daß von links in seiner Fahrtrichtung gesehen der Kläger mit seinem Motorrad auftauchen werde. Er habe sofort gebremst und nach wenigen Metern gestanden. Auch die Höhe des Schadens des Klägers werde bestritten. Der Kläger sei andererseits zum Ersatz des Sachschadens und der Mietwagenkosten verpflichtet, die ihm, Beklagten, entstanden seien. Dieser Schaden im Gesamtbetrag von 1021,20 DM werde mit der Widerklage verlangt.

---

[14] Häufig wird der Antrag zur Widerklage erst nach dem Vortrag des Beklagten zur Klage und Widerklage gebracht. Dies ist in Fällen zweckmäßig, in denen der Sachverhalt der Widerklage mit dem der Klage nichts zu tun hat und ohne Kenntnis des Vortrags des Widerklägers das Vorbringen des Widerbeklagten nicht verständlich ist und daher nicht in seinen Vortrag zur Klage paßt. Dann ist die Reihenfolge: Unstreitiges, Vortrag und Antrag des Klägers zur Klage, Anträge des Beklagten zu Klage und Widerklage, Vortrag des Beklagten zu Klage und zu Widerklage, Antrag des Klägers zur Widerklage, Vorbringen des Klägers zur Widerklage.

Gemäß Beschluß vom ... hat das Gericht die Zeugen ... an der Unfallstelle vernommen (Bl .. d A) und die Örtlichkeit in Augenschein genommen.
Die Ermittlungsakten ... haben vorgelegen und sind zum Gegenstand der mündlichen Verhandlung gemacht worden.
Auf die unter Angabe der Blattzahl der Akte angeführten Schriftstücke wird ergänzend Bezug genommen.

Entscheidungsgründe

Klage und Widerklage sind dem Grunde nach nur zum Teil begründet.
Über den Grund der Ansprüche war nach § 304 ZPO vorab zu entscheiden, weil der Rechtsstreit insoweit zur Entscheidung reif ist, während über die Höhe der beiderseitigen Ansprüche (Wiederbeschaffungswert des Motorrades, Reparaturkosten des PKW) noch weitere Ermittlungen erforderlich sind.
Der Kläger haftet dem Beklagten nach §§ 7, 17 StVG auf ⁴⁄₅, der Beklagte dem Kläger auf ⅕ des jeweiligen Schadens. Denn der Kläger hat den Unfall schuldhaft verursacht, während dem Beklagten ein Verschulden nicht nachgewiesen werden kann.
Der Vorwurf, daß der Beklagte auf der linken Seite des Kiesabfuhrweges gefahren sei und dort den Kläger angefahren habe, ist durch die Aussage des Polizeimeisters K und durch die übrige Beweisaufnahme widerlegt. Die befestigte Kiesbahn des Kiesabfuhrweges ist an der Unfallstelle etwa 3,8 m breit. Da kein Gegenverkehr herrschte, ist kein Grund ersichtlich, warum der Beklagte auf der linken Seite hätte fahren sollen. Nach der Endstellung, wie sie von der Polizei nach dem Unfall festgestellt worden ist, stand der PKW des Beklagten auch auf der rechten Seite des Kiesabfuhrweges. Alle Zeugen haben bekundet, daß die rechten Räder des PKW 0,5 m vom rechten Rand dieses Kiesweges entfernt gewesen sind. Das Fahrzeug stand auch nicht schräg auf der Fahrbahn. Die Möglichkeit, daß der Beklagte im letzten Augenblick nach rechts vor dem Kläger ausgebogen ist, scheidet hiermit aus. Die Spurweite des Mercedes 290 beträgt hinten 1,47 m, seine Breite beträgt 1,74 m. Von der befestigten Fahrbahn nahm der Wagen des Beklagten also 2,24 m in Anspruch. Er ließ deshalb nach links noch 1,56 m von der befestigten Fahrbahn und die Breite des unbefestigten Seitenstreifens von 35 cm frei. Wenn der Kläger behauptet, er sei so weit auf den Kiesweg aufgefahren, daß er gerade nach rechts habe Einblick gewinnen können, so ist diese Darstellung mit den getroffenen Feststellungen nicht zu vereinbaren. Der Kläger ist auch nicht durch die Berührung mit dem PKW des Beklagten von dessen linker Seite erfaßt und in die Fahrbahn des PKW hineingerissen worden. Die von dem Polizeimeister K vorgefundene Schleifspur war nämlich auf dem Kiesabfuhrweg in der Fahrtrichtung des Beklagten auf der Linie zu erkennen, auf der die linken Räder des PKW gefahren waren. Nach der Bekundung des Zeugen G verlief diese Spur vom Schnittpunkt der Mittellinien der beiden Wege etwa 1,5 m in Richtung der Bundesstraße. Daraus ist zu folgern, daß der Kläger in die Fahrbahn des Beklagten auf dessen rechter Fahrbahnseite hineingefahren sein muß. Nimmt man noch hinzu, daß nach den übereinstimmenden Aussagen aller Zeugen der PKW des Beklagten an seiner linken Seite eine Schramme aufwies, die von der vorderen Radkappe links über die hintere Tür hinaus verlief, daß aber weiter vorne keine Beschädigungen festzustellen waren, so kann sich der Unfall nur so zugetragen haben, wie ihn der Beklagte dargestellt hat. Die Einholung eines Sachverständigengutachtens über die Bedeutung der Beschädigungen am PKW des Beklagten war entbehrlich, weil die Schilderung des Klägers über den Unfallablauf allen festgestellten Umständen zuwiderläuft und kein Anhaltspunkt für die Richtigkeit seiner Darstellung erkennbar ist.
Mit seiner Fahrweise hat der Kläger das Vorfahrtsrecht des Beklagten, der für den Kläger von rechts kam, verletzt (§ 8 Abs 1 StVO). Diese Bestimmung findet auch im vorliegenden Fall Anwendung. Die Straßenverkehrsordnung bezieht sich zwar nur auf den Verkehr auf öffentlichen Plätzen und Wegen. Der Begriff der Öffentlichkeit eines Weges im Sinne des § 1 StVO ist aber nicht im Sinne des Wegerechts zu verstehen. Vielmehr gilt die Straßenverkehrsordnung auch auf solchen Wegen, die

tatsächlich dem öffentlichen Verkehr dienen, dh auf solchen Wegen, auf denen der Eigentümer einen öffentlichen Verkehr, sei es allgemein, sei es auch nur beschränkt eröffnet hat (BGH NJW 75, 444, OLG Braunschweig VRS 26, 220). Hiernach ist der Kiesabfuhrweg, der die Kiesgrube des Beklagten mit der B 519 verbindet, ein tatsächlich öffentlicher Weg im Sinne des Verkehrsrechts. Zwar steht an der Abzweigung dieses Weges von der B 519 ein nicht amtliches Schild der Forstverwaltung, das ein beschränktes Fahrverbot enthält. Danach ist der Verkehr von Kraftfahrzeugen von und zur Kiesgrube vom Eigentümer allgemein zugelassen. Wie unstreitig geworden ist, befahren den Kiesabfuhrweg nicht nur Fahrzeuge des Beklagten, sondern auch solche der Unternehmer, die Kies abholen. Wie die Beweisaufnahme ergeben hat, fahren auch Dorfbewohner aus B-dorf über den Kiesabfuhrweg, um aus dem Waldweg kommend zur Bundesstraße 519 zu gelangen.

Ob auch der Waldweg, den der Kläger benutzt hat, als öffentlicher Weg im Sinne der Verkehrsbestimmungen anzusehen ist, kann dahingestellt bleiben. Wenn dies der Fall wäre, hätte der Beklagte als von rechts kommender Verkehrsteilnehmer die Vorfahrt gehabt. Das Gleiche muß aber gelten, wenn der Waldweg überhaupt kein öffentlicher Weg im Sinne des Verkehrsrechts gewesen wäre. Auch dann wäre der Kläger wartepflichtig gewesen. Denn auch derjenige, der aus einem nicht-öffentlichen Waldweg kommend, eine andere Straße kreuzt, muß jedenfalls dem von rechts kommenden Verkehrsteilnehmer die Vorfahrt lassen (§ 8 Abs 1 StVO).

Hiernach trifft den Kläger wegen der Verletzung des Vorfahrtsrechts des Beklagten ein Verschulden an dem Unfall. Dem Beklagten kann andererseits kein Verschulden nachgewiesen werden. Er hatte die Vorfahrt. Er konnte nach dem Vertrauensgrundsatz darauf bauen, daß der für ihn nicht sichtbare Kläger das Vorfahrtsrecht beachten werde (BGH, Verkehrsrechtliche Mitteilungen 66, 34, BGH NJW 54, 1493). Er brauchte also seine Geschwindigkeit nicht so einzurichten, daß er auch für den Fall der Verletzung des Vorfahrtsrechts in jedem Fall anhalten konnte. Der Beklagte ist nicht zu schnell gefahren. Seine Geschwindigkeit hat er mit 30 km/h angegeben. Daß er viel schneller gefahren ist, ist angesichts des kurzen Bremsweges nicht möglich. Der Beklagte ist auch nicht links gefahren. Er konnte ohne Fahrlässigkeit annehmen, daß von links nicht ein Motorrad zu dieser Zeit angefahren kam. Am Beginn des Waldweges aus Richtung B-dorf steht ein amtliches Schild: Verbot für Fahrzeuge aller Art. Aus Richtung A-dorf gesehen war der Waldweg nur durch ein privates Verbotsschild gesperrt. Dieses Schild hatte zwar nicht die Wirkung einer amtlichen Sperre, sondern bedeutete nur einen Hinweis auf die Nichtöffentlichkeit des Weges. Immerhin aber hatten beide Schilder, die der Beklagte kannte, in ihm die Meinung und das Vertrauen erwecken und verstärken können, daß hier von links um diese Zeit kein Fahrverkehr stattfindet. Nach den Feststellungen an Ort und Stelle ist dem Beklagten auch nicht nachzuweisen, daß er das Motorrad des Klägers früher hätte sehen können, wenn er aufmerksamer gewesen wäre.

Der Beklagte kann sich aber andererseits auch nicht von der Haftung nach § 7 StVG befreien. Dazu wäre nötig gewesen, daß er beweist, daß der Unfall durch ein unabwendbares Ereignis verursacht worden ist. Er müßte dazu beweisen, daß er als Führer des Fahrzeugs jede nach den Umständen des Falles gebotene Sorgfalt beobachtet hat (§ 7 Abs 2 StVG). Diesen Beweis hat der Beklagte nicht geführt. Er sagt selbst, daß er nach links überhaupt nicht geblickt hat, als er sich der Kreuzung näherte, weil nach links das dichte Unterholz keinen Durchblick gestattet habe. Es ist aber möglich, daß der Beklagte, wenn er nach links geblickt hätte, den Kläger doch noch rechtzeitig sehen und den Unfall dann durch sofortiges Bremsen vermeiden oder wenigstens die Unfallfolgen hätte vermindern können.

Da den Beklagten kein Verschulden trifft, er mithin aus unerlaubter Handlung nicht in Anspruch genommen werden kann, ist der Zahlungsantrag wegen des Schmerzensgeldes abzuweisen.

Bei der nach § 17 StVG gebotenen Abwägung ist ein erhebliches Verschulden des

Klägers festzustellen. Die Haftung des Beklagten im Rahmen der Betriebsgefahr seines PKW (§ 7 StVG) ist aber nur mit ⅕ zu bewerten. Es ergibt sich also, daß die Ansprüche des Klägers nur zu ⅕, die des Beklagten zu ⅘ dem Grunde nach gerechtfertigt sind.

II. Typische Urteilsformeln

641 **Abänderung eines Titels** bei wiederkehrenden Leistungen (§ 323 ZPO)
Änderung der Leistungen:

> Das am ... verkündete Urteil des Amtsgerichts in ... [*Der Vergleich – die vollstreckbare Urkunde – des ... in ...*] wird dahin abgeändert, daß der Kläger mit Wirkung[15] vom ... eine Unterhaltsrente von ... DM monatlich [*vierteljährlich – wöchentlich*] zu zahlen hat.

Wegfall der Leistungen:

> Das am ... verkündete Urteil des Amtsgerichts in ... wird mit Wirkung vom ... aufgehoben.[15]

642 **Abzahlungsgeschäft**
Wird der Abzahlungskäufer zur Herausgabe des auf Abzahlung gekauften Gegenstandes verurteilt (§ 1 AbzG), so sind die gegenseitigen Ansprüche abzurechnen. Der Verkäufer hat den Kaufpreis zurückzugewähren, der Käufer muß die in § 2 AbzG genannten Ansprüche des Verkäufers erfüllen. Muß hiernach der Verkäufer noch einen Betrag des Kaufpreises zurückgewähren, so sind die beiderseitigen Ansprüche Zug um Zug zu erfüllen (§ 3 AbzG). Gemäß § 2 Abs 1 Satz 2 AbzG ist insbesondere für die Überlassung des Gebrauchs oder der Benutzung deren Wert zu vergüten, wobei auf die inzwischen eingetretene Wertminderung der Sache Rücksicht zu nehmen ist. Bei Gegenständen, die vermietet zu werden pflegen, ist der Wert der Gebrauchsüberlassung gleich dem üblichen oder gedachten Mietzins. Darin ist die Wertminderung enthalten, die bei Vertragsabschluß vorauszusehen war; außergewöhnliche, erhöhte Wertminderung kann deshalb berücksichtigt werden. Sonst bemißt sich die Gebrauchsvergütung nach einem objektiven Wertvergleich zur Zeit der Überlassung und der Rückgabe ohne Berücksichtigung von Konjunkturschwankungen.[16]
Für die Bemessung der Überlassungsvergütung nach § 2 AbzG gibt es Richtsätze,[17] welche zT von Industrie- und Handelskammern erstellt sind und Anhalt für eine Schätzung nach § 287 ZPO sein können.

> Der Beklagte wird verurteilt, an die Klägerin Zug um Zug gegen Zahlung von ... DM durch die Klägerin ein Radiogerät Fabrikmarke ... Nr ... herauszugeben.

Fassung des Urteils bei Alternativklagen vgl RdNr 212.

---

[15] Änderung des Urteils ist nur für die Zeit nach Klageerhebung möglich (§ 323 Abs 3 ZPO), für die in § 323 Abs 4 ZPO genannten Titel – insbesondere Prozeßvergleiche und vollstreckbare Urkunden – gilt Abs 3 ZPO nicht (BGHZ GS 85, 64, BGH NJW 85, 64).
[16] Vgl dazu RGZ 169, 141; BGHZ 19, 330; BGH NJW 69, 2014; OLG München MDR 57, 358; MünchKomm-Westermann § 2 AbzG RdNr 25 ff, Ostler-Weidner 66 ff zu § 2 AbzG.
[17] Abgedruckt bei Ostler-Weidner Anhang zu § 2 AbzG.

Anfechtung vgl RdNr 213 ff.

Auskunft, eidesstattliche Versicherung, Stufenklage vgl RdNr 228 f, 232, 255, 262.

Ausländische Schuldtitel (Klage auf Zulassung der Zwangsvollstreckung) vgl RdNr 218.

Ehescheidung (§§ 1564 BGB, 93 a ZPO) 645

Literatur
Firsching, HRP 5: Familienrecht § 243 ff, 255 ff

1. Die vor dem Standesbeamten in ... unter Heiratsregister Nr .../.. geschlossene Ehe der Parteien wird geschieden.
2. Von dem Versicherungskonto des Antragsgegners Nr ... bei der Landesversicherungsanstalt in ... werden auf das [*ein noch zu errichtendes*] Konto der Antragstellerin Nr ... bei der Landesversicherungsanstalt in ... Rentenanwartschaft aus der Ehezeit, die am ... abgelaufen war, in Höhe von DM ... monatlich übertragen.
3. Das Sorgerecht über die Kinder ..., geb am ... und ..., geb am ... wird auf d.. Antrags ... übertragen.
4. Das Verkehrsrecht zwischen d.. Antrags ... und den Kindern wird wie folgt geregelt: ...
5. D.. Antrags ... wird verurteilt, an das Kind ... zu Händen d.. Antrags ... eine monatliche Unterhaltsrente von DM ..., jeweils fällig am ..., beginnend mit dem ersten der Rechtskraft des Urteils folgenden Monats zu zahlen.
6. ... (Hausrat, Zugewinnausgleich usw).
7. Die Kosten werden gegeneinander aufgehoben.

Entschädigung nach Fristsetzung bei Verurteilung zur Vornahme einer Handlung (nicht: Herausgabe) 646

a) im Amtsgerichtsprozeß (§§ 510 b, 255 ZPO):

Der Beklagte wird verurteilt,
a) den Putz von der Mauer zwischen den Grundstücken, Hainerweg 117 und 119 in Frankfurt am Main zu entfernen und einen zweilagigen Zementmörtelputz, fein verrieben, in einer Stärke von ... cm neu aufzutragen.
b) diese Arbeiten bis zum ... 19.. durchzuführen und
c) für den Fall der Nichtausführung innerhalb der Frist an den Kläger DM ... zu zahlen.

Der Beklagte wird verurteilt, an den Kläger eine goldene Armbanduhr, Fabrikmarke ..., Modell ... zu liefern. 647
Dem Beklagten wird für die Lieferung eine Frist bis zum ... gesetzt. Liefert der Beklagte innerhalb der bezeichneten Frist nicht, hat er an den Kläger ... DM zu zahlen.

b) in Arbeitssachen (§ 61 Abs 2 ArbGG): 648

Der Beklagte wird verurteilt, seine Tätigkeit bei der Klägerin als ... wieder aufzunehmen.
Dem Beklagten wird hierzu eine Frist bis zum ... gesetzt.
Der Beklagte wird verurteilt, an die Klägerin ... DM zu zahlen, falls er seine Tätigkeit bei der Klägerin nicht in der bezeichneten Frist aufnimmt.

Zu beachten ist, daß eine Entschädigung nur zugesprochen werden kann, wenn ein Schadensersatzanspruch nach materiellem Recht gegeben ist. Die Zubilligung der Entschädigung schließt weitere Ansprüche aus.

649 **Feststellung** (§§ 256, 280 ZPO)
a) der Unwirksamkeit eines Ausschlusses aus einem Verein

> Der Ausschluß des Klägers aus dem eingetragenen Verein ... ist unwirksam.
> Der Beklagte trägt die Kosten des Rechtsstreits.
> Das Urteil ist vorläufig vollstreckbar.[18]

650 b) Negative Feststellungsklage

> Dem Beklagten steht aus dem Vertrag vom ... keine Forderung gegen den Kläger zu.
> Der Beklagte trägt die Kosten des Rechtsstreits.
> Das Urteil ist vorläufig vollstreckbar.[18]

c) der Unwirksamkeit einer Kündigung des Arbeitsverhältnisses vgl RdNr 240.
d) Vgl auch RdNr 230, 231, 658 ff.

653 **Feststellung zur Konkurstabelle** (§ 146 KO)

> Die vom Kläger in dem Konkursverfahren ... bei dem Amtsgericht ... angemeldete, nicht bevorrechtigte Forderung wird in Höhe von ... DM zur Konkurstabelle festgestellt.

654 **Feststellung der Vaterschaft** und **Verurteilung** zur Zahlung des **Regelunterhalts** (§§ 1600a ff, 1605a ff BGB, 640 ff ZPO)

> 1. Es wird festgestellt, daß der Beklagte der Vater des klagenden Kindes ist.
> 2. Der Beklagte wird verurteilt, dem klagenden Kind zu Händen des jeweiligen gesetzlichen Vertreters vom Tag der Geburt, dem ......, bis zum vollendeten 18. Lebensjahr den Regelunterhalt monatlich im voraus zu zahlen, und zwar die rückständigen Beträge sofort.
> 3. Der Beklagte trägt die Kosten des Rechtsstreits.
> 4. Das Urteil ist gegen Sicherheitsleistung in Höhe von DM ... vorläufig vollstreckbar.

Die **Höhe des Regelunterhalts** setzt der Rechtspfleger auf Antrag (vgl RdNr 248) durch folgenden Beschluß fest (§ 642a ZPO):

> Der von dem Antragsgegner an den Antragsteller nach dem rechtskräftigen [*gegen Sicherheitsleistung von DM ... – vorläufig – vollstreckbaren*] Urteil [*Beschluß, Vergleich, Urkunde*] des ...gerichts [*Notars, Jugendamts*] ... – Aktenzeichen: ... – vom ... monatlich im voraus zu zahlende Regelunterhalt wird wie folgt [*neu*] festgesetzt:
> Vom ... bis zum vollendeten 6. Lebensjahr auf ... DM, vom 7. bis zum vollendeten 12. Lebensjahr auf ... DM, vom 13. bis zum vollendeten 18. Lebensjahr auf ... DM. Der Unterhaltsrückstand vom ... bis ... beträgt ... DM zuzüglich 4% Zinsen seit ...
> [*Das Gericht hat dem Antragsgegner gestattet, die Zwangsvollstreckung gegen eine Sicherheitsleistung von DM ... abzuwenden, wenn nicht der Antragsteller vor der Vollstreckung Sicherheit in gleicher Höhe leistet*].
> [*Der Unterhaltsfestsetzungsbeschluß des ...gerichts ... – Aktenzeichen: ... – vom ... wird insoweit geändert – aufgehoben*]
> Der Antragsgegner trägt die Kosten des Verfahrens.

Fristsetzung und Zubilligung einer Entschädigung (§ 510b ZPO, § 61 Abs 2 ArbGG) vgl RdNr 646–648).

---

[18] Ob Feststellungsurteile auch wegen des Ausspruchs in der Hauptsache, nicht nur wegen der Kostenentscheidung, für vorläufig vollstreckbar erklärt werden können, ist streitig, vgl dazu Stein-Jonas vor § 253 ZPO RdNr 34, vor § 704 ZPO RdNr 46, Thomas-Putzo vor § 708 Anm 1, Baumbach-Lauterbach Grundz 3 F b vor § 704 ZPO.

Fristsetzung im Urteil (§ 255 ZPO) 656

Der Beklagte wird verurteilt, an den Kläger ... DM zu zahlen[19] [*... zu liefern,[19] die folgenden Mängel des Werkes ... zu beseitigen[20] – zugunsten des Klägers Sicherheit in Höhe von ... DM zu leisten[21]*].
Dem Beklagten wird eine Frist zur Erfüllung bis zum ... gesetzt.

Grundurteil (Zwischenurteil über den Grund des Anspruchs, § 304 ZPO) 657
a) über **Einzelanspruch**

Der Klageanspruch ist dem Grunde nach berechtigt [*dem Grunde nach zu ... (Bruchteil) berechtigt*].

b) bei **Anspruchshäufung** (hier: **Haftpflichtprozeß**)[22] 658
Aus einem Grundurteil muß sich wegen seiner Bindungswirkung eindeutig ergeben, inwieweit es den Streit vorab entscheidet.[23]
(1) Ist außer dem bezifferten Klageanspruch auch der Feststellungsanspruch begründet, dann ist über den Feststellungsanspruch durch Teil(end)urteil und über den Zahlungsanspruch durch Teilgrundurteil zu entscheiden:

1. Der bezifferte Klageanspruch ist dem Grunde nach gerechtfertigt.
2. Es wird festgestellt, daß der Beklagte verpflichtet ist, dem Kläger allen weiteren Schaden aus dem Unfall vom ... zu ersetzen.
3. Die Kostenentscheidung bleibt dem Schlußurteil vorbehalten.

(2) Ist der Klageanspruch nur zum Teil (Bruchteil) begründet, so wird in diesem Fall über die Feststellungsklage und über den unbegründeten Teil des Klageanspruchs durch Teil(end)urteil und über den Schmerzensgeldanspruch durch Teilgrundurteil entschieden: 659

1. Der bezifferte Klageanspruch wird zu zwei Dritteln dem Grunde nach für gerechtfertigt erklärt.
2. Es wird festgestellt, daß der Beklagte verpflichtet ist, dem Kläger zwei Drittel seines weiteren Schadens aus dem Unfall vom ... zu ersetzen.
3. Der Anspruch auf Leistung eines angemessenen Schmerzensgeldes wird unter Berücksichtigung eines Mitverschuldensanteils des Klägers von einem Drittel dem Grunde nach für gerechtfertigt erklärt.[24]
4. Die weitergehende Klage wird in Höhe von ... DM abgewiesen.
5. Die Kostenentscheidung bleibt dem Schlußurteil vorbehalten.

(3) Die Klage ist auch schon dann im Grundurteil teilweise abzuweisen, wenn sie sich aus anderen Gründen wegen eines Teils als unbegründet erweist, zB wenn die Klage nur nach den Vorschriften des Straßenverkehrsgesetzes, nicht aber unter dem Gesichtspunkt der unerlaubten Handlung gerechtfertigt ist: 660

1. Der bezifferte Klageanspruch wird in Höhe von ... dem Grunde nach für gerechtfertigt erklärt.
2. Es wird festgestellt, daß der Beklagte verpflichtet ist, dem Kläger allen weiteren

---

[19] § 326 BGB.
[20] § 634 BGB.
[21] §§ 1051 oder 2128 BGB.
[22] Vgl zum folgenden insbes Belemann MDR 50, 601, Hochreuther NJW 56, 452, Bode DRiZ 56, 57, Steffen NJW 56, 859, Wittmann NJW 67, 2387, Schmitt NJW 68, 1127, Geigel, Haftpflichtprozeß Kapitel 39.
[23] BGH NJW-RR 87, 1277.
[24] BGH VersR 70, 624, Thomas-Putzo § 304 Anm 3 a; str, nach aA auch hier Quotierung.

Schaden aus dem Unfall vom ... zu ersetzen, soweit er nach den Bestimmungen des Straßenverkehrsgesetzes zu erstatten ist.
3. Die weitergehende Klage wird in Höhe von ... DM abgewiesen.[25]
4. Die Kostenentscheidung bleibt dem Schlußurteil vorbehalten.

661 c) bei **Anspruchsübergang**
(1) Hat der Kläger Ansprüche gegen einen Träger der Sozialversicherung, so ist bereits im Grundurteil zu beachten, daß seine Schadensersatzansprüche gegen den Haftpflichtigen auf den Sozialversicherungsträger kraft Gesetz übergegangen sind (§ 116 SGB X).[26] Es ist dann etwa wie folgt zu formulieren:[27]

1. Der Anspruch des Klägers auf Zahlung von Schmerzensgeld und Erstattung von Sachschaden ist dem Grunde nach gerechtfertigt.[28]
2. Die weiteren Ansprüche des Klägers sind dem Grunde nach insoweit gerechtfertigt, als sie nicht auf öffentliche Versicherungsträger übergegangen sind.
3. Es wird festgestellt, daß der Beklagte verpflichtet ist, dem Kläger allen weiteren ihm aus dem Unfall vom ... entstandenen und noch entstehenden Schaden zu ersetzen, soweit die Ansprüche nicht auf öffentliche Versicherungsträger übergegangen sind.

663 (2) Klagt der öffentliche Versicherungsträger aufgrund des Forderungsübergangs (§ 116 SGB X) gegen den Schädiger, so ist folgende Fassung zu empfehlen:[29]

Die Klageforderung ist dem Grunde nach bis zur Höhe von je zwei Dritteln derjenigen Schäden aus dem Unfall vom ... gerechtfertigt, für die die Klägerin dem Verletzten ... Sozialversicherungsleistungen zu gewähren hat.
Hinsichtlich der Mehrforderung wird die Klage abgewiesen.

664 **Hauptintervention** (§ 64 ZPO)
Der jetzige Beklagte zu 1 ist der Kläger, der Beklagte zu 2 auch der Beklagte des Erstprozesses:

Die Forderung [*Der Anspruch*] aus ... auf ... steht dem Kläger zu. Diese Feststellung wirkt gegen den Beklagten zu 1.[30]
Der Beklagte zu 2 wird verurteilt, an den Kläger ... zu zahlen [... *zu leisten – herauszugeben*].

Kostenentscheidung
665 a) **Vollständiges Unterliegen** einer von zwei Parteien (§ 91 ZPO):

Der Kläger [*Der Beklagte*] trägt die Kosten des Rechtsstreits.

b) **Teilunterliegen** beider Parteien (§ 92 ZPO), wenn
666 (1) der Anteil am Erfolg etwa gleich groß ist:

Die Kosten des Rechtsstreits werden gegeneinander aufgehoben.[31]

---

[25] Thomas-Putzo § 304 Anm 2d, e.
[26] BGH NJW 56, 1236, VersR 68, 69, 1161.
[27] Bode DRiZ 56, 58.
[28] Diese Ansprüche sind nicht übergegangen.
[29] Vgl Steffen NJW 56, 859.
[30] Statt dieser Formulierung liest man oft, jedoch sprachlich schlechter: „Mit Wirkung gegen den Beklagten zu 1 wird festgestellt, daß ..."
[31] Dh jede Partei trägt ihre eigenen außergerichtlichen Kosten und die Hälfte der Gerichtskosten. Diese Fassung empfiehlt sich bei ungefähr gleichem Obsiegen und Unterliegen, weil sie eine Festsetzung der Kosten (§§ 103 ff ZPO) entbehrlich macht.

(2) der Anteil am Erfolg unterschiedlich ist: 667

Von den Kosten des Rechtsstreits trägt der Kläger ... (Bruchteile/Prozentsatz), der Beklagte ... (Bruchteile/Prozentsatz).

(3) der Kostenanteil der einen Partei so gering ist, daß eine Verteilung nach Bruch- 668
teilen kein gerechtes Ergebnis zur Folge hätte:

Der Beklagte trägt die Kosten des Rechtsstreits mit Ausnahme eines Betrages von ... DM, den der Kläger zu den Kosten beizutragen hat.[32]

c) **Unterliegen** von **Streitgenossen** 669

(1) Haftung nach Bruchteilen (§ 100 Abs 1 ZPO):

Die Beklagten [*Die Kläger*] tragen die Kosten des Rechtsstreits zu je ... (Bruchteil).[33]

(2) Haftung bei Gesamtschuldverhältnis (§ 100 Abs 4 ZPO): 670

Die Beklagten tragen die Kosten des Rechtsstreits als Gesamtschuldner.

(3) Ein Streitgenosse siegt, einer unterliegt bei gleicher Beteiligung, jeder hat einen 671
eigenen Anwalt:[34]

Die Gerichtskosten tragen der Kläger und der Beklagte zu 1) je zur Hälfte. Von den außergerichtlichen Kosten tragen der Kläger die des Beklagten zu 2) ganz und die Hälfte seiner eigenen, der Beklagte zu 1) die Hälfte derjenigen des Klägers und seine eigenen ganz.

(4) Ein Streitgenosse siegt, einer unterliegt bei gleicher Beteiligung, beide haben 672
gemeinsam einen Anwalt:

Die (noch in der Vorauflage vertretene) Meinung, daß die Formel in gleicher Weise zu fassen sei, wenn der obsiegende Streitgenosse zusammen mit dem unterlegenen von demselben Anwalt vertreten wurde, zur Verhinderung unbilliger Ergebnisse, insbesondere der Bereicherung des unterliegenden Streitgenossen, sei das Innenverhältnis bei der Kostenerstattung zu berücksichtigen,[35] kann angesichts verbreiteter Mißstände – die häufig dazu führen, daß der zumindest teilweise obsiegende Kläger gleichwohl die ganzen Kosten des gegnerischen Prozeßbevollmächtigten zu tragen hat – nicht länger aufrecht erhalten werden; letzten Endes wird ein nicht unerheblicher Teil der Kostengrundentscheidung vom Gericht auf den Rechtspfleger „verlagert“. Es empfiehlt sich deshalb, die Kosten nach dem Anteil im Innenverhältnis der Streitgenossen zu verteilen, wobei mangels anderweitigen Vortrags von einer gleichen Beteiligung auszugehen ist:

Die Kosten des Rechtsstreits tragen der Kläger und der Beklagte zu 1) je zur Hälfte.

(5) Alle Streitgenossen unterliegen teilweise bei unterschiedlicher Beteiligung und 673
gemeinsamen Anwalt:

(Beispiel: Der klagende Bauhandwerker verlangt Werklohn iHv 60.000 DM anteilig von den vier beklagten Bauherren mit Miteigentumsanteilen v 40, 30, 20 und 10%, er obsiegt iHv insgesamt 40.000 DM)

---

[32] War die Zuvielforderung einer Partei verhältnismäßig geringfügig und hat sie keine besonderen Kosten verursacht, so kann das Gericht der anderen Partei die ganzen Kosten auferlegen (§ 92 Abs 2 ZPO).

[33] § 100 Abs 2 ZPO. Ist der Bruchteil nicht angegeben, so wird nach Kopfteilen gehaftet.

[34] Vgl dazu und ähnlichen Fällen Baumbach-Lauterbach 6 zu § 100 ZPO, Thomas-Putzo § 100 ZPO; all das ist sehr streitig.

[35] So die 6. Auflage RdNr 673, Thomas-Putzo § 100 Anm 1 d mwNachw.

Von den Kosten des Rechtsstreits tragen der Kläger 5/15, der Erstbeklagte 4/15, die Zweitbeklagte 3/15, die Drittbeklagte 2/15, der Viertbeklagte 1/15.

674 d) **Ausscheiden eines Streitgenossen**

(1) Ein Streitgenosse (B) unterliegt, gegen den anderen (A) wird das Verfahren fortgesetzt bei gleicher Beteiligung und gemeinsamen Anwalt:

> Der Beklagte B trägt die Hälfte der bis zum Erlaß dieses Urteils entstandenen Kosten des Rechtsstreits; die Entscheidung über die übrigen Kosten bleibt dem Schlußurteil vorbehalten.

675 (2) Ein Streitgenosse (B) obsiegt, gegen den anderen (A) wird das Verfahren fortgesetzt bei (ursprünglich behaupteter) gleicher Beteiligung und gemeinsamen Anwalt:

> Der Kläger trägt die Hälfte der bis zum Erlaß dieses Urteils entstandenen Kosten des Rechtsstreits; die Entscheidung über die übrigen Kosten bleibt dem Schlußurteil vorbehalten.

676 (3) Das Schlußurteil kann in beiden Fällen nur noch über den im Streit verbliebenen Teil der Kosten entscheiden. Die Entscheidung richtet sich dann nach dem Anteil der Parteien am Erfolg und danach, wer die Entstehung der weiteren Kosten verursacht hat (§§ 92, 96, 100 ZPO).

Miete – Klage auf Räumung bzw Zustimmung zur Mieterhöhung vgl RdNr 241–243.

678 **Miete – Fortsetzung des Mietverhältnisses** (§§ 556a, 556b BGB, 308a ZPO):

> Das zwischen den Parteien am ... begründete Mietverhältnis über die in ... belegene Wohnung, bestehend aus ... wird bis zum ... fortgesetzt.
> Für das fortgesetzte Mietverhältnis gelten die Bestimmungen des Mietvertrages vom ... mit folgenden Änderungen ...

679 **Nachverfahren** (Urkunden- und Wechselprozeß, § 600 ZPO)

a) Die Klage erweist sich auch im Nachverfahren als begründet:

> Der Vorbehalt des am ... verkündeten Urteils entfällt.
> Der Beklagte trägt die weiteren Kosten des Rechtsstreits.[38]
> Das Urteil ist vorläufig vollstreckbar. Der Beklagte darf die Vollstreckung durch Sicherheitsleistung in Höhe von DM ... abwenden, wenn nicht der Kläger vor der Vollstreckung in gleicher Höhe Sicherheit leistet.[39]

680 b) Die Klage erweist sich im Nachverfahren als unbegründet:

> Das am ... verkündete Vorbehaltsurteil wird aufgehoben.
> Die Klage wird abgewiesen.
> Der Kläger trägt die Kosten des Rechtsstreits.
> Das Urteil ist [*gegen Sicherheitsleistung von ...*] vorläufig vollstreckbar.
> Der Kläger darf die Vollstreckung durch Sicherheitsleistung in Höhe von DM ... abwenden, wenn nicht der Beklagte vor der Vollstreckung in gleicher Höhe Sicherheit leistet.[40]

Nichteheliches Kind vgl RdNr 654, 247–249.

Nichtigkeitsklage vgl RdNr 252.

---

[38] Baumbach-Lauterbach § 600 Anm 2 A.
[39] §§ 708 Nr 5, 711 ZPO.
[40] §§ 708 Nr 11, 711 ZPO bzw § 709 ZPO.

Rechnungslegung (§ 254 ZPO) 683

Der Beklagte wird verurteilt, über die Verwaltung des in ... belegenen Grundstücks für die Zeit von ... bis ... Rechnung zu legen.

Vgl auch RdNr 228, 229, 232, 255, 262 (Auskunftserteilung, eidesstattliche Versicherung, Stufenklage).

Scheckprozeß vgl Nachverfahren RdNr 679.

Sicherheitsleistung durch Bürgschaft (§ 108 Abs 1 ZPO) 684

Das Urteil ist gegen Sicherheitsleistung in Höhe von DM ... vorläufig vollstreckbar. Dem Kläger wird gestattet, die Sicherheit durch eine schriftliche, unbefristete, selbstschuldnerische Bürgschaft eines als Zoll- und Steuerbürgen zugelassenen Kreditinstituts[41] [*einer deutschen Großbank, Volksbank oder öffentlichen Sparkasse*[42]] zu leisten.

Sicherheitsleistung – Höhe (§ 108 Abs 1 S 1 ZPO) 685
Die Höhe der Sicherheit bestimmt das Gericht nach seinem freien Ermessen; die Sicherheitsleistung soll so hoch sein, daß sie im Fall der Aufhebung einer vorläufig vollstreckbaren Entscheidung den Schaden deckt, der durch die vorläufige Vollstreckung entstanden ist bzw entstehen kann. Sie wird bestimmt durch die Summe aus Hauptforderung, Nebenforderungen, insbesondere Zinsen, diese jedenfalls bis zum Ablauf der Rechtsmittelfrist berechnet, die von dem Gläubiger gezahlten Gerichtskosten und Auslagen, seine Anwaltskosten für das bisherige Streitverfahren sowie die Kosten der durch den Titel ermöglichten Vollstreckung, also Anwaltskosten für einen Zwangsvollstreckungsauftrag (§ 57 BRAGO) und Gerichtsvollziehergebühren. Bei der Aufrechterhaltung eines Versäumnisurteils umfaßt sie nicht nur die weiteren Verfahrenskosten, sondern auch Haupt- und Nebenforderungen sowie Kosten des Versäumnisurteils.

Unlauterer Wettbewerb (Unterlassung, Auskunft, Schadensersatz) vgl RdNr 255.

Urkundenprozeß vgl Nachverfahren RdNr 679.

Unterhalt (§§ 1360f, 1569ff, 1581ff, 1601f BGB) 687

Der Beklagte wird verurteilt, an den Kläger [*zu Händen seiner gesetzlichen Vertreterin, Frau ...*] folgende Beiträge zu zahlen:
a) DM ... rückständigen Unterhalt für die Zeit vom ... bis ...
b) eine monatliche Unterhaltsrente von DM ... ab dem ... jeweils fällig am 5.
[*20.*] eines jeden Monats [*abzüglich von ... bis ... monatlich gezahlter DM ...*].
Das Urteil ist vorläufig vollstreckbar,[43] in Höhe von DM ... jedoch nur gegen Sicherheitsleistung[44] in Höhe von DM ... Der Beklagte darf die Vollstreckung der übrigen Beträge durch Sicherheitsleistung in Höhe von DM ... abwenden, wenn nicht der Kläger vor der Vollstreckung in gleicher Höhe Sicherheit leistet.

Versäumnisurteil vgl RdNr 412ff.

---

[41] Diese Formulierung verdient den Vorzug; sie erspart dem Gericht die (sowieso äußerst schwierige) Prüfung der Geeignetheit.
[42] Die Beschränkung auf „eine deutsche Großbank" ist wegen der damit verbundenen Bevorzugung gegenüber öffentlichen Sparkassen und Volksbanken sowie Versicherungen, die der gleichen Kontrolle unterliegen, nicht gerechtfertigt. Teilweise wird die Bezeichnung der Bank verlangt (OLG Frankfurt OLGZ 66, 304).
[43] §§ 708 Nr 8, 711 ZPO.
[44] §§ 709, ggf 708 Nr 11 ZPO.

Vorläufige Vollstreckbarkeit

a) **von Amts wegen**

689 (1) **ohne Sicherheitsleistung** (§ 708 Nr 1–3 ZPO)
von Anerkenntnis-, Verzichts-, Versäumnis-, Aktenlageurteil, Einspruchsverwerfung:

> Das Urteil ist vorläufig vollstreckbar.

690 (2) **ohne Sicherheitsleistung mit** (überwindbarer) **Abwendungsbefugnis:** (§§ 708 Nr 4–11, 711, 713 ZPO)
von Urkunden-, Wechsel-, Scheckurteil sowie deren Vorbehaltsloserklärung, Ablehnung oder Aufhebung von Arrest und einstweiliger Verfügung, Urteil in Wohnungsmietsachen, Urteil über Unterhalts- und Verletztenrenten, Urteil wegen Besitzstörung, Urteil des Oberlandesgerichts, anderes vermögensrechtliches Urteil bis 1500 DM oder allein vollstreckbare Kostenentscheidung bis 2000 DM, wenn
– Rechtsmittel zulässig:

> Das Urteil ist vorläufig vollstreckbar.
> Der (unterlegene[45]) Beklagte [*Kläger*] darf die Vollstreckung durch Sicherheitsleistung[46] von DM ... abwenden, wenn nicht der (obsiegende[45]) Kläger ... [*Beklagte*] vor der Vollstreckung in gleicher Höhe Sicherheit leistet.

– Rechtsmittel unzweifelhaft unzulässig:

> Das Urteil ist vorläufig vollstreckbar.

691 (3) **mit Sicherheitsleistung** (§ 709 ZPO)
von allen anderen Urteilen:

> Das Urteil ist gegen Sicherheitsleistung in Höhe von DM ... vorläufig vollstreckbar.

692 (4) bei **Teilunterliegen beider Parteien** (§§ 708 Nr 11, 709, 713 ZPO) ist die Vollstreckbarkeit für jede Partei gesondert nach den angeführten Grundsätzen auszusprechen:
(Beispiel: Der Kläger obsiegt in Höhe von DM 2500.–, unterliegt in Höhe von DM 600.–.)

> Das Urteil ist für den Kläger gegen Sicherheitsleistung in Höhe von DM 4000.–, für den Beklagten ohne Sicherheitsleistung vorläufig vollstreckbar. Der Kläger darf die Vollstreckung durch Sicherheitsleistung in Höhe von DM 200.– abwenden, wenn nicht der Beklagte vor der Vollstreckung Sicherheit in gleicher Höhe leistet.

693 (5) bei **Aufrechterhaltung eines Versäumnisurteils** (§ 709 S 2 ZPO):

> Das Urteil ist gegen Sicherheitsleistung von DM ... vorläufig vollstreckbar. Die Vollstreckung aus dem Versäumnisurteil darf nur gegen Leistung dieser Sicherheit fortgesetzt werden.[47]

---

[45] Nicht in den Tenor aufzunehmen.

[46] Der vielfach gebrachte Zusatz „oder Hinterlegung" ist meist überflüssig; § 713 ZPO meint die Hinterlegung der im Streit befindlichen Sache, nicht aber die Hinterlegung von Geld oder Wertpapieren iS § 108 Abs 1 ZPO.

[47] Sofern der Gegenstand der Verurteilung in der Hauptsache des aufrechterhaltenen Versäumnisurteils DM 1500.– oder der Wert der Kosten des Versäumnisurteils und dieses Urteils DM 2000.– übersteigen; ansonsten ist nach § 708 Nr 11 ZPO auszusprechen: Das Urteil ist vorläufig vollstreckbar. S auch RdNr 685.

b) **auf Antrag**

(1) **des obsiegenden Gläubigers** wegen Schwierigkeit der Sicherheitsleistung ausnahmsweise **ohne Sicherheitsleistung** (§ 710 ZPO in den Fällen der §§ 709, 711 S 2 ZPO): 694

Das Urteil ist vorläufig vollstreckbar.

(2) **des unterlegenen Schuldners** wegen unersetzbaren Nachteils ausnahmsweise 695
– **mit** unüberwindbarer **Abwendungsbefugnis,**[48] wenn der Schuldner zur Sicherheitsleistung in der Lage ist (§ 712 Abs 1 S 1 ZPO in den Fällen der §§ 708–711 ZPO):

Das Urteil ist [*gegen Sicherheitsleistung von DM . . .*] vorläufig vollstreckbar.
Der (unterlegene[45]) Beklagte/Kläger darf die Vollstreckung durch Sicherheitsleistung von DM . . . [*in gleicher Höhe*] abwenden.

– mit **Vollstreckungsausschluß** oder **Vollstreckungsbeschränkung,** wenn der Schuldner zur Sicherheitsleistung nicht in der Lage ist (§ 712 Abs 1 S 2 ZPO in den Fällen der §§ 708–711 ZPO) entweder:

Das Urteil ist nicht vorläufig vollstreckbar.

oder:

Das Urteil ist [*gegen Sicherheitsleistung von DM . . .*] vorläufig vollstreckbar.
Die Vollstreckung wird auf die in § 720a Abs 1, 2 ZPO bezeichneten Maßnahmen beschränkt.

– **mit Sicherheitsleistung** des Gläubigers (§ 712 Abs 2 ZPO in Fällen des § 708 ZPO), wenn ein überwiegendes Gläubigerinteresse nicht schon zur Zurückweisung des Antrags des Schuldners führt: 696

Das Urteil ist gegen Sicherheitsleistung in Höhe von . . . DM vorläufig vollstreckbar.

Vollstreckungsabwehrklage (§ 767 ZPO)[49] 697

Die Zwangsvollstreckung aus dem Urteil [*aus dem Vergleich – aus der vollstreckbaren Urkunde*] des . . . vom . . . ist unzulässig.

Vollstreckungsurteil (§§ 722, 723 ZPO)[50] 698

Die Zwangsvollstreckung aus dem Urteil [*Beschluß*] des . . .gerichts in . . . (Ort und Staat) vom . . . Aktenzeichen . . . ist zulässig.
Die Formel dieses Urteils [*Beschlusses*] lautet [*in Übersetzung*]: . . .

Vorbehalt der Beschränkung der Haftung eines Erben (§ 790 ZPO) 699

Der Beklagte wird verurteilt, an den Kläger . . .
Dem Beklagten wird vorbehalten, die Beschränkung seiner Haftung auf den Nachlaß geltend zu machen.

Vorzugsweise Befriedigung (§ 805 ZPO)[51] 700

Der Kläger ist bis zum Betrag von . . . DM vor dem Beklagten aus dem Reinerlös der von dem Gerichtsvollzieher . . . am . . . bei dem . . . gepfändeten Gegenstände . . . zu befriedigen.

Wechselprozeß vgl Nachverfahren RdNr 679.

---

[48] Die Vollstreckbarkeit ist im Gegensatz zu § 711 ZPO durch Sicherheitsleistung des Gläubigers nicht erzwingbar.
[49] Vgl Bd 1b RdNr 410ff, 432.
[50] Vgl Bd 1b RdNr 200ff, 213.
[51] Vgl Bd 1b RdNr 490ff, 498.

701 **Widerspruch gegen eine Zwangsvollstreckung** (§ 771 ZPO)[52]

Die im Auftrag des Beklagten durch den Gerichtsvollzieher ... bei dem ... (Schuldner) am ... vorgenommene Zwangsvollstreckung in folgende Gegenstände ... ist unzulässig.

702 **Willenserklärung** (§§ 894–896 ZPO)

Der Beklagte wird verurteilt, die Löschung der für ihn im Grundbuch des Amtsgerichts in ... von ... in Band Nr ... Blatt ... in Abt III unter Nr ... eingetragenen Sicherungshypothek von ... DM zu bewilligen.
Der Beklagte trägt die Kosten des Rechtsstreits.
Das Urteil ist [*gegen Sicherheitsleistung von ... DM*] vorläufig vollstreckbar.

III. Zustellung des Urteils

ZPO § 317
ArbGG §§ 9, 50

703 Die Urteile werden den Parteien **von Amts wegen** nach §§ 317 Abs 1 ZPO, 50 Abs 1 ArbGG zugestellt. Dazu erstellt der Urkundsbeamte der Geschäftsstelle **Ausfertigungen** des vollständigen Urteils – in der Regel unter Verwendung von Durchschriften oder Fotokopien der Urschrift –, die er unterschreibt[53] und mit dem Gerichtssiegel versieht. Die Ausfertigung muß erkennen lassen, daß das Urteil unterschrieben ist und außerdem von welchen Richtern; ausreichend ist, daß die Namen der Richter (nicht eingeklammert!) oder mit dem Zusatz „gez" angeführt sind.[54]

704 Eine bestimmte Form des **Ausfertigungsvermerks** ist nicht vorgeschrieben,[55] üblich ist:

Ausgefertigt:

Siegel (Unterschrift)
(Amtsbezeichnung)
als Urkundsbeamter der Geschäftsstelle

705 Im arbeitsgerichtlichen Verfahren ist eine Rechtsmittelbelehrung beizufügen (§ 9 Abs 4 ArbGG).

706 Über die Arten der Zustellung s RdNr 301 ff.

707 Mit der Amtszustellung beginnt die **Rechtsmittelfrist.** Auf übereinstimmenden Antrag der Parteien, etwa wegen schwebender Vergleichsverhandlungen, kann der Vorsitzende die **Zustellung** verkündeter Urteile bis zum Ablauf von fünf Monaten nach der Verkündung **hinausschieben** (§ 317 Abs 1 S 2 ZPO); in Ehe-, Familien- und Kindschaftssachen sowie im arbeitsgerichtlichen Verfahren gibt es diese Möglichkeit nicht (§§ 618, 621 c 640 ZPO, 50 Abs 1 S 2 ArbGG).

708 Vfg

1. Auf Antrag beider Parteien wird die Zustellung des Urteils vom ... bis zum ... hinausgeschoben.

---

[52] Vgl Bd 1 b RdNr 470 ff, 478.
[53] Zu den an die Unterschrift zu stellenden Anforderungen s BGH NJW 88, 713.
[54] BGH NJW 75, 781, NJW-RR 87, 377.
[55] BGH VersR 74, 1129 und 69, 709.

2. Nachricht von 1 an Parteien bzw ihre Bevollmächtigten.
3. zur Frist

..., den ...19..
Amtsgericht, Abt..
[*Landgericht,.. Zivilkammer*
Der Vorsitzende]

IV. Berichtigung und Ergänzung von Urteil und Tatbestand

ZPO §§ 319–321

1. **Schreibfehler, Rechenfehler** und **ähnliche offenbare Unrichtigkeiten** des **Urteils** sind jederzeit vom Gericht von Amts wegen zu berichtigen (§ 319 ZPO). Darunter fallen alle Unstimmigkeiten zwischen Wille und Ausdruck, die als solche offenbar dh auch für Dritte klar erkennbar sind.[56] Die Vorschrift ist im Interesse der Prozeßwirtschaftlichkeit und der Richtigkeit richterlicher Entscheidungen weit auszulegen.[57] Doch können Fehler, die auf unzutreffender Willensbildung beruhen, nicht nach § 319 ZPO beseitigt werden, wie etwa bei Übersehen von §§ 269 Abs 3 S 2, 281 Abs 3 S 2 ZPO. Die Entscheidung ergeht durch Beschluß bei freigestellter mündlicher Verhandlung. Richterwechsel hindert die Berichtigung nicht. 709

Beschluß

In dem Rechtsstreit usw
Das am 15. März 19.. verkündete Urteil wird gemäß § 319 ZPO wegen offenbaren Schreibfehlers dahin berichtigt:
Der Kläger wohnt nicht Hamburg, Ferdinandstraße 133, sondern Ferdinandstraße 193.

Die Geschäftsstelle vermerkt den Beschluß auf dem Urteil und dessen Ausfertigungen
Der Berichtigungsbeschluß ist mit der sofortigen Beschwerde anfechtbar, der den Antrag zurückweisende Beschluß ist unanfechtbar.

2. **Unrichtigkeiten** des **Tatbestands,** auch wenn sie in den Entscheidungsgründen stehen sollten, Auslassungen, Dunkelheiten oder Widersprüche, können, wenn es nicht offenbar Irrtümer sind (§ 319 ZPO), berichtigt werden (§ 320 ZPO). 710
Eine Berichtigung von Urteilsformel oder den eigentlichen Entscheidungsgründen darf nicht erfolgen; wird durch die Berichtigung des Tatbestandes deutlich, daß das Gericht einen falschen Sachverhalt in den Gründen zugrundegelegt hat, muß dies stehen bleiben.[58]

Notwendig ist ein Antrag, der binnen einer **zweiwöchigen Frist** (!) seit Zustellung des vollständigen Urteils, spätestens drei Monate nach der Verkündung zu stellen ist (§ 320 Abs 2 ZPO): 711

Geschäftsstelle des Amtsgerichts Goslar, den 22. März 19..
In dem Rechtsstreit Mehner gegen Schwarz erschien der Beklagte und erklärte: Der Tatbestand des mir am 21. März 19.. zugestellten Urteils vom 15. März 19.. enthält

---

[56] BGHZ 20, 188, 192; 78, 22.
[57] BGH NJW 85, 742.
[58] RGZ 122, 332.

eine Unrichtigkeit. Es heißt im ersten Satz des Tatbestandes, daß ich mit dem Kläger in laufender Geschäftsverbindung gestanden habe. Das trifft nicht zu.
Ich beantrage,
den Tatbestand dahin zu berichtigen, daß der Halbsatz „und standen miteinander in Geschäftsverbindung" in Fortfall kommt.
vorgelesen genehmigt unterschrieben

712 Der Richter bestimmt darauf Termin:

Termin zur mündlichen Verhandlung über den Antrag auf Berichtigung des Tatbestandes wird auf den
1. April 19.. 10 Uhr
bestimmt.
Goslar, den 22. März 19..
Be

713 Mündliche Verhandlung

Amtsgericht Goslar, den 1. April 19..
Protokoll über die öffentliche Sitzung
Gegenwärtig:
Richter am Amtsgericht Dr Berner[59]
Referendar Schulze als Urkundsbeamter der Geschäftsstelle
In Sachen
Mehner gegen Schwarz
erschienen bei Aufruf:
1. für den Kläger niemand,
2. der Beklagte.
Der Beklagte stellte den Antrag vom 22. März 19..
beschlossen und verkündet:
Der Tatbestand des am 15. März 19.. verkündeten Urteils wird dahin berichtigt, daß im ersten Satz des Tatbestandes die Worte „und standen miteinander in Geschäftsverbindung" gestrichen werden.
Dr Berner Schulze

Der Beschluß, der eine Berichtigung ausspricht, wird auf dem Urteil und den Ausfertigungen vermerkt. Weder die Berichtigung noch deren Ablehnung ist anfechtbar (§ 320 Abs 4 S 3 ZPO).

714 3. Entscheidet das Gericht **versehentlich** ganz oder teilweise über die **Kosten** oder einen nach dem ursprünglich festgestellten oder nachträglich berichtigten Tatbestand von einer Partei geltendgemachten **Haupt- oder Nebenanspruch** nicht, kann das **Urteil** durch eine nachträgliche Entscheidung **ergänzt** werden (§ 321 ZPO). Dies gilt entsprechend für übergangene Anträge auf **Vorbehalt** der Aufrechnung (§ 302 Abs 2 ZPO), Vorbehalt der Rechte im Nachverfahren (§ 599 Abs 2 ZPO), zur vorläufigen **Vollstreckbarkeit** (§ 716 ZPO), auf **Räumungsfrist** (§ 721 Abs. 1 ZPO), Vorbehalt beschränkbarer Haftung (§§ 305, 780, 786 ZPO), **Zug-um-Zug**-Verurteilung. Zulässig ist nur eine **Ergänzung eines lückenhaften Urteils**, nicht eine Berichtigung eines falschen. Legt das Gericht das Begehren der Partei falsch aus und bescheidet deshalb einen Anspruch nicht, hat es diesen nicht iS § 321 ZPO übergangen.[60] Der Antrag muß innerhalb einer zweiwöchigen Frist seit Zustellung in einem Schriftsatz gestellt werden.

---

[59] Es wirkt nur derjenige Richter mit, der das Urteil erlassen hat (§ 320 Abs 4 ZPO).
[60] BGH NJW 80, 840.

Antrag 715

An das Landgericht... ..., den 24. 3. 19..
2 O 139/..
In Sachen ... gegen ...
beantrage ich im Namen des Klägers,
das Urteil vom 15. 3. 19.. durch nachträgliche Entscheidung dahin zu ergänzen, daß der Beklagte verurteilt wird, den zugesprochenen Betrag zuzüglich 8% Zinsen seit dem 28. 9. 19.. zu zahlen.
Ein entsprechender Antrag ist in der Klageschrift vom 10. 1. 19.. auf Seite 2 oben enthalten und ausweislich des Protokolls vom 28. 2. 19.. in der mündlichen Verhandlung gestellt worden. Daß das Gericht dem Kläger die Zinsen bewußt versagt haben könnte, läßt sich dem Urteil nicht entnehmen. Wegen der unglücklichen Trennung von Hauptanspruch auf Seite 1 unten und Nebenanspruch auf Seite 2 oben dürfte der Antrag hinsichtlich der Zinsen bei der Absetzung des Urteils übersehen worden sein.

Dr Hütte
(Rechtsanwalt)

Der Richter bestimmt darauf Termin zur mündlichen Verhandlung (§ 321 Abs 3 ZPO): 716

Vfg

1. Termin zur mündlichen Verhandlung über den Antrag des Klägers auf Ergänzung des Urteils wird bestimmt auf ...
2. Nachricht von 1 an Parteivertreter gegen EB, dem Beklagtenvertreter gleichzeitig die Antragsschrift vom 24. 3. 19.. zustellen.
3. zum Termin

Mündliche Verhandlung 717

... erschienen bei Aufruf:
1. für den Kläger Rechtsanwalt Dr Hütte
2. für den Beklagten Rechtsanwalt Vogler

Rechtsanwalt Dr Hütte stellte den Antrag aus dem Schriftsatz vom 24. 3. 19..
Rechtsanwalt Vogler beantragte,
das Urteil dahin zu ergänzen, daß die Klage im übrigen abgewiesen werde.
Die Anwälte verhandelten sodann zur Sache.

beschlossen und verkündet:

Eine Entscheidung soll am Schluß der Sitzung verkündet werden.
Bei Wiederaufruf der Sache am Schluß der Sitzung erschien für die Parteien: niemand
Es wurde folgendes verkündet:

Ergänzungsurteil

Das Urteil vom 15. 3. 19.. – 2 O 139/.. – wird wie folgt ergänzt:
Der Beklagte wird verurteilt, außer dem bereits zugesprochenen Betrag von DM ... an den Kläger 4% Zinsen hieraus seit dem 20. 1. 19.. zu zahlen.
Im übrigen wird die Klage abgewiesen.[61]
[*Der Beklagte trägt die Kosten des Verfahrens.*][62]

Das Urteil ist mit Tatbestand und Entscheidungsgründen abzusetzen. Es ist als Teilurteil selbständig anfechtbar. Die Zulässigkeit der Berufung richtet sich allein nach seinem Inhalt. 718

---

[61] Wegen Zinshöhe und -beginn.
[62] Eine ausdrückliche neue Kostenentscheidung ist entbehrlich, wenn – wie hier – die Ergänzung an der ursprünglichen Kostenentscheidung nichts ändert (Baumbach-Lauterbach § 321 Anm 3 B).

V. Entscheidung im schriftlichen Verfahren

ZPO § 127 Abs 2, 3
BRAGO § 35

720 Während das schriftliche Vorverfahren[63] nach § 276 ZPO der Vorbereitung des Haupttermins dient, also nicht eine mündliche Verhandlung ersetzen soll, hat das schriftliche Verfahren nach § 128 Abs 2, 3 ZPO den Zweck, eine mündliche Verhandlung zu ersparen und ohne diese zu entscheiden.

1. Schriftliches Verfahren im Einverständnis der Parteien

721 Die Parteien können sich damit einverstanden erklären, daß das Gericht **eine** (und zwar nur die nächste) Entscheidung ohne mündliche Verhandlung trifft (§ 128 Abs 2 ZPO). Das gilt nicht im Urteilsverfahren vor den Arbeitsgerichten (§ 46 Abs 2 Satz 2 ArbGG).

Das Einverständnis muß mündlich oder schriftlich erklärt werden. Das in der Sitzung erklärte Einverständnis ist in das Protokoll aufzunehmen. Es braucht zwar nicht unbedingt ausdrücklich erklärt zu werden, muß aber eindeutig und klar vorliegen, Schweigen allein genügt grundsätzlich nicht.[64] Die Erklärung kann nicht unter einer Bedingung abgegeben werden; dies betrifft nicht nur den Inhalt der bevorstehenden Entscheidung, sondern auch deren Art.[65] Die Einverständniserklärung bezieht sich immer nur auf die nächste Entscheidung des Gerichts, dh die Endentscheidung oder eine Entscheidung, durch die die Endentscheidung wesentlich sachlich vorbereitet wird,[66] also zB einen Beweisbeschluß.

Die Einverständniserklärung ist nicht frei widerruflich,[67] anders bei wesentlicher Änderung der Prozeßlage.[68]

Bei Zweifeln wird das Gericht sein Ermessen dahin gebrauchen, von dem schriftlichen Verfahren Abstand zu nehmen oder nochmals bei den Parteien anzufragen, ob es bei ihrer Entschließung verbleiben soll. Das Gericht ist überhaupt nie gezwungen, im schriftlichen Verfahren zu entscheiden.

Von der Entscheidung im schriftlichen Verfahren sollte stets nur dann Gebrauch gemacht werden, wenn es vereinfacht oder verkürzt. Ist der Rechtsstreit nach mündlicher Verhandlung zur Entscheidung reif, so ist die Entscheidung im schriftlichen Verfahren zu mißbilligen.[69] Sie scheidet auch dann aus, wenn noch Erklärungen der Parteien abzugeben und schreibungsgewandte Parteien beteiligt sind, die nicht durch einen Anwalt vertreten werden.[70]

---

[63] RdNr 294ff.
[64] BVerwG NJW 81, 1853; OLG München NJW 55, 996.
[65] RGZ 151, 193; BGH NJW 55, 1357, BAG BB 75, 1486.
[66] BSG MDR 78, 348 mwNachw, BGH NJW 55, 988. Das Einverständnis wird zB durch den Beschluß, die Sache zur Feriensache zu erklären, nicht verbraucht, BGHZ 17, 122; vgl auch BGHZ 18, 61.
[67] BGHZ 28, 728 = NJW 59, 244; NJW 70, 1458.
[68] BGHZ 11, 27; NJW 70, 1458.
[69] BGH NJW 55, 988.
[70] Burckhardt MDR 57, 388.

Durch Beschluß ordnet das Gericht Entscheidung im schriftlichen Verfahren an, sobald die Zustimmungserklärungen vorliegen, und bestimmt unverzüglich den Zeitpunkt, bis zu dem Schriftsätze eingereicht werden können[71] (entsprechend dem Schluß der mündlichen Verhandlung), sowie den Verkündungstermin, der nicht später als drei Monate nach der letzten Zustimmungserklärung liegen darf. Richterwechsel bis zum Zeitpunkt der letzten Beratung schadet nicht.[72] Das Ergebnis einer vorangegangenen mündlichen Verhandlung kann und muß berücksichtigt werden, wenn es aktenkundig ist.[73] Geht kurz vor Ablauf der Frist noch ein erheblicher Schriftsatz ein, auf den der Gegner nicht rechtzeitig erwidern kann, muß das Gericht die Einreichungsfrist verlängern und ggf den Verkündungstermin verlegen oder vom schriftlichen Verfahren Abstand nehmen und die mündliche Verhandlung wiedereröffnen.[74]

Das **schriftliche Einverständnis** hat folgenden Wortlaut: 722

Ich erkläre mich mit Entscheidung ohne mündliche Verhandlung einverstanden.

Wird das Einverständnis **im Verhandlungstermin** erklärt, so lautet die Niederschrift 723
etwa wie folgt:

Landgericht ... 14. 2. 19..
Protokoll über die öffentliche Sitzung

...

Der Anwalt des Klägers bat um eine Erklärungsfrist auf den heute überreichten Schriftsatz des Beklagten. Der Anwalt des Beklagten bat seinerseits um Erklärungsfrist zur Stellungnahme zu ...
Beide Anwälte erklärten darauf:
Wir sind mit schriftlicher Entscheidung einverstanden, sobald die beiderseitigen Erklärungen vorliegen.[75]

beschlossen und verkündet:

1. Der Kläger mag sich bis zum 6. 3. 19.. auf den Schriftsatz des Beklagten vom 10. 2. 19.. erklären.
2. Der Beklagte mag zu ... bis zum 27. 3. 19.. Stellung nehmen.
3. Termin zur Verkündung einer Entscheidung im schriftlichen Verfahren wird bestimmt auf 18. 4. 19..

Für die **Abfassung des Urteils** gelten die allgemeinen Grundsätze (s dazu RdNr 630ff) 724
mit der Ausnahme, daß nicht der Schluß der mündlichen Verhandlung, sondern der entsprechende Zeitpunkt im Rubrum aufzunehmen ist:

...

hat die ... Zivilkammer des Landgerichts ... durch ... im schriftlichen Verfahren aufgrund der bis zum ... eingereichten Schriftsätze für Recht erkannt: ...

Die Entscheidung wird wie üblich nach § 310 ZPO verkündet und nach § 317 ZPO 725
von Amts wegen zugestellt; die Zustellung setzt die Rechtsmittelfrist in Lauf. Ein Verstoß gegen die Fristenbestimmungen nimmt der Entscheidung nicht die Wirksamkeit, sondern macht sie wegen Verletzung des Grundsatzes des rechtlichen Gehörs anfechtbar.[76]

---

[71] BGH NJW 86, 3080.
[72] BGHZ 11, 31, MDR 63, 314.
[73] BGHZ 17, 120.
[74] BVerfGE 50, 285.
[75] Das ist eine Befristung, die zulässig ist, RGZ 151, 193.
[76] Vgl BGH NJW 86, 3080.

2. Schriftliches Verfahren von Amts wegen

726 In Sachen geringerer wirtschaftlicher Bedeutung kann das Gericht nach seinem Ermessen von Amts wegen schriftliches Verfahren (und zwar für das gesamte Verfahren und nicht nur für die nächste Entscheidung) anordnen (§ 128 Abs 3 ZPO). **Voraussetzungen** sind:

- vermögensrechtlicher Anspruch, also auf Geld oder geldwerte Sachen oder Rechte bzw aufgrund eines vermögensrechtlichen Rechtsverhältnisses,
- Vertretung durch einen Rechtsanwalt nicht geboten, sondern einfache Sach- und Rechtslage, die beiden Parteien voraussichtlich sachgerechte Rechtsverfolgung und -verteidigung ermöglicht,
- Wert des Streitgegenstandes bis zu DM 500.–,
- Unzumutbarkeit des Erscheinens vor Gericht für eine Partei wegen Entfernung oder anderen wichtigen Gründen, wie zB Alter, Krankheit.

727 Sind die Voraussetzungen erfüllt und hält das Gericht das schriftliche Verfahren für zweckmäßig, ordnet es durch **Beschluß** das schriftliche Verfahren an, bestimmt den Zeitpunkt, der dem Schluß der mündlichen Verhandlung entspricht, und – im Gegensatz zu § 128 Abs 2 ZPO nicht fristgebundenen – Termin zur Verkündung eines Urteils (nicht nur einer Entscheidung). Innerhalb des Zeitraums zur Einreichung von Schriftsätzen eingehende Erklärungen (gegebenenfalls auch nach § 129a ZPO) hat das Gericht zu berücksichtigen. Den Zeitpunkt wie den Termin kann das Gericht jederzeit und muß es nach § 128 Abs 3 S 3 ZPO verlegen, wenn dies aufgrund einer Änderung der Prozeßlage geboten ist.

728 Die **Anordnung** ist **aufzuheben,** wenn die Partei, zu deren Gunsten sie ergangen ist, es beantragt oder wenn dem Gericht das persönliche Erscheinen der Parteien zur Aufklärung des Sachverhalts unumgänglich erscheint (§ 128 Abs 3 S 5 ZPO); gleichzeitig ist Termin zur mündlichen Verhandlung zu bestimmen. Weder die Anordnung des schriftlichen Verfahrens noch die Aufhebung sind mit Rechtsmitteln angreifbar.

729 Auch ohne Einverständnis der Parteien kann das Gericht von einer Vernehmung von Zeugen absehen und stattdessen nach § 377 Abs 4 ZPO **schriftliche Erklärungen von Zeugen** unter eidesstattlicher Versicherung ihrer Richtigkeit zu Beweisfragen einholen (§ 128 Abs 3 S 4 ZPO).

730 **Anordnung** des schriftlichen Verfahrens

Beschluß

In Sachen ... gegen ...

wird schriftliches Verfahren angeordnet.

Schriftsätze beider Parteien können bis zum ... eingereicht werden.

Dem Beklagten wird aufgegeben, bis zum ... zur Klageschrift vom ... Stellung zu nehmen.

Termin zur Verkündung eines Urteils wird bestimmt auf ...

Verfügung

1. Ausfertigung beiden Parteien mit ZU zustellen, dem Beklagten mit Abschrift der Klageschrift vom ...
2. Wiedervorlage am ... (Klageerwiderung?)

Aufhebung der Anordnung und Terminsbestimmung 731

Beschluß

1. Die Anordnung des schriftlichen Verfahrens wird [*auf Antrag des Klägers/Beklagten*] aufgehoben.
2. Termin zur mündlichen Verhandlung wird anberaumt auf ...
3. Das persönliche Erscheinen der Parteien wird angeordnet.

Der Beschluß ist mit Ladung den Parteien zuzustellen (§ 329 Abs 2 ZPO).

Hinsichtlich der **Fassung, Verkündung und Zustellung des Urteils** gelten die gleichen 732 Grundsätze wie für die Entscheidung im schriftlichen Verfahren im Einverständnis der Parteien (RdNr 724f).

VI. Streitwert- und Kostenfestsetzung

ZPO §§ 3–9, 103–107
ArbGG §§ 11, 61
RpflG § 21 Abs 1 Nr 1
BRAGO §§ 9, 10, 19, 37 Nr 7, 61
GKG §§ 11, 12, 14–26

Der Anspruch der ganz oder überwiegend obsiegenden Partei auf **Erstattung** der ihr 740 entstandenen **Kosten** kann nur aufgrund eines zur Zwangsvollstreckung geeigneten Titels geltend gemacht werden (§ 103 Abs 1 ZPO), in welchem das Gericht entschieden hat, wer die Kosten des Rechtsstreits ganz oder teilweise zu tragen hat. Damit steht die Höhe des Erstattungsanspruch aber noch nicht fest; liegt ein solcher (mindestens vorläufig vollstreckbarer) Titel vor, so muß der Berechtigte außerdem einen Antrag auf Kostenfestsetzung stellen (§ 103 Abs 2 ZPO). Dieser setzt seinerseits voraus, daß die Höhe des Streitwerts feststeht.

1. Festsetzung des Streitwerts

Die Gebühren des Gerichts, der Rechtsanwälte und Rechtsbeistände bemessen sich 741 nach dem **Wert des Streitgegenstands.** Der Wert wird gemäß § 25 GKG für die Berechnung der Kosten vom Gericht festgesetzt, wenn es dies für angemessen hält oder wenn eine Partei oder die Staatskasse die Festsetzung des Streitwerts beantragt. Diese gerichtliche Festsetzung ist auch für die Anwaltsgebühren maßgeblich (§ 9 BRAGO). Eine Festsetzung entfällt, wenn sich der Streitwert ziffernmäßig aus den Anträgen ergibt. Ist der Wert bereits für die Entscheidung über die Zuständigkeit festgesetzt worden (§§ 3–9 ZPO), so ist diese Festsetzung auch für die Gebührenberechnung maßgebend (§ 24 GKG), soweit sich nicht aus dem Gerichtskostengesetz für die Kostenberechnung eine andere Bemessung ergibt (vgl §§ 12, 14–22 GKG).

Im Arbeitsgerichtsverfahren kommt eine Wertfestsetzung für die Zuständigkeit des ersten Rechtszugs nicht in Betracht. Der Streitwert wird dort im Urteil nach dem Wert des durch Urteil erledigten Anspruchs festgesetzt (§ 61 Abs 1 ArbGG).

Soweit sich die Gebühren eines Rechtsanwalts nicht nach dem für die Gerichtsgebühren maßgeblichen Wert richten oder ein solcher Wert fehlt, setzt das Gericht auf Antrag des Anwalts, Auftraggebers oder Gegners den Wert fest (§ 10 BRAGO).

742 **Antrag auf Festsetzung des Streitwerts**
Der Antrag kann zu Protokoll der Geschäftsstelle oder schriftlich von der Partei selbst, auch ohne Mitwirkung eines bevollmächtigten Anwalts, gestellt werden (§ 25 Abs 1 S 2 GKG).

Ich beantrage, den Streitwert festzusetzen, und gebe den Wert mit ... an.

743 Die **Festsetzung des Streitwerts** geschieht nach freiem Ermessen, jedoch sind die gesetzlichen Bemessungsregeln zu beachten (§§ 4–9 ZPO, 14–22 GKG, 11 Abs 7 ArbGG). Festsetzung nach freiem Ermessen bedeutet, daß der wirkliche Wert anzunehmen ist, der aber notfalls zu schätzen ist. Eine Beweisaufnahme (Schätzung durch Sachverständigen) ist nicht ausgeschlossen; der Festsetzungsbeschluß muß dann auch über die Kosten des Gutachtens entscheiden (§ 26 GKG).
In Patentstreitsachen, Streitsachen nach dem Warenzeichen- oder Gebrauchsmustergesetz, nach dem Gesetz gegen den unlauteren Wettbewerb und bei Anfechtungs- und Nichtigkeitsklagen nach dem Aktiengesetz kann der Streitwert der Wirtschaftslage der belasteten Partei angepaßt werden (§ 53 PatG, § 31 a WZG, § 17 a GebrMG, § 23 a UWG, § 247 AktG).

744 **Festsetzung des Streitwerts**

Beschluß

In dem Rechtsstreit ...
wird der Streitwert auf 50900.– DM [*und zwar für den Klageantrag zu 1 auf ..., für den Klageantrag zu 2 auf ... DM usw*][77] festgesetzt.

Gründe:

Gemäß § 19 Abs 3 GKG erhöht sich der Streitwert der Klageforderung von 25500.– DM um den Wert der bestrittenen Hilfsaufrechnungsforderung, soweit eine der Rechtskraft fähige Entscheidung ergeht. Dies ist nur bis zur Höhe des zuerkannten Betrags der Klageforderung, hier also 10200.– DM, der Fall; soweit eine Gegenforderung den zuerkannten Betrag übersteigt, erwächst die Zurückweisung des überschießenden Betrags nicht in Rechtskraft. Andererseits steht das Nichtbestehen weiterer Aufrechnungsforderungen (jeweils bis zur Höhe des zuerkannten Betrags) rechtskräftig fest, soweit der geltendgemachte Anspruch zuerkannt wird. Damit errechnet sich der Streitwert wie folgt:

geltendgemachte Werklohnforderung	25500.– DM
erfolglose Hilfsaufrechnungen:	
– Beschädigung Bürgersteig	5000.– DM
– Mängelbeseitigungskosten iHv 15800.–, davon	10200.– DM
– Schadensersatz wegen verspäteter Fertigstellung iHv 20000.–, davon	10200.– DM
Streitwert insgesamt	50900.– DM

..., den ...
Landgericht, .. Zivilkammer

[77] Die Aufteilung nach Anträgen kann geboten sein, wenn für die Anträge je verschiedene Gebühren angefallen sind oder je verschiedene Bemessungskriterien – zB Hinterbliebenenrente und unbezifferters Schmerzensgeld – in Betracht kommen. Auch kann die Wertfestsetzung für bestimmte Zeiten untergliedert werden, etwa bis und ab Erlaß eines Teilurteils.

Der Beschluß ist den Parteien von Amts wegen formlos mitzuteilen (§ 329 Abs 3 ZPO). Er ist nur bei Änderung der Wertfestsetzung nach Kostenfestsetzung (§ 107 Abs 2 ZPO) und bei Wertfestsetzung nach § 10 BRAGO zuzustellen. Das Verfahren ist gerichtskostenfrei, Kosten werden nicht erstattet, der Rechtsanwalt erhält keine Gebühr (§§ 10 Abs 2 BRAGO, 25 Abs 3 GKG).

Gegen die Festsetzung des Streitwerts im Kosteninteresse ist die **Beschwerde** gegeben: Für die Staatskasse und den Rechtsanwalt aus eigenem Recht (also ausdrücklich in eigenem Namen, vgl § 9 Abs 2 BRAGO) bei zu niedriger Festsetzung, für die Parteien nur bei zu hoher Festsetzung. Die Beschwerdesumme (mehr als 100 DM Unterschiedsbetrag der Kosten) muß erreicht sein (§§ 25 Abs 2 ZPO, 9, 10 BRAGO). 746

2. Kostenfestsetzung

Das **Festsetzungsgesuch** ist bei der Geschäftsstelle des Gerichts des ersten Rechtszugs anzubringen. Eine Abschrift und die erforderlichen Belege sind beizufügen (§ 103 Abs 2 ZPO). Über das Gesuch entscheidet der Rechtspfleger (§ 21 Abs 1 Nr 1 RpflG). Zur Berücksichtigung genügt die Glaubhaftmachung (§ 104 Abs 2 ZPO). Auf Antrag ist nach § 104 Abs 1 Satz 2 ZPO auszusprechen, daß die festgesetzten Kosten von der Anbringung des Gesuchs, im Fall des § 105 Abs 2 von der Verkündung des Urteils ab mit 4% zu verzinsen sind. Dem Rechtsanwalt steht eine Gebühr für das Festsetzungsverfahren (mit Ausnahme des Erinnerungsverfahrens) nicht mehr zu (§ 37 Nr 7 BRAGO). 747

Antrag auf Kostenfestsetzung 748

> Ich beantrage die Festsetzung der von der Gegenpartei aufgrund des vorläufig vollstreckbaren [*rechtskräftigen*] Urteils [*Vergleichs – Beschlusses*] vom ... zu erstattenden Kosten nach untenstehender Berechnung und Erteilung einer vollstreckbaren Ausfertigung des Beschlusses.
> Ich beantrage auszusprechen, daß die festgesetzten Beträge zu verzinsen sind.
> Berechnung: ...
> Weiter entstandene Gerichtskosten bitte ich hinzuzusetzen.

Voraussetzung jeder Kostenfestsetzung ist die **Berechnung der entstandenen Gerichtskosten** durch den Kostenbeamten der jeweiligen Instanz (Kostenansatz, § 4 GKG). In der Anlage 1 zum GKG (Kostenverzeichnis) ist festgelegt, für welche gerichtliche Handlung ein bestimmter Betrag, meist aber ein bestimmter Gebührensatz geleistet werden muß, dessen betragsmäßige Höhe sich in Abhängigkeit vom Streitwert aus § 11 Abs 2 GKG ergibt (vgl dazu die Gebührentabelle Anhang II). 749

Kostenrechnung
in der Zivilsache ... gegen ...
Geschäftsnummer ...

Sollstellung der Gerichtskasse:
......

Blatt dA	Gegenstand	Wert DM	KV Nr	zu erheben DM
1	Prozeßverfahren erster Instanz, Verfahren im allgemeinen	2000.–	1010	69.–
25	Urteil	2000.–	1016	138.–
	Schreibauslagen		1900	–,–
18	Zeugenentschädigung		1904	145.–
	Sachverständigenentschädigung		1904	–,–
5, 8, 13, 17	Zustellungen		1902	24.–
–	sonstige Auslagen			–,–
			zusammen	376.–
			abzüglich Vorschüsse Kläger	169.–
			Beklagter	150.–
			noch zu zahlen	57.–

Kostenschuldner: Beklagter

750 **Kostenfestsetzungsbeschluß**

... gericht ... ... (Datum)
Geschäftsnummer: ...

Kostenfestsetzungsbeschluß

im Rechtsstreit
... – Kläger/Antragsteller –
Prozeßbevollmächtigter: Rechtsanwalt ...
gegen ... – Beklagter/Antragsgegner –
Prozeßbevollmächtigter: Rechtsanwalt ...
Aufgrund des rechtskräftigen [*gegen Sicherheitsleistung von ... DM – vorläufig – vollstreckbaren*] Urteils [*Beschlusses, Vergleichs*] des Amts- [*Land-, Oberlandes-, Bundes-*]gerichts [*-hofs*] in ... vom ...
sind von de. Beklagte. [*Kläger..*] [*als Gesamtschuldner*]
an Kosten DM ..., in Buchstaben: Deutsche Mark: ... [*zuzüglich 4% Zinsen jährlich seit...*] an d. Kläger.. [*Beklagte.*] zu erstatten.
Die Berechnung ist beigefügt [*bereits übersandt*]. Zugesetzt wurden DM ... Gerichtskosten. [*Beigefügt ist die Begründung für Absetzungen/die Ausgleichung*].
De. Beklagte. [*Kläger..*] hat das Gericht gestattet, die Zwangsvollstreckung durch Leistung einer Sicherheit in Höhe von DM ... abzuwenden, wenn nicht d.. Kläger.. [*Beklagte.*] vor der Vollstreckung Sicherheit in gleicher Höhe leistet.

...
Rechtspfleger

Vfg

751 1. Ausfertigung[78] des Beschlusses mit Abschrift der anliegenden Kostenberechnung vom ... zustellen an den Beklagten [*Kläger*] [-vertreter].

[78] Die Ausfertigung für den Schuldner enthält folgende Hinweise:
1. Der geschuldete Betrag ist nur an den Berechtigten, nicht an die Gerichtskasse zu zahlen.
2. Die Annahme einer Sicherheitsleistung ist bei der Hinterlegungsstelle eines Amtsgerichts in zwei Stücken zu beantragen; dabei ist eine Abschrift der gerichtlichen Entscheidung vorzulegen, in der die Sicherheitsleistung angeordnet oder zugelassen ist. Der Betrag der Sicherheit ist dann bei der zugehörigen Gerichtskasse oder -zahlstelle einzuzahlen.
3. Der Berechtigte kann aus diesem Beschluß die Zwangsvollstreckung betreiben, wenn die festge-

2. Nach Rückkunft der Zustellungsurkunde/Empfangsbekenntnis zu 1 vollstreckbare Ausfertigung[79] dem Kläger [*Beklagten*] [-vertreter] übersenden [*zustellen*][80]
..., den ... ..., Rechtspfleger

Bei der **vereinfachten Kostenfestsetzung** nach § 105 ZPO kann der Kostenfestsetzungsbeschluß auf das Urteil gesetzt werden, wenn bei der Anbringung des Gesuchs eine Ausfertigung des Urteils noch nicht erteilt ist. Ein besonderer Antrag ist entbehrlich, wenn vor der Verkündung des Urteils eine Kostenberechnung eingereicht wird. Der Rechtspfleger erstellt wie üblich eine Kostenrechnung und setzt den Betrag der außergerichtlichen Kosten des Antragstellers hinzu. Den Parteien ist der festgesetzte Betrag mitzuteilen, dem Gegner des Antragstellers mit einer Abschrift der Kostenberechnung. 752

Auf das Urteil wird folgender Vermerk gesetzt: 753

Beschluß
Die von d.. ... an d.. ...
zu erstattenden Kosten
werden auf DM ... festgesetzt.
..., den ... 19..
...
Rechtspfleger

Mitteilung an den Verpflichteten 754

In dem Rechtsstreit
... gegen ...
haben Sie [*hat ihr Auftraggeber*] [*als Gesamtschuldner*] DM ... Kosten an ... zu erstatten. Der Rechtspfleger hat diesen Betrag mit Beschluß vom ... festgesetzt; der Beschluß ist nach § 105 ZPO auf das Urteil gesetzt worden. Der Betrag ist an den Berechtigten, nicht an die Gerichtskasse zu zahlen. Eine Abschrift der Kostenrechnung des Gegners liegt bei.

Sind die Prozeßkosten nach Quoten verteilt worden (§ 92 ZPO), so muß der Rechtspfleger den **Kostenausgleich** vornehmen, sobald eine Partei die Festsetzung beantragt. Er fordert zunächst den Gegner auf, die Berechnung seiner Kosten in zwei Stücken nebst den Belegen binnen einer Woche einzureichen. Nach fruchtlosem Ablauf der Frist werden die Kosten ohne Rücksicht auf die Kosten des Gegners festgesetzt. Reicht der Gegner seine Kostenberechnung ein, so ergeht ein Kostenfestsetzungsbeschluß mit Ausgleichung. 755

---

setzten Kosten nicht innerhalb einer Woche seit der Zustellung dieses Beschlusses an ihn gezahlt sind.

4. *Ist die zugrundeliegende gerichtliche Entscheidung nur gegen eine Sicherheit vorläufig vollstreckbar, muß der Berechtigte vor Beginn der Zwangsvollstreckung nachweisen, daß er die Sicherheit geleistet hat oder daß die gerichtliche Entscheidung rechtskräftig geworden ist.*

[79] Sie enthält zusätzlich folgende Klausel:
Vorstehende Ausfertigung wird d.. zum Zweck der Zwangsvollstreckung erteilt. Eine Ausfertigung des Beschlusses ist d.. ... zu Händen von Rechtsanwalt ... am ... zugestellt worden. Die Zwangsvollstreckung darf frühestens eine Woche nach diesem Tag beginnen (§ 798 ZPO).

[80] Zustellung an den Kostengläubiger ist dann erforderlich, wenn seinen Anträgen nicht voll entsprochen wurde (§ 104 Abs 1 Satz 3 ZPO).

756 1. Ausgleichung als **Anlage zum Kostenfestsetzungsbeschluß** der üblichen Art (vgl RdNr 750)

I. Gerichtskosten[81]

Sie betragen		376.— DM		
Davon tragen:	1/10 d. Kläg	37.60 DM	9/10 d. Bekl	338,40 DM
Gezahlt haben:	Kl	169.— DM	Bekl	150.— DM
Zuviel gezahlt haben:	Kl	131.40 DM	Bekl	–.— DM

Der Überschuß d.. Kläger.. [*Beklagte*.] in Höhe von 131.40 DM ist für die von de. Beklagte. [*Kläger*..] zu zahlenden Gerichtskosten verrechnet und d.. Kläger.. [*Beklagte*.] zu erstatten.

II. Außergerichtliche Kosten

a) Kläger		430.20 DM		(abgesetzt sind die Reisekosten des Klägers zum Termin vom ... in Höhe von ... DM, weil er durch einen Anwalt vertreten, sein persönliches Erscheinen nicht angeordnet und nicht erforderlich war)	
b) Beklagter		430.20 DM		(abgesetzt sind Kosten von Fotokopien von DM 23.–; da sich die Originale in der vom Gericht beigezogenen Beiakte befinden, war die nachträgliche Einreichung von Kopien überflüssig)	
insgesamt:		860.40 DM			
Davon tragen:	1/10 d. Kl		86.04 DM	9/10 d. Bekl	774.36 DM
Eigene Kosten:	Kl		430.20 DM	Bekl	430.20 DM
Zu erstatten	an [*von*] Kl		343.80 DM	[*an*] von Bekl	344.15 DM

III. Zusammenstellung	Betrag zu I.:	131.40 DM	
	Betrag zu II.:	343.80 DM	
		475.20 DM	sind von d.. Beklagte. [*Kläger*..] an d.. Kläger.. [*Beklagte*.] zu erstatten.

---

[81] Vgl die Kostenrechnung RdNr 749.

757 2. Ausgleichung **in den Gründen eines Kostenfestsetzungsbeschlusses** (hier: zwei Instanzen).

Amtsgericht Goslar, den 15. Juli 19..

Beschluß

in Sachen ...

Nach den Urteilen des Amtsgerichts Goslar vom 31. Januar 19.. und des Landgerichts Braunschweig vom 14. Juli 19.. werden die von dem Beklagten an die Klägerin zu erstattenden Kosten auf 2060.66 DM (iW ...) festgesetzt. Die Urteile sind rechtskräftig.

Gründe

I. Von den Kosten des ersten Rechtszugs trägt die Klägerin $^{1}/_{15}$ und der Beklagte $^{14}/_{15}$.

Klägerin hat laut Kostenrechnung vom ... geltend gemacht	1291.73 DM	
Davon sind als nicht entstanden abzusetzen: die Fernsprechgebühren, die in Höhe von nicht glaubhaft gemacht sind.	52.— DM	
Verbleiben	1239.73 DM	
Hinzuzusetzen sind weitere von der Klägerin erforderte Gerichtskosten	179.49 DM	
Die gesamten ausgleichsfähigen Kosten der Klägerin im ersten Rechtszug betragen also		1419.22 DM
Beklagter hat laut Kostenrechnung vom ... geltend gemacht	654.08 DM	
Davon sind abzusetzen für Zustellungskosten der einstweiligen Verfügung, die dort bereits festgesetzt sind	9.39 DM	
so daß zugunsten des Beklagten verbleiben		644.69 DM
Die gesamten ausgleichsfähigen Kosten der Parteien im ersten Rechtszug betragen somit		2063.91 DM
Davon trägt die Klägerin $^{1}/_{15}$, mithin		137.59 DM
und der Beklagte $^{14}/_{15}$, mithin		1926.32 DM
Da der Beklagte diesem auf ihn entfallenden Anteil von		1926.32 DM
nur eigene Kosten im Betrag von		644.69 DM
entgegenstellen kann, so hat er für den ersten Rechtszug an die Klägerin zu erstatten.		1281.63 DM
Hinzutreten die Kosten der Zwangsvollstreckung[82] aus dem Urteil des Amtsgerichts, die der Beklagte allein zu tragen hat, im Betrag von		229.36 DM
Die vom Beklagten an die Klägerin zu erstattenden Kosten des ersten Rechtszuges einschließlich der bisher durch die Zwangsvollstreckung entstandenen Kosten betragen		1510.99 DM
II. Die Kosten des zweiten Rechtszugs hat der Beklagte allein zu tragen.		
Die Klägerin macht laut Kostenrechnung vom ... an Kosten des zweiten Rechtszugs geltend		549.67 DM
Somit hat der Beklagte für beide Rechtszüge insgesamt zu erstatten.		2060.66 DM

(Rechtspfleger)

Verfügung dazu wie RdNr 751.

[82] BGH NJW 82, 2070, NJW 86, 2438, JurBüro 86, 1185, NJW-RR 88, 186, BAG MDR 83, 611; nach aA ist zu deren Festsetzung nur das Vollstreckungsgericht zuständig, OLG Hamm MDR 83, 674, OLG München MDR 83, 586, JurBüro 86, 1568.

3. Festsetzung der Rechtsanwaltskosten

BRAGO §§ 18, 19, 61, 37 Nr 7, 128, 131 ff
BerHG §§ 8, 9
ZPO § 104
RpflG § 21
Bestimmungen über die Festsetzung der aus der Staatskasse zu gewährenden Vergütung der Rechtsanwälte[83] v. 18. 12. 1980
VO zur Einführung von Vordrucken im Bereich der Beratungshilfe v 2. 1. 1981 (BGBl 81 I 26)

758 a) Die gesetzliche **Vergütung** des Rechtsanwalts wird **gegenüber** der **eigenen Partei** auf seinen oder des Auftraggebers Antrag durch den Rechtspfleger festgesetzt, wenn die Vergütung fällig ist. Der Rechtspfleger muß die Beteiligten hören. Dies geschieht durch Zustellung des Antrags und der Berechnung, die der Vorschrift des § 18 BRAGO entsprechen muß, mit dem Hinweis, daß auf Einwände der Partei, die nicht im Gebührenrecht begründet sind, der Antrag zurückgewiesen wird, der frühere Prozeßbevollmächtigte seine Rechte aber immer noch durch eine Gebührenklage geltend machen kann.
Erhebt der Zahlungspflichtige Einwendungen oder Einreden, die ihren Grund nicht im Gebührenrecht haben, so unterbleibt insoweit die Festsetzung; der Rechtspfleger weist den Antrag zurück, indem er die Beteiligten auf den Rechtsweg verweist.[84] Getilgte Beträge sind abzusetzen.
Der Rechtsanwalt kann beantragen, daß ihm 4% Zinsen seit Anbringung des Gesuchs zugesprochen werden (§§ 104 Abs 1 Satz 2 ZPO, 19 Abs 2 Satz 4 BRAGO).
Das Verfahren ist gebührenfrei. Der Rechtsanwalt erhält im Festsetzungsverfahren (außer dem Erinnerungs- und Beschwerdeverfahren, § 61 BRAGO) keine Gebühr (§§ 19 Abs 2 Satz 4 und 5, 37 Nr 7 BRAGO); läßt sich eine Partei in dem Festsetzungsverfahren gegen ihren früheren Prozeßbevollmächtigten durch einen anderen Anwalt vertreten, können dessen Kosten nicht nach §§ 103 ff iVm § 91 ff ZPO festgesetzt werden.[85]

759 **Festsetzungsbeschluß:**

Amtsgericht — Goslar, den ...

Beschluß

in Sachen (Rubrum des Verfahrens, in welchem die Vertretung erfolgte)
Auf Antrag des Rechtsanwalts Dr Fechter in Goslar vom ... werden gemäß § 19 der Gebührenordnung für Rechtsanwälte die von dem Beklagten ... an den Rechtsanwalt Dr. Fechter in Goslar zu erstattenden Kosten auf ... DM ... Pf (iW ...) [*nebst 4% Zinsen seit* ...] festgesetzt.
Abschrift der Kostenrechnung vom ... ist dem Kläger [*Gläubiger – Antragsteller – Beklagten – Schuldner – Antragsgegner*] am ... zugestellt worden. Der Beschluß ist vollstreckbar. Gegen diesen Beschluß kann binnen einer Notfrist von zwei Wochen, die mit der Zustellung des Beschlusses beginnt, Erinnerung eingelegt werden.

(Rechtspfleger)

Verfügung dazu wie RdNr 751, jedoch ist die vollstreckbare Ausfertigung dem Anwalt zu übersenden.

---

[83] Piller-Hermann Nr. 10c.
[84] Die Einwendung muß schlüssig und darf nicht offensichtlich unrichtig sein (OLG Frankfurt, Rpfleger 56, 138, JurBüro 72, 412, OLG Düsseldorf Rpfleger 56, 180; OLG Celle AnwBl 64, 21 = NdsRpfl 63, 253, OLG Stuttgart JurBüro 76, 331).
[85] BVerfG NJW 77, 145; vgl auch Bank NJW 77, 1626.

(Stempel des Rechtsanwalts, PS- und Bankkonten)

	05 04 – 536 02	19	

zu 760

In dem Rechtsstreit

Kläger [1])

An das

☐ Amtsgericht

☐ Landgericht

☐ Oberlandesgericht

Geschäftsnummer

gegen

Beklagter [1])

beantrage ich, die nachstehenden Gebühren und Auslagen festzusetzen.

☐ Ich versichere, daß die Auslagen unter Nr. 6a während meiner Beiordnung entstanden sind.

Vorschüsse und sonstige Zahlungen (§ 129 BRAGO) habe ich	☐ nicht	☐ in Höhe von DM
erhalten [2]). Aus der Staatskasse habe ich Vorschüsse (§ 127 BRAGO)	☐ nicht	☐ in Höhe von DM
erhalten. Gebühren für die Beratungshilfe (§ 132 BRAGO) habe ich erhalten.	☐ nicht	☐ in Höhe von DM

☐ Ich versichere, daß sich der Antragsgegner mit der Zahlung der Vergütung in Verzug (§ 36 a BRAGO) befindet.

☐ Weitere Begründung auf besonderem Blatt (zweifach).

Datum, Unterschrift des Rechtsanwalts

Kostenberechnung (nach BRAGO)

(Urschrift)

	Gegenstandswert in DM	Vergütung nach §§ 121, 123 DM	Regelvergütung §§ 11, 124 DM	festzusetzen auf DM
1. Prozeßgebühr (§ 31 Abs. 1 Nr. 1)				
2. Verhandlungs-/Erörterungsgebühr (§ 31 Abs. 1 Nr. 2 bzw. Nr 4)				
3. Beweisgebühr (§ 31 Abs. 1 Nr. 3)				
4. Vergleichsgebühr (§ 23)				
5. Prozeßgebühr (§ 32 Abs. 2) – § 13 Abs. 3 ist beachtet –				
6. Postgebühren (§ 26) a) Einzelberechnung				
b) Pauschsatz				
7.				
8.				
Summe				
9. Erhobene Umsatzsteuer (§ 25 Abs. 2) hierzu				
Summe				
Davon ab Vorschüsse und sonstige Zahlungen (ggf. soweit anzurechnen, §§ 129, 132 Abs. 2)				
Zu zahlender Betrag				
Anspruch auf weitere Vergütung nach Maßgabe des § 124 bis zur Höhe von				

Auszahlungsanordnung

(Urschrift)

DM	In Buchstaben: Deutsche Mark

sind nach umstehender Festsetzung zu zahlen und wie oben angegeben zu buchen. Durchschrift der Auszahlungsanordnung ist zu den Sachakten genommen. Frühere Auszahlungsanordnung:

Die Wiedereinziehung von dem ☐ ist veranlaßt. ☐ wird nach Rechtskraft veranlaßt.

☐ unterbleibt wegen Unvermögens des Schuldners.

Ort und Datum — Unterschrift und Amtsbezeichnung

Sachlich und rechnerisch richtig.

An die Landesjustizkasse 6000 Frankfurt am Main	(Zahlungsbeweis)	Betrag erhalten:
		Datum
(Eingangsstempel der LJK)		Unterschrift

zu 760

☐ Amtsgericht ☐ Landgericht ☐ Oberlandesgericht

Datum

Festsetzung
(Durchschrift)

Die dem u. g. RA aus der Landeskasse zu zahlende ☐ Vergütung ☐ weitere Vergütung nach § 124 BRAGO wird

festgesetzt auf ______ DM ______ in Buchstaben: Deutsche Mark

Klagegrund [3]: ______ Dem ______ ist

mit Beschluß vom ______ Prozeßkostenhilfe (Pkh) ☐ mit Zahlungsbestimmung ☐ ohne Zahlungsbestimmung für die ☐ ___ Instanz

☐ Zwangsvollstreckung mit Wirkung vom ______ bewilligt und der u. g. RA beigeordnet worden.

☐ Dieser hat versichert, daß sich der Antragsgegner mit der Zahlung der Vergütung in Verzug (§ 36 a BRAGO) befindet.

Es ist am ______

☐ Endurteil ☐ verfahrenbeendender Beschluß ☐ Versäumnisurteil [4] ☐ Anerkenntnisurteil [4] ergangen.

☐ ein Vergleich geschlossen ☐ die Bewilligung der Pkh aufgehoben worden.

☐ die Klage ☐ der Antrag ☐ die Berufung zurückgenommen worden.

☐ Der Rechtsstreit ruht seit dem ______.

Ausgang des Rechtsstreits im Kostenpunkt: ______

☐ Die Notwendigkeit der Reise am ______ ist durch gerichtlichen Beschluß vom ______ festgestellt worden.

☐ Dem Prozeßgegner ☐ Dem Streitgenossen ist Pkh ☐ mit Zahlungsbestimmung ☐ ohne Zahlungsbestimmung ☐ nicht. bewilligt. ☐ bewilligt.

☐ Berechnung der Vergütung nach § 124 BRAGO [5]:

☐ Das vorgenannte Urteil ist rechtskräftig ☐ Das Verfahren ist in sonstiger Weise beendet seit ______

Von der Partei und dem Gegner wurden insgesamt eingezogen: ______ DM

☐ Die von der Partei zu zahlenden Beträge sind beglichen.

☐ Die Zwangsvollstreckung in das bewegliche Vermögen der Partei ☐ ist erfolglos geblieben. ☐ erscheint aussichtslos.

Gesamtbetrag der Kosten und Ansprüche nach § 122 Abs. 1 Nr. 1 ZPO: ______ DM

Für eine weitere Vergütung nach § 124 BRAGO stehen somit zur Verfügung: ______ DM

Der Rechtsanwalt kann nach umseitiger Berechnung gem. § 124 BRAGO noch beanspruchen: ______ DM

Als weitere Vergütung können somit festgesetzt werden [6]: ______ DM

Begründung für Absetzungen:

______ als Urkundsbeamter der Geschäftsstelle
Unterschrift und Amtsbezeichnung

Anmerkungen:

1) Name, Beruf und Wohnort der Parteien (auch der Streitgenossen) - ohne Prozeßbev. - Bei zweitinstanzlichen Sachen ist außerdem die Parteirolle in der Berufungsinstanz (z. B. Berufungskläger, Berufungsbeklagter) anzugeben.

2) Angabe aller Zahlungen der Partei oder eines Dritten; es ist zweckmäßig, eine Nichtanrechnung kurz zu begründen.

3) Z. B. »Kauf«, »Unterhalt«, »Ehescheidung«; allgemeine Angaben wie »Forderung« genügen nicht.

4) Ist gleichwohl die volle Verhandlungsgebühr festgesetzt, so ist die Zulässigkeit neben dem Ansatz kurz zu begründen, z. B. »streitig verh.«.

5) Nur ausfüllen bei Festsetzung einer weiteren Vergütung nach § 124 BRAGO

6) Waren mehrere RAe beigeordnet, ist § 124 Abs. 4 BRAGO zu beachten.

zu 761

(Stempel des Rechtsanwalts, PS- und Bankkonten)

	05 04 – 536 02	19	

In der Zeit vom/Am ______

habe ich Beratungshilfe gewährt Herrn/Frau

(Name, Vorname, Straße, Hausnummer, PLZ, Wohnort)

Geschäftsnummer

An das
Amtsgericht

Ich beantrage, nachstehend berechnete Gebühren und Auslagen festzusetzen, deren Entstehung ich versichere.

☐ Berechtigungsschein ☐ Antrag auf Nachträgliche Bewilligung der Beratungshilfe ist beigefügt.

☐ Über die in § 8 Abs. 1 Beratungshilfegesetz bestimmte Gebühr hinaus habe ich Zahlungen von einem Dritten erhalten in Höhe von DM ______.

☐ Als Erstattungspflichtiger (§ 9 BeratungshilfeG) kommt in Betracht: ______

☐ Die Beratung ist in ein gerichtliches/behördliches Verfahren in meinem Mandat übergegangen bei

Gericht/Behörde ______ Ort ______ Geschäftsnummer ______

Datum, Unterschrift

Kostenberechnung

(Urschrift)

	Beantragter Betrag (DM)	Festzusetzender Betrag (DM)
1. Gebühr gem. § 132 Abs. 1 BRAGO (Rat, Auskunft)		
2. Gebühr gem. § 132 Abs. 2 BRAGO (Tätigkeit gem. § 118 BRAGO)		
3. Gebühr gem. § 132 Abs. 3 BRAGO (Vergleich, Erledigung)		
4. Post-, Telegrafen-, Fernsprech- und Fernschreibgebühren (§§ 26, 126, 133 BRAGO) a) Einzelberechnung		
b) Pauschsatz		
5. Schreibauslagen (§§ 27, 126, 133 BRAGO)		
6. ______		
Summe		
7. Umsatzsteuer (§ 25 Abs. 2 BRAGO)		
Summe		
Davon ab Zahlungen gem. § 9 Beratungshilfegesetz		
Zu zahlender Betrag		

Auszahlungsanordnung

(Urschrift)

DM	in Buchstaben: Deutsche Mark

sind nach umstehender Festsetzung zu zahlen und wie oben angegeben zu buchen. Durchschrift und Auszahlungsanordnung ist zu den Sachakten genommen. Frühere Auszahlungsanordnung: ______

Die Wiedereinziehung von dem ______ ☐ ist veranlaßt. ☐ wird nach Rechtskraft veranlaßt.

☐ unterbleibt wegen Unvermögens des Schuldners.

Ort und Datum ______ Unterschrift und Amtsbezeichnung ______

Sachlich und rechnerisch richtig.

An die
Landesjustizkasse
6000 Frankfurt am Main

(Eingangsstempel der LJK)

(Zahlungsbeweis)

Betrag erhalten:

Datum

Unterschrift

zu 761

Amtsgericht

Datum

Festsetzung
(Durchschrift)

Die dem RA ______________________________ aus der Staatskasse zu zahlenden Gebühren und Auslagen werden
DM In Buchstaben: Deutsche Mark

festgesetzt auf __________ ______________________________

Herrn/Frau ______________________________ ist durch Beschluß vom __________

Beratungshilfe bewilligt worden. Die Tätigkeit des vorgenannten Rechtsanwalts bestand in ______________________________

Die Rechtssache ist beendet worden durch

☐ Vergleich. Erledigung. ☐ ______________________________

☐ Die Notwendigkeit der Reise am __________ ist durch gerichtlichen Beschluß vom __________ festgestellt worden.

Ein ersatzpflichtiger Gegner ist ☐ vorhanden. ☐ nicht vorhanden.

Dem ersatzpflichtigen Gegner ist ☐ nicht ☐ ebenfalls Beratungshilfe bewilligt worden.

Begründung von Absetzungen:

____

______________________________ als Urkundsbeamter der Geschäftsstelle
Unterschrift und Amtsbezeichnung

760 b) Die Kostenberechnung des im Weg der **Prozeßkostenhilfe** beigeordneten Rechtsanwalts[86] ist auf dem durch die Vereinbarung der Länder über die Festsetzung der aus der Staatskasse zu gewährenden Vergütung für Rechtsanwälte eingeführten Vordruck (s S 277) zweifach einzureichen. Auf der Rückseite des Formulars (s S 278) erfolgt die Festsetzung durch den Urkundsbeamten der Geschäftsstelle des ersten Rechtszug (§ 128 BRAGO).

761 c) Die Gebühren für seine Tätigkeit im Rahmen der **Beratungshilfe**[87] werden von dem Urkundsbeamten der Geschäftsstelle des Amtsgerichts festgesetzt, das den Berechtigungsschein erteilt hat oder im Fall nachträglicher Bewilligung für den Kanzleiort des Anwalts zuständig ist (§§ 133, 128 BRAGO). Der Antrag ist auf dem durch die Verordnung vom 2. 1. 1981 eingeführten **Vordruck** auf Zahlung einer Vergütung für gewährte Beratungshilfe zu stellen (§ 1 Abs 2 der VO; s S 279); die Festzsetzung erfolgt auf der Rückseite (s oben).

---

[86] Vgl RdNr 150ff, 181.
[87] Vgl RdNr 190ff, 199.

4. Rechtsmittel gegen die Festsetzung von Kosten und Gebühren

ZPO § 104 Abs 3
BRAGO §§ 19, 61
RpflG § 21
GKG Nr 1181 KV

a) Gegen den **Kostenfestsetzungsbeschluß** nach §§ 103ff ZPO, 19 BRAGO ist die befristete Erinnerung gegeben, die innerhalb einer Notfrist von zwei Wochen seit Zustellung einzulegen ist (§§ 21 Abs 2 S 1 RpflG, 104 Abs 3 ZPO). Der Rechtspfleger kann der Erinnerung abhelfen. Hilft er nicht ab, so entscheidet der Richter, wenn er die Erinnerung für zulässig und begründet hält, oder wenn gegen die Entscheidung des Rechtspflegers, falls sie der Richter erlassen hätte, kein Rechtsmittel gegeben wäre (§ 21 Abs 2 S 3 RpflG). Beschwerde ist nämlich nur zulässig, wenn der Beschwerdewert 100 DM übersteigt (§ 567 Abs 2 ZPO). Sonst legt der Richter die Erinnerung dem Rechtsmittelgericht zur Entscheidung vor. Gegen die Entscheidung des Richters ist die sofortige Beschwerde nach § 104 Abs 3 S 5 ZPO gegeben. 762

Erinnerung 763

In dem Rechtsstreit ...
Aktenzeichen ...
erhebe ich gegen den Kostenfestsetzungsbeschluß vom ..., zugestellt am ...

Erinnerung.

Ich beantrage,
unter Änderung des Kostenfestsetzungsbeschlusses die von dem ... zu erstattenden Kosten auf ... DM festzusetzen [*die ... kosten in Höhe von ... DM abzusetzen*].
Begründung: ...

Nach Anhörung des Gegners (falls die Erinnerung nicht ohne weiteres als unzulässig oder unbegründet erachtet wird) entscheidet der Richter: 764

Beschluß

In dem Rechtsstreit ... (wie Rubrum des Titels)
wird auf die am 8. April 19.. eingegangene Erinnerung des Klägers der am 5. April 19.. zugestellte Kostenfestsetzungsbeschluß vom 4. April 19.. geändert.
Die von dem Beklagten an den Kläger zu erstattenden Kosten werden anderweit auf 508.35 DM nebst 4% Zinsen seit ... festgesetzt.
Die Entscheidung ist gebührenfrei. Außergerichtliche Kosten trägt der Beklagte.

Gründe

Die rechtzeitig eingelegte Erinnerung des Klägers ist begründet.
Zu den Kosten des Rechtsstreits, die dem Beklagten auferlegt worden sind, gehören auch die Kosten des vorangegangenen Beweissicherungsverfahrens (§ 485 ZPO), denn dieses Verfahren ist vorweggenommener Teil der Beweisaufnahme des Hauptrechtsstreits. Die Kosten der Beweissicherung können deshalb aufgrund der Kostenentscheidung des Hauptprozesses festgesetzt werden (BGHZ 20, 4, 15). Die Sicherung des Beweises war auch zur zweckentsprechenden Rechtsverfolgung notwendig (§ 91 ZPO), denn die dem Zeugen im Beweissicherungsverfahren vorgelegte Beweisfrage war für die Entscheidung des Rechtsstreits erheblich. Das ergibt sich aus den Entscheidungsgründen des Urteils. Daß der Kläger schließlich noch andere Zeugen für dieselbe Beweisfrage benennen konnte und das Gericht das Ergebnis der Beweissicherung aus diesem Grund seiner Entscheidung nicht mehr zugrunde zu legen brauchte, schließt die Erstattungsfähigkeit nicht aus.

Zu den Kosten des Beweissicherungsverfahrens gehören die vom Kläger verauslagten Gerichtskosten in Höhe von 51 DM und die Reisekosten des Klägers zur Wahrnehmung des Beweistermins mit 70 DM. Die Anwesenheit des Klägers im Beweistermin war zur zweckentsprechenden Rechtsverfolgung notwendig (§ 91 ZPO).
Die vom Beklagten zu erstattenden Kosten erhöhen sich deshalb auf 508.35 DM. Die Entscheidung über die außergerichtlichen Kosten beruht auf § 91 ZPO.
..., den ... (Richter am Amtsgericht)

Die Entscheidung ist dem Unterlegenen oder teilweise Unterlegenen nach Maßgabe des § 104 Abs 1 Satz 3 und 4 ZPO zuzustellen, sonst formlos zu übersenden.
Der Rechtsanwalt erhält eine 5/10 Gebühr nach § 61 Abs 1 Nr 2, Abs 2 BRAGO für Erinnerungs- oder Beschwerdeverfahren, für beide jedoch nur einmal. Das Erinnerungsverfahren ist gerichtsgebührenfrei, im Beschwerdeverfahren entsteht eine Gerichtsgebühr nach Nr 1181 KV im Fall der Verwerfung oder Zurückweisung.

765 b) Gegen die **Festsetzung** der einem Rechtsanwalt von der Staatskasse zu zahlenden **Gebühren** für Tätigkeiten der **Prozeßkosten-** und **Beratungshilfe** können der Rechtsanwalt und die Staatskasse schriftlich oder zu Protokoll der Geschäftsstelle ohne Mitwirkung eines Rechtsanwalts Erinnerung einlegen. Über sie entscheidet das Gericht des ersten Rechtszugs, bei dem die Vergütung festgesetzt ist, durch Beschluß (§§ 128 Abs 3, 10 Abs 4, 133 BRAGO). Übersteigt der Beschwerdegegenstand, also die Differenz zwischen der festgesetzten und der vom Erinnerungsführer für angemessen erachteten Gebühren, 100 DM, ist die Beschwerde zulässig; auch sie kann schriftlich ohne Anwalt eingereicht oder zu Protokoll erklärt werden, eine weitere Beschwerde findet nicht statt (§§ 128 Abs 4, 10 Abs 3 S 2, 4, Abs 4, 133 BRAGO). Die Verfahren sind gebührenfrei, Kosten werden nicht erstattet.

9. Kapitel: Vorläufiger Rechtsschutz

I. Arrest

Schriftum:
Dunkel-Moeller-Baur-Feldmeier-Wetekamp, Handbuch des vorläufigen Rechtsschutzes, 1988
Gießler, Vorläufiger Rechtsschutz in Ehe-, Familien- und Kindschaftssachen, 1987
Leipold, Grundlagen des einstweiligen Rechtsschutzes, 1971
Tempel, Mustertexte zum Zivilprozeß, Bd II 2. Aufl 1981

1. Allgemeines

Der **Arrest** soll die künftige Zwangsvollstreckung wegen einer Geldforderung oder 770
eines **Anspruchs**, der in eine Geldforderung übergehen kann (§ 916 ZPO), sichern. Der Anspruch kann betagt oder bedingt sein; die Möglichkeit des Eintritts der Bedingung darf jedoch nicht allzu entfernt sein (§ 916 Abs 2 ZPO).

Neben dem Arrestanspruch muß noch ein **Arrestgrund** vorliegen, nämlich die Ge- 771
fährdung des Anspruchs (§ 917 ZPO): Besorgnis der erheblichen Erschwerung oder Vereitelung der Zwangsvollstreckung ohne die Verhängung des Arrests, wie zB konkrete Anhaltspunkte, daß der Schuldner sein Vermögen dem Gläubigerzugriff entziehen werde; allein die Verschlechterung der wirtschaftlichen Lage des Schuldners und die Konkurrenz anderer Gläubiger reichen nicht aus,[1] ebensowenig ein vertragswidriges Verhalten oder eine gegen das Vermögen des Antragstellers gerichtete unerlaubte Handlung, es sei denn es bestehe Wiederholungsgefahr.[2] Stets genügt, daß die Vollstreckung im Ausland erfolgen müßte (§ 917 Abs 2 ZPO).

Anspruch und Arrestgrund müssen **glaubhaft** gemacht werden (§ 920 Abs 2 ZPO).

Zuständig ist das Gericht der Hauptsache oder – ohne Rücksicht auf den Streitwert 772
und auch in Arbeitsgerichtssachen – das Amtsgericht, in dessen Bezirk sich der mit Arrest zu belegende Gegenstand oder die in ihrer Freiheit zu beschränkende Person befindet (§ 919 ZPO).

Der **dingliche** Arrest wird in das Vermögen des Schuldners ausgebracht, der seltene 773
persönliche Arrest gegen die Person des Schuldners in Form einer bis zur Haft gehenden Freiheitsbeschränkung.

---

[1] BGH VersR 75, 763, RGZ 67, 26, Buciek NJW 87, 1063; aA Stein-Jonas § 916 I 1, Grunsky NJW 76, 553.
[2] OLG Düsseldorf NJW-RR 86, 1192.

2. Dinglicher Arrest

ZPO §§ 916, 917, 919–923, 928–932, 934
RpflG § 20 Nr 14–16
GKG §§ 11, 49, KV Nr 1050–1057
ArbGG §§ 62 Abs 2, 85 Abs 2
BRAGO §§ 40, 59

774 **Antrag**

Der Arrestantrag (§ 920 ZPO) kann vor der Geschäftsstelle zu Protokoll erklärt oder – ohne Anwaltszwang –[3] von der Partei schriftlich gestellt werden. Er muß den Arrestanspruch unter Angabe des Geldbetrags (oder -werts) angeben, den Arrestgrund bezeichnen, Anspruch und Grund glaubhaft machen sowie den Arrestgegenstand anführen, soweit aus dessen Belegenheit die Zuständigkeit des angerufenen Gerichts hergeleitet wird. Außerdem ist der Antragsgegner anzugeben.[4]

Antrag auf Erlaß eines dinglichen Arrests

... – Antragsteller –

gegen

... – Antragsgegner –

Der Antragsgegner schuldet mir aus Werkvertrag noch 1200 DM. Ich habe für ihn einen Umbau ausgeführt, für den der genannte Betrag zu zahlen ist.

Zur Glaubhaftmachung überreiche ich den Vertrag vom 20. Mai 19.. und die Schlußabrechnung vom 20. Dezember 19.. sowie die Mahnung vom 24. Januar 19..

Der Antragsgegner hat auch Zahlung versprochen, sein Versprechen aber nicht gehalten. Er hat jetzt, wie ich erfahren habe, begonnen, seine Vermögenswerte zu versilbern. Mein Buchhalter hat in der Nachbarschaft Erkundigungen eingezogen und dabei erfahren, daß der Antragsgegner beabsichtigt, sein Geschäft zu verkaufen und auszuwandern.

Zur Glaubhaftmachung lege ich eidesstattliche Versicherung meines Buchhalters Schramm vor.

Ohne Verhängung eines Arrests wird die Vollstreckung wegen meines Anspruchs vereitelt oder wesentlich erschwert.

Ich beantrage deshalb,

wegen des vorgenannten Betrags und einer angemessenen Kostenpauschale sowie wegen 4% Zinsen aus der Hauptforderung seit 24. Januar 19.. den dinglichen Arrest in das Vermögen des Schuldners anzuordnen und dem Schuldner die Kosten aufzuerlegen.

Verfahren

775 Es liegt im pflichtgemäßen Ermessen des Gerichts, ob es ohne oder aufgrund mündlicher Verhandlung entscheidet; abzuwägen sind der Grundsatz des rechtlichen Gehörs des Antragsgegners gegen die Gefahr, daß eine Verhandlung den mit dem Arrest verfolgten Zweck vereiteln kann; im Zweifel ist mündlich zu verhandeln.[5]

776 Im Fall der Entscheidung **aufgrund mündlicher Verhandlung** ist die Ladungsfrist § 217 ZPO zu entnehmen; die Einlassungsfrist (§ 274 ZPO) braucht nicht gewahrt zu werden.

---

[3] OLG Köln NJW-RR 88, 254.
[4] Zur Frage, ob eine Umschreibung der Identität ausreicht, vgl Raeschke-Kessler NJW 81, 663; zur Darlegungs- und Glaubhaftmachungslast s Hirtz NJW 86, 110.
[5] Vgl dazu BVerfGE 9, 98; 57, 358; OLG Koblenz NJW-RR 87, 511.

Vfg

1. Es wird mündliche Verhandlung angeordnet.
2. Termin zur mündlichen Verhandlung wird auf den
24. Februar 19.., 10 Uhr
anberaumt.

..., den 18. Februar 19..

(Richter)

Die Anordnung der mündlichen Verhandlung ist nicht anfechtbar.
Nach mündlicher Verhandlung ergeht die Entscheidung durch Urteil (§ 922 ZPO).
Überwiegen die Risiken für den Antragsteller nach der Überzeugung des Gerichts 777
die Nachteile durch die Gewährung nachträglichen Rechtsschutzes für den Gegner entscheidet das Gericht **ohne mündliche Verhandlung** durch Beschluß. Hält das Gericht eine – an sich zulässige – Anhörung des Gegners für erforderlich, spricht dies dafür, daß das Gericht besser aufgrund mündlicher Verhandlung entscheidet. Eine Bedingung, ohne mündliche Verhandlung zu entscheiden, macht den Antrag unzulässig.
In dringenden Fällen kann der Vorsitzende nach § 944 ZPO allein entscheiden; Voraussetzung ist, daß eine mündliche Verhandlung nicht erforderlich und darüber hinaus die Sache so dringlich ist, daß selbst die Verzögerung durch die Beschlußfassung der Kammer nicht mehr hingenommen werden kann.

Entscheidung

Für die **Entscheidung** über den Arrestantrag räumt § 921 Abs 2 ZPO dem Gericht 778
einen weiten Spielraum ein. Weder muß es im Fall der Glaubhaftmachung von Arrestanspruch und -grund den Arrest uneingeschränkt erlassen noch steht mangelnde Glaubhaftmachung von Anspruch und Grund einem eingeschränkten Erlaß entgegen. Damit ergeben sich die folgenden – in ihrer Auswirkung abgestuften – Entscheidungsmöglichkeiten:

a) Der **Antrag** wird **abgelehnt,** wenn die Voraussetzungen der §§ 916, 917, 920 ZPO nicht erfüllt sind, insbesondere wenn der Arrestanspruch nicht schlüssig dargetan ist, aber auch im Fall der Schlüssigkeit, wenn Anspruch und Grund nicht hinreichend glaubhaft gemacht sind:

Beschluß

In der Arrestsache
Maurermeister Hermann Zabel, Hannover, Leibnizstraße 1, – Gläubiger –

gegen

Friseur Alfred Licht, Goslar, Maurerstraße 2, – Schuldner –
wird der Antrag auf Erlaß des dinglichen Arrests auf Kosten des Gläubigers zurückgewiesen.
Der Streitwert wird auf ... DM festgesetzt.[6]

Gründe

Der Gläubiger hat weder seine Forderung noch den Arrestgrund ausreichend dargetan und glaubhaft gemacht ... (Begründung)
Der Antrag war deshalb mit der Kostenfolge des § 91 ZPO zurückzuweisen.
..., den 18. Februar 19.. (Richter)

Der Beschluß ist dem Schuldner nicht mitzuteilen (§ 922 Abs 3 ZPO).

---

[6] GKG § 20, ZPO § 3; üblich ist ⅓ bis ½ der Hauptforderung.

779 b) Die Anordnung des **Arrestes** wird von der **vorherigen** Leistung einer **Sicherheit** wegen der dem Gegner drohenden Nachteile abhängig gemacht, wenn der Arrestanspruch zwar schlüssig dargetan,[7] jedoch eine (volle) Glaubhaftmachung von Anspruch und/oder Grund nicht erfolgt ist; selbst bei (voller) Glaubhaftmachung von Grund und Anspruch kann das Gericht den Arrest von vorheriger Sicherheitsleistung des Antragstellers abhängig machen (§ 921 Abs 2 S 2 ZPO):

Beschluß

In der Arrestsache

...

wird die Anordnung des dinglichen Arrests davon abhängig gemacht, daß der Gläubiger Sicherheit in Höhe von 1550.– DM leistet.

Der Streitwert wird auf ... DM festgesetzt.

Goslar, den 18. Februar 19.. (Richter)

Der Beschluß wird nur dem Antragsteller formlos mitgeteilt (§ 922 Abs 3 ZPO); der Arrest wird erst dann angeordnet, wenn die Leistung der Sicherheit nachgewiesen ist.

780 c) Der Arrest wird erlassen, aber seine **Vollziehung** von einer **Sicherheitsleistung** des Antragstellers wegen der dem Gegner drohenden Nachteile abhängig gemacht, wenn der Arrestanspruch zwar schlüssig dargetan,[7] jedoch eine (volle) Glaubhaftmachung von Anspruch **oder** Grund nicht erfolgt ist; selbst bei (voller) Glaubhaftmachung von Anspruch und Grund kann das Gericht Sicherheitsleistung anordnen (§ 921 Abs 2 S 1 ZPO). Im Arrestbefehl muß die Lösungssumme gemäß § 923 ZPO angegeben werden, durch deren Hinterlegung[8] die Vollziehung des Arrestes gehemmt und der Schuldner berechtigt wird, die Aufhebung des Arrestes zu beantragen.

781 Die Anordnung einer Sicherheitsleistung in den Fällen b) und c) ist unabhängig von einer entsprechenden Bereitschaft des Gläubigers. Art und Höhe der Sicherheit sind nach § 108 ZPO zu bestimmen; nach ihrem Zweck dient sie der Absicherung eines Schadensersatzanspruchs nach § 945 ZPO, nicht der Sicherung des Hauptanspruchs.[9]

782 d) Der **Arrest** kann **ohne Sicherheitsleistung** erlassen werden, wenn der Anspruch und der Arrestgrund schlüssig dargelegt und vollständig glaubhaft gemacht sind. Gemäß § 923 ZPO ist die Abwendungsbefugnis durch Sicherheitsleistung des Antragsgegners (Lösungssumme) festzulegen.

783 Beispiel eines **Arrestbefehls ohne [*mit*] Sicherheitsleistung:**

Amtsgericht Goslar, den 18. Februar 19..

Arrestbefehl

in Sachen

Maurermeister Hermann Zabel, 3000 Hannover, Leibnizstraße 1,

Antragsteller,

Verfahrensbevollmächtigter: Rechtsanwalt Dr Meier, Goslar,

gegen Friseur Alfred Licht, 3380 Goslar, Mauerstraße 2,

Antragsgegner,

[*Verfahrensbevollmächtigter: Rechtsanwalt* ...].

---

[7] AA Leipold § 64, 70, 88: Arrest auch bei rechtlichen Zweifeln am Anspruch.

[8] Statt der Hinterlegung kommt auch eine Sicherheitsleistung des Schuldners durch Bankbürgschaft in Betracht; Baumbach-Lauterbach § 923 Anm 1 A.

[9] Baumbach-Lauterbach § 921 Anm 2 Bb.

Der Antragsteller hat geltend gemacht, daß ihm gegen den Antragsgegner aus Werkvertrag ein Anspruch auf 1200 DM (in Buchstaben: Eintausendzweihundert Deutsche Mark) nebst 4 vom Hundert Zinsen seit dem 24. Januar 19.. zustehe, und daß die Vollstreckung gefährdet sei, weil der Antragsgegner begonnen habe, Vermögensgegenstände zu versilbern, und beabsichtige, sein Geschäft zu verkaufen und auszuwandern.
Er hat diese Behauptungen durch Vorlage des Vertrags vom 20. Mai 19.., der Abrechnung vom 20. Dezember 19.., einer Mahnung vom 24. Januar 19.. und einer eidesstattlichen Versicherung des Buchhalters Schramm aus Hannover glaubhaft gemacht.
Wegen und in Höhe des bezeichneten Anspruchs sowie der auf 350 DM (in Buchstaben: Dreihundertfünfzig Deutsche Mark) veranschlagten Kosten wird daher der dingliche Arrest in das Vermögen des Antragsgegners angeordnet.
Durch Hinterlegung[8] von 1550 DM (in Buchstaben: Eintausendfünfhundertfünfzig Deutsche Mark) wird die Vollziehung dieses Arrests gehemmt und der Schuldner zu dem Antrag auf Aufhebung des vollzogenen Arrests berechtigt.[10]
[*Die Vollziehung des Arrests wird von einer Sicherheitsleistung des Antragstellers in Höhe von DM 1550.– abhängig gemacht.*]
Die Kosten des Verfahrens werden dem Antragsgegner auferlegt.[11]
Der Streitwert wird auf DM 600.– festgesetzt.

Dr Berner
Richter am Amtsgericht

Soweit durch Urteil der Arrest angeordnet wird, bedarf es keines Ausspruchs über die vorläufige Vollstreckbarkeit; bei ablehnenden oder aufhebenden Urteilen gilt § 708 Nr 6 ZPO. Urteile werden wie üblich den Parteien zugestellt. Der Arrestbefehl ist dem Antragsteller von Amts wegen in Ausfertigung **zuzustellen** (§ 929 Abs 2, § 329 Abs 3 ZPO). Einer **Vollstreckungsklausel** bedarf er nur, wenn die Vollziehung für einen anderen Gläubiger oder gegen einen anderen Schuldner als die darin bezeichneten (§ 929 Abs 1 ZPO) oder im Ausland erfolgen soll.[12] 784

Rechtsbehelfe gegen ein den Antrag abweisendes oder ihm nur eingeschränkt stattgebendes Urteil sind für den Antragsteller wie gegen ein (eingeschränkt oder uneingeschränkt) stattgebendes Urteil für den Antragsgegner die Berufung, über die das Berufungsgericht im Urteilsverfahren entscheidet, gegen einen entsprechenden Beschluß einfache Beschwerde für den Antragsteller und Widerspruch für den Antragsgegner. Gegen Entscheidungen des LG als Berufungsgericht und des OLG gibt es kein Rechtsmittel. 785

Vollziehung

Rechte können aus einem Arrest nur hergeleitet werden, wenn er **zusätzlich** auch **vollzogen** wird; damit soll verhindert werden, daß der Schuldner nicht noch nach Jahr und Tag (trotz der vorgeblichen Eilbedürftigkeit) mit einem solchen Titel überrascht wird. Dies wird – insbesondere von jungen Anwälten – häufig übersehen (Regreß!). 786
Die **Vollziehung** geschieht auf Betreiben des Gläubigers; dazu bedarf es in der Regel der Zustellung im Parteibetrieb. Sie ist **unstatthaft,** wenn seit der Verkündung des Urteils oder der Zustellung des Beschlußes an den Gläubiger (!) **ein Monat** verstri-

---

[10] § 923 ZPO; in diesem Fall wird nicht der Arrest, sondern die Vollziehung aufgehoben. Zuständig ist der Rechtspfleger des Vollstreckungsgerichts (§§ 934, 764, 802 ZPO, 20 Nr 15 RpflG).
[11] BGHZ 45, 255, Baumbach-Lauterbach § 91 Anm 2 D.
[12] § 33 AVAG, in diesem Fall ist auf Antrag der Arrestbefehl gemäß § 32 Abs 4 AVAG zu vervollständigen.

chen ist (§ 929 Abs 2 ZPO).[13] Die Vollziehung ist auch schon vor der Zustellung an den Schuldner zulässig, der Arrest muß dann aber dem Schuldner **innerhalb einer Woche seit Vollziehung** und vor Ablauf der Verfallfrist des § 929 Abs 2 ZPO zugestellt werden (§ 929 Abs 3 ZPO). Ist die Vollziehung von einer Sicherheitsleistung abhängig, muß der Nachweis innerhalb der Vollziehungsfrist erbracht werden.[14]
Die **Vollziehung in bewegliches Vermögen** wird durch Pfändung bewirkt. Mit ihr ist der Gerichtsvollzieher zu beauftragen (§ 930 Abs 1 ZPO); es genügt, wenn die Zwangsvollstreckungsmaßnahme fristgerecht begonnen – dafür maßgeblich sind Handlungen des Vollstreckungsorgans, nicht schon bloße Antragstellung des Gläubigers[15] – und unverzüglich fortgesetzt wird. Gepfändetes Geld wird hinterlegt (§ 930 Abs 2 ZPO).
Zur Vollziehung durch Forderungspfändung vgl RdNr 788 ff.
Die **Vollziehung in ein eingetragenes Schiff oder Schiffsbauwerk** geschieht ebenfalls durch Pfändung; sie ist nach § 482 HGB unzulässig, wenn sich das Schiff auf einer Reise befindet und nicht im Hafen liegt. Die Pfändung wird auf Antrag des Gläubigers vom Arrestgericht als Vollstreckungsgericht angeordnet. Es ersucht gleichzeitig das Registergericht um Eintragung einer Vormerkung zur Sicherung des Arrestpfandrechts im Schiffs- oder Schiffbauregister. Der Gerichtsvollzieher nimmt das Schiff oder Schiffsbauwerk in Bewachung und Beschlag (Näheres vgl § 931 ZPO).[16]
Entsprechendes gilt für die **Vollziehung** des Arrests **in ein eingetragenes Luftfahrzeug** (§ 99 Abs 2 LuftfzRG).

787 Die **Vollziehung in ein Grundstück** erfolgt auf Antrag des Gläubigers durch Eintragung einer Sicherungshypothek (§ 932 ZPO). Die Hypothek ist eine Höchstbetragshypothek, Höchstbetrag ist der Lösungsbetrag (§§ 932 Abs 1, 923 ZPO). Das Grundbuchamt prüft die Voraussetzungen einer **Eintragung** sowohl nach Grundbuch- wie Vollstreckungsrecht, so ua ob die Vollziehungsfrist gewahrt ist, die gemäß § 932 Abs 3 ZPO mit dem (wirksamen) Eintragungsantrag als gewahrt gilt. Die Wochenfrist des § 929 Abs 3 S 2 ZPO im Fall der Vollziehung vor Zustellung wird nicht geprüft; ist sie nicht eingehalten, ist die Eintragung von Anfang an unrichtig. Die Arresthypothek gibt dem Gläubiger das Recht, auf Duldung der Zwangsvollstreckung zu klagen.[17] Eine Eintragung ist nur zulässig, wenn der Lösungsbetrag 500 DM übersteigt (§ 866 Abs 3 ZPO).

Antrag:

..., den ...

Amtsgericht – Grundbuchamt – ......
Zum Grundbuch von ... Band ... Blatt ...
überreiche ich im Namen des Gläubigers ... (Name, Vorname, Beruf, Anschrift) Ausfertigung des Arrestbefehls des Amtsgerichts ... vom ... – Aktenzeichen ... – mit Zustellungsurkunde und beantrage,

für den Gläubiger wegen des in dem Arrestbefehl festgesetzten Geldbetrags eine Sicherungshypothek bis zum Höchstbetrag von DM 1550.– auf dem im Grundbuch von ... Band ... Blatt ..., lfd Nr ... Flur ... Flurstück ... eingetragenen Grundstück des Schuldners einzutragen.

(Rechtsanwalt)

---

[13] Die Vorschrift ist verfassungemäß; BVerfG NJW 88, 3141.
[14] OLG München NJW-RR 88, 1466.
[15] OLG Koblenz NJW-RR 87, 760, aA LG Berlin MDR 88, 327: Antrag und das Fehlen von Vollstreckungshindernissen reicht aus.
[16] Vgl auch Noack JurBüro 82, 165.
[17] OLG Celle WM 85, 547.

Die **Vollziehung in Forderungen** erfolgt durch Pfändung. Soll aufgrund des Arrestbefehls eine Forderung des Schuldners gepfändet werden, so ist das Arrestgericht als Vollstreckungsgericht für die Pfändung der Forderung ausschließlich zuständig (§§ 930 Abs 1 S 3, 802 ZPO). Der Pfändungsbeschluß wird, falls der Arrest ohne Sicherheitsleistung gleichzeitig erlassen wird, mit dem Arrestbefehl verbunden. Er wird deshalb in diesem Fall vom Richter erlassen. Der Rechtspfleger ist zuständig für die Pfändung, soweit der Pfändungsbeschluß nicht zugleich mit dem Arrestbefehl erlassen wird (§ 20 Nr 16 RpflG). 788

Das Arrestgericht hat auch über die Erinnerung (§ 766 ZPO) gegen die Pfändung zu entscheiden, und zwar durch den Richter.[18]

Bei gleichzeitiger **Pfändung** hat der **Arrestbefehl** folgenden Wortlaut: 789

Amtsgericht Goslar, den 18. Februar 19..

Arrestbefehl und Pfändungsbeschluß

In Sachen
Maurermeister Hermann Zabel, Hannover, Leibnizstraße 1, – Antragsteller –
Prozeßbevollmächtigter: Rechtsanwalt Dr Meier Goslar,
gegen Friseur Alfred Licht, Goslar, Mauerstraße 2, – Antragsgegner –
[*Prozeßbevollmächtigter: Rechtsanwalt* ...].

Der Antragsteller hat geltend gemacht, daß ihm gegen den Antragsgegner aus Werkvertrag ein Anspruch auf 1200 DM (in Buchstaben: Eintausendzweihundert Deutsche Mark) nebst 4 vom Hundert Zinsen seit dem 24. Januar 19.. zustehe, und daß die Vollstreckung gefährdet sei, weil der Schuldner begonnen habe Vermögensgegenstände zu versilbern, und beabsichtige, sein Geschäft aufzugeben und auszuwandern. Der Antragsteller hat diese Behauptungen durch Vorlage des Vertrags vom 20. Mai 19.., der Abrechnung vom 20. Dezember 19.., einer Mahnung vom 24. Januar 19.. und einer eidesstattlichen Versicherung des Buchhalters Schramm aus Hannover glaubhaft gemacht.

Wegen und in Höhe des bezeichneten Anspruchs sowie der auf 350 DM (in Buchstaben: Dreihundertfünfzig Deutsche Mark) veranschlagten Kosten wird daher der dingliche Arrest in [*das Vermögen des Antragsgegners angeordnet. In Vollziehung dieses Arrestes wird*][19] die angebliche Forderung des Antragsgegners gegen den Kaufmann Hermann Müller in Göttingen, Obere Landstraße 2, aus Darlehen auf Höhe von 1550 Deutsche Mark [*angeordnet. In Vollziehung dieses Arrestes wird die bezeichnete Forderung im angegebenen Betrag*][19] gepfändet.

Durch Hinterlegung von 1550 DM (in Buchstaben: Eintausendfünfhundertfünfzig Deutsche Mark) wird die Vollziehung dieses Arrestes gehemmt und der Antragsgegner zu dem Antrag auf Aufhebung des vollzogenen Arrestes berechtigt.

Der Drittschuldner darf an den Schuldner nicht mehr zahlen.

Der Schuldner hat sich jeder Verfügung über die Forderung, insbesondere der Einziehung zu enthalten.

Die Kosten des Verfahrens werden dem Schuldner auferlegt.

Der Streitwert wird auf DM 600.– festgesetzt.

Dr Berner
Richter am Amtsgericht

Für die **Zustellung, Rechtsmittel und Vollziehung** gilt das zu RdNr 784–787 Gesagte. 790
Den Arrestbefehl mit Forderungspfändung muß der Gläubiger aber auch dem **Drittschuldner** zustellen.

---

[18] BGHZ 66, 394, OLG Frankfurt Rpfleger 80, 485, OLGZ 81, 370.

[19] Die erste Einschiebung ist zu streichen und die zweite stehen zu lassen, wenn der Arrest nur in die Forderung, nicht auch in das übrige Vermögen des Schuldners angeordnet wird.

3. Persönlicher Sicherheitsarrest

ZPO §§ 916, 918, 923, 933, 904–913
GKG §§ 11, 49, KV Nr 1050–1057
ArbGG §§ 65 Abs 2, 85 Abs 2
BRAGO §§ 40, 59
HZPrAbk Art 24
HZPrÜbk Art 26

Schrifttum:
Ritter, Zum persönlichen Sicherheitsarrest, ZZP 88, 121

791 Der persönliche Sicherheitsarrest findet gemäß § 918 ZPO nur statt, wenn er erforderlich ist, um die gefährdete Zwangsvollstreckung in das Vermögen des Schuldners zu sichern. Arrestanspruch und der angeführte Arrestgrund müssen glaubhaft gemacht werden (vgl RdNr 770–783).

Antrag zu Protokoll:

Geschäftsstelle des Amtsgerichts Goslar, den 18. Februar 19..
Es erschien der Maurermeister Hermann Zabel, 3000 Hannover, Leibnizstraße 1, und erklärte:
Der Friseur Alfred Licht, Goslar, Mauerstraße 2 schuldet mir aus Werkvertrag noch 1200 DM. Ich habe für ihn einen Umbau ausgeführt, für den der genannte Betrag zu zahlen ist. Zur Glaubhaftmachung überreiche ich den Vertrag vom 20. Mai 19.., die Schlußabrechnung vom 20. Dezember 19.. und die Mahnung vom 24. Januar 19..
Der Antragsgegner hat auch Zahlung versprochen, sein Versprechen aber nicht gehalten.
Der Schuldner betrieb bisher mit seinem Partner Franz Mell in Goslar ein Friseurgeschäft. Er beabsichtigte schon seit langer Zeit, mit seinem Bruder auf den Kanarischen Inseln ein Hotel zu betreiben.
Wie mir Mell heute mitteilte, hat der Schuldner seine Teilhaberschaft an dem Friseurgeschäft mit sofortiger Wirkung gelöst und hat von Mell eine Abfindung von mehreren tausend Mark erhalten. Das Geld hat er nach Mells Äußerung versteckt oder auf ein unbekanntes Konto eingezahlt. Er besitzt außer der Abfindung kein greifbares Vermögen und wohnt in einem möblierten Zimmer. Er hat Mell gegenüber geäußert, er denke nicht daran, meine Forderung zu bezahlen, und ihm ein gestern gelöstes Flugticket nach Las Palmas gezeigt.
Zur Sicherung der Zwangsvollstreckung in das Vermögen des Schuldners ist deshalb die Anordnung des persönlichen Sicherheitsarrestes erforderlich. Der Erlaß des dinglichen Arrests nützt mir nichts, da ich nicht weiß, wie ich aus ihm vollstrecken sollte. Andererseits glaube ich, daß der Schuldner meine Forderung sofort bezahlt, wenn er an der Ausreise gehindert wird.
Zur Glaubhaftmachung überreiche ich eidesstattliche Versicherungen meines Buchhalters Schramm und des Friseurs Franz Mell.
Ich beantrage,

wegen der Forderung von 1200 DM und einer Kostenpauschale von 350 DM den persönlichen Sicherheitsarrest anzuordnen.

vorgelesen genehmigt unterschrieben

792 Wegen des Verfahrens und der Entscheidungsmöglichkeiten vgl RdNr 775–783. Im Fall des Erlasses des beantragten Arrestes ohne Sicherheitsleistung ohne mündliche Verhandlung lautet der **Beschluß:**

Arrest- und Haftbefehl

in der Arrestsache
Maurermeister Hermann Zabel, Hannover, Leibnizstr. 1, – Antragsteller –
gegen
Friseur Alfred Licht, Goslar, Mauerstr. 2. – Antragsgegner –
Der Antragsteller hat geltend gemacht, daß ihm gegen den Antragsgegner aus Werkvertrag ein Anspruch auf 1200 DM zustehe und daß die Vollstreckung wegen des Anspruchs gefährdet sei, weil der Antragsgegner die vom früheren Geschäftspartner Mell erhaltene Abfindung verheimliche, einen Flugschein nach Las Palmas gelöst habe, wo Licht ein Hotel zu betreiben beabsichtige, und gegenüber einem Zeugen erklärt habe, er – Licht – werde seine gegenüber dem Antragsteller bestehende Schuld nicht tilgen. Der Antragsteller hat diese Behauptungen durch eidesstattliche Versicherungen des Buchhalters Schramm in Hannover und des Friseurs Mell in Goslar glaubhaft gemacht.
Wegen des bezeichneten Anspruchs und der auf 350 DM veranschlagten Kosten wird daher der persönliche Arrest und in dessen Vollziehung die Haft gegen den Antragsgegner angeordnet.
Aufgrund dieses Arrest- und Haftbefehls und eines Auftrags des Gläubigers ist der Antragsgegner durch einen Gerichtsvollzieher zu verhaften.[20]
Durch Hinterlegung von 1550 DM wird die Vollziehung dieses Arrest- und Haftbefehls gehemmt und der Antragsgegner zu dem Antrag auf Aufhebung des vollzogenen Arrests berechtigt.[21]
Die Kosten des Verfahrens werden dem Antragsgegner auferlegt.
Der Streitwert wird auf DM 600.– festgesetzt.
Goslar, den 18. Februar 19..

Amtsgericht
Dr Berner
Richter am Amtsgericht

Wegen Vollziehungsfrist und Zustellung und Rechtsmittel vgl Rdnr 784–787. Die 793
Vollziehung des persönlichen Arrests richtet sich, wenn Haft angeordnet ist, nach den Vorschriften der §§ 904–913. Der Gläubiger muß also den Gerichtsvollzieher mit der Verhaftung beauftragen (§§ 909, 933 ZPO). Er muß die Haftkosten einschließlich der Verpflegungskosten von Monat zu Monat vorauszahlen (§ 911 ZPO). Sind sonstige Beschränkungen der Freiheit durch das Arrestgericht angeordnet worden, so sind diese Anordnungen maßgebend. Ist zB die Wegnahme von Ausweispapieren angeordnet, so muß der Gläubiger mit dem Vollzug den Gerichtsvollzieher beauftragen.

4. Widerspruchsverfahren

ZPO §§ 924, 925
GKG §§ 11, 49, KV Nr 1050–1057
BRAGO §§ 40, 59

Der Schuldner kann gegen den Beschluß, durch den ein Arrest angeordnet worden 794
ist, Widerspruch erheben (§ 924 Abs 1 ZPO). Dabei müssen die Gründe angegeben werden, die er für die Aufhebung des Arrestes geltend machen will. Ist das Amtsge-

[20] Außer Haft können auch sonstige Beschränkungen der persönlichen Freiheit erfolgen, § 933 ZPO: zB Wegnahme der Ausreisepapiere und Verwahrung beim Gerichtsvollzieher, Meldepflicht, Hausarrest.
[21] Vgl RdNr 783 Fußnote 10.

richt das Arrestgericht, so kann der Widerspruch schriftlich oder zu Protokoll der Geschäftsstelle erklärt werden (§ 924 Abs 2 ZPO). Zuständig ist das Gericht, das den Arrest erlassen hat; hat ihn auf Beschwerde hin das Beschwerdegericht erlassen, ist das erstinstanzliche Gericht zuständig. Ist der Arrestbefehl nach mündlicher Verhandlung durch Urteil erlassen worden, ist nur Berufung möglich.
Die Erhebung des Widerspruchs hemmt nicht die Vollziehung, doch kann das Gericht eine einstweilige Anordnung treffen (§§ 924 Abs 3, 707 ZPO).
Neben dem Widerspruch gegen den Arrestbeschluß bzw der Berufung gegen das den Arrest erlassende Urteil kann der Schuldner auch nach §§ 926, 927 ZPO vorgehen (vgl dazu RdNr 803 ff, 807); diese Rechtsbehelfe sind nebeneinander möglich.[22]

795 **Widerspruch gegen den Arrestbefehl**

In der Arrestsache
Zabel gegen Licht (Aktenzeichen ...)
erhebe ich gegen den Arrestbefehl vom 18. Februar 19.. Widerspruch
und beantrage, den Arrestbefehl aufzuheben und die Kosten des Verfahrens dem Gläubiger aufzuerlegen.
Zur Begründung gebe ich an:
Die Forderung des Gläubigers besteht nur in Höhe von 600 DM. Der Gläubiger hat einen Teilbetrag seiner Forderungen in dieser Höhe an die Allg Ortskrankenkasse abgetreten. An diese habe ich 600 DM bezahlt. Der behauptete Arrestgrund besteht auch nicht. Ich beabsichtige nicht, mein Geschäft aufzugeben und auszuwandern. Ich habe nur mein altes Wohnzimmer verkauft, weil ich mir ein neues anschaffen will.

796 Das Gericht hat darauf von Amts wegen Termin zur **mündlichen Verhandlung** über die Rechtmäßigkeit des Arrestes zu bestimmen (§ 924 Abs 2 S 2 ZPO).

Vfg
Termin zur mündlichen Verhandlung wird auf den
28. Februar 19.., 9 Uhr
bestimmt.
Goslar, den 21. Februar 19.. (Richter)

797 **Verhandlung im Widerspruchstermin**

Amtsgericht Goslar, den 28. Februar 19..
Protokoll über die öffentliche Sitzung
Gegenwärtig:
Richter am Amtsgericht Dr Berner
Justizassistent Klee als Urkundsbeamter der Geschäftsstelle
In der Arrestsache
Zabel gegen Licht
erschienen bei Aufruf:
1. für den Arrestkläger Rechtsanwalt Dr Meier,
2. der Arrestbeklagte.
Der Arrestkläger beantragte, den Arrestbefehl zu bestätigen.
Der Arrestbeklagte beantragte, den Arrestbefehl aufzuheben.

798 Über die Rechtmäßigkeit des Arrests ist durch **Endurteil** zu entscheiden. Der Widerspruch hat Erfolg, wenn bei Schluß der mündlichen Verhandlung eine Arrestvoraussetzung fehlt, die Hauptsacheklage nicht fristgerecht erhoben ist oder sich die Um-

---

[22] Baumbach-Lauterbach § 924 Anm 1 D, Thomas-Putzo § 924 Anm 4 a.

stände verändert haben. Das Gericht kann den Arrest ganz oder teilweise bestätigen, abändern, aufheben oder die Bestätigung, Abänderung, Aufhebung von einer Sicherheitsleistung abhängig machen (§ 925 ZPO). Der Tenor des Urteils kann also lauten:

a) Bestätigung des Arrestbefehls: 799

erkannt und verkündet:

1. Der Arrestbefehl wird bestätigt.
2. Der Arrestbeklagte trägt die weiteren Kosten des Verfahrens.[23]

b) Aufhebung des Arrestbefehls: 800

erkannt und verkündet:

1. Der Arrestbefehl vom 18. Februar 19.. wird aufgehoben, der Antrag auf Erlaß des Arrestes zurückgewiesen.
2. Der Arrestkläger trägt die Kosten des Verfahrens.
3. Das Urteil ist vorläufig vollstreckbar.[24] Der Arrestkläger darf die Vollstreckung durch Sicherheitsleistung in Höhe von DM ... abwenden, wenn nicht der Arrestbeklagte vor der Vollstreckung Sicherheit in gleicher Höhe leistet.

c) Bestätigung, Abänderung oder Aufhebung des Arrestbehelfs nur gegen Sicherheitsleistung: 801

erkannt und verkündet:

1. Der Arrestbefehl vom 18. Februar 19.. wird aufgehoben und der Antrag auf Erlaß des Arrestes zurückgewiesen, wenn der Arrestbeklagte die Leistung einer Sicherheit von 1550 DM nachweist.
2. Der Arrestbeklagte trägt die Kosten des Verfahrens.
3. Das Urteil ist vorläufig vollstreckbar.[24] Der Arrestkläger darf die Vollstreckung durch Sicherheitsleistung in Höhe von DM ... abwenden, wenn nicht der Arrestbeklagte vor der Vollstreckung Sicherheit in gleicher Höhe leistet.

Dr Berner Klee

Beispiel eines arrestbestätigenden Urteils 802

Verkündet am 28. Feburar 19..
Müller
als Urkundsbeamter der Geschäftsstelle

Im Namen des Volkes

In dem Arrestverfahren
Maurermeister Hermann Zabel, Hannover, Leibnizstr. 1, Arrestkläger,

gegen

Friseur Alfred Licht, Goslar, Mauerstr. 2, Arrestbeklagter,
hat das Amtsgericht Goslar auf die mündliche Verhandlung vom 28. Februar 19.. durch Amtsgerichtsrat Dr Berner
für Recht erkannt:

1. Der Arrestbefehl wird bestätigt.
2. Der Arrestbeklagte trägt die weiteren Kosten des Verfahrens.[23]

Tatbestand

Der Arrestkläger hat für den Arrestbeklagten einen Umbau ausgeführt. Er hat dem Beklagten am 20. Dezember 19.. die Schlußabrechnung erteilt. Der Arrestkläger hat geltend gemacht, daß ihm aus dieser Abrechnung aufgrund des Werkvertrags noch

---

[23] Das arrestbestätigende Urteil ist auch wegen der Kosten vollstreckbar. Es braucht deshalb nicht für vorläufig vollstreckbar erklärt werden (vgl Baumbach-Lauterbach 2 B zu § 925 ZPO).
[24] §§ 708 Nr 6, 711 ZPO.

ein Anspruch in Höhe von 1200 DM nebst den gesetzlichen Verzugszinsen seit dem 24. Januar 19.., dem Tag der Mahnung zustehe. Die Vollstreckung sei gefährdet, weil der Beklagte begonnen habe, Vermögensgegenstände zu versilbern. Der Beklagte beabsichtige, das Geschäft aufzulösen und auf den Kanarischen Inseln ein Hotel zu betreiben.

Auf Antrag des Arrestklägers hat das Amtsgericht am 18. Februar 19.. in Höhe von 1200 DM nebst 4% Zinsen seit dem 24. Januar 19.. und einer Kostenpauschale von 350 DM den dinglichen Arrest in das Vermögen des Arrestbeklagten angeordnet.
Der Beklagte hat diesem Arrestbefehl widersprochen.
Der Arrestkläger beantragt,

den Arrestbefehl zu bestätigen.

Der Arrestbeklagte beantragt,

den Arrestbefehl aufzuheben.

Er behauptet, die Forderung des Arrestklägers bestehe nur in Höhe von 600 DM zu Recht. Diesen Betrag habe der Kläger an die Allgemeine Ortskrankenkasse abgetreten. An diese habe er, Beklagter, 600 DM gezahlt. Er beabsichtige nicht, sein Geschäft aufzugeben und auszuwandern. Er habe nur sein altes Wohnzimmer verkauft, um sich ein anderes anzuschaffen. Den Flugschein habe er gelöst, um seinen Bruder für ein paar Wochen zu besuchen.
Der Arrestkläger bestreitet, einen Teil seiner Forderung abgetreten zu haben. Er behauptet, die Zahlung des Beklagten an die AOK sei auf eine andere Schuld erfolgt.
Der Arrestkläger hat den Werkvertrag sowie eidesstattliche Versicherungen des ... und des ... vorgelegt, die vorgetragen worden sind.

Entscheidungsgründe

Der Arrestbefehl war zu bestätigen.
Der Arrestkläger hat durch Vorlage des Werkvertrags, der Abrechnung vom ... und der eidesstattlichen Versicherung des ... glaubhaft gemacht, daß ihm für den Umbau noch eine Forderung in Höhe von 1200 DM zusteht ...
(wird näher ausgeführt).
Aus der eidesstattlichen Versicherung des ... des Buchhalters der AOK ergibt sich ferner, daß die hier fragliche Forderung des Klägers nicht an die AOK abgetreten worden ist. Bei der abgetretenen Forderung handelt es sich vielmehr um ... (usw).
Die Forderung des Arrestklägers kann deshalb auch nicht durch die Zahlung des Beklagten in Höhe von 600 DM an die AOK getilgt sein, selbst wenn diese Zahlung vom Beklagten an die AOK bewirkt worden sein sollte.
Der Arrestkläger hat auch glaubhaft gemacht, daß ohne die Verhängung des Arrests die Vollstreckung vereitelt oder wesentlich erschwert werden würde (§ 917 ZPO). Aus der eidesstattlichen Versicherung des ... ergibt sich nämlich ... (wird näher ausgeführt).
Im übrigen spricht gegen die Darstellung des Arrestbeklagten, er wolle nur seinen Bruder besuchen, die Tatsache, daß er nur einen Flugschein für die Strecke Hannover-Las Palmas gelöst hat, nicht aber für Hin- und Rückflug, wie dies bei einem Urlaub üblich ist.
Der Arrestbeklagte hat als der Unterlegene die weiteren Kosten des Verfahrens zu tragen (§ 91 ZPO).

Dr Berner

5. Anordnung zur Erhebung der Hauptsacheklage

ZPO § 926
RpflG § 20 Nr 15

Nach Erlaß des Arrests durch Beschluß wie durch Urteil und selbst nach Bestätigung der Rechtmäßigkeit des Arrestes kann der Schuldner den Gläubiger zwingen, die Klage zur Hauptsache in einer Frist zu erheben, die auf seinen Antrag vom Gericht bestimmt wird (§ 926 Abs 1 ZPO). Der Antrag ist an keine Frist gebunden. Für die Fristsetzung ist der Rechtspfleger zuständig (§ 20 Nr 14 RPflG). Voraussetzung ist, daß die Hauptsache nicht anderweitig anhängig ist. 803

Antrag 804

An das
Amtsgericht
In der Arrestsache ... Aktenzeichen ...
beantrage ich, dem Gläubiger eine Frist zur Erhebung der Klage zu setzen.

Die **Entscheidung** (durch den Rechtspfleger) ergeht ohne mündliche Verhandlung: 805

Beschluß

In der Arrestsache
Maurermeister Hermann Zabel Hannover, Leibnizstr. 4, Gläubiger,
Prozeßbevollmächtigter: Rechtsanwalt Dr Meier in Goslar,
gegen
Friseur Alfred Licht Goslar, Mauerstr. 2, Schuldner
ordnet das Gericht auf Antrag des Schuldners an:
Der Gläubiger hat binnen einer Frist von 2 Wochen wegen des dem Arrestbefehl vom 18. Februar 19.. zugrunde liegenden Anspruchs Klage zu erheben. Wird dieser Anordnung nicht Folge geleistet, so ist auf Antrag die Aufhebung des Arrests durch Endurteil auszusprechen (§ 926 ZPO).
Goslar, den 21. Februar 19..

Amtsgericht
Schneider
Rechtspfleger

Der Beschluß ist dem Gläubiger von Amts wegen zuzustellen, dem Schuldner formlos mitzuteilen.

Will sich der Gläubiger die Rechte aus dem Arrest erhalten, muß er innerhalb der 806
Frist **Klage** erheben, die unmittelbar den gesicherten Anspruch betrifft.[25] Denn nach ergebnislosem Ablauf der Frist kann der Arrest aufgehoben werden. Auf den schriftlichen Antrag des Schuldners nach Fristablauf ist Termin zur mündlichen Verhandlung anzuberaumen, in dem durch Endurteil über die Aufhebung des Arrests aufgrund der Fristversäumung zu entscheiden ist. Wird die Klageerhebung dann noch bis zum Schluß der mündlichen Verhandlung nachgeholt, so ist die Frist gewahrt (§§ 926 Abs 2, 231 Abs 2 ZPO). Der Antrag ist auch begründet, wenn der Schuldner glaubhaft macht, daß die Hauptsacheklage zurückgenommen oder als

[25] Eine Klage auf Bewilligung einer Vormerkung für eine Bauhandwerkersicherungshypothek betrifft nicht unmittelbar den durch Arrest gesicherten Anspruch auf Werklohn; OLG Frankfurt NJW 83, 1130.

unzulässig abgewiesen ist oder der Gläubiger auf die Rechte aus Arrestbefehl verzichtet hat.
Den Antrag, den Arrest wegen Fristversäumung aufzuheben, kann der Schuldner auch in der Berufung gegen das den Arrest erlassende oder bestätigende Urteil stellen.[26] Der Antrag ist im übrigen auch neben einem Vorgehen nach § 927 ZPO (vgl RdNr 807) zulässig.

6. Aufhebung wegen veränderter Umstände

ZPO § 927

807 Anstelle des Widerspruchs oder neben ihm bzw der Berufung gegen ein den Arrest erlassendes oder bestätigendes Urteil, auch nach der Bestätigung eines Arrests durch Urteil kann die Rechtmäßigkeit des weiteren Bestehens (nicht der Anordnung, dafür stehen nur die üblichen Rechtsmittel – Widerspruch, Berufung – zur Verfügung) überprüft werden. Zuständig ist das Gericht, bei welchem die Klage zur Hauptsache anhängig ist, sonst das Arrestgericht; dies gilt auch, wenn das Rechtsmittelgericht den Arrest erlassen hatte.[27] Auf Antrag des Schuldners wird Termin zur mündlichen Verhandlung bestimmt. Der Antrag ist an keine Frist gebunden, kann aber verwirkt sein.[28] Durch Urteil kann der Arrest aufgehoben oder abgeändert werden, wenn der Schuldner glaubhaft macht, daß sich die Sachlage geändert hat[29] – also der Arrestanspruch[30] oder -grund[31] entfallen ist –, wenn er Sicherheit angeboten[32] oder geleistet hat oder wenn der Gläubiger die den Arrest bedingende Sicherheit nicht geleistet hat,[33] die Frist des § 929 Abs 2 ZPO oder des § 926 Abs 1 ZPO verstrichen ist; anderenfalls wird der Antrag des Schuldners zurückgewiesen. Die Kostenentscheidung betrifft grundsätzlich nur das Aufhebungsverfahren und läßt die Kostenentscheidung des Anordnungsverfahrens unberührt.[34]
Den Antrag, den Arrest wegen veränderter Umstände aufzuheben, kann der Schuldner auch in der Berufung gegen das den Arrest erlassende oder bestätigende Urteil stellen.[35] Der Antrag ist im übrigen auch neben einem Vorgehen nach § 926 ZPO (vgl RdNr 803 ff) zulässig.

---

[26] Baumbach-Lauterbach § 926 Anm 4 mwNachw.
[27] OLG Hamm OLGZ 87, 492.
[28] KG GRUR 85, 327.
[29] Einer Veränderung der Umstände nach Erlaß des Arrests oder seiner Bestätigung steht der Fall gleich, daß der Schuldner nach Erlaß solche Umstände erfährt, auch wenn sie vor Erlaß eingetreten waren; BGH NJW 89, 106, 107, OLG Koblenz GRUR 86, 95.
[30] ZB durch Abweisung der Hauptsachenklage, BGH GRUR 87, 126.
[31] ZB durch Erwerb von Vermögen im Inland, durch Vollstreckungsmöglichkeit aufgrund rechtskräftigen Leistungsurteils.
[32] In diesem Fall muß die Aufhebung unter der Bedingung der Leistung der vom Gericht nach § 108 ZPO bestimmten Sicherheit ausgesprochen werden.
[33] OLG Frankfurt WRP 80, 423.
[34] Streitig, vgl Thomas-Putzo § 927 Anm 1, s a BGH NJW 89, 106, 107.
[35] OLG Hamm WRP 78, 394, OLG Köln WRP 86, 353.

7. Kosten

BRAGO § 40
GKG § 11, KV Nr 1050–1057

Für die Berechnung der **Rechtsanwaltsgebühren** gilt das Verfahren auf Anordnung, Abänderung oder Aufhebung eines Arrests als besondere Angelegenheit (§ 40 Abs 1 BRAGO). Der Rechtsanwalt erhält daher eine 10/10 Prozeß- und ggf eine 10/10 Verhandlungsgebühr,[36] wenn er mit einem dieser Verfahren beauftragt wird, aber auch dann nur eine Gebühr der jeweiligen Art, wenn er mit mehreren Verfahren beauftragt war; denn das Verfahren über einen Antrag auf Abänderung oder Aufhebung bildet mit dem Verfahren auf Anordnung eine Angelegenheit (§ 40 Abs 2 BRAGO). 808
An **Gerichtskosten** entstehen für das Verfahren auf Anordnung ½ Gerichtsgebühr nach KV Nr 1050 GKG, für das Verfahren auf Aufhebung oder Abänderung ½ Gerichtsgebühr nach KV Nr 1051 GKG sowie ggf 1 Urteilsgebühr nach KV Nr 1052 GKG.
Zur Berechnung der Gebühren ist der **Streitwert** nach § 20 GKG gemäß § 3 ZPO zu schätzen; üblich ist ⅓ bis ½ der Hauptforderung.

II. Einstweilige Verfügung

ZPO §§ 935–945
RpflG § 20 Nr 14–16
GKG §§ 11, 49, KV Nr 1050–1057
KostO § 87 Nr 1
BRAGO §§ 40, 59

Schrifttum:
Dunkel-Moeller-Baur-Feldmeier-Wetekamp, Handbuch des vorläufigen Rechtsschutzes, 1988
Gießler, Vorläufiger Rechtsschutz in Ehe-, Familien- und Kindschaftssachen, 1987
Leipold, Grundlagen des einstweiligen Rechtsschutzes, 1971
Tempel, Mustertexte zum Zivilprozeß, Bd II 2. Aufl 1981

1. Allgemeines

Die einstweilige Verfügung dient 810
a) der **Sicherung** eines Anspruchs auf eine **gegenständliche Leistung** (Individualleistung). Sie ist hinsichtlich eines Streitgegenstands zulässig, wenn zu besorgen ist, daß durch eine Veränderung des bestehenden Zustands die Verwirklichung des Rechts einer Partei vereitelt oder wesentlich erschwert werden könnte (§ 935 ZPO), oder
b) der **Sicherung** des **Rechtsfriedens.** Sie ist zur Regelung eines einstweiligen Zustands hinsichtlich eines streitigen Rechtsverhältnisses zulässig, sofern diese Regelung – insbesondere bei dauernden Rechtsverhältnissen – zur Abwendung wesentlicher Nachteile oder zur Verhinderung drohender Gewalt oder aus anderen Gründen nötig erscheint (§ 940 ZPO).

---

[36] Ist das Berufungsgericht als Gericht der Hauptsache zuständig, erhöht sich der Gebührensatz nicht (§ 40 Abs 3 BRAGO), es bleibt bei 10/10.

Die Räumung von Wohnraum darf durch einstweilige Verfügung nur wegen verbotener Eigenmacht angeordnet werden (§ 940a ZPO).
Die Abgrenzung zwischen §§ 935, 940 ZPO hat nur theoretische Bedeutung, aber keine praktischen Auswirkungen, weil in jedem Fall die gleichen Vorschriften Anwendung finden.[37]

811 Neben dem **Verfügungsanspruch,** also dem Sachleistungsanspruch (§ 935 ZPO) oder dem Anspruch auf Regelung eines einstweiligen Zustands (§ 940 ZPO) muß der Antragsteller auch hier den **Verfügungsgrund** dartun: Nämlich die Besorgnis, daß die Rechtsverwirklichung durch Veränderung des bestehenden Zustands erheblich erschwert oder gar vereitelt wird (§ 935 ZPO) oder daß die begehrte Maßnahme insbesondere zur Anwendung wesentlicher Nachteile oder zur Verhinderung drohender Gewalt erforderlich ist (§ 940 ZPO); mit anderen Worten: Der Gläubiger muß darlegen und glaubhaft machen, daß zur Abwendung einer Gefährdung berechtigter Interessen eine vorläufige Sicherung im Eilverfahren notwendig ist.

812 Der Antragsteller braucht die Gefährdung des Anspruchs ausnahmsweise nicht darzutun:
a) wenn die einstweilige Verfügung die Versteigerung des Tiers und die Hinterlegung des Erlöses zum Gegenstand hat und der Rechtsstreit auf Wandlung wegen Viehmängel schwebt (§ 489 BGB),
b) bei einstweiliger Verfügung mit dem Ziel der Eintragung einer Vormerkung oder eines Widerspruchs ins Grundbuch oder Schiffs- und Schiffsbauregister (§§ 648, 885, 899, 1179 BGB, 11, 21 SchiffsRG),
c) wenn die einstweilige Verfügung die Hinterlegung oder die Zahlung der Dreimonatsrente für das nichteheliche Kind (§ 1615o Abs 1 BGB) oder die Hinterlegung bzw Zahlung der Entbindungskosten und des Unterhalts für die nichteheliche Mutter (§ 1615o Abs 2 BGB) betrifft (§ 1615o Abs 3 BGB),
d) bei Ansprüchen auf Unterlassung nach § 25 UWG,
e) bei Klagen auf Einräumung eines Nutzungsrechts an einem Werk der Musik zur Herstellung von Tonträgern (§ 61 Abs 6 UrhRG).

813 Der Antragsteller muß den Verfügungsanspruch und den Verfügungsgrund (soweit nicht RdNr 812 zutrifft) **glaubhaft machen.**

814 Für den Erlaß der einstweiligen Verfügung ist das Gericht der Hauptsache ausschließlich **zuständig** (§§ 937 Abs 1, 802 ZPO), und zwar das Gericht des ersten Rechtszugs, wenn Berufung anhängig ist, das Berufungsgericht (§ 943 ZPO).

815 Die **Entscheidung** ergeht **aufgrund mündlicher Verhandlung** durch Urteil (§§ 922 Abs 1, 936 ZPO), nur in wirklich dringenden Fällen ohne mündliche Verhandlung durch Beschluß (§§ 922 Abs 1, 936, 937 Abs 2 ZPO). Ein dringender Fall liegt vor, wenn Zeitverlust oder Benachrichtigung des Gegners den Zweck der einstweiligen Verfügung gefährden könnten; Beleidigungen unter Mietparteien, Nachbarstreitigkeiten, unerwünschte Kontakte zwischen geschiedenen Ehegatten oder getrennten Partnern untereinander oder zu Dritten, sind in aller Regel nicht so dringlich, daß auf eine mündliche Verhandlung verzichtet werden könnte. Auch die Dringlichkeit ist glaubhaft zu machen und muß im Beschluß festgestellt werden.[38] Die Zurückweisung eines Antrags auf Erlaß einer einstweiligen Verfügung ist nicht dringlich; für eine Ausnahme von der Anberaumung einer mündlichen Verhandlung in dem

---

[37] OLG Frankfurt NJW 75, 392, Held DB 85, 1691 mwNachw, Schopp MDR 74, 851, Baumbach-Lauterbach § 940 Anm 1, Thomas-Putzo § 935 Anm 1c.
[38] Baumbach-Lauterbach § 937 ZPO Anm 2, OLG Karlsruhe NJW-RR 87, 1206.

Fall, daß diese erkennbar sinnlos sei, ist angesichts des klaren Wortlauts des § 937 Abs 2 ZPO kein Raum.[39]

Eine Entscheidung über eine beantragte einstweilige Verfügung ohne mündliche Verhandlung – und damit ohne rechtliches Gehör des Betroffenen – zu verhindern, ist Hauptzweck einer **Schutzschrift.** Ein solches Institut ist im Gesetz nicht vorgesehen; seine Zulässigkeit ist zweifelhaft.[40] Obwohl die Schutzschrift kein Verfahren einleitet, soll das Gericht überwachen, ob ein Verfahren dieses Gegenstands einmal von der Gegenseite anhängig gemacht wird! Damit wird versucht, dem Gericht Aufgaben im Interesse **einer** Partei zu übertragen – das hat mit rechtlichem Gehör nichts zu tun –, und das ist im übrigen nicht seine Aufgabe, solange der Gesetzgeber nicht tätig geworden ist. Eine Schutzschrift ist daher zweckmäßigerweise dem Einreicher zurückzugeben.

In – seltenen – wirklich **dringenden Fällen** kann das Amtsgericht, in dessen Bezirk 816
sich der **Streitgegenstand** befindet, die einstweilige Verfügung erlassen. Bei einer Handlung entscheidet, wo sie begangen worden oder wo sie auszuführen ist. Ein dringender Fall ist gegeben, wenn die Anrufung des Gerichts der Hauptsache die Durchsetzung des Anspruchs verzögern würde und daraus dem Gläubiger Nachteile zu erwachsen drohen.

Das Amtsgericht muß dann aber beim Erlaß der einstweiligen Verfügung[41] eine Frist bestimmen, innerhalb der die Ladung des Gegners zur mündlichen Verhandlung über die Rechtmäßigkeit der einstweiligen Verfügung bei dem Gericht der Hauptsache zu beantragen ist (§ 942 Abs 1 ZPO).[42]

Soll aufgrund einer einstweiligen Verfügung eine Vormerkung oder ein Widerspruch gegen die Richtigkeit des Grundbuchs, Schiffsregisters oder Schiffsbauregisters eingetragen werden, so ist – neben dem Gericht der Hauptsache – auch das **Amtsgericht zuständig,** in dessen Bezirk das **Grundstück belegen** ist oder sich der Heimathafen oder der Heimatort des Schiffs oder der Bauort des Schiffsbauwerks befindet, bei Heimathafen im Ausland das Amtsgericht Hamburg (§ 942 Abs 2 ZPO). In diesen Fällen bedarf es weder der Glaubhaftmachung der Gefährdung des Anspruchs nach materiellem Recht noch der Dringlichkeit. Auch braucht das Amtsgericht die Frist zur Ladung des Gegners vor das Gericht der Hauptsache nur auf Antrag des Gegners zu bestimmen (§ 942 Abs 2 Satz 2 ZPO).

Entsprechendes gilt für die Eintragung einer Vormerkung oder eines Widerspruchs in das Register für Pfandrechte an Luftfahrzeugen aufgrund einer einstweiligen Verfügung. Diese kann von dem Amtsgericht erlassen werden, in dessen Bezirk das Luftfahrtbundesamt seinen Sitz hat (§ 99 Abs 3 LuftfzRG). Das ist das **Amtsgericht Braunschweig.**

Die Entscheidung kann in den Fällen des § 942 ZPO ohne mündliche Verhandlung ergehen (§ 942 Abs 4 ZPO).

---

[39] OLG Frankfurt, Beschl v 5. 6. 89, 17 W 30/89 im Anschluß an Senat VersR 79, 943 = MDR 79, 945, KG WRP 88, 736, OLG Schleswig WRP 82, 430, aA OLG Köln NJW-RR 88, 254, OLG Hamburg FamRZ 86, 75, OLG Hamburg GRUR 81, 147, OLG Koblenz NJW 80, 2588.

[40] Vgl dazu – die Zulässigkeit bejahend – Teplitzky NJW 80, 1667, May, Die Schutzschrift im Arrest- und Einstweilige Verfügungsverfahren, 1983, Hilgard, Die Schutzschrift im Wettbewerbsrecht, 1985, Thomas-Putzo § 935 Anm 4, Gießler, Vorläufiger Rechtsschutz in Ehesachen, 1987, RdNr 473; aA Leipold RdA 83, 164, Bergerfurth FamRZ 84, 757, OLG Düsseldorf FamRZ 85, 502.

[41] Beispiel RdNr 833.

[42] Zum weiteren Verfahren vgl RdNr 838.

817 Hat eine Eintragung im Grundbuch, Schiffsregister oder Schiffsbauregister zu erfolgen, so kann das Gericht der einstweiligen Verfügung das Grundbuchamt oder das Registergericht **um die Eintragung ersuchen** (§ 941 ZPO); ob das Gericht der dahingehenden Bitte des Antragstellers nachkommt, liegt in seinem freien Ermessen.
§ 932 Abs 3 ZPO gilt entsprechend mit der Folge, daß der Eintragungsantrag als Vollziehung gilt; deshalb ist nach § 929 Abs 3 S 2 ZPO die einstweilige Verfügung innerhalb einer Woche nach dem Ersuchen (und nicht erst nach Eintragung!) zuzustellen, anderfalls kann sie wegen Fristversäumung aufgehoben werden.

818 Auf das Verfahren finden im übrigen die Vorschriften über den Arrest entsprechende Anwendung (§ 936 ZPO). Über **Zustellung** und **Vollstreckungsklausel** vgl RdNr 785.

819 Welche **Anordnungen** zur Erreichung des Zwecks erforderlich sind, bestimmt das Gericht **nach freiem Ermessen.** Durch einstweilige Verfügung kann insbesondere auch eine Sequestration angeordnet werden. Es kann dem Gegner eine Handlung geboten oder verboten werden, insbesondere kann ihm untersagt werden, ein Grundstück oder ein eingetragenes Schiff oder Schiffsbauwerk zu veräußern, zu belasten oder zu verpfänden (§ 938 ZPO). Die Maßnahme muß sich aber stets im Rahmen des Erforderlichen halten und darf möglichst keine endgültigen Verhältnisse schaffen; denn ihr **Zweck ist Sicherung, nicht Erfüllung.** Sie muß sich weiter im Rahmen des Antrags und des materiellen Verfügungsanspruchs halten.
Es empfiehlt sich, der einstweiligen Verfügung eine **Begründung** beizufügen. Dies muß geschehen, wenn die Vollstreckung im Ausland erfolgen soll; erforderlich ist ein entsprechender Antrag auf Vervollständigung, wenn eine Begründung fehlt (§ 33 AVAG).

2. Beispiele Einstweiliger Verfügungen

a) Eintragung einer **Auflassungsvormerkung**

BGB §§ 883, 885
ZPO §§ 935, 942 Abs 2

820 **Antrag**

An das ..., den ...
Amtsgericht
...

Antrag auf Erlaß einer einstweiligen Verfügung

..., Antragsteller,
gegen
..., Antragsgegner.

Der Antragsgegner ist eingetragener Eigentümer des Grundstücks in ..., Straße Nr ...
Das Grundstück ist im Grundbuch des Amtsgerichts von ... in Band ... Blatt ... eingetragen.
Beweis: Anliegender Grundbuchauszug, Beiziehung der Grundakten
Der Antragsgegner hat mir durch notariellen Vertrag vom ..., dessen Ausfertigung ich überreiche, das Grundstück verkauft. Die Auflassung ist noch nicht erfolgt.
Ich beantrage

durch einstweilige Verfügung anzuordnen, daß für mich auf dem genannten Grundbuchblatt eine Vormerkung zur Erhaltung des Rechts auf Auflassung eingetragen wird.

Ich beantrage ferner,
das Grundbuchamt zu ersuchen, die Eintragung zu bewirken.
Ich bitte, die einstweilige Verfügung ohne mündliche Verhandlung zu erlassen, weil ...

Entscheidung ohne mündliche Verhandlung: 821

Beschluß

in Sachen
..., Antragsteller

gegen

..., Antragsgegner.

Im Weg einstweiliger Verfügung wird gemäß §§ 883, 885 BGB, 942 Abs 2 ZPO wegen Dringlichkeit ohne mündliche Verhandlung angeordnet:

1. Für den Antragsteller ist im Grundbuch des Amtsgerichts ... von ... Band ... Blatt ... an bereiter Stelle eine Vormerkung zur Erhaltung des Rechts auf Auflassung des Grundstücks einzutragen.
2. Um die Eintragung der Vormerkung soll das Grundbuchamt ersucht werden.[43]
3. Der Antragsgegner trägt die Kosten des Verfahrens.
4. Der Streitwert wird auf DM ... festgesetzt.[44]

Gründe:[45]

Der Antragsteller hat glaubhaft gemacht, daß ihm aufgrund eines notariellen Vertrags vom 2. Januar 19.. ein Anspruch auf Auflassung des im Grundbuch von ... Band ... Blatt ... eingetragenen Grundstücks zustehe.[46]

..., den 25. Januar 19..

Amtsgericht
(Unterschrift)
Richter am Amtsgericht

Vfg

1. Ausfertigung an den Antragsteller zustellen.
2. Eintragungsersuchen an Grundbuchamt.
3. Nach 2 Wochen.

(Richter)

Das Eintragungsersuchen an das Grundbuchamt hat folgenden Wortlaut: 822

An das Grundbuchamt ...
In Sachen ...
wird in der Anlage Ausfertigung des Beschlusses vom heutigen Tag mit dem Ersuchen übersandt, die Vormerkung zur Erhaltung des Rechts auf Auflassung im
Grundbuch von ... Band ... Blatt ...
einzutragen und von der Eintragung hierher Nachricht zu geben.

..., den ... Amtsgericht
(Dienstsiegel) (Unterschrift)
Richter am Amtsgericht

---

[43] § 941 ZPO; vgl auch RdNr 817, 823.
[44] §§ 20 Abs 1 GKG, 3 ZPO; üblich ist ⅓ bis ½ des Werts der Hauptforderung.
[45] Wird die einstweilige Verfügung nur kurz begründet, so empfiehlt es sich, die Begründung voranzustellen; vgl RdNr 833.
[46] Eine Gefährdung des Anspruchs braucht nicht dargelegt und glaubhaft gemacht zu werden (§ 885 Abs 1 Satz 2 BGB).

b) Einstweilige Verfügung auf Eintragung einer Sicherungshypothek für Bauhandwerker

BGB §§ 648, 883, 885
ZPO §§ 937ff, 941, 942

823 Die Fassung des Antrags ergibt sich aus dem nachfolgenden Beschluß bei **Entscheidung ohne mündliche Verhandlung:**

Beschluß

in Sachen
Maurermeister Herman Zabel, Hannover, Leibnizstr. 1, – Antragsteller –
Prozeßbevollmächtigter: Rechtsanwalt Dr Meier, Goslar,
gegen Friseurmeister Alfred Licht, Goslar, Mauerstr. 2, – Antragsgegner –
[*Prozeßbevollmächtigter: . . .*].
Auf Antrag des Antragstellers wird im Weg der einstweiligen Verfügung wegen Dringlichkeit ohne mündliche Verhandlung angeordnet:
1. Für den Antragsteller ist in Höhe von 1200 DM nebst 4% Zinsen seit dem 24. Januar 19.. und 350 DM Kosten auf dem bezeichneten Grundstück eine Vormerkung zur Sicherung des Anspruchs auf Einräumung einer Sicherungshypothek von gleicher Höhe einzutragen.
2. Dem Antragsteller bleibt es überlassen, die zur Eintragung erforderlichen Anträge beim Grundbuchamt zu stellen.[47]
3. Der Antragsgegner trägt die Kosten des Verfahrens.
4. Der Streitwert wird auf DM . . . festgesetzt.[44]

Gründe:

Der Antragsteller hat durch Vorlage des Vertrags vom 20. Mai 19.., der Gesamtabrechnung vom 20. Dezember 19.., der Mahnung vom 24. Januar 19.. und einer eidesstattlichen Versicherung des Buchhalters Schramm aus Hannover glaubhaft gemacht, daß ihm als Unternehmer – eines einzelnen Teils – eines Bauwerks, das auf dem dem Antragsgegner gehörenden, im Grundbuch von Goslar Band 141 Blatt 3100 Abt I lfd Nr 3 eingetragenen Grundstück errichtet worden ist, aus dem Werkvertrag eine Forderung von 1200 DM (in Buchstaben: Eintausendzweihundert Deutsche Mark) nebst 4 vom Hundert Zinsen seit dem 24. Januar 19.. für geleistete Arbeiten [*für den der geleisteten Arbeit entsprechenden Teil der Vergütung und von . . . DM für die in der Vergütung nicht inbegriffenen Auslagen*] gegen den Antragsgegner zustehe.
Goslar, den 18. Februar 19..

Amtsgericht
Dr Berner
Richter am Amtsgericht

---

[47] Will das Prozeßgericht ausnahmsweise das Grundbuchamt um Eintragung der Vormerkung ersuchen, so heißt es an Stelle von 2.: „Das hiesige Grundbuchamt soll um die Eintragung der Vormerkung ersucht werden" (§ 941 ZPO); vgl RdNr 821, 822. Geschieht dies nicht, so erscheint es zweckmäßig, den Gläubiger darauf hinzuweisen, daß er den Antrag zu stellen hat.

c) Unterhalt der getrennt lebenden Ehefrau

BGB §§ 1361, 1361a, 1360a Abs 4, 1613–1615
HausratsVO
ZPO §§ 935 ff, 940
GVG § 23b Abs 1 S 2 Nr 6

Antrag an das Amtsgericht – Familiengericht 824

Antrag auf Erlaß einer einstweiligen Verfügung

der Frau Marta Senz, Goslar, Turmstr. 4, Antragstellerin,
gegen ihren Ehemann, Schlosser Max Senz, Goslar, Turmstraße 4, Antragsgegner.
Ich beantrage, im Weg einstweiliger Verfügung wegen Dringlichkeit ohne mündliche Verhandlung anzuordnen:
1. Der Antragsgegner hat an die Antragstellerin mit Wirkung vom ... eine monatliche Unterhaltsrente von ... DM im voraus zu zahlen.
2. Der Antragsteller hat die Kosten des Verfahrens zu tragen.
Ich bin mit dem Antragsgegner seit ... verheiratet.
Mein Ehemann hat mich wiederholt in trunkenem Zustand mißhandelt. Gestern hat er mich wiederum ohne Grund geschlagen, so daß ich aus der Wohnung flüchten mußte. Ich habe mich deshalb von meinem Ehegatten getrennt und beabsichtige, zu meinen Eltern zu ziehen.
Ich selbst verfüge über eigene Mittel zur Befriedigung des Notbedarfs nicht und kann mir auch keine beschaffen,[48] weil ...; ich bin nicht berufstätig, da ich ein dreijähriges Kind aus der Ehe zu versorgen habe. Mein Ehemann muß mir deshalb Unterhalt zahlen. Er verdient ... DM monatlich, wie sich aus anliegender Verdienstbescheinigung ergibt. Die Richtigkeit meiner tatsächlichen Angaben versichere ich hiermit an Eides Statt.

Entscheidung 825

Die Entscheidung wird in einem solchen Fall nicht ergehen können, ohne daß dem Antragsgegner rechtliches Gehör gewährt wird. Meist wird sich dabei empfehlen, mündliche Verhandlung anzuordnen (vgl RdNr 776). Die Urteilsformel wird dann lauten:

Im Weg einstweiliger Verfügung wird angeordnet:
1. Der Antragsgegner hat an die Antragstellerin mit Wirkung vom ... eine wöchentliche/monatliche Unterhaltsrente von ... DM im voraus zu zahlen.
2. Die Kosten des Verfahrens werden dem Antragsgegner auferlegt.
3. Der Streitwert wird auf DM ... festgesetzt.[44]

Da einstweilige Verfügungen vollstreckbar sind, braucht dieses Urteil keinen Anspruch über die vorläufige Vollstreckbarkeit zu enthalten.

---

[48] Der Bezug von Sozialhilfe steht einer einstweiligen Verfügung nicht entgegen, OLG Oldenburg NJW-RR 87, 1480, OLG Koblenz FamRZ 88, 189, Gießler RdNr 521 mwNachw, aA OLG Celle FamRZ 87, 395, OLG Düsseldorf FamRZ 87, 1059, OLG Saarbrücken FamRZ 86, 185.

d) Entbindungskosten und Unterhalt der nichtehelichen Mutter

BGB §§ 1615k, 1615l, 1615o
ZPO §§ 935ff
GVG § 23a Nr 3

826 Die nichteheliche Mutter hat gegen den Mann, der die Vaterschaft anerkannt hat oder der nach § 1600o BGB als Vater vermutet wird, einen Anspruch auf Ersatz der Entbindungskosten, soweit sie nicht durch Leistungen des Arbeitgebers oder durch Versicherungsleistungen gedeckt werden (§ 1615k BGB), und einen Unterhaltsanspruch für die Dauer von sechs Wochen vor und acht Wochen nach der Geburt des nichtehelichen Kindes (§ 1615l BGB). Die Mutter kann die Zahlung der voraussichtlich zu leistenden Beträge im Weg einstweiliger Verfügung auch schon vor der Geburt des Kindes verlangen; das Gericht kann auch die Hinterlegung eines angemessenen Betrags anordnen (§ 1615o Abs 2 BGB). Die Zahlung des ganzen Betrags kann schon vor der Geburt angeordnet werden; das Gericht kann aber auch Hinterlegung eines Teils und Zahlung des sofort benötigten Betrags anordnen.
Die **Gefährdung** des Anspruchs braucht nicht glaubhaft gemacht zu werden (§ 1615o Abs 3 BGB), sie wird gesetzlich vermutet, kann aber von dem in Anspruch genommenen Antragsgegner widerlegt werden. Dagegen muß der Anspruch selbst nach Grund und Höhe glaubhaft gemacht werden, also der voraussichtliche Zeitpunkt der Geburt, die danach berechnete Empfängniszeit (vgl dazu die Tabelle Anh I) und die Beiwohnung in dieser Zeit. Es ist Sache des Antragsgegners, schwerwiegende Gründe gegen die Abstammung glaubhaft zu machen.
Zuständig für den Erlaß der einstweiligen Verfügung ist das Amtsgericht, und zwar das Gericht der Hauptsache, bei dem die Unterhaltsklage gegen den Mann zu erheben ist.[49]

827 **Antrag**

An das ..., den ...
Amtsgericht ...
Antrag auf Erlaß einer einstweiligen Verfügung
..., Antragstellerin,
gegen
..., Antragsgegner.
Die Antragstellerin ist schwanger und wird voraussichtlich um den ... 19.. entbinden.
Glaubhaftmachung: Anliegende ärztliche Bescheinigung des ... in ...
Die Empfängniszeit läuft demnach vom ... bis ....
In dieser Zeit hat der Antragsgegner der Antragstellerin beigewohnt.
Glaubhaftmachung: Anliegende eidesstattliche Versicherung.
[Der *Antragsgegner hat die Vaterschaft anerkannt.*]
Die Antragstellerin hat gemäß §§ 1615k und 1615l BGB gegen den Antragsgegner einen Anspruch auf Erstattung der Entbindungskosten und auf Unterhalt für die Dauer von 6 Wochen vor und 8 Wochen nach der Geburt.
Die Entbindungskosten werden sich voraussichtlich auf ... DM belaufen.
Glaubhaftmachung: Anliegende Auskunft d ....
Hiervon gehen die Leistung des Arbeitgebers mit ... DM und die Versicherungsleistungen mit ... DM ab, so daß noch ... DM verbleiben.

---

[49] Ob das Gericht des Statusprozesses (§ 641a ZPO) zuständig ist, ist streitig, aber wohl zu verneinen; MünchKomm-Köhler § 1615o BGB RdNr 12 mwNachw, Gießler RdNr 655.

In der Wochenzeit des § 1615 l BGB habe ich einen Verdienstausfall von ... DM.
Glaubhaftmachung: Anliegende Abrechnung des ...
Als Unterhalt für 14 Wochen sind ... DM erforderlich. Dazu führe ich aus ...
Als Unterhaltsbetrag hat der Antragsgegner also ... DM zu leisten.
Ich beantrage gemäß § 1615 o Abs 2, 3 BGB,
dem Antragsgegner aufzugeben, diese Beträge bis zum ... an mich zu zahlen, hilfsweise sie ganz oder teilweise zu meinen Gunsten beim Amtsgericht ... zu hinterlegen.

Entscheidung 828
regelmäßig aufgrund mündlicher Verhandlung:

Im Weg einstweiliger Verfügung wird angeordnet:
1. Der Antragsgegner hat an die Antragstellerin für Kosten des Unterhalts sechs Wochen vor der Entbindung den Betrag von ... DM sofort zu zahlen.
2. Der Antragsgegner hat zur Sicherung der Entbindungskosten und der Unterhaltskosten für acht Wochen nach der Geburt den Betrag von ... DM zugunsten der Antragstellerin bei der Hinterlegungsstelle des Amtsgerichts ... zu hinterlegen.
3. Der Antragsgegner trägt die Kosten des Verfahrens.

e) Unterhalt für das nichteheliche Kind

BGB § 1615 o Abs 1, 3
ZPO §§ 935 ff
GVG § 23 a Nr 3

Auf Antrag des nichtehelichen Kinds kann durch einstweilige Verfügung angeordnet werden, daß der Mann, der die Vaterschaft anerkannt hat oder der nach § 1600 o BGB als Vater vermutet wird, den für die ersten drei Monate dem Kind zu gewährenden Unterhalt zu zahlen hat. Der Antrag kann auch schon vor der Geburt durch die Mutter oder einen für die Leibesfrucht vom Vormundschaftsgericht bestellten Pfleger als gesetzliche Vertreter des Kindes gestellt werden; in diesem Fall kann angeordnet werden, daß der erforderliche Betrag angemessene Zeit vor der Geburt zu hinterlegen ist (§ 1615 o Abs 1 BGB). 829
Der Anspruch selbst muß, wie im Fall RdNr 826, glaubhaft gemacht werden, auch hier gilt das nicht für die Gefährdung des Anspruchs (§ 1615 o Abs 3 BGB).
Der Antrag und die Entscheidung müssen auf einen bestimmten Betrag lauten, also nicht auf Zahlung von Regelunterhalt.
Zuständig ist das Amtsgericht der Hauptsache, das ist das für die Unterhaltsklage zuständige Gericht.[50]
Ist das Kind schon geboren und die Vaterschaftsfeststellungsklage anhängig, so regelt das Prozeßgericht auf Antrag durch einstweilige Anordnung die Unterhaltsfrage (§ 641 d ZPO, vgl RdNr 843).

---

[50] Ob das Gericht des Status-Prozesses (§ 641 a ZPO) zuständig ist, ist streitig, aber wohl zu verneinen, MünchKomm-Köhler § 1615 o BGB RdNr 12 mwNachw, Gießler RdNr 623.

830 **Antrag**

An das Amtsgericht ...
Antrag auf Erlaß einer einstweiligen Verfügung
der noch nicht geborenen Leibesfrucht der ..., Antragstellerin,
gesetzlich vertreten durch die Mutter ...
[*durch den Pfleger ... in ...*]

gegen

..., Antragsgegner.

Die ... in ... ist schwanger und wird voraussichtlich um den ... 19.. entbinden.
Glaubhaftmachung: Anliegende Bescheinigung des ...
Die Empfängniszeit läuft deshalb vom ... bis ....
In dieser Zeit hat der Antragsgegner der Antragstellerin beigewohnt.
Glaubhaftmachung: Anliegende eidesstattliche Versicherung.
[*Der Antragsgegner erkennt die Vaterschaft an.*]
Das Kind hat gemäß § 1615o Abs 1, 3 BGB gegen den Antragsgegner einen Anspruch auf Zahlung oder Hinterlegung des Unterhalts für die ersten drei Monate nach der Geburt.
Der Regelunterhalt des Kindes wird sich nach § 1615f BGB und der Regelunterhalts-VO auf ... DM monatlich belaufen. Das ergibt sich ...
Ich beantrage gemäß § 1615o Abs 1, 3 BGB,

dem Antragsgegner im Weg einstweiliger Verfügung aufzugeben, den Betrag von ... DM am Tag der Geburt an mich zu zahlen und bis dahin zu hinterlegen.

831 **Entscheidung**[51]

Im Weg einstweiliger Verfügung wird angeordnet:
1. Der Antragsgegner hat bis zum ... den Betrag von ... DM bei der Hinterlegungsstelle des Amtsgerichts ... als Unterhalt des Antragstellers für die ersten drei Monate nach dessen Geburt zu hinterlegen.
2. Am Tag der Geburt hat er den in Ziffer 1 bezeichnenden Betrag an den Antragsteller zu zahlen.
Die Zahlung kann er auch dadurch bewirken, daß er die Herausgabe des hinterlegten Betrags an den Antragsteller zu Händen seines gesetzlichen Vertreters bei der Hinterlegungsstelle bewilligt.
3. Der Antragsgegner trägt die Kosten des Verfahrens.
4. Der Streitwert wird auf DM ... festgesetzt.[44]

f) Herausgabe zur Sicherstellung

ZPO §§ 935, 940, 942

832 **Antrag** zu Protokoll des Amtsgerichts der belegenen Sache:[52]

Geschäftsstelle des Amtsgerichts Goslar, den 18. Januar 19..
Es erschien der Geschäftsführer der Paul Pflüger Landmaschinenwerk GmbH in Braunschweig, Wilhelm Pflüger, und erklärte:
Meine Firma hat dem Landwirt Karl Müller in Peine einen Mähdrescher, Fabrikat „Massey Harris", unter Eigentumsvorbehalt geliefert. Der Kaufpreis betrug 90000 DM, auf den nur 40000 DM bezahlt worden sind.
Glaubhaftmachung: Anliegender Original-Kaufvertrag vom 1. August 19..

---

[51] In Anlehnung an den Entwurf bei Odersky III 3 zu § 1615o BGB.
[52] Vgl RdNr 816.

Müller war bisher im Besitz der Maschine, ist jedoch jetzt in Vermögensverfall geraten und hat sie in den Bezirk des Amtsgerichts Goslars verbracht. Sie steht seit gestern bei dem Bauern Alfred Schmidt in Grauhof bei Goslar.
Beweis: Anliegende Mitteilung des Gerichtsvollziehers Brandt in Peine und eidesstattliche Versicherung des Bauern Alfred Schmidt.
Wie Schmidt mir heute sagte, will Müller die Maschine veräußern. Es ist zu befürchten, daß meine Firma dann leer ausgeht. Schmidt ist zur Herausgabe an mich bereit, wenn ihm eine entsprechende Verfügung des Gerichts vorgelegt wird. Sofortiger Erlaß einer einstweiligen Verfügung durch das Amtsgericht ist deshalb geboten.
Ich beantrage,

im Weg einstweiliger Verfügung dem Antragsgegner Müller aufzugeben, den Mähdrescher sofort an den zuständigen Gerichtsvollzieher zur Sicherstellung herauszugeben und dem Antragsgegner die Kosten des Verfahrens aufzuerlegen.

vorgelesen genehmigt unterschrieben

Entscheidung (Erlaß der einstweiligen Verfügung mit Fristsetzung gemäß § 942 ZPO) 833

Beschluß

In Sachen
Paul Pflüger Landmaschinenwerk GmbH, vertreten durch den Geschäftsführer Wilhelm Pflüger, Wolfenbütteler Straße 105, 3300 Braunschweig, Antragstellerin,
gegen
Landwirt Karl Müller, Lehrter Weg 17, 3150 Peine, Antragsgegner.
Die Antragstellerin hat durch Vorlage des Kaufvertrags vom 1. August 19.., einer Mitteilung des Gerichtsvollziehers Brandt in Peine und einer eidesstattlichen Versicherung des Bauern Schmidt in Grauhof glaubhaft gemacht, daß der Antragsgegner den von der Antragstellerin unter Eigentumsvorbehalt bezogenen und nicht voll bezahlten Mähdrescher System „Massey Harris" zu dem Bauern Schmidt geschafft habe, um sie zu veräußern.[53]
Im Weg einstweiliger Verfügung wird deshalb wegen Dringlichkeit ohne mündliche Verhandlung angeordnet:
1. Der Antragsgegner hat den ihm unter Eigentumsvorbehalt gelieferten Mähdrescher „Massey Harris" an den zuständigen Gerichtsvollzieher zur Sicherstellung und Aufbewahrung bis zur Entscheidung über den Verbleib herauszugeben.
2. Die Antragstellerin hat die Ladung des Gegners zur mündlichen Verhandlung über die Rechtmäßigkeit der einstweiligen Verfügung bei dem Gericht der Hauptsache bis zum 1. Februar 19.. zu beantragen (§ 942 ZPO).
3. Der Antragsgegner trägt die Kosten des Verfahrens.
4. Der Streitwert wird auf DM ... festgesetzt.[44]
Goslar, den 18. Januar 19..

Amtsgericht
Dr Berner
Richter am Amtsgericht

---

[53] Erscheint es erforderlich, eine längere Begründung zu geben, so ist es üblich, sie der Formel der einstweiligen Verfügung mit der Überschrift „Gründe" folgen zu lassen; vgl RdNr 823.

g) Unterlassung von ruhestörendem Lärm

ZPO §§ 935ff, 890

834 Entscheidung aufgrund mündlicher Verhandlung (vgl dazu RdNr 815):

Im Namen des Volkes

Urteil

Im Verfahren auf Erlaß einer einstweiligen Verfügung
Paul Grösser, Turmstraße 1, 6233 Kelkheim/Taunus

– Verfügungskläger –

gegen
Hubert Schneider, Turmstraße 1, 6233 Kelkheim/Taunus

– Verfügungsbeklagter –

hat das Amtsgericht Königstein im Taunus durch Richter am Amtsgericht Dr Köhler aufgrund der mündlichen Verhandlung vom 22. Juli 19.. für Recht erkannt:

Im Weg der einstweiligen Verfügung wird dem Verfügungsbeklagten verboten, im Haus Turmstraße 1 nachts nach 22 Uhr ruhestörenden Lärm durch Betätigen der Nähmaschinen, Klopfen und übermäßig lautes Einstellen des Rundfunkgeräts zu verursachen.[54]

Für jeden Fall der Zuwiderhandlung wird dem Verfügungsbeklagten die Verurteilung zu einem Ordnungsgeld von 5.– bis 500000.– DM oder zu Ordnungshaft von einem Tag bis zu 6 Monaten angedroht.

Der Verfügungsbeklagte trägt die Kosten des Verfahrens.

Tatbestand

Der Verfügungsbeklagte ist Mieter einer Wohnung im Haus des Verfügungsklägers. Der Verfügungskläger behauptet, der Verfügungsbeklagte verrichte seit dem ... Nachtarbeit in der Wohnung, obwohl ihm diese nur zu Wohnzwecken vermietet worden sei. Hierbei störe er die Nachtruhe der Hausbewohner durch Betätigen der Nähmaschinen, Hin- und Herlaufen, Klopfen und Rundfunklärm in der Zeit zwischen 22 und 3 Uhr erheblich. Alle Abmahnungen seien bisher erfolglos gewesen. Zur Glaubhaftmachung bezieht sich der Verfügungskläger auf eidesstattliche Versicherungen der Mieter Schlosser und Graulich.

Der Verfügungskläger beantragt,

dem Verfügungsbeklagten zu verbieten, im Haus Turmstraße 1 nachts nach 22 Uhr ruhestörenden Lärm durch Betätigung der Nähmaschinen, Klopfen und übermäßig lautes Einstellen des Radios zu verursachen, und für den Fall der Zuwiderhandlung Ordnungsgeld und Ordnungshaft anzuordnen.

Der Verfügungsbeklagte beantragt,

den Antrag auf Erlaß einer einstweiligen Verfügung zurückzuweisen.

Er bestreitet das Vorbringen des Klägers unter Vorlage von eidesstattlichen Versicherungen seiner Frau und seines Sohnes.

Entscheidungsgründe

Der Antrag auf Erlaß einer einstweiligen Verfügung ist zulässig und begründet. Der Verfügungskläger hat aus dem Mietvertrag einen Rechtsanspruch darauf, daß der Antragsgegner nächtlichen ruhestörenden Lärm im Haus unterläßt; denn ...

Damit ist nicht vereinbar, wenn der Verfügungsbeklagte nachts nach 22 Uhr mit Familienangehörigen unter beträchtlicher Geräuschentwicklung Nähmaschinen betreibt, dabei laut Rundfunksendungen anhört und wiederholt klopft, sodaß die Nachtruhe der übrigen Bewohner seit Tagen stark beeinträchtigt ist. Diese Behauptungen hat der Verfügungskläger durch die eidesstattlichen Versicherungen der beiden Mie-

---

[54] Die verbotene Handlung ist so genau zu bezeichnen, daß in der Zwangsvollstreckung keine Zweifel daran auftauchen können, was verboten ist.

ter Schlosser und Graulich glaubhaft gemacht, die in überzeugender und widerspruchsfreier Weise die Geräuschbelästigungen unabhängig von einander beschrieben haben; den Versicherungen der Ehefrau und des Sohnes des Verfügungsbeklagten vermag das Gericht demgegenüber nicht zu folgen, denn ...
Zur Abwendung der aus der Vertragsverletzung folgenden wesentlichen Nachteile ist der Erlaß einer einstweiligen Verfügung geboten (§ 940 ZPO); die Eilbedürftigkeit ergibt sich aus der Notwendigkeit, die Nachtruhe der Bewohner des Hauses zu gewährleisten.
Die Kostenentscheidung beruht auf § 91 ZPO.

Dr Köhler
Richter am Amtsgericht

h) Unterlassung in Wettbewerbssachen

ZPO §§ 940, 942, 890
UWG § 25

Literatur:
Pastor, Der Wettbewerbsprozeß, 3. Auflage 1980

Zur Sicherung der im Gesetz gegen den unlauteren Wettbewerb bezeichneten Ansprüche auf Unterlassung können einstweilige Verfügungen erlassen werden, auch wenn die in §§ 935, 940 ZPO bezeichneten Voraussetzungen nicht vorliegen (§ 25 S 1 UWG). Damit ist gemeint, daß die Gefährdung des Anspruchs nicht dargetan und glaubhaft gemacht werden muß; der Verfügungsanspruch muß aber in jedem Fall glaubhaft gemacht werden.[55] 835
Zuständig ist immer das Gericht der Hauptsache (§§ 937 ZPO, 24 UWG), in der Regel also, da es sich meist um einen die amtsgerichtliche Zuständigkeit übersteigenden Streitwert handelt, das Landgericht. Ist eine Kammer für Handelssachen eingerichtet, so kann der Antrag an diese gerichtet werden. Örtlich zuständig ist entweder das Gericht, in dessen Bezirk der Beklagte seine gewerbliche Niederlassung oder bei Fehlen einer solchen seinen Wohnsitz hat, oder das Gericht, in dessen Bezirk die beanstandete Handlung begangen ist (§ 24 UWG). Bei Dringlichkeit ist daneben das Amtsgericht zuständig, in dessen Bezirk sich der Streitgegenstand befindet, also wo bei Wettbewerbsverstößen die beanstandete Handlung begangen worden ist (§ 942 ZPO). In Wettbewerbsfällen wird ein Fall der Dringlichkeit für die Anrufung des Amtsgerichts selten vorliegen, weil das zuständige Landgericht ebenso schnell erreichbar sein wird. Bei Erlaß einer einstweiligen Verfügung durch das Amtsgericht wird immer Vorsicht am Platz sein, da die Verfügung oft praktisch den Streit entscheidet und meist große Vermögenswerte auf dem Spiel stehen. Wird die einstweilige Verfügung erlassen, so ist darauf zu achten, daß das Verbot so genau gefaßt wird, daß jeder Zweifel über die Auslegung ausgeräumt ist und der Antragsgegner nicht die Möglichkeit der Umgehung erhält.

..O .../.. 836

Beschluß

In Sachen
... – Antragsteller –
Prozeßbevollmächtigter: Rechtsanwalt ..., ...
gegen ... – Antragsgegner –
hat die ... Zivil-Kammer [*für Handelssachen*] des Landgerichts ... auf den in Abschrift beigefügten Antrag vom ... 19.., bei Gericht eingegangen am ... 19..,
durch den Vorsitzenden Richter am Landgericht ... und die Richter am Landgericht ... und ... am ... beschlossen:

[55] Baumbach-Hefermehl 3 zu § 25 UWG.

De. Antragsgegner.. wird im Weg der einstweiligen Verfügung wegen Dringlichkeit ohne mündliche Verhandlung bei Meidung von Ordnungsgeld bis 500000,– DM – für den Fall, daß dieses nicht beigetrieben werden kann, von Ordnungshaft – oder Ordnungshaft bis zu 6 Monaten, zu vollstrecken an ihrem Inhaber [*Geschäftsführer – Vorstand – persönlich haftenden Gesellschafter – Geschäftsführer ihrer persönlich haftenden Gesellschafterin*], für den jeden Fall der Zuwiderhandlung untersagt,
1) mit Bezug auf den Geschäftsbetrieb des Antragstellers zu Zwecken des Wettbewerbs zu behaupten: „Der Antragsteller ist fertig" oder „Der Antragsteller steht vor dem Zusammenbruch" oder „Der Antragsteller wird demnächst von dem Antragsgegner übernommen" oder dem Sinn nach ähnliche Behauptungen aufzustellen;
2) Werbeveranstaltungen für die Waren des Antragsgegners derart anzukündigen, daß das Publikum den falschen Eindruck erhält, die Veranstaltung werde an Stelle der Veranstaltung des Antragstellers durchgeführt, indem er in Zeitungsanzeigen, in denen für Veranstaltungen des Antragsgegners geworben wird, folgende Wendungen gebraucht: „...".
Der Antragsgegner trägt die Kosten des Verfahrens.
Der Streitwert wird auf ... DM festgesetzt.[44]

Gründe

Der Antragsteller hat durch ... glaubhaft gemacht: ...
Er hat damit gegen § ... UWG verstoßen. Er ist deshalb verpflichtet, die beanstandeten Handlungen zu unterlassen.
Die Regelung durch einstweilige Verfügung ist dringlich, weil ...
Die Kostenentscheidung folgt aus § 91 ZPO.
Die Festsetzung des Streitwerts[44] beruht auf §§ 20 Abs 1 GKG, 3 ZPO, 23a UWG; der Wert wurde der Wirtschaftslage des Antragsgegners angepaßt, weil ...

3. Rechtsbehelfe

837 Für Widerspruch gegen eine einstweilige Verfügung, Anordnung der Erhebung der Hauptklage, Aufhebung wegen veränderter Umstände sind die Formulare des Arrestverfahrens entsprechend zu verwenden (vgl RdNr 794–807). Gegen Leistung einer Sicherheit kann eine einstweilige Verfügung nur unter besonderen Umständen aufgehoben werden (§ 939 ZPO, welcher §§ 925 Abs 2 und 927 ZPO teilweise und §§ 923, 934 Abs 1 ZPO ganz ersetzt).

4. Rechtfertigungsverfahren

ZPO § 942

Schrifttum:
Jacobs, Probleme des Rechtfertigungsverfahrens, NJW 88, 1365

838 Hat das Amtsgericht der belegenen Sache in einem dringenden Fall gemäß § 942 ZPO eine einstweilige Verfügung unter Bestimmung einer **Frist zur Ladung des Gegners** zum Rechtfertigungsverfahren erlassen (vgl RdNr 833), muß der Antragsteller – will er sich die Rechte aus der einstweiligen Verfügung erhalten – innerhalb der festgesetzten Frist, die mit der Zustellung oder Aushändigung der einstweiligen Verfügung an den Antragsteller(!) beginnt, bei dem Gericht der Hauptsache (§ 943 ZPO) den Antrag stellen, den Gegner zur mündlichen Verhandlung über die Rechtmäßigkeit der einstweiligen Verfügung zu laden.

Auf den schriftlichen Ladungsantrag bestimmt das Gericht der Hauptsache Termin zur **mündlichen Verhandlung.** Das Verfahren entspricht dem zur Prüfung der Rechtmäßigkeit des Arrests und der einstweiligen Verfügung auf den Widerspruch nach §§ 924, 925 ZPO (vgl RdNr 796–802). Die Nichteinhaltung der Frist für den Ladungsantrag kann nicht gerügt werden, weil der Gläubiger den Antrag bis zur Aufhebung nachholen kann (§ 231 Abs 2 ZPO). Die Entscheidung ergeht durch Endurteil. Das Gericht bestätigt die einstweilige Verfügung, wenn sie berechtigt ist; anderenfalls hebt es sie auf, ggf auch aufgrund veränderter Umstände (§ 927 ZPO) oder wegen Versäumung der Vollziehungsfrist (§ 929 Abs 2, 3 ZPO).

Stellt der Gläubiger den Ladungsantrag nicht, kann der Schuldner nach fruchtlosem 839
Ablauf der Frist bei dem Amtsgericht der belegenen Sache schriftlich die Aufhebung der Verfügung beantragen. Die Entscheidung kann ohne mündliche Verhandlung ergehen (§ 942 Abs 4 ZPO), Anhörung des Gläubigers ist jedoch geboten. Durch Beschluß hebt das Amtsgericht die einstweilige Verfügung aufgrund der Fristversäumung auf (§ 942 Abs 3 ZPO). Wird der Ladungsantrag beim Gericht der Hauptsache dann noch bis zum Schluß der mündlichen Verhandlung vor dem Amtsgericht, sonst bis zum Erlaß der Entscheidung nachgeholt, so ist die Frist gewahrt (§ 231 Abs 2 ZPO).

III. Einstweilige Anordnung

ZPO §§ 620–620g, 621f, 640, 641d, 127a
GVG §§ 23a, 119
HausratsVO § 13
GKG KV Nr 1160–1164, 1170
BRAGO §§ 41, 123

Schrifttum:
Firsching, Familienrecht S 241ff, 494ff
Gießler, Vorläufiger Rechtsschutz in Ehe-, Familien- und Kindschaftssachen, 1987

1. Einstweilige Anordnung in Ehesachen

In Ehesachen kann das Familiengericht im Weg der einstweiligen Anordnung nach 840
§ 620 ZPO die rechtlichen Beziehungen der Ehegatten während des Eheverfahrens regeln.

Der Antrag ist zulässig, sobald die Ehesache anhängig oder ein Antrag auf Bewilligung von Prozeßkostenhilfe eingereicht ist (§ 620a ZPO).

Er kann zu Protokoll der Geschäftsstelle erklärt werden, bedarf dann also nicht der Unterzeichnung durch einen bei dem Gericht der Hauptklage zugelassenen Anwalt.

Die den Antrag begründenden Umstände sind glaubhaft zu machen (§ 620a Abs 2 ZPO).

Zuständig ist das Gericht, bei dem der Rechtsstreit schwebt (§ 620a Abs 4 ZPO).

841 **Antrag**

An das Amtsgericht – Familiengericht – ......
In der Ehesache
... – Antragsteller.. –
Prozeßbevollmächtigter: Rechtsanwalt ..., ...
gegen ... – Antragsgegner.. –
Prozeßbevollmächtigter: Rechtsanwalt ..., ...
beantrage ich im Namen und in Vollmacht d.. Antragsteller.., folgende einstweilige Anordnungen gemäß § 620 ZPO zu erlassen:

1. Die elterliche Sorge [*Personen-, Vermögenssorge*] über das am ... geborene Kind der Parteien wird gemäß § 620 Nr 1 ZPO auf d.. Antragsteller.. übertragen.
2. Die Ausübung des Verkehrsrechts wird gemäß § 620 Nr 2 ZPO wie folgt geregelt: ...
3. De. Antragsgegner.. wird gemäß § 620 Nr 3 ZPO aufgegeben, das gemeinsame Kind ..., geboren am ..., an d.. Antragsteller.. herauszugeben.
4. De. Antragsgegner.. wird gemäß § 620 Nr 4 ZPO aufgegeben, für das am ... geborene eheliche Kind der Parteien eine monatliche Unterhaltsrente von DM ..., fällig am 5. eines jeden Monats, ab ... zu Händen de. Antragsteller.. zu zahlen.
5. Das Getrenntleben wird gemäß § 620 Nr 5 ZPO gestattet.
6. De. Antragsgegner.. wird gemäß § 620 Nr 6 ZPO aufgegeben, an d.. Antragsteller.. eine monatliche Unterhaltsrente von DM ..., fällig am 5. eines jeden Monats, ab ... zu zahlen.
7. De. Antragsteller.. wird gemäß § 620 Nr 7 ZPO gestattet [*folgende Räume*] d.. eheliche. Wohnung [......] zu benutzen sowie [*folgende Teile*] de. Hausrat. [...].
8. De. Antragsgegner.. wird gemäß § 620 Nr 8 ZPO aufgegeben, die [*Benutzung*] folgende. zum persönlichen Gebrauch de. Antragsteller.. bzw des gemeinsamen Kindes bestimmte. Sachen an [*durch*] d.. Antragsteller.. [*bzw das Kind*] herauszugeben [*zu gestatten*] ...
9. De. Antragsgegner.. wird gemäß § 620 Nr 9 ZPO aufgegeben, einen Prozeßkostenvorschuß von DM ... an d.. Antragsteller.. zu zahlen.

Die Parteien haben am ... die Ehe geschlossen und leben seit ... getrennt. Auf die Antragsschrift vom ... nehme ich Bezug.
Der Antragsgegner ist verpflichtet, Kostenvorschuß für das Scheidungsverfahren zu leisten. Er verdient ... DM monatlich als ... bei ...
Glaubhaftmachung: Anliegende Verdienstbescheinigung
Die Antragstellerin hat keinen Verdienst.
Der Kostenvorschuß berechnet sich wie folgt:
Streitwert: ... DM

3 Rechtsanwaltsgebühren	... DM
Auslagenpauschale	... DM
Gebühr für diesen Antrag[56]	... DM
Auslagenpauschale[57]	... DM
Verfahrensgebühr des Gerichts	... DM
Umsatzsteuer	... DM

D.. Antragsgegner.. ist auch verpflichtet, Unterhalt für d.. Antragsteller.. und die Kinder zu leisten. Angemessen sind ... DM.
Für die Benutzung der Ehewohnung ist die beantragte Regelung erforderlich ... (ist auszuführen).
D.. Antragsteller.. bedarf auch zur Führung eines abgesonderten Haushalts folgender Gegenstände, die sich im Besitz de. Antragsgegner.. befinden und die ... nicht herausgeben will: ...
..., den ... (Rechtsanwalt)

---

[56] § 41 BRAGO.
[57] Im Verfahren auf Erlaß einer einstweiligen Anordnung steht dem Anwalt ein besonderer Pauschsatz zu, soweit es in § 41 BRAGO in einer eigenen Ziffer angeführt ist, Gerold-Schmidt § 26 BRAGO Anm 5.

Das Gericht **entscheidet** über den Antrag durch **Beschluß**, der keine mündliche Verhandlung erfordert (§ 620a Abs 1 ZPO). Der Gegner muß aber gehört werden. Eine Kostenentscheidung ist nicht zu treffen, weil die Kosten als Teil der Kosten der Hauptsache gelten (§ 620g ZPO). 842
Gegen den Beschluß, der keine Besonderheiten bietet, ist nur im Rahmen des § 620c ZPO **sofortige Beschwerde** möglich. Auf Antrag kann das Gericht jedoch die Anordnung aufheben oder ändern; hat es die Anordnung ohne mündliche Verhandlung getroffen, so ist auf Antrag aufgrund einer mündlichen Verhandlung über die Bestätigung, Aufhebung oder Abänderung der ersten einstweiligen Anordnung zu entscheiden (§ 620b ZPO).

2. Einstweilige Anordnung in Familiensachen

Über die Regelung in § 620 Nr 9 ZPO hinaus ermöglicht § 621f ZPO den Erlaß einer einstweiligen Anordnung zur Zahlung eines **Kostenvorschusses**, soweit es sich um Familiensachen iS § 621 Abs 1 Nr 1–3, 6–9 ZPO handelt, nämlich um Regelung der elterlichen Sorge, des Verkehrsrechts, der Herausgabe eines Kindes, des Versorgungsausgleichs, der Rechtsverhältnisse an Ehewohnung und Hausrat, der Ansprüche aus dem ehelichen Güterrecht und in Verfahren nach §§ 1382 und 1383 BGB (Zugewinnausgleich). Der Antrag ist entsprechend RdNr 841 zu fassen. Für das Verfahren gelten die §§ 620a–g ZPO (vgl RdNr 842); das Gericht entscheidet durch unanfechtbaren Beschluß. 843

3. Einstweilige Anordnung in Kindschaftssachen

In einem Rechtsstreit auf Feststellung des Bestehens der Vaterschaft (§ 640 Abs 2 Nr 1 ZPO) kann das Gericht auf Antrag durch einstweilige Anordnung bestimmen, daß der Mann, der nach § 1600o Abs 2 Satz 1 BGB als Vater vermutet wird, dem Kind **Unterhalt** zu zahlen oder für den Unterhalt Sicherheit zu leisten hat, sowie die Höhe des Unterhalts regeln (§ 641d Abs 1 ZPO). Diese Möglichkeit besteht neben der Möglichkeit, dem Mann durch einstweilige Verfügung aufzugeben, für die ersten drei Monate nach der Geburt des Kindes Unterhalt zu zahlen (§ 1615o BGB, vgl RdNr 826ff). 844
Der Antrag auf Erlaß einer einstweiligen Anordnung ist zulässig, sobald die Klage auf Feststellung der Vaterschaft eingereicht ist (§ 641d Abs 2 ZPO; vgl RdNr 247). Er kann schriftlich gestellt, aber auch zu Protokoll der Geschäftsstelle erklärt werden (§ 641d Abs 2 Satz 2 ZPO).
Der **Anspruch** ist **glaubhaft zu machen.** Dazu gehört die Glaubhaftmachung, daß der Beklagte der Kindesmutter in der gesetzlichen Empfängniszeit beigewohnt hat (zur Berechnung vgl die Tabelle, Anh I). Es ist Sache des Beklagten, darzutun und glaubhaft zu machen, daß schwerwiegende Zweifel an seiner Vaterschaft bestehen. Ist die Vaterschaft zweifelhaft, wird der Antrag bis zur Beweisaufnahme im Hauptprozeß zurückzustellen sein.[58]

[58] Odersky II 3 zu § 641d ZPO.

Darüber hinaus muß aber auch glaubhaft gemacht werden, daß die beantragte Maßnahme **notwendig** ist. Bei dem Antrag auf Zahlung des Unterhalts wird daher Glaubhaftmachung verlangt, daß die Mutter oder deren unterhaltspflichtige Verwandten das Kind nicht unterhalten können;[59] Sozialhilfe läßt die Notwendigkeit nicht entfallen. Wird nur Sicherheitsleistung verlangt, so ist glaubhaft zu machen, daß zu befürchten ist, der mutmaßliche Vater werde bei seinen Einkommens- und Vermögensverhältnissen im Fall der späteren Verurteilung nicht zur Zahlung der dann aufgelaufenen Rückstände in der Lage sein.[60]
Zuständig ist das Gericht des ersten Rechtszugs (§§ 641a, 641d Abs 2 ZPO), wenn die Hauptklage in der Berufung schwebt, das Oberlandesgericht. Ist der Rechtsstreit in der Revision anhängig, ist wieder das Amtsgericht zuständig.[61]

845 **Antrag**

Der Antrag kann auch mit der Klage verbunden werden, vgl RdNr 247.

An das
Amtsgericht ... ..., den ...
In dem Rechtsstreit
des am ... geborenen nichtehelichen Kinds ..., Antragstellers,
gesetzlich vertreten durch das Stadtjugendamt ...

gegen

..., Antragsgegner,
Aktenzeichen der Hauptsache: ...
beantrage ich namens des Kinds,
dem Antragsgegner durch einstweilige Anordnung gemäß § 641d ZPO aufzugeben, daß der Antragsgegner ab Stellung dieses Antrags an den Antragsteller zu Händen des Stadtjugendamts in ... Aktenzeichen ... bis zur rechtskräftigen Entscheidung des Rechtsstreits eine Unterhaltsrente von ... DM monatlich im voraus zu zahlen hat.
[..., *daß der Antragsgegner ab Stellung dieses Antrags bis zur rechtskräftigen Entscheidung des Rechtsstreits an den Antragsteller zur Sicherung der Unterhaltsrente monatlich im voraus ... DM auf ein gesperrtes Sparbuch (auf ein Sperrkonto des Jugendamts ...) zu zahlen hat und das Jugendamt über das gesperrte Konto erst verfügen kann, wenn der Antragsgegner rechtskräftig als Vater des Kindes festgestellt und der Unterhalt festgesetzt ist, und zwar nach Maßgabe der Unterhaltsregelung.*]
Zur Begründung wird auf den Hauptprozeß Bezug genommen.
Daß der Antragsgegner der Kindesmutter in der Empfängniszeit, dh vom ... bis ... beigewohnt hat, mache ich durch anliegende eidesstattliche Versicherung der Kindsmutter glaubhaft.
Die Notwendigkeit der einstweiligen Anordnung ergibt sich daraus, daß der Unterhalt für das Kind weder von der Mutter noch von deren unterhaltsverpflichteten Verwandten aufgebracht werden kann[59] [*daß der Antragsgegner nach seinen Einkommens- und Vermögensverhältnissen später nicht in der Lage sein wird, die aufgelaufenen Rückstände zu zahlen*][60], weil ...
Das mache ich glaubhaft durch ...

Jugendamt
Der Amtsvormund

---

[59] Baumbach-Lauterbach 2 zu § 641d ZPO; Thomas-Putzo § 641d Anm 2c; Gießler RdNr 272.
[60] OLG Celle FamRZ 71, 197; Gießler RdNr 273.
[61] OLG Hamm FamRZ 71, 596.

Die **Entscheidung** des Gerichts ergeht nach mündlicher Verhandlung durch Beschluß (§ 641d Abs 2 Satz 4 ZPO). Der Festsetzung der Höhe des Unterhalts kann der Regelunterhalt zugrunde gelegt werden. Die Anordnung muß auf einen bestimmten Betrag lauten, also nicht auf Zahlung des Regelunterhalts.[62] Die Sicherheitsleistung kann auch darin bestehen, daß die Beträge auf ein gesperrtes Sparbuch oder auf ein Sonderkonto des Jugendamts mit Sperrung bis zur rechtskräftigen Feststellung der Vaterschaft eingezahlt werden, sog modifizierte Zahlungsanordnung.[63] 847

Die Kosten des Anordnungsverfahrens gelten als Teil der Kosten der Hauptsache (§ 641d Abs 4 ZPO). Wird der Antrag zurückgewiesen, so sind die Kosten dem Antragsteller aufzuerlegen.

Die Entscheidung ist, wenn der in Anspruch genommene Vater widersprochen hat, zu begründen. Gegen den Beschluß des Amtsgerichts ist die einfache **Beschwerde** gegeben. Schwebt der Rechtsstreit in der Berufung, ist die Beschwerde beim Oberlandesgericht einzulegen (§ 641d Abs 3 ZPO).

Die einstweilige Anordnung tritt, wenn sie nicht vorher aufgehoben wird, **außer Kraft,** sobald das Kind gegen den Mann einen anderen Schuldtitel über den Unterhalt erlangt hat, der nicht nur vorläufig vollstreckbar ist (§ 641e Abs 1 ZPO). Verzögert das Kind nach rechtskräftiger Feststellung der Vaterschaft die Unterhaltsklage oder die Festsetzung des Betrags des Regelunterhalts, so kann der Mann verlangen, daß dem Kind eine Frist gesetzt wird, bei deren Nichteinhaltung die einstweilige Anordnung aufgehoben wird (§ 641e Abs 2 und 3 ZPO). Die einstweilige Anordnung tritt ferner außer Kraft, wenn die Klage zurückgenommen wird oder die Klage abgewiesen wird (§ 641f ZPO).

4. Einstweilige Anordnung in Unterhaltssachen

Entsprechend der Regelung für Ehesachen in § 620 Nr 9 ZPO (vgl RdNr 841) und für andere Familiensachen in § 621f ZPO (vgl RdNr 843) kann das Prozeßgericht gemäß § 127a ZPO in Unterhaltssachen der ehelichen und nichtehelichen Kinder sowie anderer Verwandter (im Verhältnis zwischen Ehegatten gelten die §§ 620 Nr 9, 621f ZPO als die spezielleren Regelungen) durch unanfechtbaren Beschluß die Verpflichtung zur Leistung eines **Prozeßkostenvorschusses** unter den Parteien regeln. Der Antrag ist entsprechend RdNr 841 abzufassen. Für das Verfahren gelten die §§ 620a–g ZPO entsprechend (vgl RdNr 842). 848

---

[62] Odersky II 12b zu § 641d ZPO.
[63] KG FamRZ 76, 98 mwNachw; OLG Koblenz FamRZ 73, 383; Odersky III 4e zu § 641d ZPO.

IV. Beweissicherungsverfahren

ZPO §§ 485–494, 329 Abs 3
GKG KV Nr 1140, 1902, 1904
BRAGO §§ 37 Nr 3, 48

850 Als vorsorgliche Beweisaufnahme außerhalb eines Urteilsverfahrens kann zur Sicherung des Beweises auf Antrag die Einnahme des **Augenscheins** und die Vernehmung von **Zeugen** oder **Sachverständigen** angeordnet werden (§ 485 ZPO). Beweissicherung ist nur **zulässig:**
a) wenn der Gegner zustimmt, wobei die Zustimmung keiner Form bedarf, oder
b) wenn zu besorgen ist, daß das Beweismittel verloren oder seine Benutzung erschwert werde, oder
c) wenn der gegenwärtige Zustand einer Sache festgestellt werden soll und der Antragsteller ein rechtliches Interesse an dieser Feststellung hat (§ 485 S 2 ZPO).
Das Gericht prüft nicht, ob die Beweisfrage erheblich ist; offenbar zwecklose Anträge sind jedoch abzulehnen.
Große Bedeutung hat das Beweissicherungsverfahren in **Bausachen.** Durch den Fortschritt der Bauarbeiten kann ein Beweismittel verloren gehen, weil es von den folgenden Bauteilen überdeckt wird, oder weil durch die notwendige Beseitigung von Mängeln vor dem Beginn der Folgearbeiten die Mängel und ihre Ursachen nicht mehr feststellbar sind. Nicht zulässig ist dagegen eine vorweggenommene Beweisaufnahme zu Fragen der Feststellung des für einen Mangel Verantwortlichen, der notwendigen Beseitigungsmaßnahmen und ihrer Kosten, soweit dies im Prozeß durch Gutachten geklärt werden kann.[64]

851 **Zuständig** ist:
a) das Gericht, bei dem der Rechtsstreit anhängig ist,
b) das Amtsgericht, in dessen Bezirk die zu vernehmenden Personen sich aufhalten oder der in Augenschein zu nehmende Gegenstand sich befindet, wenn der Rechtsstreit noch nicht anhängig ist;
c) in Fällen dringender Gefahr immer das unter b) bezeichnete Amtsgericht (§ 486 ZPO).

852 Das **Gesuch** muß die folgenden **Angaben** enthalten (§ 487 ZPO): die Bezeichnung des Gegners, der Tatsachen, über die Beweis erhoben werden soll, der Beweismittel unter Angabe der Zeugen und Sachverständigen und die Darlegung und Glaubhaftmachung des Grunds der Besorgnis des Verlusts oder der Benutzungserschwerung des Beweismittels. Das Gericht entscheidet nach freigestellter mündlicher Verhandlung (§ 490 ZPO) durch Beweisbeschluß (§ 490 Abs 2 ZPO). Der Gegner ist so rechtzeitig unter Zustellung des Beschlusses und einer Abschrift des Gesuchs zu dem Beweistermin zu laden, daß er in dem Termin seine Rechte wahrnehmen kann (§ 491 ZPO), andernfalls die Benutzung des Beweises im Prozeß erschwert ist (§ 493 Abs 2 ZPO).[65] Ist ein Gegner nicht bekannt, so steht das der Sicherung des Beweises nicht entgegen. Macht der Antragsteller glaubhaft, daß er ohne sein Verschulden außerstande sei, den Gegner zu bezeichnen, so kann das Gericht dem

---

[64] Vgl dazu Locher BauR 79, 23, Schilken ZZP 79, 238, Schmitz BauR 81, 40, Hesse BauR 84, 23, Heyers BauR 86, 268.

[65] Dies gilt auch für den von einem Sachverständigen angesetzten Ortstermin, anderenfalls ist das Gutachten bei Widerspruch des Gegners nicht verwertbar (OLG Köln MDR 74, 589).

unbekannten Gegner zur Wahrnehmung seiner Rechte bei der Beweisaufnahme einen Vertreter bestellen (§ 494 ZPO).

Antrag 853

An das Amtsgericht ...

Beweissicherungsantrag

des ..., Antragstellers,

gegen

den ..., Antragsgegner.

Der Antragsteller ist am ... bei Begehen der ...straße in ... von dem Antragsgegner, der mit seinem Fahrrad in schneller Fahrt in die Straße einbog, heftig angefahren worden. Der Antragsteller kam dabei zu Fall und hat sich ... verletzt. Der Antragsgegner trägt die Schuld an dem Unfall, weil ... Er ist zum Ersatz des durch den Unfall entstandenen Schadens verpflichtet. Der Rechtsstreit ist noch nicht anhängig.

Alleiniger Augenzeuge ist der ... in ... Er ist bisher polizeilich nicht vernommen worden, will sich aber in Kürze nach Übersee begeben. Seine Vernehmung wird dann besonders schwierig sein. Zur Glaubhaftmachung überreiche ich ...

Ich beantrage,

im Weg der Beweissicherung den Zeugen über den Hergang des Unfalls zu vernehmen.

Einen Gebührenvorschuß für den Zeugen in Höhe von ... DM zahle ich anbei in Kostenmarken ein.

Entscheidung 854

Beschluß

In der Beweissicherungssache ...

wird im Weg der Beweissicherung angeordnet:

Der ... in ... soll als Zeuge eidlich/uneidlich darüber vernommen werden, ...

Termin zur Beweisaufnahme wird auf den ... im Gerichtsgebäude ... anberaumt.

..., den ... Amtsgericht

(Richter)

Der Beschluß ist den Parteien zuzustellen und der **Zeuge** zu laden. Hat der Antragsteller keinen Gebührenvorschuß für den Zeugen eingezahlt, so kann der Vorschuß – möglichst fernmündlich – eingefordert werden (vgl RdNr 556). Wegen des weiteren Verfahrens vgl RdNr 571 ff, 592 ff. 855

Wird die Einnahme des richterlichen **Augenscheins** oder die Vernehmung eines **Sachverständigen** beantragt, so gilt das Vorstehende entsprechend. Das Gericht muß den von dem Antragsteller benannten Sachverständigen bestellen (§ 487 Nr 3 ZPO), da es ein Auswahlrecht im Beweissicherungsverfahren (§ 404 Abs 1 ZPO) nicht hat;[66] doch kann der Antragsteller dem Gericht die Auswahl überlassen, was im Hinblick auf dessen neutrale Stellung empfehlenswert ist.

Die **Kosten** des Beweissicherungsverfahrens gehören zu denen des anhängigen oder künftigen Rechtsstreits.[67] Inwieweit sie erstattungsfähig sind, richtet sich nach § 91 ZPO, nämlich danach, inwieweit die Beweisaufnahme erforderlich war. 856

Der Rechtsanwalt erhält die Gebühren nach § 31 BRAGO zur Hälfte, soweit die Hauptsache nicht anhängig ist (§ 48 BRAGO). Die Gerichtsgebühren für das Verfahren betragen ½ des Gebührensatzes (GKG KV Nr 1140).

---

[66] LG Göttingen NJW-RR 88, 694, Baumbach-Lauterbach § 487 Anm 2c mwNachw, aA Thomas-Putzo § 487 Anm, Schmid JR 82, 321.

[67] BGHZ 20, 15, BGH WM 85, 1361, 1364.

10. Kapitel: Vereinfachtes Verfahren zur Abänderung von Unterhaltstiteln

ZPO §§ 641 l–t
BGB § 1612a
GKG KV Nr 1164
BRAGO § 43a
VO zur Einführung von Vordrucken für das Vereinfachte Verfahren zur Abänderung von Unterhaltstiteln v 24. 6. 77 (BGBl 77 I 978), geändert durch die VO v 24. 11. 80 (BGBl 80 I 2163)
VO zur Anpassung von Unterhaltsrenten für Minderjährige (AnpV) v 21. 7. 88 (BGBl 88 I 1082)

1. Allgemeines

Titel für Unterhaltsrenten Minderjähriger können im Vereinfachten Verfahren 860
schnell und einfach der allgemeinen wirtschaftlichen Entwicklung angepaßt werden, wobei sich der Umfang der Abänderung aus der Anpassungsverordnung ergibt, die den Veränderungen der Lebenshaltungskosten Rechnung trägt. So können nach der AnpV 88 die Unterhaltsrenten nach dem 31. 12. 1988 um 10% erhöht werden. Die maschinelle Bearbeitung ist zulässig (§ 641 l Abs 4 ZPO).

Das Vereinfachte Verfahren ist **zulässig** für die Abänderung eines bereits bestehen- 861
den Unterhaltstitels[1] (Urteil, Prozeßvergleich, Regelunterhaltsbeschluß, Vollstreckungsbescheid, vollstreckbare Urkunde, nicht aber einstweilige Anordnung oder Verfügung) für die Zukunft, wenn der Berechtigte minderjährig ist (§§ 641 l Abs 1, 2 ZPO iVm 1612a BGB).

Soweit das Vereinfachte Verfahren anwendbar ist, fehlt für eine **Abänderungsklage** das Rechtsschutzbedürfnis, weil das Vereinfachte Verfahren der einfachere, schnellere und billigere Weg zur erstrebten Anpassung ist.

Unzulässig ist das Vereinfachte Verfahren, wenn der Berechtigte volljährig, der Unterhaltsanspruch nicht tituliert ist (insbesondere bei bisher freiwilligen Zahlungen des Verpflichteten) und wenn Ansprüche für die Vergangenheit erhoben werden. Nicht anwendbar ist das Vereinfachte Verfahren weiter, wenn eine Erhöhung oder Herabsetzung des Unterhalts nicht auf die allgemeine Veränderung der Lebenshaltungskosten, sondern auf persönliche Gründe des Berechtigten oder Verpflichteten gestützt wird, zB höheren Bedarf wegen höheren Lebensalters, Wechsel der Schulform, Beginn der Ausbildung des Kindes, Veränderung des Einkommens über oder unter das Maß der allgemeinen Veränderung, etwa bei Aufstieg oder Arbeitsunfähigkeit, Veränderung der Zahl der Unterhaltsberechtigten des Unterhaltsverpflichteten.

Sachlich zuständig ist ausschließlich das Amtsgericht. **Örtlich** zuständig ist das Amts- 862
gericht am allgemeinen Gerichtsstand des Berechtigten, also an dessen Wohnsitz (§ 13 ZPO) oder Aufenthaltsort (§ 16 ZPO). Hat der Berechtigte im Inland keinen allgemeinen Gerichtsstand, ist das Amtsgericht Schöneberg in Berlin zuständig. Wird die Abänderung eines Titels beantragt, der bereits einmal im Vereinfachten

---

[1] Bei Fehlen der Vollstreckungsklausel kann ein Vergleich nicht im Vereinfachten Verfahren angepaßt werden; OLG Bamberg NJW-RR 87, 643.

Verfahren abgeändert worden ist, bleibt das Amtsgericht zuständig, das den Titel erstellt hat (§ 641 l Abs 3 ZPO).

Die Zuweisung von Vereinfachten Verfahren für mehrere Bezirke an ein Amtsgericht durch Rechtsverordnung der Landesregierung, über Ländergrenzen hinaus durch Vereinbarung unter den Ländern ist möglich (§ 641 l Abs 5 ZPO). Von dieser Ermächtigung hat Bayern Gebrauch gemacht, zuständig ist für das Land das Amtsgericht Nürnberg.[2]

863 Das Vereinfachte Verfahren einschließlich der Protokollierung von Vergleichen (§ 641 r S 4 ZPO) ist dem **Rechtspfleger** übertragen, das Abänderungsverfahren nach § 641 q ZPO dem Richter vorbehalten (§ 20 Nr 10 RpflG).

2. Antrag

864 Der Antrag muß nach § 641 m ZPO **enthalten:**

(1) die Bezeichnung der **Parteien**, ihrer gesetzlichen Vertreter und des Prozeßbevollmächtigten des Antragstellers (wegen weiterer Einzelheiten vgl RdNr 4),

(2) die Bezeichnung des angerufenen **Gerichts**, also des für das Vereinfachte Verfahren örtlich zuständigen Amtsgerichts,

(3) die Bezeichnung des abzuändernden **Titels** nach Art, der erlassenden oder protokollierenden Stelle (Gericht/Notar), Datum und Aktenzeichen,

(4) die Angabe der Anpassungsverordnung, nach der die Abänderung begehrt wird, nach Datum und Fundstelle oder der Kurzbezeichnung „AnpV 19 ..“,

(5) die Angabe eines bestimmten Änderungsbetrags, wenn der Antragsteller eine geringere als die nach der AnpV zulässige Abänderung begehrt,

(6) die Erklärung, daß kein Verfahren nach § 323 ZPO anhängig ist, in dem die Abänderung desselben Titels begehrt wird.

865 Dem Antrag ist gemäß § 641 m Abs 2 ZPO eine **Ausfertigung** des abzuändernden **Titels** beizufügen, bei Urteilen grundsätzlich in vollständig abgefaßter Form, abgekürzte (Anerkenntnis- und Versäumnis-)Urteile in unter Verwendung der Klageschrift hergestellter Ausfertigung bzw unter Beifügung einer von dem Prozeßgericht beglaubigten Abschrift der Klage. Die Vorlage ist entbehrlich, wenn der abzuändernde Titel von dem angerufenen Gericht im Vereinfachten Verfahren auf maschinellem Weg erstellt worden ist, wenn nicht das Gericht dem Antragsteller die Vorlage aufgibt.

866 Die Gerichtskosten (DM 15,– gemäß KV Nr 1164) braucht der Antragsteller nicht vorweg zu entrichten (§ 641 p ZPO).

867 Aufgrund der Ermächtigung in § 641 t ZPO sind durch die VO zur Einführung von **Vordrucken** für das Vereinfachte Verfahren Formulare für die maschinelle und nicht maschinelle Bearbeitung von solchen Verfahren eingeführt worden, die auf Antrag des Unterhaltsberechtigten eingeleitet werden; nach § 641 t Abs 2 ZPO sind die Parteien zu ihrer Benutzung verpflichtet.

868 Die Vordrucke für die **nichtmaschinelle Bearbeitung** bestehen aus sechs Blättern, die zu einem Durchschreibesatz zusammengefügt sein können. Blatt 1 enthält den Antrag mit Hinweisen für den Antragsteller, Blatt 2 die Mitteilung an den Antragsgegner, Blatt 3 die Urschrift des Beschlusses, Blatt 4 die Ausfertigung für den Antragsgegner mit Rechtsbehelfsbelehrung, Blatt 5 die vollstreckbare Ausfertigung und Blatt 6 die Ausfertigung für den Antragsteller.

---

[2] VO v 6. 10. 77.

Muster eines vollständig ausgefüllten **Antrags:** 869

An das
Amtsgericht
Plz, Ort
(1) 6000 Frankfurt am Main

(2) **Antragsgegner**

Herrn

Bauing. Kurt Roll
Mainzer Landstraße 324

6200 Wiesbaden
Plz Ort

Antrag

(Bitte beachten Sie die Hinweise auf der Rückseite)

(3) **Antragsteller/** Minderjährige(r), für den/die Unterhalt zu zahlen ist — Geburtsdatum

1 Roll, Heinz, Klingerstraße 23, 6000 Frankfurt — 07.11.19..
2 Roll, Hannelore, Klingerstraße 23, 6000 Frankfurt — 04.03.19..
3
4

(4) Gesetzlicher Vertreter
Hildegard Roll, geb. Büchen, Klingerstraße 23, 6000 Frankfurt

(5) Prozeßbevollmächtigter

Ich beantrage, im Vereinfachten Verfahren den nachfolgend bezeichneten Vollstreckungstitel
(6) Urteil des OLG Frankfurt v. 18.09.19.. - 2 UF 192/..

(7) **zuletzt** – ☐ **im Vereinfachten Verfahren** – **abgeändert durch** Vergleich vor dem AG Frankfurt v. 20.04.19.. - 31 F 10823/..

(8) **nach Maßgabe der Anpassungsverordnung(en)** 19.. (s. auch unten (12)) **abzuändern.**

Monatlicher Betrag und Beginn der erhöhten Unterhaltsrente (braucht nicht ausgefüllt zu werden):
(9) 1 DM 253,-- ab 01.10.19..
2 DM 220,-- ab 01.10.19..
3
4

(10) Ich beantrage, die erstattungsfähigen Kosten festzusetzen auf 5,-- DM

(11) [X] Ich beantrage, für das Vereinfachte Verfahren die Prozeßkostenhilfe zu bewilligen. Antragsteller hat/haben, von Unterhaltsleistungen abgesehen, keine eigenen Einkünfte und keine Vermögenswerte.

(12) Falls bei (8) eine Anpassungsverordnung nicht bezeichnet ist: Ich beantrage Anpassung nach der zuletzt verkündeten Anpassungsverordnung.

(13) **Ich erkläre, daß ein weiteres Verfahren zur Abänderung des Vollstreckungstitels nicht anhängig ist.**
Ich beantrage, eine vollstreckbare Ausfertigung des Beschlusses zu erteilen.
Sollte sich ergeben, daß das oben bezeichnete Gericht nicht zuständig ist, beantrage ich, das Verfahren an das zuständige Gericht zu verweisen.

(14) **Den/Die oben bezeichneten Vollstreckungstitel füge ich bei.**

Anschrift des Antragstellers/Vertreters/Prozeßbevollmächtigten

Frau
Hildegard Roll
Klingerstraße 23

6000 Frankfurt 1

Ort, Datum
Frankfurt, 23.08.19..

Roll
Unterschrift

Blatt 1: Antrag gemäß § 641 I ZPO

870 Die Rückseite des Vordrucks enthält die folgenden

Hinweise für den Antragsteller

Der Antrag auf Abänderung des Unterhaltstitels im Vereinfachten Verfahren **ist an das zuständige Amtsgericht** (s. dazu unten zu ①) **zu richten**. Bitte fordern Sie jedoch, bevor Sie den Antrag stellen, den Unterhaltsverpflichteten zunächst auf, sich in einer vollstreckbaren Urkunde (z. B. vor einem Notar oder einem Jugendamt) **freiwillig** zur Leistung des erhöhten Unterhalts zu verpflichten. Dem Antragsteller könnten sonst **Kostennachteile** entstehen.

Für den Antrag muß der vorliegende Vordruck benutzt werden.

Füllen Sie den Vordruck bitte gut lesbar in **Blockschrift** oder mit einer **Schreibmaschine** aus.

Sollten Sie Schwierigkeiten beim Ausfüllen haben, können Sie sich an **jedes** Amtsgericht wenden. Dort wird der Antrag für Sie ausgefüllt.

Zu den einzelnen Schreibfeldern

① In diesem Feld bitte das für das Vereinfachte Verfahren **zuständige Gericht** mit Postleitzahl und Ortsangabe bezeichnen. Zuständig ist in der Regel das Amtsgericht, bei dem der Unterhaltsberechtigte seinen *Wohnsitz* hat. Ist der Vollstreckungstitel bereits im Vereinfachten Verfahren durch einen Beschluß abgeändert worden (s. dazu auch unten zu ⑦), so ist das Amtsgericht *ausschließlich* zuständig, das diesen Beschluß erlassen hat.

② Den **Antragsgegner** bitte so **genau bezeichnen**, daß Verwechselungen ausscheiden: mit *Name, Vorname, Straße, Hausnummer, Postleitzahl, Wohnort.*

③ In diesem Feld in den Zeilen [1] bis [4] bitte den/die **Minderjährigen**, für den/die Unterhalt zu zahlen ist, mit *Name, Vorname, Postleitzahl, Wohnort* und *Geburtsdatum* bezeichnen. Bei mehr als vier Minderjährigen muß ein zusätzlicher Vordruck ausgefüllt werden.

Im Regelfall ist der Minderjährige zugleich auch der **Antragsteller**.

Ergibt sich jedoch aus dem Vollstreckungstitel, daß die Unterhaltsleistung von einer anderen Person als dem Minderjährigen (z. B. von einem Elternteil) **im eigenen Namen** (also nicht als gesetzlicher Vertreter) für den Minderjährigen geltend zu machen ist, so ist diese Person in der ersten (nicht numerierten) Zeile des Feldes mit *Name, Vorname, Straße, Hausnummer, Postleitzahl* und *Wohnort* als Antragsteller zu bezeichnen und mit dem Wort „für" zu der Bezeichnung des Minderjährigen überzuleiten. *Beispiel:*

	Fischer, Margot, Verdistraße 1, 4760 Werl, **für**	
1	Fischer, Hans-Werner, 4760 Werl	*Geburtsdatum von Hans-Werner*
2		

④ *Name, Vorname, Straße, Hausnummer, Postleitzahl* und *Wohnort* des **gesetzlichen Vertreters**. Macht dieser den Unterhalt für den Minderjährigen nicht als gesetzlicher Vertreter, sondern im eigenen Namen geltend (s. dazu vorstehend unter ③), bleibt Feld ④ unausgefüllt.

⑤ Sie können einem Dritten, z. B. einem *Rechtsanwalt*, **Prozeßvollmacht** erteilen, um sich in dem Verfahren vertreten zu lassen. Eine als Prozeßbevollmächtigter bestellte Person, die nicht als Rechtsanwalt zugelassen ist, muß die Vollmacht dem Antrag beifügen. Ist keine Prozeßvollmacht erteilt, bleibt Feld ⑤ unausgefüllt.

⑥ Hier bitte den **Vollstreckungstitel** *(Urteil, Beschluß, Vergleich* oder *Urkunde)*, aus dem sich die *ursprüngliche Zahlungsverpflichtung* ergibt, wie in den unten angeführten Beispielen mit *Datum* und *Geschäftsnummer* bezeichnen. Sie können die Abkürzungen „AG" für Amtsgericht, „LG" für Landgericht und „OLG" für Oberlandesgericht verwenden. Verpflichtungserklärungen, Unterhaltsvereinbarungen u. ä. bitte als Urkunde bezeichnen. *Beispiele:*

Urteil des AG Krefeld vom 25. 2. 76 – 4 C 346/75 –,
Vergleich des LG Bonn vom 14. 10. 75 – 7 R 101/75 –,
Urkunde des Jugendamts der Stadt Neuwied vom 18. 5. 76 – E 24-03 –,
Urkunde des Notars Dr. Gebauer, Nürnberg, vom 11. 6. 75 – UR.Nr. 1247/75 –.

Ist die ursprüngliche Zahlungsverpflichtung in mehreren getrennten Titeln (z. B. in mehreren Teilurteilen) enthalten, bitte sämtliche Titel bezeichnen, aus denen sich die ursprüngliche Zahlungsverpflichtung ergibt.

⑦ In gleicher Weise wie in den Beispielen vorstehend zu ⑥ ist in Feld ⑦ ein **Titel** (Urteil, Beschluß, Vergleich oder Urkunde) zu bezeichnen, **durch den die ursprüngliche Zahlungsverpflichtung abgeändert worden ist**, bei mehrmaliger Abänderung jedoch nur der **letzte** Titel. Kreuzen Sie bitte auch das *Kästchen* bei ⑦ an, wenn der Titel im Vereinfachten Verfahren aufgrund einer Anpassungsverordnung ergangen ist.

⑧ Sie brauchen die **Anpassungsverordnung** nicht zu bezeichnen, wenn Sie wünschen, daß der Titel nach der zuletzt verkündeten Verordnung angepaßt werden soll.

Wenn Sie das Anpassungsbegehren auch auf (eine) frühere – nach der letzten Änderung des Titels erlassene – Anpassungsverordnung(en) stützen wollen, tragen Sie nach dem Wort „Anpassungsverordnung(en)" bitte die *Jahreszahl(en)* auch der früheren Verordnung(en) ein.

⑨ Soweit in diesem Feld keine Angaben gemacht werden, setzt das Gericht den **erhöhten Unterhaltsbetrag**, der sich nach der (den) Anpassungsverordnung(en) ergibt, und den *frühestmöglichen Zeitpunkt* für den **Anpassungsbeginn** ein. Sie brauchen das Feld deshalb nur dann auszufüllen, wenn Sie eine *geringere Erhöhung* verlangen oder wenn Sie die Anpassung erst von einem *späteren* Zeitpunkt an beantragen wollen.

Die Anpassung kann frühestens zum Beginn des vierten Kalendermonats verlangt werden, der auf das Inkrafttreten der Anpassungsverordnung folgt. Geht der Antrag nach diesem Zeitpunkt ein, so kann die Abänderung erst von dem Zeitpunkt des Eingangs bei Gericht verlangt werden.

⑩ Erstattungsfähig sind die **Kosten**, die zur Durchführung des vereinfachten Unterhaltsabänderungsverfahrens *notwendig* waren. Bei *Kleinbeträgen* (z. B. für Porto, Telefon) genügt die Angabe des Betrages; sonst bitte die Einzelbeträge auf einem zweifach beizufügenden Blatt erläutern.

⑪ Sollte die vorgedruckte Erklärung, daß der Antragsteller keine eigenen Einkünfte und keine Vermögenswerte hat, nicht zutreffen, streichen Sie bitte im Vordruck die Erklärung. In diesem Falle sind ausführlichere Angaben erforderlich. Hierfür können Sie einen Vordruck benutzen, der beim Amtsgericht erhältlich ist.

⑫ Vgl. oben zu ⑥.

⑬ Können Sie die Erklärung, daß kein anderes (noch nicht abgeschlossenes) Verfahren zur Abänderung der Unterhaltsrente anhängig ist, nicht wahrheitsgemäß abgeben, so ist diese Zeile zu streichen. Der Antrag ist dann allerdings **unzulässig** und müßte vom Gericht zurückgewiesen werden.

⑭ Bitte fügen Sie dem Antrag die in Feld ⑥ und ⑦ bezeichneten Vollstreckungstitel in Ausfertigung bei. Handelt es sich um ein Urteil, so ist dieses grundsätzlich in vollständig abgefaßter Form beizufügen.

Der für die **maschinelle Bearbeitung** eingeführte Vordruck besteht aus einem Durchschreibesatz von drei Blättern, von denen jedes die Größe zweier DIN-A 4-Seiten untereinander hat. Die beiden ersten dieser Blätter sind dem Gericht einzureichen. 871
Der **Antrag** lautet dann: 872

Raum für Vermerke des Gerichts

Antrag auf vereinfachte Abänderung von Unterhaltstiteln

Vor dem Ausfüllen „Hinweise für den Antragsteller" beachten!
Bitte bei Gericht zweifach einreichen!

An das

Amtsgericht

8500 Nürnberg

E Ich beantrage, den unter Nrn. 26-35 bezeichneten Vollstreckungstitel im Vereinfachten Verfahren nach Maßgabe nachstehender Angaben abzuändern:

Minderjähriger, für den Unterhalt zu zahlen ist

01 Name: Roll | 02 Vorname: Heinz | 03 Geburtsdatum: 07.11...

04 Postleitzahl: 8500 | 05 Ort: Nürnberg | 06 ◀ Gesamtzahl der Minderjährigen, für die Unterhalt zu zahlen ist; für die weiteren Minderjährigen liegen weitere Antragsvordrucke zur gleichzeitigen Prüfung und Entscheidung bei.

Gesetzlicher Vertreter /Antragsteller

07 Name oder Amt: Heger, geb Roll | 08 Vorname oder Amt: Hannelore | 09 2 ◀ 1=Herr 2=Frau 3=Jugendb.

10 Straße, Hausnummer: Erlangerstraße 17 | 11 Postleitzahl: 8500 | 12 Ort: Nürnberg

Prozeßbevollmächtigter

13 Name oder Amt: | 14 Vorname oder Amt: | 15 ◀ 1=Rechtsan. 2=Rechtsbei. 3=Jugendb.

16 Straße, Hausnummer: | 17 Postleitzahl: | 18 Ort:

19 Geschäftszeichen des gesetzlichen Vertreters oder des Prozeßbevollmächtigten:

Antragsgegner

20 Name: Roll | 21 Vorname: Kurt | 22 1 ◀ 1=Herr 2=Frau

23 Straße, Hausnummer: Mainzer Landstraße 324 | 24 Postleitzahl: 6200 | 25 Ort: Wiesbaden

Abzuändernder Titel

26 Art des Titels: 1 ◀ 1 = Urteil 2 = Beschluß 3 = Vergleich 4 = Urkunde | 27 Gericht oder beurkundende Stelle: 3 1=Amtsgericht 2=Landgericht 3=Oberl.-Gericht 4=dt. Auslandsvertr. 5=Stadt- 6=Kreisjugendamt | 28 Bezeichnung des beurkundenden Notars:

29 Sitz des Gerichts oder der beurkundenden Stelle: Frankfurt am Main | 30 Geschäftsnummer des Titels: 2 UF 192/.. | 31 Datum des Titels: 18.09...

zuletzt im Vereinfachten Verfahren abgeändert durch Änderungsbeschluß des

32 ◀ 1 = Amtsgericht 2 = Landgericht | 33 Sitz des Gerichts: | 34 Datum d. Beschlusses: . . | 35 Geschäftsnummer des Beschlusses:

Anpassungsverordnung

Anpassung nach Maßgabe der Verordnung(en) →
Ist keine Anpassungsverordnung bezeichnet, beantrage ich Anpassung nach der zuletzt verkündeten Anpassungsverordnung.

36 Jahreszahl der Anpassungsverordnung(en) z. B. 1977: 19..

Anpassungsbeginn

Beantragter Anpassungsbeginn →
Ist kein Zeitpunkt angegeben, beantrage ich die Anpassung zum frühestmöglichen Zeitpunkt (siehe Ausfüllhinweise Nr. 8).

37 01.10...

Anpassungsanspruch

Nr.	Bisheriger Unterhaltsbetrag Betrag DM Pf		Zahlungsbeginn Datum	Nr.	künftiger Unterhaltsbetrag Betrag DM Pf
38	230,00	ab	s. Anpassungsbeginn	39	253,00
40	,	ab 41	. .	42	,
43	,	ab 44	. .	45	,

Die künftigen Beträge nur einsetzen, wenn die gewünschte Anpassung geringer ist, als die nach der Anpassungsverordnung sich ergebenden Beträge.

Erstattungsfähige Verfahrenskosten

Nr.	Auslagen: Vordruck/Porto/Telefon Betrag DM Pf	Nr.	Sonstige Verfahrenskosten Betrag DM Pf	Nr.	Bezeichnung der Art
46	5,00	47	,	48	

Bei Rechtsanwalt oder Rechtsbeistand: Neben der Verfahrensgebühr gemäß § 43 a BRAGO, Art. IX § 1 KostÄndG (Wert: höchster Unterschiedsbetrag) werden die obenstehenden Auslagen verlangt, deren Richtigkeit versichert wird, sonst Auslagenpauschale gemäß § 26 BRAGO.

Weitere Erklärungen und Anträge

Antragsteller ist

X der Minderjährige, für den Unterhalt zu zahlen ist. *) (49)

der in den Feldern Nr. 07 bis Nr. 12 Bezeichnete zugunsten des Minderjährigen, jedoch im eigenen Namen. *) (50)

Ich erkläre, daß ein weiteres Verfahren zur Abänderung des unter Nrn. 26 ff genannten Vollstreckungstitels nicht anhängig ist. **) (51)

Weiter beantrage ich,

- das Verfahren an das zuständige Gericht zu verweisen, wenn sich ergeben sollte, daß das oben bezeichnete Gericht nicht zuständig ist. **) (52)
- ~~dem Antragsteller für das vereinfachte Verfahren die Prozeßkostenhilfe zu bewilligen. Der Antragsteller hat, von Unterhaltsleistungen abgesehen, keine eigenen Einkünfte und keine Vermögenswerte.~~ **) (53)
- dem Antragsteller vollstreckbare Ausfertigung des Beschlusses zu erteilen. **) (54)
- bei maschineller Bearbeitung dieses Antrags dem gesetzlichen Vertreter des Antragstellers nach Verkündung der nächsten Anpassungsverordnung einen Antragsentwurf zur Verfügung zu stellen. **) (55)

*) Zutreffendes ankreuzen
**) Nichtzutreffendes streichen

Beilagen: Vollstreckungstitel

Ort	Telefonnummer	Datum
Nürnberg	69452	23.08.19..

Unterschrift: Heger

Verfügung des Gerichts (Nur vom Gericht auszufüllen)

Antrag geprüft.

Einheitlicher Antrag auf mehreren Vordrucken. Zahl der Belege s. Feld 6.

Maschinelle Bearbeitung ist durchzuführen.

Die Daten sind zu erfassen wie verfügt. Beleg an Erfassungsstelle.

Titel an Antragsteller zurück.

Antrag zur Sammlung.

Sonstige Verfügung:

Nr.	Eintrag	Erläuterung
56	1	Antragsteller ist der in Nr. 7 bis Nr. 12 Bezeichnete
57	◄	1 = Stop, 2 = Rücknahme, 3 = Aufschub
58	◄	1 = Verzinsung der festgesetzten Kosten, 2 = ohne Kostenfests.
59	◄	1 = Kostenabstand, 2 = ohne KR
60	1	öffentliche Zustellung
61	◄	1 = ohne PK-Antrag, 2 = ohne Antragsentwurf
62		0 = manuelle Zwischenverfügung, 1 - 7 = maschin. Zwischenverfügung
63		Zuständigkeitshalber an AG

Amtsgericht,

Angerufenes Amtsgericht
Bisherige Geschäftsnummer

90 Kennzahl | Lfd.-Nr. | Jahr | Pr.-Z. Bet.

91 Datum des Eingangs

92 Rechtspflegernummer

Aktuelle Geschäftsnummer

VU 93 Kennzahl | Lfd.-Nr. | Jahr | Pr.-Z. Bet.

ZP 1040: Antrag auf vereinfachte Abänderung eines Unterhaltstitels VU-EDV (9.81)

Die Hinweise für den Antragsteller[3] auf der Rückseite entsprechen denen für das nichtmaschinell bearbeitete Verfahren sinngemäß. Wird die Abänderung eines Titels für mehrere Unterhaltsberechtigte begehrt, muß eine entsprechende Anzahl von Vordrucken ausgefüllt und die Anzahl in Feld 06 angegeben werden. In den Feldern 26–31 ist der Titel anzuführen, aus dem sich die ursprüngliche Zahlungsverpflichtung ergibt. Sind dies – zB bei Teilurteilen – mehrere, sind sämtliche Titel – ggf auf einem besonderen Blatt – anzuführen. 873

Soweit Vordrucke nicht eingeführt sind, also für Verfahren, die auf Antrag des Unterhaltsverpflichteten eingeleitet werden, können Anträge **schriftlich** in beliebiger Form gestellt werden, wobei sich der Wortlaut zweckmäßigerweise an den eingeführten Vordrucken für die nicht maschinelle Bearbeitung anlehnt. 874

Mündliche Anträge und Erklärungen können vor dem Urkundsbeamten der Geschäftsstelle abgegeben werden. Sind Vordrucke eingeführt, werden diese ausgefüllt, wobei der Urkundsbeamte unter Angabe des Gerichts und des Datums zu vermerken hat, daß er die Erklärung aufgenommen hat. Soweit Vordrucke nicht eingeführt sind, ist bei dem für den Abänderungsantrag zuständigen Gericht die Aufnahme eines Protokolls nicht erforderlich (§ 641 r ZPO). Darüber hinaus können nach § 129 a ZPO Anträge und Erklärungen vor der Geschäftsstelle jedes Amtsgerichts zu Protokoll abgegeben werden; dieses übersendet die Niederschrift an das für das Vereinfachte Verfahren zuständige Gericht.

3. Prüfung des Antrags

Der Rechtspfleger prüft **von Amts wegen**, ob die allgemeinen Prozeßvoraussetzungen (Partei- und Prozeßfähigkeit, Zuständigkeit, gesetzliche Vertretung, Rechtsschutzinteresse – zB in Hinblick auf § 641 r S 4 ZPO)[4] vorliegen, die besonderen Voraussetzungen für das Vereinfachte Verfahren gemäß § 641 l ZPO erfüllt sind und ob der Antrag auf dem eingeführten Vordruck die nach § 641 m ZPO erforderlichen Angaben enthält. 875

Der Zulässigkeit des Antrags steht die Angabe eines höheren als nach der AnpV möglichen Betrags nicht entgegen. Da Angaben hierzu nach § 641 m Nr 5 ZPO entbehrlich sind, bleibt die Angabe unberücksichtigt (§ 641 p Abs 1 S 3 ZPO). 876

Entspricht der Antrag den Voraussetzungen nicht, so ist er zurückzuweisen (§ 641 m Abs 3 ZPO). Jedoch sollte der Rechtspfleger bei **behebbaren Mängeln** dem Antragsteller anheimstellen, den Mangel zu beheben. Es empfiehlt sich dabei, eine Frist mit der Androhung der Zurückweisung zu setzen. Sofortige Zurückweisung des Antrags ist nur bei unbehebbaren oder schwer behebbaren Mängeln angezeigt. 877

4. Zurückweisung des Antrags

Hilft der Antragsteller der Beanstandung nicht innerhalb der gesetzten Frist ab oder sind unbehebbare Mängel vorhanden, wird der Antrag durch zu begründenden **Beschluß zurückgewiesen** (§ 641 m Abs 3 ZPO). 878

---

[3] BGBl 77 I 995, geändert durch BGBl 80 I 2164.
[4] Vgl RdNr 200.

879 Beschluß

In Sachen
1. des am 7. 11. 19.. geborenen Heinz Roll
2. der am 4. 3. 19.. geborenen Hannelore Roll
beide gesetzlich vertreten durch ihre Mutter Hildegard Roll, geb Büchen, Klingerstraße 23, 6000 Frankfurt

– Antragsteller –

gegen
Bauing Kurt Roll, Mainzer Landstraße 324, 6200 Wiesbaden

– Antragsgegner –

wird der Antrag vom 23. 8. 19.. auf Abänderung de. Urteils [*Vergleichs, Urkunde*] des [*Land-, Amts-*] Oberlandesgerichts [*Notars ... in*] Frankfurt vom 18. 9. 19.. – AZ [*URNr*] 2 UF 192/.. – gemäß § 641 m Abs 3 ZPO auf Kosten de. Antragsteller.. zurückgewiesen, da der abzuändernde Titel trotz Erinnerung in der gesetzlichen Frist nicht vorgelegt worden ist [*die mit der Verfügung vom ... mitgeteilten Beanstandungen trotz Erinnerung bisher nicht behoben worden sind*].

Frankfurt, 25. 10. 19..
Amtsgericht, Abt ...
(Rechtspfleger)

Der Beschluß ist dem Antragsteller bzw seinem gesetzlichen Vertreter oder Bevollmächtigten **zuzustellen** (§ 329 Abs 3 ZPO).

880 Gegen die Zurückweisung steht dem Antragsteller das **Rechtsmittel** der sofortigen Erinnerung[5] zu, die in einer Notfrist von zwei Wochen seit Zustellung eingelegt werden muß (§§ 11 Abs 1 S 2 RpflG, 577 Abs 2 ZPO). Der Rechtspfleger kann der Erinnerung nicht abhelfen, sondern legt sie dem Richter vor. Die Entscheidung des Richters, die – zB bei Fristversäumung – auf Verwerfung als unzulässig, auf Zurückweisung als unbegründet oder auf Aufhebung des Beschlusses und Anweisung an den Rechtspfleger zum Erlaß eines Abänderungsbeschlusses lauten kann, ist endgültig (§ 641 m Abs 3 S 2 ZPO).
Ein neuer Antrag kann jederzeit gestellt werden; bei der Entscheidung über ihn ist die materielle Rechtskraft des Zurückweisungsbeschlusses zu beachten.[6]

5. Mitteilung von der beabsichtigten Änderung an den Antragsgegner

881 Ergibt die Prüfung des Antrags keine Bedenken gegen die Zulässigkeit, errechnet der Rechtspfleger **Betrag und Zeitpunkt der Erhöhung.** Das Maß der Erhöhung ergibt sich aus dem Prozentsatz der jeweiligen AnpV, der Zeitpunkt darf nicht vor
a) Eingang des Antrags bei Gericht (§ 641 p S 2 ZPO),
b) Ablauf von 12 Monaten nach der letzten Änderung, Festsetzung oder Bestätigung (§ 1612 a Abs 4 BGB) und
c) Beginn des 4. Monats nach Inkrafttreten der AnpV (§ 1612 a Abs 2 S 3 BGB)
liegen.
Betrag und Zeitpunkt der Erhöhung werden zusammen mit dem Antrag und dem Hinweis, daß Einwendungen der in § 641 o S 1 und 2 ZPO bezeichneten Art binnen zwei Wochen geltend gemacht werden können, dem Antragsgegner mitgeteilt (§ 641 n ZPO).

---

[5] Thomas-Putzo § 641 m Anm 4 c, Baumbach-Lauterbach § 641 m Anm 3.
[6] Thomas-Putzo § 641 m Anm 4 c.

Bei der Verwendung der eingeführten Vordrucke für die nicht maschinelle Bearbei- 882
tung erhält der Antragsgegner Blatt 2 des Vordrucksatzes:

Amtsgericht

Plz, Ort
6000 Frankfurt am Main

VU 10456/..
Geschäftsnummer des Amtsgerichts
Bei Schreiben an das Gericht stets angeben

Herrn

Bauing. Kurt Roll
Mainzer Landstraße 324

6200 Wiesbaden

Mitteilung

Auf Antrag von	Geburtsdatum
1 Roll, Heinz, Klingerstraße 23, 6000 Frankfurt	07.11.19..
2 Roll, Hannelore, Klingerstraße 23, 6000 Frankfurt	04.03.19..
3	
4	

Gesetzlicher Vertreter
Hildegard Roll, geb. Büchen, Klingerstraße 23, 6000 Frankfurt

Prozeßbevollmächtigter

soll im Vereinfachten Verfahren der nachfolgend bezeichnete Vollstreckungstitel

Urteil des OLG Frankfurt v. 18.09.19.. - 2 UF 192/..

zuletzt – ☐ **im Vereinfachten Verfahren** – **abgeändert durch** Vergleich vor dem AG Frankfurt v. 20.04.19.. - 31 F 10823/..

nach Maßgabe der Anpassungsverordnung(en) 19.. **abgeändert werden.**

Es ist beantragt, den monatlichen Betrag und den Beginn der erhöhten Unterhaltsrente wie folgt festzusetzen:

1 DM 253,-- ab 01.10.19..
2 DM 220,-- ab 01.10.19..
3
4

Im Antrag wurde erklärt, daß ein anderes Verfahren zur Abänderung des Vollstreckungstitels nicht anhängig ist.	Als erstattungsfähige Kosten wurden angegeben:	5,-- DM
[X] Für das Vereinfachte Verfahren wurde die Prozeßkostenhilfe beantragt.	Der Antrag ist bei Gericht eingegangen am:	24.08.19..

Das Gericht beabsichtigt, den Vollstreckungstitel [X] antragsgemäß ☐ wie umseitig angegeben **abzuändern.**
Es gibt Ihnen hiermit Gelegenheit, **etwaige Einwendungen** der nachstehend bezeichneten Art **innerhalb von zwei Wochen** ab Zugang dieser Mitteilung geltend zu machen. Sollten Sie sich nicht äußern, ergeht nach Ablauf der Frist der Abänderungsbeschluß. Die Einwendungen können nur berücksichtigt werden, solange der Beschluß nicht verfügt ist.

Sie können im Vereinfachten Verfahren **nur** Einwendungen gegen die **Zulässigkeit des Vereinfachten Verfahrens**, gegen die **Höhe des Abänderungsbetrags** und gegen den **Zeitpunkt der Abänderung** erheben.
Die Einwendung, daß bei der Festlegung der Höhe des Unterhalts eine Änderung der Unterhaltsrente ausgeschlossen oder ihre Anpassung an Veränderungen der wirtschaftlichen Verhältnisse auf andere Weise geregelt worden ist, kann nur erhoben werden, wenn sich dies aus dem abzuändernden Titel ergibt.
Sollten Sie durch Ihr Verhalten keine Veranlassung zur Einleitung des Verfahrens gegeben haben, so können Sie dies ebenfalls geltend machen. Erkennen Sie in diesem Falle den Anspruch an und teilen Sie dies innerhalb der Frist dem Gericht mit, so fallen die Kosten des Verfahrens dem Antragsteller zur Last.

Datum
25.08.19..

Gründlich
Rechtspfleger

Blatt 2: Mitteilung an Antragsgegner

883 Diese Mitteilung erfolgt durch formlose Übersendung. Es gilt gemäß § 641m S 3 ZPO die Vermutung des § 270 Abs 2 S 2 ZPO, daß das Schriftstück am gleichen Ort am folgenden, im übrigen am zweiten Werktag nach der Aufgabe zur Post zugegangen ist, soweit der Antragsgegner nicht etwas anderes glaubhaft macht. Die entspechende **Verfügung** ist auf Blatt 3 des Vordrucks für die nicht maschinelle Bearbeitung bereits enthalten (vgl RdNr 892).

6. Einwendungen des Antragsgegners

884 Der Antragsgegner kann Einwendungen schriftlich oder gemäß § 641r ZPO auch mündlich zu Protokoll vor dem Urkundsbeamten der Geschäftsstelle (nach § 129a ZPO eines jeden Amtsgerichts) erheben. Die Frist beträgt zwei Wochen (§ 641n S 2 ZPO); Einwendungen sind aber auch nach Ablauf der Frist noch zu beachten, wenn sie eingehen, solange der Abänderungsbeschluß noch nicht verfügt, dh von der Geschäftsstelle hinausgegeben ist (§ 641o S 4 ZPO).

885 **Zulässig** sind folgende Einwendungen (§ 641o Abs 1 ZPO):
a) gegen die Zulässigkeit des Vereinfachten Verfahrens (§ 641l ZPO, vgl RdNr 861),
b) gegen die Höhe des Abänderungsbetrags (§ 1612a BGB iVm der AnpV, vgl RdNr 881),
c) gegen den Zeitpunkt der Abänderung (§§ 1612a BGB, 641r S 2 ZPO, vgl RdNr 881),
d) auf Ausschluß der Anpassung gemäß § 1612a Abs 1 S 3 BGB, sofern sich dies aus dem abzuändernden Titel ergibt, also zB ein Vergleich den Verzicht auf die Abänderung – für einen gewissen Zeitraum – enthält,
e) hinsichtlich der Kostenlast, wenn der Antragsgegner geltend macht, daß er keinen Anlaß zur Stellung des Antrags gegeben habe (§ 93 ZPO), also zur Zahlung des erhöhten Betrags nicht aufgefordert worden ist und den Anspruch sofort anerkennt.

886 Muster einer **Einwendungsschrift:**

In Sachen
Roll gegen Roll
VU .../..
erhebe ich gegen die beabsichtigte Abänderung des Urteils des OLG Frankfurt v 18. 9. 19.. – 2 UF 192/.. – folgende Einwendung: Bereits am 20. 7. 19.. habe ich gegen die Antragsteller Klage auf Abänderung des das angeführte Urteil abändernden Vergleichs bei dem Amtsgericht Frankfurt – AZ .../.. – erhoben, weil ich wieder verheiratet bin und aus der zweiten Ehe Zwillinge zu versorgen habe. Die Klage ist, soweit mir bekannt, den Antragstellern zu Händen meiner geschiedenen Frau am 27. 9. 19.. zugestellt worden.

Heinz Roll

7. Entscheidung

a) Zurückweisung des Antrags

887 Ergibt sich aufgrund der Einwendungen, daß eine Abänderung des Titels im Vereinfachten Verfahren unzulässig oder die Anpassung nach § 1612a Abs 1 S 2 BGB ausgeschlossen ist, wird der Antrag auf Kosten des Antragstellers (§ 91 ZPO) zurückgewiesen (§ 641m Abs 3 ZPO). Im übrigen gilt für das Verfahren insoweit das oben (RdNr 878) Dargelegte.

Der **Beschluß** lautet etwa: 888

Beschluß

In Sachen
1. des am 7. 11. 19.. geborenen Heinz Roll
2. der am 4. 3. 19.. geborenen Hannelore Roll
beide gesetzlich vertreten durch ihre Mutter Hildegard Roll, geb. Büchen, Klingerstraße 23, 6000 Frankfurt – Antragsteller –
gegen
Bauing Kurt Roll, Mainer Landstraße 324, 6200 Wiesbaden – Antragsgegner –
wird der Antrag vom 23. 8. 19.. auf Abänderung de. Urteils [*Vergleichs, Urkunde*] des [*Land-, Amts-*] Oberlandesgerichts [*Notars ... in*] Frankfurt vom 18. 9. 19.. – AZ [*URNr*] 2 UF 192/.. – gemäß § 641 m Abs 3 ZPO auf Kosten de. Antragsteller.. zurückgewiesen, da die Abänderung im Vereinfachten Verfahren unzulässig ist; denn bei dem Amtsgericht Frankfurt – AZ .../.. – ist eine Klage auf Abänderung des zugrundeliegenden Titels nach § 323 ZPO anhängig. Eine Aussetzung des Vereinfachten Verfahrens gemäß § 641 o ZPO kommt nicht in Betracht, weil diese Tatsache den Antragstellern aufgrund der Zustellung der Klage des Antragsgegners am 20. 7. 19.. vor der Antragstellung bekannt und somit ihre gegenteilige Erklärung im Antrag falsch war.[7]

b) Aussetzung

Ist zwischenzeitlich ein Verfahren nach § 323 ZPO zur Abänderung eines Unter- 889
haltstitels aus anderen Gründen anhängig, kann das Gericht nach § 641 o Abs 2 ZPO das Vereinfachte Verfahren bis zu dessen Erledigung aussetzen; die Entscheidung steht **im Ermessen** des Rechtspflegers. Sie ist mit dem Rechtsmittel der befristeten Erinnerung anfechtbar (entsprechend § 641 m Abs 3 S 2 ZPO, welcher § 252 ZPO vorgeht[8]).

c) Abänderungsbeschluß

Haben sich nach **erneuter Überprüfung** der Zulässigkeit des Antrags unter Berück- 890
sichtigung der Einwendungen des Antragsgegners keine Bedenken ergeben, wird – nach Ablauf der Frist zur Erhebung von Einwendungen – der Titel durch Beschluß abgeändert (§ 641 p ZPO).

Der Beschluß muß **erhalten:** 891

a) den abzuändernden Titel;
b) die neue Höhe der Unterhaltsrente;
c) das Datum des Beginns der Erhöhung;
d) Kostenentscheidung und Kostenfestsetzung;
können die angefallenen Kosten ohne weiteres ermittelt werden (nämlich die Verfahrensgebühr nach KV Nr 1164 GKG in Höhe von DM 15.–, 5/10-Gebühr nach § 43 a BRAGO, Postgebühren des Rechtsanwalts und Umsatzsteuer, Auslagen der Partei, Porti) ist der Betrag aufzunehmen; anderenfalls erfolgt die Festsetzung durch gesonderten Kostenfestsetzungsbeschluß nach § 103 ZPO ohne besonderen Antrag;
e) Begründung;
eine Begründung erfolgt in der Regel nur durch die Angabe der gesetzlichen Bestimmungen des BGB, der ZPO und der angewandten AnpV; wenn Einwendungen des Antragsgegners nicht gefolgt wird, ist darauf kurz einzugehen;
f) Rechtsbehelfsbelehrung gemäß § 641 p Abs 2, 3 ZPO über die Möglichkeit der Erhebung der sofortigen Beschwerde und der Abänderungsklage gemäß § 641 q ZPO (vgl RdNr 893).

[7] Baumbach-Lauterbach § 641 m Anm 1 Cf, 3, aA Thomas-Putzo § 641 o Anm 2 b.
[8] Thomas-Putzo § 641 o Anm 2 b.

892 Bei der Verwendung der **Vordrucke** für die nichtmaschinelle Bearbeitung wird Blatt 3 – soweit nicht schon im Weg der Durchschreibetechnik ausgefüllt – vervollständigt und von dem Rechtspfleger unterschrieben. Es lautet dann:

Amtsgericht

Plz, Ort
6000 Frankfurt am Main

VU 10 456/..
Geschäftsnummer des Amtsgerichts
Bei Schreiben an das Gericht stets angeben

Antragsgegner

Herrn
Bauing. Kurt Roll
Mainzer Landstraße 324

6200 Wiesbaden

Beschluß

17.09.19.. Datum des Beschlusses

Auf Antrag von | Geburtsdatum

1 Roll, Heinz, Klingerstraße 23, 6000 Frankfurt | 07.11.19..
2 Roll, Hannelore, Klingerstraße 23, 6000 Frankfurt | 04.03.19..
3
4

Gesetzlicher Vertreter
Hildegard Roll, geb. Büchen, Klingerstraße 23, 6000 Frankfurt

Prozeßbevollmächtigter

wird im Vereinfachten Verfahren der nachfolgend bezeichnete Vollstreckungstitel
Urteil des OLG Frankfurt v. 18.09.19.. - 2 UF 192/..

zuletzt – ☐ **im Vereinfachten Verfahren** – **abgeändert durch** Vergleich vor dem AG Frankfurt v. 20.04.19.. - 31 F 10823/..

nach Maßgabe der Anpassungsverordnung(en) 19.. **abgeändert.**

Monatlicher Betrag und Beginn der erhöhten Unterhaltsrente werden festgesetzt auf:
1 DM 253,-- ab 01.10.19..
2 DM 220,-- ab 01.10.19..
3
4

Die Kosten des Verfahrens werden auferlegt dem/den
[X] Antragsgegner gemäß § 91 ZPO. ☐ Antragsteller(n) gem. §§ 93, 100 ZPO.

Die vom Antragsgegner zu erstattenden Kosten werden festgesetzt auf: 5,--DM

[X] Dem/Den Antragsteller(n) wird [X] für das Vereinfachte Verfahren die Prozeßkostenhilfe bewilligt. ☐ die Prozeßkostenhilfe nicht bewilligt.

Begründung (sofern erforderlich):
Die Entscheidung im Vereinfachten Verfahren ist zulässig, da die zur Abänderung des o.a. Urteils des OLG Frankfurt von dem Antragsgegner erhobene Klage nicht den Anspruch der Antragsteller, sondern den ihrer Mutter betrifft.

Umseitige Rechtsbehelfsbelehrung ist Bestandteil dieses Beschlusses.

Greindlich
Rechtspfleger

Vfg.
vom 25.08.19..
1. Mitteilung (Blatt 2) dem Antragsgegner ☐ mit Kostenberechnung zusenden.
2. Wv. 3 Wochen nach Abgang.
Groll RPfl.
Zu 1. ab am:
26.08.19..

Vfg.
1. Vorstehenden Beschluß ausfertigen und zustellen:
a) Blatt 4 an Antragsgegner/Prozbev. mit [X] ZU ☐ EB;
b) Blatt 6 an Antragst.-Vertr./Prozeßbev. mit [X] ZU ☐ EB.
2. Nach Rückkehr der ZU/EB zu 1.a) vollstreckbare Ausfertigung (Blatt 5) an Antragsteller
[X] z. Hd. des ges. Vertr. ☐ z. Hd. des Prozeßbev.
erteilen; Titel beifügen.
3. Kosten.
4. Weglegen.
Groll RPfl.
Zu 1.a) und b) ab am:
Vollstr. Ausf. wie verfügt erteilt am:
UrkB. d. GeschSt.

Blatt 3: Urschrift und Verfügungen

Die **Rechtsbehelfsbelehrung** hat folgenden Wortlaut: 893

Rechtsbehelfsbelehrung

I. Gegen diesen Beschluß ist der Rechtsbehelf der **befristeten Erinnerung** gegeben. **Die Erinnerung muß spätestens zwei Wochen nach der Zustellung dieses Beschlusses bei dem Amtsgericht, das den Beschluß erlassen hat, eingegangen sein.**
Die Erinnerung kann schriftlich eingelegt oder mündlich vor dem Urkundsbeamten der Geschäftsstelle eines jeden Amtsgerichts erklärt werden. Geschieht dies vor einem anderen Amtsgericht als dem Amtsgericht, das den Beschluß erlassen hat, so ist zu beachten, daß die von dem Urkundsbeamten aufgenommene Niederschrift über die Erinnerung gleichfalls spätestens zwei Wochen nach der Zustellung des angefochtenen Beschlusses bei dem Amtsgericht eingegangen sein muß, das den Beschluß erlassen hat.
Hilft das Amtsgericht der Erinnerung nicht ab, so wird diese als sofortige Beschwerde behandelt und dem zuständigen Landgericht zur Entscheidung vorgelegt.
Mit der befristeten Erinnerung kann nur geltend gemacht werden, daß das Vereinfachte Verfahren nicht statthaft sei, der Abänderungsbetrag falsch errechnet sei, der Zeitpunkt für die Wirksamkeit der Abänderung falsch bestimmt sei oder die Kosten unrichtig festgesetzt seien.

II. Der Einwand,
- daß die Festsetzung des Unterhalts durch diesen Beschluß wesentlich von dem Betrag abweiche, der der Entwicklung der besonderen Verhältnisse der Parteien Rechnung trägt,
- daß die Parteien über die Anpassung des Unterhalts eine abweichende Vereinbarung getroffen hätten,

kann nur durch Erhebung einer **Klage auf Abänderung des im Vereinfachten Verfahrens ergangenen Beschlusses** geltend gemacht werden.
Die Klage ist schriftlich einzureichen oder mündlich zur Niederschrift des Urkundsbeamten der Geschäftsstelle eines Amtsgerichts zu erklären. Die Klageschrift oder die Niederschrift muß **binnen eines Monats** ab Zustellung des Beschlusses beim **zuständigen** Amtsgericht **eingegangen** sein. Zuständig ist in der Regel das Amtsgericht des Wohnsitzes des Unterhaltsberechtigten.
Wird die Klage schriftlich eingereicht, soll eine für die Zustellung an den Gegner bestimmte Abschrift beigefügt werden.

Der Beschluß ist beiden Parteien gemäß § 329 Abs 3 ZPO **zuzustellen.** Der Antragsgegner erhält Blatt 4, der Antragsteller Blatt 6 des Vordrucksatzes, welche nach Form und Inhalt Blatt 3 entsprechen, jedoch nicht die Verfügungen aufweisen und dafür einen Ausfertigungsvermerk enthalten. Nach der Rückkehr der Zustellungsurkunde von dem Antragsgegner bzw des Empfangsbekenntnisses seines Prozeßbevollmächtigten erstellt der Urkundsbeamte der Geschäftsstelle auf Blatt 5 die **vollstreckbare Ausfertigung**[9] durch Vervollständigen des vorgedruckten Textes unter der Unterschrift des Rechtspflegers: 894

---

[9] Nach § 798 a ZPO darf die Zwangsvollstreckung erst einen Monat nach Zustellung des Beschlusses beginnen.

895 **Amtsgericht** Vollstreckbare Ausfertigung

Plz, Ort
6000 Frankfurt am Main

VU 10 456/..
Geschäftsnummer des Amtsgerichts
Bei Schreiben an das Gericht stets angeben

Antragsgegner

Herrn

Bauing. Kurt Roll

Mainzer Landstraße 324

6200 Wiesbaden

Beschluß

17.09.19.. Datum des Beschlusses

Auf Antrag von — Geburtsdatum

1 Roll, Heinz, Klingerstraße 23, 6000 Frankfurt — 07.11.19..
2 Roll, Hannelore, Klingerstraße 23, 6000 Frankfurt — 04.03.19..
3
4

Gesetzlicher Vertreter
Hildegard Roll, geb. Büchen, Klingerstraße 23, 6000 Frankfurt

Prozeßbevollmächtigter

wird im Vereinfachten Verfahren der nachfolgend bezeichnete Vollstreckungstitel
Urteil des OLG Frankfurt v. 18.09.19.. - 2 UF 192/..

zuletzt – ☐ **im Vereinfachten Verfahren** – **abgeändert durch** Vergleich vor dem AG Frankfurt v. 20.04.19.. - 31 F 10823/..

nach Maßgabe der Anpassungsverordnung(en) 19.. **abgeändert.**

Monatlicher Betrag und Beginn der erhöhten Unterhaltsrente werden festgesetzt auf:
1 DM 253,-- ab 01.10.19..
2 DM 220,-- ab 01.10.19..
3
4

Die Kosten des Verfahrens werden auferlegt dem/den
[X] Antragsgegner gemäß § 91 ZPO. ☐ Antragsteller(n) gem. §§ 93, 100 ZPO.

Die vom Antragsgegner zu erstattenden Kosten werden festgesetzt auf: 5,-- DM

[X] Dem/Den Antragsteller(n) wird [X] für das Vereinfachte Verfahren die Prozeßkostenhilfe bewilligt. ☐ die Prozeßkostenhilfe nicht bewilligt.

Begründung (sofern erforderlich):
Die Entscheidung im Vereinfachten Verfahren ist zulässig, da die zur Abänderung des o.a. Urteils des OLG Frankfurt von dem Antragsgegner erhobene Klage nicht den Anspruch der Antragsteller, sondern den ihrer Mutter betrifft.

Umseitige Rechtsbehelfsbelehrung ist Bestandteil dieses Beschlusses.

gez Gründlich
Rechtspfleger

Frau
Hildegard Roll
Klingerstraße 23

6000 Frankfurt 1

Ausgefertigt. **Vorstehende Ausfertigung wird dem/den Antragsteller(n) zum Zwecke der Zwangsvollstreckung erteilt.**

Der Beschluß wurde dem Antragsgegner zugestellt am: 30.08.19..
Die Zwangsvollstreckung darf frühestens einen Monat nach diesem Tag beginnen.

Schnell
Urkundsbeamter der Geschäftsstelle

Ausfertigungsdatum: 05.09.19..

Blatt 5: Vollstreckbare Ausfertigung

8. Rechtsmittel

Gegen die Entscheidung des Rechtspflegers ist das Rechtsmittel der **befristeten Durchgriffserinnerung** gegeben, da gegen die Entscheidung – hätte sie der Richter erlassen – die sofortige Beschwerde stattfindet (§§ 641p Abs 3 ZPO, 11 Abs 1 S 2 RpflG). Sie muß binnen zwei Wochen seit Zustellung eingelegt werden (§§ 11 Abs 1 S 2 RPflG, 577 Abs 2 ZPO). Der Rechtspfleger kann der Erinnerung nicht abhelfen, sondern legt sie dem Richter vor (§ 11 Abs 2 S 1, 2 RpflG). Dieser entscheidet, wenn er sie für zulässig und begründet erachtet (§ 11 Abs 2 S 3 RpflG); gegen seine Entscheidung ist einfache Beschwerde nach §§ 11 Abs 3 RpflG, 567 Abs 1 ZPO gegeben. Hält er sie dagegen für unzulässig oder unbegründet, legt er sie als sofortige Beschwerde dem Landgericht[10] als Beschwerdegericht vor und unterrichtet hiervon die Parteien (§ 11 Abs 2 S 4 RpflG). Eine weitere Beschwerde findet gemäß § 641p Abs 3 S 3 ZPO nicht statt. 896

Die Durchgriffserinnerung kann nur auf folgende **Einwände** gestützt werden: Unzulässigkeit des Vereinfachten Verfahrens, falsche Berechnung des Abänderungsbetrags, falsche Bestimmung des Beginns der Abänderung, unrichtige Festsetzung der Kosten (§ 641p Abs 3 S 2 ZPO). 897

9. Klage auf Abänderung

Der Antragsgegner kann im Weg der Klage **Abänderung** des im Vereinfachten Verfahren ergangenen **Beschlusses** unter folgenden Voraussetzungen verlangen: 898

a) Klageerhebung binnen **eines Monats** nach Zustellung des Beschlusses (§ 641q Abs 3 ZPO),
b) **wesentliche Abweichung** des erhöhten Betrags gegenüber dem Betrag, der sich unter Berücksichtigung der besonderen Verhältnisse der Parteien seit dem ursprünglichen Titel ergeben würde (§ 641q Abs 1 ZPO) oder **abweichende Vereinbarung** (§ 641q Abs 2 ZPO).
   Als wesentliche Abweichung kommt zB der Umstand in Betracht, daß der Unterhaltsverpflichtete zwischenzeitlich weiteren Kindern Unterhalt zu leisten oder seine wirtschaftliche Lage sich entgegen der allgemeinen Veränderung zum Besseren verschlechtert hat.

Auf diese Weise wird dem Antragsgegner der Weg zur Abänderungsklage nach § 323 ZPO offengehalten, damit persönliche Verhältnisse der Parteien berücksichtigt werden können. Zuständig ist das für die Klage nach § 323 ZPO hinsichtlich der Abänderung eines Unterhaltstitels zuständige Gericht, bei ehelichen Kindern also grundsätzlich das Familiengericht; denn es handelt sich insoweit nicht mehr um einen Teil des Vereinfachten Verfahrens, welches nach § 641l Abs 1 S 2 ZPO nicht als Familiensache gilt.[11] 899

---

[10] Das Vereinfachte Verfahren gilt nach § 641l Abs 1 S 2 ZPO nicht als Familiensache, so daß nicht das OLG nach § 119 Nr 2 GVG, sondern das LG nach § 72 GVG zuständig ist.
[11] AG Lübeck NJW 78, 281, OLG Frankfurt FamRZ 78, 348, OLG Hamm FamRZ 80, 190.

11. Kapitel: Rechtshilfeverkehr mit dem Ausland

HZPrAbk[1] v 17. 7. 05 (RGBl 09, 409) und AusfG v 5. 4. 09 (RGBl 09, 430)
HZPrÜbk v 1. 3. 54 (BGBl 58 II 577) und AusfG v 18 12. 58 (BGBl 58 I 1939)
HZustÜbk v 15. 11. 65 (BGBl 77 II 1452) und AusfG v 22. 12. 77 (BGBl 77 I 3105) §§ 1–6
HBewÜbk v 18. 3. 70 (BGBl 77 II 1472) und AusfG v 22. 12. 77 (BGBl 77 II 3105) §§ 7–14
AuRAÜbk v 7. 6. 68 (BGBl 74 II 937) und AuRAG v 5. 7. 74 (BGBl 74 I 1433)
KonsularG v 8. 11. 1867 (GBl des Norddeutschen Bundes 137) idF v 16. 12. 50 (BGBl 50 I 784)
ZRHO[2]
JVKostO
RPflG § 29
Anordnung über den Rechtshilfeverkehr mit dem Ausland auf dem Gebiet der Arbeitsgerichtsbarkeit[2] v 1. 1. 60

Schrifttum:
Bülow-Böckstiegel, Der Internationale Rechtsverkehr in Zivil- und Handelssachen, Loseblattausgabe
Böckstiegel-Schlafen, Die Haager Reformübereinkommen über die Zustellung und Beweisaufnahme im Ausland, NJW 78, 1073
Otto, Die gerichtliche Praxis und ihre Erfahrungen mit dem Europ Übk betr Auskünfte über ausländisches Recht, in: Festschrift Firsching 1985, 209
Pfennig, Die internationale Zustellung in Zivil- und Handelssachen, 1988

I. Allgemeines

Der Rechtshilfeverkehr mit dem Ausland ist Justizverwaltungsangelegenheit; die bundeseinheitlichen Vorschriften der Länder in der **Rechtshilfeordnung in Zivilsachen (ZRHO)** binden daher auch den Richter. In ihr sind alle zwei- und mehrseitigen Verträge berücksichtigt, an welchen die Bundesrepublik Deutschland beteiligt ist, und die Art und Weise der von einem anderen Staat gewährten oder diesem zu gewährenden Rechtshilfe beschrieben. 900

Der Rechtshilfeverkehr mit dem Ausland wird entweder aufgrund **zwischenstaatlicher Vereinbarung** (vertraglicher Rechtshilfeverkehr) oder aufgrund **gegenseitigen Entgegenkommens** ohne zwischenstaatliche Vereinbarung (vertragsloser Rechtshilfeverkehr) durchgeführt (§ 3 ZRHO). 901

Die **Beförderungswege** sind in der Reihenfolge der Praktikabilität:
- der **unmittelbare Verkehr** zwischen den Behörden des ersuchenden und des ersuchten Staats,
- der **Weg über die „Zentrale Behörde“**, bei welchem die von dem ersuchten Staat eingerichtete Behörde die Erledigung vermittelt,
- der **konsularische Weg**, bei dem der Konsul des ersuchenden Staats die Erledigung vermittelt,

[1] Nur noch im Verhältnis zu Island von Bedeutung.
[2] Wegen der Fundstellen landesrechtlicher Ergänzungen s Piller-Hermann 3g; dort ist auch die Vereinbarung der Länder über den Rechtshilfeverkehr mit dem Ausland auf dem Gebiet der Arbeitsgerichtsbarkeit v 1. 1. 60 abgedruckt.

– der **diplomatische Weg,** bei dem die diplomatische Vertretung des ersuchenden Staats die Erledigung des Ersuchens vermittelt; dieser Weg ist nur zu wählen, wenn die anderen Wege nicht zugelassen sind oder wenn tatsächliche und rechtliche Schwierigkeiten oder sonstige Gründe es angezeigt erscheinen lassen (§ 6 ZRHO).

Soll an **Deutsche,** die das Recht der **Exterritorialität** in einem fremden Staat genießen, oder an die Leiter der Konsulate der Bundesrepublik Deutschland zugestellt werden, ist die Vermittlung des Auswärtigen Amts nachzusuchen (und nicht des Bundeskanzlers, wie es in § 200 ZPO heißt). Ersuchen sind mit Begleitbericht der Landesjustizverwaltung vorzulegen (§ 14 Abs 1 ZRHO). Ebenso ist zu verfahren, wenn der Zustellungsempfänger oder die zu vernehmende Person ein Konsulatsbeamter oder -angestellter, ein Familienmitglied oder ein deutscher Bediensteter dieser Personen ist (§ 14 Abs 2 ZRHO).

„Zentrale Behörde" sind in der Bundesrepublik grundsätzlich die Landesjustizverwaltungen, in Bremen der Präsident des Landgerichts, in Hamburg der Präsident des Amtsgerichts (§ 9 Abs 4 ZRHO).

902 Man unterscheidet folgende **Arten der Ersuchen** (§ 5 ZRHO):

1. Zustellungsanträge[3] und zwar:
   a) Anträge auf formlose Zustellung, also Zustellung durch einfache Übergabe, wenn der Empfänger zu Annahme bereit ist,
   b) Anträge auf förmliche Zustellung, also Zustellung entweder in der Form, die durch die innere Gesetzgebung des ersuchten Staats für gleichartige Zustellungen vorgeschrieben ist, oder in einer besonderen Form, die der ersuchende Staat wünscht,
2. Rechtshilfeersuchen[4] (Ersuchen um Vernehmung von Zeugen, Sachverständigen oder Parteien),
3. Ersuchen um Vollstreckungshilfe,
4. Ersuchen um Verfahrensüberleitung,
5. Ersuchen um Verfahrenshilfe (Aktenübersendung, Auskunftserteilung, Ermittlung von Zeugen uä).

903 Von dem eigentlichen **Ersuchen (Antrag) an die ausländische Behörde** sind zu unterscheiden das **Begleitschreiben** an die Übermittlungsstelle, also die ausländische Empfangsstelle oder die deutsche Auslandsvertretung §§ 7 Nr. 1, 22 ZRHO), der **Begleitbericht,** mit dem die Vorgänge der Prüfungsstelle vorgelegt werden (§§ 7 Nr 2, 23 ZRHO), und (selten) die **Denkschrift** (§§ 7 Nr 3, 24 ZRHO).

904 Der Schriftverkehr mit dem Ausland ist über die **Prüfungsstellen** zu leiten; Prüfungsstellen sind die Präsidenten der Landgerichte (bzw Amtsgerichte) und für die Oberlandesgerichte deren Präsidenten (§ 9 ZHRO), in Arbeitssachen die Präsidenten der Landesarbeitsgerichte (Nr I 1 der Anordnung über den Rechtshilfeverkehr mit dem Ausland auf dem Gebiet der Arbeitsgerichtsbarkeit).

905 Die **Erstellung** des Ersuchen ist Sache des Urkundsbeamten der Geschäftsstelle. Teilweise jedenfalls hat sich in der Praxis auch die Abfassung der Ersuchen auf die Prüfungsstelle verlagert. Für eingehende Ersuchen ist der Rechtspfleger zuständig (§ 29 RpflG).

---

[3] Vgl RdNr 909ff.
[4] Vgl RdNr 936ff.

II. Ausgehende Ersuchen

Für die **äußere Form** der Schriftstücke enthält die ZRHO detaillierte Vorschriften: Die Ersuchen sind in deutscher Sprache abzufassen, soweit nicht zwischenstaatlich etwas anderes vereinbart ist. Sie sollen keine Schreibfehler oder Durchstreichungen enthalten, Randvermerke sind unstatthaft (§ 8 ZRHO). Abkürzungen dürfen nur verwendet werden, wenn sie bei der ersten Erwähnung mit der ungekürzten Bezeichnung aufgeführt wurden. Die Fassung muß leicht verständlich und leicht übersetzbar sein. Ausdrücke und Wendungen, die von dem ersuchten Staat als Herabsetzung seiner Behörden, Einrichtungen oder Angehörigen empfunden werden könnten, sind ausgeschlossen. Für den fremden Staat und seine Behörden sind die amtlichen Bezeichnungen zu verwenden. Steht die ersuchte Behörde nicht fest, so ist der Zusatz beizufügen „oder an die zuständige Behörde". Kann die ersuchte Behörde nicht näher bezeichnet werden, so ist das Ersuchen „An die zuständige Behörde" zu richten. Die Ersuchen sind stets vom Richter unter Beifügung seiner Amtsbezeichnung zu unterschreiben. Unter dem Namenszug wird zweckmäßig der Name in Maschinenschrift wiederholt. In gleicher Weise unterschreibt der Rechtspfleger in Verfahren, die ihm zur Erledigung übertragen sind. Der Abdruck des Dienststempels oder Dienstsiegels ist erforderlich (§ 16 ZRHO). 906

Der **Gegenstand** des Rechtshilfebegehrens ist vollständig und deutlich zu bezeichnen, soweit zur ordnungsgemäßen Erledigung erforderlich, ist eine klare und leicht verständliche Darlegung des Sachverhaltes aufzunehmen; Beschlüsse und Verfügungen dürfen nicht in Abschrift beigefügt, sondern müssen in den Text aufgenommen werden (§ 19 ZRHO). Ist anzunehmen, daß der ersuchte Staat die Durchführung des deutschen Gerichtsakts als Eingriff in seine Hoheitsrechte ansehen wird, ist nach § 28 Abs 2 ZRHO der Landesjustizverwaltung zu berichten; im allgemeinen werden Strafdrohungen in Zustellungen (zB einstweiligen Verfügungen) nicht mehr als Ausübung staatlicher Hoheitsgewalt und Eingriff in die Sphäre ausländischer Gerichtsgewalt angesehen, wohl aber Klagen gegen den fremden Staat oder Pfändungs- und Überweisungsbeschlüsse gegen Drittschuldner hinsichtlich des im fremden Staat belegenen Vermögens. Anlagen sind nach Zahl und Art anzugeben (§§ 8, 16–20, 28 ZRHO). Beglaubigte Übersetzungen von Ersuchen und Anlagen eines vereidigten Dolmetschers sind grundsätzlich beizufügen, soweit nicht der Empfänger der deutschen Sprache mächtig und nicht zwischenstaatlich etwas anderes vereinbart ist (§ 25 ZRHO)[5]. 907

Die Einzelheiten über die Erledigung hinsichtlich des ausländischen Staats ergeben sich aus dem Länderteil der ZRHO. Teilweise bestehen mehrere Erledigungsmöglichkeiten nebeneinander.[6] 908

---

[5] Ein als Übersetzer zugelassener Anwalt kann nicht die Richtigkeit von Übersetzungen in eigenen Angelegenheiten bescheinigen; OLG Köln NJW 87, 1091, aA Puttfarken NJW 88, 2155.
[6] Deshalb werden im folgenden bestimmte Staaten mehrfach erwähnt.

1. Zustellung (Klageschrift mit Ladung)

HZustÜbk
HZPrAbk Art 1–7; AusfG § 2
HZPrÜb Art 1–7; AusfG § 3
ZPO §§ 199–202, 207, 274 Abs 3
ZRHO §§ 32–35
GKG § 68, KV Nr 1912

909 Vor Stellung eines jeden Zustellungsersuchens ist zu prüfen, ob die Zustellung nicht gemäß §§ 174, 175 ZPO durch Aufgabe zur Post bewirkt werden kann (vgl dazu RdNr 302).

In dem **Zustellungsantrag** ist anzugeben (§ 32 ZRHO):
- zuzustellendes Schriftstück unter Kennzeichnung seiner Art, daß keine Zweifel daran aufkommen können, ob die Zustellung in einer bürgerlichen Rechtsangelegenheit erbeten wird,
- Zustellungempfänger mit Anschrift,
- Rechtssache mit Name und Stellung der Parteien,
- ob die formlose und hilfweise die förmliche Zustellung oder sogleich die förmliche Zustellung beantragt wird (§ 32 Abs 3 ZRHO); wenn die deutsche Auslandsvertretung die Zustellung selbst bewirken kann, ist grundsätzlich nur die formlose Zustellung zu beantragen (§ 32 Abs 4 ZRHO).

Angaben über Kostenvorschüsse sind nur in Ersuchen an deutsche Auslandsvertretungen aufzunehmen (§§ 19 Abs 4, 56 Abs 3 ZRHO).

910 Für ein Ersuchen um **Zustellung** einer **Klage** mit Terminsladung hat bei der **Terminbestimmung** der Vorsitzende die Einlassungsfrist festzulegen; die Termine sind so anzuberaumen, daß angesichts der teilweise langen Dauer des Rechtshilfeersuchens die rechtzeitige Zustellung **und** der Eingang des Zustellungszeugnisses gesichert sind (§ 33 Abs 2 ZRHO):

Vfg

1. Termin zur mündlichen Verhandlung wird auf den ... bestimmt.
2. Die Einlassungsfrist wird auf 2 Monate festgesetzt.
3. Dem Beklagten wird eine Frist zur schriftlichen Klageerwiderung von einem Monat nach Zustellung gesetzt.
4. Herrn Urkundsbeamten [*Prüfungsstelle für den Rechtsverkehr mit dem Ausland*] mit der Bitte, die Zustellung der Klageschrift [*des Schriftsatzes*] vom ... (Bl ... dA) [*– und – der Ladung zum Termin vom ... (Bl ... dA)*] mit Belehrung über ... an ... im Weg der internationalen Rechtshilfe zu veranlassen. Die Zustellung soll förmlich [*formlos*] erfolgen. Der Empfänger hat die ... Staatsangehörigkeit.

..., den ...
(Richter)

a) Ladung

911 In der Ladung können nach § 33 Abs 3 ZRHO (und sollten zweckmäßigerweise auch) die prozessualen Nachteile hervorgehoben werden, die durch Ausbleiben im Termin (sowie durch verspätetes Vorbringen) entstehen; Strafen dürfen jedoch nicht angedroht werden (§ 33 Abs 3 ZRHO). Muster enthält die ZRHO nicht mehr.

Im Verfahren vor dem Landgericht lautet die Ladung etwa:

Landgericht ...
... Zivil-Kammer für Handelssachen ..., den ...
Aktenzeichen: ...

Herrn – Frau – Fräulein
...[7]

Ladung

Sehr geehrte ...,
in dem Rechtsstreit
... gegen ...
wegen ...
ist Termin zur mündlichen Verhandlung vor dem Landgericht ..., ... Zivilkammer [*Kammer für Handelssachen*], bestimmt worden auf
..., den ..., ... Uhr, ...[8], Sitzungssaal ...
Zu diesem Termin werden Sie hiermit geladen.
Beglaubigte Abschrift der am ... bei Gericht eingegangenen Klageschrift vom ... nebst ... Anlage . ist beigefügt.
Die Einlassungsfrist ist auf ... festgesetzt worden. Nach § 274 Absatz 3 der Zivilprozeßordnung ist die Einlassungsfrist der Zeitraum, der zwischen der Zustellung der Klageschrift und dem Termin zur mündlichen Verhandlung liegen muß.
Gemäß §§ 215, 271 Absatz 2 der Zivilprozeßordnung werden Sie hiermit aufgefordert, einen bei dem Landgericht ... zugelassenen Rechtsanwalt zu Ihrer Vertretung zu bestellen. Nur dieser kann in einem Schriftsatz etwaige Einwendungen und Beweismittel dem Gericht mitteilen und im Verhandlungstermin Ihre Rechte wahrnehmen. Mitteilungen, die Sie selbst dem Gericht gegenüber mündlich oder schriftlich machen, dürfen nicht berücksichtigt werden. Sind Sie im Termin nicht durch einen zugelassenen Rechtsanwalt vertreten, so kann gegen Sie auf Antrag Versäumnisurteil ergehen. Unterbleibt die Bestellung eines Rechtsanwalts und machen Sie dem Gericht auch keine im Bezirk des Amtsgerichts ...[9] wohnhafte Person namhaft, die zum Empfang der für Sie bestimmten Schriftstücke bevollmächtigt ist, so können alle künftigen Zustellungen an Sie durch Aufgabe zur Post bewirkt werden (§ 174 Absatz 2, § 175 Absatz 1, § 208 der Zivilprozeßordnung).
Zugleich werden Sie aufgefordert, sich innerhalb der Einlassungsfrist – einer Frist von ... ab Zustellung der Klageschrift – durch den zu bestellenden Rechtsanwalt zu äußern, ob einer Übertragung der Sache auf den Einzelrichter Gründe entgegenstehen (§ 271 Absatz 3 Zivilprozeßordnung).
Schließlich werden Sie gemäß § 275 Abs 1 der Zivilprozeßordnung aufgefordert, bis zum ... [*unverzüglich*] durch einen von Ihnen bestellten Rechtsanwalt auf die Klage zu erwidern und Ihre Behauptungen, Einwendungen und Beweismittel, insbesondere Namen und Anschriften von Zeugen unter genauer Bezeichnung der zu beweisenden Tatsachen dem Gericht in doppelter Ausfertigung mitzuteilen und Urkunden vorzulegen. Versäumen Sie die Frist, sind später vorgebrachte Verteidigungsmittel nur zuzulassen, wenn nach der freien Überzeugung des Gerichts dadurch die Erledigung des Rechtsstreits nicht verzögern wird oder wenn Sie die Verspätung genügend entschuldigen (§ 296 Absatz 1 der Zivilprozeßordnung).
[*Bringen Sie Ihre Verteidigungsmittel nicht so zeitig vor, wie es nach der Prozeßlage einer sorgfältigen und auf Förderung des Verfahrens bedachten Prozeßführung entspricht (§ 277 Absatz 1, § 282 Absatz 1 und 2 der Zivilprozeßordnung), kann das Gericht Verteidigungsmittel zurückweisen, wenn ihre Zulassung die Erledigung des*

[7] Vor- und Zunahme, Beruf und genaue Anschrift des Zustellungsempfängers sind einzusetzen.
[8] Genaue Anschrift des Gerichts ist einzufügen.
[9] Hier ist die Bezeichnung des Amtsgerichts einzufügen, in dessen Bezirk das Gericht seinen Sitz hat.

Rechtsstreits verzögern würde und die Verspätung auf grober Nachlässigkeit beruht (§ 296 Absatz 2 der Zivilprozeßordnung)].
Rügen der Zulässigkeit der Klage sind vor der Verhandlung zur Hauptsache vorzubringen (§ 282 Absatz 3 der Zivilprozeßordnung); verspätete Rügen sind nur zuzulassen, wenn sie unverzichtbar sind oder die Verspätung genügend entschuldigt wird (§ 296 Absatz 3 der Zivilprozeßordnung).
Entschuldigungsgründe sind auf Verlangen des Gerichts glaubhaft zu machen (§ 296 Absatz 4 der Zivilprozeßordnung).
Diese Regelungen können dazu führen, daß das Gericht eine für Sie ungünstige Entscheidung allein aufgrund des Vorbringens des Klägers trifft, ohne Ihre eigene Stellungnahme zu berücksichtigen; es kann also geschehen, daß Sie den Prozeß verlieren, nur weil Sie die Fristen ohne triftigen Entschuldigungsgrund nicht eingehalten haben [*weil Sie leichtfertig Ihre Stellungsnahme zu spät abgegeben haben*].

Hochachtungsvoll
(Dienststempel oder -siegel) Der Urkundsbeamte der Geschäftsstelle
...[10]

912 Muster der Ladung beim **Amtsgericht:**

Amtsgericht ... ..., den ...
Abteilung ...
Aktenzeichen: ...

Herrn – Frau – Fräulein
...[7]

Ladung

Sehr geehrte. ...
In dem Rechtsstreit
... gegen ...
wegen ...
ist Termin zur mündlichen Verhandlung vor dem Amtsgericht, Abteilung ..., bestimmt worden auf
..., den ..., ...Uhr, ...[8], Sitzungssaal ...
Zu diesem Termin werden Sie hiermit geladen.
Beglaubigte Abschrift der am ... bei Gericht eingegangenen Klageschrift vom ... nebst ... Anlage . ist beigefügt.
Die Einlassungsfrist ist auf ... festgesetzt worden. Nach § 274 Absatz 3 der Zivilprozeßordnung ist die Einlassungsfrist der Zeitraum, der zwischen der Zustellung der Klageschrift und dem Termin zur mündlichen Verhandlung liegen muß.
Gemäß §§ 495, 275 Absatz 1 der Zivilprozeßordnung werden Sie aufgefordert bis zum ... [*unverzüglich*] auf die Klage zu erwidern und Ihre Behauptungen, Einwendungen und Beweismittel, insbesondere Namen und Anschriften von Zeugen unter genauer Bezeichnung der zu beweisenden Tatsachen dem Gericht in doppelter Ausfertigung mitzuteilen und Urkunden vorzulegen. Versäumen Sie die Frist, sind später vorgebrachte Verteidigungsmittel nur zuzulassen, wenn nach der freien Überzeugung des Gerichts dadurch die Erledigung des Rechtsstreits nicht verzögern wird oder wenn Sie die Verspätung genügend entschuldigen (§ 296 Absatz 1 der Zivilprozeßordnung).
[*Bringen Sie Ihre Verteidigungsmittel nicht so zeitig vor, wie es nach der Prozeßlage einer sorgfältigen und auf Förderung des Verfahrens bedachten Prozeßführung entspricht (§ 277 Absatz 1, § 282 Absatz 1 und 2 der Zivilprozeßordnung), kann das Gericht Verteidigungsmittel zurückweisen, wenn ihre Zulassung die Erledigung des*

[10] Unterschrift; ferner sind in Maschinenschrift Name und Amtsbezeichnung des Urkundsbeamten einzufügen.

Rechtsstreits verzögern würde und die Verspätung auf grober Nachlässigkeit beruht (§ 296 Absatz 2 der Zivilprozeßordnung)].
Rügen der Zulässigkeit der Klage sind vor der Verhandlung zur Hauptsache vorzubringen (§ 282 Absatz 3 der Zivilprozeßordnung); verspätete Rügen sind nur zuzulassen, wenn sie unverzichtbar sind oder die Verspätung genügend entschuldigt wird (§ 296 Absatz 3 der Zivilprozeßordnung).
Entschuldigungsgründe sind auf Verlangen des Gerichts glaubhaft zu machen (§ 296 Absatz 3 der Zivilprozeßordnung).
Diese Regelungen können dazu führen, daß das Gericht eine für Sie ungünstige Entscheidung allein aufgrund des Vorbringens des Klägers trifft, ohne Ihre eigene Stellungnahme zu berücksichtigen; es kann also geschehen, daß Sie den Prozeß verlieren, nur weil Sie die Fristen ohne triftigen Entschuldigungsgrund nicht eingehalten haben [*weil Sie leichtfertig Ihre Stellungnahme zu spät abgegeben haben*].
Wenn Sie zum Termin nicht erscheinen und sich auch nicht durch eine mit schriftlicher Vollmacht versehene, volljährige Person vertreten lassen, kann auf Antrag ein Versäumnisurteil gegen Sie erlassen werden. Ihre schriftlichen Mitteilungen bleiben in diesem Fall unberücksichtigt.[11]
Sofern Sie den geltendgemachten **Anspruch nicht bestreiten** wollen, können Sie ihn schriftlich anerkennen. Auf Antrag des Klägers kann dann das Gericht im schriftlichen Verfahren ein Anerkenntnisurteil gegen Sie erlassen (§ 307 Abs 2 ZPO). Die dadurch entstehenden Gerichts- und ggf Anwaltskosten Ihres Gegners sind in jedem Fall niedriger als bei Durchführung des Prozesses. Wenn Sie durch Ihr Verhalten keinen Anlaß zur Erhebung der Klage gegeben haben, fallen bei sofortigem Anerkenntnis die Kosten dem Kläger zur Last (§ 93 ZPO).
Unterbleibt die Bestellung eines Prozeßbevollmächtigten und machen Sie dem Gericht auch keine im Bezirk des Amtsgerichts ... wohnhafte Person namhaft, die zum Empfang der für Sie bestimmten Schriftstücke bevollmächtigt ist, so können alle künftigen Zustellungen an Sie durch Aufgabe zur Post bewirkt werden (§ 174 Absatz 2, § 175 Absatz 1, § 208 der Zivilprozeßordnung).

Hochachtungsvoll

(Dienststempel oder -siegel) Der Urkundsbeamte der Geschäftsstelle

...[10]

b) Ersuchen um Zustellung

Das Ersuchen um Zustellung ist – von den allgemeinen Formvorschriften (vgl RdNr 906ff) abgesehen – so abzufassen, wie es sich aus dem Länderteil der Rechtshilfeordnung ergibt. Hierbei ist zu beachten, daß die ZRHO gelegentlich der tatsächlichen Entwicklung hinterherhinkt und Erlasse – nicht selten unveröffentlicht – andere Regelungen treffen.[11a] 913

---

[11] In Ehe- und Kindschaftssachen ist dieser Absatz zu streichen.

[11a] So ruhte von 1948 bis zum 14. 11. 1989 der Rechtshilfeverkehr mit Polen, ohne daß dies in der ZRHO erwähnt wurde.

914 (1) Zustellungsersuchen an **ausländische Behörden in unmittelbaren Verkehr** mit

aa) **Belgien,**[12] **Dänemark, Liechtenstein, Norwegen,**[12] **Österreich,**[12] **Schweiz**[12]

Amtsgericht ... ..., den ...
Abteilung ... Ort, Datum
Aktenzeichen ...

An ...[13]
in ...
In dem Zivilrechtsstreit
des ... – Kläger –
gegen den ... – Beklagter –
wegen ...
überreiche ich in der Anlage
1. Ladung zum Termin am ...
2. Klageschrift vom ...
mit der Bitte, diese Schriftstücke im Weg der Rechtshilfe dem Beklagten
... (Name, Straße, Ort)
formlos [– *falls eine formlose Zustellung nicht möglich sein sollte – förmlich*]
zuzustellen.
Den Zustellungsnachweis bitte ich hierher zu übersenden.
[*Die erforderlichen Übersetzungen sind beigefügt.*]

Mit vorzüglicher Hochachtung
Dienststempel Unterschrift
oder -siegel (Name des Richters in Maschinenschrift)
Amtsbezeichnung

915 **Belgien, Dänemark, Norwegen**[14] sind Mitgliedstaaten des HZustÜbk; dessen Art 11 schließt den unmittelbaren Verkehr zwischen den Behörden zweier Staaten nicht aus.

bb) **Frankreich**[12]

916 Landgericht – Amtsgericht *den*
Tribunal de l^ère instance *..., le ...19...*

Antrag auf Zustellung
Demande de Signification
eines gerichtlichen – außergerichtlichen Schriftstücks,
d'un acte judiciaire – extrajudiciaire,
das für eine Person in Frankreich bestimmt ist.
à faire à une personne résidant sur le territoire français.
Das Landgericht – Amtsgericht – in ...
Le Tribunal de l^ère instance à
(ersuchendes Gericht – *autorité judiciaire requérante)*

---

[12] In bestimmten Fällen können die deutschen Auslandsvertretungen Anträge auf formlose Zustellung in eigener Zuständigkeit – also ohne Inanspruchnahme ausländischer Behörden – erledigen, wenn der Zustellungsempfänger nur die deutsche Staatsangehörigkeit besitzt; das Ersuchen lautet dann wie RdNr 927.
[13] Anschriften ergeben sich aus dem Länderteil der ZRHO.
[14] Zustellungsanträge können auch an die Zentrale Behörde übersandt werden.

ersucht den Herrn Staatsanwalt bei dem Gericht erster Instanz
prie M. le Procureur de la République près le Tribunal de grande instance
in . . .[15]
à
die Zustellung des anliegenden Schriftstücks bewirken zu lassen
de faire signifier l'acte ci-inclus
1. durch einfache Übergabe gemäß Artikel 5 Absatz 2
par voie de simple remise conformément à l'article 5, alinéa 2
des Haager Zustellungsübereinkommens vom 15. November 1965
de la Convention de La Haye relative à la signification et la notification à l'étranger
des actes judiciaires ou extrajudiciaires du 15 novembre 1965
oder für den Fall der Annahmeverweigerung
ou en cas de refus
2. den Antrag weiterzuleiten an die nationale
de transmettre la demande à la chambre nationale
Gerichtsvollzieher-Kammer zur Zustellung
des huissiers de justice à la signification
in der durch die französische innere Gesetz-
dans la forme prescrite par la législation
gebung vorgeschriebenen Form gemäß Artikel 5 Absatz 1
interne française pour les significations, conformément à l'article 5, alinéa 1
des Haager Zustellungsübereinkommens vom 15. November 1965
de la Convention de La Haye relative à la signification et la notification à l'étranger
des actes judiciaires ou extrajudiciaires du 15 novembre 1965
und den Nachweis der Zustellung dem ersuchenden Gericht
et d'envoyer la pièce certifiant la remise ou la signification
zu übersenden.
à l'autorité judiciaire requérante.
Kosten zu Nr. 2 werden gemäß Artikel 12 Absatz 2 des Übereinkommens erstattet.
Des frais à no. 2 seront payés conformément à l'article 12, alinéa 2 de la Convention.
Dem zuzustellenden Schriftstück ist eine Übersetzung
L'acte à signifier est accompagné d'une traduction en
in die französische Sprache beigefügt.
langue francaise.

. . .
(Name und Amtsbezeichnung –
Nom et qualité)

Name und Stellung der Parteien:
Nom et qualité des parties:
Name und Anschrift der Person, der zugestellt werden soll:
Nom et adress du destinataire:
Art des zuzustellenden Schriftstücks:
Nature de l'acte à signifier:

Frankreich ist Mitgliedstaat des HZustÜbk; dessen Art 11 schließt den unmittelbaren Verkehr zwischen Behörden zweier Staaten nicht aus. 918

[15] Anschriften s ZRHO „Frankreich" Anl 1.

cc) Luxemburg[12]

919 Das **Ersuchen** mit Wortlaut wie RdNr 914 wird zusammen mit folgendem **Begleitschreiben übersandt:**

Amtsgericht Abteilung ..., den ...
Aktenzeichen ...
An
den Herrn Staatsanwalt in Luxemburg
[*Diekirch*][16]
In der Anlage überreiche ich ein Rechtshilfeersuchen zur Vornahme einer Zustellung mit Bitte um weitere Veranlassung.
Dienststempel Unterschrift
oder -siegel (Name des Richters in Maschinenschrift)
Amtsbezeichnung

920 **Luxemburg** ist Mitgliedstaat des HZustÜbk; dessen Art 11 schließt den unmittelbaren Verkehr zwischen den Behörden zweier Staaten nicht aus.

dd) Niederlande[12, 17]

921 Landgericht – Amtsgericht ..., den ... 19...
Antrag auf Zustellung
Verzoek om betekening
eines gerichtlichen – außergerichtlichen Schriftstücks,
van een gerechtelijk – buitengerechtelijk stuk
das für eine Person in den Niederlanden bestimmt ist.
bestemd voor een persoon in Nederland.
Das Landgericht – Amtsgericht –
in ... (ersuchendes Gericht
te ... (rechterlijke autoriteit, van welke het verzoek uitgaat)
ersucht den Herrn Staatsanwalt bei dem Arrondissementsgericht[18] in...[19]
verzoekt, de Heer Officier van Justitie bij de Arrondissements-Rechtbank te ...
die Zustellung des anliegenden Schriftstücks auf folgende Weise
het hierbij gevoegde stuk op de volgende wijze
bewirken zu lassen
te doen betekenen
1.[20] durch einfache Übergabe gemäß Artikel 5 Absatz 2
door eenvoudige afgifte overeenkomstig artikel 5, lid 2,
des Haager Zustellungsübereinkommens vom 15. November 1965
van het Haagse betekeningsverdrag van 15 november 1965
[20] hilfsweise
eventueel

---

[16] Der Staatsanwalt in Luxemburg ist zuständig für die Bezirke Luxemburg, Esch, Capellen, Grevenmacher, Remisch und Mersch, der Staatsanwalt in Diekirch für die Bezirke Diekirch, Redingen, Clerf, Wiltz, Echternach und Vianden.

[17] Nach einer Vereinbarung des Niederländischen Außenministeriums mit dem Bundesministerium der Justiz soll dieser Antrag nicht mehr verwendet werden, sondern der des HZustÜbk (RdNr 925); weitere Änderungen treten nicht ein. Bei Drucklegung war die ZRHO jedoch noch nicht geändert worden.

[18] Artikel 1 Absatz 1 Buchstabe b des deutsch-niederländischen Zusatzvertrages vom 30. August 1962 zu dem Haager Übereinkommen über den Zivilprozeß.
Artikel 1, lid 1 oder b van het Duits-Nederlandse aanvullingsverdrag van 30 augustus 1962 op het Haagse verdrag betreffende de burgerlijke rechtsvordering.

[19] Anschriften s ZRHO „Niederlande“ Anl 1.

[20] Nichtzutreffendes ist zu streichen.

2.[20] in der durch die niederländische innere Gesetzgebung
in de vorm, welke in de Nederlandse interne wetgeving
vorgeschriebenen Form gemäß Artikel 5 Absatz 1
voor betekeningen overeenkomstig artikel 5, lid 1,
des Haager Zustellungsübereinkommens vom 15. November 1965
van het Haagse betekeningseverdrag van 15 november 1965
is voorgeschreven

und den Nachweis der Zustellung dem ersuchenden Gericht
en het bewijs van de betekening aan de rechterlijke autoriteit, van welke het verzoek is uitgegaan,
zu übersenden.
toe te zenden.

[20] Dem zuzustellenden Schriftstück ist eine Übersetzung in die
Het te betekenen stuk is vergezeld van een vertaling in de
niederländische Sprache beigefügt.
Nederlandse taal.

Es wird gebeten, dem ersuchenden Gericht die etwa entstehenden
Verzoeke aan de rechterlijke autoriteit, van welke het verzoek is uitgegaan, eventuele
Übersetzungskosten sowie den Betrag aller Auslagen mitzuteilen,
kosten van vertaling, alsook het bedrag van alle kosten,
die bei der Erledigung des Zustellungsantrags entstanden sind.
bij de uitvoering van het verzoek om betekening zijn gemaakt, mede te delen.

...
(Name und Amtsbezeichnung –
naam en functie)

Name und Stellung der Parteien:
Naam en hoedanigheid van de partijen:
Name und Anschrift der Person, der zugestellt werden soll:
Naam en adres van de person, aan wie betekend moet worden:
Art des zuzustellenden Schriftstücks:
Aard van het te betekenen stuk:

923 Die **Niederlande** sind Mitgliedstaat des HZustÜbk; dessen Art 11 schließt den unmittelbaren Verkehr zwischen den Behörden zweiter Staaten nicht aus. Für Zustellungsanträge soll nun der Vordruck nach dem HZustÜbk verwendet werden (s RdNr 925).

(2) Zustellungsersuchen an eine **ausländische „Zentrale Behörde"** im Verkehr mit

aa) **Finnland, Israel, Italien, Norwegen**[12], **Portugal**[12], **Schweden**[12], **Spanien, Tschechoslowakei**[12], **USA, Zypern**

924 Nach Art 3 HZustÜbk errichten die Vertragsstaaten jeweils eine – Bundesländer auch mehrere – Zentrale Behörden, an welche die Anträge auf Zustellung zu richten sind (Art 3 HZustÜbk).

Finnland: Ministerium der Justiz, Helsinki
Israel:[21] Direktor of Courts, 19 Jaffa Road, Jerusalem
Italien: Ufficio unico degli ufficiali giudiziari presso la Corte di Appello di Roma
Norwegen: Königliches Justiz- und Polizeiministerium, Oslo
Portugal: Dirreçcao – General dos Serviços Judiciàrios des Justizministerium, Lissabon
Schweden: Utrikesdepartement, Juridiska byrän, Box 16121, S – 10323 Stockholm 16
Spanien: Secretaria General Técnica, Subdirección General de Cooperación Juridica Internacional, Ministerio de Justicia, San Bernardo, 45, 28015 Madrid
Tschechoslowakei: vedlnosti Ceské republikv, Prag (Zuständig für Tschechische Republik); Ministerstvo spravodlivosti Slovenskj republiky, Suvorovova 12 (zuständig für Slowakische Republik).
USA: Office of International Judicial Assistance, Department of Justice, Washington, D.C. 20530, USA
Zypern: The Ministry of Justice, Nicosia.

Die Vereinbarung anderer Übermittlungswege, insbesondere der unmittelbare Verkehr zwischen den Behörden zweier Staaten wird nach Art 11 HZustÜbk nicht ausgeschlossen, so daß sich im Verkehr zu solchen Ländern, auch wenn sie ebenfalls Mitgliedstaaten des HZustÜbk sind (Belgien, Dänemark, Frankreich, Luxemburg, Niederlande) am bisher geübten unmittelbaren Verkehr nichts ändert.

---

[21] Mit Ausnahme von Wiedergutmachungsangelegenheiten.

Nach Art 3 HZustÜbk ist für **Zustellungsanträge** folgendes Muster[22] vorgesehen: 925
(Vorderseite)

ANTRAG

AUF ZUSTELLUNG EINES GERICHTLICHEN ODER AUSSERGERICHTLICHEN SCHRIFTSTÜCKS IM AUSLAND

REQUEST

FOR SERVICE ABROAD OF JUDICIAL OR EXTRAJUDICIAL DOCUMENTS

DEMANDE

AUX FINS DE SIGNIFICATION OU DE NOTIFICATION À L'ÉTRANGER D'UN ACTE JUDICIAIRE OU EXTRAJUDICIAIRE

Übereinkommen über die Zustellung gerichtlicher und außergerichtlicher Schriftstücke im Ausland in Zivil- oder Handelssachen, unterzeichnet in Den Haag am 15. November 1965.

Convention on the service abroad of judicial and extrajudicial documents in civil or commercial matters, signed at The Hague, on the 15th of November, 1965.

Convention relative à la signification et à la notification à l'étranger des actes judiciaires ou extra judiciaires en matière civile ou commerciale, signée à La Haye, le 15 novembre 1965.

Bezeichnung und Anschrift der ersuchenden Stelle Identity and adress of the applicant Identité et adresse du requérant	Anschrift der Bestimmungsbehörde Adress of receiving authority Adresse de l'autorité destinataire

Die ersuchende Stelle beehrt sich, der Bestimmungsbehörde – in zwei Stücken – die unten angegebenen Schriftstücke mit der Bitte zu übersenden, davon nach Artikel 5 des Übereinkommens ein Stück unverzüglich dem Empfänger zustellen zu lassen, nämlich

The undersigned applicant has the honour to transmit – in duplicate – the documents listed below and, in conformity with article 5 of the abovementioned Convention, requests prompt service of one copy thereof on the addressee, i. e.,

Le requérant soussigné a l'honneur de faire parvenir – en double exemplaire – à l'autorité destinataire les documents ci-dessous énumérés, en la priant, conformément à l'article 5 de la Convention précitée, d'en faire remettre sans retard un exemplaire au destinataire, à savoir:

(Name und Anschrift ....
(identity and address) ....
(identité et adresse) ....

a) in einer der gesetzlichen Formen (Artikel 5 Absatz 1 Buchstabe a)[23].
in accordance with the provisions of sub-paragraph a) of the first paragraph of article 5 of the Convention[23].
selon les formes légales (article 5, alinéa premier, lettre a)[23].

b) in der folgenden besonderen Form (Artikel 5 Absatz 1 Buchstabe b)[23]:
in accordance with the following particular method (sub-paragraph b) of the first paragraph of article 5)[23]:
selon la forme particulière suivante (article 5, alinéa, premier, lettre b)[23]:
....
....

c) gegebenenfalls durch einfache Übergabe (Artikel 5 Absatz 2)[23].
by delivery to the addresse, if he accepts it voluntarily (second paragraph of article 5)[23].
le cas échéant, par remise simple (article 5, alinéa 2)[23].

Die Behörde wird gebeten, der ersuchenden Stelle ein Stück des Schriftstücks – und seiner Anlagen[23] – mit dem Zustellungszeugnis auf der Rückseite zurückzusenden oder zurücksenden zu lassen.

The authority is requested to return or to have returned to the applicant a copy of the documents – and of the annexes[23] – with a certificate as provided on the reverse side.

Cette autorité est priée de renvoyer ou de faire renvoyer au requérant un exemplaire de l'acte – et de ses annexes[23] – avec l'attestation figurant au verso.

Verzeichnis der Schriftstücke
List of documents
Énumération des pièces
....
....
....
....
....
....
....
....

Ausgefertigt in .... am ....
Done at the
Fait à le
Unterschrift und/oder Stempel.
Signature and/or stamp.
Signature et/ou cachet.

---

[22] Muster ZRH 1 zu § 32 Abs 1 ZRHO.
[23] Unzutreffendes streichen.
Delete if inappropriate.
Rayer les mentions inutiles.

Auf der Rückseite des Antrags ist ein Zustellungszeugnis abgedruckt (vgl RdNr 981). Zu dem Antrag gehört weiter der folgende Vordruck:

ANGABEN ÜBER DEN WESENTLICHEN INHALT DES ZUZUSTELLENDEN SCHRIFTSTÜCKS

SUMMARY OF THE DOCUMENT TO BE SERVED

ÉLÉMENTS ESSENTIELS DE L'ACTE

Übereinkommen über die Zustellung gerichtlicher und außergerichtlicher Schriftstücke im Ausland in Zivil- oder Handelssachen, unterzeichnet in Den Haag am 15. November 1965.
(Artikel 5 Absatz 4)

Convention on the service abroad of judicial and extrajudicial documents in civil or commercial matters, signed at The Hague, on the 15th of November, 1965.
(article 5, fourth paragraph)

Convention relative à la signification et à la notification à l'étranger des actes judiciaires et extra judiciaires en matière civile ou commerciale, signée à La Haye, le 15 novembre 1965.
(article 5, alinéa 4)

Bezeichnung und Anschrift der ersuchenden Stelle: ......
Name and address of the requesting authority: ......
Nom et adresse de l'autorité requérante: ......
......

Bezeichnung der Parteien[24]: ......
Particulars of the parties[24]: ......
Identité des parties[24]: ......
......

GERICHTLICHES SCHRIFTSTÜCK[25]
JUDICIAL DOCUMENT[25]
ACTE JUDICIAIRE[25]

Art und Gegenstand des Schriftstücks: ......
Nature and purpose of the document: ......
Nature et objet de l'acte: ......
......

Art und Gegenstand des Verfahrens, gegebenenfalls Betrag der geltend gemachten Forderung: ......
Nature and purpose of the proceedings and, where appropriate, the amount in dispute: ......
Nature et objet de l'instance, les cas échéant, le montant du litige: ......
......

Termin und Ort für die Einlassung auf das Verfahren[25]: ......
Date and place for entering appearance[25]: ......
Date et lieu de la comparution[25]: ......

Gericht, das die Entscheidung erlassen hat[25]:
Court which has given judgment[25]:
Juridiction qui a rendu la décision[25]:

Datum der Entscheidung[25]: ......
Date of judgment[25]: ......
Date de la décision[25]: ......

Im Schriftstück vermerkte Fristen:[25]: ......
Time limits stated in the document[25]: ......
Indication des délais figurant dans l'acte[25]: ......

AUSSERGERICHTLICHES SCHRIFTSTÜCK[25]
EXTRAJUDICIAL DOCUMENT[25]
ACTE EXTRAJUDICIAIRE[25]

Art und Gegenstand des Schriftstücks: ......
Nature and purpose of the document: ......
Nature et objet de l'acte: ......
......

Im Schriftstück vermerkte Fristen[25]: ......
Time limits stated in the document[25]: ......
Indication des délais figurant dans l'acte[25]: ......
......

---

[24] Gegebenenfalls Name und Anschrift der an der Übersendung des Schriftstücks interessierten Person.
If appropriate, identity and address of the person interested in the transmission of the document.
S'il y a lieu, identité et adresse de la personne intéressée à la transmission de l'acte.

[25] Unzutreffendes streichen.
Delete if inappropriate.
Rayer les mentions inutiles.

bb) **Ungarn**

Obwohl Ungarn nicht Mitglied des HZustÜbk ist, wird im Rechtshilfeverkehr ähnlich verfahren. Zustellungsersuchen (vgl RdNr 914 oder 932) sind dem ungarischen Justizministerium Budapest als Empfangsstelle zu übersenden. 926

cc) **Polen**

Aufgrund der am 14. 11. 1989 vereinbarten[26] Wiederaufnahme des Rechtshilfeverkehrs auf der Grundlage des HZPrÜbk sind Zustellungsanträge an das zuständige polnische Wojewodschaftsgericht zu richten und der Landesjustizverwaltung zuzuleiten, welche sie mit einem Begleitschreiben an das polnische Justizministerium zur Weiterleitung übermittelt. Kann das zuständige polnische Gericht – auch nach Rückfrage bei der Landesjustizverwaltung oder beim Bundesministerium der Justiz[26a] – nicht benannt werden, genügt in Ausnahmefällen die Bezeichnung „An das Wojewodschaftsgericht, welches für den Ort ... zuständig ist." 926A

Die Anschrift des ersuchten polnischen Gerichts muß stets in polnischer Sprache abgefaßt sein, und zwar im Original **und** der Übersetzung. In allen anderen Fällen ist im Original die deutsche Ortsbezeichnung zu verwenden (auch in Anlagen!), daher insbesondere auch für die Adresse des Zustellungsempfängers; Ortsbezeichnungen allerdings, die während der deutschen Besatzung eingeführt wurden, wie zB Litzmannstadt für Lodz, Gotenhafen für Gdingen, sind **nicht** zu verwenden.[26b]

Den Ersuchen muß eine beglaubigte Übersetzung (einschließlich der Anlagen) beigefügt werden, die für alle Orte in Polen die heutige polnische Ortsbezeichnung enthält.

Landgericht ...[26c] ... (Datum)
Aktenzeichen ...

An den
Präsidenten des Wojewodschaftsgerichts
in ...[26d]
[*welches für den Ort ...[26d]*
zuständig ist]
Volksrepublik Polen

Prezes
Sadu Wojewódzkiego
w ...[26d]
[*właściwego dla miejscowości*
...[26d]]
Polska Rzeczpospolita Ludowa

---

[26] Schreiben des Bundesministers der Justiz vom 17. 11. 1989 – 9341 P 4 – 3 – 12 0658/89 an die Landesjustizverwaltungen.
[26a] Referat I A 4, Telefon 0228/584130.
[26b] OVG Münster StAZ 89, 290; eine Aufstellung solcher im 2. Weltkrieg neu eingeführter Ortsbezeichnungen wird zur Zeit der Drucklegung im Bundesjustizministerium erarbeitet.
[26c] Stets die deutsche Ortsbezeichnung.
[26d] Stets die offizielle polnische Bezeichnung.

In dem Zivilrechtsstreit
... – Kläger –
gegen ... – Beklagter –
wegen ...
überreiche ich in der Anlage
1. Ladung zum Termin am ...
2. Klageschrift vom ...
mit der Bitte, diese Schriftstücke im Weg der Rechtshilfe dem Beklagten
... (Name, Straße,Ort)[26e]
formlos [– *falls eine formlose Zustellung nicht möglich sein sollte – förmlich*] zuzustellen.
Den Zustellungsnachweis bitte ich hierher zu übersenden.
Die erforderlichen Übersetzungen sind beigefügt.[26e]

Mit vorzüglicher Hochachtung
Dienststempel oder Siegel
Unterschrift
(Name des Richters in Maschinenschrift)
Amtsbezeichnung

(3) Zustellungsersuchen an eine **deutsche Auslandsvertretung,** wenn diese die Zustellung (ohne Rücksicht auf die Staatsangehörigkeit des Empfängers) **selbst bewirken** kann, im Verkehr mit

aa) **Dänemark, Finnland, Griechenland, Irland, Island, Israel, Italien, Spanien, USA, Zypern**

927 Amtsgericht ... ..., den ...
Abteilung ... Ort, Datum
Aktenzeichen ...

An die
Botschaft der Bundesrepublik Deutschland
in ...

Im Zivilrechtsstreit
des ... – Kläger –
gegen den ... – Beklagter –
wegen ...
überreiche ich in der Anlage
1. Ladung zum Termin am ...
2. Klageschrift vom ...
mit der Bitte, diese Schriftstücke dem Beklagten
...(Name, Straße, Ort)
formlos zuzustellen und den Zustellungsnachweis hierher zu übersenden.
Der Beklagte besitzt die ... Staatsangehörigkeit.
[*Über die Staatsangehörigkeit des Beklagten ist nichts bekannt.*]
Ein Kostenvorschuß von DM ... ist angefordert.
[*Dem Kläger ist Prozeßkostenhilfe bewilligt.*]
[*Die erforderlichen Übersetzungen sind beigefügt.*]

Dienststempel oder Siegel
Unterschrift
(Name in Maschinenschrift)
Amtsbezeichnung

[26e] Im Original die deutsche Ortsbezeichnung, in der Übersetzung die polnische.

Finnland und **USA** sind Mitgliedstaaten des HZustÜbk; nach dessen Art 8, 9 ist die Zustellung durch eine deutsche Auslandsvertretung nicht ausgeschlossen, wenn der andere Staat nicht widerspricht. 928

bb) **Großbritannien, Kanada, Malta**

Zustellungsanträge nach dem Muster des HZustÜbk (RdNr 925) sind stets den deutschen Auslandsvertretungen zuzuleiten; die Behörden, an die sie zu richten sind, ergeben sich aus dem Länderteil der ZRHO. 929

Amtsgericht ... ..., den ..
Abteilung ... Ort, Datum
Aktenzeichen ...

An die
Botschaft der Bundesrepublik Deutschland
in ...

Im Zivilrechtsstreit
des ... – Kläger –
gegen den ... – Beklagte –
wegen ...
überreiche ich in der Anlage
1. Ladung zum Termin am ...
2. Klageschrift vom ...
mit der Bitte, diese Schriftstücke dem Beklagten
... (Name, Straße, Ort)
formlos gemäß Artikel 5a des Abkommens vom 20. 3. 1928 durch Übergabe durch einen Bediensteten der Auslandsvertretung zuzustellen und den Zustellungsnachweis hierher zu übersenden. Für den Fall der Nichtdurchführbarkeit übersende ich ein Zustellungsersuchen nach dem Muster des HZustÜbk mit der Bitte um weitere Veranlassung.
[*Die erforderlichen Übersetzungen sind beigefügt.*]

Dienststempel Unterschrift
oder -siegel (Name des Richters in Maschinenschrift)
Amtsbezeichnung

Großbritannien ist Mitgliedstaat des HZustÜbk; nach dessen Art 8, 9 ist die Zustellung durch eine deutsche Auslandsvertretung nicht ausgeschlossen, wenn der andere Staat nicht widerspricht. Im übrigen bleibt das deutsch-britische Abkommen v 25. 4. 1928 nach Art 25 HZustÜbk unberührt. 930

(3) Zustellungsersuchen an **ausländische Behörden,** mit denen der **unmittelbare Verkehr nicht zugelassen** ist, **mit Begleitschreiben an die deutsche Auslandsvertretung,** die die Zustellung nicht selbst bewirken kann, im Verkehr mit 931

aa) **Andorra, Griechenland, Großbritannien, Jugoslawien**[12]**, Kanada, Malta, Monaco**[12]**, Rumänien**[12]**, San Marino**[12]**, Tschechoslowakei**[12]**, Türkei**[12]**, UdSSR**[12]**, Vatikanstadt**[12].

932 Das **Zustellungsersuchen** hat den Wortlaut:

Amtsgericht ... ..., den ...
Abteilung ... Ort, Datum
Aktenzeichen ...

An ...[27]
in ...

In dem Zivilrechtsstreit
des ... – Kläger –
gegen den ... – Beklagter –
wegen ...
überreiche ich in der Anlage
1. Ladung zum Termin am ...
2. Klageschrift vom ...
mit der Bitte, diese Schriftstücke im Weg der Rechtshilfe dem Beklagten
... (Name, Straße, Ort)
formlos [– *falls eine formlose Zustellung nicht möglich sein sollte – förmlich*]
zuzustellen.
Den Zustellungsnachweis bitte ich hierher zu übersenden.
[*Die erforderlichen Übersetzungen sind beigefügt.*]

Mit vorzüglicher Hochachtung
Dienststempel Unterschrift
oder Siegel (Name des Richters in Maschinenschrift)
Amtsbezeichnung

933 Das Begleitschreiben lautet:

Amtsgericht ... ..., den ...
Abteilung ... Ort, Datum
Aktenzeichen ...

An die Botschaft
der Bundesrepublik Deutschland
in ...[27]

Im Zivilrechtsstreit
des ... –Kläger –
gegen den ... – Beklagten –
wegen ...
überreiche ich in der Anlage
1. Zustellungsersuchen
2. Ladung zum Termin am ...
3. Klageschrift vom ...
mit der Bitte um Weiterleitung an die zuständige Behörde.
Der Beklagte besitzt die ... Staatsangehörigkeit.
[*Über die Staataangehörigkeit des Beklagten ist nichts bekannt.*]
Es wird anheimgestellt, die Zustellung selbst zu bewirken, falls Sie dazu in der Lage sein sollten.
Ein Kostenvorschuß von DM ... ist angefordert.
[*Dem Kläger ist Prozeßkostenhilfe bewilligt.*]
[*Die erforderlichen Übersetzungen sind beigefügt.*]

Dienststempel Unterschrift
oder -siegel (Name des Richters in Maschinenschrift)
Amtsbezeichnung

---

[27] Anschriften ergeben sich aus dem Länderteil der ZRHO.

bb) Griechenland[12]

Das **Zustellungsersuchen** lautet: 934

Ersuchen um Zustellung von Schriftstücken,
die für Personen in Griechenland bestimmt sind
Αἴτησις περὶ ἐπιδόσεως ἐγγράφον
ἀπευθυνομένων πρὸς πρόσωπα ἐν Ἑλλάδι

....
(Ort und Datum – Τόπος καὶ χρονολογία)

....
(ersuchende Behörde – αἰτοῦσα ἀρχή)

in ....
ἐν

ersucht ....
αἰτεῖται παρὰ (ersuchte Behörde – τῆς ἀρχῆς, πρὸς ἣν ἀπευθύεται ἡ αἴτησις)

in ....
ἐν

die Zustellung des anliegenden, unten näher bezeichneten Schriftstücks – durch
ὅπως ἐνεργήσῃ πρὸς νόμιμον ἐπίδοσιν τοῦ ἐπισυναπτομένου, κατωτέρω καδοριζομένου
einfache Übergabe [*in der durch die griechische innere Gesetzgebung vorgeschrie-*
ἐγγράφου – δἰ ἁπλῆς παραδόσεως [κατὰ τοὺς κεκανονισμένους ὑπὸ τῆς ἐσωτερικῆς
benen Form[28]] gemäß Artikel 2 [gemäß Artikel 3 Absatz 1[28]] des deutsch-griechi-
νομοθεσίας τοῦ Ἑλληνικοῦ Κράτους τύπους[28]] συμφώνως τῷ ἄρθρῳ 2 [συμφώνως τῷ
schen Abkommens über die gegenseitige Rechtshilfe in Angelegenheiten des bürger-
ἄρθρῳ 3 παράγραφος 1[28]] τῆς Γερμανοελληνικῆς Συμβάσεως περὶ ἀμοιβαίας δικαστικῆς
lichen und Handels-Rechts vom 11. Mai 1938 bewirken zu lassen und die Zustellungs-
προστασίας ἐπὶ ὑποθέσεων τοῦ ἀστικοῦ καὶ τοῦ ἐμπορικοῦ δικαίου τῆς 11 Μαΐου 1938
urkunde dem diesen Antrag übermittelnden Konsul zu übersenden.
καὶ ἀποστείλῃ τὸ ἐπιδοτήριον πρὸς τὸν διαβιβάζοντα τὴν παροῦσαν αἴτησιν πρόξενον.
[Eine griechische Übersetzung des zuzustellenden Schriftstücks wird beigefügt[28]].
[Ἐπισυνάπτεται ἑλληνικὴ μετάφρασις τοῦ πρὸς ἐπίδοσιν ἐγγράφου[28]].

....
(Namensunterschrift – Ὑπογραφή)

Name und Stellung der Parteien: ....
Ὄνομα καὶ ἐπάγγελμα τῶν διαδίκων:

Name und Anschrift der Person, der zugestellt werden soll: ....
Ὄνομα καὶ διεύθυνσις τοῦ προσώπου, πρὸς τὸ ὁποῖον δέον νὰ ἐπιδοθῇ τὸ ἔγγραφον:
Art. des Schriftstücks: ....
Εἶδος τοῦ ἐγγράφου:

c) Begleitbericht an die Prüfungsstelle

Der Begleitbericht an den Präsidenten des Landgerichts (bzw Amtsgerichts) als Prü- 935
fungsstelle (§ 9 ZRHO), der auch erforderlich ist, wenn der unmittelbare Verkehr mit der ausländischen Behörde zugelassen ist, oder an die Landesjustizverwaltung

[28] Diese Worte gelten nur für den Fall, daß in der durch die griechische innere Gesetzgebung vorgeschriebenen Form zugestellt werden soll.

hat häufig etwa folgenden Wortlaut und kann nach § 23 ZRHO auch in abgekürzter Form auf einen Abdruck des Ersuchens oder Begleitschreibens gesetzt werden:

Amtsgericht Abt ... ..., den ...
Aktzeichen: ...
An den
Herrn Präsidenten des Landgerichts [*Amtsgerichts*]
in ...

Betr: Rechtshilfeverkehr mit dem Ausland
hier: Zustellungsersuchen vom ... in Sachen ...
Anlagen: ...
Anliegend wird ein Ersuchen um Zustellung einer Klageschrift nebst Ladung an die ausländische Behörde mit der Bitte um Prüfung und Weiterleitung vorgelegt.
... (ggf Begründung für den gewählten Weg oder Hinweis auf Vorlagepflicht[29])
(Unterschrift des Richters)
Siegel Amtsbezeichnung

2. Vernehmung von Zeugen oder Sachverständigen

HZPrAbk §§ 8–16; AusfG § 4
HZPrÜb Art 8–16
HBewÜbk
ZPO § 363
ZRHO §§ 36–40
GKG § 68 KV Nr 1912

936 Vor der Anordnung einer Auslandsvernehmung hat das Prozeßgericht zu prüfen, ob nicht eine **schriftliche Befragung** der zu vernehmenden Person gemäß § 377 Abs 3 und 4 ZPO möglich ist. Das Gericht kann aber die schriftliche Befragung nicht unmittelbar durchführen, wenn dies ein unzulässiger Eingriff in die Hoheitsrechte des fremden Staates sein könnte (vgl § 39 ZRHO).

937 Bei **Ersuchen um Vernehmung** ist stets anzugeben, ob die Vernehmung nicht eidlich oder eidlich erfolgen soll. Bei Ersuchen um Vernehmung von Zeugen und Sachverständigen ist auf ein **Aussageverweigerungsrecht** hinzuweisen. Die einschlägigen deutschen Gesetzesbestimmungen sind wörtlich anzuführen. Zugleich ist die Bitte auszusprechen, die zu vernehmende Person über dieses Recht zu belehren. Bei Ersuchen um eidliche Vernehmung von Zeugen und Sachverständigen ist ferner anzugeben, daß nach deutschem Recht das Aussageverweigerungsrecht ein **Eidesverweigerungsrecht** einschließt, und zu bitten, die zu vernehmende Person auch über dieses Recht zu belehren. Bei Ersuchen um Vernehmung oder Beeidigung einer Partei ist darauf hinzuweisen, daß die Partei berechtigt ist, die Aussage oder den Eid zu verweigern. Zugleich ist die Bitte auszusprechen, die Partei gemäß § 453 Abs 2, § 446 ZPO zu belehren; der wesentliche Inhalt dieser Bestimmung ist in das Ersuchen aufzunehmen (§ 37 ZRHO).

938 Bei der **Vorbereitung des Ersuchens**, möglichst schon in der mündlichen Verhandlung, ist zu klären, ob die Beteiligten, die nach den deutschen Vorschriften das Recht haben, der Beweisaufnahme beizuwohnen, hiervon Gebrauch machen wollen und deshalb auf die **Benachrichtigung von dem Beweistermin** Wert legen. Hierbei empfiehlt es sich, die Beteiligten darauf hinzuweisen, daß die Benachrichtigung von

[29] ZB nach § 14 ZRHO.

dem Termin die Erledigung des Ersuchens in der Regel erheblich verzögert und daß es daher zweckmäßig ist, die Benachrichtigung nur dann zu verlangen, wenn die Absicht besteht, den Termin wahrzunehmen. Die Beteiligten sind um Erklärung zu ersuchen, ob sie unter diesen Umständen auf eine Terminsnachricht verzichten. Haben die Beteiligten auf eine Terminsnachricht verzichtet, so ist dies in dem Ersuchen zu vermerken und anzugeben, daß eine Mitteilung über den Termin zur Beweisaufnahme nicht erforderlich ist. Wenn die Beteiligten auf eine Terminsnachricht nicht verzichtet haben, muß das Ersuchen die Bitte enthalten, das ersuchende Gericht von dem anberaumten Termin so zeitig zu benachrichtigen, daß die Beteiligten noch rechtzeitig verständigt werden können. Das ersuchende Gericht hat nach Eingang der Benachrichtigung die Beteiligten von dem Termin und dem Ort bei Vernehmung sofort zu benachrichtigen. Halten die Beteiligten sich im ersuchten Staat auf, so wird die ersuchte Behörte zu bitten sein, die Beteiligten unmittelbar zu benachrichtigen; zu diesem Zweck ist die genaue Anschrift der Beteiligten in dem Ersuchen anzugeben. Ebenso ist zu verfahren, wenn die unmittelbare Benachrichtigung der Beteiligten aus anderen Gründen zweckmäßig erscheint (§ 38 ZRHO; vgl auch Art 7 HBewÜbk).

Auch **Gutachten** sind in Weg der Rechtshilfe einzuholen, eine unmittelbare Beauftragung ausländischer Privatpersonen ist nicht möglich, weil der fremde Staat hierin einen Eingriff in seine Hoheitsrechte sehen könnte; dies gilt auch dann, wenn eine Vernehmung oder Beeidigung des Sachverständigen nicht vorgesehen ist (§ 40 ZRHO).

a) **Ersuchen um Vernehmung**

(1) Ersuchen an **ausländische Behörden im unmittelbaren Verkehr** mit

aa) **Belgien**[30], **Dänemark, Liechtenstein, Norwegen**[30], **Österreich**[30], **Schweiz**

Amtsgericht ... ..., den ... 939
Abteilung ... Ort, Datum
Aktenzeichen ...

An ...[27]
in ...
oder die zuständige Behörde

In dem Zivilrechtsstreit
des ... –Kläger–
gegen den ... – Beklagter –
wegen ...
bitte ich im Weg der Rechtshilfe aufgrund des Beweisbeschlusses vom ... als Zeugen
... (Name, Straße, Ort)
[– *soweit nach dortigem Recht zulässig – eidlich*]
uneidlich zu den folgenden Behauptungen zu vernehmen:
...
[*Dem Rechtsstreit liegt folgender Sachverhalt zugrunde: ...*][31]

---

[30] In bestimmten Fällen können die deutschen Auslandsvertretungen Ersuchen um Vernehmung oder Abnahme von Eiden sowie zT Ersuchen um Vorlegung von Urkunden in eigener Zuständigkeit – also ohne Inanspruchnahme ausländischer Behörden – erledigen, wenn dies ohne Anwendung von Zwang möglich ist und die zu vernehmende Person nur die deutsche Staatsangehörigkeit besitzt; das Ersuchen lautet dann wie RdNr 948.

[31] § 19 ZRHO: so weit zur ordnungsgemäßen Erledigung erforderlich; vgl RdNr 907.

Vor der Vernehmung bitte ich den Zeugen über sein Recht zur Verweigerung der Aussage zu belehren und zwar nach Maßgabe des als Anlage beigefügten Auszugs aus der deutschen Zivilprozeßordnung.[32]

[*Nach den deutschen Vorschriften sind unbeeidigt zu vernehmen Personen, die zur Zeit der Vernehmung das 16. Lebensjahr noch nicht vollendet haben oder wegen mangelnder Verstandesreife oder wegen Verstandesschwäche von dem Wesen und der Bedeutung des Eids keine genügende Vorstellung haben oder die nach den Strafgesetzen unfähig sind, als Zeuge eidlich vernommen zu werden.*]

Auf Nachricht vom Vernehmungstermin wird verzichtet.

[*Aufgrund des deutschen Prozeßrechts haben die Parteien sowie die von ihnen beauftragten Personen das Recht, der Vernehmung beizuwohnen und die zur Aufklärung des Sachverhalts sowie der Persönlichkeit des Zeugen zweckdienlichen Fragen zu stellen.*

Es wird gebeten, wegen Bekanntgabe an die Parteien von dem dortigen Vernehmungstermin rechtzeitig Nachricht nach hier zu geben, sofern dies nach dem dortigen Recht zulässig ist.

– Da sich der Kläger – Beklagte in ... (dem ersuchten Staat) aufhält, bitte ich, ihn von dem Vernehmungstermin unmittelbar zu benachrichtigen.]

[*Die erforderlichen Übersetzungen sind beigefügt.*]

Die Vernehmungsniederschrift bitte ich wenn möglich in dreifacher Ausfertigung hierher zu übersenden.

Mit vorzüglicher Hochachtung
Unterschrift
(Name des Richters in Maschinenschrift)
Amtsbezeichnung

bb) **Frankreich**[30]

940 Zusätzlich zum Ersuchen wie RdNr 939 ist ein Begleitschreiben erforderlich.

Landgericht – Amtsgericht ..., den ... 19..
Tribunal de l^ere instance *le*
Geschäfts-Nr.: ...

Begleitschreiben
Lettre de transmission
zu einem Ersuchen um Rechtshilfe in Frankreich
relative à une commission rogatoire à exécuter sur le territoire français.

Das – Landgericht – Amtsgericht in ...
Le Tribunal de l^ere instance à ...
(ersuchendes Gericht – *autorité indiciaire requérante*)
ersucht den Herrn Staatsanwalt bei dem Gericht erster Instanz
prie M. le Procureur de la République près le Tribunal de grande instance
in ...[33]
à ...
gemäß Artikel 4 der Vereinbarung vom 6. Mai 1961
conformément à l'article 4 de l'Accord du 6 mai 1961
zwischen der Regierung der Bundesrepublik Deutschland
entre le Gouvernement de la République fédérale d'Allemagne
und der Regierung der französischen Republik
et le Gouvernement de la République Française

---

[32] Die §§ 383–386 und 389 ZPO sind dem Wortlaut nach in einer Anlage beizufügen.
[33] Anschriften s ZRHO „Frankreich" Anl 1.

zur weiteren Vereinfachung des Rechtsverkehrs
en vue de faciliter l'application
nach dem Haager Übereinkommen über den Zivilprozeß,
de la Convention de la Haye relative à la procédure civile,
das anliegende Rechtshilfeersuchen gemäß Artikel 9 und 10
de faire exécuter la commission rogatoire ci-inclue conformément aux articles 9 et 10
des Haager Übereinkommens über die Beweisaufnahme im Ausland
de la Convention de la Haye sur l'obtention des preuves à l'étranger
in Zivil- oder Handelssachen erledigen zu lassen und
en matière civile ou commerciale et
das Erledigungsstück nebst dem Rechtshilfeersuchen dem
d'envoyer la pièce constatant l'exécution de la commission rogatoire ainsi que la commission elle-même à
ersuchenden Gericht zu übersenden.
l'autorité judiciaire requérante.
Dem Rechtshilfeersuchen ist eine französische Übersetzung beigefügt.
La commission rogatoire est accompagnéc d'une traduction en langue française.
Es wird gebeten, dem ersuchenden Gericht den Betrag aller Auslagen
Le montant de tous les frais entraînés par l'exécution de la commission
mitzuteilen, die bei der Erledigung des Rechtshilfeersuchens
rogatoire, même s'ils ne peuvent donner lieu à aucun
entstanden sind, auch soweit sie gemäß Artikel 6 der Vereinbarung
remboursement en vertu de l'article 6 de l'Accord
vom 6. Mai 1961 nicht zu erstatten sind.
du 6 mai 1961, sera indiqué à l'autorité judiciaire requérante.

...
(Name und Amtsbezeichnung –
Nom et qualité

cc) **Luxemburg**[30]

Zusätzlich zum Ersuchen wie RdNr 939 ist ein **Begleitschreiben** erforderlich: 941

Amtsgericht ... ..., den ...
Abteilung ... Ort, Datum
Aktenzeichen ...

An den
Herrn Staatsanwalt
in Luxemburg [*Diekirch*][34]

In dem Zivilrechtsstreit
des ... – Kläger –
gegen den ... – Beklagter –
wegen ...
wird gebeten, das anliegende Ersuchen um Vernehmung von Zeugen [*um Abnahme eines Eides*] an die zuständige Behörde weiterzuleiten.

Unterschrift
Siegel (Name des Richters in Maschinenschrift)
Amtsbezeichnung

---

[34] Vgl Fußn 16 zu RdNr 919.

dd) **Niederlande**

942 Zusätzlich zum Ersuchen wie RdNr 939 ist ein Begleitschreiben erforderlich:

Landgericht – Amtsgericht ..., den ... 19..

Begleitschreiben
Aanbiedingsbrief

zu einem Ersuchen um Rechtshilfe in den Niederlanden.
voor een in Nederland uit te voeren rogatoire commissie.
Das Landgericht – Amtsgericht in ...
Het Landgericht – Amtsgericht te ...
(ersuchendes Gericht –
rechterlijke autoriteit, van welke de rogatoire commissie is uitgegaan)
ersucht den Herrn Staatsanwalt bei dem Arrondissementsgericht[35]
verzoekt de Heer Officier van Justitie bij de Arrondissements-Rechtbank
in ...
te ...,
das anliegende Rechtshilfeersuchen gemäß Artikel 9 und 10
de bijgevoegde rogatoire commissie overeenkomstig artikel 9 en 10
des Haager Übereinkommens über die Beweisaufnahme
van het Haagse verdrag inzake de verkrijging van bewijs
im Ausland in Zivil- oder Handelssachen erledigen zu lassen
in het buitenland in burgerlijke en in handelszaken te doen
und die Erledigungsstücke nebst dem Rechtshilfeersuchen dem
uitvoeren en deze met de stukken ter zake van de uitvoering
ersuchenden Gericht zu übersenden.
opgemaakt aan de rechterlijke autoriteit, van welke de rogatoire commissie is uitgegaan, terug te zenden.
Er wird gebeten, dem ersuchenden Gericht die etwa entstehenden
Verzoeke aan de rechterlijke autoriteit, van welke de rogatoire commissie is uitgegaan, eventuele
Übersetzungskosten sowie den Betrag aller Auslagen mitzuteilen,
kosten van vertaling alsook het bedrag van alle kosten, die bij
die bei der Erledigung des Rechtshilfeersuchens entstanden sind.
de uitvoering van de rogatoire commissie zijn gemaakt, mede te delen.

...
(Name und Amtsbezeichnung –
Naam en functie)

943 ee) **Dänemark, Frankreich, Luxemburg, Niederlande, und Norwegen**[36] sind Mitgliedstaaten des HBewÜbk; dessen Art 27, 28, 31 und 32 schließen den unmittelbaren Verkehr zwischen den Behörden zweier Staaten nicht aus.

(2) Ersuchen an eine **ausländische „Zentrale Behörde“** im Verkehr mit

aa) **Finnland, Israel[30], Italien[30], Norwegen, Portugal,[30] Schweden[30], Tschechoslowakei,[30] USA, Zypern**

944 Nach Art 2 HBewÜbk errichten die Vertragstaaten jeweils eine – Bundesländer auch mehrere – Zentrale Behörden, welche die Rechtshilfeersuchen entgegenneh-

[35] Artikel 4 des deutsch-niederländischen Zusatzvertrages vom 30. August 1962 zu dem Haager Übereinkommen über den Zivilprozeß.
Artikel 4 van het Duits-Nederlandse aanvullingverdrag van 30 augustus 1962 op het Haagse verdrag betreffende de burgelijke rechtsvordering.

[36] Vernehmungsersuchen können auch an die Zentrale Behörde übersandt werden.

men und der zuständigen Behörde zur Erledigung zuleiten; wegen der Anschriften vgl RdNr 924.

Die Vereinbarung anderer Übermittlungswege, insbesondere der unmittelbare Verkehr zwischen den Behörden zweier Staaten wird nach Art 27, 28, 31, 32 HBewÜbk nicht ausgeschlossen, so daß sich im Verkehr zu solchen Ländern, auch wenn sie ebenfalls Mitgliedstaaten des HBewÜbk sind (Dänemark, Frankreich, Luxemburg) am bisher geübten unmittelbaren Verkehr nichts ändert.

Eine bestimmte Form des **Ersuchens** ist nicht vorgeschrieben, jedoch legt Art 3 **945**
HBewÜbk den erforderlichen **Inhalt** fest:

- ersuchende und – soweit bekannt – ersuchte Behörde,
- Namen und Anschriften der Parteien und ihrer Vertreter,
- Art und Gegenstand der Rechtssache sowie
- gedrängte Darstellung des Sachverhalts,
- vorzunehmende Beweisaufnahme oder andere gerichtliche Handlung,
- Name und Anschrift der zu vernehmenden Person,
- Erläuterungen zu Aussageverweigerungsrechten oder Aussageverboten,
- Fragen, welche an die zu vernehmende Person gerichtet werden sollen, oder
- Tatsachen, über die sie vernommen werden soll,
- Urkunden oder andere Gegenstände, die geprüft werden sollen,
- Anträge zur Vernehmung unter Eid oder Bekräftigung und ggf die dabei zu verwendende Formel,
- Anträge, nach einer besonderen (vom Recht des ersuchten Staats abweichenden) Form zu verfahren.

In Anlehnung an das für Zustellungsanträge durch das HZustÜbk eingeführte Muster (vgl RdNr 925) hat das **Rechtshilfeersuchen** etwa folgenden **Wortlaut:**

Antrag
auf Vornahme einer Beweisaufnahme oder einer anderen gerichtlichen Handlung

Übereinkommen über die Beweisaufnahme in Zivil- oder Handelssachen, unterzeichnet in Den Haag am 18. März 1970

Bezeichnung und Anschrift der ersuchenden Stelle	Anschrift der Bestimmungsbehörde

Die ersuchende Stelle beehrt sich, der Bestimmungsbehörde dieses Rechtshilfeersuchen mit der Bitte zu übersenden, die unten angegebene gerichtliche Handlung nach Art 9 des Übereinkommens vorzunehmen.

Name und Anschrift der Parteien und ihrer Vertreter: . . . .
Kläger: . . . .
Prozeßbevollmächtigter: . . . .
Beklagter: . . . .
Prozeßbevollmächtigter: . . . .
Art und Gegenstand der Rechtssache: Zivilrechtsstreit, Klage auf Kaufpreiszahlung
Sachverhalt: . . . .
. . . .
. . . .
Erbetene Handlung: Beweisaufnahme durch Vernehmung von Zeugen
Name und Anschrift: . . . .
Erläuterung zu Aussageverweigerungsrecht, Aussageverbot: . . . .

Vor der Vernehmung bitte ich den Zeugen über sein Recht zur Verweigerung der Aussage zu belehren und zwar nach Maßgabe des als Anlage beigefügten Auszuges aus der deutschen Zivilprozeßordnung.[37]

Fragen, Gegenstand der Vernehmung: ....

Eid: Ich bitte den Zeugen uneidlich [– *soweit nach dortigem Recht zulässig – eidlich*] zu vernehmen.

[*Nach den deutschen Vorschriften sind unbeeidigt zu vernehmen Personen, die zur Zeit der Vernehmung das 16. Lebensjahr noch nicht vollendet haben oder wegen mangelnder Verstandesreife oder wegen Verstandesschwäche von dem Wesen und der Bedeutung des Eids keine genügende Vorstellung haben oder die nach den Strafgesetzen unfähig sind, als Zeuge eidlich vernommen zu werden.*]

Die Erledigung dieses Antrags soll erfolgen

a) in einer der gesetzlichen Formen (Artikel 9 Absatz 1)

b) in der folgenden besonderen Form (Artikel 5 Absatz 2): ....

....

....

Auf Nachricht vom Vernehmungstermin wird verzichtet.

[*Aufgrund des deutschen Prozeßrechtes haben die Parteien sowie die von ihnen beauftragten Personen das Recht, der Vernehmung beizuwohnen und die zur Aufklärung des Sachverhalts sowie der Persönlichkeit des Zeugen zweckdienlichen Fragen zu stellen. Es wird gebeten, die ersuchende Stelle – die Parteien – die Vertreter der Parteien – unmittelbar – von dem Zeitpunkt und dem Ort der erbetenen Handlung zu benachrichtigen, damit die beteiligten Parteien und ihre Vertreter anwesend sein können.*]

[*Die erforderlichen Übersetzungen sind beigefügt.*]

Die Behörde wird gebeten, der ersuchenden Stelle die Schriftstücke, aus denen sich die Erledigung des Rechtshilfegesuchs ergibt, zuzuleiten oder zuleiten zu lassen.

Verzeichnis der Schriftstücke

....

....

.... Ausgefertigt in .... am ....

....

(Siegel) Unterschrift

(Name des Richters in Maschinenschrift)

Amtsbezeichnung

bb) **Ungarn**

946 Obwohl Ungarn nicht Mitglied des HBewÜbk ist, wird im Rechtshilfeverkehr ähnlich verfahren. Vernehmungsersuchen (vgl RdNr 939) sind dem ungarischen Justizministerium als Empfangsstelle zu übersenden.

cc) **Polen**

947 Rechtshilfeersuchen sind aufgrund der zur Wiederaufnahme des Rechtshilfeverkehrs am 14. 11. 1989 getroffenen Vereinbarung[37a] an das zuständige polnische Bezirksgericht zu richten und der Landesjustizverwaltung zuzuleiten, welche sie mit einem Begleitschreiben an das polnische Justizministerium zur Weiterleitung übermittelt. Kann das zuständige polnische Gericht – auch nach Rückfrage bei der

---

[37] Die §§ 383–386 und 389 ZPO sind dem Wortlaut nach in einer Anlage beizufügen.

[37a] Vgl dazu RdNr 926 A.

Landesjustizverwaltung oder beim Bundesministerium der Justiz[37b] – nicht benannt werden, genügt in Ausnahmefällen die Bezeichnung „An das Wojewodschaftsgericht, welches für den Ort ... zuständig ist."

Die Anschrift des ersuchten polnischen Gerichts muß stets in polnischer Sprache abgefaßt sein, und zwar im Original **und** der Übersetzung. In allen anderen Fällen ist im Original die deutsche Ortsbezeichnung zu verwenden (auch in Anlagen!), daher insbesondere auch für die Adresse des Zeugen; Ortsbezeichnungen allerdings, die während der deutschen Besatzung eingeführt wurden, wie zB Litzmannstadt für Lodz, Gotenhafen für Gdingen, sind **nicht** zu verwenden.[37c]

Den Ersuchen muß eine beglaubigte Übersetzung (einschließlich der Anlagen) beigefügt werden, die für alle Orte in Polen die heutige polnische Ortsbezeichnung enthält.

Landgericht ...[37d] ... (Datum)
Aktenzeichen ...

An den
Präsidenten des Bezirksgerichts
in ...[37e]
[*welches für den Ort ...*[37e]
zuständig ist]
Volksrepublik Polen

Prezes
Sadu Rejonowego
w...[37e]
[*właściwego dla miejscowości*
...[37e]]
Polska Rzeczpospolita Ludowa

In dem Zivilrechtsstreit
... – Kläger –
gegen ... – Beklagter –
wegen ...
bitte ich im Weg der Rechtshilfe aufgrund des Beweisbeschlusses vom ... als Zeugen
... (Name, Straße, Ort)[37f]
[– *soweit nach dortigem Recht zulässig – eidlich*]
uneidlich zu den folgenden Behauptungen zu vernehmen:
...
[*Dem Rechtsstreit liegt folgender Sachverhalt zugrunde: ...*[31]
Vor der Vernehmung bitte ich den Zeugen über sein Recht zur Verweigerung der Aussage zu belehren und zwar nach Maßgabe des als Anlage beigefügten Auszuges aus der deutschen Zivilprozeßordnung.[37]
[*Nach den deutschen Vorschriften sind unbeeidigt zu vernehmen Personen, die zur Zeit der Vernehmung das 16. Lebensjahr noch nicht vollendet haben oder wegen mangelnder Verstandesreife oder wegen Verstandesschwäche von dem Wesen und der Bedeutung des Eides keine genügende Vorstellung haben oder die nach den Strafgesetzen unfähig sind, als Zeuge eidlich vernommen zu werden.*]

[37b] Referat I A 4, Telefon 0228/584130.
[37c] OVG Münster StAZ 89, 290; eine Aufstellung solcher im 2. Weltkrieg neu eingeführter Ortsbezeichnungen wird zur Zeit der Drucklegung im Bundesjustizministerium erarbeitet.
[37d] Stets die deutsche Ortsbezeichnung.
[37e] Stets die offizielle polnische Bezeichnung.
[37f] Im Original die deutsche Ortsbezeichnung, in der Übersetzung die polnische.

Auf Nachricht vom Vernehmungstermin wird verzichtet.
[*Aufgrund des deutschen Prozeßrechts haben die Parteien sowie die von ihnen beauftragten Personen das Recht, der Vernehmung beizuwohnen und die zur Aufklärung des Sachverhalts sowie der Persönlichkeit des Zeugen zweckdienlichen Fragen zu stellen.*
Es wird gebeten, wegen Bekanntgabe an die Parteien von dem dortigen Vernehmungstermin rechtzeitig Nachricht nach hier zu geben, sofern dies nach dem dortigen Recht zulässig ist.
– Da sich der Kläger – Beklagte in ...[37f] *(dem ersuchten Staat) aufhält, bitte ich, ihn von dem Vernehmungstermin unmittelbar zu benachrichtigen.*]
Die erforderlichen Übersetzungen sind beigefügt.[37f]
Die Vernehmungsniederschrift bitte ich in dreifacher Ausfertigung hierher zu übersenden.

Mit vorzüglicher Hochachtung
Unterschrift
(Name des Richters in Maschinenschrift)
Amtsbezeichnung

(3) Ersuchen an eine **deutsche Auslandsvertretung,**[27] wenn diese das Ersuchen (ohne Rücksicht auf die Staatsangehörigkeit der zu vernehmenden Person) selbst erledigen kann, im Verkehr mit **Dänemark,**[38] **Finnland, Frankreich,**[38] **Großbritannien, Irland, Island, Israel,**[38] **Kanada, Luxemburg,**[38] **Malta, Niederlande, Spanien, USA, Zypern.**

948 Da die deutsche Auslandsvertretung Zwangsmittel nicht anwenden kann, ist dieser Weg in der Regel nur geeignet, wenn feststeht, daß der Zeuge bereit ist, in der deutschen Auslandsvertretung zu erscheinen.

Amtsgericht ... ..., den ...
Abteilung ... Ort, Datum
Aktenzeichen ...

An die
Botschaft der Bundesrepublik Deutschland
in ...

In dem Zivilrechtsstreit
des ... – Kläger –
gegen den ... – Beklagter –
wegen ...
bitte ich im Weg der Rechtshilfe aufgrund des Beweisbeschlusses vom ... als Zeugen/Sachverständigen

... (Name, Straße, Ort)

[*eidlich*] uneidlich zu den folgenden Behauptungen zu vernehmen:
[*Dem Rechtsstreit liegt folgender Sachverhalt zugrunde: ...*][31]
Auf Nachricht vom Vernehmungstermin wird [*nicht*] verzichtet.
Der Zeuge [*Sachverständige*] besitzt die ... Staatsangehörigkeit [*Über die Staatsangehörigkeit des Zeugen/Sachverständigen ist nichts bekannt*].
Ein Kostenvorschuß von DM ... ist angefordert.
[*D.. Kläger/Beklagten ist Prozeßkostenhilfe bewilligt*].
[*Die erforderlichen Übersetzungen sind beigefügt.*].
Die Vernehmungsniederschrift bitte ich in dreifacher Ausfertigung hierher zu übersenden.

Mit vorzüglicher Hochachtung
Unterschrift
(Name des Richters in Maschinenschrift)
Amtsbezeichnung

[38] In bestimmten Fällen ist außerdem eine Genehmigung einer ausländischen Behörde erforderlich.

Die Art 15–22 HBewÜbk sehen auch die Beweisaufnahme durch diplomatische oder konsularische Vertreter des Entsendestaates vor; angesichts der Bedenken vieler Staaten gegen diese unmittelbare Beweisaufnahme bedarf sie häufig der allgemeinen oder speziellen Genehmigung des Staates, in dessen Hoheitsgebiet sie vorgenommen werden soll. Hier bleibt abzuwarten, in welchem Umfang den deutschen Auslandsvertretungen weitere Möglichkeiten als bisher eingeräumt werden. 949

(4) Ersuchen an **ausländische Behörden,** mit denen der **unmittelbare Verkehr nicht zugelassen** ist, **mit Begleitschreiben an die deutsche Auslandsvertretung,** die das Ersuchen nicht selbst erledigen kann,[27] im Verkehr mit **Andorra, Griechenland, Großbritannien, Jugoslawien,**[30] **Kanada, Malta, Monaco,**[30] **Rumänien,**[30] **San Marino, Tschechoslowakei,**[30] **Türkei,**[30] **UdSSR,**[30] **Vatikanstadt,** aber auch mit den unter (3) aufgeführten Ländern, soweit ein Zeuge nicht zu freiwilligem Erscheinen bereit ist. 950

Das **Ersuchen** hat den gleichen Wortlaut wie im unmittelbaren Verkehr mit ausländischen Behörden (RdNr 939). 951

Das **Begleitschreiben** an die deutsche Auslandsvertretung lautet: 952

Amtsgericht ... ..., den ...
Abteilung ... Ort, Datum
Aktenzeichen ...

An die
Botschaft der Bundesrepublik Deutschland
in ...

In dem Zivilrechtsstreit
des ... – Kläger –
gegen den ... – Beklagter –
wegen ...
überreiche ich in der Anlage

Ersuchen um Vernehmung eines Zeugen

mit der Bitte um Weiterleitung an die zuständige Behörde.
Der Zeuge besitzt die ... Staatsangehörigkeit.
[*Über die Staatsangehörigkeit des Zeugen ist nichts bekannt.*]
Es wird anheimgestellt, die Vernehmung selbst durchzuführen, falls Sie dazu in der Lage sein sollten.
Ein Kostenvorschuß von DM ... ist angefordert.
[*D... Kläger/Beklagten ist Prozeßkostenhilfe bewilligt*].
[*Die erforderlichen Übersetzungen sind beigefügt*].

Dienststempel Unterschrift
oder -siegel (Name des Richters in Maschinenschrift)
Amtsbezeichnung

(5) Vernehmungsersuchen im Verkehr mit den **USA**

Die **deutschen Auslandsvertretungen** in den Vereinigten Staaten können Ersuchen um Vernehmung und Abnahme von Eiden ohne Rücksicht auf die Staatsangehörigkeit der Zeugen **selbst erledigen,** wenn dies ohne Anwendung von Zwang möglich ist (vgl RdNr 948). 953

Ohne Inanspruchnahme amerikanischer Behörden können die deutschen Auslandsvertretungen Rechtshilfeersuchen durch **Einsetzung eines „commissioners"** erledigen 954 lassen. In diesem Fall muß das Ersuchen in Form einer „commission“ abgefaßt und mit einem Begleitschreiben[40] an die deutsche Auslandsvertretung übersandt werden.

955 Einsetzung des commissioners:

Im Namen des Volkes

Das Amts- [*Land-, Oberlandes-*]gericht ...
an Herrn ...[41] in ...[41]
Sie werden hierdurch benachrichtigt, daß das oben genannte Gericht Sie zum Commissioner bestellt hat und Sie durch Gegenwärtiges ermächtigt, d.. in ... in dem Bezirk ... des Staates ... wohnende.... in der vor dem genannten Gericht schwebenden Prozeßsache de. Kläger, gegen d.. Beklagte, als Zeugen – Partei – nach den folgenden Richtlinien – wenn zulässig, eidlich – uneidlich – zu vernehmen: (kurze Darstellung des Streitgegenstandes)
Vor der Vernehmung bitte ich den Zeugen über sein Aussageverweigerungsrecht zu belehren und zwar nach Maßgabe des als Anlage beigefügten Auszuges aus der deutschen Zivilprozeßordnung.[37]
Ich bitte sodann den Zeugen folgende [*die in dem als Anlage beigefügten Fragebogen*[42] *aufgeführten*] Fragen[43] zu stellen.
Urkundlich unter der Unterschrift des Vorsitzenden des genannten Gerichts in ... unter Beidrückung des Gerichtssiegels ausgefertigt am ...
Siegel

Amtsbezeichnung
(Unterschrift)

956 In allen anderen Fällen müssen amerikanische Behörden[44] in Anspruch genommen werden, es muß also ein Rechtshilfeersuchen nach dem HBewÜbk (vgl RdNr 944 ff) an das amerikanische Justizministerium (Anschrift RdNr 924) als „Zentrale Behörde“ gerichtet werden.

960 Muster eines **Fragebogens**
bei der Abfassung von Ersuchen in Form der „Commission“

1. Frage:	Welches ist Ihr Name, Vorname, Alter, Beruf, Wohnsitz?
2. Frage:	Kennen Sie die Parteien und seit wann? Sind Sie mit einer von ihnen verwandt oder verschwägert?
3. Frage:	Hatten Sie mit dem Beklagten am ... eine Unterredung? Wenn ja, welche Personen waren noch anwesend?
4. Frage:	Hat der Beklagte bei dieser Gelegenheit erklärt ...?
usw	
Letzte Frage:	Wissen Sie sonst noch etwas über die Streitfragen in diesem Rechtsstreit, was Sie noch nicht gesagt haben? Bitte, äußern Sie sich hierzu ausführlich.

[40] Vgl RdNr 961.
[41] Wird von der Auslandsvertretung eingesetzt.
[42] Vgl RdNr 960.
[43] Nach dem Recht der Vereinigten Staaten von Amerika ist eine Vernehmung in der Weise, daß die zu vernehmende Person veranlaßt wird, alles ihr über den Gegenstand der Vernehmung Bekannte im Zusammenhang anzugeben, nicht üblich. Mit einer sachgemäßen Erledigung von Ersuchen um Vernehmung einer Person ist nur zu rechnen, wenn an Stelle der sonst üblichen kurzen Angabe des Beweisthemas in den Richtlinien alle zur Person und zur Sache erheblichen Einzelheiten fortlaufend in Form bestimmter Fragen angeführt werden, aus deren Beantwortung in ihrer Gesamtheit eine zusammenhängende Sachdarstellung zu entnehmen ist.
[44] Zur rechtlichen Würdigung des HBewÜbk in den USA vgl Supreme Court JZ 87, 984 m Anm Stürner, Heck NJW 87, 2128, Bentrup VersR 87, 971, Heidenberger RIW/AWD 87, 666, Veltins DB 87, 2396.

Muster des **Begleitschreibens** 961

Amtsgericht ... ..., den ...
Abteilung ... Ort, Datum
[*Landgericht*
... *Zivilkammer*]

An die Botschaft
der Bundesrepublik Deutschland
In Washington

In dem Zivilrechtsstreit
des ... – Kläger –
gegen den ... – Beklagte –
überreiche ich in der Anlage
Vernehmungsersuchen in der Form der commission
mit der Bitte um Ergänzung und Weiterleitung [*an das zuständige Gericht*].
Die erforderlichen Übersetzungen sind beigefügt.
Ein Auslagenvorschuß von DM ... ist angefordert.
[*Dem Kläger ist Prozeßkostenhilfe gewährt worden.*]
Das Vernehmungsprotokoll bitte ich hierher zu übersenden.

Dienststempel Unterschrift
oder -siegel (Name des Richters in Maschinenschrift)
Amtsbezeichnung

c) **Der Begleitbericht an die Prüfungsstelle** 962

hat häufig folgenden Wortlaut:

Amtsgericht Abt ... ..., den ...
Aktenzeichen: ...

An den
Herrn Präsidenten des Landgerichts [*Amtsgerichts*]
in ...
Betr: Rechtshilfeverkehr mit dem Ausland
hier: Anliegendes Rechtshilfeersuchen vom ... in Sachen ...
Anlagen: ...
Anliegend wird ein Ersuchen um Vernehmung mit der Bitte um Prüfung und Weiterleitung vorgelegt.
... (ggf Begründung für den gewählten oder Hinweis auf Vorlagepflicht)
(Unterschrift des Richters)
Siegel Amtsbezeichnung

3. Rechtsauskunft

AuRAÜbk
AuRAG
ZRHO § 48
ZPO § 293

963 Das Gericht ist gemäß § 293 ZPO verpflichtet, das für eine Entscheidung maßgebliche ausländische Recht von Amts wegen zu ermitteln.[45] Wie es sich Kenntnis verschafft, liegt in seinem pflichtgemäßen Ermessen.[46] Soweit hierfür die üblichen Erkenntnisquellen, insbesondere Veröffentlichungen, nicht ausreichen, kommen Auskünfte von Behörden oder Rechtsgutachten in Betracht. Das Gericht kann[47] – und muß[48] ggf – auch Auskünfte über ausländisches Recht im Weg der Rechtshilfe einholen.

964 Nach Art 1 des Europäischen Übereinkommens betr Auskünfte über ausländisches Recht (AuRAÜbk) sind die Mitgliedstaaten verpflichtet, einem Gericht für ein anhängiges Verfahren (Art 3 Abs 1 AuRAÜbk) Auskunft über ihr Zivil- und Handelsrecht, ihr Verfahrensrecht auf diesen Gebieten und ihre Gerichtsverfassung zu erteilen. Zu diesem Zweck hat jeder Mitgliedsstaat eine (einzige) Empfangsstelle zu bezeichnen, die Auskunftsersuchen entgegennimmt und die Beantwortung veranlaßt (Art 2 AuRAÜbk).

Empfangsstellen sind in

Belgien: Ministère de la Justice Administration de la Législation, Place Poelaert 4, B – 1000 Bruxelles

Bundesrepublik Deutschland: Bundesministerium der Justiz, Heinemannstraße 6, D – 5300 Bonn 2

Costa Rica: Secretaria de la Corte Suprema, San Jose

Dänemark: Justitsministeriet, Slotsholmsgade 10, DK – 1216 Copenhagen

Frankreich: Bureau du Droit européen et international, Ministère de la Justice 13, place Vendôme, F – 75042 Paris Cédex 01

Griechenland: Institut Hellénique de droit international et étranger, 73, rue Solonos, GR – Athenes 10679

Island: Ministry of Justice (Domsmalaraduneytid), Reykjavik

Italien: Ministero die Grazia e Giustizia, Via Arenula, 70, I – 00186 Roma

Liechtenstein: Liechtensteinisches Landgericht, FL – Vaduz

Luxemburg: Ministère de la Justice, 16, Boulevard Royal, Luxembourg Ville

Malta: The Crown Advocate General, The Palace, Valletta

Niederlande: Ministry of Justice, Main Division of Private Law, Schedeldoekshaven, 100 – The Hague

Norwegen: Det Kgl. Justisdepartment, Den administrative avdeling, N – Oslo – DEP.

Österreich: Bundesministerium für Justiz, Museumstraße 12, A – 1016 Wien

Portugal: Procuradoria General da Republica, Gabinete de Documentaçao e Direito Comparado, Rua Escola Politecnica 140, P – 1200 Lisboa

---

[45] BGHZ 77, 32, 38, BGH NJW 84, 2763.
[46] BGH NJW 88, 648.
[47] § 1 AuRAG.
[48] BGH NJW 88, 646, 648.

Schweden: Ministry for Foreign Affairs, Box 16.121, S – 103.23 Stockholm
Schweiz: Eidgenössisches Justiz- und Polizeidepartement, Bundesamt für Justiz, Bundeshaus, CH – 3003 Bern
Spanien: Secretaria General Tecnica, Ministerio de Justicia, San Bernardo, 47, E – Madrid 8
Türkei: Adalet Bakanliği (Ministère de la Justice/Ministry of Justice), Ankara
Vereinigtes Königreich: Foreign and Commonwealth Office, Legal and Executive Branch, King Charles Street, GB – London SW 1
Zypern: Ministry of Justice, Nicosia

Für das **Ersuchen** ist eine bestimmte Form nicht vorgeschrieben – es gelten die 965 allgemeinen Grundsätze für Rechtshilfeersuchen[49] –, jedoch legt Art 4 AuRAÜbk den **Inhalt** fest:

- ersuchendes Gericht,
- Art der Rechtssache,
- Punkte, zu denen Auskunft über das Recht des ersuchten Staats gewünscht wird, unter Angabe des Rechtssystems (falls dort mehrere bestehen),
- Sachverhalt (so vollständig wie erforderlich),
- ggf Schriftstücke in Abschrift, soweit zum besseren Verständnis erforderlich,
- gerichtliche Genehmigung, wenn das Ersuchen nicht vom Gericht abgefaßt ist.

Das Ersuchen ist an die ausländische Empfangsstelle zu richten:

> An die Empfangsstelle d... (Staat) für Auskunftsersuchen nach dem Europäischen Übereinkommen betr Auskünfte über ausländisches Recht,
> ... (Bezeichnung und Anschrift der Empfangsstelle)

Es ist mit einem **Begleitbericht** (vgl RdNr 962) der Prüfungsstelle vorzulegen, die es 966 einer Übermittlungsstelle (Art 2 Abs 2 AuRAÜbk) zuleitet. Übermittlungsstellen in der Bundesrepublik Deutschland sind die Landesjustizverwaltungen (§ 48 Abs 1 ZRHO). Diese übersenden sodann das Ersuchen der ausländischen Empfangsstelle. **Kosten** werden von dem ersuchten Staat grundsätzlich nicht erhoben (Art 15 AuRAÜbk), soweit nicht eine private Stelle mit der Beantwortung beauftragt und die voraussichtlichen Kosten mit der Bitte um Zustimmung der ersuchenden Stelle mitgeteilt worden sind (Art 6 Abs 3 AuRAÜbk).

Kann im übrigen eine Auskunft über ausländisches Recht im Inland nicht erlangt 967 werden oder soll eine Auslandsvertretung der Bundesrepublik Deutschland oder eine ausländische Vertretung im Inland um die Beschaffung einer solchen ersucht werden, so ist der Landesjustizverwaltung zu berichten: Müssen ausländische Behörden oder Sachverständige in Anspruch genommen werden, so ist vielfach mit hohen Kosten zu rechnen (§ 48 Abs 2 ZRHO).

---

[49] Vgl RdNr 906 ff.

III. Eingehende Ersuchen

970 **Zuständig** für die Entgegennahme aller ausländischen Ersuchen sind die Prüfungsstellen (§ 57 Abs 1 ZRHO), die „Zentralen Behörden" im Rechtshilfeverkehr nach den HZustÜbk bzw HBewÜbk, die „Empfangsstelle" nach dem AuRAÜbk. Nur im Rechtshilfeverkehr mit Österreich, der Schweiz und Liechtenstein können die Amtsgerichte unmittelbar ausländische Ersuchen annehmen; das gleiche gilt in Eilfällen für Rechtshilfeersuchen aus Belgien (§ 57 Abs 2 ZRHO).
Geht bei einem Gericht in anderen Fällen ein Ersuchen unmittelbar ein, so ist nach § 57 Abs 3, 4 in Verbindung mit § 59 ZRHO zu verfahren.

1. Zustellung

HZPrAbk Art 1–7; AusfG § 1
HZPrÜbk Art 1–7; AusfG §§ 1, 2
HZustÜbk; AusfG §§ 1–6
ZPO §§ 208, 209, 181 ff (nur bedingt anwendbar)
ZRHO §§ 57–81

971 **Zuständig** zur Erledigung der ausländischen Zustellungsanträge ist die Geschäftsstelle des Amtsgerichts, in dessen Bezirk der Zustellungsempfänger seinen Wohnsitz oder Aufenthalt hat (§ 2 AusfG zum HZPrÜbk, § 4 AusfG z HZustÜbk und HBewÜbk, § 66 Abs 1 ZRHO). In Berlin ist das Amtsgericht Schöneberg zuständig,[50] in Hamburg das Amtsgericht Hamburg.[51] Zustellungsersuchen können, wenn die Voraussetzungen des Art 5 Abs 1 a des HZustÜbk erfüllt sind, auch von den durch die Landesregierung bestimmten „Zentralen Behörden" unmittelbar durch die Post erledigt werden (§ 4 AusfG). Zur Erledigung ist der **Rechtspfleger** berufen, soweit sie nicht im vertraglosen Rechtshilfeverkehr durch Rechtsvorschriften eines Bundeslandes dem Urkundsbeamten der Geschäftsstelle übertragen ist. Der Rechtspfleger bzw der Urkundsbeamte der Geschäftsstelle erteilt auch den Nachweis über die Zustellung oder über deren Undurchführbarkeit (§ 66 Abs 2 ZRHO).
Bei Ersuchen um die Zustellung von einstweiligen Verfügungen mit Androhung von Ordnungsmitteln ist der Empfänger darauf hinzuweisen, daß die Androhung im Inland keine Wirkung entfaltet.

a) Formlose Zustellung

972 Die formlose Zustellung (häufigster Fall) wird durch **einfache Übergabe** an den Empfänger bewirkt, wenn dieser zur Annahme bereit ist (§ 67 Abs 1 ZRHO). Die Vorschriften der ZPO sind nicht anzuwenden (§ 68 Abs 1 ZRHO). Eine Zwangszustellung ist ausgeschlossen. Dem Empfänger ist zunächst Gelegenheit zu geben, sich das Schriftstück anzusehen und sich über die Annahme zu entscheiden. Dabei ist er darüber aufzuklären, daß er zur Annahme nicht verpflichtet sei, daß er aber unter Umständen in dem ausländischen Verfahren Rechtsnachteile erleide, wenn er die Annahme verweigere (§ 69 Abs 3 ZRHO). Diese Belehrung ist aktenkundig zu

---

[50] VO v 4. 12. 72 (BerlGVBl 72, 2301) mit Änderung v 23. 11. 76 (BerlGVBl 76, 2609).
[51] Hamb VO v 1. 9. 87 (GVBl 87, 172).

machen. Die Übergabe hat, wenn der Empfänger zur Annahme bereit ist, an diesen oder die in §§ 171–173 ZPO bezeichneten Personen stattzufinden (§ 69 Abs 2 ZRHO).

(1) Nimmt der **Rechtspfleger** oder der **Urkundsbeamte** der Geschäftsstelle die formlose Zustellung **durch einfache Übergabe** selbst vor, nachdem er den Zustellungsempfänger vorgeladen hat,[52] so hat er ein datiertes Empfangsbekenntnis nach dem Vordruck ZRH 2 aufzunehmen (§ 75 Abs 1 ZRHO). Die Belehrung über die Wirkungslosigkeit ausländischer Androhungen (vgl RdNr 971) ist im Zustellungsnachweis zum Ausdruck zu bringen. Die Unterschrift des Zustellungsempfängers beglaubigt er: 973

Empfangsbekenntnis

D.. im Zustellungsantrag d ....
................................[52a] vom ....
– Aktenzeichen: ....[52b] bezeichnete ....
....[53]
ist – sind mir ....[54]
am .... übergeben worden.
[*Ich bin darauf hingewiesen worden, daß die Androhung eines Ordnungsmittels in dem übergebenen Schriftstück im Inland keine Wirkung entfaltet.*]
.... , den ......
..................................[55]
Vorstehende eigenhändige Unterschrift d ....
.... wird hiermit beglaubigt.

.... , den ......

(Dienststempel oder -siegel) Amtsgericht...........................
..................................[56]

Zur Form des Zustellungszeugnisses nach dem HZustÜbk vgl RdNr 981. 974

---

[52] Der Vorgeladene hat keinen Anspruch auf Ersatz von Unkosten oder für Zeitversäumnis (§ 73 ZRHO).

[52a] Einzufügen ist die ausländische Behörde, die den Zustellungsantrag gestellt hat.

[52b] Einzufügen ist das im Zustellungsantrag angegebene ausländische Aktenzeichen.

[53] Hier sind die einzelnen Schriftstücke genau zu bezeichnen (zB Klageschrift, Ladung, Beschluß, Urteil usw vom ...... in ...... – zB tschechischer – Sprache in der Sache ......).
Waren den Schriftstücken Übersetzungen in die deutsche Sprache beigefügt, ist hinzuzufügen: „mit – je – einer Übersetzung in die deutsche Sprache“.
Falls die zuzustellenden Schriftstücke in zweifacher Ausfertigung eingereicht worden sind, ist noch hinzuzusetzen; „d.. diesem Empfangsbekenntnis in einer Ausfertigung angeheftet ist/sind“.

[54] Wird an den im Zustellungsantrag genannten Empfänger persönlich zugestellt, so ist einzufügen „persönlich“.
Wird an eine der in §§ 171, 173 ZPO bezeichneten Personen zugestellt, so ist je nach Lage des Falls einzufügen: „als gesetzlichem Vertreter (Vater, Vormund usw)“ – „Vorsteher“ – „vertretungsberechtigtem Gesellschafter“ – „Geschäftsführer“ – „Vorstandsmitglied“ – „(General-)Bevollmächtigten“ – „Prokuristen“ –
d... (Name des im Zustellungsantrag genannten Empfängers).
Bei Zustellung an den (General-)Bevollmächtigten ist das Empfangsbekenntnis wie folgt zu ergänzen: „Die mir erteilte (General-)Vollmacht vom ...... habe ich vorgelegt“.
Wird an eine Einzelfirma zugestellt, deren Bezeichnung mit dem Namen des Inhabers nicht übereinstimmt, so ist anzufügen: „Inhaber der Firma ......“.

[55] Vor- und Zuname, Beruf und genaue Anschrift des Empfängers.

[56] Unterschrift; ferner sind in Maschinenschrift Name und Amtsbezeichnung des Rechtspflegers oder des Urkundsbeamten einzufügen.

975 (2) Wird die formlose Zustellung von einem **Gerichtsvollzieher oder Gerichtswachtmeister durch einfache Übergabe** ausgeführt, so hat dieser sich eine datierte Bescheinigung über den Empfang des Schriftstücks von dem Empfänger ausstellen zu lassen. Aufgrund dieser Bescheinigung erteilt der Rechtspfleger bzw der Urkundsbeamte der Geschäftsstelle dann das Zustellungszeugnis, das gemäß § 75 Abs 2 ZRHO wie folgt lautet (Muster ZRH 3):

Amtsgericht ...
Abteilung: ...
Aktenzeichen: ... AR ...

Zustellungszeugnis

Die Zustellung d .. im Antrag d .... [57]
vom .... – Aktenzeichen: .... –[58]
bezeichneten .... [59]
an .... [60]
ist am .... durch Aushändigung d ..
zuzustellenden Schriftstück .... [61]
erfolgt.
[*Der Empfänger ist darauf hingewiesen worden, daß die Androhung eines Ordnungsmittels in dem zugestellten Schriftstück in der Bundesrepublik Deutschland keine Wirkung entfaltet.*]

.... , den ......

(Dienststempel oder -siegel)

.... [62]

976 Zur Form des Zustellungszeugnisses nach dem HZustÜbk vgl RdNr 981.

---

[57] Einzufügen ist die ausländische Behörde, die den Zustellungsantrag gestellt hat.
[58] Einzufügen ist das im Zustellungsantrag angegebene ausländische Aktenzeichen.
[59] Hier sind die einzelnen Schriftstücke genau zu bezeichnen (zB Klageschrift, Ladung, Beschluß, Urteil usw. vom ...... in ...... – zB tschechischer – Sprache in der Sache ......).
Waren den Schriftstücken Übersetzungen in die deutsche Sprache beigefügt, ist hinzuzufügen; „mit – je – einer Übersetzung in die deutsche Sprache".
Falls die zuzustellenden Schriftstücke in zweifacher Ausfertigung eingereicht worden sind, ist noch hinzuzusetzen: „d .. diesem Zustellungszeugnis in einer Ausfertigung angeheftet ist/sind".
[60] Einzufügen sind Vor- und Zuname, Beruf und genaue Anschrift des im Zustellungsantrag genannten Empfängers.
[61] Ist an den im Zustellungsantrag genannten Empfänger persönlich zugestellt worden, so ist einzufügen:
„an ... (einzufügen sind Vor- und Zuname sowie die genaue Anschrift des im Zustellungsantrag genannten Empfängers) persönlich".
Ist an eine Einzelfirma zugestellt worden, deren Bezeichnung mit dem Namen des Inhabers nicht übereinstimmt, so ist anzufügen: „als dem Inhaber der Firma ......".
Ist an eine der in den §§ 171, 173 ZPO bezeichneten Personen zugestellt worden, so ist einzufügen: „an ..." (Vor- und Zuname der Person, an die zugestellt worden ist).
Ist die Stellung der Person zum Zustellungsempfänger bekannt, sind auch hierüber Angaben aufzunehmen.
[62] Unterschrift; ferner sind in Maschinenschrift Name und Amtsbezeichnung des Rechtspflegers oder des Urkundsbeamten einzufügen.

b) Förmliche Zustellung

Die förmliche Zustellung ist nur im Geltungsbereich des Haager Zivilprozeßübereinkommens, des Haager Zustellungsübereinkommens und der besonderen Staatsverträge zulässig, soweit in letzteren nicht etwas anderes bestimmt ist (§ 70 Abs 1 ZRHO). Im vertraglosen Rechtshilfeverkehr ist die förmliche Zustellung unzulässig (§ 70 Abs 2 ZRHO). 977

Voraussetzung für die förmliche Zustellung ist regelmäßig, daß das zuzustellende Schriftstück in **deutscher Sprache** abgefaßt oder ihm eine gehörig beglaubigte **Übersetzung** beigefügt ist. Eine Ausnahme besteht insbesondere, wenn mit dem ersuchenden Land vereinbart ist, daß die Übersetzung auf Kosten der ersuchenden Behörde von der ersuchten Behörde zu beschaffen ist. Hat in einem solchen Fall die ersuchende Behörde ausdrücklich um förmliche Zustellung gebeten, so ist die Übersetzung zu beschaffen; die Kosten der Übersetzung sind bei der Rückleitung der Erledigungsstücke in Rechnung zu stellen (§ 71 ZRHO).

Ist der Wunsch ausgesprochen, die Zustellung in der durch die deutsche Gesetzgebung vorgesehenen **Form** zu erledigen, so ist nach §§ 208 ff ZPO zu verfahren (§ 72 Abs 1 ZRHO). Ist der Wunsch ausgesprochen, die Zustellung in einer besonderen Form zu erledigen (zB durch Übergabe in Gegenwart von Zeugen), so ist dem zu entsprechen, sofern nicht zwingende Vorschriften dem entgegenstehen (§ 72 Abs 2 ZRHO).

Wird in der durch die deutschen Gesetze vorgeschriebenen Form zugestellt (§§ 208 ff ZPO), so hat der Rechtspfleger aufgrund der Zustellungsurkunde ein Zustellungszeugnis nach dem Vordruck ZRH 4 zu erteilen (§ 76 ZRHO): 978

Amtsgericht ...
Abteilung: ...
Aktenzeichen: ... AR ...

Zustellungszeugnis

Die Zustellung d .. im Antrag d ....[63]
vom .... – Aktenzeichen: .... –[64]
bezeichneten ....[65]
an ....[66]
ist am .... durch Aushändigung d ..

---

[63] Einzufügen ist die ausländische Behörde, die den Zustellungsantrag gestellt hat.
[64] Einzufügen ist das im Zustellungsantrag angegebene ausländische Aktenzeichen.
[65] Hier sind die einzelnen Schriftstücke genau zu bezeichnen (zB Klageschrift, Ladung, Beschluß, Urteil usw vom ...... in ...... – zB tschechischer – Sprache in der Sache ......).
Waren den Schriftstücken Übersetzungen in die deutsche Sprache beigefügt, ist hinzuzufügen: „mit – je – einer Übersetzung in die deutsche Sprache".
Falls die zuzustellenden Schriftstücke in zweifacher Ausfertigung eingereicht worden sind, ist noch hinzuzusetzen: „d...... diesem Zustellungszeugnis in einer Ausfertigung angeheftet ist/sind".
[66] Einzufügen sind Vor- und Zuname sowie die genaue Anschrift des im Zustellungsantrag genannten Empfängers.

zuzustellenden Schriftstück .... [67]
erfolgt.
[*Der Empfänger ist darauf hingewiesen worden, daß die Androhung eines Ordnungsmittels in dem zugestellten Schriftstück in der Bundesrepublik Deutschland keine Wirkung entfaltet.*]

.... , den ......
(Dienststempel oder -siegel)

.... [68]

979 Wird in einer besonderen Form nach den Wünschen der ersuchenden Behörde zugestellt, so ist ein Empfangsbekenntnis oder ein Zustellungszeugnis unter sachgemäßer Anwendung der §§ 75, 76 ZRHO je nach den Umständen des Falls auszustellen (§ 77 ZRHO).

c) Undurchführbare Zustellung

980 Ist eine Zustellung nicht möglich, so ist ein Zeugnis über die Undurchführbarkeit der Zustellung auszustellen, aus dem sich die versuchte Art der Zustellung und der ihre Ausführung hindernde Umstand ergeben; der Unterschrift ist die Amtsbezeichnung und ein Abdruck des Dienststempels (Dienstsiegels) beizufügen. Kam nur eine formlose Zustellung in Betracht und hat der Empfänger die Annahme abgelehnt, so ist in dem Zeugnis lediglich zum Ausdruck zu bringen, daß die Zustellung mangels Annahmebereitschaft des Empfängers nicht möglich war (§ 79 ZRHO).

---

[67] Ist an den im Zustellungsantrag genannten Empfänger persönlich zugestellt worden, so ist einzufügen:
„an... (einzufügen sind Vor- und Zuname des im Zustellungsantrag genannten Empfängers) persönlich“.
Ist an eine Einzelfirma zugestellt worden, deren Bezeichnung mit dem Namen des Inhabers nicht übereinstimmt, so ist anzufügen: „als dem Inhaber der Firma ......“.
Ist an eine der in den §§ 171, 173 ZPO bezeichneten Personen zugestellt worden, so ist einzufügen: „an... (Vor- und Zuname der Person, an die zugestellt worden ist)“.
Ist die Stellung der Person zum Zustellungsempfänger bekannt, sind auch hierüber Angaben aufzunehmen.
Ist im Weg der Ersatzzustellung (§§ 181, 183, 184 ZPO) zugestelllt worden, so ist einzufügen: „an... (Vor- und Zuname der Person, an die zugestellt worden ist; ist das Verhältnis der Person zum Zustellungsempfänger bekannt, sind auch hierüber Angaben aufzunehmen) ordnungsgemäß im Wege der Ersatzzustellung erfolgt, weil der im Zustellungsantrag genannte Empfänger selbst nicht angetroffen wurde“.
Ist gemäß §§ 182 oder 186 ZPO zugestellt worden, so sind die Worte von „Aushändigung“ bis „erfolgt“ fortzulassen und dafür zu setzen
entweder: „Niederlegung d.. zuzustellenden Schriftstück ...... auf ...... (Ort der Niederlegung) erfolgt, weil ...... (Grund der Niederlegung). Eine schriftliche Mitteilung über die Niederlegung unter der Anschrift des Empfängers“ – „ist in der bei gewöhnlichen Briefen üblichen Weise abgegeben worden“ – „ist, da die Abgabe in der bei gewöhnlichen Briefen üblichen Weise nicht tunlich war, an der Tür der Wohnung des Empfängers befestigt worden“ – „einer in der Nachbarschaft des Empfängers wohnenden Person zur Weitergabe an diesen ausgehändigt worden“;
oder: „Zurücklassung d.. zuzustellenden Schriftstück ...... am Ort der Zuteilung erfolgt, weil die Annahme d.. Schriftstück ...... ohne gesetzlichen Grund verweigert wurde“.

[68] Unterschrift; ferner sind in Maschinenschrift Name und Amtsbezeichnung des Rechtspflegers einzufügen.

d) Zustellungszeugnis nach dem HZustÜbk

981

ZUSTELLUNGSZEUGNIS

CERTIFICATE

ATTESTATION

Die unterzeichnete Behörde beehrt sich, nach Artikel 6 des Übereinkommens zu bescheinigen,
The undersigned authority has the honour to certify, in conformity with article 6 of the Convention,
L'autorité soussignée a l'honneur d'attester conformément à l'article 6 de ladite Convention,

1. daß der Antrag erledigt worden ist[69]
   that the document has been served[69]
   que la demande a été exécutée[69]
   - am (Datum) ....
     the (date) ....
     le (date) ....
   - in (Ort, Straße, Nummer) ....
     at (place, street, number) ....
     à (localité, rue, numéro) ....
   - in einer der folgenden Formen nach Artikel 5:
     in one of the following methods authorised by article 5:
     dans une des formes suivantes prévues à l'article 5:
     a) in einer der gesetzlichen Formen (Artikel 5 Absatz 1 Buchstabe a).[69]
        in accordance with the provisions of sub-paragraph a) of the first paragraph of article 5 of the Convention.[69]
        selon les formes légales (article 5, alinéa premier, lettre a).[69]
     b) in der folgenden besonderen Form:[69] ....
        in accordance with the following particular method:[69] ....
        selon la forme particulière suivante:[69] ....
     c) durch einfache Übergabe.[69]
        by delivery to the addressee, who accepted it voluntarily.[69]
        par remise simple.[69]

   Die in dem Antrag erwähnten Schriftstücke sind übergeben worden an:
   The documents referred to in the request have been delivered to:
   Les documents mentionnés dans la demande ont été remis à:
   - (Name und Stellung der Person)[70] ....
     (identily and description of person)[70] ....
     (identité et qualité de la personne)[70] ....
   - Verwandtschafts-, Arbeits- oder sonstiges Verhältnis zum Zustellungsempfänger:[70]
     relationship to the addressee (family, business or other):[70]
     liens de parenté, de subordination ou autres, avec le destinataire de l'acte:[70]
     ....

2. daß der Antrag aus folgenden Gründen nicht erledigt werden konnte:[69]
   that the document has not been served, by reason of the following facts:[69]
   que la demande n'a pas été exécutée, en raison des faits suivants:[69]
   ....
   ....

Nach Artikel 12 Absatz 2 des Übereinkommens wird die ersuchende Stelle gebeten, die Auslagen, die in der beiligenden Aufstellung im einzelnen angegeben sind, zu zahlen oder zu erstatten.[69]
In conformity with the second paragraph of article 12 of the Convention, the applicant is requested to pay or reimburse the expenses detailed in the attached statement.[69]
Conformément à l'article 12, alinéa 2, de ladite Convention, le requérant est prié de payer ou de rembourser les frais dont le détail figure au mémoire ci-joint.[69]

Anlagen
Annexes
Annexes

Zurückgesandte Schriftstücke: ....
Documents returned: ....
Pièces renvoyées: ....

Gegebenenfalls Erledigungsstücke:
in appropriate cases, documents establishing the service:
Le cas échéant, les documents justificatifs de l'exécution:
....
....
....
....

Ausgefertigt in .... am ......
Done at .... the ......
Fait à .... le ......

Unterschrift und/oder Stempel.
Signature and/or stamp.
Signature et/ou cachet.

---

[69] Unzutreffendes streichen.
Delete if inappropriate.
Rayer les mentions inutiles.

[70] Angaben über die Stellung der Person oder über ihr Verhältnis zum Zustellungsempfänger sind nur zu machen, soweit die Stellung oder das Verhältnis bekannt sind.

e) Rücksendung des Ersuchens nach Erledigung

982 Die Erledigungsstücke sind mit einem **Begleitschreiben** in deutscher Sprache (ohne Übersetzungen) an die ersuchende Behörde (§ 63 ZRHO) zurückzusenden; das Ersuchen selbst ist wieder beizufügen, alle sonstigen Schriftstücke verbleiben beim Amtsgericht (§ 80 ZRHO). Bei der Rückleitung von Zustellungszeugnissen nach Art 6 HZustÜbk sind Begleitschreiben nicht erforderlich.

In das Begleitschreiben sind gegebenenfalls nähere Angaben aufzunehmen, die dem ersuchenden Gericht die rechtliche Beurteilung der Art der Erledigung erleichtern. Dies ist insbesondere dann geboten, wenn aufgrund der deutschen Verfahrensvorschriften von den Wünschen der ausländischen Behörde abgewichen werden mußte. In dem Begleitschreiben ist ferner anzugeben, aus welchen Gründen ein Ersuchen nicht oder nicht in vollem Umfang erledigt werden konnte. Konnte das Ersuchen wegen seines verspäteten Eingangs nicht mehr rechtzeitig erledigt werden (§ 59 Abs 4 ZRHO), so ist hierauf besonders hinzuweisen. Ist wegen des bevorstehenden Ablaufs einer von der ersuchenden Behörde gesetzten Frist oder aus sonstigen Gründen eine besonders beschleunigte Rücksendung angezeigt, so ist auf den Grund in dem Begleitschreiben hinzuweisen und dieses selbst als Eilsache zu bezeichnen. Das Begleitschreiben ist stets durch einen Richter unter Beifügung der Amtsbezeichnung zu unterschreiben; der Rechtspfleger unterschreibt in gleicher Weise in Verfahren, die ihm zur Erledigung übertragen sind. Ein Abdruck des Dienststempels oder Dienstsiegels ist beizufügen (§ 63 ZRHO).

983 Das **Begleitschreiben** (§ 7 ZRHO) hat etwa folgenden Wortlaut:

> Amtsgericht Abt ... ..., den ...
> Aktenzeichen: ...
> An das
> ... (Bezeichnung des ersuchenden ausländischen Gerichts oder der Zentralen Behörde)
> in ...
> Betrifft: Rechtsstreit ...
> Bezug: Zustellungsersuchen vom ... Aktenzeichen ...
> In Erledigung des obigen Ersuchens wird anliegend ein Empfangsbekenntnis [*Zustellungszeugnis*] übersandt. Das Ersuchen ist in der Anlage beigefügt.
>
> (Name des Richters in Maschinenschrift)
> Siegel Amtsbezeichnung
> Unterschrift

984 Erledigungsstücke und Begleitschreiben sind mit Begleitbericht der Prüfungsstelle zuzuleiten. Von dieser werden die Erledigungsstücke zu Zustellungsanträgen der ersuchenden Stelle unmittelbar zugesandt (§ 64 Abs 4 ZRHO, vgl auch Art 6 Abs 4 HZustÜbk). Der **Begleitbericht** hat im **unmittelbaren Verkehr** sowie im **Verkehr über die „Zentrale Behörde"** nach dem HZustÜbk folgenden Wortlaut:

> Amtsgericht Abt ... ..., den ...
> Aktenzeichen: ...
> An
> den Herrn Präsidenten des Landgerichts [*Amtsgericht*]
> in ...
> Betrifft: Rechtshilfeverkehr mit dem Ausland;
> hier: Ersuchen des Bezirksgerichts in ... vom ... in Sachen ... um Zustellung d ...

Anliegend wird das Begleitschreiben vom ... mit den Erledigungsstücken und der Urschrift des Ersuchens mit der Bitte um Prüfung und Weiterleitung vorgelegt.

Name des Richters
Siegel Amtsbezeichnung

Der **Begleitbericht** lautet, wenn der unmittelbare Verkehr nicht zugelassen ist, in der Regel im **vertraglosen** Rechtshilfeverkehr, – je nachdem, auf welchem Weg das Ersuchen übermittelt wurde – etwa wie folgt: 985

Amtsgericht Abt ... ..., den ...
Aktenzeichen: ...
[*An das*
Auswärtige Amt
Bonn]
An den
Herrn ... Minister der Justiz
in ...
über den
Herrn Präsidenten des Landgerichts [*Amtsgerichts*]
in ...
Betrifft: Rechtshilfeverkehr mit dem Ausland
hier: Zustellungsersuchen des ... vom ... in Sachen ... – Aktenzeichen ...–
Bezug: Erlaß vom ...
Anliegend werden die Erledigungsstücke in obiger Angelegenheit nebst dem Begleitschreiben an das ... vom ... mit der Bitte um Weiterleitung vorgelegt.

Name des Richters
Amtsbezeichnung

2. Vernehmungen und andere Amtshandlungen

ZRHO §§ 82–88

Zuständig für die Erledigung ausländischer Rechtshilfeersuchen ist das Amtsgericht, in dessen Bezirk die Amtshandlung vorgenommen werden soll (§ 2 Abs 1 AusfG z HZPrAbk, § 8 AusfG z HZustÜbk und HBewÜbk, § 82 ZRHO). In Berlin ist das Amtsgericht Schöneberg,[71] in Hamburg das Amtsgericht Hamburg[72] für jeweils das ganze Stadtgebiet zuständig. 990

Die **Vernehmung** erfolgt unter Beachtung der deutschen Formvorschriften, soweit nicht besondere Wünsche geäußert wurden, denen zwingende deutsche Vorschriften nicht entgegenstehen. Im vertraglosen Rechtshilfeverkehr sind Zwangsmaßnahmen unzulässig (§ 83 Abs 1 ZRHO). Vernehmen soll stets der Richter (§ 82 Abs 2 ZRHO).

Falls die zu vernehmende Person bei ihrer Vernehmung eine Aufzeichnung überreicht, muß das **Protokoll** erkennen lassen, daß sie über die in ihr Wissen gestellten Tatsachen befragt ist und sich darauf wie in dem überreichten Schriftstück geäußert hat, daß ihr dann das Schriftstück vorgelesen wurde und sie erklärt hat, der Inhalt entspreche ihrer soeben abgegebenen Aussage. Nach Möglichkeit ist jedoch von diesem Verfahren bei Zeugen nur in besonderen Ausnahmefällen Gebrauch zu

[71] Vgl Fußn 50 zu RdNr 971.

machen, da diese Erledigung unter Umständen nach den ausländischen Gesetzen nicht als eine ordnungsmäßige Vernehmung anerkannt wird und so zu Rechtsnachteilen für die beweisführende Partei führen kann (§ 85 ZRHO). Im Hinblick auf die vielfach sehr strengen Formvorschriften der ausländischen Verfahrensordnungen können Protokolle mit Durchstreichungen oder Radierungen regelmäßig nicht als Beweisurkunden im Ausland verwendet werden. Ist im Einzelfall eine Durchstreichung unvermeidlich, so muß sie auf der Urkunde ausdrücklich bescheinigt werden; zweckmäßig werden der ersuchenden Behörde in diesen Fällen statt der Urschriften Protokollausfertigungen übersandt. Durchschläge von Vernehmungsprotokollen sind beizufügen, wenn es besonders beantragt ist oder wenn es sich um Ersuchen handelt, die von Behörden mit deutscher Amtssprache ausgehen (§ 83 ZRHO).
Eine Vernehmung ist in der erleichterten Form der schriftlichen Befragung nur dann vorzunehmen, wenn die ersuchende Behörde dies ausdrücklich in dem Ersuchen gewünscht oder für zulässig erklärt hat (§ 84 ZRHO).
Wird um die Vernehmung von Zeugen und um ihre Beeidigung oder andere Bekräftigung „soweit zulässig" oder „sofern ein gesetzlicher Hinderungsgrund nicht vorliegt" ersucht, hat die Beeidung in den Fällen des § 393 ZPO zu unterbleiben. In dem Begleitschreiben ist zum Ausdruck zu bringen, daß und aus welchem Grund die Beeidigung nicht erfolgt ist; hierfür genügt die Anführung deutscher Gesetzesbestimmungen allein nicht. Das gleiche gilt, wenn ohne jede Einschränkung um eidliche Vernehmung ersucht wird. Ersuchen um eidliche Vernehmung werden in der Regel in der beantragten Form auch dann zu erledigen sein, wenn die erbetene Prozeßhandlung für den gleichen Fall dem deutschen Recht unbekannt ist, zB zugeschobener Eid (§ 86 ZRHO).
Niederschriften über die Amtshandlung in Urschrift oder Ausfertigung nebst den dazugehörigen Anlagen sind mit Begleitschreiben und Begleitbericht der Prüfungsstelle vorzulegen (entsprechend RdNr 983 ff); das Ersuchen selbst ist wieder beizufügen. Die bei der Erledigung entstandenen sonstigen Schriftstücke, die für das Ausland ohne Bedeutung sind (Ladungen, Terminsverlegungen usw), verbleiben beim Amtsgericht (§ 88 ZRHO).
Das Begleitschreiben mit den Erledigungsstücken und dem Ersuchen wird von der Prüfungsstelle bei unmittelbarem Verkehr der ersuchenden Behörde übersandt, im übrigen wird es auf dem Weg weitergeleitet, auf dem das Ersuchen übermittelt wurde (§ 64 Abs 3 ZRHO), bei Ersuchen nach dem HBewÜbk über die Zentrale Behörde (§§ 64 Abs 4, 88 ZRHO, Art 13 HBewÜbk).

3. Rechtsauskunft

991 Ersuchen um Rechtsauskunft oder Beschaffung von Rechtsgutachten sind unerledigt der Landesjustizverwaltung vorzulegen (§ 96 ZRHO).

---

[72] Vgl Fußn 51 zu RdNr 971.

12. Kapitel: Rechtsmittel

I. Berufung

ZPO §§ 511–544, 91, 92, 97
GKG §§ 14, 49, KV Nr 1020, 1029
BRAGO §§ 11, 37 Nr 7

Literatur
Schumann, Die Berufung in Zivilsachen, 2. Aufl 1980

1. Allgemeines

Die **Berufung** findet gegen die Endurteile des ersten Rechtszugs statt (§ 511 ZPO). 1000
Sie eröffnet eine neue Instanz zur (erneuten) Verhandlung und Entscheidung in rechtlicher und tatsächlicher Hinsicht, wobei – allerdings nicht uneingeschränkt – neue Tatsachen und Beweismittel vorgebracht werden dürfen.

Über die Berufung gegen Urteile des Amtsgerichts **entscheidet** in der Regel das 1001
Landgericht, und zwar die Zivilkammer (§ 72 GVG) oder in Handelssachen die Kammer für Handelssachen, wenn der Berufungskläger es in der Berufungsschrift oder wenn der Berufungsbeklagte die Verweisung des Rechtsstreits an die Kammer für Handelssachen vor der Verhandlung zur Sache beantragt (§§ 96–101 GVG). In Kindschafts- und Familiensachen ist für die Berufung gegen Urteile des Amtsgerichts das **Oberlandesgericht** zuständig (§ 119 Nr 1 GVG). Über die Berufung gegen Urteile der Landgerichte entscheidet das Oberlandesgericht (§ 119 Nr 3 GVG), über Berufungen gegen Urteile des Arbeitsgerichts das **Landesarbeitsgericht** (§ 64 Abs 1 ArbGG).

Die Berufung ist in Rechtsstreitigkeiten über vermögensrechtliche Ansprüche **zuläs-** 1002
sig, wenn der **Wert des Beschwerdegegenstands** (nicht der Streitwert des ersten Rechtszugs) 700 DM übersteigt (§ 511 a ZPO). Im Arbeitsgerichtsprozeß ist die Berufung zulässig, wenn der Wert des Beschwerdegegenstands 800 DM übersteigt oder das Arbeitsgericht die Berufung wegen der grundsätzlichen Bedeutung der Sache, in Tarifvertragsstreitigkeiten oder wegen Divergenz zugelassen hat (§ 64 Abs 2, 3 ArbGG).

Maßgeblicher Zeitpunkt für die Berechnung des Beschwerdewerts ist der Tag der Berufungseinlegung.[1] Enthält die Berufung noch keinen Antrag, wird der Beschwerdewert durch die Differenz zwischen Antrag und Urteil jeweils der unteren Instanz (also der Beschwer) bestimmt. Außerdem hängt der Beschwerdewert von dem Berufungsantrag (§ 519 ZPO) ab; dieser kann aber nicht höher sein als die Beschwer. Bis zum Ende der Berufungsbegründungsfrist können Anträge, die hinter der Berufungssumme zurückbleiben, noch auf über DM 700.– erweitert werden, wenn zunächst die Berufung unbeschränkt eingelegt worden war.[2] Bei unbeschränkt eingelegter Berufung macht eine spätere Beschränkung des Antrags unter die Berufungssumme die Berufung unzulässig.[3] Ob der Wert unbezifferter Ansprüche die Beru-

---

[1] BGH NJW-RR 88, 837.
[2] BGH NJW 61, 1115.
[3] BGH NJW 83, 1063.

fungssumme übersteigt, prüft das Berufungsgericht im Rahmen der Zulässigkeit nach pflichtgemäßem Ermessen ohne Bindung an die Streitwertfestsetzung des erstinstanzlichen Gerichts.[4]

1003 Auf den Wert des Beschwerdegegenstands kommt es nicht an bei einer Berufung gegen ein **zweites Versäumnisurteil** (§ 513 Abs 2 S 2 ZPO), in **nicht vermögensrechtlichen Streitigkeiten** des ordentlichen Rechtsstreits und in Arbeitsgerichtssachen, wenn die Berufung zugelassen ist. Ein Versäumnisurteil, gegen das der Einspruch nicht statthaft ist, kann jedoch nur insoweit mit der Berufung angefochten werden, als sie darauf gestützt wird, daß der Fall der Säumnis bei Erlaß des zweiten (und nicht des ersten) Versäumnisurteils[5] nicht vorgelegen habe (§ 513 Abs 2 ZPO). Eine Verletzung des rechtlichen Gehörs durch das erstinstanzliche Gericht macht eine Berufung, wenn die Berufungssumme nicht erreicht ist, nicht statthaft.[6]

1004 Die **Berufungsfrist** beträgt einen Monat (§§ 516 ZPO, 66 Abs 1 ArbGG). Sie ist eine Notfrist, läuft also auch während der Gerichtsferien, und beginnt mit der Zustellung des in vollständiger Form abgefaßten Urteils, spätestens aber mit Ablauf von fünf Monaten nach Verkündung. Bei der Fristberechnung wird der Tag der Zustellung nicht mitgerechnet (§§ 222 Abs 1 ZPO, 187 Abs 1 BGB); die Frist läuft ab mit dem Tag, der nach der Zahl dem Tag der Zustellung entspricht.[7] Gibt es diesen Tag nicht (zB 29.–31. im Februar, 31. April usw) nicht, läuft die Frist am letzten Tag des Monats ab (§ 188 Abs 3 BGB). Fällt das Ende der Frist auf einen Samstag/Sonnabend, Sonntag oder allgemeinen Feiertag, läuft sie erst am folgenden Werktag ab (§ 222 Abs 2 ZPO). Mit dem Ablauf wird das streitige Urteil spätestens rechtskräftig.

Berufungseinlegung vor Zustellung des Urteils ist statthaft. Im Fall einer Urteilsergänzung nach § 321 ZPO beginnt mit der Zustellung des Ergänzungsurteils (neben der Berufungsfrist gegen dieses selbst) auch eine neue Berufungsfrist gegen das erste (Haupt-)Urteil, sofern diese noch nicht abgelaufen war;[8] beide Berufungen müssen verbunden werden (§ 517 ZPO). Eine Urteilsberichtigung hat keinen Einfluß auf die Rechtsmittelfrist.[9]

2. Berufungseinlegung

1005 Die Berufung muß von einem beim Berufungsgericht zugelassenen **Rechtsanwalt** eingelegt werden (§ 78 ZPO), in Arbeitsgerichtssachen durch einen bei einem deutschen Gericht zugelassenen Rechtsanwalt oder durch einen anderen der nach § 11 Abs 2 ArbGG zugelassenen Vertreter von Gewerkschaften oder Arbeitgebervereinigungen.

1006 Die **Berufungsschrift** muß enthalten:

1. die Bezeichnung des Urteils, gegen das die Berufung gerichtet wird;
2. die Erklärung, daß gegen das Urteil Berufung eingelegt werde, wenn auch der Gebrauch dieses Wortes unnötig ist (§ 518 Abs 2 ZPO). Daraus muß sich ergeben, für wen und gegen wen das Rechtsmittel eingelegt wird.[10]

---

[4] BGH NJW 82, 1765.
[5] BGH NJW 86, 2113.
[6] LG Köln MDR 87, 63, vgl auch BVerfG NJW 86, 2305; aA OLG Schleswig NJW 88, 67, LG Frankfurt NJW 87, 2591.
[7] Bei Zustellung an einem 28. Februar endet die Frist am 28. März; BGH NJW 84, 1358.
[8] BGH VersR 81, 57.
[9] BGH NJW 84, 1041, VersR 89, 530.
[10] BGHZ 21, 168, BGH NJW 88, 2114.

Mit der Berufungsschrift soll eine Ausfertigung oder beglaubigte Abschrift des angefochtenen Urteils vorgelegt werden (§ 518 Abs 3 ZPO). Im übrigen gelten die allgemeinen Vorschriften über vorbereitende Schriftsätze, also die §§ 130ff ZPO. Nötig ist deshalb die Unterschrift eines bei dem Berufungsgericht zugelassenen Rechtsanwalts,[11] eine Paraphe genügt nicht.[12] Dagegen ist die ladungsfähige Anschrift des Berufungsklägers keine Zulässigkeitsvoraussetzung der Berufung.[13]

Berufungsschrift (Schema): 1007

Land-[*Oberlandes-*]gericht
... Zivil-[*senat*]Kammer [*für Handelssachen*[14]]
...

Berufung

In dem Rechtsstreit
... (Name, Anschrift)
gesetzlich vertreten durch ...
– Kläger .. und Berufungskläger ..–
– Prozeßbevollmächtigter: Rechtsanwalt ... (Name, Ort)
gegen
... (Name, Anschrift)
– Beklagte. und Berufungsbeklagte. –
– Prozeßbevollmächtigter I. Instanz: Rechtsanwalt ... (Name, Ort)
wegen[15] ...
Streitwert: ...
Aktenzeichen des ersten Rechtszugs: ...

Namens d.. Berufungskläger .. lege ich hiermit gegen das Urteil des Amtsgerichts [*Landgerichts, ... Zivilkammer, Kammer für Handelssachen*] ... vom ...
Berufung
ein.

Eine beglaubigte Abschrift des angefochtenen Urteils füge ich bei.
(Rechtsanwalt)

Nach allgemeiner Übung, von der aus dem Grundsatz des gleichen Zugangs zu Gerichten nicht abgewichen werden darf,[16] kann eine Berufung auch telegrafisch,[17] durch Fernschreiben,[18] per Telekopie[19] eingelegt werden, wenn die Urschrift von einem postulationsfähigen Anwalt unterzeichnet ist und der bei Gericht eingehende Ausdruck die Unterschrift wiedergibt. 1008

Nach Eingang der Berufung und ihrer Registrierung – beim Landgericht erhält sie

---

[11] BGH VersR 87, 386, NJW 85, 328.
[12] BGH NJW 75, 1704; zum Unterschied zwischen Paraphe und Unterschrift BGH NJW 82, 1467, BAG NJW 89, 227.
[13] BGH NJW 88, 2114; die Berufung des Klägers ist jedoch als unbegründet zurückzuweisen, wenn er seine ladungsfähige Anschrift nicht bekannt gibt, weil ohne diese eine ordnungsgemäße Klageerhebung nicht vorliegt (BGH NJW 88, 2114).
[14] Die Adressierung an die Kammer für Handelssachen genügt als Antrag nach §§ 100, 96 GVG.
[15] Genaue Angabe, sonst entbehrlich.
[16] BVerfG NJW 87, 2067, vgl auch Hohmann, Telekommunikation in der Rechtspraxis, NJW-CoR 89, (1) 28.
[17] BGH NJW 86, 2646.
[18] BVerfG JMBlNRW 87, 141, BGH NJW 87, 2587 mwNachw.
[19] BGH NJW 89, 589, VersR 85, 87, BAG NJW 87, 341, BVerwG NJW 87, 2098, NVwZ 89, 673; streitig ist, ob der Telebrief auch von einem Gerät des Mandanten an das Gericht gesandt werden darf (vgl Baumbach-Lauterbach § 518 Anm 1 B a mwNachw).

das Aktenzeichen S, beim Oberlandesgericht U bzw in Familiensachen UF – fordert die Geschäftsstelle des Berufungsgerichts die Gerichtsakten des ersten Rechtszugs an (§ 544 Abs 1 ZPO).

3. Zulässigkeitsprüfung

1009 Jedenfalls bei offensichtlichen Bedenken gegen die Statthaftigkeit und Zulässigkeit des Rechtsmittels ist bereits vor der Zustellung die Berufungsschrift dem Vorsitzenden oder Berichterstatter **vorzulegen.** Ist nämlich die Berufung nicht an sich statthaft (§ 511 ZPO) oder nicht in der gesetzlichen Form oder Frist eingelegt (§§ 516, 518 ZPO), kann sie ohne mündliche Verhandlung **durch Beschluß als unzulässig verworfen** werden. Liegt ein unbehebbarer Mangel vor, wäre es sinnlos, zunächst die Berufung dem Gegner zuzustellen und dann zu verwerfen. Damit würde nur erreicht,[20] daß sich der in der ersten Instanz obsiegende Berufungsbeklagte überflüssigerweise beunruhigt und zu Tätigkeiten veranlaßt wird (zB einen Anwalt aufsucht) und zudem dem Berufungskläger zusätzliche Kosten (nämlich Anwaltskosten des Gegners) erwachsen. Auch der Grundsatz des rechtlichen Gehörs gebietet nicht, den Berufungsbeklagten vorher zu hören, da er durch die beabsichtigte Entscheidung nicht beschwert wird.[21]

Richtigerweise wird daher von der Zustellung (jedenfalls zunächst) abgesehen[22] und dem Berufungskläger unter Hinweis auf den Grund der Unzulässigkeit rechtliches Gehör gewährt[23] sowie Gelegenheit zur Berufungsrücknahme gegeben.

1011 In einem solchen Fall lautet die Verfügung:

..S.../..

Vfg

1. Schreiben an Berufungskläger (Anschrift Bl ...)
Betr: Ihr Schreiben vom ... [*an das Amtsgericht* ...] in [*Ihrer*] der Sache ... gegen [*Sie*] ...
Sehr geehrte....!
Ihr Schreiben, das als Berufung gegen das Urteil des Amtsgerichts ... vom ... aufzufassen ist, haben Sie persönlich (privatschriftlich) eingereicht. Das Gesetz schreibt jedoch für das Verfahren vor dem Landgericht Anwaltszwang vor (§ 78 Abs 1 ZPO). Eine Berufung, die kein beim Landgericht ... zugelassener Rechtsanwalt unterzeichnet hat, ist unzulässig.
Ich weise Sie außerdem darauf hin, daß die Berufung auch durch einen bei dem Landgericht ... zugelassenen Rechtsanwalt nur dann zulässig ist, wenn sie innerhalb einer Frist von einem Monat eingelegt wird (§ 516 ZPO). Die Frist beginnt mit der Zustellung des in vollständiger Form abgefaßten Urteils an Sie bzw, wenn Sie in erster Instanz schon durch einen Rechtsanwalt vertreten waren, mit der Zustellung an diesen Rechtsanwalt. Aus den Akten ergibt sich, daß das Urteil von Amts wegen Ihnen bzw Ihren Anwalt am ... zugestellt worden ist. [*Die Berufungsfrist ist daher bereits am ... abgelaufen, sodaß auch aus diesem Grund die Berufung unzulässig ist. – Vorsorglich weise ich Sie auf die Möglichkeit der Wiedereinsetzung in den vorigen Stand wegen der Versäumung der Berufungsfrist hin, falls Sie ohne Ihr Verschulden*

---

[20] Siehe dazu die anschauliche Schilderung Schumanns RdNr 322.
[21] Die Entscheidungen BAG NJW 71, 1823 und BGH VersR 75, 899 stehen dem nicht entgegen; denn in beiden wird die Anhörung des Rechtsmittelführers für erforderlich gehalten, da dieser durch die beabsichtigte Entscheidung beschwert wird.
[22] Schumann RdNr 43 f.
[23] BGH VersR 82, 246.

gehindert waren, die Frist einzuhalten (§ 233 ZPO); ob in Ihrem Fall die Voraussetzungen einer Wiedereinsetzung vorliegen, kann zur Zeit noch nicht beurteilt werden. Auch ein Wiedereinsetzungsantrag unterliegt dem Anwaltszwang (§ 236 ZPO).]
[*Bitte beachten Sie ferner, daß die Berufung in vermögensrechtlichen Streitigkeiten voraussetzt, daß die Berufungssumme – das ist der Wert, um den das amtsgerichtliche Urteil zu Ihren Ungunsten von dem abweicht, was Sie beantragt hatten – mindestens 700.– DM übersteigt (§ 511a Abs 1 ZPO). Auch diese Zulässigkeitsvoraussetzung ist nach den bisherigen Anträgen nicht erfüllt.*]
Bitte teilen Sie bis zum ... mit, ob Sie Ihre Eingabe zurücknehmen. Falls Sie dieses Schreiben nicht beantworten oder auf Ihrer Eingabe in der vorliegenden Form bestehen, muß Ihre Berufung gemäß §§ 519b, 97 ZPO auf Ihre Kosten als unzulässig verworfen werden. Bei einer Zurücknahme kann das Gericht von der Erhebung von Kosten für die unzulässige Berufung absehen, wenn es zu der Überzeugung gelangt, daß Ihre Eingabe auf unverschuldeter Unkenntnis der tatsächlichen oder rechtlichen Verhältnisse beruhte (§ 8 Abs 1 S 3 GKG).
[*Sie werden weiter darauf hingewiesen, daß eine Berufung gegen das hier ergangene zweite Versäumnisurteil nur darauf gestützt werden kann, daß der Fall der Versäumung im Termin der ersten Instanz nicht vorgelegen habe (§ 513 Abs 2 ZPO).*]
Hochachtungsvoll
2. Wiedervorlage am ...

..., den ... 19..
Landgericht, .. Zivilkammer
Der Vorsitzende/Berichterstatter

Nimmt der Berufungskläger daraufhin seine **Berufung**[24] **zurück,** wozu vor Beginn der mündlichen Verhandlung das Einverständnis des Gegners nicht erforderlich ist (§ 515 Abs 1 ZPO), hat dies nach § 515 Abs 3 ZPO den Verlust des eingelegten Rechtsmittels und die Verpflichtung zur Tragung der Kosten zur Folge. Diese Wirkungen treten kraft Gesetzes ein und sind durch Beschluß nur auf Antrag des Gegners auszusprechen. Zur Kostenfestsetzung ist jedoch ein Beschluß nach § 515 Abs 3 ZPO erforderlich. 1012
In geeigneten Fällen, insbesondere bei Berufungseinlegung durch die Partei selbst, kann das Gericht auch nach § 8 Abs 1 S 3 GKG von der Erhebung der Gerichtskosten absehen.[25]

Muster eines **Beschlusses nach § 515 Abs 3 ZPO:** 1013

..S .../..

Beschluß

In dem Rechtsstreit
... gegen ... (volles Rubrum wie Bl .. dA)
hat die Zurücknahme der Berufung d .. Kläger .. [*Beklagte.*] und Berufungskläger .. nach § 515 Abs 3 ZPO den Verlust des eingelegten Rechtsmittels bewirkt.
D .. Berufungskläger .. ha... die durch das Rechtsmittel entstandenen Kosten zu tragen.
Der Streitwert wird für die Berufungsinstanz auf DM ... festgesetzt.

..., den ... 19..
Landgericht, .. Zivilkammer
(Unterschrift) (Unterschrift) (Unterschrift)

---

[24] Zur Zulässigkeit der Rücknahme durch die anwaltlich nicht vertretene Partei vgl BVerwG MDR 70, 532, LG Bremen NJW 79, 987, Schumann RdNr 45.
[25] Schumann RdNr 44, Tempel, Mustertexte Bd II S 110.

Vfg

1. Beschlußausfertigung formlos an
   Berufungskläger [*-vertreter*]
   Berufungsbeklagten [*-vertreter*] mit Abschrift des Schriftsatzes vom ..., Bl .. dA
2. Herrn [*Frau*] Kostenbeamt.n

..., den ... 19..
(Richter)

1014 **Absehen von Kosten nach § 8 Abs 1 S 3 GKG:**

.. S .../..

Beschluß

In Sachen
... gegen ... (volles Rubrum wie Bl .. dA)
wird gemäß § 8 Abs 1 Satz 3 GKG von der Erhebung von Kosten abgesehen, nachdem d .. Kläger .. [*Beklagte.*] seine [*ihre*] Eingabe vom ... aufgrund der Belehrung über die rechtlichen Verhältnisse zurückgenommen und damit zu erkennen gegeben hat [*haben*], daß sein [*ihr*] Antrag auf unverschuldeter Unkenntnis der Rechtslage beruhte.

..., den ... 19..
Landgericht- ... Zivilkammer

... ...

Vfg

1. Beschlußausfertigung Berufungskläger persönlich
2. Herrn [*Frau*] Kostenbeamt.n

..., den ... 19..
(Richter)

1015 Nimmt der Berufungskläger die unzulässige Berufung nicht zurück, kann sie ohne mündliche Verhandlung durch Beschluß verworfen werden, § 519b ZPO (siehe dazu RdNr 1037f).

4. Wiedereinsetzung in den vorigen Stand wegen Versäumung der Berufungsfrist

1016 Bei Versäumung der Berufungsfrist kann Wiedereinsetzung in den vorigen Stand unter gleichzeitiger Nachholung der versäumten Prozeßhandlung beantragt werden, wenn die Partei ohne ihr Verschulden verhindert war, die Berufungs- (oder eine andere[26] Not- oder die Berufungsbegründungs-)frist einzuhalten (§§ 233ff ZPO). Die Gründe des Antrags sind glaubhaft zu machen (§ 236 Nr 2 ZPO), die Frist beträgt zwei Wochen seit Behebung des Hindernisses (§ 234 ZPO).
Durch den Antrag auf Wiedereinsetzung in den vorigen Stand gegen die Versäumung der Berufungsfrist wird die Begründungsfrist nicht beeinflußt.[27] Empfehlenswert ist deshalb ein – ggf vorsorglicher – Antrag auf Verlängerung der Begründungsfrist (vgl RdNr 1029ff) oder aber die sofortige Begründung.

---

[26] Zur Wiedereinsetzung wegen Versäumung der Einspruchsfrist vgl RdNr 445ff.
[27] BGH VersR 87, 764.

Wiedereinsetzung kann auch ohne ausdrücklichen Antrag gewährt werden, wenn innerhalb der Wiedereinsetzungsfrist die versäumte Prozeßhandlung nachgeholt wird (§ 236 Abs 2 Satz 2 ZPO); in diesem Fall müssen sich aber die Wiedereinsetzungsgründe aus dem Schriftsatz oder dem übrigen Akteninhalt ergeben oder offenkundig sein.

Von der Flut der Entscheidungen zur Wiedereinsetzung wegen Versäumnissen in 1017
einer Anwaltskanzlei abgesehen hat besondere Bedeutung als Hindernis für die Fristwahrung die **Kostenarmut.** Denn eine unterlegene Partei ist an der Einlegung der Berufung (meist) ohne ihr Verschulden verhindert, wenn sie die Kosten dafür nicht aufbringen kann und alles Erforderliche getan hat, um Prozeßkostenhilfe zu erhalten. Dazu muß sie die Gewährung von Prozeßkostenhilfe innerhalb der Berufungsfrist – ausreichend ist auch noch der letzte Tag[28] – mit allen erforderlichen Unterlagen[29] beantragen.[30]

Wird Prozeßkostenhilfe **bewilligt,** entfällt das Hindernis für die Einlegung der Berufung mit Zugang der Entscheidung; eine Überlegungsfrist kann der Partei auch dann nicht zugebilligt werden, wenn die Bewilligung nur teilweise erfolgte.[31] Erhält sie Kenntnis von der Bewilligung vor Ablauf der Berufungsfrist, muß die Berufungsfrist gewahrt werden. Nur wenn dies aus anderen Gründen nicht möglich ist, stellt sich die Frage der Wiedereinsetzung. Erfährt die Partei nach Ablauf der Berufungsfrist, daß ihr Prozeßkostenhilfe bewilligt ist, muß das Wiedereinsetzungsgesuch alsbald, spätestens innerhalb von zwei Wochen nach Zugang gestellt werden.

Wird Prozeßkostenhilfe **versagt,** ohne daß die Partei vernünftigerweise mit der Ablehnung hätte rechnen müssen,[32] entfällt das Hindernis zwar grundsätzlich auch mit dem Zugang der Entscheidung; doch muß der kostenarmen Partei zusätzlich noch eine knappe Überlegungsfrist zugestanden werden, innerhalb deren sie sich schlüssig werden kann, ob sie das Rechtsmittel auf eigene Kosten durchführen will. Erfährt sie von der Ablehnung noch vor Ablauf der Berufungsfrist, kann Wiedereinsetzung nicht versagt werden, wenn ihr für die Überlegung und die technische Abwicklung der Berufungseinlegung nicht mehr als wenigstens drei Tage zur Verfügung standen.[33] Erhält sie dagegen erst nach Ablauf der Berufungsfrist Kenntnis von der Verweigerung, muß sie sich innerhalb weniger Tage[34] nach Zugang schlüssig werden und sodann alsbald, spätestens innerhalb von zwei (weiteren) Wochen das Wiedereinsetzungsgesuch stellen.[35]

---

[28] BGHZ 16, 1, BGH VersR 74, 194, 85, 187.
[29] Vgl RdNr 161 ff.
[30] BGH FamRZ 87, 925, NJW 86, 62.
[31] BGH NJW 78, 1920, Thomas-Putzo § 234 Anm 2 c bb.
[32] BGH VersR 84, 192, 85, 972, NJW 86, 257, FamRZ 87, 925, 88, 1153.
[33] BGH NJW 86, 258 mwNachw; der Senat scheint eine Frist von jedenfalls mehr als 4 Tagen für erforderlich zu halten.
[34] BGH LM § 233 ZPO Nr 24: 1–3 Tage, BGH NJW-RR 90, 451: 3–4 Tage, BGHZ 26, 99, 100 f und BGH VersR 77, 432: 4 Tage, BGH VersR 79, 444: höchstens 3–4 Tage.
[35] BGH NJW 86, 258, NJW 87, 1767.

1018 **Wiedereinsetzungsgesuch mit nachgeholter Berufung:**

10. 11. 19..

Landgericht
24. Zivilkammer
Frankfurt am Main

Berufung

In dem Rechtsstreit
...

– Kläger .. und Berufungskläger .. –
– Prozeßbevollmächtigter: Rechtsanwalt ..., ...

gegen

...

– Beklagte. und Berufungsbeklagte. –
– Prozeßbevollmächtigter I. Instanz: Rechtsanwalt ..., ...
Streitwert: ...
Aktenzeichen des ersten Rechtszugs: ...
lege ich im Namen und in Vollmacht des Klägers gegen das am ... verkündete Urteil des Amtsgerichts Frankfurt am Main hiermit

Berufung

ein. Eine beglaubigte Abschrift des angefochtenen Urteils füge ich bei.
Gleichzeitig beantrage ich namens des Berufungsklägers, ihm wegen Versäumung der Berufungsfrist

Wiedereinsetzung in den vorigen Stand

zu gewähren.
Das angefochtene Urteil ist dem Berufungskläger am 1. 10. 19.. zugestellt worden. Die Berufungsfrist lief deshalb am 1. 11. 19.. ab. Der Berufungskläger war ohne sein Verschulden verhindert, das Rechtsmittel bis zum Ablauf der Berufungsfrist einzulegen (§ 233 ZPO). Ich habe in seinem Namen für die Berufung mit Antrag vom 25. 10. 19.., beim Berufungsgericht eingegangen am 26. 10. 19.., also innerhalb der Berufungsfrist, Prozeßkostenhilfe beantragt. Über das Gesuch hat das Berufungsgericht durch Beschluß vom 29. 10. 19.., mir zugegangen am 30. 10. 19.., entschieden. Zwar war zu diesem Zeitpunkt die Berufungsfrist noch nicht abgelaufen; sie konnte jedoch nicht mehr gewahrt werden, weil sich der Kläger erst schlüssig werden mußte, ob er die Berufung auf eigene Kosten durchführen solle. Hierfür ist ihm eine Überlegungsfrist von mindestens drei Tagen zuzubilligen; diese Zeitspanne endete nicht vor dem 2. 11. 19.., also nach Ablauf der Berufungsfrist.
Zur Glaubhaftmachung beziehe ich mich auf die Gerichtsakten.
Vorsorglich beantrage ich bereits jetzt,
die Berufungsbegründungsfrist bis zum 2. 1. 19.. zu verlängern.
Die Berufung soll nur dann begründet werden, wenn Wiedereinsetzung gewährt wird.

(Rechtsanwalt)

1019 Über den Antrag auf Wiedereinsetzung kann **ohne mündliche Verhandlung** durch **Beschluß** entschieden werden (§§ 238 Abs 1, 2, 519b Abs 2 ZPO). Der Beschluß, durch welchen die **Wiedereinsetzung gewährt** wird, braucht nicht begründet zu werden.

1020

Beschluß

In Sachen ... gegen ...
wird dem Kläger Wiedereinsetzung in den vorigen Stand wegen Versäumung der Berufungsfrist gewährt.
Die Kosten der Wiedereinsetzung trägt der Kläger.

Gründe:

Der Kläger hat während der Berufungsfrist am 26. 10. 19.. die Gewährung von Prozeßkostenhilfe für die Durchführung der Berufung beantragt.

Die Kammer hat durch Beschluß vom 29. 10. 19.. Prozeßkostenhilfe verweigert; der Beschluß ist dem Beklagten am 30. 10. 19.. bekannt gegeben worden. Am 10. 11. 19.. also innerhalb der zweiwöchigen Wiedereinsetzungsfrist des § 234 Abs 1 ZPO, hat der Kläger Berufung eingelegt und gleichzeitig Wiedereinsetzung in den vorigen Stand beantragt. Seinem Antrag war zu entsprechen, weil er ohne sein Verschulden verhindert war, die am 1. 11. 19.. abgelaufene Berufungsfrist einzuhalten. Zwar war im Zeitpunkt der Kenntniserlangung von der Verweigerung der Prozeßkostenhilfe die Berufungsfrist noch nicht abgelaufen. Daß sie gleichwohl nicht gewahrt worden ist, hat der Kläger nicht zu vertreten; denn die verbliebene Zeit unterschritt die ihm zuzubilligende Überlegungsfrist von allerwenigstens drei Tagen (vgl BGH NJW 86, 258, NJW-RR 90, 451 mwNachw).

Entgegen der Auffassung des Beklagten gereicht es dem Kläger nicht zum Verschulden, daß er erst 6 Tage vor Ablauf der Berufungsfrist die Gewährung von Prozeßkostenhilfe beantragte; denn er durfte die Rechtsmittelfrist voll ausnutzen und hätte, ohne Rechtsnachteile befürchten zu müssen, selbst noch am letzten Tag der Frist den Antrag stellen können (BGHZ 16, 1, BGH VersR 85, 187, NJW-RR 90, 451). Der Kläger brauchte auch nicht mit einer Ablehnung seines Prozeßkostenhilfegesuchs vernünftigerweise zu rechnen; zum einen liegt das Nettoeinkommen nicht beträchtlich über den maßgeblichen Einkommensgrenzen des § 114 ZPO, zum anderen sind die tatsächlichen Verhältnisse des Klägers mit verschiedenen ganz, teilweise oder überhaupt nicht abziehbaren Belastungen iS § 115 Abs 1 S 2 ZPO keineswegs so eindeutig, daß die Versagung der Prozeßkostenhilfe greifbar gewesen wäre (vgl dazu BGH NJW 86, 257, FamRZ 87, 925).

Die Kostenentscheidung beruht auf § 238 Abs 4 ZPO.

Landgericht Frankfurt am Main
24. Zivilkammer
... ...

Der Beschluß ist **unanfechtbar.**

Wird der **Antrag** auf Wiedereinsetzung **zurückgewiesen,** wird zweckmäßigerweise 1021
gleichzeitig über die nachgeholte und in der Regel unzulässige Prozeßhandlung entschieden. Der Beschluß ist zu begründen.

Beschluß 1022

In Sachen ... gegen ...

Der Antrag des Beklagten vom 20. 1. 19.. auf Gewährung der Wiedereinsetzung wegen Versäumung der Berufungsfrist wird zurückgewiesen.

Die Berufung des Beklagten vom 3. 1. 19.. wird verworfen.

Der Beklagte hat die Kosten des Verfahrens zu tragen.

Gründe:

Gegen das dem Prozeßbevollmächtigten des Beklagten am 24. 11. 19.. (Empfangsbekenntnis Bl 40 dA) zugestellte Urteil hat der Beklagte mit Schriftsatz vom 23. 12. 19.., bei Gericht eingegangen am 3. 1. 19.. (Bl 42 dA), Berufung eingelegt. Mit am 20. 1. 19.. eingegangenen Schriftsatz hat er Wiedereinsetzung beantragt und ausgeführt:

„Nach der Fertigstellung und Unterzeichnung der Berufungsschrift wurde diese versehentlich in die Akte eingeheftet, statt sie bei Gericht einzureichen. Unmittelbar nach der Entdeckung dieses Bürofehlers wurde die Berufungsschrift bei Gericht eingereicht."

Die Berufung war gemäß §§ 516, 519b ZPO zu verwerfen, weil sie nicht rechtzeitig vor Ablauf der Berufungsfrist am 24. 12. 19.., sondern erst am 3. 1. 19.. eingelegt worden ist.

Dem Beklagten war die Wiedereinsetzung in den vorigen Stand wegen Versäumung der Berufungsfrist zu versagen, da er die Wiedereinsetzung nicht innerhalb der zweiwöchigen Frist ab dem Tag der Beseitigung des Hindernisses (§ 234 ZPO) beantragt hat. Denn die Wiedereinsetzungsfrist lief spätestens am 17. 1. 19.. ab, weil sie vor bzw jedenfalls am 3. 1. 19.. begonnen hatte. An diesem Tag nämlich wurde die Berufungsschrift, nachdem das Büroversehen erkannt worden war, bei Gericht eingereicht. Das Gesuch vom 20. 1. 19.. ist daher verspätet.
Die Kostenentscheidung beruht auf §§ 238 Abs 4, 97 ZPO.

..., den 8. 3. 19..
Landgericht, ..Zivilkammer
... ...

5. Zustellung der Berufungsschrift

1023 Ist die Berufung nicht offensichtlich unzulässig, stellt die Geschäftsstelle die Berufungsschrift unter Mitteilung des Zeitpunkts des Eingangs dem Gegner zu (§ 519a ZPO), und zwar dem Prozeßbevollmächtigten des Rechtszugs, dessen Entscheidung angefochten wird. Ist bereits ein Prozeßbevollmächtigter für den Berufungsrechtszug bestellt, so kann auch an diesen zugestellt werden. Ist ein Prozeßbevollmächtigter nicht vorhanden, wird an den Zustellungsbevollmächtigten, sonst an die Partei selbst zugestellt (§ 210a ZPO). Die Geschäftsstelle teilt ferner das Aktenzeichen des Berufungsgerichts dem Rechtsanwalt des Berufungsklägers mit.
Nach Eingang der Akten des ersten Rechtszugs legt die Geschäftsstelle sie mit der Berufung dem **Vorsitzenden** vor, der die innere Zuständigkeit der Kammer oder des Senats prüft und die Zulässigkeit des Rechtsmittels vorläufig begutachtet. Auch kann der Vorsitzende jetzt schon bei überbesetztem Spruchkörper die nach dem Mitwirkungsplan berufene Richterbank feststellen, falls sich dies nicht von selbst aus dem Mitwirkungsplan des § 21g GVG ergibt, und den Berichterstatter bestimmen. Dies kann aber auch nach Eingang der Berufungsbegründung geschehen, wenn feststeht, ob das Rechtsmittel durchgeführt werden soll.
Im Arbeitsgerichtsprozeß hat der Vorsitzende nach Eingang der Berufung unverzüglich Verhandlungstermin anzuberaumen (§ 66 Abs 2 ArbGG).

6. Berufungsbegründung

1024 Der Berufungskläger muß die Berufung begründen (§ 519 Abs 1 ZPO). Die **Begründung** kann schon mit der Berufungsschrift verbunden werden. Geschieht das nicht, so ist sie durch besonderen Schriftsatz beim Berufungsgericht einzureichen (§ 519 Abs 1 ZPO).

1025 Die **Frist** zur Begründung beträgt einen Monat (§§ 519 Abs 2 ZPO, 66 Abs 1 ArbGG), und beginnt mit der Einlegung der Berufung. Die Berufungsbegründungsfrist wird durch einen Antrag auf Wiedereinsetzung gegen die Versäumung der Berufungsfrist nicht beeinflußt; sie läuft von der Einlegung an binnen eines Monats auch dann ab, wenn über den Wiedereinsetzungsantrag noch nicht oder erst unmittelbar vor Ablauf der Begründungsfrist entschieden worden ist!
Die Berufungsbegründungsfrist ist keine Notfrist, sie läuft also in Sachen, die keine gesetzlichen oder erklärten Feriensachen sind (§ 200 GVG), nicht während der

Gerichtsferien (15. Juli bis 15. September).[36] Der Anwalt muß daher stets prüfen, ob es sich nicht um eine gesetzliche oder erklärte Feriensache handelt, ua Arreste und einstweilige Verfügungen, Mietsachen, Kindschafts-, Unterhalts- und Familiensachen, Wechsel- und Schecksachen, da in diesen Sachen die Begründungsfrist durch die Gerichtsferien nicht gehemmt wird. Notfalls muß er für rechtzeitige Verlängerung der Frist Sorge tragen. Fällt der Anfang der Frist in Nicht-Feriensachen in die Gerichtsferien, so läuft die Frist mit dem 15. Oktober ab.[37] Ist bereits ein Teil vor den Ferien abgelaufen, so beginnt der noch übrige Teil als Tagesfrist mit dem Ende der Gerichtsferien zu laufen (§ 223 Abs 1 ZPO).[38] Nach dieser höchstrichterlichen Rechtsprechung ergibt sich eine komplizierte Rechnung: Ist zB die Berufung am 15. Juni eingelegt, so endet die Berufungsfrist am 16. September; ist sie am 30. Juni eingelegt, so endet sie mit dem 1. Oktober; ist sie am 1. Juli eingelegt, so endet sie am 3. Oktober (!); ist sie am 13. Juli eingelegt, so endet sie am 15. Oktober;[38] ist sie am 14. Juli eingelegt, so endet sie mit dem 16. Oktober;[39] ist sie in der Zeit vom 15. Juli bis 15. September eingelegt, so endet sie am 15. Oktober.[40] Das Ende der Frist ergibt sich aus folgender Tabelle:

1026

Einlegung der Berufung Juni	15	16	17	18	19	20	21	22	23	24	25	26	27	28	29	30
September Fristablauf	16	17	18	19	20	21	22	23	24	25	26	27	28	29	30	1. Oktober

Einlegung der Berufung Juli	1	2	3	4	5	6	7	8	9	10	11	12	13	14	15	16 bis	15. September
Oktober Fristablauf	3	4	5	6	7	8	9	10	11	12	13	14	15	16	15	15	15. Oktober

Fällt das Ende der Frist auf einen Samstag, Sonntag oder allgemeinen Feiertag, so 1027
läuft die Frist erst am darauf folgenden Werktag ab, § 222 Abs 2 ZPO. Bei Hemmung der Frist durch die Gerichtsferien muß der mit der Durchführung der Berufung betraute Anwalt das Ende der Frist sorgfältig ermitteln und es neben einer ausreichenden Vorfrist notieren.

Im Arbeitsgerichtsprozeß tritt keine Hemmung durch Gerichtsferien ein (§ 9 Abs 1 1028
Satz 1 ArbGG).

Die Frist zur Begründung der Berufung kann auf Antrag **verlängert** werden, wenn 1029
nach der freien Überzeugung des Vorsitzenden der Rechtsstreit dadurch nicht verzögert wird oder der Berufungskläger erhebliche Gründe darlegt (§ 519 Abs 2 S 2 ZPO). An die Erheblichkeit der Gründe sind strengere Anforderungen als bisher zu stellen; die übliche Begründung der Arbeitsüberlastung ohne nähere Angabe wird in aller Regel nicht ausreichen. Die Entscheidung des Vorsitzenden kann nur bei der ersten Verlängerung ohne Anhörung des Gegners erfolgen (§ 225 Abs 2 ZPO). Eine Verlängerung ist auch noch nach Fristablauf möglich, wenn der Antrag vor ihrem Ablauf eingereicht wurde[41]; die Einlegung des Antrags am letzten Tag der Frist in

---

[36] In Arbeitsgerichtssachen gibt es keine Gerichtsferien, § 9 Abs 1 ArbGG.
[37] BGHZ 5, 275.
[38] RGZ 109, 305; BGH NJW 62, 347 = MDR 62, 288.
[39] BGH VersR 81, 459, Conrad Anm zu BGH LM Nr 17 zu § 233 ZPO = BGHZ 5, 275.
[40] BGHZ 5, 275, BGH VersR 81, 460.
[41] BGHZ 83, 217, BAG NJW 80, 309 (jeweils GS).

den Nachtbriefkasten genügt also, ist aber gefährlich, weil im Fall der Ablehnung die Berufungsfrist versäumt ist.[42] In solchen Fällen empfiehlt sich eine Rückfrage bei dem Vorsitzenden vor Fristablauf, ob gegen eine Verlängerung Bedenken bestehen; die Anlegung eines Aktenvermerks ist zweckmäßig.[43] Die Verlängerung bedarf zur Wirksamkeit der Bekanntgabe an den antragstellenden Anwalt.

1030 **Antrag auf Verlängerung** der Frist zur Berufungsbegründung

In dem Rechtsstreit ... Aktenzeichen ...
beantrage ich, die am ... ablaufende Frist zur Begründung der Berufung um einen Monat [... *Wochen*] zu verlängern.
Um die Berufung zu begründen, ist noch eine weitere Rücksprache mit dem Berufungskläger erforderlich, die wegen ... noch nicht hat stattfinden können.
[*Die zur Fertigung der Berufungsbegründung erforderlichen Gerichtsakten sind mir erst vor drei Tagen zur Verfügung gestellt worden, sodaß ich angesichts von Umfang und Schwierigkeit der Sache nicht in der Lage bin, in der verbleibenden Zeit die Berufung ordnungsgemäß zu begründen.*]

(Rechtsanwalt)

1031 **Entscheidung des Vorsitzenden**
Die Verlängerung der Begründungsfrist sollte in der Regel nicht nach Wochen oder Monaten, sondern mit einem fixen Endpunkt gewährt werden,[44] der nicht auf einen Samstag, Sonntag oder allgemeinen Feiertag fällt.[45] Bei Verlängerung der Frist vor oder während der Gerichtsferien in Nicht-Feriensachen sollte ein fixer Zeitpunkt nach den Gerichtsferien gewählt werden, damit komplizierte Ausrechnungen[46] des Ablaufs der Frist entbehrlich werden. Dabei ist anzunehmen, daß der Vorsitzende den hemmenden Zeitraum der Gerichtsferien ausschalten und die Frist erst mit dem 16. September beginnen lassen will;[47] die Frist darf dann aber, wenn sie nicht schon zum Teil vor den Ferien läuft, nicht zu kurz nach dem 16. September enden. Die Frist endet dann, auch wenn sie in den Ferien verlängert wurde, an dem bestimmten Tag.[48]

1032 Vfg

..U [*S*] .../..
1. In Sachen
... gegen ...
wird auf Antrag des Berufungsklägers vom ... die Frist zur Berufungsbegründung [*nach Anhörung des Gegners – erneut*] bis zum ... verlängert.
[*Der weitergehende Antrag wird zurückgewiesen, da die vorgetragenen Gründe nicht erheblich sind, durch die weitere Verlängerung der Rechtsstreit aber verzögert würde (§ 519 Abs 1 S 3 ZPO). Die pauschale Behauptung der Arbeitsüberlastung ohne nähere Angaben rechtfertigt unter Berücksichtigung der Belange des Gegners die weitere Verlängerung nicht; es muß nunmehr möglich sein, die Berufung in der relativ einfach gelagerten Sache binnen einer Woche zu begründen.*]
2. Nachricht von 1) Rechtsanwalt ... telefonisch voraus[49]

---

[42] Zur Frage der Wiedereinsetzung in diesem Fall vgl RdNr 1033.
[43] BGHZ 14, 152.
[44] So die Empfehlung von Rosenberg-Schwab § 72 VI 2.
[45] Vgl BGHZ 21, 43.
[46] Vgl nur BGH LM § 133 BGB (A) Nr 4, BGHZ 27, 143, BGH NJW 73, 2110.
[47] RG JW 26, 1557.
[48] BGH VersR 83, 757.
[49] Zur Wirksamkeit nicht erforderlich, aber ein Gebot der Fairness.

3. Sodann schriftlich an Vertreter des Berufungsklägers mit Empfangsbekenntnis, an Vertreter des Berufungsbeklagten formlos mit Durchschrift des Antrags vom ...
4. Wiedervorlage ...

..., den ... 19..
Oberlandesgericht, .. Zivilsenat
[Landgericht, .. Zivilkammer]
Der Vorsitzende

Ist die **Frist** zur Begründung der Berufung **versäumt**, so kann der Rechtsanwalt auch hier innerhalb von zwei Wochen seit Behebung des Hindernisses die **Wiedereinsetzung in den vorigen Stand** beantragen. Er muß dabei dartun und glaubhaft machen, daß die Partei (oder der Anwalt) ohne ihr Verschulden gehindert worden ist, die Frist einzuhalten (§§ 233ff ZPO). Zugleich ist die versäumte Prozeßhandlung nachzuholen, dh die Berufung zu begründen (§ 236 ZPO).[50] War die Verlängerung der Berufungsfrist beantragt, kann im Wiedereinsetzungsverfahren grundsätzlich nicht mit Erfolg geltend gemacht werden, es habe mit Fristverlängerung gerechnet werden können.[51] Gegen die Versäumung eines rechtzeitigen Antrags auf Fristverlängerung ist Wiedereinsetzung nicht möglich.[52] 1033

Die Berufungsbegründung muß **enthalten:** 1034

1. die Erklärung, inwieweit das Urteil angefochten wird und welche Änderungen des Urteils beantragt werden (Berufungsanträge);
2. die bestimmte Bezeichnung der im einzelnen auszuführenden Gründe der Anfechtung (Berufungsgründe), sowie der neue Tatsachen, Beweismittel und Beweiseinreden, die zur Rechtfertigung der Berufung anzuführen sind (§ 519 Abs 3 ZPO).

Die Berufungsbegründung muß auf den jeweiligen Fall zugeschnitten sein und erkennen lassen, in welchen Punkten tatsächlicher und rechtlicher Art und aus welchem Grund das angefochtene Urteil aus der Sicht des Berufungsklägers unrichtig ist und welche Argumente er dem entgegensetzt.[53] Sinnlos und unnötige Schreibübungen sind Berufungsbegründungen, die sich in schlichter Wiederholung des erstinstanzlichen Vorbringens erschöpfen, ohne etwa auf eine durchgeführte Beweisaufnahme und die Begründung des angefochtenen Urteils einzugehen. Selten sachdienlich sind starke Worte (oder gar verbale Ausfälle) gegen das erstinstanzliche Gericht – mit starken Argumenten läßt sich Kritik wirkungsvoller artikulieren. Es genügt zur Begründung des Rechtsmittels nicht die formularmäßige Wendung, daß das Vorbringen des ersten Rechtszugs wiederholt, auf alle nicht erledigten Beweisantritte Bezug genommen[54] werde oä. Auch die Bezugnahme auf andere Schriftstücke (auch Prozeßkostenhilfegesuche für die Berufungsinstanz) genügt nicht, außer wenn sie sich bei den Akten befinden, als Begründung inhaltlich ausreichen, der Gegenpartei bekannt sind und von einem beim Berufungsgericht zugelassenen Rechtsanwalt unterzeichnet sind.[55] Der Berufungsanwalt kann hier nicht sorgfältig genug verfahren und sollte nicht durch Mängel in der Berufungsbegrün-

---

[50] Zur Wiedereinsetzung wegen Versäumung der Berufungsfrist vgl RdNr 1016ff und hinsichtlich weiterer Einzelheiten RdNr 445 ff.
[51] BGH VersR 87, 261.
[52] BGH VersR 87, 308.
[53] BGH NJW 88, 828 mwNachw, BGH NJW-RR 88, 507 mwNachw.
[54] BGH NJW 87, 501, 502.
[55] Dazu umfangreiche Literatur und Rechtsprechung, vgl Baumbach-Lauterbach 3 C zu § 519 mit Nachw sowie RdNr 1085 (Verwerfung der Berufung mangels ordnungsmäßiger Begründung).

dung Gelegenheit geben, die Zulässigkeit der Berufung in Frage zu stellen. Zur Kontrolle der Vollständigkeit seiner Handakten sollte der Berufungsanwalt stets die Gerichtsakten einsehen.[56]

1035 **Berufungsbegründung** (Schema)

Ort, Datum

Landgericht [*Oberlandesgericht*]
...
In dem Rechtsstreit ...
Aktenzeichen ...
beantrage ich,

unter Abänderung des am ... verkündeten [*angefochtenen*] Urteils des ... gerichts – Aktenzeichen ... – die Klage abzuweisen,

die Zwangsvollstreckung ohne [*gegen*] Sicherheitsleistung einstweilen einzustellen.[57]

Zur Begründung der Berufung trage ich vor:

I.

(Kurze Zusammenfassung des Sachverhalts)[58]

II.

(Kurze Zusammenfassung der maßgebenden Entscheidungsgründe des angefochtenen Urteils, kurze sachliche Urteilskritik)[58]

III.

(Ausführungen zum Sachverhalt, neue Beweise)

IV.

(Ausführungen zur Rechtslage)

V.

(Ausführungen zu den Nebenentscheidungen)

(Rechtsanwalt)

1036 Die **Anträge** können lauten:

... unter Abänderung des am ... verkündeten Urteils des ...gerichts – Aktenzeichen – ...

wenn

a) der Kläger in voller Höhe obsiegt hat, der Beklagte volle Abweisung erstrebt:

... die Klage abzuweisen.

b) der Kläger in voller Höhe obsiegt hat, der Beklagte teilweise Abweisung erstrebt:

... die Klage hinsichtlich des DM ... übersteigenden Betrags abzuweisen.

... die Klage abzuweisen, soweit der Beklagte zu einem höheren Betrag als ... DM verurteilt worden ist.

c) der Kläger teilweise obsiegt hat, der Beklagte volle Abweisung erstrebt:

... die Klage auch insoweit abzuweisen, als der Beklagte verurteilt worden ist.

---

[56] Es dient in umfangreichen Sachen auch der schnellen Auffindung von Aktenteilen, wenn er die Blattzahlen der Gerichtsakten in seinen Handakten vermerken läßt.

[57] §§ 707, 719 ZPO; beim OLG ggf Anträge nach §§ 710–712 ZPO (nicht aber beim LG – dies entscheidet rechtskräftig). Zur Entscheidung über den Einstellungsantrag vgl RdNr 102f.

[58] Diese Darstellung ist nicht vorgeschrieben. Sie kann in Sachen minderen Umfangs entfallen. In größeren oder voraussichtlich länger dauernden Streitsachen erleichtert sie dem Berufungsanwalt aber als Erinnerungsstütze die Arbeit.

d) der Kläger teilweise obsiegt hat und den Rest geltend macht:

... den Beklagten zu verurteilen, über den von dem ...gericht zugesprochenen Betrag hinaus weitere ... DM zu zahlen.

e) der Beklagte in voller Höhe obsiegt hat, der Kläger volle oder teilweise Verurteilung erstrebt:

... den Beklagten zu verurteilen, ...

f) der Kläger teilweise obsiegt, der Beklagte freiwillig einen Teil gezahlt hat, der Kläger den Rest geltend macht, der Beklagte volle Abweisung erstrebt:

... den Beklagten zu verurteilen, über den von dem ...gericht zugesprochenen Betrag hinaus, weitere ... DM zu zahlen,
festzustellen, daß der Rechtsstreit hinsichtlich des vom ...gericht zugesprochenen Betrags in Höhe von ... DM erledigt ist und dem Beklagten insoweit die Kosten aufzuerlegen und
die Berufung des Beklagten zurückzuweisen.

g) das erstinstanzliche Gericht ein Versäumnisurteil aufrechterhalten hat:

... das am ... verkündete Versäumnisurteil des ...gerichts ... aufzuheben und die Klage abzuweisen [*und d.. Beklagte. zu verurteilen*]

h) das erstinstanzliche Gericht eine einstweilige Verfügung bestätigt hat:

... die einstweilige Verfügung vom ... aufzuheben und den Antrag auf Erlaß einer einstweiligen Verfügung zurückzuweisen.

7. Verwerfung der Berufung durch Beschluß

Ist die Berufung nicht statthaft, nicht rechtzeitig und formgerecht eingelegt und begründet worden oder der Beschwerdewert nicht erreicht, kann das Gericht die Berufung durch Beschluß ohne mündliche Verhandlung als unzulässig verwerfen (§ 519b ZPO), wenn es vorher dem Rechtsmittelkläger Gelegenheit zur Stellungnahme gegeben hatte.[59] 1037

..S .../.. 1038

Beschluß

In dem Rechtsstreit
d.. ... – Beklagte. und Berufungskläger.. –
gegen d.. ... – Kläger.. und Berufungsbeklagte. –
wird die Berufung d.. Kläger.. [*Beklagten*] vom ... gegen das Urteil des Amtsgerichts ... vom ... – Aktenzeichen: ... – gemäß §§ 519b, 97 der Zivilprozeßordnung auf seine [*ihre*] Kosten verworfen, weil sie entgegen § 78 ZPO nicht von einem bei dem Landgericht zugelassenen **Rechtsanwalt** eingelegt worden ist.
[*weil sie nicht rechtzeitig innerhalb der einmonatigen* ***Berufungsfrist*** *des § 516 ZPO, die mit der am ... erfolgten Zustellung des Urteils zu laufen begann, sondern erst am ... eingelegt worden ist.*]
[*weil sie entgegen § 519 Abs 2 ZPO nicht binnen einem Monat seit ihrer Einlegung (...) bis spätestens am ... –, sondern erst am ... –* ***begründet*** *worden ist.*]
[weil sie entgegen § 519 Abs 2 ZPO nicht innerhalb der durch Verfügung des Vorsitzenden vom ... bis zum ...***verlängerten Begründungsfrist*** *–, sondern erst am ... – begründet worden ist.]*

[59] S BGH VersR 82, 246.

*[weil die in § 511 a ZPO bestimmte **Berufungssumme** nicht erreicht – nicht glaubhaft gemacht ist.]*
*[weil sie gegen ein mit der Berufung **nicht anfechtbares Urteil**, nämlich ... gerichtet ist.]*
*[weil d.. Berufungskläger.. nicht Tatsachen behauptet hat, aus denen sich schlüssig ergibt, daß bei Erlaß des (sog 2.) Versäumnisurteils ein Fall der **Säumnis nicht vorgelegen** habe (§ 513 Abs 2 ZPO).[60]]*
*[weil d.. Berufungskläger..... im Schriftsatz vom ... – in der mündlichen Verhandlung vom ... – auf das Rechtsmittel **verzichtet** hat.]*

..., den ...

Landgericht, Zivilkammer

... ...

Der Beschluß des Landgerichts ist unanfechtbar. Gegen den Beschluß des Oberlandesgerichts ist, wenn gegen ein Urteil gleichen Inhalts die Revision statthaft wäre (§§ 545 ff ZPO), die sofortige Beschwerde gegeben (§ 519b Abs 2 ZPO).

8. Wahl der Verfahrensart, Terminsbestimmung

1039 Wird die Berufung nicht durch Beschluß als unzulässig verworfen, so bestimmt nunmehr der Vorsitzende **Termin zur mündlichen Verhandlung.** Von der Bestimmung eines Termins zur mündlichen Verhandlung kann zunächst abgesehen werden, wenn zur abschließenden Vorbereitung eines Haupttermins ein **schriftliches Vorverfahren** erforderlich erscheint (§ 520 ZPO).
Hinsichtlich der Auswahl zwischen den beiden Verfahrensarten kann auf die Ausführungen für die erste Instanz zu § 272 ZPO (RdNr 280 ff) verwiesen werden.

1040 Entsprechend den §§ 275–277 ZPO kann der Vorsitzende oder das Gericht nach § 520 Abs 2 ZPO – zweckmäßigerweise mit der Terminsbestimmung – dem Berufungsbeklagten eine **Frist zur** schriftlichen **Berufungserwiderung** und dem Berufungskläger **zur Replik** setzen. Die Dauer der Frist steht im Ermessen des Gerichts, nur im Fall des schriftlichen Vorverfahrens beträgt die Frist zur Berufungserwiderung mindestens einen Monat (§ 520 Abs 2 ZPO).

1041 Entweder mit der Bekanntmachung des Termins oder der Frist zur Berufungserwiderung im schriftlichen Vorverfahren ist der Berufungsbeklagte nach §§ 520 Abs 2 S 3, Abs 3, 277 Abs 1, 2 ZPO darüber zu **belehren,** daß er sich vor dem Berufungsgericht durch einen bei diesem zugelassenen Rechtsanwalt vertreten lassen muß, daß er in der Berufungserwiderung seine Verteidigungsmittel vorzubringen hat, soweit es nach der Prozeßlage einer sorgfältigen und auf Förderung des Verfahrens bedachten Prozeßführung entspricht, und daß die Verteidigungsmittel, die erst nach Ablauf der Frist vorgebracht werden, nur zuzulassen sind, wenn nach der freien Überzeugung des Gerichts ihre Zulassung die Erledigung nicht verzögern würde oder wenn die Partei die Verspätung genügend entschuldigt, wobei auf Verlangen des Gerichts der Entschuldigungsgrund glaubhaft zu machen ist (§§ 527, 296 Abs 1, 4 ZPO). Mit der Bekanntmachung der Frist zur Replik ist der Berufungskläger entsprechend gemäß §§ 520 Abs 2 S 3, 277 Abs 1, 2, 4 ZPO zu belehren.[61]

---

[60] Nach BGH NJW 69, 845 ist die Berufung unstatthaft, nach aA unzulässig, vgl Thomas-Putzo § 513 Anm 2 d.
[61] Auch die anwaltlich vertretene Partei ist zu belehren; in diesem Fall genügt jedoch die Angabe der entsprechenden Paragraphen; OLG Hamm NJW 84, 1566.

Gleichzeitig mit der Wahl der Verfahrensart werden der Vorsitzende und der Berichterstatter prüfen, inwieweit von **vorbereitenden Maßnahmen** gemäß §§ 139, 273, 358a ZPO Gebrauch gemacht werden kann (siehe dazu im einzelnen RdNr 288–292). 1042

Im Gegensatz zu dem erstinstanzlichen Verfahren kann die Sache nach § 524 ZPO auch zunächst dem **Einzelrichter zur weiteren Vorbereitung** zugewiesen werden; sofern noch nicht geschehen, wird er die Verfahrensart wählen und vorbereitende Maßnahmen ergreifen. Der Einzelrichter hat die Sache soweit zu fördern, daß sie in einer mündlichen Verhandlung vor dem Berufungsgericht erledigt werden kann. Zu diesem Zweck kann er einzelne Beweise erheben, soweit es zur Vereinfachung der Verhandlung vor der Kammer oder dem Senat wünschenswert und von vornherein anzunehmen ist, daß das Berufungsgericht das Beweisergebnis auch ohne unmittelbaren Eindruck von dem Verlauf der Beweisaufnahme sachgemäß zu würdigen vermag (§ 524 Abs 2 ZPO). Der Einzelrichter kann die in § 524 Abs 3 ZPO angeführten Entscheidungen erlassen nämlich 1043

1. über die Verweisung nach § 100 iVm §§ 97–99 GVG,
2. bei Zurücknahme der Klage oder der Berufung, Verzicht auf den geltend gemachten Anspruch oder Anerkenntnis des Anspruchs,
3. bei Säumnis einer Partei oder beider Parteien,
4. über die Kosten des Rechtsstreits nach § 91a ZPO,
5. über den Wert des Streitgegenstands,
6. über Kosten, Gebühren und Auslagen;

außerdem steht ihm die Entscheidung zu, soweit der Gegenstand unlösbar zu der ihm zugewiesenen Materie gehört,[62] nämlich

7. Verbindung oder Trennung bei ihm anhängiger Verfahren,
8. Wiedereinsetzung bei ihm versäumter Fristen,
9. Zulassung oder Zurückweisung eines Streithelfers,
10. Zeugnisverweigerung, Zwangsmaßnahmen in der Beweisaufnahme,
11. vorläufige Vollstreckbarkeit nach § 534 ZPO,
12. Bezeichnung als Feriensache.

Im Einverständnis der Parteien kann er auch im übrigen **entscheiden** (§ 524 Abs 4 ZPO).

Die Berufungsbegründung ist dem Beklagten zweckmäßigerweise zusammen mit den getroffenen Anordnungen und gegebenenfalls mit der Ladung **zuzustellen** (§ 519a ZPO). 1044

Die entsprechende **Verfügung** kann lauten: 1045

Vfg

1. [*Der Rechtsstreit wird zur weiteren Vorbereitung an den Berichterstatter als Einzelrichter verwiesen (§ 524 ZPO).*]
2. Termin zur mündlichen Verhandlung [*und Beweisaufnahme*]
wird bestimmt auf ..., den ..... Uhr [*pünktlich*], Saal ...
Das persönliche Erscheinen
[*de. ...*[63]] de. Kläger..
[*de. ...*[63]] de. Beklagten wird angeordnet.
[*Schriftliches Vorverfahren wird angeordnet (§ 520 Abs 1 S 2 ZPO).*]

---

[62] Baumbach-Lauterbach § 524 Anm 4B mw Nachw.

[63] Gesetzlichen Vertreters, Geschäftsführers, Inhabers usw.

3. Dem Berufungsbeklagten wird unter Hinweis auf §§ 520 Abs 2 S 3, Abs 3, 277 Abs 1, 527, 296 ZPO aufgegeben, bis zum ... durch einen bei dem ...gericht zugelassenen Rechtsanwalt
a) zur Berufungsbegründung Stellung zu nehmen,
b) vorzulegen:
c) vorzutragen:
4. Dem Berufungskläger wird unter Hinweis auf § 520 Abs 2 S 3, 277 Abs 1, 527, 296 ZPO aufgegeben, binnen ... Wochen nach Zugang der Berufungserwiderung
a) [*den Beschwerdewert glaubhaft zu machen*]
b) zu der Berufungserwiderung Stellung zu nehmen,
c) vorzulegen:
d) vorzutragen:
5. Die Akten ... de. ... sollen angefordert werden.
6. Zu dem Termin sollen geladen werden als
Zeugen a) ... (Anschrift wie Bl .. d A) ...
b) ... (Anschrift wie Bl .. d A) ...
Sachverständiger
c) ... (Anschrift wie Bl .. d A) ...
Die Ladung ist von der Einzahlung eines Auslagenvorschusses von DM ... je Zeuge, DM ... für den Sachverständigen durch den Kläger für a, c, den Beklagten für b abhängig.
7. Es soll bei ... folgende Auskunft eingeholt werden: ...
8 ...
9. Nachricht von obigen Verfügungen an
a) Vertreter des Berufungsklägers mit EB
b) Vertreter des Berufungsbeklagten mit EB
[*Beklagten persönlich mit ZU und Belehrung gemäß § 520 Abs 3 S 1 ZPO*]
mit Abschrift der Berufungsbegründung
10. Wiedervorlage am ...

Ort, Datum
Landgericht, .. Zivilkammer
Der Vorsitzende

9. Berufungserwiderung

1046 Der Aufbau der Berufungserwiderung hängt eng mit der Gliederung der Berufung zusammen; es erleichtert dem Gericht und den Parteien die Übersicht, wenn die Reihenfolge der Erörterung – möglichst sogar die Bezifferung – gleich ist. Orientiert sich die Berufung am Schema RdNr 1035, bietet sich für die Erwiderung folgender **Aufbau** (Schema) an:

In dem Rechtsstreit
... gegen ...
.. S [*U*] .../..
vertrete ich den Berufungsbeklagten und beantrage in seinem Namen,
die Berufung zurückzuweisen.
hilfsweise dem Beklagten [*Kläger*] zu gestatten, die Vollstreckung durch Sicherheitsleistung abzuwenden.[64]

---

[64] § 712 ZPO; Anträge nach §§ 710–712 ZPO kommen nur beim OLG in Betracht, das Landgericht entscheidet rechtskräftig; solche Anträge sind nur sinnvoll, wenn sie unter V. den gesetzlichen Voraussetzungen entsprechend begründet werden.

Zur Begründung[65] des Zurückweisungsantrags trage ich vor:

I.

(Kurze Zusammenfassung des Sachverhalts)[66]

II.

(Kurze Zusammenfassung der maßgebenden Entscheidungsgründe des angefochtenen Urteils)

III.

(Ausführungen zum Sachverhalt, zum Vorbringen des Gegners, neue Beweise)

IV.

(Ausführungen zur Rechtslage)

V.

(Ausführungen zu den Nebenentscheidungen)

(Rechtsanwalt)

Der Berufungsbeklagte, der in erster Instanz teilweise unterlegen ist, kann – wenn er 1047
nicht selbst Berufung eingelegt hat – sich der Berufung des Gegners bis zum Schluß der mündlichen Verhandlung, auf die das Urteil ergeht, anschließen, selbst wenn er auf die Berufung verzichtet hat oder wenn die Berufungsfrist verstrichen ist. Erfolgt die **Anschließung** innerhalb der laufenden Frist für die Hauptberufung, wird die Anschlußberufung als selbständige behandelt (§ 522 Abs 2 ZPO). Legt der Berufungsbeklagte dagegen erst nach Fristablauf Anschlußberufung ein, verliert die Anschließung ihre Wirkung, wenn die Berufung zurückgenommen oder als unzulässig verworfen wird (§ 522 Abs 1 ZPO).

Die Anschließung geschieht durch Einreichung eines Schriftsatzes beim Berufungs- 1048
gericht (§ 522a Abs 1 ZPO).[67] Sie muß vor Ablauf der (für die Hauptberufung laufenden) Berufungsbegründungsfrist, und wenn sie nach deren Ablauf eingelegt wird, in der Anschlußschrift begründet werden (§ 522a Abs 2 ZPO). Sie kann mit der Berufungsbeantwortung verbunden werden. Weitere Zulässigkeitsvoraussetzungen bestehen nicht. Weder Beschwer ist erforderlich noch muß die Berufungssumme erreicht sein; sie ist jedoch nur zulässig, wenn mit ihr mehr erreicht werden soll als die Zurückweisung der Berufung.[68]

Anschlußberufung: 1049

Namens d.. Kläger.. [*Beklagten*] und Berufungsbeklagten lege ich gegen das am ... verkündete Urteil des Amtsgerichts [*Landgerichts*] ... vom ...

Anschlußberufung

ein.

Ich beantrage,

die Berufung d.. Beklagten [*Kläger..*] zurückzuweisen und
auf die Anschlußberufung das angefochtene Urteil abzuändern
und d.. Beklagte. weiter zu verurteilen,
... [*die Klage ganz abzuweisen*].

Begründung:

...

---

[65] Eine Begründung der Berufungsbeantwortung ist nicht gesetzlich vorgeschrieben, aber üblich und zweckmäßig.

[66] Soweit angesichts des Vorbringens des Berufungsklägers erforderlich.

[67] BAG NJW 82, 1175.

[68] BGH NJW-RR 88, 185.

10. Verhandlungstermin

1050 Für ihn gelten die Verfahrensvorschriften des ersten Rechtszugs entsprechend (vgl dazu RdNr 330ff, 560ff, 610ff), soweit sich nicht aus den §§ 525ff ZPO etwas anderes ergibt (§ 523 ZPO).

1051 Öffentliche Sitzung des .. Zivilsenats ..., den ...
des Oberlandesgerichts
Aktenzeichen: .. U .../..

In dem Rechtsstreit

Gegenwärtig:
1. Vorsitzender Richter am Oberlandesgericht ... ...
2. Richter am Oberlandesgericht ... gegen
3. Richter am Oberlandesgericht ... ...
...
als Urkundsbeamter der Geschäftsstelle

erschienen bei Aufruf
1. für d .. Berufungskläger .. Rechtsanwalt ...
2. für d .. Berufungsbeklagte . Rechtsanwalt ...
[*Es wurde festgestellt, daß das Urteil erster Instanz am ... dem erstinstanzlichen Prozeßbevollmächtigten de. Kläger .. (Beklagten) zugestellt worden ist.*][69]
Der Vorsitzende teilte mit, daß der Zeitpunkt der Zustellung des Urteils an den Beklagten aus den Akten nicht festgestellt werden kann, weil das Empfangsbekenntnis trotz Mahnung nicht zu den Akten zurückgesandt worden ist
[*daß die Zustellung vom ... an den Beklagten persönlich unwirksam sein dürfte, weil er anwaltlich vertreten war*].
Der Anwalt d .. Berufungskläger .. – verlas – nahm Bezug auf – den Antrag der Berufungs – schrift – begründung – des Schriftsatzes vom ... (Bl .. d A).
Der Anwalt d .. Berufungsbeklagte . – verlas – nahm Bezug auf – den Antrag des Schriftsatzes vom ... (Bl .. dA).
Die Anwälte verhandelten hierauf zur Sache.

1052 Soweit die Sache noch nicht entscheidungsreif ist, kann am Schluß der mündlichen Verhandlung oder in einem besonderen Verkündungstermin ein Auflagen- und/oder Beweisbeschluß erlassen werden, bei Entscheidungsreife ein Urteil (vgl dazu im einzelnen die Ausführungen zum Verfahren erster Instanz RdNr 614ff).

11. Versäumnisverfahren

1053 Gleichgültig welche Partei nicht erschienen ist oder nicht verhandelt, muß zunächst die **Zulässigkeit** der **Berufung**, die Zulässigkeit des angefochtenen **Urteils** und die Zulässigkeit der **Klage** überprüft werden. Fehlt es an einer dieser Voraussetzungen, ist durch streitiges Endurteil (sog unechtes Versäumnisurteil) zu entscheiden.[70]

1054 Bestehen gegen die Zulässigkeit keine Bedenken, ist bei **Säumnis des Berufungsklägers** seine Berufung auf Antrag des Berufungsbeklagten ohne jede Sachprüfung –

---

[69] Dieser früher übliche Satz ist aufgrund der Zustellung von Amts wegen entbehrlich; denn die Daten und damit die Rechtzeitigkeit ergeben sich aus den Akten; dagegen ist es zweckmäßig, Zweifel an der Rechtzeitigkeit und dergl aufzunehmen.
[70] BGH NJW 61, 829, Stein-Jonas § 542 RdNr 4, 6, Thomas-Putzo § 542 Anm 2.

also auch nicht der Schlüssigkeit der Klage – durch Versäumnisurteil zurückzuweisen (§ 542 Abs 1 ZPO).

Erscheint der **Berufungsbeklagte** nicht, ist das (dem Berufungsbeklagten rechtzeitig 1055
mitgeteilte) Vorbringen des Berufungsklägers in der mündlichen Verhandlung als zugestanden anzusehen; ist es schlüssig, kann ohne Rücksicht auf früheres Vorbringen und frühere Beweisaufnahmen aus beiden Instanzen[71] ein Versäumnisurteil ergehen, durch welches unter Abänderung des angefochtenen Urteils die Klage abgewiesen oder nach dem Klageantrag erkannt wird. Rechtfertigt das Vorbringen den Berufungsantrag nicht, ergeht ein streitiges Endurteil (§ 542 Abs 2 ZPO). Dies ist nicht nur der Fall, wenn der Kläger und Berufungskläger nicht alle erforderlichen anspruchsbegründenden Tatsachen, sondern auch wenn er die tatsächlichen Voraussetzungen einer Einwendung oder die Erhebung einer Einrede seitens des Beklagten vorträgt.

12. Zurückweisung verspäteten Vorbringens

ZPO §§ 296, 527, 528f

Wie in der ersten Instanz soll im Berufungsrechtszug zur Beschleunigung des Ver- 1056
fahrens erhebliches Vorbringen frühzeitig erschöpfend vorgetragen werden; hier wie dort ist die gesetzliche Regelung kompliziert und insbesondere von der Rechtsprechung des BGH und des BVerfG weiter erschwert worden. Zu unterscheiden sind sechs Fallgestaltungen, für die Anwendung einer jeden genügt der Gesetzeswortlaut allein nicht (mehr). Wegen der Grundsätze zur Zurückweisung verspäteten Vorbringens wird auf RdNr 545ff verwiesen. Im folgenden werden nur die Besonderheiten des Berufungsverfahrens dargestellt.

(1) **Nichteinhaltung der Fristen für Berufungsbegründung und Replik**

Alle Angriffs- oder Verteidigungsmittel – alte, also im ersten Rechtszug bereits behandelte, oder neue –, die der Berufungskläger nicht in der **Berufungsbegründungsfrist,** der Berufungsbeklagte nicht in der **Berufungserwiderungsfrist** (und, wenn der Berufungskläger sich gegen nicht vorhersehbare Einwände des Berufungsbeklagten in der Begründung zur Wehr setzen muß, in der Frist zur Stellungnahme auf die Berufungserwiderung) vorgetragen worden sind, sind nach §§ 527, 296 Abs 1 ZPO **nur zuzulassen,** wenn nach der freien Überzeugung des Gerichts ihre Zulassung die Erledigung des Rechtsstreits nicht verzögern würde oder wenn die Partei die Verspätung genügend entschuldigt sowie Entschuldigungsgründe auf Verlangen des Gerichts glaubhaft macht. Wegen der Voraussetzungen im einzelnen wird auf RdNr 546 verwiesen.[72]

(2) **Nichteinhaltung einer Erläuterungsfrist im Berufungsverfahren** 1057

Angriffs- und Verteidigungsmittel, die eine Partei nicht innerhalb der vom Vorsitzenden oder einem von ihm bestimmten Beisitzer gesetzten Frist nach § 273 Abs 2 Nr 1 ZPO zur Ergänzung oder Erläuterung des Vorbringens, zur Vorlegung von Urkunden oder anderen Gegenständen vorträgt oder vorlegt, sind nach §§ 523, 296 Abs 1 ZPO ebenfalls nur zuzulassen, wenn dies die Entscheidung nicht verzögert

---

[71] BGH WM 79, 784.
[72] Vgl auch BVerfG NJW 89, 705.

oder die Partei die Verspätung entschuldigt. Wegen der Voraussetzungen im einzelnen wird auf RdNr 546 verwiesen.

(3) **Verletzung der allgemeinen Prozeßförderungspflicht im Berufungsverfahren**

Auch ohne die Setzung einer Frist durch das Berufungsgericht können Angriffs- und Verteidigungsmittel, die entgegen der allgemeinen Prozeßförderungspflicht nicht rechtzeitig in der mündlichen Verhandlung vor dem Berufungsgericht vorgebracht bzw vorher mitgeteilt worden sind, nach §§ 523, 296 Abs 2 ZPO zurückgewiesen werden,[73] wenn ihre Zulassung nach der freien Überzeugung des Gerichts die Erledigung des Rechtsstreits verzögern würde und die Verspätung auf grober Nachlässigkeit beruht. Wegen der Voraussetzungen im einzelnen wird auf RdNr 547 verwiesen. Hat das Berufungsgericht einen Teil der in erster Instanz angebotenen und in der Berufungsbegründung nur pauschal in Bezug genommenen Beweise berücksichtigt, so dürfen die übrigen nicht als grob nachlässig verspätet zurückgewiesen werden, wenn der Berufungskläger sie erst in einem späteren Schriftsatz wiederholt.[74]

1058 (4) **Nichteinhaltung einer Frist in der ersten Instanz**

Selbst wenn die Parteien alle Angriffs- und Verteidigungsmittel in der Berufungsinstanz rechtzeitig vorgebracht haben, steht damit noch nicht fest, daß das Vorbringen auch auf das ganze Verfahren gesehen rechtzeitig ist. Neues Vorbringen ist nämlich nach § 528 ZPO auf seine Rechtzeitigkeit zu prüfen.

Neue Angriffs- und Verteidigungsmittel, die in erster Instanz nicht innerhalb einer hierfür gemäß §§ 273 Abs 2 Nr 1, 275 Abs 1 S 1, Abs 3, 4, 276 Abs 1 S 2, Abs 3, 277 ZPO **gesetzten Frist** (Auflage zur Ergänzung, Erläuterung des Vorbringens, Vorlage von Urkunden und Gegenständen, Klageerwiderung und Stellungnahme dazu)[75] vorgebracht worden sind, sind gemäß § 528 Abs 1 ZPO nur zuzulassen, wenn dadurch keine Verzögerung eintritt oder die Partei die Verspätung genügend entschuldigt und die Entschuldigungsgründe glaubhaft macht.

Neu in diesem Sinn ist alles Vorbringen, das in erster Instanz nicht vor Schluß der mündlichen Verhandlung[76] vorgebracht oder zwar vorgebracht, jedoch fallengelassen worden ist. Hat das erstinstanzliche Gericht Vorbringen, das an sich nicht hätte zugelassen werden dürfen, gleichwohl berücksichtigt, kann es vom Berufungsgericht nicht mehr nach § 296 ZPO zurückgewiesen werden.[77]

Angriffs- und Verteidigungsmittel sind – wie in erster Instanz (vgl RdNr 546) – Behauptungen, Bestreiten, Einwendungen und Einreden, Beweisanträge, nicht aber Widerklage,[78] Berufungsanträge, Klageerweiterung und -änderung.[79]

Wegen der Voraussetzung der Zurückweisung im einzelnen vgl RdNr 546.

Die Feststellung der groben Nachlässigkeit in erster Instanz muß im Berufungsurteil nach rechtlichem Gehör[80] unter Anführung der Tatsachen festgestellt werden.[81]

---

[73] BGH NJW 87, 501.

[74] BGH NJW 87, 501, 502.

[75] Eine entsprechende Anwendung des § 528 Abs 1 ZPO auf andere, nicht angeführte Fristen ist nicht möglich; BGH NJW 81, 1217.

[76] BGH NJW 79, 2109, NJW 89, 718.

[77] BGH NJW 81, 928.

[78] BGH NJW 85, 3080 mw Nachw, BGH NJW 86, 2257 mw Nachw. Zur Erhebung der Widerklage in der Berufung vgl § 530 ZPO, der § 528 ZPO vorgeht, und RdNr 1060.

[79] OLG Frankfurt NJW-RR 88, 1536, BGH NJW 86, 2257 (der Widerklage).

[80] BVerfG NJW 87, 485 Nr 1.

[81] BVerfG NJW 87, 1621.

Prozeßtaktische Erwägungen rechtfertigen neues Vorbringen in der zweiten Instanz nicht ohne weiteres.[82] Es stellt aber keine grobe Nachlässigkeit dar, wenn eine Partei sich in erster Instanz auf in einem vorangegangenen Verfahren protokollierte Aussagen beruft in der Hoffnung, damit die Überzeugung des Gerichts zu begründen, und erst in dem Berufungsverfahren entsprechenden Zeugenbeweis antritt.[83]

(5) **Verletzung der allgemeinen Prozeßförderungspflicht in der ersten Instanz**

Auch **ohne Setzung einer Frist** durch das erstinstanzliche Gericht sind neue Angriffs- und Verteidigungsmittel, die in erster Instanz entgegen der allgemeinen Prozeßförderungspflicht nach § 282 Abs 1, 2 ZPO nicht rechtzeitig in der mündlichen Verhandlung vorgebracht bzw vorher mitgeteilt worden sind, gemäß § 528 Abs 2 ZPO **nur zuzulassen**, wenn keine Verzögerung eintritt und die Partei das Vorbringen im ersten Rechtzug nicht aus grober Nachlässigkeit unterlassen hatte.

(6) **In erster Instanz zurückgewiesenes Vorbringen**

Angriffs- und Verteidigungsmittel, die im ersten Rechtszug zu recht zurückgewiesen sind, können **nicht erneut vorgebracht** werden (§ 528 Abs 3 ZPO). Das Berufungsgericht muß prüfen, ob die Zurückweisung durch das erstinstanzliche Gericht in jeder Hinsicht den gesetzlichen Voraussetzungen entsprach (vgl zu diesen im einzelnen RdNr 546). Eine in erster Instanz schuldlos unterlassene Entschuldigung für das verspätete Vorbringen kann mit der Berufung nachgeholt werden.[84] Hat das erstinstanzliche Gericht zu unrecht Vorbringen nach § 296 Abs 1 ZPO zurückgewiesen, kann das Berufungsgericht die Zurückweisung nicht auf § 296 Abs 2 ZPO gestützt nachholen.[85] Für eine entsprechende Anwendung der Vorschrift ist grundsätzlich kein Raum;[86] deshalb kann auch ein in erster Instanz verspätet Vorgetragenes, aber zur Vermeidung der Zurückweisung zurückgenommenes Vorbringen nicht nach § 528 Abs 3 ZPO zurückgewiesen werden;[87] allerdings kommt eine Zurückweisung unter den Voraussetzungen von § 528 Abs 1, 2 ZPO in Betracht.[88]

(7) **Verspätete Rügen zur Zulässigkeit der Klage** 1059

Verzichtbare Rügen zur Zulässigkeit der Klage, die
- soweit sie in erster Instanz schon vorgebracht worden waren, entgegen §§ 519, 520 Abs 2 ZPO nicht in der Berufungsbegründungs- bzw der Berufungserwiderungsfrist vorgetragen werden,
- erstmals im Berufungsverfahren erhoben werden, obwohl sie die Partei schon im ersten Rechtszug hätte vorbringen können,

sind gemäß § 529 Abs 1 ZPO nur zuzulassen, wenn die Partei die Verspätung genügend entschuldigt und die Entschuldigungsgründe glaubhaft macht (§§ 529 Abs 4, 528 Abs 1 S 2 ZPO). Auf eine Verzögerung kommt es nicht an.[89]

---

[82] So jedoch Bender-Belz-Wax S 112, Deubner NJW 78, 355.
[83] BGH NJW 83, 999 m Anm Deubner.
[84] BVerfG NJW 87, 2003 („verfassungskonforme Auslegung").
[85] BGH NJW 81, 1218 mw Nachw.
[86] BGH NJW 81, 2255.
[87] AA die Vorauflage. Die Bedenken gegen die Richtigkeit der Rechtsprechung von BVerfG und BGH bestehen nach wie vor, weil diese der Umgehung der Beschleunigungsvorschriften das Wort redet und damit den Absichten des Gesetzgebers zuwiderläuft.
[88] Vgl BGH NJW 81, 1218.
[89] BGH NJW 85, 743.

Die sachliche ausschließliche Zuständigkeit und die Zuständigkeit des Arbeitsgerichts ist in vermögensrechtlichen Streitigkeiten durch das Berufungsgericht von Amts wegen nur nachprüfbar, wenn der Beklagte in erster Instanz die sachliche Unzuständigkeit gerügt hatte[90], und auf die erstmalige Rüge des Beklagten im Berufungsverfahren, wenn er die Verspätung entschuldigt und den Entschuldigungsgrund glaubhaft macht (§ 529 Abs 2, 4 ZPO).

1060 (8) **Widerklage und Aufrechnung im Berufungsverfahren**

Die Erhebung der **Widerklage** ist kein Angriffs- oder Verteidigungsmittel, sodaß für ihre Erhebung die Grundsätze über die Zurückweisung verspäteten Vorbringens keine Anwendung finden. Das Gesetz enthält jedoch in § 530 Abs 1 ZPO eine Regelung, die die Zulassung in dem Berufungsverfahren beschränkt und damit im Ergebnis zu einer Zurückweisung wegen Verspätung führen kann. Die Erhebung einer Widerklage im Berufungsverfahren ist nur zuzulassen, wenn entweder der Gegner einwilligt oder das Gericht die Geltendmachung des Anspruchs für sachdienlich hält. Für die Frage der Sachdienlichkeit kommt es im wesentlichen auf Gesichtspunkte der Prozeßwirtschaftlichkeit an, ob nämlich der Streit der Parteien in einem, dem anhängigen, Verfahren erledigt werden kann. Umfang und Schwierigkeit des neuen Anspruchs spielen dabei grundsätzlich keine Rolle, ebensowenig die Tatsache, daß das Berufungsgericht eine erste Beweisaufnahme durchführen muß. Die Sachdienlichkeit kann jedoch dann verneint werden, wenn die Klage im Gegensatz zur Widerklage spruchreif ist, sodaß durch die Zulassung der Widerklage die Entscheidung des Rechtsstreits verzögert würde.[91] Ebenso ist die Zulassung nicht sachdienlich, wenn der Gegenanspruch bereits anderweitig rechtshängig ist.[92]
Die **Aufrechnung** ist an sich ein Angriffs- oder Verteidigungsmittel. Hinsichtlich des Vorbringens zu einer bereits in der ersten Instanz vorgetragenen Einwendung der Aufrechnung gelten auch die Grundsätze über die Zurückweisung verspäteten Vorbringens. Für die Erhebung des Einwands im Berufungsverfahren enthält jedoch § 530 Abs 2 ZPO eine Sonderregelung, die § 528 ZPO vorgeht.[93] § 530 Abs 2 ZPO ist allerdings nicht anwendbar, wenn sich das erstinstanzliche Gericht mit einer Hilfsaufrechnung nicht befaßt, sondern die Klage schon aus anderen Gründen abgewiesen hat.[94]
Für die Zulassung der Aufrechnung gelten die gleichen Voraussetzungen wie für die der Widerklage. Sachdienlichkeit kann verneint werden, wenn das Gericht einen neuen Sachverhalt zu beurteilen hätte und der Rechtsstreit ohne die Zulassung entscheidungsreif wäre[95] oder der Gegenanspruch bereits anderweitig rechtshängig ist.[96]

---

[90] BGHZ 14, 72, 77.
[91] BGH WM 76, 1278.
[92] OLG Frankfurt MDR 80, 235.
[93] BGH NJW-RR 87, 1196.
[94] BGH NJW 83, 931.
[95] BGH NJW 77, 49, WM 76, 1278.
[96] OLG Frankfurt MDR 80, 235.

13. Fassung des Urteils

Das Berufungsurteil wird entsprechend dem Beratungsergebnis von dem Berichterstatter (oder dem Vorsitzenden) abgefaßt. 1061
Für die Abfassung gilt das für den Entwurf eines Urteils des ersten Rechtszugs Gesagte entsprechend (s RdNr 630 ff), jedoch ist zu beachten:

a) Rubrum

Im **Rubrum** steht jetzt an erster Stelle der Berufungskläger, auch wenn er der Beklagte ist: 1062

In dem Rechtsstreit
... (Name, Anschrift)
– Beklagter und Berufungskläger–
Prozeßbevollmächtigter: Rechtsanwalt ... (Name, Ort)[97]
gegen
... (Name, Anschrift)
– Kläger und Berufungsbeklagter –
Prozeßbevollmächtigter: Rechtsanwalt ... (Name, Ort)[97]
hat die ... Zivilkammer des Landgerichts ...
[*das Oberlandesgerichts ... – ... Zivilsenat –*]
durch ...
aufgrund der mündlichen Verhandlung vom ...
für Recht erkannt: ...

b) **Formel** (Tenor)

Urteile des Landgerichts als Berufungsgericht sind sofort vollstreckbar, sie bedürfen nicht des Ausspruchs. Urteile des Oberlandesgerichts sind für vorläufig vollstreckbar zu erklären (§ 708 Nr 10 ZPO), ausgenommen Urteile über Arrest und einstweilige Verfügung, die des Ausspruchs nicht bedürfen (vgl § 545 Abs 2 ZPO). Von Amts wegen muß das Oberlandesgericht dem Schuldner gestatten, durch Sicherheitsleistung oder durch Hinterlegung die Vollstreckung abzuwenden, wenn der Gläubiger nicht vor der Vollstreckung Sicherheit in gleicher Höhe leistet (§ 711 ZPO). Diese Anordnung ergeht nicht, wenn die Voraussetzungen, unter denen ein Rechtsmittel gegen das Urteil stattfindet (die Revision), nach Ansicht des Berufungsgerichts unzweifelhaft nicht vorliegen (zB der Revisionswert nicht erreicht wird) (§ 713 ZPO). Hat der Beklagte in einer nicht revisiblen Sache den Antrag gestellt, ist er hinfällig. 1063
In Urteilen des Oberlandesgerichts über vermögensrechtliche Streitigkeiten ist außerdem nach § 546 Abs 2 ZPO der Wert der Beschwer der einen oder beider Parteien festzusetzen, soweit sie unterliegen. Übersteigt der Wert 40000 DM, ist die Revision zulässig (der Bundesgerichtshof kann jedoch die Annahme nach § 554b ZPO ablehnen). Einer Festsetzung der Beschwer bedarf es nicht, wenn
- die Revision ohne Rücksicht auf den Wert der Beschwer zulässig ist, soweit nämlich die Berufung als unzulässig verworfen wird (§ 547 ZPO) oder das Oberlandesgericht durch sog zweites Versäumnisurteil entscheidet (§§ 566, 513 Abs 2 S 2 ZPO),

---

[97] In revisiblen Sachen die vollständige Postanschrift zur Erleichterung für das Revisionsgericht.

– die Revision nicht statthaft ist, also bei Urteilen über Arrest und einstweilige Verfügung (§ 545 Abs 2 ZPO).

Übersteigt der Wert der Beschwer in einem vermögensrechtlichen Rechtsstreit 40 000 DM nicht, oder handelt es sich um eine nichtvermögensrechtliche Rechtsstreitigkeit, findet die Revision nur statt, wenn das Oberlandesgericht sie zugelassen hat. Eine Zulassung hat zu erfolgen, wenn die Rechtssache grundsätzliche Bedeutung hat – das ist der Fall, wenn es sich um eine klärungsbedürftige, höchstrichterlich noch nicht entschiedene Rechtsfrage von allgemeiner Bedeutung für eine unbestimmte Vielzahl von Fällen handelt[98] – oder das Urteil von einer Entscheidung des Bundesgerichtshofs oder des Gemeinsamen Senat der obersten Gerichtshöfe abweicht und auf dieser Abweichung beruht. Die Zulassung der Revision ist in die Formel aufzunehmen und in den Entscheidungsgründen zu begründen. Die Nichtzulassung braucht nicht ausdrücklich ausgesprochen zu werden[99], eine kurze Begründung empfiehlt sich aber, wenn eine Partei die Zulassung angeregt hat.
Im Verfahren vor den Arbeitsgerichten gilt § 72 ArbGG.

Die **Urteilsformel** lautet danach beispielsweise, wenn

1064 (1) die Berufung nicht statthaft oder nicht in der rechten Frist oder Form eingelegt ist:

> Die Berufung d. . Kläger . . [*Beklagten*] gegen das am . . . verkündete Urteil des Amtsgerichts [*der . . . Zivilkammer/Kammer für Handelssachen des Landgerichts*] . . . wird auf seine [*ihre*] Kosten verworfen.
> [*Das Urteil ist vorläufig vollstreckbar; der Kläger – Beklagte – kann die Vollstreckung durch Sicherheitsleistung in Höhe von . . . DM abwenden, wenn nicht der Beklagte – Kläger – vor der Vollstreckung Sicherheit in gleicher Höhe leistet.*][100]

1065 (2) das angefochtene Urteil gemäß § 539 ZPO wegen Verfahrensmangels aufgehoben wird (nicht zulässig beim Landesarbeitsgericht, §§ 65, 68 ArbGG):

> Auf die Berufung d. . wird das am . . . verkündete Urteil des . . . aufgehoben.
> Der Rechtsstreit wird zur erneuten Verhandlung und Entscheidung an das . . .gericht zurückverwiesen.
> Die Entscheidung über die Kosten der Berufung bleibt dem erstinstanzlichen Gericht vorbehalten. [*Von der Erhebung von Gerichtskosten für das Urteil erster Instanz und das Berufungsverfahren wird abgesehen*].
> [*Das Urteil ist vorläufig vollstreckbar.*[101]
> *Der Wert der Beschwer des Klägers beträgt 30 000 DM.*]

Ein Muster einer Zurückweisung befindet sich bei RdNr 1086.

1066 (3) die Berufung gegen ein sogenanntes zweites Versäumnisurteil erfolgreich ist (§§ 513 Abs 2, 538 Nr 5 ZPO):

> Auf die Berufung des . . . wird das Versäumnisurteil des Amts-[*Land-*]gerichts . . . vom . . . – Aktenzeichen. . – aufgehoben und der Rechtsstreit an das . . .gericht zurückverwiesen.

---

[98] Grundsätzliche Bedeutung bekommt eine Sache nicht dadurch, daß der Wert der Beschwer einer Partei in einem gesonderten (aber den gleichen Vorfall betreffenden) Rechtsstreit 40 000 DM übersteigt.
[99] OLG Koblenz NJW 77, 2218, OLG Köln MDR 78, 583.
[100] §§ 708 Nr 10, 711 S 1 ZPO; nur bei Entscheidung des Oberlandesgerichts, soweit nach dessen Ansicht gegen das Urteil ein Rechtsmittel stattfindet (§ 713 ZPO); das Landgericht entscheidet rechtskräftig.
[101] Thomas-Putzo § 708 Anm 2 j ZPO mwNachw.

Die Entscheidung über die Kosten des Berufungsverfahrens bleibt dem erstinstanzlichen Gericht vorbehalten.
[*Das Urteil ist vorläufig vollstreckbar.*[101]
Der Wert der Beschwer des Klägers beträgt 30000 DM.]

(4) die Berufung unbegründet ist: 1067

Die Berufung d.. Kläger.. [*Beklagten*] gegen das am ... verkündete Urteil des Landgerichts ... wird zurückgewiesen.
D.. Kläger.. [*Beklagte.*] trägt [*tragen*] die Kosten der Berufung.
Das Urteil ist vorläufig vollstreckbar. D.. Kläger.. [*Beklagte.*] kann die Zwangsvollstreckung durch Sicherheitsleistung in Höhe von ... DM abwenden, wenn nicht d.. Beklagte. [*Kläger..*] vor der Vollstreckung Sicherheit in gleicher Höhe leistet.[100]
Der Wert der Beschwer des Klägers – *Beklagten* – beträgt 41000 DM.[100]

(5) die Berufung des Klägers (des Beklagten) begründet ist: 1068

Auf die Berufung d.. Kläger.. [*Beklagten*] wird das ... verkündete Urteil des ...gerichts [...*Zivilkammer*] abgeändert.
D.. Beklagte wird verurteilt, ... [*Die Klage wird abgewiesen*].
D.. Beklagte.. [*Kläger..*] trägt die Kosten des Rechtsstreits.
(Bei dem OLG Ausspruch zur vorläufigen Vollstreckbarkeit und Beschwer vgl RdNr 1066 oder 1067).

(6) die Berufung nur teilweise Erfolg hat: 1069

Auf die Berufung des Klägers wird das Urteil des Landgerichts ... vom ... – Aktenzeichen ... – abgeändert.
Der Beklagte wird verurteilt, an den Kläger DM ... zu zahlen.
Im übrigen werden die Klage abgewiesen und die Berufung zurückgewiesen.
Von den Kosten des Verfahrens tragen der Beklagte ..., der Kläger ...
Das Urteil ist vorläufig vollstreckbar. Der Kläger darf die Zwangsvollstreckung durch Sicherheitsleistung in Höhe von DM ... abwenden, wenn nicht der Beklagte vor der Vollstreckung in gleicher Höhe Sicherheit leistet, der Beklagte durch Sicherheitsleistung in Höhe von DM ..., wenn nicht der Kläger vor der Vollstreckung in gleicher Höhe Sicherheit leistet.[102]
Der Wert der Beschwer des Klägers beträgt 45000 DM, der Wert der Beschwer des Beklagten 57000 DM.

(7) die Berufung nur in einer Nebenforderung Erfolg hat: 1070

Die Berufung des Beklagten gegen das Urteil des ...gerichts ... vom ... – Aktenzeichen ... – wird auf seine Kosten mit der Maßgabe zurückgewiesen, daß der zugesprochene Betrag mit 4% p a zu verzinsen ist.
(Bei dem OLG Ausspruch zur vorläufigen Vollstreckbarkeit und Beschwer wie RdNr 1066 oder 1067)

(8) die Berufung des Beklagten erfolglos ist, die Anschlußberufung des Klägers jedoch durchdringt: 1071

Auf die Anschlußberufung des Klägers wird das Urteil des ...gerichts ... vom ... – Aktenzeichen ... – abgeändert.
Der Beklagte wird verurteilt, an den Kläger DM ... zu zahlen.
Die Berufung des Beklagten wird zurückgewiesen.
Der Beklagte trägt die Kosten des Rechtsstreits.
(Bei dem OLG Ausspruch zur vorläufigen Vollstreckbarkeit und Beschwer vgl RdNr 1066 oder 1067).

---

102 §§ 708 Nr 10, 711 S 1 ZPO; im übrigen siehe Fußnote 100.

1072 (9) die teilweise – soweit Widerklage abgewiesen – eingelegte Berufung des Beklagten Erfolg hat:

Auf die Berufung des Beklagten wird das Urteil des ...gerichts ... vom ... – Aktenzeichen ... – abgeändert und wie folgt neu gefaßt:
Der Beklagte wird verurteilt, an den Kläger DM ... zu zahlen; im übrigen wird die Klage abgewiesen.
Der Kläger wird auf die Widerklage verurteilt, an den Beklagten DM ... zu zahlen.
Von den Kosten der ersten Instanz trägt der Kläger ..., der Beklagte ...; die Kosten der Berufung trägt der Kläger.
(Bei dem OLG Ausspruch zur vorläufigen Vollstreckbarkeit und Beschwer vgl RdNr 1066 oder 1067).

1073 (10) im Fall eines nach Grund und Betrag streitigen Anspruchs das angefochtene Urteil über den Grund des Anspruchs vorab entschieden oder die Klage abgewiesen hat und der Streit über den Betrag nicht entscheidungsreif ist (§ 538 Nr 3 ZPO), sofern

1074 a) das angefochtene Urteil den Klageanspruch dem Grund nach für gerechtfertigt erklärt hat:

Die Berufung des Beklagten gegen das am ... verkündete Urteil d... wird zurückgewiesen.
Der Rechtsstreit wird zur Entscheidung über die Höhe an das ...gericht zurückverwiesen.
Der Beklagte trägt die Kosten der Berufung.[103]
(Bei dem OLG Ausspruch zur vorläufigen Vollstreckbarkeit und Beschwer vgl RdNr 1066 oder 1067)

1075 b) das angefochtene Urteil die Klage abgewiesen hat:

Auf die Berufung d.. Kläger.. wird das am ...verkündete Urteil d... geändert.
Der Klageanspruch ist dem Grund nach gerechtfertigt.
Der Rechtsstreit wird zur Entscheidung über die Höhe an das ...gericht zurückverwiesen.
(ansonsten wie RdNr 1074)

1076 (11) die Revision zugelassen wird (§ 546 ZPO), am Schluß der Formel:

Die Revision wird zugelassen.

1077 (12) das Landesarbeitsgericht von der Festsetzung des Streitwerts durch das Arbeitsgericht abweicht den neuen Wert im Urteil festsetzt (§ 69 Abs 2 ArbGG).

Der Streitwert wird anderweitig auf ... DM festgesetzt.

c) Tatbestand

1078 Der **Aufbau** des Tatbestands geschieht in der Praxis überwiegend verfahrensgeschichtlich:

1. Kernpunkt des Streits in kurzer Zusammenfassung, wenn dies notwendig erscheint (Tempus: Präsens), zB:
   Der Kläger verlangt von dem Beklagten Unterlassung rufschädigender Äußerungen.
2. Unstreitiger Sachverhalt beider Rechtszüge, soweit er sich so übersichtlich darstellen läßt (vgl RdNr 635); Bezugnahme auf den Tatbestand des angefochtenen Urteils ist nicht ausgeschlossen (§ 543 ZPO) (Tempus: Imperfekt).

[103] BGHZ 20, 397.

3. Vortrag des Klägers im ersten Rechtszug (Tempus: Perfekt):
   Der Kläger hat behauptet – die Ansicht vertreten – vorgetragen – ,...
4. Antrag des Klägers im ersten Rechtszug (Tempus: Perfekt):
   Der Kläger hat beantragt, ...
5. Antrag des Beklagten im ersten Rechtszug (Tempus: Perfekt):
   Der Beklagte hat beantragt, ...
6. Vortrag des Beklagten im ersten Rechtszug (Tempus: Perfekt).
7. Etwaige Erwiderungen des Klägers und ggf des Beklagten (Tempus: Perfekt).
8. Angaben, welche Beweise im ersten Rechtszug erhoben worden sind (Tempus: Perfekt).
9. Prozeßgeschichte des ersten Rechtszugs, soweit noch von Bedeutung, zB ein Versäumnisurteil (Tempus: Perfekt).
10. Entscheidung des ersten Rechtszugs, Begründung nur kurz und soweit zum Verständnis erforderlich (Tempus: Perfekt).
11. Angabe, wer Berufung eingelegt hat (Tempus: Perfekt).
12. Formalien der Berufung, jedenfalls wenn Zweifel an der Zulässigkeit der Berufung bestehen (Tempus: Perfekt).
13. Vortrag des Berufungsklägers im zweiten Rechtszug (Tempus: Präsens).
14. Antrag des Berufungsklägers (Tempus: Präsens).
15. Antrag des Berufungsbeklagten (Tempus: Präsens).
16. Vortrag des Berufungsbeklagten im zweiten Rechtszug (Tempus: Präsens).
17. Prozeßgeschichte des zweiten Rechtszugs, soweit für die Entscheidung von Bedeutung, zB ein Versäumnisurteil, Nichterscheinen einer geladenen Partei, wenn hieraus Schlüsse gezogen werden[104] (Tempus: Perfekt).
18. Angaben, welche Beweise im zweiten Rechtszug erhoben worden sind (Tempus: Perfekt).
19. Bezugnahme auf den in den Schriftsätzen enthaltenen Parteivortrag (in revisiblen Sachen)[105]
    Wegen des Vorbringens der Parteien im übrigen wird auf den vorgetragenen Inhalt der Schriftsätze und insbesondere auf die unter Angabe der Blattzahl der Akten angeführten Schriftstücke ergänzend Bezug genommen.

Nach § 543 Abs 1 ZPO kann von der Darstellung des Tatbestands abgesehen werden, wenn gegen das Urteil die Revision nicht stattfindet. Anderenfalls muß das Urteil die gedrängte Darstellung des Sach- und Streitstands aufgrund des Vorbringens der Parteien enthalten (§ 543 Abs 2 ZPO). 1079

In Fällen, in denen das Gericht den Tatbestand zwar kürzen, aber doch nicht gänzlich auf ihn verzichten will, ist ein **abgekürzter Tatbestand** möglich. Mit ihm werden die Punkte des vorstehenden Schemas zusammengefaßt: 1080

1. Begehren des Klägers:
   Der Kläger verlangt von dem Beklagten Ersatz seines Sachschadens, Heilungskosten und Schmerzensgeld in Höhe von insgesamt DM ... aufgrund des Verkehrsunfalls am ... in ...
2. Streitpunkt oder Einwände des Beklagten:
   Die Parteien streiten darüber, ob die Verkehrssignalanlage noch rotes bzw rot-gelbes oder schon grünes Licht zeigte, als der Beklagte in die Kreuzung einfuhr.

---

[104] Vgl zB Thomas-Putzo § 141 Anm 4, 5, Schneider MDR 75, 185.

[105] Angesichts der Praxis des BGH, aus der Bezugnahme auf entsprechendes Vorbringen zu schließen, handelt es sich entgegen OLG Oldenburg, NJW 89, 1165 nicht um eine sinnlose Schreibübung.

3. Urteil der ersten Instanz:

   Durch das am ... verkündete Urteil hat das ...gericht die Klage mit der Begründung abgewiesen, aufgrund des Gutachtens des Sachverständigen stehe fest, daß der Beklagte noch bei rotem Licht in die Kreuzung eingefahren sei.

4. Vorbringen des Berufungsklägers:

   Hiergegen wendet sich der Beklagte. Er wiederholt im wesentlichen sein bisheriges Vorbringen und trägt ergänzend vor: ...

5. Anträge
6. Vorbringen des Berufungsbeklagten:

   Er verteidigt die Entscheidung des ...gerichts, wiederholt sein bisheriges Vorbringen und ...

7. Angabe, welche Beweise erhoben worden sind.

d) Entscheidungsgründe

1081 Die Entscheidungsgründe werden nach folgender Gliederung aufgebaut:

1. Statthaftigkeit und Zulässigkeit der Berufung, soweit Zweifel bestehen
2. Ergebnis der Begründetheit,

wobei häufig 1. und 2. zusammengefaßt werden:

   Die Berufung ist zulässig und begründet – zulässig, jedoch unbegründet – nur zum Teil begründet.

3. Erörterung der Prozeßvoraussetzungen, soweit streitig
4. materielle Gründe
   (Anspruchsgrundlage, Subsumption, Beweiswürdigung usw)
5. Rechtsgrundlage der Kostenentscheidung und gegebenenfalls der Entscheidung zur vorläufigen Vollstreckbarkeit und Beschwer.[106]

1082 Auf die Darstellung der **Entscheidungsgründe** kann das Berufungsgericht **verzichten,** wenn es den Gründen der angefochtenen Entscheidung folgt und dies in seinem Urteil feststellt (§ 543 Abs 1 ZPO). Damit wird unnötige Schreibarbeit erspart. Sieht das Gericht außerdem von der Darstellung des Tatbestands ab (vgl RdNr 1079), *kann* ein Urteil lauten:[107]

   Die Berufung d.. Beklagten gegen das am ... verkündete Urteil des Landgerichts ... – ... Zivilkammer – wird aus den zutreffenden Gründen der Entscheidung zurückgewiesen.
   D.. Beklagte hat die Kosten des Berufungsverfahrens zu tragen.
   Das Urteil ist vorläufig vollstreckbar.
   Der Wert der Beschwer d.. Beklagten beträgt 39000 DM.

Ob allerdings eine Bezugnahme ohne ein eigenes Wort, insbesondere zu Angriffen des Berufungsklägers gegen das erstinstanzliche Urteil, *angebracht* ist, erscheint zweifelhaft. Ein so knappes Urteil wird nur in eindeutig offensichtlich unbegründeten Berufungen in Betracht kommen.

1083 Im allgemeinen dürfte es sinnvoll sein, nach der Bezugnahme in einigen wenigen Sätzen dem Berufungskläger **darzulegen,** warum das Berufungsgericht der gleichen Auffassung ist wie die erste Instanz, oder einen zusätzlichen Gesichtspunkt zu erwähnen:

---

[106] Vgl RdNr 1063ff.
[107] BGH NJW 89, 2758.

Die Berufung ist zulässig, jedoch unbegründet. Das Urteil des Amtsgerichts ist im Ergebnis und in der Begründung zutreffend, so daß zur Vermeidung von Wiederholungen auf es verwiesen werden kann (§ 543 Abs 1 ZPO). Die Angriffe des Berufungsklägers gegen die Beweiswürdigung gehen fehl; die Kammer teilt die Auffassung des Vordergerichts, daß aus der Aussage des Zeugen B nicht entnommen werden kann, die Verkehrssignalanlage habe für den Beklagten bereits grünes Licht gezeigt. Ergänzend ist darauf hinzuweisen, daß der Zeuge nach seinen eigenen Angaben das vor dem Beklagten fahrende Kfz solange beobachtet hat, bis es die Kreuzung überquert hatte, es also gar nicht möglich ist, daß der Zeuge in dem Zeitpunkt, als der Beklagte in die Kreuzung einfuhr, die Verkehrsampel im Auge hatte.

Auch das Ergebnis einer weiteren Beweisaufnahme oder deren Ablehnung ist kurz 1084
anzugeben:

Auch die von der Kammer durchgeführte Beweisaufnahme rechtfertigt keine abweichende Entscheidung. Denn der Zeuge M hat nach seinen Bekundungen zum ersten Mal die beteiligten Fahrzeuge gesehen, als er den Aufprall gehört hatte. Von der Einholung eines Sachverständigengutachtens wurde abgesehen, weil sich aus dem Schaltplan dieser Verkehrsignalanlage allein nicht entnehmen läßt, ob der Kläger noch bei grünem oder gelbem Licht in die Kreuzung eingefahren ist, wenn wie hier verläßliche Angaben über die Stellung der Ampel im Zeitpunkt des Unfalls fehlen.

e) Beispiele

(1) **Verwerfung der Berufung** als unzulässig (**abgekürzter Tatbestand**) 1085

Landgericht Frankfurt am Main
Geschäftsnummer: 24 S 454/..

verkündet am: 11. 4. 19..
Esbach, Justizangestellte
als Urkundsbeamtin der Geschäftsstelle

Im Namen des Volkes
Urteil

Im Rechtsstreit
Kaufmann Hugo Lehmann, Jahnstraße 15, 6000 Frankfurt am Main,
– Kläger und Berufungskläger –
(Prozeßbevollmächtigter: Rechtsanwalt Schwach, Frankfurt am Main)
gegen
Günter Pinke, Eckenheimer Landstraße 6, 6000 Frankfurt am Main,
– Beklagter und Berufungsbeklagter –
(Prozeßbevollmächtigter: Rechtsanwalt Dr Blücher, Frankfurt am Main)
hat das Landgericht Frankfurt am Main – 24. Zivilkammer –
durch Vorsitzenden Richter am Landgericht Dr Helle, Richter am Landgericht Eistert und Richter am Landgericht Knoll
aufgrund der mündlichen Verhandlung vom 13. März 19..
für Recht erkannt:

Die Berufung des Klägers gegen das am 10. 11. 19.. verkündete Urteil des Amtsgerichts Frankfurt am Main – 12 C 6239/.. – wird verworfen.
Der Kläger trägt die Kosten der Berufung.

Tatbestand

Der Kläger verlangt von dem Beklagten DM 1596,- als Honorar für die Beratung bei einer Baufinanzierung. Der Beklagte hat vorgetragen, der vom Kläger erstellte Finanzierungsplan sei unbrauchbar, da der Kläger nicht aufgenommen habe, wie die von dem Bauherrn gestundete Restkaufsumme nach 10 Jahren bezahlt werden solle.

Auf Antrag beider Parteien hat das Amtsgericht ein Gutachten des Leiters der Landestreuhandstelle ... in Frankfurt am Main vom 17. 8. 19.. (Bl 105-134d A) eingeholt, in dem der Sachverständige den von dem Beklagten gerügten Mangel bestätigt. Mit der Übersendung des Gutachtens hat das Amtsgericht den Parteien aufgegeben, mitzuteilen, ob sie weitere Beweisanträge stellen wollten. Darauf hat der Kläger erklärt, die Berechnungsunterlagen in den Akten seien unvollständig, es fehlten 23 Blätter, die er gleichzeitig überreiche; es sei deshalb nicht verwunderlich, daß der Sachverständige zu einem falschen Urteil habe kommen müssen.
Durch das am 10. 11. 19.. verkündete Urteil (Bl 172-176d A) hat das Amtsgericht die Klage abgewiesen.
Gegen das am 18. 11. 19.. zugestellte Urteil hat der Kläger am 9. 12. 19.. Berufung eingelegt und diese am 5. 1. 19.. begründet.
Mit Schriftsatz vom 4. 1. 19.. (Bl. 189-192d A) trägt der Prozeßbevollmächtigte des Klägers vor, der Kläger habe wegen aller anstehenden Fragen eine eingehende Stellungnahme verfaßt. Er halte die Ausarbeitung für so aufschlußreich und überzeugend, daß er sie zum Gegenstand und Inhalt der Berufungsbegründung erhebe, sie beinhalte auch seine Stellungnahme. Außerdem würden alle in Betracht kommenden Unterlagen zusammen mit der Ausarbeitung des Klägers überreicht, so daß das Gericht ein vollständiges Bild über diesen Fall habe.
Es folgen sodann 19 maschinenschriftliche Seiten, die offensichtlich von dem Kläger stammen und mit den Worten beginnen: „Gegen das Urteil des Amtsgerichts Frankfurt am Main vom 10. 11. 19.. müssen wir Berufung einlegen." Auf Seite 14, 18 und 19 dieses Schreibens befindet sich jeweils eine Unterschrift des Prozeßbevollmächtigten. Es folgen weiter 28 Seiten des in der ersten Instanz eingeholten Sachverständigengutachtens mit Randziffern (Bl 211-240d A) sowie 40 Blatt Fotokopien anscheinend von Unterlagen des Klägers (Bl 241-280d A), die nicht beglaubigt sind.
Der Kläger beantragt,

unter Abänderung des angefochtenen Urteils des Amtsgerichts Frankfurt am Main vom 10. 11. 19.. – 12 C 6239/.. – den Beklagten kostenfällig und vorläufig vollstreckbar zur Zahlung von DM 1.596,- nebst 5% Zinsen seit dem 2. 10. 19.. zu verurteilen.

Der Beklagte beantragt,

die Berufung zurückzuweisen.

Er verteidigt die Entscheidung des Amtsgerichts, wiederholt sein bisheriges Vorbringen und widerspricht im übrigen der Verwertung des persönlichen Vortrags des Klägers in dieser Form.
Mit Schriftsatz vom 4. 3. 19.., bei Gericht am 6. 3. 19.. eingegangen, beantragt der Kläger, notfalls ein Obergutachten zu der Behauptung einzuholen, daß die Ausführungen des Sachverständigen unrichtig seien.
Auf die unter Angabe der Blattzahl der Akten angeführten Schriftstücke wird ergänzend Bezug genommen.

Entscheidungsgründe

Die Berufung ist unzulässig. Sie ist zwar form- und fristgerecht eingelegt, nicht aber in der § 519 ZPO entsprechenden Form begründet worden. Der Schriftsatz des Prozeßbevollmächtigten des Klägers vom 4. 1. 19.. genügt diesen Anforderungen nicht. Zwar enthält er die Berufungsanträge im Sinne von § 519 Abs 3 Nr 1 ZPO, nicht aber die bestimmte Bezeichnung der im einzelnen anzuführenden Gründe der Anfechtung (Berufungsgründe) sowie der neuen Tatsachen, Beweismittel und Beweiseinreden, die die Partei zur Rechtfertigung ihrer Berufung anzuführen hat (§ 519 Abs 3 Nr 2 ZPO). Denn in dem Schriftsatz vom 4. 1. 19.. sind nur allgemeine und nichtssagende Erwägungen enthalten, nicht aber eine einzige konkrete Tatsachenbehauptung oder ein Beweisantritt. Die bloße Bezugnahme auf das Schreiben des Klägers persönlich an seinen Prozeßbevollmächtigten von nahezu 100 Seiten genügt nicht. Die Bezugnahme auf Schriftstücke der Partei selbst ist grundsätzlich unzulässig. Dies hat der

Bundesgerichtshof in seiner Entscheidung VersR 1969, 617 selbst dann bejaht, wenn der Rechtsanwalt die Schriftstücke in der Berufungsbegründung wiedergibt; dies muß erst recht gelten, wenn, wie hier, der Prozeßbevollmächtigte die Schriftstücke nur seinem Schriftsatz beifügt und hier und da unterzeichnet. Denn es ist gerade Aufgabe des Anwalts im Anwaltsprozeß den Parteivortrag zu sichten, zu ordnen und sachgerecht vorzutragen. Es ist nicht Sache des Gerichts, sich aus Unterlagen des Klägers das von ihm vorgestellte Finanzierungskonzept zusammenzusuchen. Auch durch den Schriftsatz des Prozeßbevollmächtigten des Klägers vom 3. 3. 19.. ist die Berufung nicht ordnungsgemäß begründet worden, weil in diesem Zeitpunkt die Begründungsfrist des § 519 Abs 2 Satz 2 ZPO längst abgelaufen war.
Die Kostenentscheidung beruht auf § 97 Abs 1 ZPO.

Dr Helle Eistert Knoll

(2) Zurückverweisung (abgekürzter Tatbestand) 1086

... (Rubrum entsprechend RdNr 1085)

Auf die Berufung des Klägers wird das Urteil des Amtsgerichts ... vom ... 44 C 6321/.. aufgehoben und der Rechtsstreit zur neuerlichen Verhandlung und Entscheidung an das Amtsgericht ... zurückverwiesen.
Von der Erhebung von Gerichtskosten für das Urteil erster Instanz und das Berufungsverfahren wird abgesehen; die Kostenentscheidung im übrigen bleibt dem Amtsgericht vorbehalten.

Tatbestand

Der Kläger macht einen Anspruch auf Werklohn für Malerarbeiten geltend. Die Parteien streiten über die Höhe des vereinbarten Entgelts.
Am Schluß der mündlichen Verhandlung vom 15. 6. 19.. hat das Amtsgericht Verkündung einer Entscheidung am Schluß der Sitzung in Aussicht gestellt. Mit Schriftsatz vom 20. 6., 24. 7., 9. 9., 15. 10. und 3. 11. 19.. haben die Parteien vergeblich um Übersendung des Protokolls vom 15. 6. 19.., Mitteilung der am Schluß der Sitzung verkündeten Entscheidung und Akteneinsicht gebeten. Am 17. 11. 19.. ist das abgesetzte Urteil, durch welches das Amtsgericht die Klage abgewiesen hat, zur Geschäftsstelle gelangt und den Parteien am 20. bzw 21. 11. 19.. zugestellt worden.
Der Kläger rügt die verspätete Absetzung des Urteils und beantragt,

unter Aufhebung des Urteils den Rechtsstreit an das Amtsgericht zurückzuverweisen.

Der Beklagte beantragt,

die Berufung zurückzuweisen.

Er vertritt die Auffassung, ein wesentlicher Verfahrensmangel, der sich auf den Inhalt des Urteils ausgewirkt habe, liege nicht vor.

Entscheidungsgründe

Die Berufung ist zulässig und begründet.
Das vom Amtsgericht eingeschlagene Verfahren leidet an einem so wesentlichen Mangel, daß das Urteil aufzuheben und der Rechtsstreit zur erneuten Verhandlung und Entscheidung an das erstinstanzliche Gericht zu verweisen ist (§ 528 ZPO).
Das Amtsgericht hat gegen die §§ 315 Abs 2, 128 ZPO verstoßen. Nach § 315 Abs 2 ZPO war, da das Urteil in dem Termin verkündet wurde, in welchem die mündliche Verhandlung geschlossen worden war, es vor Ablauf von drei Wochen vollständig abgefaßt der Geschäftsstelle zu übergeben. Diese Frist ist um mehr als vier Monate überschritten. Durch die Frist der §§ 310 Abs 1 S 2, 315 Abs 2 ZPO soll zwar in erster Linie das Verfahren beschleunigt werden, weshalb Verlängerungen aus triftigen Gründen ohne weiteres möglich sind. Doch findet die Zulässigkeit des Hinausschiebens der Absetzung eines Urteils jedenfalls dann seine Grenze, wenn sich dies auf den Inhalt der Entscheidung auszuwirken beginnt. Bei der Vielzahl der gerade bei den Amtsgerichten zu bearbeitenden Sachen leidet nach der allgemeinen Lebenser-

fahrung mit der Vergrößerung der Zeitabstände zwischen dem Schluß der mündlichen Verhandlung und dem Absetzen des Urteils die Erinnerung an den konkreten Fall, an Umstände und Eindrücke insbesondere aus der Beweisaufnahme, die in dem Akteninhalt keinen unmittelbaren Ausdruck gefunden haben. Zwar ist die Grenze, wann das Überschreiten der Frist des § 315 Abs 2 ZPO sich auf den Inhalt der Entscheidung auszuwirken beginnt, sicher fließend und von zahlreichen Faktoren, wie der Persönlichkeit des Richters, der Einprägsamkeit der Sache usw abhängig. Doch ist die Kammer der Auffassung, daß jedenfalls nach fünf Monaten im allgemeinen die Erinnerung an den konkreten Fall so beeinträchtigt ist, daß das abgesetzte Urteil nur noch auf dem Akteninhalt beruht. Dies verstößt gegen das Prinzip der Mündlichkeit (§ 128 ZPO). Ob im Hinblick auf § 128 Abs 2 S 3 ZPO (Unzulässigkeit der Entscheidung im schriftlichen Verfahren mehr als drei Monate nach Zustimmung der Parteien) die Grenze noch früher anzusetzen wäre, kann hier dahingestellt bleiben. Außerdem soll die durch das Urteil beschwerte Partei nicht in die Zwangslage versetzt werden, ein Rechtsmittel einlegen zu müssen, ohne die Begründung zu kennen. Die ihr vom Gesetz eingeräumte Überlegungsfrist von einem Monat muß ihr ungeschmälert zur Verfügung stehen. Dies war hier nicht der Fall. Die Berufungsfrist begann mit Ablauf von fünf Monaten nach der Verkündung (§ 516 ZPO) am 15. 11. 19.., ohne daß das abgesetzte Urteil zur Geschäftsstelle gelangt war. Das Urteil kann deshalb keinen Bestand haben (vgl für den vergleichbaren Fall der verspäteten Absetzung des Berufungsurteils BGH NJW 87, 2446f).
Von der Erhebung der Gerichtkosten wird nach § 8 Abs 1 S 3 GKG abgesehen, weil diese Kosten bei richtiger Sachbehandlung nicht entstanden wären (vgl Thomas-Putzo ZPO § 539 Anm 3, OLG Köln MDR 74, 498; BGH VersR 87, 405).

1087 (3) **Abänderung**

Landgericht Frankfurt am Main
Geschäftsnummer 24 S 300/..

verkündet am 14. 2. 19..
Esbach, Justizangestellte
als Urkundsbeamter der
Geschäftsstelle

Im Namen des Volkes

Im Rechtsstreit
Metzgermeister Willi Fleischer, Ottostraße 28, 6000 Frankfurt am Main,
– Beklagter und Berufungskläger –
(Prozeßbevollmächtigter: Rechtsanwalt Werth, Frankfurt am Main)
gegen
Möbelgroßhandelsgesellschaft mbH & Co KG, vertreten durch die Komplementärin Makro SB Großmärkte GmbH, diese vertreten durch den Geschäftsführer Hugo Groß, Filchnerstraße 14, 6000 Frankfurt am Main,
– Klägerin und Berufungsbeklagte –
(Prozeßbevollmächtigter: Rechtsanwalt Dr Granit, Frankfurt am Main)
hat das Landgericht Frankfurt am Main – 24. Zivilkammer –
durch Vorsitzenden Richter am Landgericht Dr Helle, Richter am Landgericht Eistert und Richter am Landgericht Knoll
aufgrund der mündlichen Verhandlung vom 27. 1. 19.. für Recht erkannt:

Auf die Berufung des Beklagten wird das am 21. 9. 19.. verkündete Urteil des Amtsgerichts Frankfurt – 11 C 10800/.. abgeändert und die Klage abgewiesen.
Die Beklagte trägt die Kosten des Verfahrens.

Tatbestand

Die Klägerin verlangt von dem Beklagten Schadensersatz wegen der Nichtabnahme von Möbeln, die eine Frau Keller bestellt hatte. Der Beklagte war Inhaber einer Metzgerei in Frankfurt am Main. Er besaß einen „Einkaufsausweis“ der Makro-SB-Großmärkte GmbH & Co KG (im folgenden als Makro abgekürzt). Auf der Vorderseite des

Ausweises (Bl 124 d A) befindet sich ein Adressenfeld, in welchem ein Firmenstempel des Beklagten abgedruckt ist. Außerdem sind dort unter anderem noch folgende Angabe enthalten:

> „Kunden-Nr 46470
> Branchenangabe: Metzgerei
> Einkaufsberechtigt sind: Fleischer, Willi; Fleischer, Anna"

Auf der Rückseite des Ausweises sind Lieferungs- und Zahlungsbedingungen der Makro abgedruckt. Dort heißt es unter anderem:

> „Die Makro-SB-Großmärkte sind Einkaufszentren für Wiederverkäufer und gewerbliche Großverbraucher. Die angebotenen Waren sind ausschließlich für den Wiederverkauf oder zur gewerblichen Verwendung bestimmt. Der Zutritt ist nur mit einem gültigen Einkaufsausweis zulässig.
> Der Einkaufsausweis ist nicht übertragbar und nur in Verbindung mit einem Personalausweis des Einkaufsberechtigten gültig. Für den Fall der Verhinderung des Einkaufsberechtigten kann in Ausnahmefällen der Inhaber des Gewerbebetriebs eine andere Person zum einmaligen gewerblichen Einkauf schriftlich beauftragen. Die erlaubte Begleitperson des Einkaufsberechtigten darf die Makro nur zum Zweck der Hilfeleistung betreten ... Der Inhaber des Gewerbebetriebs haftet für einen etwaigen Mißbrauch des Einkaufsausweises durch die Begleitperson.
> Bei Aufgabe des Gewerbes ist der Einkaufsausweis sofort und unaufgefordert zurückzugeben.
> Der Inhaber des Gewerbebetriebes verpflichtet sich zur Zahlung einer Konventionalstrafe von DM 3000 für den Fall, daß eine unberechtigte Person mit seinem Einkaufsausweis einkauft oder einzukaufen versucht, oder Waren nicht zum Wiederverkauf bzw gewerblichen Verbrauch (ausgenommen zur Deckung des branchenidentischen Eigenbedarfs) erworben werden. ...
> Sollte durch Verstoß gegen die vorstehend aufgeführten Bedingungen der Makro oder Dritten ein Schaden entstehen, so verpflichtet sich der Inhaber des Gewerbebetriebs zum vollen Schadensersatz."

Das Geschäft des Beklagten wurde von einer Fa Schopp übernommen. Der Beklagte übergab der Zeugin Schopp den Ausweis und erklärte ihr, der Ausweis müsse auf die Firma umgeschrieben werden. Der Ausweis wurde jedoch nicht umgeschrieben, sondern von der Zeugin Schopp für Einkäufe bei der Makro benutzt. Bei einem dieser Einkäufe am 26. 4. 19.. wurde die Zeugin von einer Bekannten, einer Frau Keller, begleitet. Diese bestellte bei der Klägerin, die in den Räumen der Makro, ihrer Komplementärin, eine Verkaufsstelle unterhält, Schlafzimmermöbel; unter Vorlage des Einkaufsausweises des Beklagten unterzeichnete sie einen Bestellschein (Bl 19 d A). Im Feld „Rechnungsanschrift" ist der Beklagte angeführt, im Feld „Lieferanschrift" befinden sich Name und Adresse der Frau Keller. Weiter ist dort die Kunden-Nr des Beklagten eingetragen. Nach ihren Geschäftsbedingungen (Bl 25 d A) ist die Klägerin berechtigt, bei Verweigerung der Abnahme der Möbel 25% des Kaufpreises als Schadensersatz zu verlangen.

Die Klägerin versuchte in der Folgezeit vergeblich, bei Frau Keller die Möbel abzuliefern. Sie forderte dann den Beklagten auf, die Möbel abzunehmen oder als Abstand 25% der Kaufpreissumme, nämlich DM 1525,86 zu zahlen.

Sie hat vorgetragen, da die Zeugin Keller den Einkaufsausweis des Beklagten bei der Bestellung vorgelegt habe, sei sie Vertreterin des Beklagten gewesen. Jedenfalls sei aber der Beklagte nach den Grundsätzen der Anscheins- und Duldungsvollmacht verpflichtet. Im übrigen sei er wegen Verstoßes gegen die Bedingungen der Makro schadensersatzpflichtig.

Sie hat beantragt,

> den Beklagten zu verurteilen, an sie DM 1525,86 nebst 10% Zinsen seit dem Tag der Zustellung der Klage zu zahlen.

Der Beklagte hat beantragt,

> die Klage abzuweisen.

Er hat vorgetragen, die Klägerin müsse sich das Verschulden der Makro anrechnen lassen, deren Angestellte gegen die eigenen Lieferungs- und Zahlungsbedingungen verstoßen und die Einkaufsberechtigung der Frau Keller nicht überprüft hätten.
Das Amtsgericht hat als Zeugen den Angestellten der Klägerin Klee (Niederschrift Bl 58dA) und Frau Schopp (Niederschrift Bl 74dA) vernommen.
Durch das am 21. 5. 19.. verkündete Urteil (Bl 85 – 90dA) hat das Amtsgericht der Klage mit der Begründung stattgegeben, die Klägerin habe darauf vertraut und vertrauen dürfen, Frau Keller sei von dem Beklagten zum Kauf der Möbel bevollmächtigt gewesen, da sie im Besitz des Ausweises gewesen sei.
Gegen das am 2. 8. 19.. zugestellte Urteil hat der Beklagte am 30. 8. 19.. Berufung eingelegt und am 12. 10. 19.. begründet.
Er wiederholt sein erstinstanzliches Vorbringen und meint, aus der Innehabung des Ausweises allein ergebe sich schon nach den Bedingungen der Makro keine Bevollmächtigung, wenn die betreffende Person nicht im Ausweis namentlich genannt sei. Im übrigen dienten die Ausweise nicht der Identifizierung der Vertragspartner der Makro oder der Klägerin – ihnen sei es völlig gleichgültig, wem sie verkauften, solange die Waren bei Lieferung oder Abholung bar bezahlt würden –, sondern dienten nur zum Schutz vor wettbewerbsrechtlichen Angriffen von Konkurrenten.
Er beantragt,

das Urteil des Amtsgerichts Frankfurt am Main vom 21. 9. 19.. – 31 C 10800/.. aufzuheben und die Klage abzuweisen.

Die Klägerin beantragt,

die Berufung zurückzuweisen.

Auch sie wiederholt im wesentlichen ihr bisheriges Vorbringen und meint, der Ausweis diene vornehmlich ihrem Schutz bei der Klärung der Frage, ob einer bestimmten Person Zutritt zu dem Großmarkt gestattet werden solle.
Die Kammer hat als Zeugen Frau Schopp (Niederschrift Bl 127dA) und Frau Fischer (Niederschrift Bl 129dA) vernommen.
Auf die unter Angabe der Blattzahl der Akten angeführten Schriftstücke wird ergänzend Bezug genommen.

Entscheidungsgründe

Die Berufung ist zulässig, insbesondere form- und fristgerecht eingelegt und begründet worden. Sie hat auch Erfolg. Der Klägerin steht ein Anspruch gegen den Beklagten nicht zu.
Ein Anspruch aus Kaufvertrag kommt nicht in Betracht, da vertragliche Beziehungen zwischen dem Beklagten und der Klägerin nicht bestehen.
Ein Kaufvertrag zwischen der Klägerin und dem Beklagten persönlich ist unstreitig nicht abgeschlossen worden. Auch im Weg der Vertretung des Beklagten durch Frau Keller ist ein Vertrag mit ihm nicht zustande gekommen, da der Beklagte Frau Keller nicht bevollmächtigt hatte, in seinem Namen Möbel bei der Klägerin zu bestellen. In der Aushändigung des Ausweises an Frau Schopp ist eine Vollmacht nicht zu erblikken, weil der Beklagte bei der Übergabe ausdrücklich darauf hingewiesen hatte, daß der Ausweis umgeschrieben werden müsse. Dies steht aufgrund der Aussage der Zeugin Fischer eindeutig fest; an der Richtigkeit ihrer Angaben zu zweifeln, besteht kein Anlaß, zumal die Zeugin Schopp – wenn auch mit Einschränkungen – selbst eingeräumt hat, daß der Beklagte dies verlangt hatte. Im übrigen ließe sich daraus schon gar nicht eine Vollmacht für Frau Keller entnehmen.
Des weiteren begründen die Grundsätze der Anscheins- und Duldungsvollmacht nicht eine Verpflichtung des Beklagten. Eine Duldungsvollmacht kommt im vorliegenden Fall nicht in Betracht, weil nicht nachgewiesen ist, daß der Beklagte überhaupt Kenntnis davon hatte, mit seinem Ausweis werde von der Zeugin Schopp oder gar von deren Bekannten in seinem Namen eingekauft.
Aber auch eine Anscheinsvollmacht liegt nicht vor. Eine solche käme nur in Betracht, wenn der Beklagte schuldhaft den Rechtsschein erweckt hätte, er habe Frau Keller bevollmächtigt, sodaß die Klägerin nach Treu und Glauben mit Rücksicht auf die

Verkehrssitte von einer Bevollmächtigung ausgehen durfte und ausgegangen ist. Das ist dann der Fall, wenn sie nach Lage der Dinge ohne Fahrlässigkeit annehmen durfte, der Vertretene kenne und dulde das Verhalten des für ihn auftretenden Vertreters (BGH NJW – RR 87, 308). Davon kann jedoch nach dem festgestellten Sachverhalt nicht die Rede sein. Die Überlassung des Ausweises an die Zeugin Schopp stellt keinen Tatbestand dar, aufgrund dessen der Beklagte damit rechnen mußte, die Makro werde den Besitzer des Ausweises als von ihm bevollmächtigt ansehen; denn es fehlte der nach den Bedingungen der Makro erforderliche schriftliche Auftrag des Beklagten. Aus dem gleichen Grund hätte die Klägerin erkennen können, daß Frau Keller von dem Beklagten nicht bevollmächtigt war.

Aus der Innehabung des Ausweises allein konnte die Klägerin nicht auf eine Vollmacht schließen und hat es nach Überzeugung der Kammer auch nicht getan. Denn der Ausweis hat nicht die Funktion, zum Schutz der Makro bzw der Klägerin deren Vertragspartner auszuweisen. Zwar könnte unter Umständen der Satz 4 der Bedingung der Makro so verstanden werden, wenn dort ausgeführt ist, daß der Ausweis nicht übertragbar sei, nur in Verbindung mit dem Personalausweis des Berechtigten und in Ausnahmefällen mit dessen schriftlicher Vollmacht gelte. Doch sprechen andere Bedingungen dafür, daß sich die Makro allein aus wettbewerbsrechtlichen Gründen gegenüber Mitbewerbern absichern will, so zB durch die Bestimmungen, daß die angebotenen Waren ausschließlich für den Wiederverkauf oder zur gewerblichen Verwendung bestimmt seien, der Inhaber des Gewerbebetriebs sich zu einer Konventionalstrafe verpflichte, wenn Waren nicht zum Wiederverkauf bzw gewerblichen Verbrauch erworben werden. Daß dies der Hauptzweck der Ausweise ist, zeigt die Handhabung der Makro; denn unstreitig beschränkt sich die Kontrolle auf die Überprüfung, ob ein Kunde überhaupt einen Ausweis hat, wobei nicht überprüft wird, ob der einen Ausweis Vorzeigende als Einkaufsberechtigter angeführt ist oder nicht, oder ob er eine Vollmacht des Einkaufsberechtigten vorweisen kann. Auch eine Kontrolle der Personalausweise erfolgt unstreitig nicht. Dies zeigt sich gerade am vorliegenden Fall: Obwohl nach dem vorgelegten Einkaufsausweis Frau Keller nicht einkaufsberechtigt war, hat sie die Bestellung aufgeben, mit ihrem eigenen Namen unterschrieben und ihre Adresse als Lieferadresse angeben können. Auch eine Vollmacht kann von ihr nicht verlangt worden sein, sonst wäre die Bestellung nicht aufgenommen worden. Schließlich hat der Verkäufer keinen Anstoß daran genommen, daß die bestellten Möbel nicht für den Wiederverkauf oder branchenidentischen Eigenbedarf bestimmt waren, was unschwer an der auf den Ausweis angeführten Branche „Metzgerei“ erkennbar war. Aus allem kann nur entnommen werden, daß der Ausweis ausschließlich dem Zweck dient, gegenüber Konkurrenten der Makro nachzuweisen, daß von ihrer Seite alles getan worden sei, nur an Wiederverkäufer zu verkaufen, nicht aber, sich Gewißheit über Vertragspartner zu verschaffen. Infolgedessen ist ausgeschlossen, daß die Behauptung der Klägerin, sie habe auf eine Vollmacht vertraut, zutrifft.

Auch ein Schadensersatzanspruch der Klägerin gegen den Beklagten aufgrund der Bedingungen der Makro ist nicht gegeben. Zwar hat der Beklagte die Verpflichtung, bei Aufgabe des Geschäfts den Einkaufsausweis zurückzugeben, nicht erfüllt. Diese Pflichtverletzung war auch kausal für den der Klägerin entstandenen Schaden. Doch kann die Klägerin von dem Beklagten den Ersatz des Schadens nicht verlangen, weil sie den Schaden überwiegend selbst verursacht hat. Denn sie hat die Einkaufsberechtigung der Frau Keller nicht überprüft. Ein Schaden wäre nicht entstanden, wenn die Klägerin anhand des Einkaufsausweises und des Personalausweises überprüft hätte, ob Frau Keller einkaufsberechtigt war. Die Bestellung hätte bei Beachtung der Bedingungen von dem Angestellten der Klägerin bzw der Makro niemals aufgenommen werden dürfen. Wenn die Klägerin sich selbst nicht an ihre Bedingungen hält, kann sie sich nicht auf einen geringfügigen Verstoß eines Kunden berufen.

Die Kostenentscheidung beruht auf § 91 ZPO.

Dr Helle Eistert Knoll

II. Revision

GVG § 133
ZPO §§ 545–566a, 91, 92, 97
ArbGG §§ 72, 72a
EGGVG §§ 8, 10 Abs 1
EGZPO §§ 7, 8
Bay AGGVG Art 18–21
GKG KV Nr 1030–1039
BRAGO §§ 11 Abs 1 S 3, 21a, 31

1090 Über die Revision gegen Urteile der Oberlandesgerichte entscheidet der **Bundesgerichtshof** (§§ 545 ZPO, 133 GVG). In Bayern ist die Revision gegen Urteile der Oberlandesgerichte – mit Ausnahme in Baulandsachen und Entschädigungssachen – beim **Bayerischen Obersten Landesgericht** einzulegen.[108] Dieses entscheidet über seine oder des Bundesgerichtshofs Zuständigkeit bindend ohne mündliche Verhandlung durch Beschluß.

1091 **Statthaft** ist die Revision, wenn sie das Oberlandesgericht zugelassen hat.[109] In vermögensrechtlichen Streitigkeiten ist sie auch zulässig, wenn die Beschwerdesumme 40000 DM übersteigt (§ 546 Abs 1 ZPO). Außerdem ist die Revision ohne Begrenzung statthaft, wenn die Berufung als unzulässig verworfen wurde (§ 547 ZPO) oder das Oberlandesgericht durch sog zweites Versäumnisurteil entschieden hat (§§ 566, 513 Abs 2 S 2 ZPO). Keine Revision gibt es in Verfahren auf Erlaß von Arrest oder einstweiliger Verfügung (§ 545 Abs 2 ZPO).

1092 Gegen erstinstanzliche Urteile des Landgerichts kann Revision eingelegt werden („**Sprungrevision**"), wenn sie ohne besondere Zulassung statthaft ist und wenn der Gegner schriftlich einwilligt (Näheres vgl §§ 566a ZPO). Die Sprungrevision kann nicht auf Verfahrensmängel gestützt werden.

1093 Im **Arbeitsgerichtsverfahren** findet die Revision gegen Urteile der Landesarbeitsgerichte an das Bundesarbeitsgericht statt, wenn sie das Landesarbeitsgericht (§ 72 ArbGG) oder das Bundesarbeitsgericht auf eine Nichtzulassungsbeschwerde nach § 72a ArbGG zugelassen hat; zur Sprungrevision siehe § 76 ArbGG.

1094 Die **Revisionsfrist** und die Revisionsbegründungsfrist betragen je einen Monat (§§ 552, 554 ZPO, 74 Abs 1 ArbGG).

1095 Die Revision ist **nur** dann **begründet**, wenn die angefochtene Entscheidung auf der Verletzung einer revisiblen Rechtsnorm beruht (§ 549 Abs 1 ZPO, § 73 Abs 1 ArbGG).

---

[108] Hat das OLG München die Revision zum BGH zugelassen, ist die Einlegung beim BayObLG unzulässig; BGH NJW – RR 87, 125.
[109] Vgl RdNr 1063, 1076.

III. Beschwerde

ZPO §§ 567, 577, 97
ArbGG § 78
GKG § 25, KV Nr 1180, 1181
BRAGO §§ 61, 61 a

1. Allgemeines

Die Beschwerde ist **statthaft;** 1100
1. in den ausdrücklich bestimmten Fällen (zB §§ 71, 91 a, 252, 793 ZPO ua);
2. gegen alle Entscheidungen, die eine mündliche Verhandlung nicht erfordern, wenn durch sie ein das Verfahren betreffendes Gesuch zurückgewiesen worden ist (§ 567 Abs 1 ZPO) – soweit nicht Unanfechtbarkeit vorgeschrieben ist oder sich sonst ergibt[110] –; hierhin gehören Beschlüsse und Verfügungen, aber auch bestimmte Entscheidungen in Form eines Urteils, zB das Zwischenurteil gegen Zulassung oder Zurückweisung des Streithelfers (§ 71 ZPO), das Zwischenurteil über Zeugnisverweigerung (§ 387 ZPO) und die Kostenentscheidung im Anerkenntnisurteil (§ 99 Abs 2 ZPO);
3. gegen nach dem Gesetz unanfechtbare Beschlüsse ausnahmsweise, wenn die Entscheidung jeder gesetzlichen Grundlage entbehrt und inhaltlich dem Gesetz fremd ist (sog greifbare Gesetzwidrigkeit).[111]

Bei Entscheidungen über **Kosten,** Gebühren und Auslagen ist die Beschwerde **nicht statthaft,** wenn der Beschwerdewert 100 DM nicht übersteigt (§§ 567 Abs 2 ZPO, 25 Abs 2 GKG). Gegen Entscheidungen der **Oberlandesgerichte** ist die Beschwerde überhaupt nicht zulässig mit Ausnahme der Entscheidung, durch die eine Berufung als unzulässig verworfen oder über eine Beschwerde gegen die Verwerfung des Einspruchs gegen ein Versäumnisurteil entschieden wird (§§ 519 b, 567 Abs 3, 568 a ZPO). Unzulässig ist die Beschwerde gegen Entscheidungen der **Landgerichte als Berufungsgerichte,** wenn das Oberlandesgericht bei der Entscheidung als Beschwerdegericht auch die Hauptsache mitprüfen müßte, die in den dritten Rechtszug nicht gelangen könnte.[112] Beschwerden in Prozeßkostenhilfesachen sind ebenfalls nicht zulässig, wenn das Berufungsgericht den Beschluß erlassen hat (§ 127 Abs 2 S 2 ZPO). 1101

Im **Arbeitsgerichtsverfahren** ist die Beschwerde gegen Entscheidungen des Landesarbeitsgerichts ausgeschlossen (§ 70 ArbGG).

Streitwertbeschwerden sind nach § 25 GKG nur innerhalb von sechs Monaten nach Rechtskraft oder anderweitiger Erledigung zulässig.

---

[110] Vgl dazu RdNr 1101; die Beschwerde findet auch nicht statt, wenn ein Antrag auf Abänderung einer selbst nicht anfechtbaren Entscheidung zurückgewiesen wird (OLG Frankfurt MDR 83, 410, 411).

[111] BGH NJW – RR 86, 738, aA (mit gutem Grund) Büttner FamRZ 89, 129.

[112] Thomas-Putzo § 567 Anm 5 e mwNachw.

2. Beschwerdeeinlegung

1102 Die Beschwerde wird bei dem Gericht **eingelegt**, das die beanstandete Entscheidung getroffen hat, nur in dringenden Fällen beim Beschwerdegericht (§ 569 Abs 1 ZPO). Die Beschwerde ist schriftlich einzulegen, beim Landgericht und Oberlandesgericht besteht Anwaltszwang; möglich ist aber Einlegung zu Protokoll der Geschäftsstelle, wenn der Rechtsstreit beim Amtsgericht nicht als Anwaltsprozeß (Familiensachen) anhängig war oder ist, wenn die Beschwerde einen Beschluß nach § 78b Abs 2 ZPO oder die Prozeßkostenhilfe betrifft oder von einem Zeugen oder Sachverständigen erhoben wird (§ 569 Abs 2 ZPO). In diesen Fällen können auch andere Personen und nicht bei dem Beschwerdegericht zugelassene Rechtsanwälte die Beschwerde einlegen (vgl auch § 573 ZPO). Hat das Landgericht den Antrag auf Erlaß eines Arrests oder einer einstweiligen Verfügung durch Beschluß zurückgewiesen, besteht für das Beschwerdeverfahren vor dem Oberlandesgericht Anwaltszwang.[113]
Bei der sog Durchgriffserinnerung (§§ 11, 21 RpflG) besteht für die Einlegung der Beschwerde kein Anwaltszwang bis zur Vorlage beim Beschwerdegericht.[114]

1103 Die **Beschwerde** kann auf neues Vorbringen und neue Beweise **gestützt** werden (§ 570 ZPO). Ein bestimmter Antrag und eine Begründung sind nicht vorgeschrieben, aber stets zu empfehlen.

In Sachen
... gegen ...
Aktenzeichen: ...
lege ich gegen den Beschluß des Amtsgerichts vom ...
Beschwerde
ein mit dem Antrag, ...
Zur Begründung mache ich geltend: ...

1104 Das Gericht kann der einfachen Beschwerde **abhelfen**, wenn es sie für begründet hält (§ 571 ZPO). Ist das nicht der Fall, wird die Beschwerde vor Ablauf einer Woche mit den Gerichtsakten dem Beschwerdegericht zur Entscheidung vorgelegt. Der Nichtabhilfebeschluß ist zu begründen, wenn die Beschwerde neues Vorbringen enthält oder der angefochtene Beschluß keine Gründe aufweist. Entsprechend ist bei der Durchgriffserinnerung (§ 11 RpflG) zu verfahren.

1. Beschluß
Der Beschwerde wird nicht abgeholfen.

Gründe: ...

2. Urschriftlich mit Akten
an das Landgericht ...
zur Entscheidung über die Beschwerde vom ... (Bl ..dA) gegen den Beschluß vom ... (Bl .. dA).

1105 In bestimmten Fällen, die im Gesetz bezeichnet sind, ist nur die sog **sofortige Beschwerde** gegeben, die in einer Notfrist von 2 Wochen seit Zustellung – in Fällen der §§ 336 und 952 Abs 4 ZPO seit Verkündung – der beanstandeten Entscheidung

---

[113] Sehr streitig; OLG Frankfurt (22. Zivilsenat) NJW 81, 2203, (17. Zivilsenat) MDR 83, 233, OLG Düsseldorf OLGZ 83, 358, Zöller-Schneider § 567 RdNr 20, Zöller-Vollkommer § 78 RdNr 15, § 922 RdNr 13; aA OLG Frankfurt (6. Zivilsenat) NJW – RR 87, 1257 mw Nachw, OLG Köln NJW – RR 88, 254 mw Nachw.
[114] OLG Bremen NJW 72, 1241, OLG Zweibrücken NJW 73, 908, str.

eingelegt werden muß (§ 577 Abs 2 ZPO). Die sofortige Beschwerde ist namentlich gegen Zwischenurteile und gegen Entscheidungen in der Zwangsvollstreckung gegeben. Das Gericht kann der sofortigen Beschwerde **nicht abhelfen**, sondern muß sie sofort dem Berufungsgericht vorlegen (§ 577 Abs 3 ZPO).

3. Entscheidung

Die Beschwerde erhält bei dem Landgericht das Aktenzeichen T, bei dem Oberlan- 1106
desgericht W. Die Entscheidung des Beschwerdegerichts kann ohne mündliche Verhandlung ergehen (§ 573 Abs 1 ZPO). Der **Gegner** muß aber **gehört** werden, und zwar unter Mitteilung der Beschwerdegründe, es sei denn, die Beschwerde wäre unzulässig oder von vornherein offenbar unbegründet. Ordnet das Beschwerdegericht eine schriftliche Erklärung an, so kann sie durch einen Anwalt abgegeben werden, der bei dem Gericht zugelassen ist, von dem die beanstandete Entscheidung stammt. Kann die Beschwerde zu Protokoll der Geschäftsstelle eingelegt werden (vgl RdNr 1102), so kann auch die Gegenerklärung zu Protokoll erklärt werden (§ 573 Abs 2 ZPO).

..T.../.. 1107

Vfg

1. Abschrift der Beschwerdeschrift vom ... (Bl .. dA) an Beschwerdegegner (-vertreter RA ...) mit folgendem Zusatz:
   Es wird Gelegenheit gegeben, zu der Beschwerde bis zum ... Stellung zu nehmen.
2. Wiedervorlage am ...

Ist die Beschwerde unzulässig, so wird sie verworfen (§ 574 ZPO), ist sie unbegrün- 1108
det, so ist sie zurückzuweisen. Über die Kosten ist gemäß §§ 91, 92, 97 ZPO entsprechend dem Erfolg zu entscheiden. Bei Streitwertbeschwerden werden Kosten nicht erstattet, das Verfahren ist gerichtsgebührenfrei (§ 25 Abs 3 GKG); dies gilt auch für Beschwerden des Rechtsanwalts aus eigenem Recht nach § 9 Abs 2 BRAGO. In Prozeßkostenhilfesachen wird die Auffassung vertreten, für eine Kostenentscheidung sei kein Raum.[115]

Beispiele von Entscheidungen über Beschwerden

a) gegen Beschluß über die **Versagung** von Prozeßkostenhilfe (vgl RdNr 173): 1109

..T.../.. (AG Frankfurt 31 C 433/..)

Beschluß

Im Rechtsstreit

Becker gegen Maier (volles Rubrum wie Bl .. dA)

wird die Beschwerde des Antragstellers vom 22. 1. 19.. gegen den Beschluß des Amtsgerichts Frankfurt vom 10. 1. 19.. – 31 C 433/.. – auf seine Kosten zurückgewiesen.

Der Wert des Beschwerdegegenstands wird auf DM ... festgesetzt.

Gründe

Die Beschwerde ist unbegründet. Zwar hat der Antragsteller nunmehr die ladungsfähige Anschrift des Zeugen Hollmann zu den Akten gereicht und für seine Behauptung, der Antragsteller habe von seinem Sparbuch Geld abgehoben, einen weiteren Zeugen benannt, der gegenüber dem Antragsgegner dies zugegeben haben soll, was

[115] Thomas-Putzo § 127 Anm 4.

dieser Zeuge ausweislich der von der Kammmer beigezogenen Ermittlungsakten gegenüber dem Vernehmungsbeamten auch bereits ausgesagt hat. Infolgedessen kann eine hinreichende Erfolgsaussicht nicht mehr verneint werden. Doch hat das Amtsgericht dem Antragsteller im Ergebnis Prozeßkostenhilfe zu Recht versagt, weil er seine Kostenarmut nicht nachgewiesen hat. Trotz Auffoderung des Amtsgerichts und der Kammer hat er nicht glaubhaft gemacht, daß seine Aushilfstätigkeit bei der Firma Quick tatsächlich beendet ist.
Die Kostenentscheidung beruht auf § 97 Abs 1 ZPO.

Frankfurt, den 18. 2. 19..
Landgericht, .. Zivilkammer

1110 b) gegen die **Streitwertfestsetzung:**

Beschluß

In dem Rechtsstreit
..., Beschwerdeführer,
– Prozeßbevollmächtigter: ... –

gegen

..., Beschwerdegegner,
– Prozeßbevollmächtigter: ... –
wegen ...
wird auf die Beschwerde gegen den Beschluß des Amtsgerichts ... vom ... der Streitwert anderweit auf ... DM festgesetzt.
Die weitergehende Beschwerde wird zurückgewiesen.
Die Entscheidung ergeht gerichtsgebührenfrei; außergerichtliche Kosten werden nicht erstattet.

Gründe

Die Beschwerde gegen den Beschluß des Amtsgerichts, durch den der Streitwert für den ersten Rechtszug auf ... DM festgesetzt worden ist, ist nur zum Teil begründet ... (wird ausgeführt).
Die Kostenentscheidung beruht auf § 25 Abs 3 GKG.

..., den ... Landgericht, ... Zivilkammer

1111 c) gegen **Einstellung der Zwangsvollstreckung** aus einem Versäumnisurteil gegen Sicherheit:

Beschluß

In dem Rechtsstreit
des Kraftfahrzeugschlossers Hubert Klemm, zZt Justizvollzugsanstalt, 6000 Frankfurt-Preungesheim – Beklagter –
gegen die Fahrzeugmietzentrale GmbH, vertreten durch den Geschäftsführer Wolfgang Hering, Sandweg 109, 6000 Frankfurt/M, – Klägerin –
wird auf die sofortige Beschwerde des Beklagten vom 4. 8. 19.. der Beschluß des Amtsgerichts Frankfurt/Main vom 14. 7. 19.. – 32 C 529/.. abgeändert und die Zwangsvollstreckung aus dem Versäumnisurteil vom 3. 7. 19.. ohne Sicherheitsleistung vorläufig eingestellt.
Die Kosten trägt die Klägerin.
Der Beschwerdewert wird auf DM 750.– festgesetzt.

Gründe

Die Beschwerde ist statthaft.
Entscheidungen nach §§ 707, 719 ZPO sind zwar grundsätzlich unanfechtbar; doch kann ganz ausnahmsweise unter besonderen Umständen eine Überprüfung gerecht-

fertigt sein.[116] So liegt der Fall hier. Die Begründung des Amtsgerichts, die Einstellung ohne Sicherheitsleistung komme nicht in Betracht, weil das Versäumnisurteil in gesetzlicher Weise ergangen sei, zeigt, daß das Gericht nur die erste Alternative des § 719 Abs 1 S 2 ZPO in die Entscheidung einbezogen hat, nicht aber die hier maßgebliche zweite Alternative der Vorschrift; denn auf die Frage des Verschuldens der Säumnis ist es überhaupt nicht eingegangen. Die Beschwerde ist auch zulässig, insbesondere rechtzeitig, denn die Frist des § 577 Abs 2 ZPO lief erst am 14. 8. 19.. ab, da der Beschluß dem Beklagten am Samstag, dem 30. 7. 19.., zugestellt worden war.
Die Beschwerde ist begründet. Zwar ist das Versäumnisurteil vom 3. 7. 19.. in der gesetzlichen Weise ergangen – weder der Beklagte noch ein Bevollmächtigter waren bei Aufruf der Sache im Gerichtssaal oder auf dem Gang davor –, doch steht fest, daß die Säumnis des Beklagten unverschuldet war. Aus den Vermerken des Richters in den Akten ergibt sich, daß der Beklagte – wie er behauptet – am Terminstag von der Justizvollzugsanstalt in den Gerichtsgewahrsam gebracht, dort aber von den Wachtmeistern „vergessen" worden war. Als diese sich schließlich auf mehrfaches Drängen des Beklagten mit dem zuständigen Gericht in Verbindung setzten, erhielten sie von der Geschäftsstelle die falsche Auskunft, der Beklagte werde nicht mehr gebraucht, obwohl in diesem Zeitpunkt das Versäumnisurteil noch nicht ergangen war. Daraufhin wurde der Beklagte in die Justizvollzugsanstalt zurückgebracht. Unter diesen Umständen kann dem Beklagten seine Säumnis nicht vorgeworfen werden; er hat alles getan, was er von sich aus tun konnte, um zu dem Termin vorgeführt zu werden. Da die Säumnis des Beklagten unverschuldet war, konnte auf seine Beschwerde die Vollstreckung gemäß § 719 Abs 1 S 2, 2. Alternative ZPO ohne Sicherheitsleistung eingestellt werden.
Die Kostenentscheidung beruht auf § 91 Abs 1 ZPO.

Frankfurt, den 16. 9. 19..
Landgericht, ... Zivilkammer

4. Weitere Beschwerde

Gegen Entscheidungen des Beschwerdegerichts (denkbar nur: des Landgerichts) ist eine **weitere Beschwerde** zulässig, wenn darin ein neuer selbständiger Beschwerdegrund gegeben ist. Die weitere Beschwerde ist also regelmäßig dann ausgeschlossen, wenn beide Entscheidungen übereinstimmen (§ 568 Abs 2 ZPO).[117] Weitere Beschwerde ist darüber hinaus stets ausgeschlossen: Bei Entscheidungen der Landgerichte über Prozeßkosten (§ 568 Abs 3 ZPO), in Prozeßkostenhilfesache (§ 127 ZPO), in Gebührensachen und im arbeitsgerichtlichen Verfahren (§ 78 Abs 2 ArbGG). Eine weitere Beschwerde gegen Entscheidungen der Oberlandesgerichte ist ohnehin mit Ausnahme der §§ 519b, 568a ZPO nicht zugelassen (§ 567 Abs 3 ZPO). 1112

---

[116] Entgegen der Vorauflage genügt ein bloßer Ermessensfehler nicht; OLG Frankfurt JurBüro 83, 1265, OLG Zweibrücken JurBüro 87, 298, OLG Frankfurt NJW – RR 89, 62.
[117] Das BVerfG (NJW 88, 1773) hält es für verfassungsrechtlich geboten, § 568 Abs 2 ZPO in dem Sinn auszulegen, daß auch dann ein neuer selbständiger Beschwerdegrund vorliegt, wenn eine Verletzung des Art. 103 I GG durch die Vorinstanz gerügt wird.

IV. Verfassungsbeschwerde

GG Art 93
BVerfGG §§ 90–96
Schrifttum:
Zuck, Das Recht der Verfassungsbeschwerde, 2. Aufl 1988

1150 Obwohl kein Rechtsmittel im dogmatischen Sinn ist angesichts der extensiven Rechtsprechung des Bundesverfassungsgerichts die Verfassungsbeschwerde zu einer Art „Superrevision" geworden; auch in Zivilsachen müssen Richter mit ihr rechnen und dürfen Anwälte sie im Interesse ihrer Mandanten nicht außeracht lassen. Allerdings ist Vorsicht geboten, weil der ganz überwiegende Teil keinen Erfolg hat.

1151 **Voraussetzungen** einer Verfassungsbeschwerde sind:

1. Grundrechtsverletzung

Eine Verfassungsbeschwerde kann ua mit der Behauptung, durch ein Gericht in einem Grundrecht oder in einem in Art 101, 103, 104 GG enthaltenen Recht verletzt zu sein, erhoben werden (Art 93 Abs 1 Nr 4 GG, §§ 13 Nr 8a, 90 Abs 1 BVerfGG).[118] Einmal kann die angefochtene Entscheidung in materieller Hinsicht durch die Zuerkennung eines Anspruchs oder seine Abweisung ein Grundrecht verletzen, also etwa bei Verstoß gegen die Garantien der Berufsfreiheit (Art 12 GG) oder des Eigentums (Art 14 GG), zum anderen kann das vom Gericht eingeschlagene Verfahren den verfassungsrechtlichen Vorgaben nicht entsprechen, zB bei Verstößen gegen das Willkürverbot (Art 3 GG), das Gebot des gesetzlichen Richters (Art 101 GG) sowie des rechtlichen Gehörs (Art 103 GG).

2. Erschöpfung des Rechtswegs

In allen Fällen ist erforderlich, daß der behauptete Verstoß nicht mehr mit ordentlichen Rechtsmitteln vor den Fachgerichten geltend gemacht werden kann (Grundsatz der Subsidiarität, § 90 Abs 2 BVerfGG);[119] eine Ausnahme nach § 90 Abs 2 S 2 BVerfGG wird nur selten in Betracht kommen.

3. Wahrung der Einlegungsfrist

Verfassungsbeschwerden sind binnen eines Monats zu erheben. Die Frist beginnt mit der Zustellung oder formlosen Mitteilung der in vollständiger Form abgefaßten Entscheidung (§ 93 BVerfGG).

4. Begründung

In der Begründung der Verfassungsbeschwerde sind das Recht, das verletzt sein soll, und die Handlung oder Unterlassung des Gerichts, durch die sich der Beschwerdeführer verletzt fühlt, zu bezeichnen (§ 92 BVerfGG); die erforderlichen Beweismittel sind anzugeben (§ 23 Abs 2 BVerfGG).

5. Anwaltszwang

Die Beteiligten können sich – und müssen sich im Fall der mündlichen Verhandlung – durch einen bei einem deutschen Gericht zugelassenen Rechtsanwalt oder Hochschullehrer vertreten lassen (§ 22 Abs 1 BVerfGG); eine Vollmacht ist schriftlich zu erteilen und muß sich ausdrücklich auf das Verfahren beziehen (§ 22 Abs 2 BVerfGG).

---

[118] Thomas-Putzo vor § 511 ZPO.
[119] Vgl Henschel, Festschrift Faller 84, 165, Schenke NJW 86, 1451, BVerfG NJW 88, 2594.

Beispiel einer **Verfassungsbeschwerde:**[120] 1152

Verfassungsbeschwerde

– Beschwerdeführer –

...

Bevollmächtigter: Rechtsanwalt ..., ...

gegen

das am 14. Oktober 19.. verkündete Urteil des Landgerichts ... – 1 S 468/.. – zugestellt am ...

Ich zeige an, daß mir der Beschwerdeführer die beigefügte, § 22 Abs 2 BVerfGG entsprechende Vollmacht erteilt und mich mit der Wahrnehmung seiner Interessen beauftragt hat.

Im Namen und im Auftrag des Beschwerdeführers erhebe ich

Verfassungsbeschwerde

wegen der genannten, in der Anlage in beglaubigter Abschrift beigefügten Entscheidung.

Gerügt wird die Verletzung der Rechte des Beschwerdeführers aus Art 14 Abs 1 GG.

Begründung:

I.

Der Beschwerdeführer kündigte dem Mieter des von ihm ersteigerten Hauses in ..., ...straße ..., um darin zu wohnen. Das Landgericht ... wies die auf Eigenbedarf des Beschwerdeführers gestützte Räumungsklage ab, weil der Wunsch im Haus zu wohnen, die Kündigung nicht rechtfertige. Dieses Urteil verletzt den Beschwerdeführer in seinem verfassungrechtlich geschützten Eigentum (Art 14 GG).

II.

Der Verfassungsbeschwerde liegt folgender Sachverhalt zugrunde:

Am 9. 3. 19.. ersteigerte der Beschwerdeführer ein Grundstück, das mit einem Einfamilienhaus mit einer Wohnfläche von 110 qm bebaut ist. Dieses Grundstück hatte die Voreigentümerin zum 1. 2. 19.. auf zunächst drei Jahre vermietet. Mit Schreiben vom 12. 3. 19.. kündigte der Beschwerdeführer das Mietverhältnis mit der Begründung, das Haus in Zukunft mit seiner Familie selbst bewohnen zu wollen, zu welchem Zweck allein er es ersteigert hat.

In dem gerichtlichen Räumungsverfahren führte der Beschwerdeführer außerdem aus, daß er derzeit mit seiner aus drei Personen bestehenden Familie eine Dreizimmerwohnung mit 80 qm Fläche mit teilweise schrägen Wänden zur Miete bewohnt, wobei er im Vertrauen auf die fristgemäße Räumung des ersteigerten Hauses das Mietverhältnis am ... zum ... gekündigt hat. Der Beschwerdeführer ist aber auch aus finanziellen Gründen auf die Wohnung im ersteigerten Haus angewiesen; denn er hat zur Finanzierung der Ersteigerungssumme ein Darlehen aufgenommen, das er mtl 1200.– DM zu bedienen hat. Mietzins und Darlehensrückzahlung kann der Beschwerdeführer nicht verkraften.

Das Amtsgericht gab der Räumungsklage statt, das Landgericht wies sie mit der angegriffenen Entscheidung ab. Zur Begründung führte es aus, das Mietverhältnis sei durch die Kündigung vom 12. 3. 19.. nicht beendet worden. Der Beschwerdeführer hätte in dem Kündigungsschreiben ein berechtigtes Interesse an der Beendigung des Mietverhältnisses wegen Eigenbedarfs nicht dargetan. Der in diesem Schreiben allein zum Ausdruck gekommene Wunsch, in seinem eigenen Haus zu wohnen, reiche zur Begründung eines berechtigten Interesses an der Beendigung des Mietverhältnisses nicht aus. Ob die weiteren im Verlauf des Rechtsstreits vorgetragenen Gründe den Beschwerdeführer zur Kündigung des Wohnraums wegen Eigenbedarfs berechtigten, brauche nicht zu untersucht zu werden. Weitere Kündigungen seien

---

[120] Die Entscheidung uber die diesem Beispiel zugrundeliegende Verfassungsbeschwerde ist abgedruckt in NJW 88, 2725.

nicht erfolgt. Als berechtigtes Interesse seien aber nur die Gründe zu berücksichtigen, die im Kündigungsschreiben angegeben seien (§ 564b Abs 3 BGB). Da offen sei, wann der Beschwerdeführer die bisher bewohnte Mietwohnung gekündigt habe, brauche auch nicht darauf eingegangen zu werden, ob die von ihm behauptete zwischenzeitliche Verschlechterung der Wohnverhältnisse ein Grund sei, der nachträglich entstanden sei und deshalb bei der Beurteilung der Rechtmäßigkeit der Kündigung berücksichtigt werden könne.

III.

Die Verfassungsbeschwerde ist zulässig. Die Entscheidung des Landgerichts ... ist dem Beschwerdeführer am ... zugestellt worden; infolgedessen läuft die Monatsfrist am ... ab und ist damit gewahrt. Da die Entscheidung des Landgerichts nicht mehr anfechtbar ist, ist der Rechtsweg erschöpft (§§ 23 Nr 2a, 72 GVG, 511, 545 ZPO).

IV.

Die Verfassungsbeschwerde ist auch begründet. Der Beschwerdeführer rügt die Verletzung von Art 14 Abs 1 GG. Die angegriffene Entscheidung des Landgerichts verletzt sein Eigentumsrecht zum einen dadurch, daß es die Wirksamkeit seiner Kündigung vom Bestehen eines berechtigten Interesses iS § 564b Abs 1 BGB abhängig macht. § 57a ZVG gewährt dem Ersteigerer ein gesetzliches Ausnahmekündigungsrecht, das unabhängig von den mietrechtlichen Kündigungsvorschriften durchgreift. Wenn die Praxis des Landgerichts ... Verbreitung fände, wären vermietete Grundstücke nur mit erheblich geringeren Erlösaussichten zu versteigern und nur mit geringeren Beträgen zu beleihen. Zum anderen nimmt das Landgericht ihm die grundgesetzlich garantierte Möglichkeit, sein Eigentum selbst zu nutzen. Die Auffassung des Landgerichts führt dazu, daß der Beschwerdeführer sein Haus trotz der Eigentumsgarantie nur nach dem Wohlwollen der Mieter selbst bewohnen kann.

Unterschrift
Rechtsanwalt

13. Kapitel: Aufgebotsverfahren

ZPO §§ 946–1024
EGZPO § 11
GVG § 23 Nr 2h
ZustErgG § 11
RpflG § 20 Nr 2
GKG KV Nr 1144
BRAGO § 45

I. Allgemeines

Aufgebot ist die öffentliche gerichtliche Aufforderung an unbestimmte oder unbe- 1200
kannte Beteiligte, Rechte oder Ansprüche anzumelden, mit der Wirkung, daß die Unterlassung der Anmeldung Rechtsnachteile zur Folge hat. Das Aufgebotsverfahren der Zivilprozeßordnung findet nur in den gesetzlich bestimmten Fällen statt (§ 946 ZPO).

Für den **Antrag**, der schriftlich oder zu Protokoll der Geschäftsstelle gestellt werden 1201
kann, ist ausschließlich das **Amtsgericht** zuständig (§§ 23 Nr 2h GVG, 947 Abs 1 Satz 1 ZPO).

Der **Inhalt** des Antrags richtet sich nach den besonderen Voraussetzungen für die jeweilige Aufgebotsart und muß jedenfalls das enthalten, was nach § 947 Abs 2 ZPO in das Aufgebot aufzunehmen ist (vgl die folgende RdNr). Da die ZPO das Verfahren als Teil der streitigen Gerichtsbarkeit behandelt, sind anwendbar das 1.–3. Buch. Die allgemeinen Prozeßvoraussetzungen[1] müssen erfüllt sein.

Die Entscheidung über das Aufgebot kann ohne mündliche Verhandlung ergehen (§ 947 Abs 1 Satz 2 ZPO).

Ist der Antrag zulässig, so erläßt das Amtsgericht das **Aufgebot.** In das Aufgebot sind 1202
aufzunehmen:

1. die Bezeichnung des Antragstellers,
2. die Aufforderung, die Ansprüche und Rechte spätestens im Aufgebotstermin anzumelden,
3. die Bezeichnung der Rechtsnachteile, die eintreten, wenn die Anmeldung unterbleibt,
4. die Bestimmung des Aufgebotstermins (§ 947 Abs 2 ZPO).

Das Aufgebot ist **öffentlich bekannt** zu machen, und zwar durch Anheftung an die Gerichtstafel und durch einmalige Einrückung in den Bundesanzeiger, sofern nicht das Gesetz eine abweichende Anordnung getroffen hat. Das Gericht kann auch anordnen, daß die Einrückung in andere Blätter oder mehrmals erfolgt (§ 948 ZPO).

Die **Landesgesetzgebung** kann in den in §§ 1023 Satz 2, 1024 ZPO genannten Fällen 1203
die Art der Veröffentlichung des Aufgebots und des Ausschlußurteils sowie die Aufgebotsfrist abweichend von §§ 948, 950, 956 ZPO regeln, und zwar für das

---

[1] Vgl RdNr 200.

Aufgebot von qualifizierten Legitimationspapieren des § 808 BGB, des Eigentümers (§ 927 BGB), des Schiffseigentümers (§ 6 SchRG), der Hypotheken – usw – Gläubiger (§§ 1170ff BGB, §§ 66, 67 SchRG), der sonstigen Realberechtigten (§§ 887, 1104, 1112 BGB) und der Registerpfandgläubiger an einem Luftfahrzeug (§§ 13, 66, 67 LuftfzRG). Hiervon haben die Länder teilweise Gebrauch gemacht: BadG v 18. 6. 1899 §§ 13–15; BayAGZPO Art 30, 31; BremAGZPO §§ 4–6; HgbG v 22. 12. 1899 §§ 4–6; HessAGZPO Art 9–12; PrAGZPO idF v GS 24, 759 §§ 7–9, welche in NRW Gültigkeit hatte, WürttAGBGB Art 283–287). In Niedersachsen gilt nur die Besonderheit, daß die Aufgebotsfrist in den Fällen der §§ 808 und 1162 BGB mindestens 3 Monate beträgt (§ 2 G v 18. 12. 1959 GVBl 149); die Vorschrift des PrAGZPO gilt hier nicht mehr. Ganz ausgeschlossen ist Landesrecht nur bei dem Aufgebot der Nachlaßgläubiger und der Gesamtgläubiger der fortgesetzten Gütergemeinschaft (§§ 992ff, 1001 ZPO). Die landesrechtlichen Abweichungen sind in den nachfolgenden Beispielen wegen ihrer Verschiedenartigkeit **nicht berücksichtigt.**

1204 Für den **Erlaß** des Aufgebots ist der **Rechtspfleger** zuständig mit Ausnahme der Wahrnehmung des Aufgebotstermins und der darin ergehenden Entscheidungen sowie des Anfechtungsverfahrens (§ 20 Nr 2 RpflG).

1205 Die **Anmeldung** ist Parteiprozeßhandlung;[2] sie muß das beanspruchte Recht angeben, Begründung und Nachweise sind nicht erforderlich, soweit nicht für die jeweilige Aufgebotsart etwas anderes vorgeschrieben ist (zB §§ 996, 1008 ZPO). Die Anmeldung kann schriftlich oder mündlich – zu Protokoll des Urkundsbeamten der Geschäftsstelle oder in dem Aufgebotstermin – erfolgen; Anwaltszwang besteht beim Landgericht.

Ist bis zum Schluß der Verhandlung im Aufgebotstermin keine Anmeldung eingegangen, so erläßt der **Richter** auf Antrag das **Ausschlußurteil** (§ 952 ZPO). Der Antrag wird zweckmäßigerweise bereits im Aufgebotsantrag gestellt, was zulässig ist. Eine Anmeldung ist nur auf ihre Zulässigkeit zu prüfen, nicht auf ihre materielle Berechtigung. Liegt eine Anmeldung vor, so ist das Aufgebotsverfahren auszusetzen oder das angemeldete Recht in dem Ausschlußurteil vorzubehalten (§ 953 ZPO); die endgültige Entscheidung muß in einem gesonderten Rechtsstreit über die Berechtigung des Vorbehalts herbeigeführt werden;[3] stellt sich in diesem Prozeß das angemeldete Recht als bestehend heraus, tritt die Wirkung des Ausschlußurteils gegen den Anmeldenden nicht ein.[4]

1206 Gegen die Ablehnung des Aufgebots findet Erinnerung statt (§ 11 RpflG), gegen den Beschluß des Richters einfache Beschwerde (§ 567 ZPO). Das Ausschlußurteil ist nicht mit der Berufung anfechtbar; es ist sofort rechtskräftig. Gegen das Urteil ist nur die Anfechtungsklage nach Maßgabe des § 957 ZPO gegeben.[5] Gegen den Beschluß, durch den der Erlaß eines Ausschlußurteils zurückgewiesen wird, findet sofortige Beschwerde statt; das gleiche gilt, wenn das Ausschlußurteil unter Beschränkungen und Vorbehalten erlassen wird (§ 952 Abs 4 ZPO).

---

[2] LG Frankenthal Rpfleger 83, 412.
[3] BGH NJW 80, 1521, 1522.
[4] BGH NJW 80, 2529.
[5] Vgl dazu RdNr 1270ff.

II. Aufgebot von unbekannten Berechtigten

1. Aufgebot des Eigentümers eines Grundstücks oder eines Schiffs

BGB §§ 927, 939–944
ZPO §§ 946–956, 959, 977–981 a, 1024
Landesrecht: Vgl RdNr 1203

Für das Aufgebotsverfahren zur Ausschließung des Eigentümers eines Grundstücks 1207
oder eines Schiffs ist das **Amtsgericht** ausschließlich **zuständig,** in dessen Bezirk das Grundstück gelegen (§ 978 ZPO) bzw das Schiff registriert ist (§ 981 a ZPO). **Antragsberechtigt** ist derjenige, der das Grundstück seit der in § 927 BGB bestimmten Zeit (30 Jahre) in Eigenbesitz hat (§ 979 ZPO). Die Berechnung der Frist von 30 Jahren erfolgt nach §§ 927 Abs 1, 939 ff BGB. Entsprechendes gilt für das Aufgebot des Eigentümers eines Schiffs oder Schiffsbauwerks.
Der Antragsteller muß die den Antrag begründenden Tatsachen glaubhaft machen (§ 980 ZPO).

Antrag 1208

Geschäftsstelle des Amtsgerichts Goslar, den 31. Januar 19..
Es erschien der Rentner Fritz Boll aus Goslar und erklärte:
Mein Vater, der Bahnbeamte Max Boll, hat im Jahre 1940 das Grundstück Goslar, Clausthalerstraße 107 käuflich erworben. Die Umschreibung des Eigentums ist damals im Grundbuch von Goslar Band 10 Blatt 210 erfolgt. Ein kleiner Teil des zu dem Grundstück gehörigen Gartens in einer Größe von 40 qm war damals auf einem anderen Blatt des Grundbuchs eingetragen (Goslar Band 11 Blatt 230), sollte jedoch mitverkauft sein. Aus Versehen wurde dieses letztere Trennstück in der Auflassungsverhandlung nicht miterwähnt. Das Grundstück Goslar Band 11 Blatt 230 gelangte damals in den Eigenbesitz meines Vaters. Ich habe meinen Vater, der am 30. Juli 1960 verstorben ist, als Alleinerbe beerbt und den Eigenbesitz fortgesetzt. Der Verkäufer des Grundstücks war der damals schon 70jährige Bankbeamte iR Ernst Weber, der im Jahre 1944 gestorben ist. Seine Erben sind mir nicht bekannt. Ernst Weber ist noch als Eigentümer des Grundstücks Goslar Band 11 Blatt 230 eingetragen. Eine Eintragung, die der Zustimmung des Eigentümers bedurfte, ist auf diesem Grundbuchblatt seit 30 Jahren nicht erfolgt.
Zur Glaubhaftmachung überreiche ich Erbschein nach meinem Vater, Sterbeurkunde des Ernst Weber, Bescheinigung des Finanzamts, eidesstattliche Versicherung des Grundstücksnachbarn Müller, Katasterzeichnung und nehme im übrigen auf den Inhalt der oben bezeichneten Grundakten Bezug.
Ich beantrage,
das Aufgebot zum Zweck der Ausschließung des Eigentümers[6] des im Grundbuch von Goslar Band 11 Blatt 230 verzeichneten Grundstücks und das Ausschlußurteil zu erlassen.

vorgelesen genehmigt unterschrieben
(Unterschriften)

---

[6] Aufgebot (und Ausschlußurteil) richten sich zweckmäßigerweise *gegen den Eigentümer des Grundstücks* und nicht nur *gegen den eingetragenen Eigentümer;* vgl BGH NJW 80, 1521.

1209 **Aufgebot** (nach Einsichtnahme der Grundakten und Zahlung eines Auslagenvorschusses durch den Antragsteller)

Aufgebot

Der Rentner Fritz Boll aus Goslar, Clausthalerstraße 107, hat das Aufgebot zur Ausschließung des Eigentümers des im Grundbuch von Goslar Band 11 Blatt 230 eingetragenen Grundstücks (Gemarkung Alter Weinberg, Kartenblatt 10 Flurstück 266, Garten am Weinbergstieg, Größe 40 qm) beantragt (§ 927 BGB).

Im Grundbuch ist der Bankbeamte iR Ernst Weber aus Goslar, verstorben am 22. September 1944, als Eigentümer eingetragen. Der Eigentümer wird aufgefordert, spätestens in dem auf

den 25. Mai 19.., 9 Uhr[7]

vor dem unterzeichneten Gericht, Zimmer 17, anberaumten Aufgebotstermin sein Recht anzumelden, widrigenfalls seine Ausschließung erfolgen wird.

Goslar, den 5. Februar 19..

Amtsgericht
Schneider
Rechtspfleger

1210 Vfg

1. Ersuchen um einmalige Veröffentlichung des Aufgebots an
a) Bundesanzeiger[8]
b) Goslarer Zeitung.[9]
2. Aushang an die Gerichtstafel.
3. Ausfertigung des Aufgebots an Antragsteller zustellen.
4. Grundakten trennen.
5. Nach 2 Wochen.

Goslar, den 5. Februar 19..

Schneider
Rechtspfleger

1211 **Nach Eingang der Belegblätter**

Vfg

1. Gebühren prüfen und anweisen.
2. Zum Termin.

Goslar, den 17. Februar 19.. Schneider

1212 **Verhandlung im Aufgebotstermin**

Amtsgericht Goslar, den 25. Mai 19..

Protokoll über die öffentliche Sitzung

Gegenwärtig:
Richter am Amtsgericht Dr Berner
Justizsekretär Seger als Urkundsbeamter der Geschäftsstelle

In der Aufgebotssache
Boll
erschien im heutigen Termin bei Aufruf niemand. Das aus der Anlage ersichtliche Ausschlußurteil wurde durch Verlesung der Urteilsformel verkündet.

Dr Berner Seger

---

[7] Die Aufgebotsfrist beträgt mindestens 6 Wochen seit Einrückung in den Bundesanzeiger (§ 950 ZPO). Landesrechtliche Abweichung möglich, vgl RdNr 1203.
[8] § 948 ZPO. Landesrechtliche Abweichungen: Vgl RdNr 1203.
[9] Fakultativ (§ 948 ZPO).

Ausschlußurteil 1213

Verkündet am:
25. Mai 19..
Seger, Justizsekretär
als Urkundsbeamter der
Geschäftsstelle

Ausschlußurteil
Im Namen des Volkes

In der Aufgebotssache
des Rentners Fritz Boll aus Goslar, Clausthalerstraße 107, – Antragsteller –
hat das Amtsgericht Goslar durch den Richter am Amtsgericht Dr Berner
für Recht erkannt:

Der Eigentümer des Grundstücks Gemarkung Alter Weinberg, Kartenblatt 10 Flurstück 266, Garten am Weinbergstieg, Größe 40 qm, eingetragen im Grundbuch von Goslar Band 11 Blatt 230, eingetragener Eigentümer: Bankbeamter iR Ernst Weber in Goslar, wird mit seinem Recht ausgeschlossen.[10]

Der Antragsteller trägt die Kosten des Aufgebotsverfahrens.

Tatbestand und Entscheidungsgründe

Der Rentner Fritz Boll aus Goslar, Clausthalerstraße 107, hat die Ausschließung des Eigentümers des in der Urteilsformel bezeichneten Grundstücks im Weg des Aufgebotsverfahrens bei dem nach § 978 ZPO zuständigen Amtsgericht Golsar beantragt. Er hat glaubhaft gemacht, daß er und sein Rechtsvorgänger, der Bahnbeamte Max Boll, das Grundstück seit mehr als 30 Jahren im Eigenbesitz haben, daß seit derselben Zeit eine Eintragung, die der Zustimmung des Eigentümers bedurfte, im Grundbuch nicht erfolgt und der eingetragene Eigentümer, der Bankbeamte iR Ernst Weber aus Golsar, am 22. September 1944 verstorben ist. Der Antrag ist gemäß §§ 927, 943 BGB, 979, 980 ZPO zulässig.

Das Aufgebot ist durch Anheftung an die Gerichtstafel sowie durch Einrückung in den Bundesanzeiger vom 15. Februar 19..[11] und in die Goslaer Zeitung[12] vom 4. Februar 19.., bekanntgemacht worden.

Dritte haben Rechte vor dem Erlaß des Ausschlußurteils nicht angemeldet. Der Antrag auf Erlaß des Ausschlußurteils ist daher gerechtfertigt.

Dr Berner

Die öffentliche Bekanntmachung des wesentlichen Inhalts des Ausschlußurteils ist nicht zwingend vorgeschrieben (§ 956 ZPO) und wird fast stets unterbleiben können.

Durch das Ausschlußurteil wird der Eigentümer des Grundstücks, auch der nicht eingetragene Rechtsnachfolger ausgeschlossen. Durch das Urteil wird das Grundstück herrenlos, der Antragssteller hat ein Aneignungsrecht und erwirbt das Eigentum durch Eintragung (§§ 927 Abs 2 BGB, 979 ZPO).

2. Aufgebot eines (befriedigten) unbekannten Hypotheken-, Grundschuld- oder Rentenschuld-Gläubigers

(Berechtigten der Vormerkung, des Vorkaufsrechts und der Reallast)

BGB §§ 1170, 1192, 1199 (887, 1104, 1112)
ZPO §§ 946–956, 959, 982–986, 988, 1024
G über die Kraftloserklärung von Hypotheken-,

---

[10] Durch diese Fassung wird jeder Eigentümer, nicht nur der eingetragene, ausgeschlossen; BGH NJW 80, 1521.
[11] Vgl Fußn 8.
[12] Vgl Fußn 9.

Grundschuld- und Rentenschuldbriefen in besonderen Fällen[13] v 18. 4. 50 (BGBl 88) idF v 20. 12. 52 (BGBl 830), v 25. 12. 55 (BGBl 867) und 29. 4. 60 (BGBl 297) §§ 5, 6, 14.
Landesrecht: Vgl RdNr 1203

1214 Für das Aufgebotsverfahren zur Ausschließung eines bereits befriedigten Hypotheken-, Grundschuld- oder Rentenschuldgläubigers (§§ 1170 BGB) ist das **Amtsgericht** ausschließlich **zuständig,** in dessen Bezirk das belastete Grundstück belegen ist (§ 983 ZPO). Kommen mehrere Grundstücke in Frage (zB bei einer Gesamthypothek), so ist auf Antrag das zuständige Gericht nach § 36 ZPO zu bestimmen.
Antragsberechtigt ist der Eigentümer des belasteten Grundstücks (§ 984 Abs 1 ZPO). Im Falle des § 1170 des Bürgerlichen Gesetzbuchs ist auch ein im Rang gleich- oder nachstehender Gläubiger, zu dessen Gunsten eine Vormerkung nach § 1179 des Bürgerlichen Gesetzbuchs eingetragen ist, und bei einer Gesamthypothek, Gesamtgrundschuld oder Gesamtrentenschuld außerdem derjenige antragsberechtigt, der aufgrund eines im Rang gleich- oder nachstehenden Rechts Befriedigung aus einem der belasteten Grundstücke verlangen kann, sofern der Gläubiger oder der sonstige Berechtigte für seinen Anspruch einen vollstreckbaren Schuldtitel erlangt hat.
Voraussetzung ist, daß seit der letzten sich auf die Hypothek beziehenden Eintragung in das Grundbuch 10 Jahre verstrichen sind und das Recht innerhalb dieser Frist nicht anerkannt worden ist; die Frist beginnt nicht vor Ablauf eines bestimmten Zahlungstags (§ 1170 Abs 1 BGB).
Im Fall des § 1170 BGB muß der Antragsteller **glaubhaft machen,** daß der Gläubiger unbekannt ist (§ 985 ZPO), und daß nicht eine das Aufgebot ausschließende Anerkennung des Gläubigerrechts erfolgt ist (§ 986 Abs 1 ZPO). Ist die Hypothek für die Forderung aus einer Schuldverschreibung auf den Inhaber bestellt oder der Grundschuld- oder Rentenschuldbrief auf den Inhaber ausgestellt, so muß der Antragsteller den Ablauf der regelmäßig dreißigjährigen Vorlegungsfrist – daß die Urkunde nicht vorgelegt und der Anspruch nicht gerichtlich geltend gemacht worden ist – oder den Eintritt der Verjährung – daß im Fall einer Vorlegung oder Geltendmachung eine Anerkennung des Rechts nicht erfolgt ist – glaubhaft machen (§ 986 Abs 2 ZPO, § 801 BGB). Zur Glaubhaftmachung genügt regelmäßig die eidesstattliche Versicherung des Antragstellers, doch hat das Gericht die Befugnis, weitere Ermittlungen anzustellen (§ 986 Abs 3 ZPO).
Für das Aufgebot von **Schiffshypothekengläubigern** gelten die §§ 984–987 ZPO entsprechend; zuständig ist das Gericht, bei welchem das Register für das Schiff geführt wird (§ 987a ZPO).

1215 **Antrag**

Geschäftsstelle des Amtsgerichts Goslar, den 31. Januar 19..
Es erschien der Rentner Fritz Boll aus Goslar und erklärte:
Auf dem mir gehörenden, im Grundbuch von Goslar Band 10 Blatt 210 verzeichneten Grundstück ist in Abt III Nr 7 eine Hypothek von 10.000 DM nebst 6% Zinsen seit 1. April 1955 eingetragen. Eingetragener Gläubiger ist Heinrich Keller aus Goslar. Ich habe den Gläubiger wegen Kapital und Zinsen im Jahre 1960 befriedigt. Der Gläubiger hat mir auch eine löschungsfähige Quittung erteilt. Seine Unterschrift unter dieser Urkunde ist jedoch nicht gerichtlich oder notariell, sondern nur von dem Kassierer der Stadtkasse beglaubigt. Eine Löschung der Hypothek im Grundbuch kann

---

[13] Abgedruckt bei Baumbach-Lauterbach § 1024 Anh.

aufgrund dieser Urkunde nicht erreicht werden. Der Gläubiger ist im Jahr 1962 gestorben. Erben hat er nicht hinterlassen. Solche sind mir auch trotz aller Nachforschungen nicht bekannt geworden. Im Grundbuch sind bei der Hypothek seit mehr als 10 Jahren keine Eintragungen mehr erfolgt. Ich habe innerhalb der letzten 10 Jahre weder Zahlungen auf Kapital oder Zinsen dieser Hypothek geleistet noch in sonstiger Weise das Recht des eingetragenen Gläubigers anerkannt. Wo der Hypothekenbrief geblieben ist, ist mir nicht bekannt.
Zur Glaubhaftmachung überreiche ich:
Quittung des Gläubigers vom Jahre 1960, Sterbeurkunde des eingetragenen Gläubigers und Bescheinigung des Nachlaßgerichts, daß seine Erben nicht ermittelt sind.
Ich versichere an Eides Statt, daß meine tatsächlichen Angaben richtig sind.

Ich beantrage das Aufgebot zum Zweck der Ausschließung des Hypothekengläubigers und Erlaß des Ausschlußurteils.

vorgelesen genehmigt unterschrieben

Aufgebot (nach Einsicht der Grundakten und nach Zahlung eines Auslagenvorschusses durch den Antragsteller) 1216

Aufgebot

Der Rentner Fritz Boll aus Goslar, Clausthalerstraße 107,
hat das Aufgebot zur Ausschließung des Gläubigers der auf seinem Grundstück Goslar Band 10 Blatt 210 in Abt III Nr 7 für den Bankbeamten Heinrich Keller aus Goslar eingetragenen Hypothek von 10.000 DM, verzinslich zu 6% jährlich, gemäß § 1170 BGB beantragt. Der Gläubiger wird aufgefordert, spätestens in dem auf

den 25. Mai 19.., 9 Uhr[14]

vor dem unterzeichneten Gericht, Zimmer 17, anberaumten Aufgebotstermin seine Rechte anzumelden, widrigenfalls seine Ausschließung erfolgen wird.

Goslar, den 5. Februar 19..

Amtsgericht
Schneider
Rechtspfleger

Vfg

1. Ersuchen um einmalige Veröffentlichung des Aufgebots an
a) Bundesanzeiger,[15]
b) Goslarer Zeitung.[16]
2. Aushang an die Gerichtstafel.
3. Ausfertigung des Aufgebots an Antragsteller zustellen.[17]
4. Grundakten trennen.
5. Nach 2 Wochen.

Goslar, den 5. Februar 19..

Schneider
Rechtspfleger

Nach Eingang der Belegblätter 1217

Vfg

1. Gebühren prüfen und anweisen.
2. Zum Termin.

Goslar, den 17. Februar 19..

Schneider

---

[14] Die Aufgebotsfrist beträgt mindestens 6 Wochen seit Einrückung in den Bundesanzeiger (§ 950 ZPO). Landesrechtl Abweichung möglich: In Baden-Württemberg 3 Monate. Vgl RdNr 1203.
[15] § 948 ZPO. Landesrechtl Abweichung: Vgl RdNr 1203.
[16] Fakultativ (§ 948 Abs 2 ZPO).
[17] Wird das Aufgebot von einem gleich- oder nachstehenden Berechtigten beantragt (§§ 984 Abs 2, 988 S 2 ZPO), so ist das Aufgebot dem Grundeigentümer mitzuteilen (§§ 986 Abs 5, 988 S 3 ZPO).

1218 **Verhandlung im Aufgebotstermin**

Amtsgericht Goslar, den 25. Mai 19..

Protokoll über die öffentliche Sitzung

Gegenwärtig:
Richter am Amtsgericht Dr Berner
Justizsekretär Seger als Urkundsbeamter der Geschäftsstelle
In der Aufgebotssache
Boll
erschien im heutigen Termin bei Aufruf niemand. Das aus der Anlage ersichtliche Ausschlußurteil wurde durch Verlesung der Urteilsformel verkündet.

Dr Berner Seger

1219 **Ausschlußurteil**

Verkündet am:
25. Mai 19..
Seger, Justizsekretär
als Urkundsbeamter der
Geschäftsstelle

Ausschlußurteil
Im Namen des Volkes

In der Aufgebotssache
des Rentners Fritz Boll aus Goslar, Clausthalerstraße 107,
hat das Amtsgericht Goslar durch den Richter am Amtsgericht Dr Berner
für Recht erkannt:

Der Gläubiger der auf dem Grundstück Golsar Band 10 Blatt 210 in Abt III Nr 7 für Heinrich Keller aus Goslar eingetragenen und mit 6% jährlich verzinslichen Hypothek von 10.000 DM wird mit seinem Recht ausgeschlossen.

Der Antragsteller trägt die Kosten des Aufgebotsverfahrens.

Tatbestand und Entscheidungsgründe

Der Rentner Fritz Boll aus Goslar hat als Eigentümer des in der Urteilsformel bezeichneten Grundstücks die Ausschließung des Gläubigers der auf diesem Grundstück in Abt III unter Nr 7 für Heinrich Keller aus Goslar eingetragenen Hypothek von 10.000 DM bei dem nach § 983 ZPO zuständigen Amtsgericht Goslar beantragt. Er hat glaubhaft gemacht, daß der Gläubiger verstorben sei, die Erben nicht bekannt geworden seien und daß das Recht des Gläubigers innerhalb der letzten 10 Jahre nicht anerkannt worden sei. Eintragungen bei der Hypothek sind innerhalb dieser Zeit im Grundbuch nicht erfolgt.

Der Antrag ist gemäß §§ 1170 BGB, 982–986 ZPO zulässig. Das Aufgebot ist durch Anheftung an die Gerichtstafel sowie durch Einrückung in den Bundesanzeiger vom 15. Februar 19..[15] und in der Goslarer Zeitung vom 4. Februar 19..[16] bekanntgemacht worden.

Dritte haben Rechte vor dem Erlaß des Ausschlußurteils nicht angemeldet. Der Antrag auf Erlaß des Ausschlußurteils ist daher gerechtfertigt.

Dr Berner

Die öffentliche Bekanntmachung des wesentlichen Inhalts des Ausschlußurteils ist nicht zwingend vorgeschrieben (§ 956 ZPO) und wird fast stets unterbleiben können.

Mit Erlaß des Ausschlußurteils erwirbt nach § 1170 Abs 2 BGB der Grundstückseigentümer die Hypothek als Grundschuld (§ 1177 Abs 1 BGB), der Hypothekenbrief wird kraftlos, der Eigentümer kann Berichtigung des Grundbuchs verlangen. Das Urteil wirkt gegen jeden Gläubiger, auch den nicht eingetragenen, sowie gegen den an der Hypothek dinglichen Berechtigten. Die persönliche Forderung bleibt jedoch bestehen.

3. Aufgebot eines unbekannten Hypotheken-, Grundschuld- oder Rentenschuld-Gläubigers bei Hinterlegung des Kapitals

BGB §§ 1171, 1192, 1199
ZPO §§ 946–956, 959, 982–987, 988, 1024
G über die Kraftloserklärung von Hypotheken-, Grundschuld- und Rentenschuldbriefen in besonderen Fällen (Fundstellen s RdNr 1214)
Landesrecht: Vgl RdNr 1203.

Auch wenn der Eigentümer den Hypotheken-, Grundschuld- oder Rentenschuld- 1220
gläubiger nicht befriedigt hat und mangels Kenntnis seiner Person auch nicht befriedigen kann, ist ein Aufgebot möglich, wenn der Eigentümer zur Befriedigung des Gläubigers oder zur Kündigung berechtigt ist und den erforderlichen Betrag hinterlegt (§ 1171 Abs 1 BGB). Die obigen Ausführungen (RdNr 1214) gelten entsprechend; der Antragsteller hat sich jedoch vor der Einleitung des Verfahrens zur **Hinterlegung** des dem Gläubiger gebührenden Betrages zu erbieten (§ 987 Abs 1 ZPO).
In dem **Aufgebot** ist als Rechtsnachteil anzudrohen, daß der Gläubiger nach der Hinterlegung des ihm gebührenden Betrags seine Befriedigung statt aus dem Grundstück nur noch aus dem hinterlegten Betrag verlangen kann und sein Recht auf diesen erlischt, wenn er sich nicht vor Ablauf von dreißig Jahren nach dem Erlaß des Ausschlußurteils bei der Hinterlegungsstelle meldet (§ 987 Abs 2 ZPO, § 1171 Abs 3 BGB). Hängt die Fälligkeit der Forderung von einer **Kündigung** ab, so erweitert sich die Aufgebotsfrist um die Kündigungsfrist (§ 987 Abs 3 ZPO). Das Ausschlußurteil darf erst dann erlassen werden, wenn die Hinterlegung erfolgt ist (§ 987 Abs 4 ZPO). Für das Aufgebot von **Schiffshypothekengläubigern** gelten §§ 984–987 ZPO entsprechend (§ 987a ZPO).

Antrag 1221

Geschäftsstelle des Amtsgerichts Goslar, den 31. Januar 19..
Es erschien der Rentner Fritz Boll aus Goslar und erklärte:
Auf dem mir gehörenden, im Grundbuch von Goslar Band 10 Blatt 210 verzeichneten Grundstück ist in Abt III unter Nr 8 eine Hypothek von 1500 DM nebst 5% Zinsen seit 1. August 1978 für den Kaufmann Eberhard Schmidt in Hamburg eingetragen. Der Hypothek liegt ein Darlehen in gleicher Höhe zugrunde. Nach der Bewilligungsurkunde ist das Darlehen mit einer sechsmonatigen Frist kündbar. Der Gläubiger ist von seinem bisherigen Wohnsitz Hamburg unbekannt verzogen. Anscheinend ist er nach Australien ausgewandert. Zur Glaubhaftmachung überreiche ich die Auskünfte der Einwohnermeldeämter.
Ich erbiete mich zur Hinterlegung des Kapitals mit Zinsen und beantrage, das Aufgebot zu erlassen.
vorgelesen genehmigt unterschrieben

Aufgebot (nach Einsicht der Grundakten und nach Zahlung eines Auslagenvor- 1222
schusses durch den Antragsteller)

Aufgebot

Der Rentner Fritz Boll aus Goslar, Clausthalerstraße 107, hat das Aufgebot zur Ausschließung des Gläubigers der auf seinem Grundstück Goslar Band 10 Blatt 210 in Abt III unter Nr 8 für den Kaufmann Eberhard Schmidt, zuletzt in Hamburg, jetzt unbekannten Aufenthalts, eingetragenen und mit 5% jährlich verzinslichen Hypothek von

1500 DM gemäß § 1171 BGB beantragt und sich erboten, das Kapital mit Zinsen unter Verzicht auf das Recht zur Rücknahme zu hinterlegen.
Der Gläubiger wird aufgefordert, spätestens in dem auf
den 20. November 19.. 9 Uhr[18]
vor dem unterzeichneten Gericht, Zimmer Nr 17,
anberaumten Aufgebotstermin seine Rechte anzumelden, widrigenfalls er nach der Hinterlegung des ihm gebührenden Betrags seine Befriedigung statt aus dem Grundstück nur noch aus dem hinterlegten Betrag verlangen kann und sein Recht auf diesen erlischt, wenn er sich nicht vor dem Ablauf von dreißig Jahren nach dem Erlaß des Ausschlußurteils bei der Hinterlegungsstelle des Amtsgerichts in Goslar meldet.
Goslar, den 5. Februar 19..

Schneider
Rechtspfleger

1223 Vfg

1. Ersuchen um einmalige Veröffentlichung des Aufgebots an
a) Bundesanzeiger,[19]
b) „Die Welt" in Hamburg,[20]
2. Aushang an die Gerichtstafel.
3. Ausfertigung des Aufgebots an Antragsteller zustellen.
4. Grundakten trennen.
5. Nach 2 Wochen.
Goslar, den 5. Februar 19..

Schneider
Rechtspfleger

1224 Nach Eingang der Belegblätter

Vfg

1. Gebühren prüfen und anweisen.
2. Zum Termin.
Goslar, den 17. Februar 19.. Schneider

1225 Verhandlung im Aufgebotstermin

Amtsgericht Goslar, den 20. November 19..

Protokoll über die öffentliche Sitzung

Gegenwärtig:
Richter am Amtsgericht Dr Berner als Richter
Justizsekretär Seger als Urkundsbeamter der Geschäftsstelle
In der Aufgebotssache Boll
erschien bei Aufruf nur Antragsteller Boll. Er legte die Hinterlegungsquittung der Hinterlegungsstelle des Amtsgerichts Goslar vom heutigen Tag vor, wonach er 1500 DM nebst 5% Zinsen seit dem 1. August 1978 unter Verzicht auf das Recht zur Rücknahme zugunsten des Kaufmanns Eberhard Schmidt aus Hamburg, jetzt unbekannten Aufenthalts, hinterlegt hat, und beantragte Erlaß des Ausschlußurteils.
Das anliegende Ausschlußurteil wurde durch Verlesung der Urteilsformel verkündet.
Dr Berner Seger

---

[18] Die Aufgebotsfrist von 6 Wochen verlängert sich um die gesetzliche oder vertragliche Kündigungsfrist (§§ 950, 987 Abs 3 ZPO). Aufgebotsfrist vgl RdNr 1203.
[19] § 948 ZPO. Landesrechtl Abweichung: Vgl RdNr 1203.
[20] Fakultativ (§ 948 Abs 2 ZPO).

Ausschlußurteil 1226

Verkündet am:
20. November 19..
Seger, Justizsekretär
als Urkundsbeamter der
Geschäftsstelle

Ausschlußurteil
Im Namen des Volkes

In der Aufgebotssache
des Rentners Fritz Boll aus Goslar, Clausthalerstraße 107,
hat das Amtsgericht Goslar durch den Richter am Amtsgericht Dr Berner
für Recht erkannt:

Der Gläubiger der auf dem Grundstück Goslar Band 10 Blatt 210 in Abt III unter Nr 8 für den Kaufmann Eberhard Schmidt aus Hamburg, jetzt unbekannten Aufenthalts, eingetragenen und mit 5% jährlich verzinslichen Hypothek von 1500 DM wird mit seinem Recht ausgeschlossen. Er kann seine Befriedigung statt aus dem Grundstück nur noch aus dem zu seinen Gunsten bei der Hinterlegungsstelle des Amtsgerichts Goslar (HL 7/..) hinterlegten Betrag verlangen. Sein Recht auf diesen erlischt, wenn er sich nicht vor dem Ablauf von dreißig Jahren nach Erlaß dieses Ausschlußurteils bei der Hinterlegungsstelle meldet.

Der Antragsteller trägt die Kosten des Verfahrens.

Tatbestand und Entscheidungsgründe

Der Rentner Fritz Boll aus Goslar hat als Eigentümer des in der Urteilsformel bezeichneten Grundstücks die Ausschließung des Gläubigers der auf diesem Grundstück in Abt III unter Nr 8 für den Kaufmann Eberhard Schmidt in Hamburg eingetragenen Hypothek von 1500 DM bei dem nach § 983 ZPO zuständigen Amtsgericht Goslar beantragt und sich zur Hinterlegung des Kapitals mit Zinsen unter Verzicht auf das Recht zur Rücknahme erboten. Er hat glaubhaft gemacht, daß der Gläubiger von Hamburg mit unbekanntem Ziel verzogen sei und der jetzige Aufenthalt des Gläubigers trotz aller Nachforschungen nicht habe ermittelt werden können. Der Antrag ist gemäß § 1171 BGB, 982ff ZPO zulässig. Das Aufgebot ist durch Anheftung an die Gerichtstafel sowie durch Einrückung in den Bundesanzeiger vom 15. Februar 19..[21] und in die Zeitung „Die Welt" in Hamburg[22] vom 4. Februar 19.. bekannt gemacht worden.

Dritte haben Rechte vor dem Erlaß des Ausschlußurteils nicht angemeldet. Der Antragsteller hat die Hinterlegung des Kapitals nebst den vierjährigen Zinsen durch Vorlage der Hinterlegungsquittung vom 20. November 19.. (HL 7/..) nachgewiesen.

Der Antrag auf Erlaß des Ausschlußurteils ist daher gerechtfertigt.

Dr Berner

Die öffentliche Bekanntmachung des wesentlichen Inhalts des Ausschlußurteils ist nicht zwingend vorgeschrieben (§ 956 ZPO) und wird fast stets unterbleiben können.

Mit Erlaß des Ausschlußurteils gilt der Gläubiger als befriedigt (sofern diese Wirkung nicht schon nach den Hinterlegungsvorschriften eingetreten ist), der Eigentümer erwirbt die Hypothek – auf wen sie anschließend übergeht, richtet sich nach materiellem Recht –, der Hypothekenbrief wird kraftlos, der Eigentümer kann Berichtigung des Grundbuchs verlangen. Der Gläubiger kann sich nur aus dem hinterlegten Betrag befriedigen. Geschieht dies nicht innerhalb 30 Jahren nach Er-

[21] Vgl Fußn 19.
[22] Vgl Fußn 20.

laß des Ausschlußurteils, kann der Eigentümer oder sein Rechtsnachfolger ungeachtet des bei Hinterlegung erklärten Verzichts auf Rücknahme den hinterlegten Betrag beanspruchen (§ 1171 Abs 2, 3 BGB).

4. Aufgebot zur Ausschließung von Nachlaß-, Gesamtguts- oder Schiffsgläubigern

BGB §§ 1970–1974, 1980 Abs 2, 1994, 2005, 2060 Nr 1
ZPO §§ 946–956, 959, 989–1002

1227 Das Aufgebot der Nachlaßgläubiger soll

1. den Erben über die Notwendigkeit unterrichten, ob er Nachlaßverwaltung, Nachlaßkonkurs oder die Eröffnung des Vergleichsverfahrens über den Nachlaß beantragen muß (§§ 1975, 1980 BGB),
2. dem Erben die Erschöpfungseinrede geben (§ 1973 BGB),
3. ihn gegen Rückgriff sichern (§ 1980 BGB) und
4. die Gesamthaftung der Miterben in Haftung nach Kopfteilen verwandeln (§ 2060 Nr 1 BGB).

1228 Ausschließlich **zuständig** für das Aufgebot der Nachlaßgläubiger ist das Gericht, dem die Maßnahmen des **Nachlaßgerichts** obliegen (§ 990 ZPO, § 73 FGG). Sind diese Verrichtungen einer anderen Behörde übertragen, so ist das **Amtsgericht** zuständig, in dessen Bezirk die Nachlaßbehörde ihren Sitz hat.

1229 **Antragsberechtigt** ist jeder Erbe, sofern er nicht für die Nachlaßverbindlichkeiten unbeschränkt haftet, ferner der Nachlaßpfleger und ein Testamentsvollstrecker, wenn ihnen die Verwaltung des Nachlasses zusteht, selbst wenn der Erbe unbeschränkt haftet. Der Erbe und der Testamentsvollstrecker können den Antrag erst nach Annahme der Erbschaft stellen (§ 991 ZPO).

1230 Dem Antrag ist ein **Verzeichnis** der bekannten **Nachlaßgläubiger** mit Angabe ihrer Anschrift beizufügen (§ 992 ZPO). Das Gericht kann Ermittlungen über die Vollständigkeit anstellen und eine eidesstattliche Versicherung des Antragstellers über die Vollständigkeit fordern. In dem Aufgebot ist als Rechtsnachteil anzudrohen, daß der Gläubiger – unbeschadet des Rechts, vor Verbindlichkeiten aus Pflichtteilsrechten, Vermächtnissen und Auflagen berücksichtigt zu werden – von dem Erben nur insoweit Befriedigung verlangen kann, als sich nach Befriedigung der nicht angeschlossenen Gläubiger noch ein Überschuß ergibt (§ 995 ZPO). Die Aufgebotsfrist soll höchstens sechs Monate betragen (§ 994 Abs 1 ZPO). Das Aufgebot soll nicht erlassen werden, wenn die Eröffnung des Nachlaßkonkurses beantragt ist. Wird der Nachlaßkonkurs während des Aufgebotsverfahrens eröffnet, so wird das Aufgebotsverfahren beendet (§ 993 ZPO).

1231 Die **Anmeldung** einer Forderung muß Gegenstand und Grund der Forderung angeben. Urkundliche Beweisstücke sind beizufügen (§ 996 ZPO).

1232 Zur Antragsberechtigung, anzudrohendem Rechtsnachteil und Wirkung des Ausschlußurteils im Fall der Mehrheit von Erben vgl § 997, Nacherbfolge § 998, des Nachlasses im Gesamtgut der Gütergemeinschaft § 999, Erbschaftskäufer § 1000 ZPO.

Beim Aufgebot der **Gesamtgutsgläubiger** gelten die Vorschriften der §§ 990–996, 999, 1000 ZPO entsprechend (§ 1001 ZPO), zum Aufgebot der **Schiffsgläubiger** vgl § 1002 ZPO.

Antrag 1233

An das Amtsgericht Hannover, den ...
Hannover
Antrag auf Aufgebot der Nachlaßgläubiger
des Kaufmanns Hans Peters in Hannover, Schillerstraße 19.
Am 1. Dezember 19.. ist in Hannover, Schillerstr 19, mein Vater, der Kaufmann Walter Peters, zuletzt wohnhaft gewesen ebenda gestorben.
Ein Testament ist nicht vorhanden. Erben sind, da meine Mutter bereits vorverstorben ist, ich sowie meine beiden Geschwister Wolfgang und Sabine Peters, bei mir wohnhaft, je zu ⅓. Alle Erben haben die Erbschaft angenommen. Ein Erbschein ist vom Nachlaßgericht bereits erteilt. Keiner der Erben haftet unbeschränkt für die Nachlaßverbindlichkeiten.[23] Ich nehme auf die Nachlaßakten 6.VI.34 ... des Amtsgerichts Hannover Bezug. Ich überreiche in der Anlage ein Verzeichnis der bekannten Nachlaßgläubiger und beantrage
das Aufgebot der Nachlaßgläubiger und Erlaß des Ausschlußurteils.
Das Gläubigerverzeichnis ist von meinem Steuerberater aufgestellt worden. Es ist vollständig. Zur Glaubhaftmachung nehme ich Bezug auf die anliegende eidesstattliche Versicherung des Steuerberaters ...

Aufgebot (nach Einsichtnahme der Akten des Nachlaßgerichts und nach Zahlung eines Auslagenvorschusses durch den Antragsteller) 1234
Das Aufgebot erstreckt sich auf alle Nachlaßgläubiger, ausgenommen die Pfandgläubiger und diejenigen, die ihnen im Konkurs gleichstehen, die Liegenschaftsgläubiger des § 10 ZVG, die Erben, die Pflichtteils-, Vermächtnis- und Auflageberechtigten sowie die Gläubiger, denen der Erbe schon unbeschränkt haftet (§§ 1971, 1972, 2013, 2060 Nr 1 BGB).

Aufgebot 1235

Der Kaufmann Hans Peters hat als Erbe des am 1. Dezember 19.. in Hannover verstorbenen, in Hannover, Schillerstr 19 wohnhaft gewesenen Kaufmanns Walter Peters das Aufgebot zum Zweck der Ausschließung von Nachlaßgläubigern beantragt.
Die Nachlaßgläubiger werden daher aufgefordert, ihre Forderungen gegen den Nachlaß des verstorbenen Kaufmanns Walter Peters spätestens in dem auf
den 15. April 19.., 9 Uhr[24]
vor dem unterzeichneten Gericht, Zimmer 17,
anberaumten Aufgebotstermin bei diesem Gericht anzumelden. Die Anmeldung hat die Angabe des Gegenstands und des Grunds der Forderung zu enthalten. Urkundliche Beweisstücke sind in Urschrift oder in Abschrift beizufügen.
Nachlaßgläubiger, die sich nicht melden, können – unbeschadet des Rechts, vor den Verbindlichkeiten aus Pflichtteilsrechten, Vermächtnissen und Auflagen berücksichtigt zu werden – von den Erben nur insoweit Befriedigung verlangen, als sich nach Befriedigung der nicht ausgeschlossenen Gläubiger noch ein Überschuß ergibt. Auch haftet ihnen dann jeder Erbe nach der Teilung des Nachlasses nur für den seinem Erbteil entsprechenden Teil der Verbindlichkeit.[25]
Die Gläubiger aus Pflichtteilsrechten, Vermächtnissen und Auflagen sowie die Gläubiger, denen der Erbe unbeschränkt haftet, werden durch das Aufgebot nicht betroffen. Bei Nichtanmeldung dieser Forderungen tritt jedoch der Rechtsnachteil ein, daß

---

[23] Zutreffendenfalls ist hier anzugeben, wer von den übrigen Miterben den Nachlaßgläubigern gegenüber unbeschränkt haftet, für den das Ausschlußurteil nur im Rahmen des § 2060 Nr 1 BGB wirkt (vgl § 997 ZPO).
[24] Aufgebotsfrist mindestens 6 Wochen, höchstens 6 Monate (§§ 950, 994 Abs 1 ZPO).

diesen Gläubigern jeder Erbe nach Teilung des Nachlasses nur für den seinem Erbteil entsprechenden Teil der Verbindlichkeit haftet.[25]
Hannover, den 5. Februar 19..

Amtsgericht
Schneider
Rechtspfleger

1236 Vfg

1. Das Aufgebot ist den im Gläubigerverzeichnis genannten Nachlaßgläubigern durch Aufgabe zur Post zuzustellen.[26]
2. Ersuchen um einmalige Veröffentlichung des Aufgebots an
   a) Bundesanzeiger,
   b) ... Zeitung.[27]
3. Aushang an die Gerichtstafel.
4. Ausfertigung des Aufgebots ist dem Antragsteller zuzustellen.
5. Nach 2 Wochen.

Hannover, den 5. Februar 19..

Schneider
Rechtspfleger

1237 **Nach Eingang der Belegblätter**

Vfg

1. Gebühren prüfen und anweisen.
2. Zum Termin.

Hannover, den 17. Februar 19.. Schneider

1238 Zur Anmeldung einer Forderung vgl RdNr 1205.

Verhandlung im Aufgebotstermin

Amtsgericht Hannover, den 15. April 19..

Protokoll über die öffentliche Sitzung

Gegenwärtig:
Richter am Amtsgericht Dr Berner
Justizsekretär Seger als Urkundsbeamter der Geschäftsstelle
In der Aufgebotssache Peters
erschienen bei Aufruf:
1. der Antragsteller,
2. folgende Gläubiger:
   a) ...
   b) ... usw

Die erschienenen Gläubiger überreichten die anliegenden Forderungsanmeldungen [*meldeten folgende Forderungen an:*

Gläubiger:	*Betrag (Gegenstand)*	*Grund:*
...	...	...]

Hierauf wurde das anliegende Ausschlußurteil durch Verlesung der Urteilsformel verkündet.

Dr Berner Seger

---

[25] Dieser letzte Satz trifft nur zu, falls mehrere Erben vorhanden sind (§ 997 ZPO, § 2060 Nr 1 BGB). Ist der Antragsteller Alleinerbe, so ist der Satz zu streichen.
[26] § 994 Abs 2 ZPO.
[27] Fakultativ (§ 948 Abs 2 ZPO), doch ist die Bekanntmachung in einer oder in mehreren Tageszeitungen hier meist sachdienlich und sollte nicht versäumt werden.

Ausschlußurteil 1239

Verkündet am
15. April 19..
Seger, Justizsekretär
als Urkundsbeamter der
Geschäftsstelle

Ausschlußurteil
Im Namen des Volkes

In dem Aufgebotsverfahren zum Zweck der Ausschließung von Nachlaßgläubigern des am 1. Dezember 19.. in Hannover, seinem letzten Wohnsitz, verstorbenen Kaufmanns Walter Peters
hat das Amtsgericht Hannover durch den Richter am Amtsgericht Dr Berner
für Recht erkannt:

I. Folgenden Nachlaßgläubigern werden ihre angemeldeten Forderungen gegen den Nachlaß des am 1. Dezember 19.. verstorbenen Kaufmanns Walter Peters vorbehalten:

Gläubiger:	Gegenstand der Forderung:	Grund:
1. ...	...	...
2. ...	...	...

II. Die übrigen Nachlaßgläubiger, soweit nicht ihre Rechte nach dem Gesetz unberührt bleiben, können – unbeschadet des Rechts, vor den Verbindlichkeiten aus Pflichtteilsrechten, Vermächtnissen und Auflagen befriedigt zu werden – von dem Erben nur insoweit Befriedigung verlangen, als sich nach Befriedigung der nicht ausgeschlossenen Gläubiger noch ein Überschuß ergibt.

III. Der Antragsteller trägt die Kosten des Verfahrens.

Tatbestand und Entscheidungsgründe

Der Kaufmann Hans Peters aus Hannover hat als Erbe des am 1. Dezember 19.. in Hannover verstorbenen Kaufmanns Walter Peters das Aufgebot zur Ausschließung von Nachlaßgläubigern beantragt und ein Verzeichnis der bekannten Nachlaßgläubiger mit Angabe ihrer Wohnorte beigefügt.
Der Antrag ist nach §§ 1970ff BGB und 989ff ZPO zulässig.
Das Aufgebot ist durch Anheftung an die Gerichtstafel sowie durch Einrückung in den Bundesanzeiger vom 14. Februar 19.. und in die ... Zeitung vom 4. Februar 19.. bekanntgemacht und den Nachlaßgläubigern, die dem Gericht angezeigt worden und deren Wohnorte bekannt sind, zugestellt worden.
Andere als die in Ziffer I der Urteilsformel bezeichneten Nachlaßgläubiger haben vor dem Erlaß des Ausschlußurteils Forderungen nicht angemeldet.
Der auf Erlaß des Ausschlußurteils gegen die übrigen Nachlaßgläubiger gestellte Antrag ist daher gerechtfertigt (§§ 947ff, 989ff ZPO).

Dr Berner

Die öffentliche Bekanntmachung des wesentlichen Inhalts des Ausschlußurteils ist nicht zwingend vorgeschrieben (§ 956 ZPO) und wird fast stets unterbleiben können.
Mit Erlaß des Ausschlußurteils brauchen nicht angemeldete Forderungen – auch bekannter Gläubiger – von dem Erben nur insoweit befriedigt zu werden, als nach Befriedigung der nicht ausgeschlossenen Gläubiger noch ein Überschuß vorhanden ist (§§ 1973 BGB, 995 ZPO); bei einer Mehrheit von Erben haftet jeder nach Teilung nur für den seinem Erbteil entsprechenden Teil der Forderung (§ 997 ZPO).

III. Aufgebot zur Kraftloserklärung einer Urkunde

1. Allgemeines

1240 Die bundesgesetzlich geregelten **Fälle** des Urkundenaufgebots sind:

1. Schuldverschreibungen auf den Inhaber (§ 799 BGB);
2. Wechsel und Schecks (Art 90 WG, Art 59 SchG);
3. kaufmännische Orderpapiere (§ 363 HGB), zB kaufmännische Anweisungen, Konnossemente, Ladescheine;
4. Hypotheken-, Grundschuld- und Rentenschuldbriefe (§§ 1116, 1195, 1199 BGB);
5. Aktien- und Zwischenscheine (§ 72 AktG);
6. qualifizierte Legitimationspapiere (§ 808 BGB), insbesondere Sparbücher, wenn die Landesgesetzgebung nicht ein abweichendes Verfahren vorsieht (Art 102 Abs 2 EGBGB).

Für Postsparbücher ist ein besonderes Aufgebotsverfahren vorgesehen (vgl § 18 Postsparkassenordnung). Ein Aufgebot von Scheckformularen und -karten ist nicht möglich.[28]

1241 Das **Aufgebot** einer Urkunde kann **beantragt** werden, wenn die Urkunde abhanden gekommen oder vernichtet ist. Abhanden gekommen ist sie, wenn der Inhaber den Gewahrsam ohne oder gegen seinen Willen verloren hat. Ein Hypotheken-, Grundschuld- oder Rentenschuldbrief kann auch dann aufgeboten werden, wenn er wegen einer im Bundesgebiet nicht rechtswirksamen Maßnahme oder deswegen nicht in Besitz genommen werden kann, weil die Vollstreckung eines rechtskräftigen vollstreckbaren Titels auf Herausgabe des Briefs außerhalb des Bundesgebiets zu Unrecht verweigert wird (§§ 1, 13 des Gesetzes über die Kraftloserklärung von Hypotheken-, Grundschuld- und Rentenschuldbriefen in besonderen Fällen).

Bei Papieren, die auf den Inhaber lauten oder durch Indossament übertragen werden können und mit einem Blankoindossament versehen sind, ist der bisherige Inhaber antragsberechtigt, bei anderen Urkunden derjenige, der das Recht aus der Urkunde geltend machen kann (§ 1004 ZPO). Der Grundstückseigentümer ist aufgrund einer Löschungsbewilligung des Gläubigers berechtigt.[29]

1242 Für das Aufgebotsverfahren ist das Gericht des Orts **zuständig**, den die Urkunde als Erfüllungsort bezeichnet. Fehlt eine solche Bezeichnung, so ist das Gericht zuständig, bei dem der Aussteller seinen allgemeinen Gerichtsstand hat, in Ermangelung eines solchen das Gericht, wo der Aussteller zur Zeit der Ausstellung seinen allgemeinen Gerichtsstand gehabt hat (§ 1005 Abs 1 ZPO). Bei Urkunden über ein im Grundbuch eingetragenes Recht ist das Gericht der belegenen Sache ausschließlich zuständig (§ 1005 Abs 2 ZPO).

Wird am Sitz des für das Verfahren zuständigen Gerichts keine deutsche Gerichtsbarkeit mehr ausgeübt, ist das Amtsgericht Schöneberg in Berlin zuständig (§ 11 ZustErgG v 7. 8. 52, BGBl 52 I 407). Bei Anleihen des Bundes, von Bahn und Post ist das Amtsgericht Bad Homburg vdH ausschließlich zuständig.

---

[28] Kümpel NJW 75, 1549, aA Baumbach-Hefermehl ScheckG Art 4 RdNr 13.
[29] LG Flensburg SchlHA 69, 200.

Der Antragsteller muß bei Stellung des Antrags entweder eine **Abschrift** der Urkunde beibringen oder den wesentlichen Inhalt der Urkunde und alles angeben, was zu ihrer Erkennbarkeit erforderlich ist. Er muß ferner den **Verlust** der Urkunde und die Tatsachen **glaubhaft machen,** aus denen sich seine Antragsberechtigung ergibt. Schließlich hat er sich zur Versicherung der Wahrheit seiner Angaben an Eides Statt zu erbieten (§ 1007 ZPO). 1243

In dem Aufgebot ist der Inhaber der Urkunde aufzufordern, spätestens im Aufgebotstermin seine Rechte bei dem Gericht anzumelden und die Urkunde vorzulegen. Als Rechtsnachteil ist ihm anzudrohen, daß die Urkunde für kraftlos erklärt werde (§ 1008 ZPO). Die Bekanntmachung erfolgt durch Anheftung an die Gerichtstafel und im Lokal der Börse am Sitz des Gerichts sowie durch Einrücken in den Bundesanzeiger, außerdem in weitere Blätter nach Maßgabe des § 1009 ZPO. Zur Bestimmung des Aufgebotstermins bei Wertpapieren mit Zinsscheinen vgl §§ 1010–1013 ZPO.[30] Die Aufgebotsfrist beträgt mindestens 6 Monate, höchstens 1 Jahr (§ 1015 ZPO), nur beim Scheck beträgt sie mindestens 2 Monate (Art 59 ScheckG). Wegen des Vorbehalts für Landesrecht bei Hypothekenbriefen, Grundschuld- und Rentenschuldbriefen vgl RdNr 1203. 1244

2. Aufgebot zur Kraftloserklärung eines Hypotheken-, Grundschuld- oder Rentenschuldbriefs

BGB §§ 1162, 1192, 1199
ZPO §§ 946–956, 1003, 1004 Abs 2, 1005 Abs 2, 1007–1009, 1014–1018, 1024
ZVG § 136
G über die Kraftloserklärung von Hypotheken-, Grundschuld- und Rentenschuldbriefen in besonderen Fällen (Fundstellen s RdNr 1214)
Landesrecht: Vgl RdNr 1203

Ohne Aufgebotsverfahren werden Hypotheken-, Grundschuld- und Rentenschuldbriefe wiederhergestellt, die durch **Kriegseinwirkung** vernichtet worden sind (§ 8 VereinfVO v 5. 10. 42 – RGBl 573; BrZ idF der VO v 12. 5. 47 – VOBlBrZ 52; Bad idF des G v 7. 7. 48 – GVBl 127; RhlPf idF des G v 8. 10. 48 – GVBl 369; WüHo idF v 6. 8. 48 – RegBl 93; vgl auch § 26 des G über Maßnahmen auf dem Gebiete des Grundbuchwesens v 20. 12. 63, BGBl 63 I 986). 1245

Antrag 1246

An das
Amtsgericht Goslar ..., den ...
Antrag auf Aufgebot eines Hypothekenbriefs
des Rentners Fritz Boll in Goslar, Clausthalerstr 107,
Auf dem mir gehörenden, im Grundbuch von Goslar Band 10 Blatt 210 verzeichneten Grundstück ist in Abt III unter Nr 8 eine Hypothek von 1500 DM nebst 5% Zinsen seit 1. August 1978 für den Kaufmann Eberhard Schmidt in Hamburg eingetragen. Der Hypothekenbrief befand sich im Besitz des Gläubigers. Dieser hat ihn bei einem Umzug aus Versehen mit anderen Papieren verbrannt. Die Hypothekenschuld, für deren Zahlung ich persönlich haftete, ist von mir an den Gläubiger bezahlt worden.

---

[30] Ein Berechnungsbeispiel ist unter Fußn 41 angeführt.

Zur Glaubhaftmachung überreiche ich:
1. löschungsfähige Quittung des Gläubigers,
2. eidesstattliche Versicherung des Gläubigers über die Vernichtung der Urkunde.
Ich erbiete mich zur Versicherung der Wahrheit meiner Angaben an Eides Statt. Eine Abschrift des Hypothekenbriefs kann ich nicht überreichen. Sein Inhalt ergibt sich aber aus dem bei den Grundakten befindlichen Entwurf.
Ich beantrage, das Aufgebot und das Ausschlußurteil zu erlassen.

1247 **Aufgebot** (nach Einsichtnahme der Grundakten und Zahlung eines Auslagenvorschusses durch den Antragsteller)

Aufgebot

Der Rentner Fritz Boll in Goslar, Clausthalerstr 107,
hat das Aufgebot des vernichteten Hypothekenbriefs über die im Grundbuch von Goslar, Band 10 Blatt 210, in Abt III Nr 8 für den Kaufmann Eberhard Schmidt in Hamburg eingetragene, mit 5% verzinsliche Darlehenshypothek von 1500 DM beantragt.
Der Inhaber der Urkunde wird aufgefordert, spätestens in dem auf
den 15. September 19.., 10 Uhr[31, 32]
vor dem unterzeichneten Gericht, Zimmer 17,
anberaumten Aufgebotstermin seine Rechte anzumelden und die Urkunde vorzulegen, widrigenfalls die Kraftloserklärung der Urkunde erfolgen wird.
Goslar, den 1. Februar 19..

Amtsgericht
Schneider
Rechtspfleger

1248

Vfg

1. Grundakten trennen.
2. Ersuchen um einmalige Veröffentlichung des Aufgebots an den
   a) Bundesanzeiger,
   b) Hamburger Abendblatt[33]
3. Aushang an die Gerichtstafel.
4. Ausfertigung des Aufgebots an Antragsteller zustellen.
5. Nach 2 Wochen.

Goslar, den 1. Februar 19..

Schneider
Rechtspfleger

1249 **Nach Eingang der Belegblätter**

Vfg

1. Gebühren prüfen und anweisen.
2. Zum Termin.

Goslar, den 17. Februar 19.. Schneider

1250 Meldet der Inhaber der Urkunde vor, in oder nach dem Termin (jedoch vor Verkündung des Ausschlußurteils) seine Rechte unter Vorlage der Urkunde an, hat das

---

[31] Die Aufgebotsfrist beträgt mindestens 6 Monate (§ 1015 ZPO).
[32] Die Aufgebotsfrist ist nach Landesrecht vielfach auf 3 Monate verkürzt (Baden, Bayern, Hamburg, Hessen, Niedersachsen, ehem. Preußische Gebiete, Württemberg), in Bremen auf 6 Wochen. Vgl RdNr 1203.
[33] Fakultativ: § 1009 Abs. 2 ZPO.

Gericht den Antragsteller zu benachrichtigen und ihm Einsicht zu gestatten. Auf Antrag des Inhabers ist ein Termin zur Vorlegung zu bestimmen. Erkennt der Antragsteller die Nämlichkeit der Urkunde an, ist das Verfahren erledigt, bestreitet er sie oder meldet ein Dritter ein besseres Recht an, greift § 953 ZPO ein.

Verhandlung im Aufgebotstermin

Amtsgericht Goslar, den 25. Mai 19...

Protokoll über die öffentliche Sitzung

Gegenwärtig:
Richter am Amtsgericht Dr Berner
Justizsekretär Seger als Urkundsbeamter der Geschäftsstelle
In der Aufgebotssache
Boll
erschien im heutigen Termin bei Aufruf niemand. Das aus der Anlage ersichtliche Ausschlußurteil wurde durch Verlesung der Urteilsformel verkündet.

Dr Berner Seger

Ausschlußurteil 1251

Verkündet am 15. Sept. 19..
Seger, Justizsekretär
als Urkundsbeamter
der Geschäftsstelle

Ausschlußurteil
Im Namen des Volkes

In der Aufgebotssache
des Rentners Fritz Boll in Goslar, Clausthalerstr 197,
hat das Amtsgericht Goslar durch den Richter am Amtsgericht Dr Berner
für Recht erkannt:

Der Hypothekenbrief über die im Grundbuch von Goslar Band 19 Blatt 210 in Abt III Nr 8 für den Kaufmann Eberhard Schmidt in Hamburg eingetragene, mit 5% verzinsliche Darlehenshypothek von 1500 DM wird für kraftlos erklärt.

Der Antragsteller trägt die Kosten des Verfahrens.

Tatbestand und Entscheidungsgründe

Der Rentner Fritz Boll in Goslar, Eigentümer des in der Urteilsformel bezeichneten Grundstücks, hat den Verlust der in der Urteilsformel bezeichneten Urkunde und die Tatsachen glaubhaft gemacht, von denen seine Berechtigung abhängt, das Aufgebot zu beantragen.

Der Antrag ist nach §§ 1162, 1163 BGB, §§ 1004ff ZPO zulässig.

Das Aufgebot ist durch Anheftung an die Gerichtstafel sowie durch Einrückung in den Bundesanzeiger vom 15. Februar 19.. und in das Hamburger Abendblatt[33] bekanntgemacht worden.

Dritte haben Rechte auf die Urkunde vor dem Erlaß des Ausschlußurteils nicht angemeldet. Der auf Erlaß des Urteils gestellte Antrag ist daher gerechtfertigt (§§ 947ff, §§ 1003ff der Zivilprozeßordnung).

Dr Berner

Mit dem Erlaß des Ausschlußurteils ist die Urkunde kraftlos und der Antragsteller ist berechtigt, dem durch die Urkunde Verpflichteten gegenüber die Rechte aus der Urkunde geltend zu machen (§ 1018 Abs 1 ZPO). Das Urteil ersetzt den Besitz der Urkunde; wer aus der Urkunde verpflichtet ist, ergibt sich aus sachlichem Recht.[34]

---

[34] BGH JZ 58, 746.

1252 Das Ausschlußurteil ist seinem wesentlichem Inhalt nach im Bundesanzeiger bekanntzumachen (§ 1017 Abs 2 ZPO).

Vfg

1. Ersuchen um Veröffentlichung an Bundesanzeiger: „4. C 1/.. Der Brief über die im Grundbuch von Goslar Band 10 Blatt 210 in Abt III Nr 8 für Kaufmann Eberhard Schmidt in Hamburg eingetragene Darlehenshypothek ist kraftlos (Urt v 15. 9.19. .). Amtsgericht Goslar".

2. Nach 2 Wochen.

Goslar, den 15. September 19 . . Dr Berner

3. Aufgebot zur Kraftloserklärung eines auf den Inhaber lautenden Papiers

BGB §§ 799 ff (Schuldverschreibung auf den Inhaber)
AktG § 72 (Aktien, Zwischenscheine)
WBG § 63
ZPO §§ 946, 947, 949, 951–955, 959, 1003–1022

1253 In einem Aufgebotsverfahren zur Kraftloserklärung eines Inhaberpapiers kann auf Antrag eine **Zahlungssperre** angeordnet werden, durch die der Antragsteller während des Aufgebotsverfahrens vor Leistungen an den tatsächlichen Inhaber geschützt wird (§ 1019 ZPO). Sie ist auch bei Grundschuldbriefen, Inhaberschecks nach § 5 ScheckG, Aktien auf den Inhaber, qualifizierten Legitimationspapieren (zB Sparbüchern) anwendbar. Die Zahlungssperre enthält das Verbot an den Aussteller sowie an die im Papier und die von dem Antragsteller bezeichneten Zahlstellen, eine Leistung an den Inhaber zu bewirken, insbesondere neue Zins-, Renten- oder Gewinnanteilscheine oder Erneuerungsscheine auszugeben (§ 1019 Abs 1 ZPO). Die Einlösung von vor der Zahlungssperre ausgegebenen Zins-, Renten- oder Gewinnanteilscheinen wird von dem Verbot nicht betroffen (§ 1019 Abs 3 ZPO).
Wertpapiere, die dem Wertpapierbereinigungsgesetz unterliegen, werden nicht aufgeboten (§ 63 WBG).

1254 **Antrag auf Aufgebot einer Aktie mit Zahlungssperre**

Geschäftsstelle des Amtsgerichts Goslar, der 1. Februar 1988

Es erschien der Landwirt Karl Weber, Leinestraße 45, 3342 Gielde, und erklärte:
Laut anliegender Effektenabrechnung der Stadtsparkasse Goslar erwarb ich im August 1985 eine Aktie im Nennwert von 500 DM der Chemischen Werke Franz Wagner AG, Sitz Goslar. Das Papier war mit Gewinnanteilscheinen für 2 Jahre ausgestattet, die am 1. 4. 1986 und 1. 4. 1987 fällig geworden sind. Nach dem gleichfalls anliegenden Ausgabeplan sollten neue Gewinnanteilscheine am 1. 12. 1987 für zwei weitere Jahre, fällig am 1. 4. 1988 und 1. 4. 1989 ausgegeben werden. Eine Abschrift der Aktie überreiche ich ebenfalls in der Anlage, aus der sich auch Reihe und Nummer des Papiers ergibt. Ich habe das Wertpapier in meinem Schlafzimmer aufbewahrt, wo es mit Anteil- und Erneuerungsscheinen bei einem Brand am 19. September 1987 durch Löschwasser vernichtet oder fortgeschwemmt wurde.
Zur Glaubhaftmachung des Verlusts überreiche ich in der Anlage Bescheinigung des Gemeindedirektors und eidesstattliche Versicherung meiner Frau. Ich erbiete mich zur Versicherung der Wahrheit meiner Angaben an Eides Statt und beantrage, das Aufgebot zu erlassen und die Zahlungssperre anzuordnen.

vorgelesen genehmigt unterschrieben

Aufgebot 1255

Aufgebot und Zahlungssperre

Der Landwirt Karl Weber, Leinestraße 45, 3342 Gielde, hat das Aufgebot der am 19. September 1987 abhanden gekommenen Aktie nebst Erneuerungsscheinen der Chemischen Werke Franz Wagner AG in Goslar vom 2. Januar 1985 Reihe H Nr 20 im Nennbetrag von 500 DM und Verfügung der Zahlungssperre beantragt. Der Inhaber der Urkunde wird aufgefordert, spätestens in dem auf

den 4. November 1988, 10 Uhr[35]

vor dem unterzeichneten Gericht, Zimmer 17, anberaumten Aufgebotstermin seine Rechte anzumelden und die Urkunde vorzulegen, widrigenfalls die Kraftloserklärung der Urkunde erfolgen wird.

Zugleich wird verboten, an den Inhaber des Papiers eine Leistung zu bewirken, insbesondere neue Gewinnanteilscheine oder einen Erneuerungsschein auszugeben.

Goslar, den 1. Februar 1988

Amtsgericht
Schneider
Rechtspfleger

Vfg 1256

1. Ersuchen um einmalige Einrückung des Aufgebots an
   a) Bundesanzeiger,
   b) Goslarer Zeitung.[36]
2. Aushang an die Gerichtstafel.[37]
3. Ausfertigung des Aufgebots und der Zahlungssperre zustellen an:
   a) Antragsteller,
   b) Chem Werke Franz Wagner AG,[38]
   c) Stadtsparkasse[38]
3. Nach 2 Wochen.

Goslar, den 1. Februar 1988

Schneider
Rechtspfleger

Nach Eingang der Belegblätter 1257

Vfg

1. Gebühren prüfen und anweisen.
2. Zum Termin.

Goslar, den 17. Februar 1988

Schneider

---

[35] Die Aufgebotsfrist beträgt 6 Monate (§ 1015 ZPO). Der Aufgebotstermin ist gemäß § 1010 Abs 1 ZPO nicht vor dem 2. 10. 88 möglich. Um dem Antragsteller die Beibringung des in § 1010 Abs 2 ZPO vorgesehenen Zeugnisses zu ermöglichen, ist der Termin entsprechend weiter nach dem 2. 10. 88 anzuberaumen.

[36] Fakultativ: § 1009 Abs 2 ZPO. Im Fall des § 1009 Abs 3 ZPO muß jedoch die Veröffentlichung in denjenigen Blättern erfolgen, die in der Urkunde (bei Inhaberschuldverschreibungen in den für die staatliche Genehmigung maßgebenden Bestimmungen) vorgeschrieben sind.

[37] Besteht am Sitz des Aufgebotsgerichts eine Börse, so muß der Aushang auch dort erfolgen (§ 1009 Abs 1 ZPO).

[38] Förmliche Zustellung an Aussteller und Zahlstelle ist wegen des Nachweises des Zeitpunkts des Zugangs zu empfehlen. Es genügt aber auch formlose Mitteilung (§§ 1019, 329 Abs 3 ZPO).

1258 **Verhandlung im Aufgebotstermin**

Amtsgericht Goslar, den 4. November 1988

Protokoll über die öffentliche Sitzung

Gegenwärtig:
Richter am Amtsgericht Dr Berner
Justizsekretär Seger als Urkundsbeamter der Geschäftsstelle
In der Aufgebotssache Weber
erschien bei Aufruf der Antragsteller, der ein Zeugnis der Stadtsparkasse Goslar vom 15. Oktober 1988 überreichte, wonach die aufgebotene Aktie seit 19. September 1987 zur Ausgabe neuer Scheine nicht vorgelegt und die neuen Gewinnanteilscheine an einen anderen als den Antragsteller nicht ausgegeben worden sind.
Der Antragsteller beantragte darauf, das Ausschlußurteil zu erlassen.
Hierauf wurde das anliegende Ausschlußurteil durch Verlesung der Urteilsformel verkündet.

Dr Berner Seger

1259 **Ausschlußurteil**

Verkündet am 4. November 1988
Justizsekretär Seger
als Urkundsbeamter
der Geschäftsstelle

Aussschlußurteil

Im Namen des Volkes

In der Aufgebotssache des Landwirts Karl Weber, Leinestraße 45, 3342 Gielde, hat das Amtsgericht Goslar durch den Richter am Amtsgericht Dr Berner für Recht erkannt:

Die Aktie nebst Erneuerungsscheinen der Chemischen Werke Franz Wagner AG in Goslar vom 2. Januar 1985 Reihe H Nr 20 im Nennbetrag von 500 DM wird für kraftlos erklärt.

Der Antragsteller trägt die Kosten des Verfahrens.

Tatbestand und Entscheidungsgründe

Der Antragsteller hat den Verlust der in der Urteilsformel bezeichneten Urkunde und die Tatsachen glaubhaft gemacht, von denen seine Berechtigung abhängt, das Aufgebot zu beantragen.
Der Antrag ist nach §§ 72 AktG und 1003 ff ZPO zulässig. Das Aufgebot ist durch Anheftung an die Gerichtstafel [*und im Lokal der Börse*][37] sowie durch Einrückung in den Bundesanzeiger vom 15. Februar 1988 und in die Goslarer Zeitung[36] bekanntgemacht worden.
Dritte haben Rechte auf die Urkunde vor dem Erlaß des Ausschlußurteils nicht angemeldet. Der auf Erlaß des Urteils gestellte Antrag ist daher gerechtfertigt (§§ 947 ff, §§ 1003 ff der Zivilprozeßordnung).

Dr Berner

1260 Vfg

1. Ersuchen um Veröffentlichung an Bundesanzeiger.[39]
„4 C 2/88: Aktie der Chemischen Werke Franz Wagner AG Goslar vom 2. 1. 1984 Reihe H Nr 20 über 500 DM ist kraftlos (Urt v 4. 11. 1988). Amtsgericht Goslar.“
2. Nach 2 Wochen.
Goslar, den 4. November 1988 Dr Berner

---

[39] Zutreffendenfalls auch Veröffentlichung in den nach § 1009 Abs 3 ZPO vorgeschriebenen Blättern (§ 1017 Abs 2 ZPO).

4. Selbständige Zahlungssperre vor Aufgebot eines Inhaberpapiers

BGB §§ 793ff, 135, 136
ZPO §§ 1010, 1011, 1015, 947, 1019–1023
WBG § 63

Eine selbständige Zahlungssperre kann angeordnet werden, wenn alle Voraussetzungen für ein Aufgebot vorliegen, der Erlaß aber nach § 1015 S 2 ZPO (noch) nicht zulässig ist, weil ein Aufgebotstermin vor Ablauf eines Jahres nicht bestimmt werden kann, was wiederum auf den Vorschriften über die Bestimmung des Aufgebotstermins bei Wertpapieren mit Zinsscheinen nach §§ 1010ff ZPO beruht. Für den Antrag gilt § 947 ZPO (vgl RdNr 1201) 1261

Antrag

An das Amtsgericht Düsseldorf Goslar, den 1. Februar 1988
Antrag auf Erlaß der Zahlungssperre im Aufgebotsverfahren
des Rentners Fritz Boll, Goslar, Clausthalerstr 107,
Ich war berechtigter Inhaber des Anleihescheins der Stadt Düsseldorf von 1984 Reihe II Buchstabe C Nr 333 im Betrag von 1000 DM mit Zinsscheinen Reihe I Nr 2–10. Ich lege zur Glaubhaftmachung Abrechnung der Merkurbank Goslar vor. Es waren zuletzt Zinsscheine für 10 Jahre ausgegeben, von denen der nächste (Nr 4) am 1. April 1988 fällig wird. Der Inhalt der Urkunde ergibt sich im übrigen aus der anliegenden Abschrift. Ich habe das Wertpapier am 31. Januar 1986 im Wartesaal in Hannover aus Vergeßlichkeit liegengelassen. Es befand sich in einer Aktentasche, die ich im Wartesaal abgestellt und vergessen habe. Alle Nachforschungen nach der Aktentasche waren vergeblich. Zur Glaubhaftmachung überreiche ich eine Bescheinigung der Deutschen Bundesbahn und eine eidesstattliche Versicherung meiner Ehefrau, die mich begleitete. Ich erbiete mich zur Versicherung der Wahrheit meiner Angaben an Eides Statt.
Da ich das Aufgebot zur Zeit noch nicht beantragen kann (§§ 1011, 1015 ZPO), beantrage ich bei dem zuständigen Amtsgericht in Düsseldorf,
die Zahlungssperre zu verfügen (§ 1020 ZPO).

Zahlungssperre 1262

Zahlungssperre

Auf Antrag des Rentners Fritz Boll in Goslar, Clausthalerstr 107, wird bezüglich des ihm am 31. Januar 1986 abhanden gekommenen Anleihescheins der Stadt Düsseldorf von 1984 ... usw ... der Ausstellerin verboten, an den Inhaber des Papiers eine Leistung zu bewirken, insbesondere neue Zins- oder Erneuerungsscheine auszugeben (§§ 1019, 1020 ZPO).
Düsseldorf, den 4. Februar 1988

Amtsgericht
Becker
Rechtspfleger

1263 Vfg

1. Ersuchen um einmalige Veröffentlichung der Zahlungssperre an den Bundesanzeiger.
2. Aushang an die Gerichtstafel.
3. Ausfertigung ist zuzustellen an
   a) Antragsteller,
   b) Stadt Düsseldorf.[40]
4. Nach 3 Wochen.

Düsseldorf, den 4. Februar 1988

Becker
Rechtspfleger

1264 **Nach Eingang** der Belegblätter und der Zustellungsurkunden

Vfg

1. Gebühren prüfen und anweisen.
2. Wiedervorlage am 2. April 1989.[41]

Düsseldorf, den 20. Februar 1988 Becker

1265 **Erledigung der Zahlungssperre** (zB Antragsteller hat die Urkunde wiedererhalten, oder das Aufgebot ist bis 1. 4. 89 nicht beantragt worden, § 1022 ZPO)

Beschluß

Die am 4. Februar 1988 verfügte Zahlungssperre bezüglich des Anleihescheins der Stadt Düsseldorf von 1974 ... usw wird aufgehoben, weil der Antragsteller die ihm abhanden gekommene Urkunde wiedererhalten hat [*weil der Antragsteller die Einleitung des Aufgebotsverfahrens nicht binnen 6 Monaten nach der Beseitigung des ihr entgegenstehenden Hindernisses beantragt hat*], § 1022 ZPO.

Düsseldorf, den 5. Juni 1988 [*2. April 1989*]

Amtsgericht
Becker
Rechtspfleger

Vfg

1. Ausfertigung des Beschlusses an Antragsteller zustellen.
2. Wiedervorlegen 2 Wochen nach Zustellung.[42]

Düsseldorf, den 5. Juni 1988 [*2. April 1989*]

(Urkundsbeamter der Geschäftsstelle)

1266 Nach Rechtskraft des Aufhebungsbeschlusses

Vfg

1. Ausfertigung des Beschlusses an Stadt Düsseldorf zustellen.
2. Ersuchen an Bundesanzeiger um Veröffentlichung: „10 C 53/78. Die am 4. 2. 1988 verfügte Zahlungssperre bezüglich des Anleihescheins der Stadt Düsseldorf von 1984 ... usw ... ist aufgehoben. Amtsgericht Düsseldorf."
3. Aushang entfernen.
4. Nach 2 Wochen (Belegblatt).

Düsseldorf, den 25. Juni 1978 [*25. April 1989*]

Rechtspfleger

---

[40] Und an etwaige Zahlstellen, vgl Fußn 38.

[41] §§ 1022 Abs 1 Satz 2, 1011 ZPO: Bei Verlust am 31. 1. 86 beginnt die Wartefrist nach § 1011 ZPO mit der nächsten Fälligkeit am 1. 4. 86, dauert bis zur Fälligkeit des vierten Scheins (1. 4. 89) zuzüglich 6 Monate, also bis 1. 10. 89; das Aufgebot kann aber schon vorher beantragt werden, nur der Termin darf nicht vorher stattfinden. Da nach § 1015 ZPO zwischen Termin (nicht vor 1. 10. 89) und Aufgebot nicht mehr als ein Jahr liegen darf, kann das Aufgebot nicht vor dem 1. 10. 88 beantragt werden. Die Zahlungssperre ist 6 Monate nach Beseitigung des Hindernisses aufzuheben, § 1022 Abs 1 S 2 ZPO, also mit Ablauf des 1. 4. 89.

[42] Wegen § 1022 Abs 3 ZPO.

IV. Anfechtungsklage

Das **Ausschlußurteil** ist nicht mit der Berufung anfechtbar (§ 957 Abs 1 ZPO), es ist vielmehr sofort **rechtskräftig**, auch soweit es einen Vorbehalt eines behaupteten Rechts enthält.[43] Damit entfällt eine Überprüfung der tatsächlichen und rechtlichen Grundlagen eines Ausschlußurteils in einem Berufungs- oder Revisionsverfahren. Wiederaufnahme ist nicht möglich. Seine **Wirkung** erstreckt sich über die Feststellung der angedrohten Rechtsnachteile hinaus auf die Rechtmäßigkeit des Aufgebots sowie auf die Rechtmäßigkeit der mit Hilfe des Ausschußurteils erwirkten Maßnahmen, wie zB Eintragung in das Grundbuch, Bildung eines neuen Hypothekenbriefs oder Rückgriff aus einem nach Protest verlorenen Wechsel. Es wirkt gegen jeden, der eine Anfechtungsklage nicht erhoben hat, obwohl er dazu in der Lage gewesen wäre. 1270

Die Wirkung des Aussschlußurteils tritt nur demjenigen gegenüber nicht ein, der ein vermeintliches Recht im Aufgebotsverfahren angemeldet, es nach Gewährung eines **Vorbehalts** im Ausschlußurteil in einem gesonderten Rechtsstreit geltend gemacht und in jenem Rechtsstreit obsiegt hat, weil sich dort das angemeldete Recht als bestehend herausgestellt hat.[44] Im Verfahren über das vorbehaltene Recht kann nicht überprüft werden, ob die materiellrechtlichen Voraussetzungen für den Erlaß eines Ausschußurteils vorgelegen haben.[45]

Die **Anfechtungsklage** nach § 957 Abs 2 ZPO ist der einzig zulässige Rechtsbehelf gegen ein Ausschlußurteil und hat außerdem nur eine eingeschränkte Wirkung; denn ihr Gegenstand ist nur die formale Überprüfung einzelner, in § 957 Abs 2 ZPO abschließend aufgeführter Voraussetzungen für ein ordnungsgemäßes Aufgebotsverfahren und Ausschlußurteil, und nicht die sachliche Berechtigung des Ausschlusses.[46] Wem das materielle Recht tatsächlich zusteht oder zustand, ist für die Entscheidung des Rechtsstreits unerheblich. 1271

Zuständig ist ausschließlich das dem Aufgebotsgericht übergeordnete Landgericht; es herrscht Anwaltszwang. Neben den allgemeinen Prozeßvoraussetzungen müssen die besonderen Voraussetzungen der §§ 957, 958 ZPO erfüllt sein.

Die Anfechtungsklage ist nur aus einem der in § 957 Abs 2 ZPO angeführten **Klagegründe** zulässig, nämlich wenn

1. ein Fall nicht vorlag, in dem das Gesetz das Aufgebotsverfahren zuläßt,[47] es also an einem das Verfahren als Ganzes rechtfertigenden materiellrechtlichen Aufgebotsgesetz fehlte,[48] wobei der Umstand, daß der Richter gegen einzelne gesetzliche Bestimmungen verstoßen oder eine unzutreffende Behauptung als erwiesen angesehen hat, die Anfechtung nach Nr 1 nicht zuläßt (sondern allenfalls unter den Voraussetzungen der Nr 2–6),
2. die öffentliche Bekanntmachung des Aufgebots oder eine andere gesetzlich – auch landesrechtlich – vorgeschriebene Bekanntmachung oder Benachrichtigung unterblieben ist,
3. die vorgeschriebene (Mindest-)Aufgebotsfrist nicht gewahrt ist,

---

[43] BGHZ 76, 170 = NJW 80, 1521.
[44] BGH NJW 80, 2529.
[45] BGH NJW 80, 1521.
[46] BGH NJW 80, 2529.
[47] Nicht ausreichend ist das Vorliegen eines nicht angemeldeten Rechts, BGH NJW 80, 2529.
[49] RGZ 48, 369, BGH NJW 80, 2529.

4. der Richter, der das Ausschlußurteil erlassen hat, von der Ausübung des Richteramts ausgeschlossen war,
5. die – form- und fristgerechte – Anmeldung eines Anspruchs oder eines Rechts nicht in dem Urteil berücksichtigt ist,
6. die Voraussetzungen einer Restitutionsklage wegen einer Straftat (§ 580 Nr 1–5 ZPO) vorliegen.

Die Anfechtungsklage ist innerhalb eines Monats nach Erlangung der Kenntnis von dem Ausschlußurteil zu erheben; nur hinsichtlich der Klagegründe Richterausschließung und Restitutionsvoraussetzungen (§ 957 Nr. 4, 6 ZPO) beginnt die Frist erst, wenn der Kläger auch von diesen Gründen erfahren hat (§ 958 Abs 1 ZPO). Nach Ablauf von zehn Jahren seit Verkündung des Ausschlußurteils ist die Klage unstatthaft (§ 958 Abs 2 ZPO).

1272 **Anfechtungsklage** nach Aufgebot eines unbekannten Hypothekengläubigers

Landgericht
3380 Goslar

Im Rechtsstreit
Jürgen Schmidt, Wandsbeker Chaussee 35, 2000 Hamburg

– Kläger –

Prozeßbevollmächtigter: Rechtsanwalt Dr Fechter, Goslar
gegen
Fritz Boll, Clausthalerstraße 107, 3380 Goslar

– Beklagter –

erhebe ich im Namen und in Vollmacht des Klägers Klage. Im Termin zur mündlichen Verhandlung werde ich beantragen,

das am 20. November 19.. verkündete Ausschlußurteil des Amtsgerichts Goslar, Aktenzeichen ..., insoweit aufzuheben, als der Kläger mit seinem Recht an der im Grundbuch von Goslar Band 10 Blatt 210 in Abt III unter Nr 8 eingetragenen Hypothek über 1500 DM ausgeschlossen worden ist.

Begründung:

In dem von dem Beklagten betriebenen Aufgebotsverfahren zum Ausschluß des unbekannten Gläubigers der im Antrag angeführten, für den Kaufmann Eberhard Schmidt aus Hamburg eingetragenen Hypothek hat der Kläger auf das Aufgebot vom 5. Februar 19.. mit Schreiben vom 11. November 19.. an das Amtsgericht Goslar sein Recht angemeldet.

Beweis: Durchschrift des Schreibens vom 11. November 19..,
Einschreibquittung vom 12. November 19..

Nach Mitteilung der deutschen Bundespost vom ... ist der Brief am 14. November 19.. – und damit rechtzeitig vor dem Aufgebotstermin vom 20. November 19.. – beim Amtsgericht Goslar eingegangen,

Beweis: Mitteilung des Postamts Goslar vom 12. Januar 19..

aber aus unerfindlichen Gründen nicht zu der Akte gelangt.

Der Kläger ist als Alleinerbe seines am 13. Juni 19.. verstorbenen Vaters, des als Gläubiger eingetragenen Kaufmanns Eberhard Schmidt, zuletzt wohnhaft in Garmisch-Partenkirchen,

Beweis: Erbschein des AG Garmisch-Partenkirchen vom 14. September 19..,

Gläubiger der Hypothek; in den bedauerlicherweise völlig ungeordneten Papieren des Nachlasses hat der Kläger zwischenzeitlich den der Anmeldung noch nicht beigefügten Hypothekenbrief gefunden.

Beweis: Vorlage des Briefes im Termin, Fotokopie in der Anlage.

Zur Kündigung der Hypothek war der Beklagte nicht berechtigt; denn ...

Fechter
Rechtsanwalt

Liegt einer der Anfechtungsgründe des § 957 ZPO vor, ist von dem Landgericht im **Urteil** auszusprechen, daß das Ausschlußurteil insoweit aufgehoben wird, als darin der Kläger mit seinem Recht ausgeschlossen worden ist. Über die materielle Berechtigung des Klägers wird auch im Fall seines Obsiegens im Anfechtungsprozeß nicht entschieden. Die teilweise Aufhebung des Ausschlußurteils im Verhältnis der Parteien wirkt wie die Ergänzung des Ausschlußurteils um einen Vorbehalt des (angeblichen) Rechts des Klägers. Erkennt dies der Beklagte nicht an, muß der Kläger sein Recht in einem neuen Verfahren geltend machen, an welchem er durch das Ausschlußurteil nicht mehr gehindert ist. Betrifft ein der Anfechtungsklage stattgebendes Urteil die Kraftloserklärung einer Urkunde, ist es nach Eintritt der Rechtskraft bekanntzumachen (§ 1017 Abs 3 ZPO). Leistungen, die aufgrund des Ausschlußurteils von dem Verpflichteten bewirkt worden sind, bleiben auch im Fall der Aufhebung auf eine Anfechtungsklage hin auch Dritten, insbesondere dem Anfechtungskläger, gegenüber wirksam, sofern der Verpflichtete die Aufhebung nicht kannte (§ 1018 Abs 3 ZPO). 1273

Die **Urteilsformel** lautet in einem solchen Fall: 1274

Landgericht Goslar

In dem Rechtsstreit

...

wird das am 20. November 19.. verkündete Ausschlußurteil des Amtsgerichts Goslar – Aktenzeichen ... – insoweit aufgehoben, als der Kläger mit seinem Recht an der im Grundbuch von Goslar Band 10 Blatt 210 in Abt III unter Nr 8 für den Kaufmann Eberhard Schmidt eingetragenen und mit 5% jährlich verzinslichen Hypothek von 1500 DM ausgeschlossen worden ist.

Der Beklagte trägt die Kosten des Rechtsstreits.

Das Urteil ist vorläufig vollstreckbar.

14. Kapitel: Schiedsverfahren

ZPO §§ 1025–1048
ArbGG §§ 101–110
GWB § 91
GKG KV Nr 1080–1085, 1145–1148
BRAGO §§ 46, 67
Genfer Protokoll über die Schiedsklauseln im Handelsverkehr v 24. 9. 23 (RGBl 25 II 47)
Genfer Abkommen zur Vollstreckung ausländischer Schiedssprüche v 26. 9. 27 (RGBl 30 II 1068)
New Yorker Übereinkommen über die Anerkennung und Vollstreckung ausländischer Schiedssprüche (UN-Übk) v 10. 6. 58 (BGBl 61 II 122) und G hierzu v 15. 3. 61 (BGBl 61 II 121)
Europäisches Übereinkommen über die internationale Handelsschiedsgerichtsbarkeit v 21. 4. 61 (BGBl 64 II 426) und G hierzu v 17. 4. 64 (BGBl 64 II 425)
Pariser Vereinbarung über die Anwendung des Europäischen Übereinkommens über die internationale Handelsschiedsgerichtsbarkeit v 17. 12. 62 (BGBl 64 II 449) und G hierzu v 17. 4. 64 (BGBl 64 II 448)

Schrifttum:
Schwab, Schiedsgerichtsbarkeit, 3. Aufl 1979
Kessler, Schiedsgerichtsvertrag und Schiedsverfahren, 1970
Raeschke-Kessler, Neuere Entwicklungen im Bereich der Internationalen Schiedsgerichtsbarkeit, NJW 1988, 3041
Schlosser, Das Recht der internationalen privaten Schiedsgerichtsbarkeit, 1975
Straatmann-Ulmer, Handelsrechtliche Schiedsgerichts-Praxis, 1975
Thomas, Das privatrechtliche Schiedsgerichtsverfahren, 2. Aufl 1975

I. Allgemeines

Durch **Schiedsvertrag** kann vereinbart werden, daß die Entscheidung einer bürgerlichen Rechtsstreitigkeit durch einen oder mehrere Schiedsrichter unter Ausschaltung der staatlichen Gerichte erfolgen soll (§ 1025 Abs 1 ZPO). Streitschlichtung im internationalen Wirtschaftsverkehr erfolgt überwiegend durch Schiedsgerichte, weil sich die Vertragspartner eine rasche Beilegung ihres Streits durch von ihnen persönlich ausgewählte Richter, die mit der Materie besonders vertraut sind, erhoffen. Hinzu kommt nicht selten Mißtrauen gegen die staatliche Gerichtsbarkeit des jeweiligen Vertragspartners. Im nationalen Wirtschaftsverkehr spielt Mißtrauen gegen das („unbekannte“) Recht der anderen Vertragspartei keine entscheidende Rolle, im Vordergrund steht für die Schiedsabrede der erste Gesichtspunkt. 1300
Ein solcher Vertrag hat rechtliche Wirkung, soweit die Parteien berechtigt sind, über den Gegenstand des Streits einen Vergleich zu schließen. Die Parteien müssen also fähig sein, sich durch Vertrag hinsichtlich des Streitgegenstands zu verpflichten und über ihn zu verfügen. Damit scheiden alle Rechtsstreitigkeiten aus dem Ehe- und Kindschaftsrecht wie auch die Anfechtungsklage gegen Hauptversammlungsbeschlüsse einer Aktiengesellschaft aus. Auch die Angelegenheiten der freiwilligen Gerichtsbarkeit scheiden aus mit Ausnahme der echten privatrechtlichen Streitsa-

chen wie Landpachtstreitsachen[1] oder der Auseinandersetzung einer Erbengemeinschaft.[2] Ferner können Rechtsstreitigkeiten über den Bestand eines Mietvertrags über Wohnraum nicht vor ein Schiedsgericht gebracht werden mit Ausnahme der Mietverträge über vorübergehend überlassenen Wohnraum (§§ 1025a ZPO, 556a Abs 8 BGB). Durch Schiedsspruch kann auch nicht die Rechtsstellung einer Partei gegenüber einem unbeteiligten Dritten geregelt werden. Kartellschiedsverträge sind nur mit Einschränkungen zulässig (vgl § 91 GWB).
Besondere Vorschriften gelten für das schiedsgerichtliche Verfahren auf arbeitsrechtlichem Gebiet (§§ 101–110 ArbGG).

1301 Der Schiedsvertrag ist **unwirksam,** wenn eine Partei ihre wirtschaftliche oder soziale Überlegenheit dazu ausgenutzt hat, den anderen Teil zu seinem Abschluß oder zur Annahme von Bestimmungen zu nötigen, die ihr im Verfahren, insbesondere hinsichtlich der Ernennung oder Ablehnung der Schiedsrichter, ein Übergewicht über den anderen Teil einräumen (§ 1025 Abs 2 ZPO).[3]

1302 Der Schiedsvertrag muß **ausdrücklich** und **schriftlich** (§ 126 BGB) geschlossen werden. Die Urkunde darf keine anderen Vereinbarungen als solche enthalten, die sich auf das schiedsgerichtliche Verfahren beziehen. Beides gilt nicht, wenn der Schiedsvertrag für beide Teile ein Handelsgeschäft ist und beide Teile Vollkaufleute sind (§ 1027 Abs 1 und 2 ZPO). Eine in Allgemeine Geschäftsbedignungen aufgenommene Schiedsklausel ist daher unwirksam, wenn der Vertragspartner bei Vertragsschluß kein Vollkaufmann ist.[4] Der Mangel der Form kann dadurch geheilt werden, daß die Partei sich auf die schiedsgerichtliche Verhandlung zur Hauptsache ohne Rüge einläßt (§ 1027 Abs 1 S 2 ZPO). Auch ohne Vertrag können Schiedsgerichte durch privatrechtliche Rechtsgeschäfte angeordnet sein, so durch Testament, Satzung juristischer Personen[5] oder des nicht rechtsfähigen Vereins für Streitigkeiten mit Mitgliedern.

1303 Durch den Schiedsvertrag werden die Parteien verpflichtet, bei der Durchführung des Verfahrens mitzuwirken. Er gibt im Prozeß vor dem staatlichen Gericht eine prozeßhindernde Einrede (§ 1027a ZPO). Erhebt sie der Beklagte, obwohl eine dem Kläger zumutbare Möglichkeit, im Schiedsverfahren einen Titel zu erlangen, nicht besteht, weil dem Beklagten die für die Durchführung des Schiedsverfahrens erforderlichen Mittel fehlen, kann der Kläger der Schiedseinrede die Gegeneinrede der Arglist entgegensetzen.[6]

1304 Von dem Schiedsgerichtsverfahren ist das **Schiedsgutachtenverfahren** zu unterscheiden. Durch ein Schiedsgutachten wird nicht ein Rechtsstreit endgültig an Stelle des staatlichen Gerichts entschieden, sondern das Schiedsgutachten stellt nur Tatsachen fest, die für die Entscheidung eines Rechtsstreits erheblich sind.

---

[1] BGHZ 6, 248.
[2] BGH LM Nr 14 § 1025 ZPO.
[3] BGH NJW 89, 1477 mit Anm Walter JZ 89, 590.
[4] ZB im Fall des Beitritts zu einer Publikums-KG, BGH DB 80, 75.
[5] ZB des Deutschen Fußballbundes (DFB); vgl hierzu Preis Betr 72, 1723, Vollkommer RdA 82, 16.
[6] BGH NJW 88, 1215.

II. Inhalt des Schiedsvertrags

Der Schiedsvertrag über künftige Rechtsstreitigkeiten muß sich auf ein **bestimmtes Rechtsverhältnis** und die aus ihm entspringenden Rechtsstreitigkeiten beziehen (§ 1026 ZPO). Es kann also zB nicht die Vereinbarung getroffen werden, daß „alle Streitigkeiten aus der Geschäftsverbindung" der Entscheidung eines Schiedsgerichts unterworfen werden sollen. Die Parteien können auch vereinbaren, daß das Schiedsgericht (und nicht das staatliche Gericht) bindend entscheiden soll, ob der Schiedsvertrag wirksam ist und das Schiedsgericht zuständig ist[7] (sog Kompetenz-Kompetenz); das ordentliche Gericht entscheidet in diesem Fall nur, ob die Kompetenzklausel wirksam vereinbart worden ist.[8] 1305

Der Schiedsvertrag ist nur wirksam, wenn das Schiedsgericht eindeutig bestimmt oder jedenfalls bestimmbar ist.[9] Der Vertrag kann selbst die **Schiedsrichter** bezeichnen, die den Schiedsspruch fällen sollen. In der Regel enthält der Schiedsvertrag aber Bestimmungen über die Ernennung der Schiedsrichter für den künftigen Streitfall. Ist in dem Schiedsvertrag eine solche Bestimmung nicht enthalten, so wird von jeder Partei ein Schiedsrichter ernannt (§ 1028 ZPO). In der Praxis werden meist mehrere Schiedsrichter und ein Obmann vorgesehen, sodaß sich immer eine ungerade Zahl von Schiedsrichtern im Kollegium ergibt. Unwirksam ist die Bestimmung, daß einer Partei die Ernennung sämtlicher Schiedsrichter überlassen wird, und zwar auch für den Fall, daß der Gegner mit der Ernennung säumig ist.[10] Auch kann natürlich nicht eine Partei selbst, ihr gesetzlicher Vertreter oder ein Mitglied ihres Organs[11] Schiedsrichter sein. Benennt der Schiedsvertrag nicht selbst die Personen, die das Schiedsgericht bilden sollen, wird in der Regel das Recht der Auswahl je zur Hälfte den Parteien überlassen; die gewählten Mitglieder sollen sich dann auf einen Obmann einigen, der die Rolle des Vorsitzenden zu übernehmen hat. Die Bestellung der Schiedsrichter oder des Obmanns kann aber auch einem Dritten, meist einer Behörde oder einer öffentlichen Körperschaft überlassen werden.[12] 1306

Eine Behörde[13] oder juristische Person des Privatrechts kann nicht Schiedsrichter sein, wohl aber ihre Organe.

Im Schiedsvertrag können die Parteien weiter vereinbaren, **welches Recht** das Schiedsgericht anzuwenden hat. Auch eine Befreiung von den Bindungen an das materielle Gesetz und die Befugnis zur Entscheidung nach Billigkeit oder freiem Ermessen kann vereinbart werden; Grenze der freien Vereinbarung ist entweder Sittenwidrigkeit des Schiedsspruchs oder ein Verstoß gegen die öffentliche Ordnung (§ 1041 Abs 1 Nr 2 ZPO).[14] 1307

---

[7] BGHZ 68, 356, 358 = NJW 77, 1397, BGH NJW-RR 88, 1526, 1527.

[8] Raeschke-Kessler NJW 80, 3041, 3043 mwNachw, BGH NJW-RR 88, 1526, 1527.

[9] BGH NJW 83, 1267.

[10] So der früher zuständige III. Zivilsenat (BGHZ 54, 392, 398f = NJW 71, 139); aA für ausländische Schiedsgerichte der jetzt zuständige VII. Zivilsenat (BGHZ 98, 73 = NJW 86, 3027). Vgl dazu Raeschke-Kessler NJW 88, 3041, 3046.

[11] AA BGHZ 65, 59, dagegen Thomas-Putzo § 1028 Anm 3 mwNachw.

[12] Vgl die Schiedsgerichtsordnung für das Bauwesen, herausgegeben von dem Deutschen Betonverein eV, Wiesbaden, iVm der Deutschen Gesellschaft für Baurecht eV, Frankfurt; s hierzu Heiermann BB 74, 1507.

[13] So jedoch BGH BB 55, 296.

[14] BGH WM 76, 910, Baumbach-Lauterbach § 1041 Anm 5 D, Schwab Kapitel 19 III, Kessler S 43 ff, Rosenberg-Schwab § 176 III, Thomas-Putzo § 1038 Anm 3.

1308 **Schiedsvertrag zwischen Gesellschaftern:**

Schiedsvertrag

Wir,
1. ...
2. ...
schließen folgenden Vertrag:
1. Wir haben uns zu einer Kommanditgesellschaft unter der Firma ... mit dem Sitz in ... zusammengeschlossen. Der Zweck der Gesellschaft ist ...
Über Streitigkeiten, die aus diesem Gesellschaftsvertrag zwischen uns entstehen sollten, soll ein Schiedsgericht unter Ausschluß der Staatsgerichte entscheiden.
2. Das Schiedsgericht soll aus drei Schiedsrichtern bestehen. Jede Partei ernennt einen Schiedsrichter. Diese wählen den Obmann, der die Stellung eines Vorsitzenden bekleiden soll [*und die Befähigung zum Richteramt haben muß*].
3. Benennt eine Partei nicht binnen einer Woche seit Aufforderung einen Schiedsrichter oder einigen sich die Schiedsrichter nicht binnen ... seit der Benennung des letzten von ihnen über die Wahl des Obmanns, so werden der Schiedsrichter oder der Obmann auf Antrag einer Partei von dem Präsidenten des Oberlandesgerichts [*Landgerichts, der Industrie- und Handelskammer*] in ... bestimmt.
4. Entsprechend Nr 2 und 3 ist zu verfahren, wenn ein Schiedsrichter oder der Obmann wegfällt.
[*5. Das Schiedsgericht hat nach wirtschaftlichen Gesichtspunkten eine billige Entscheidung zu treffen.*][15]
6. Zuständiges Gericht (§§ 1045, 1046 ZPO) soll das Landgericht [*Amtsgericht*] ... sein.
..., den ... (Unterschriften)

III. Benennung oder Wahl des Schiedsrichters

1309 Die Art der Berufung der Schiedsrichter richtet sich nach dem Schiedsvertrag. Ist darüber keine Bestimmung getroffen, so wird von jeder Partei ein Schiedsrichter ernannt (§ 1028 ZPO). Steht beiden Parteien die Ernennung von Schiedsrichtern zu, so hat die betreffende Partei dem Gegner den Schiedsrichter schriftlich mit der Aufforderung zu bezeichnen, binnen einer einwöchigen Frist das gleiche zu tun. Nach fruchtlosem Ablauf der Frist wird auf Antrag der betreibenden Partei der Schiedsrichter von dem zuständigen Gericht ernannt (§ 1029 ZPO). Anzurufen ist das im Schiedsvertrag als zuständig vereinbarte oder das nach § 1045 ZPO zuständige Gericht.

1310 **Benennung eines Schiedsrichters**

An ... (Einschreiben gegen Rückschein oder Zustellung durch den Gerichtsvollzieher)
Zur Entscheidung über den Streit ... ist gemäß Schiedsvertrag vom ... ein Schiedsgericht berufen.
Ich benenne gemäß § 2 des Vertrags als Schiedsrichter Herrn ..., wohnhaft in ...
Ich fordere Sie auf, ebenfalls einen Schiedsrichter binnen einer Woche seit Zugang dieses Schreibens zu benennen.

---

[15] Diese Vertragsbestimmung ist zu streichen, wenn – wie meist – das Schiedsgericht nach geltendem materiellen Recht entscheiden soll, vgl RdNr 1307.

Hat der Gegner die Benennung des Schiedsrichters erhalten, so ist der Benennende an sie gebunden (§ 1030 ZPO). Ernennt der Gegner den Schiedsrichter nicht fristgemäß, verliert er das Ernennungsrecht endgültig mit dem darauf folgenden Gerichtsbeschluß,[16] bis dahin ist eine Nachholung möglich.

Das Gericht[17] ernennt dann den Schiedsrichter auf **Antrag:** 1311

An das
Landgericht [*Amtsgericht*] ...
Antrag auf Ernennung eines Schiedsrichters
Ich, der Unterzeichnete ... in ... habe mit ... am ... einen Vertrag über die Errichtung einer Kommanditgesellschaft geschlossen. In einem Zusatzvertrag dazu vom gleichen Tag habe ich vereinbart, daß über alle Streitigkeiten, die sich aus dem Gesellschaftsvertrag ergeben, ein Schiedsgericht entscheiden soll. Das ergibt sich aus den in Fotokopie beigefügten Anlagen.
Ich habe folgende Ansprüche gegen meinen Mitgesellschafter erhoben: ... Mein Mitgesellschafter hat diese Ansprüche zurückgewiesen. Ich muß deshalb meine Rechte vor dem dazu bestimmten Schiedsgericht verfolgen.
Ich habe mit Schreiben vom ..., dessen Abschrift anliegt, gegenüber meinem Gegner als Schiedsrichter Herrn ... in ... benannt und den Gegner aufgefordert, binnen einer Woche ebenfalls einen Schiedsrichter zu ernennen (§ 1029 ZPO). Der Gegner ist dieser Aufforderung nicht nachgekommen.
Ich beantrage deshalb, den zweiten Schiedsrichter zu bestimmen.
Das angerufene Gericht ist gemäß § 1045 ZPO [*nach dem Schiedsvertrag*] zuständig.

Die **Entscheidung des Gerichts** ergeht nach Anhörung des Gegners auf freigestellte 1312
mündliche Verhandlung durch Beschluß (§ 1045 Abs 2 ZPO). Das Gericht wählt nach freiem Ermessen aus und ist an Vorschläge nicht gebunden.

Beschluß

In dem Schiedsgerichtsverfahren ...
wird ... zum Schiedsrichter ernannt.
..., den ... Landgericht [*Amtsgericht*]

Gegen den Beschluß findet sofortige Beschwerde statt (§ 1045 Abs 3 ZPO).

Ist in dem Schiedsvertrag bestimmt (Beispiel RdNr 1308), daß **ein Dritter** den Schiedsrichter oder Obmann benennt, so ist RdNr 1311 entsprechend zu verwenden. Gegen die Benennung durch den Dritten gibt es kein Rechtsmittel.

Ist im Schiedsvertrag bestimmt, daß die Schiedsrichter einen **Obmann** wählen, und 1313
einigen sie sich auf eine Person, so teilen sie dies dem Obmann mit.

Dies geschieht zweckmäßigerweise durch ein von beiden Schiedsrichtern unterzeichnetes Schreiben, das auch die Parteien und ihre Bevollmächtigten anführt.

Betr: Wahl zum Obmann eines Schiedsgerichts 1314
Sehr geehrter Herr ...!
In dem Schiedsverfahren
Baugrund GmbH, vertreten durch den Geschäftsführer Dipl-Ing Herbert Stein, Kreuzstraße 3, 6000 Frankfurt/Main,
Bevollmächtigter: Rechtsanwalt Kurt Schnell, Frankfurt,
gegen
Metzler & Co KG, Bauunternehmung, vertreten durch den Komplementär Manfred Metzler, Hellerhofstraße 19, 6200 Wiesbaden,

---

[16] Schwab Kapitel 10 II 5, Stein-Jonas-Schlosser § 1029 RdNr 2, Rosenberg-Schwab § 175 III 3, Thomas-Putzo § 1029 Anm 2; aA Baumbach-Lauterbach § 1029 Anm 1 D.

[17] Im Fall des Vertrags RdNr 1308 der darin bezeichnete Dritte.

Bevollmächtigter: Rechtsanwalt Rainer Henkel, Wiesbaden,
haben die unterzeichneten Schiedsrichter
Architekt Kuno Ritter, Schöne Aussicht 3, Bad Homburg,
und Rechtsanwalt Albert Kaiser, Feldbergstraße 23, Frankfurt,
Sie zum Obmann gewählt.
Bitte teilen sie uns unverzüglich mit, ob Sie das Amt annehmen.

Hochachtungsvoll
Kuno Ritter Albert Kaiser

1315 Einigen sie sich nicht und trifft der Schiedsvertrag für diesen Fall keine Bestimmung, wer den Obmann ernennt, so wird der Schiedsvertrag ohne weiteres hinfällig.[18]

1316 Die Wahl oder Bestimmung des Obmanns wird wirksam, wenn dieser gegenüber den Schiedsrichtern oder den Parteien die **Annahme erklärt.** Er sollte beides tun.

1317 Ist der Obmann Richter oder Beamter hat er zuvor eine **Genehmigung** der Nebentätigkeit einzuholen (vgl zB § 40 DRiG). Sie darf nur erteilt werden, wenn die Parteien des Schiedsvertrags ihn gemeinsam beauftragen oder wenn er von einer unbeteiligten Stelle benannt ist. Die Genehmigung ist zu versagen, wenn er mit der Sache befaßt ist oder nach der Geschäftsverteilung befaßt werden kann.

1318 **Antrag eines Richters auf Nebentätigkeitsgenehmigung**

Dr Herbert Eistert
Vorsitzender Richter am Landgericht

Herrn Präsidenten des
Oberlandesgerichts
...
[*durch den Herrn*
Präsidenten des Landgerichts]
...
Betrifft: Nebentätigkeit
In der Schiedsgerichtssache
Baugrund GmbH, Kreuzstraße 3, Frankfurt
– Klägerin –
gegen
Metzler & Co KG, Hellerhofstraße 19, 6200 Wiesbaden
– Beklagte –
haben sich die Beisitzer des Schiedsgerichts auf mich als Obmann geeinigt.
Ich bitte gemäß [*§ ... BG iVm*] § ... RiG meine Tätigkeit als Vorsitzender des Schiedsgerichts zu genehmigen.
Ich versichere, daß
a) nach der derzeitigen Geschäftsverteilung des Landgerichts ich nicht für Schiedsgerichtssachen zuständig bin;
b) die Schiedsgerichtssache nicht zum Zuständigkeitsbereich der .. Zivilkammer des Landgerichts ..., deren Vorsitzender ich bin, gehört;
c) ich bei der Durchführung des Schiedsgerichtsverfahrens weder personelle noch räumliche oder sächliche Mittel der Justizbehörden in Anspruch nehmen werde.

Unterschrift

1319 Der Obmann hat, wenn im Schiedsvertrag nichts anderes bestimmt ist, die Stellung eines **Vorsitzenden.** Er hat also die mündliche Verhandlung vorzubereiten, das Verhandlungsprotokoll (gegebenenfalls mit einem Protokollführer) aufzunehmen und den Schiedspruch abzufassen.

---

[18] Baumbach-Lauterbach §§ 1028 Anm 2 A, 1029 Anm 1, Rosenberg-Schwab § 175 III 2, aA Stein-Jonas § 1029 RdNr 7.

Infolgedessen wird er bereits in der Annahmeerklärung vorbereitende Anordnungen treffen:

Annahme der Wahl zum Obmann und Verfahrensplan 1320

Herrn
Architekt Kuno Ritter
Schöne Aussicht 3
6380 Bad Homburg

Herrn
Rechtsanwalt Kurt Schnell
Postfach 3333
6000 Frankfurt/Main

Herrn
Rechtsanwalt Albert Kaiser
Feldbergstraße 23
6000 Frankfurt/Main

Herrn
Rechtsanwalt Rainer Henkel
Parkallee 217
6200 Wiesbaden

Betr: Schiedsgerichtsverfahren Baugrund ./. Metzler & Co

Sehr geehrte Herren!
Auf das Schreiben der Schiedsrichter, der Herren Ritter und Kaiser, teile ich Ihnen mit, daß ich [*vorbehaltlich der Genehmigung meiner Dienstbehörde, welche ich heute beantragt habe*] gerne bereit bin, das Amt des Obmanns zu übernehmen.
Zum Verlauf des Verfahrens darf ich folgendes bemerken:
1. Es wird zunächst dem Eingang der Klageschrift mit unterschriebenem Schiedsvertrag entgegengesehen. Nach deren Eingang wird der Streitwert festgesetzt und der für das Schiedsgericht erforderliche Gebührenvorschuß angefordert. Nach Eingang des Gebührenvorschusses wird die Klage sodann dem Beklagten zu Händen seines Prozeßbevollmächtigten zugestellt. Dieser wird um Mitteilung gebeten, ob ihm die Klageschrift durch Einschreiben gegen Rückschein zugestellt und diese Form als ordnungsgemäße Klagezustellung angesehen werden kann. Mit der Zustellung der Klage wird dem Beklagten eine Frist zur Erwiderung gesetzt werden. Nach Eingang der Klageerwiderung wird entschieden, ob bereits Termin zur mündlichen Verhandlung anberaumt werden kann oder eine weitere schriftliche Vorbereitung erforderlich ist.
2. Die Parteien und ihre Vertreter werden gebeten, alle Eingaben an das Schiedsgericht fünffach (Original und vier Abschriften) einzureichen; dies gilt auch für etwaige Anlagen der Schriftsätze, zB Fotokopien von Verträgen oder vom Schriftwechsel. Alle Eingaben bitte ich an meine obige Anschrift zu richten. Ich werde sodann die Durchschriften jeweils an die Gegenpartei und die Beisitzer des Schiedsgerichts weiterleiten. [*Schriftsätze bitte ich je in einer Abschrift den Schiedsrichtern, zweifach dem Gegner und mir in Urschrift zu übermitteln. Daß dies geschehen ist, ist auf der Urschrift zu vermerken.*]
3. Die Vergütung der Schiedsrichter richtet sich entsprechend allgemeiner Übung nach den Vorschriften und Gebührensätzen der Bundesrechtsanwaltsgebührenordnung, wobei der Vorsitzende jeweils $^{15}/_{10}$, die Herren Beisitzer $^{13}/_{10}$ der Gebühren erhalten. Auslagen sind zusätzlich zu vergüten. Die von dem Vorsitzenden für die Einschaltung einer Schreibkraft für den Schriftverkehr und den Protokollführerdienst entstandenen Auslagen werden pauschal mit 10% seiner Gebühren in Rechnung gestellt. [*In der Anlage übersende ich den Prozeßbevollmächtigten der Parteien eine Vereinbarung über die Vergütung mit der Bitte, ein Exemplar unterzeichnet an mich zurückzusenden.*]
Die Parteien werden höflich um Mitteilung gebeten, ob sie mit dieser Regelung einverstanden sind.

Mit vorzüglicher Hochachtung
(Dr Eistert)

1321 Lehnt der zum Obmann Gewählte oder Ernannte ab, so ist anderweite Wahl oder Bestimmung zulässig, sofern nicht der Schiedsvertrag etwas anderes bestimmt.[19] Wenn ein nicht in dem Schiedsvertrag ernannter Schiedsrichter stirbt oder aus einem anderen Grund wegfällt oder die Übernahme oder die Ausführung des Schiedsrichteramts verweigert, so hat die Partei, die ihn ernannt hat, auf Aufforderung des Gegners binnen einer Frist von einer Woche einen anderen Schiedsrichter zu bestellen. Nach fruchtlosem Ablauf der Frist wird auf Antrag der betreibenden Partei der neue Schiedsrichter von dem zuständigen Gericht ernannt (§ 1031 ZPO), sofern der Schiedsvertrag nichts Abweichendes bestimmt.

1322 Ein Schiedsrichter kann aus denselben Gründen und unter denselben Voraussetzungen **abgelehnt** werden wie ein Richter (§ 1032 Abs 1 ZPO). Ein nicht in dem Schiedsvertrag ernannter Schiedsrichter kann außerdem abgelehnt werden, wenn er die Erfüllung seiner Pflichten ungebührlich verzögert (§ 1032 Abs 2 ZPO). Minderjährige, Taube, Stumme und Personen, denen die Fähigkeit zur Bekleidung öffentlicher Ämter aberkannt ist, können stets abgelehnt werden (§ 1032 Abs 3 ZPO). Wenn sich die Parteien nicht über die Ablehnung einigen oder der Schiedsrichter freiwillig sein Amt niederlegt, entscheidet das Gericht (§ 1045 Abs 1 ZPO).

IV. Schiedsrichtervertrag

1323 Durch den Schiedsrichtervertrag wird der Schiedsrichter verpflichtet, als Richter im Schiedsgerichtsverfahren mitzuwirken. Der Schiedsrichter ist von den Parteien **unabhängig** und hat **unparteiisch** wie ein Richter des Staatsgerichts bei der Rechtsfindung mitzuwirken.

1324 Der Schiedsrichtervertrag besteht jeweils zwischen den Schiedsrichtern und den Schiedsparteien in ihrer Gesamtheit. Die Schiedsrichter haben regelmäßig Ansprüche auf **Vergütung** und Ersatz ihrer **Auslagen** gegen beide Parteien als Gesamtschuldner. Die Vergütung wird nach Abschluß des Verfahrens fällig, jedoch können die Schiedsrichter die Zahlung eines Vorschusses in Höhe der Gebühren verlangen. Dafür haften die Schiedsparteien ebenfalls als Gesamtschuldner. Wird der Vorschuß nicht gezahlt, so können die Schiedsrichter ihre Tätigkeit einstellen. Im Innenverhältnis haften die Schiedsparteien anteilmäßig.[20]

1325 Ist keine Vereinbarung über die **Höhe der Vergütung** getroffen, ist die übliche Vergütung geschuldet (§§ 612, 614 BGB). Dies ist nach allgemeiner Übung die Vergütung, die ein Rechtsanwalt des zweiten Rechtszugs nach der Bundesgebührenordnung für Rechtsanwälte erhält; dem Obmann wird zusätzlich eine besondere Gebühr oder eine erhöhte Gebühr zugebilligt.[21]
Zu empfehlen ist aber stets eine ausdrückliche Vereinbarung über Bemessung und Anfall der Gebühren.

---

[19] Baumbach-Lauterbach § 1028 Anm 2 B, Rosenberg-Schwab § 175 III 3.
[20] Vgl zu allem BGHZ 55, 344.
[21] Vgl dazu Breetzke NJW 68, 1113, Betr 71, 465; vgl RdNr 1320.

Der Deutsche Anwaltverein hat im Einvernehmen mit dem Deutschen Richterbund eine **Mustervereinbarung,**[22] über einen Schiedsrichtervertrag ausgearbeitet: 1326

Vereinbarung über die Vergütung der Schiedsrichter

Für die Vergütung der Schiedsrichter gelten, soweit die Parteien im Schiedsgerichtsvertrag nichts anderes vereinbart haben, folgende Grundsätze:

§ 1 Vergütung

(1) Jedes Mitglied des Schiedsgerichts erhält für seine Tätigkeit eine Vergütung (Gebühren und Auslagen), die derjenigen entspricht, die einem Rechtsanwalt für die Vertretung einer Partei vor den staatlichen Gerichten gemäß der Bundesgebührenordnung für Rechtsanwälte zusteht.

(2) Der Vorsitzende des Schiedsgerichts oder der Einzelschiedsrichter erhält $^{15}/_{10}$ Gebühren, die beisitzenden Schiedsrichter erhalten die Gebühren eines in zweiter Instanz tätigen Rechtsanwalts. Die Mitglieder des Schiedsgerichts können die Gebühren in anderer Weise unter sich aufteilen.

(3) Die Parteien haben den Schiedsrichtern alle notwendigen Auslagen zu erstatten, insbesondere Reisekosten und Tagegelder, Fernsprechkosten, Porti, Mehrwertsteuer usw (evtl Pauschale nach § 26 S 2 BRAGO) und Aufwendungen, die für die Durchführung von Beweisaufnahmen notwendig geworden sind, und zwar nach den Grundsätzen, die für entsprechende Maßnahmen vor den ordentlichen Gerichten gelten.

§ 2 Streitwert

Das Schiedsgericht legt der Berechnung der Gebühren einen Streitwert zugrunde, der nach den Grundsätzen der Zivilprozeßordnung und des Gerichtskostengesetzes zu bemessen ist. Die Bestimmung des Streitwerts erfolgt im Rahmen des § 315 BGB.

§ 3 Fälligkeit

Die Fälligkeit der Ansprüche der Schiedsrichter richtet sich nach den Bestimmungen der Bundesgebührenordnung für Rechtsanwälte (§ 16).

§ 4 Haftung der Parteien

Die Parteien haften den Schiedsrichtern als Gesamtschuldner.

§ 5 Vorschuß

(1) Die Schiedsrichter können von den Parteien je zur Hälfte die Zahlung eines Vorschusses bis zur Höhe der voraussichtlich entstehenden Vergütung verlangen. Ist der geleistete Vorschuß verbraucht, so kann Vorschuß nachgefordert werden.

(2) Das Schiedsgericht kann den Beginn seiner Tätigkeit von dem Eingang des Vorschusses abhängig machen.

§ 6 Wegfall eines Schiedsrichters

Fällt ein Schiedsrichter ohne sein Verschulden weg, so stehen ihm, im Fall seines Todes seinen Erben, die Gebühren und Auslagen zu, die bis zu seinem Ausscheiden entstanden sind.

§ 7 Scheitern eines Schiedsspruchs

(1) Kommt ein Schiedsspruch nicht zustande, so gilt die Regelung des § 6 für alle Schiedsrichter.

(2) Kommt ein Schiedsspruch infolge Verschuldens von Schiedsrichtern nicht zustande, so stehen diesen keine Vergütungsansprüche zu. Sie haben bereits erhaltene Vorschüsse zurückzuzahlen. Weitergehende Ansprüche der Parteien bleiben unberührt.

§ 8 Einfordern der Vergütung bzw des Vorschusses

Der Vorsitzende des Schiedsgerichts gilt als ermächtigt, die Zahlung der Vergütung sowie eines Vorschusses hierauf für alle Mitglieder des Schiedsgerichts von den Parteien einzufordern und in Empfang zu nehmen.

---

[22] Das Formular ist zu beziehen durch die Hans-Soldan-Stiftung, Essen.

§ 9 Nachweise der Höhe der Vergütung
Die Vergütung kann nur aufgrund einer von dem Vorsitzenden des Schiedsgerichts bzw dem Einzelschiedsrichter unterzeichneten Berechnung verlangt werden.

§ 10 Gerichtsstand[23]
Für Streitigkeiten aus dieser Vereinbarung ist das in dem Schiedsvertrag als zuständiges Gericht im Sinn der §§ 1045, 1046 ZPO bestimmte Landgericht, in Ermangelung einer solchen Bestimmung des Schiedsvertrags auch das Landgericht, in dessen Bezirk der Vorsitzende des Schiedsgerichts bzw der Einzelschiedsrichter seinen Hauptwohnsitz hat, zuständig.
..., den ... (Unterschriften des Schiedsrichters und der Schiedsparteien)

V. Verfahren

1327 Inwieweit das Schiedsgericht **sachliches Recht** anzuwenden hat oder etwa eine Entscheidung nach wirtschaftlichen Gesichtspunkten oder nach Billigkeit treffen soll, bestimmt der Schiedsvertrag.[24] Bestimmt der Schiedsvertrag nichts, so ist davon auszugehen, daß die Schiedsparteien eine Entscheidung unter Anwendung des sachlichen Rechts wünschen.[25] Gegebenenfalls muß das Schiedsgericht die Frage aber im Verfahren klären.

1328 Das **Verfahren** vor dem Schiedsgericht ist **nicht öffentlich.** Rechtsanwälte dürfen als Prozeßbevollmächtige nicht zurückgewiesen werden, entgegenstehende Vereinbarungen sind unwirksam. Personen, die nach § 157 ZPO von dem mündlichen Verhandeln vor den staatlichen Gerichten ausgeschlossen sind, können zurückgewiesen werden (§ 1034 Abs 1 Satz 2 ZPO).

1329 Das Schiedsgericht hat vor der Entscheidung die **Schiedsparteien zu hören,** und zwar jedesmal, wenn dies nach der Sach- oder Prozeßlage angezeigt ist, also auch nach Ermittlungen oder Beweisaufnahmen. Eine **mündliche Verhandlung** vor dem Schiedsgericht ist nicht zwingend vorgeschrieben, es genügt auch schriftliche Anhörung. Meist aber ist eine mündliche Verhandlung zweckmäßig, oft sogar notwendig. Das Schiedsgericht muß das dem Streit zugrunde liegende Sachverhältnis **ermitteln,** soweit es die Ermittlung für erforderlich hält (§ 1034 Abs 1 S 1 ZPO). Im übrigen wird das Verfahren, soweit nicht die Schiedsparteien eine Vereinbarung getroffen haben, von dem Schiedsgericht nach freiem Ermessen bestimmt (§ 1034 Abs 2 ZPO).

1330 Das Schiedsverfahren beginnt mit der Aufforderung – regelmäßig des Obmanns – an den Kläger, die **Schiedsklage** bei dem Schiedsgericht **einzureichen.** Eine solche Aufforderung wird meist bereits in der Annahmeerklärung des Obmanns enthalten sein (vgl RdNr 1320).

In dem Schiedsgerichtsverfahren
... gegen ...
wird der Kläger aufgefordert, die Schiedsklage bei dem Obmann in fünf Exemplaren einzureichen.

---

[23] Eine Gerichtsstandsvereinbarung ist nur noch in den engen Grenzen des § 38 ZPO möglich.
[24] Vgl RdNr 1307.
[25] Stein-Jonas § 1034 RdNr 2, Rosenberg-Schwab § 176 III.

Die **Klageschrift** kann wie eine Klageschrift im ordentlichen Verfahren vor dem Staatsgericht abgefaßt werden (vgl RdNr 205, 210ff). Sie ist an das Schiedsgericht zu richten und in Urschrift mit den erforderlichen Abschriften dem Obmann einzureichen. 1331

Aufgrund der Angaben in der Klageschrift setzt das Schiedsgericht den **Streitwert** fest und fordert von den Parteien **Vorschüsse** ein: 1332

In dem Schiedsgerichtsverfahren
... gegen ...
wird den Parteien aufgegeben, einen Vorschuß auf die Gebühren und Auslagen des Schiedsgerichts in Höhe von je DM ... bis zum ... auf das Konto des Obmanns Nr ... bei der ... Bank in ... einzuzahlen.

Berechnung:

Streitwert:	DM		
Gebühren des Obmanns			
2 Gebühren von $^{15}/_{10}$ à DM......			DM......
Auslagen			DM......
Umsatzsteuer			DM......
Gebühren der Schiedsrichter			
2 Gebühren von $^{13}/_{10}$ à DM............		DM......	
Auslagen		DM......	
Umsatzsteuer		DM......	
Gebühren eines Schiedsrichters		DM......	
Gebühren beider Schiedsrichter			DM......
Gebührenvorschuß insgesamt			DM......
hiervon hat jede Partei zu tragen ½			DM......

Vor der Zahlung nimmt das Schiedsgericht die Tätigkeit nicht auf.

Zahlt eine Partei den angeforderten Vorschuß nicht und vereitelt damit das Schiedsverfahren, kann die andere Partei nach § 326 BGB vom Schiedsvertrag zurücktreten.[26] Mit dem Erlöschen sind die staatlichen Gerichte zuständig. 1333

Gleichzeitig veranlaßt der Obmann die **Zustellung der Klageschrift** und setzt in der Regel eine Frist für die Erwiderung von einem Monat seit Zustellung; für diese ist eine besondere Form nicht vorgeschrieben. Zum Nachweis des Zugangs ist aber die Zustellung durch den Gerichtsvollzieher, mindestens aber die Übersendung mit Einschreiben gegen Rückschein zu empfehlen. 1334

Im übrigen verfährt das Schiedsgericht – sofern die Vorschüsse gezahlt worden sind – wie das ordentliche Gericht. Häufig ist ein **schriftliches Vorverfahren** zweckmäßig. Das Schiedsgericht, gegebenenfalls auch der Obmann (§ 273 ZPO entsprechend), fordert die Parteien zu Erklärungen, Stellungnahmen, Beweisantritten, Vorlage von Plänen und anderen Urkunden usw auf. 1335

Wenn die Schiedssache schriftlich genügend vorbereitet ist, bestimmt der Obmann einen **Verhandlungstermin.** Das Gericht wird die beweisführende Partei auffordern, Zeugen oder Sachverständige zum Termin zu stellen und gegebenenfalls das persönliche Erscheinen der Parteien anordnen. Soweit eine Beweisaufnahme erforderlich ist, wird gleichzeitig ein weiterer Vorschuß angefordert werden. Auch hier ist Zustellung zu empfehlen. Sind die Parteien durch Anwälte vertreten, so genügt stets ein Empfangsbekenntnis.

---

[26] Baumbach-Lauterbach § 1025 Anm 4; BGH NJW 85, 1904.

1336 **Im Verhandlungstermin** ist beiden Parteien Gelegenheit zu geben, ihren Standpunkt darzulegen und die Beweismittel für ihre Behauptungen zu bezeichnen. Die Anträge sind festzustellen, ihre Verlesung ist aber nicht erforderlich. Das Schiedsgericht kann Zeugen und Sachverständige vernehmen, wenn diese freiwillig erscheinen. Die Anwendung von Zwangsmitteln gegen Zeugen und Sachverständige ist aber nicht zulässig, auch kann das Schiedsgericht einen Zeugen oder Sachverständigen nicht beeiden oder von ihm eine eidesstattliche Versicherung fordern. In diesen Fällen kann die richterliche Handlung auf Antrag einer Partei vor dem zuständigen Gericht vorgenommen werden, wenn der Antrag zulässig ist (§ 1036 ZPO, vgl RdNr 1341 ff).

1337 Über den Termin zur mündlichen Verhandlung ein **Protokoll** aufzunehmen, ist gesetzlich nicht vorgeschrieben, in aller Regel aber zweckmäßig.
Beispiel einer solchen Niederschrift:

..., den ...

In dem Schiedsgerichtsverfahren

... gegen ...

erschienen in dem Termin zur mündlichen Verhandlung vor dem gemäß Schiedsvertrag vom ... gebildeten Schiedsgericht, bestehend aus
1. ..., Obmann,
2. ..., Schiedsrichter,
3. usw
seitens der Schiedsparteien:
1) d.. Kläger.. und Rechtsanwalt ...,
2) für d.. Beklagte. deren vertretungsberechtigter Gesellschafter ... und Rechtsanwalt ...
D.. Kläger../Beklagte. hat folgende Zeugen/Sachverständigen gestellt: ...
Die Zeugen und Sachverständigen verließen bis zu ihrer späteren Vernehmung den Verhandlungsraum.
Als Protokollführer wurde beigezogen: ...
Die Parteien und ihre Prozeßbevollmächtigten erklärten, daß sie
a) gegen die Wirksamkeit des Schiedsvertrags
b) gegen die Besetzung des Schiedsgerichts
keine Einwände erheben.[27]
Mit den Parteien wurde die Bemessung des Streitwerts und die Festsetzung der Vergütung für die Schiedsrichter erörtert. Die Erörterung hatte folgendes Ergebnis: ...
Die Parteien erklärten, daß der Schiedsspruch nur den Prozeßbevollmächtigten zugestellt werden solle.
Der Prozeßbevollmächtige d.. Kläger.. stellte darauf den Antrag der Klageschrift.
Der Prozeßbevollmächtigte d.. Beklagten stellte den Antrag aus dem Schriftsatz vom ... [*den Antrag, die Klage abzuweisen*].
Die Schiedsparteien verhandelten streitig zur Sache.
[*Darauf beschloß das Schiedsgericht nach Beratung:*
D.. anwesende Zeuge ... soll ... über folgende Beweisfrage vernommen werden: ...
Der anwesende Sachverständige soll sein Gutachten über folgende Frage abgeben ... Darauf wurde der Zeuge/Sachverständige ... hereingerufen.
Er wurde nach Ermahnung zur Wahrheit – wie folgt – vernommen: ... Die Parteien verzichteten auf Protokollierung der Aussage.
Darauf wurde den Schiedsparteien Gelegenheit gegeben, zum Ergebnis der Beweisaufnahme Stellung zu nehmen.

---

[27] Sinnvoll im Hinblick auf §§ 1037, 1041 Abs 1 Nr 1 ZPO; erfahrungsgemäß werden diese Einwendungen in aller Regel erst erhoben, wenn ein ungünstiges Schiedsurteil ergangen ist.

Die Prozeßbevollmächtigten verhandelten zur Sache unter Wiederholung der früher gestellten Anträge.]

Das Schiedsgericht gab darauf bekannt, daß ein Schiedsspruch den Prozeßbevollmächtigten [*den Parteien*] demnächst zugestellt werde.

[*(nur im Fall der vorläufigen Aufzeichnung:) Die Prozeßbevollmächtigten beider Parteien erklärten, daß sie etwaige Einwendungen gegen die Richtigkeit und Vollständigkeit der Übertragung des auf Tonträger vorläufig aufgezeichneten Protokolls binnen 14 Tagen nach Zustellung des übertragenen Protokolls erheben werden, nach Ablauf der Frist die Übertragung als genehmigt gilt, falls Einwendungen nicht erhoben worden sind, und der Tonträger sodann gelöscht werden kann.*

Das Protokoll wurde den Erschienenen vorgespielt und die Genehmigung von ihnen persönlich auf den Tonträger gesprochen: Genehmigt.. (Namen)]

Das Protokoll wurde den Erschienenen zur Durchsicht vorgelegt [*vorgelesen*], genehmigt und von ihnen und den Mitgliedern des Schiedsgerichts unterschrieben: ...

(Unterschriften)

Hält das Schiedsgericht nach der mündlichen Verhandlung eine (weitere) Beweisaufnahme für erforderlich, so kann es einen Beweisbeschluß erlassen; in der Regel geschieht dies aber nicht förmlich, sondern durch die Mitteilung des weiteren Vorgehens, zB Aufforderung entsprechend § 273 ZPO weitere Zeugen zu stellen. 1338

Wird die Verhandlung durch **Vergleich** beendet, ist es ratsam, den Wortlaut des Vergleichs **schriftlich** niederzulegen. Das braucht nicht unbedingt im Protokoll zu geschehen, sondern erfolgt zweckmäßigerweise in einer besonderen Urkunde, die als Anlage zum Protokoll genommen wird; denn das Protokoll wird häufig vorläufig aufgezeichnet und erst später übertragen, während der Vergleich im Hinblick auf § 1044a ZPO sogleich von allen Beteiligten **unterzeichnet** werden sollte: 1339

Anlage zum Protokoll in der Schiedsgerichtssache 1340

... gegen ...

Die Schiedsparteien schließen folgenden Vergleich:

1. ...

2. (Kostenregelung)

3. Der Schiedsbeklagte unterwirft sich wegen der vorstehenden Verpflichtung der sofortigen Zwangsvollstreckung.

..., den ...

(Kläger) (Beklagter)

(Klägervertreter) (Beklagtenvertreter)

(Obmann) (Schiedsrichter) (Schiedsrichter)

Wird die **Vernehmung** eines Zeugen oder Sachverständigen vor dem **ordentlichen Gericht** erforderlich, weil er vor dem Schiedsgericht nicht freiwillig erscheint, oder erachtet das Schiedsgericht die eidliche Vernehmung für notwendig, so ordnet es dies durch Beschluß an. Am besten beantragen beide Parteien dann bei dem nach § 1045 ZPO zuständigen Gericht die Vernehmung (§ 1036 ZPO). Bei einem Antrag eines Schiedsrichters oder des Obmanns ist die stillschweigende Ermächtigung der Parteien zu vermuten.[28] Ist das zuständige Gericht – wie es meist der Fall sein wird – wegen der Höhe des Streitwerts das Landgericht, so muß der Antrag durch einen Rechtsanwalt gestellt werden (§ 78 ZPO). Jedoch können die Parteien auch in Ergänzung oder Änderung des Schiedsvertrags schriftlich vereinbaren, daß für die Vernehmung ausschließlich das Amtsgericht zuständig sein soll (§§ 1027, 1045 ZPO). 1341

---

[28] Schwab Kapitel 17 III, Stein-Jonas § 1036 RdNr 1.

1342 **Antrag auf eidliche Vernehmung**

An das Landgericht ...
In dem Schiedsgerichtsverfahren ... (volles Rubrum)
beantrage ich namens d.. Schiedskläger../Schiedsbeklagten/Schiedsgerichts, den Zeugen/Sachverständigen ... in ... auf seine Aussage vor dem Schiedsgericht vom ... zu beeiden.
Die Parteien führen vor dem Schiedsgericht, bestehend aus ..., in ... ein schiedsgerichtliches Verfahren. Gegenstand des Streits ist ...
Das Schiedsgericht hat durch Beweisbeschluß vom ... angeordnet, daß der ... auf seine vor dem Schiedsgericht am ... gemachte Aussage zu beeiden ist.
Hinderungsgründe liegen nicht vor. Der Antrag ist deshalb gemäß § 1036 ZPO gerechtfertigt.
Ich füge bei:
Schiedsvertrag, Schiedsklage, Protokoll über die Vernehmung des Zeugen/Sachverständigen, Beschluß des Schiedsgerichts über die Anordnung der Beeidigung in Urschrift oder beglaubigter Abschrift.
Das angerufene Gericht ist zuständig, weil ...

(Unterschrift)
Rechtsanwalt

1343 Hält das ordentliche Gericht die beantragte Maßnahme für zulässig, so ordnet es die Vernehmung oder Beeidigung durch Beschluß an. Auf das Verfahren sind die Vorschriften der Zivilprozeßordnung anzuwenden. Dem Staatsgericht stehen auch die Entscheidungen zu, die im Fall der Zeugnisverweigerung erforderlich werden (§ 1036 Abs. 2 ZPO), vgl RdNr 596ff.

VI. Streit über die Zulässigkeit des Schiedsverfahrens

1344 Der Schiedsvertrag kann erlöschen mit Eintritt einer Bedingung oder Befristung, Anfechtung, vertraglicher Aufhebung oder mit Kündigung aus wichtigem Grund, wenn der Partei ein Festhalten am Schiedsvertrag nicht zumutbar ist,[29] zB wegen eingetretener Verarmung.[30]

1345 Besteht hierüber unter den Parteien Streit, kann das Schiedsverfahren begonnen und beendet werden (§ 1037 ZPO); das Schiedsgericht hat dann zu klären, ob die Einwände bestehen oder nicht. Es kann aber auch das Verfahren bis zur rechtskräftigen Klärung der Frage aussetzen, was dann zweckmäßig ist, wenn eine Partei das staatliche Gericht angerufen hat. Dies entscheidet über einen entsprechenden Feststellungsantrag durch Beschluß (§ 1045 ZPO).

---

[29] Habscheid KTS 80, 285.
[30] BGHZ 41, 104; 51, 79; 77, 65, BGH NJW 88, 1215, Schiedermaier ZZP 74, 144, Baumbach-Lauterbach § 1025 Anm 4, aA Baumbach-Schwab S 85.

VII. Schiedsspruch

Die **Beratung** der Schiedsrichter findet in der Regel im Anschluß an die mündliche Verhandlung statt. Sie kann aber auch während des Verfahrens erforderlich werden. Die Schiedsrichter können auch schriftlich oder fernmündlich beraten. Sie müssen das Beratungsgeheimnis wahren, wenn der Schiedsvertrag nichts anderes bestimmt.[31] 1346

Ist der Schiedsspruch von mehreren Schiedsrichtern zu erlassen, so ist die absolute Mehrheit der Stimmen entscheidend; der Schiedsvertrag kann aber auch hier Abweichendes bestimmen (§ 1038 ZPO). Ergibt sich Stimmengleichheit, so haben die Schiedsrichter dies den Parteien mitzuteilen. Der Schiedsvertrag tritt dann außer Kraft (§ 1033 Nr 2 ZPO). Bei der Abstimmung über in der Entscheidung festzustellende Summen ist § 196 Abs 2 GVG entsprechend anzuwenden.

Der Schiedsspruch muß mit **Gründen** versehen werden, wenn die Parteien nichts 1347 anderes vereinbart haben (§ 1041 Abs 1 Nr 5 und Abs 2 ZPO). Er wird zweckmäßig in der Form eines streitigen Urteils mit Tatbestand und Entscheidungsgründen abgefaßt.

Von den Möglichkeiten der Abkürzung kann wie beim Urteil Gebrauch gemacht werden. Er muß aber in jedem Fall den Tag der Abfassung und die Unterschrift der Schiedsrichter enthalten (§ 1039 ZPO).

Der Schiedsspruch muß auch eine Entscheidung über die **Kosten** enthalten. Wenn 1348 nichts anderes vereinbart ist, wird über die Kosten nach §§ 91 ff ZPO entschieden. Sind nach der Kostenentscheidung von einer Partei der anderen Kosten zu erstatten, sind sie dem Betrag nach in den Schiedsspruch aufzunehmen, soweit sie bekannt sind, was bei den außergerichtlichen Kosten häufig nicht der Fall sein wird. Dann kann der Schiedsspruch durch Ergänzungsschiedsspruch vervollständigt werden.[32] Die Schiedsrichter sind allerdings nicht befugt, ihre eigene Vergütung dem Betrag nach bindend für die Schiedsparteien festzusetzen, und zwar auch nicht als Teil der Kostenfestsetzung im Schiedsspruch. Das wäre ein Urteil in eigener Sache. Enthält die Kostenfestsetzung im Schiedsspruch gleichzeitig eine Festsetzung der Gebühren der Schiedsrichter, so kann die beschwerte Partei diese im Verfahren der Vollstreckbarerklärung nach § 1042 ZPO beanstanden.[33] Es bestehen aber auch keine Bedenken, die Verfolgung des Kostenerstattungsanspruchs als Nebenanspruch im Verfahren der Vollstreckbarerklärung nach § 1042 ZPO zuzulassen.[34] In diesem Verfahren können sich die Schiedsrichter dann als Streithelfer beteiligen (§ 66 ZPO).[33]

---

[31] BGHZ 23, 138; Gleiss-Helm MDR 69, 93, Stein-Jonas § 1034 RdNr 41.
[32] Stein-Jonas-Schlosser § 1042 RdNr 27ff, Schwab Kapitel 33 II 1, Thomas-Putzo § 1039 Anm 1b.
[33] OLG Celle BB 1963, 1241, Schwab Kapitel 33 IV.
[34] Die Frage ist umstritten. Wie oben Stein-Jonas § 1042 ZPO RdNr 30, Schwab Kapitel 33 II 3, Thomas-Putzo § 1039 Anm 1b, BGH Betr 77, 1502, aA OLG Koblenz NJW 69, 1540.

1349 **Schema eines Schiedsspruchs**

Schiedsspruch

In dem Schiedsgerichtsverfahren
. . ., Schiedskläger . .,
Bevollmächtigter: . . .

gegen

. . ., Schiedsbeklagte.,
Bevollmächtigter: . . .
hat das gemäß Schiedsvertrag vom . . . gebildete Schiedsgericht, bestehend aus:
1. . . ., Obmann,
2. . . ., Schiedsrichter und
3. . . ., Schiedsrichter
[*auf die mündliche Verhandlung vom . . .*] folgenden Schiedsspruch erlassen:
1. D. . Beklagte. wird/werden (als Gesamtschuldner) verurteilt, an d. . Kläger . . . DM (in Worten . . . DM) nebst . .% Zinsen seit dem . . . zu zahlen.
2. D. . Beklagte. wird/werden weiter verurteilt, . . . (usw).
3. D. . Beklagte. hat/haben [*als Gesamtschuldner*] die Kosten des Schiedsverfahrens zu tragen. Der Betrag der von d. . Beklagte. an d. . Kläger . . zu erstattenden Kosten wird auf . . . DM nebst 4% Zinsen seit Zustellung dieses Schiedsspruchs festgesetzt. Hinzutreten die Kosten der Zustellung dieses Schiedsspruchs.
[*Das Schiedsgericht beauftragt den Obmann, die Zustellung und Niederlegung des Schiedsspruchs allein zu bewirken.*]

Tatbestand

. . . . . .

Entscheidungsgründe

. . . . . .

. . ., den . . . (Unterschriften der Schiedsrichter und des Obmanns)

1350 Der Schiedsspruch wird zweckmäßigerweise vierfach erstellt und unterschrieben; zwei Exemplare sind für die Zustellung an die Parteien, die Urschrift für die Niederlegung und eine Abschrift für die Schiedsakte des Obmanns bestimmt.

1351 Das Schiedsgericht hat die **Kosten** des Schiedsverfahrens gegenüber den Parteien abzurechnen. Da sie auch die Gebühren der Schiedsrichter enthält, bindet die Abrechnung insoweit die Parteien nicht.

1352 **Schlußkostenabrechnung**

In der Schiedsgerichtssache
. . . gegen . . .
I. Streitwert: DM . . .
II. Außergerichtliche Kosten:

des Klägers	DM 600,–		
des Beklagten	DM 600,–		
insgesamt	DM 1200,–;		
hiervon haben zu tragen			
der Kläger ⅓	= DM 400,–,	der Beklagte ⅔	= DM 800,–,
getragen haben			
der Kläger	DM 600,–,	der Beklagte	DM 600,–,
mithin zuviel	DM 200,–,	zu wenig	DM 200,–,

so daß DM 200,– von dem Beklagten an den Kläger zu erstatten sind.

III. Gebühren und Auslagen des Schiedsgerichts:

Obmann: 3 × 15/10 à DM ... (§ 31 Nr 1–3 BRAGO)	DM 800,–	
10% Auslagenpauschale für Porti, Telefon, Schreibkraft	DM 80,–	
Umsatzsteuer	DM ...	
		DM 880,–
1. Beisitzer: 3 × 13/10 à DM ... (§ 31 Nr 1–3 BRAGO)	DM 700,–	
Auslagenpauschale	DM 30,–	
Umsatzsteuer	DM ...	
		DM 730,–
2. Beisitzer:		DM 730,–
insgesamt		DM 2340,–

hiervon haben zu tragen

der Kläger 1/3 =	DM 780,–	der Beklagte 2/3 =	DM 1560,–
abzüglich Vorschuß	DM 800,–		DM 800,–
mithin zuviel	DM 20,–	zu wenig	DM 760,–;

der von dem Kläger zuviel gezahlte Betrag ist verrechnet auf Restschuld des Beklagten und von diesem an Kläger zu erstatten	DM 20,–
noch zu zahlen	DM 740,–

IV. Kostenlast des Beklagten:

aus II an Kläger zu erstatten	DM 200,–
aus III an den Kläger zu erstatten	DM 20,–
an das Schiedsgericht zu zahlen	DM 740,–
	DM 960,–

In einem bindenden **Ergänzungsschiedsspruch** kann nur die Abrechnung zu II aufgenommen werden (vgl RdNr 1348): 1353

Ergänzungsschiedsspruch

...

Der Betrag der von dem Beklagten zu erstattenden Kosten wird auf DM 200,– nebst 4% Zinsen seit Zustellung dieses Schiedsspruchs festgesetzt.
Hinzu treten die Kosten der Zustellung.

Der Schiedsspruch ist den Parteien oder ihren Bevollmächtigten **zuzustellen** (§ 1039 ZPO). Es sollte vorher geklärt werden, ob – wenn Bevollmächtigte bestellt sind – die Zustellung an die Partei selbst oder an den Bevollmächtigten erfolgen soll (vgl RdNr 1337).[35] Ist die Frage ungeklärt geblieben, so empfiehlt es sich, den Parteien wie den Bevollmächtigten zuzustellen, um jede Möglichkeit der Beanstandung auszuräumen. Zuzustellen ist eine Ausfertigung, also am zweckmäßigsten eine weitere Urschrift, die von allen Schiedsrichtern unterschrieben sein muß. Ein Beglaubigungsvermerk durch einen Dritten genügt nicht. Zuzustellen ist im Auftrag des Schiedsgerichts.[36] Es genügt, wenn der Obmann die Zustellung im Auftrag des Schiedsgerichts veranlaßt,[37] insbesondere dann, wenn ihm im Schiedsspruch dazu der Auftrag ausdrücklich erteilt worden ist. Bestehen Zweifel, so sollten alle Schiedsrichter den Auftrag unterzeichnen. 1354

[35] Schwab Kapitel 20 III, Baumbach-Lauterbach 3 B zu § 1039.
[36] BGH ZZP 71, 427.
[37] BGH LM Nr 8 zu § 1041 ZPO, Rosenberg-Schwab § 177 I 6b.

1355 **Zustellungsauftrag**

An die
Verteilungsstelle für Gerichtsvollzieheraufträge beim Amtsgericht ...
In der Schiedsgerichtssache ... gegen ...
überreicht das Schiedsgericht 3 Ausfertigungen des Schiedsspruchs vom ... mit dem Auftrag, je ein Exemplar zuzustellen an:
1. ... 2. ...
Das Hauptexemplar (Urschrift) mit den Zustellungsurkunden wird unter Erhebung der Kosten an den Obmann ... in ... zurückerbeten.

VIII. Niederlegung des Schiedsspruchs oder des Schiedsvergleichs

1356 Schiedsspruch und Schiedsvergleich sind auf der Geschäftsstelle des nach § 1045 ZPO zuständigen Gerichts niederzulegen.[38] Dem Schiedsspruch müssen die zugehörigen Nachweise über die Zustellung beigefügt werden (§§ 1039, 1044a ZPO). Niederzulegen hat das Schiedsgericht.[36] Doch kann, wie bei der Zustellung, auch der Obmann oder ein Schiedsrichter mit dieser Aufgabe durch das Schiedsgericht betraut werden. Erst mit der Niederlegung wird der Schiedsspruch für das staatliche Gericht existent.[39]

1357 An das
..., den ...
Landgericht ...
Niederlegung eines Schiedsspruchs
In der Schiedsgerichtssache

... gegen ...

überreicht das Schiedsgericht in der Anlage zur Niederlegung bei dem nach § 1045 ZPO zuständigen [*nach dem Schiedsvertrag vom ... als zuständig vereinbarten*] Landgericht ... die Urschrift des Schiedsspruchs vom ... mit den Zustellungsurkunden [*die Urschrift des Schiedsvergleichs vom ...*].
Um Bestätigung der Niederlegung an den Obmann ... in ... wird gebeten.

(Unterschriften der Schiedsrichter)

IX. Vollstreckbarerklärung des Schiedsspruchs

1358 Der (den Förmlichkeiten des § 1039 ZPO entsprechende) Schiedsspruch hat unter den Schiedsparteien die **Wirkungen** eines rechtskräftigen gerichtlichen Urteils (§ 1040 ZPO). Aus ihm kann aber die **Zwangsvollstreckung** nur betrieben werden, wenn er von dem zuständigen Staatsgericht für vollstreckbar erklärt worden ist (§§ 1042 Abs 1, 794 Abs 1 Nr 4a ZPO). Zuständig ist das im Schiedsvertrag vereinbarte Gericht, sonst das in §§ 1045, 1046 ZPO bezeichnete Gericht. Ist das Amtsgericht zuständig, so kann der Antrag schriftlich oder zu Protokoll der Geschäftsstelle gestellt werden. Beim Landgericht muß der Antrag von einem Rechts-

[38] Die Zuständigkeit kann vereinbart werden; BGH NJW-RR 86, 61.
[39] Raeschke-Kessler NJW 88, 3041, 3048; BGHZ 96, 40 = NJW 86, 1436.

anwalt unterzeichnet sein.[40] Die für die Zustellung erforderlichen Abschriften des Antrags sind beizufügen (§ 1042b Abs 1 ZPO).

An das ..., den ... 1359
Landgericht ...
In der Schiedsgerichtssache ... (volles Rubrum wie im Schiedsspruch)
beantrage ich für d.. Schiedskläger .. als Antragsteller ..:

1. Der am ... von dem Schiedsgericht, bestehend aus ..., erlassene Schiedsspruch, niedergelegt bei dem Landgericht unter dem Aktenzeichen ..., wird für vollstreckbar erklärt.
2. Die Entscheidung ist vorläufig vollstreckbar.
3. Die Kosten dieses Verfahrens werden d.. Antragsgegner.. auferlegt.

[*4. Die von d.. Antragsgegner.. an d.. Antragsteller.. zu erstattenden Kosten des Schiedsgerichtsverfahrens werden auf ... DM nebst 4% Zinsen seit Antragstellung festgesetzt*].[41]

Zur Begründung mache ich geltend:
Die Anträge zu 1–3 sind gemäß §§ 1042 Abs 1, 1042c Abs 1 und 91 ZPO gerechtfertigt.
D.. Schiedsbeklagte. hat/haben bisher nicht geleistet.
Die von d.. Beklagten zu erstattenden Kosten sind von dem Schiedsgericht nicht festgesetzt worden. Sie können als Nebenanspruch in diesem Verfahren geltend gemacht werden (Stein-Jonas-Schlosser Anm VIII 3 zu § 1042 ZPO). Die zu erstattenden Kosten berechnen sich wie folgt: ...
Hinzuzusetzen sind gemäß § 104 Abs 1 Satz 2 ZPO 4% Zinsen seit Anbringung dieses Gesuchs.
Die Zuständigkeit des angerufenen Gerichts ergibt sich aus dem Schiedsvertrag [*aus §§ 1045, 1046 ZPO*].

(Rechtsanwalt)

Das Gericht muß vor der Entscheidung den Gegner unter Übersendung des Antrags **hören** (§ 1042a Abs 1 Satz 1 ZPO). Über den Antrag kann **ohne mündliche Verhandlung** durch **Beschluß** entschieden werden. Ordnet das Gericht mündliche Verhandlung an, so wird durch Endurteil entschieden (§§ 1042a Abs 1, 1042b Abs 2 ZPO). Macht der Antragsgegner einen Aufhebungsgrund (§ 1041 ZPO) geltend, so muß mündlich verhandelt werden, wenn der Antrag nicht alsbald abgelehnt werden muß (§ 1042a Abs 2 ZPO). 1360

Die Beschluß- oder Urteilsformel lautet bei **Vollstreckbarerklärung:** 1361

Der unter dem Aktenzeichen ... bei dem Landgericht [*Amtsgericht*] niedergelegte Schiedsspruch vom ... wird für vollstreckbar erklärt.
Der Schiedsspruch lautet in seinem entscheidenden Teil:
„...“ (Hier ist der entscheidende Teil des Schiedsspruchs einzusetzen).
D.. Antragsgegner.. trägt die Kosten dieses Verfahrens.
[*Die nach dem Schiedsspruch von ... an ... zu erstattenden Kosten werden auf ... DM nebst 4% Zinsen seit ... festgesetzt.*]
Dieser Beschluß ist vorläufig vollstreckbar.
[*Dieses Urteil ist gegen Sicherheitsleistung in Höhe von ... DM vorläufig vollstreckbar.*]
(Es folgen bei einem Beschluß die Gründe, bei einem Urteil Tatbestand und Entscheidungsgründe).

Liegt einer der in § 1041 ZPO aufgeführten Aufhebungsgründe (vgl RdNr 1363) vor, ist der Antrag auf Vollstreckbarerklärung unter Aufhebung des Schiedsspruchs abzulehnen (§ 1042 Abs 2 ZPO).

---

[40] OLG Braunschweig NdsRpfl 83, 226.
[41] Vgl RdNr 1348.

1362 **Rechtsmittel**
Gegen den Beschluß, der die Vollstreckbarkeit ausspricht, findet Widerspruch innerhalb der Notfrist von zwei Wochen statt; dann ist ebenfalls durch Endurteil zu entscheiden (§ 1042d, § 1042c Abs 2 ZPO). Gegen das Endurteil ist nach den allgemeinen Vorschriften die Berufung zulässig.
Gegen den Beschluß, der den Antrag auf Vollstreckbarerklärung zurückweist, findet sofortige Beschwerde statt (§ 1042c Abs 3 ZPO).
Über die **Rechtskraftwirkung** der Vollstreckbarerklärung vgl RdNr 1365.

X. Klage auf Aufhebung des Schiedsspruchs

1363 Gemäß § 1041 ZPO kann (nach Erfüllung der Voraussetzungen des § 1039 ZPO) die Aufhebung eines inländischen Schiedsspruchs beantragt werden:
1. wenn dem Schiedsspruch ein gültiger Schiedsvertrag nicht zugrunde liegt oder der Schiedspruch sonst auf einem unzulässigen Verfahren beruht, zB das Schiedsgericht nicht ordnungsgemäß besetzt ist[42] oder nicht nach der vereinbarten Rechtsordnung entscheidet;
2. wenn die Anerkennung des Schiedsspruchs gegen die guten Sitten oder die öffentliche Ordnung verstoßen würde;
3. wenn die Partei in dem Verfahren nicht nach Vorschrift der Gesetze vertreten war, sofern sie nicht die Prozeßführung ausdrücklich oder stillschweigend genehmigt hat;
4. wenn der Partei in dem Verfahren das rechtliche Gehör nicht gewährt war;
5. wenn der Schiedsspruch nicht mit Gründen versehen ist;
6. wenn die Voraussetzungen vorliegen, unter denen in den Fällen der Nr 1 bis 6 des § 580 ZPO die Restitutionsklage stattfindet.
Die Aufzählung der Aufhebungsgründe ist abschließend. Fehlerhafte Anwendung des (richtigen) materiellen Rechts ist kein Aufhebungsgrund.[43]
Die Aufhebung des Schiedspruchs findet aus dem unter Nr 5 erwähnten Grund nicht statt, wenn die Parteien ein anderes vereinbart haben. Ein im voraus erklärter Verzicht auf die Aufhebungsklage ist (außer Nr 5) unwirksam.[44]
Zuständig ist das im Schiedsvertrag vereinbarte Gericht, sonst das in §§ 1045, 1046 ZPO bestimmte Gericht.

---

[42] Zur Minderung geistiger Kräfte eines Schiedsrichters vgl BGH NJW 86, 3079.
[43] BGH NJW 86, 1436, 1437.
[44] BGH WM 85, 1487, OLG Frankfurt NJW 84, 2768.

Muster einer Aufhebungsklage 1364

An das ..., den ...
Landgericht ...
Klage
..., Kläger ..,
Prozeßbevollmächtigter: Rechtsanwalt ...
gegen
..., Beklagte.,
wegen Aufhebung eines Schiedspruchs,
Streitwert: ... DM
Ich erhebe namens d.. Kläger.. Klage und werde beantragen:

1. Der in der Schiedsgerichtssache der Parteien von dem Schiedsgericht, bestehend aus ..., am ... erlassene und bei dem Landgericht ... unter Aktenzeichen ... niedergelegte Schiedsspruch wird aufgehoben.
2. Die Kosten des Rechtsstreits werden d.. Beklagte. auferlegt.
3. Das Urteil ist vorläufig vollstreckbar.

Gründe ...

Nach rechtskräftiger Vollstreckbarerklärung eines Schiedsspruchs ist eine **Aufhebungsklage** nur aus den in § 1041 Abs 1 Nr 6 ZPO bezeichneten Gründen, nämlich den Restitutionsgründen des § 580 Nr 1–6 ZPO, zulässig, wenn glaubhaft gemacht wird, daß die Partei ohne ihr Verschulden außerstande gewesen ist, den Aufhebungsgrund im Verfahren auf Vollstreckbarerklärung geltend zu machen (§ 1043 Abs 1 ZPO). Die Klage ist innerhalb einer Notfrist von einem Monat seit erlangter Kenntnis vom Aufhebungsgrund, frühestens seit Rechtskraft der Vollstreckbarerklärung und spätestens vor Ablauf von 10 Jahren seit Rechtskraft zu erheben (§ 1043 Abs 2 ZPO). Das Urteil lautet entweder auf Abweisung oder auf Aufhebung des Schiedsspruchs und der Vollstreckbarerklärung (§ 1043 Abs 3 ZPO). 1365

Anhang

I. Tabelle zur Berechnung der Empfängniszeit bei Feststellung der Vaterschaft des Kinds

Als Vater eines nicht ehelichen Kinds gilt, wer der Mutter innerhalb der Empfängniszeit beigewohnt hat (§ 1600o BGB). Entsprechendes gilt für die Feststellung der ehelichen Abstammung eines Kinds (§§ 1591, 1592 BGB).
Als Empfängniszeit gilt die Zeit von dem 181. bis zum 302. Tag vor dem Tag der Geburt des Kinds mit Einschluß des 181. und des 302. Tags.
Die folgende Tabelle dient zur Feststellung dieser Empfängniszeit.

Tag der Entbindung	**Empfängniszeit,** falls die Entbindung erfolgt ist in einem Nicht-Schaltjahr			Schaltjahr		
	im Vorjahr			im Vorjahr		
1 Januar	5 März	bis	4 Juli	5 März	bis	4 Juli
2 –	6 –		5 –	6 –		5 –
3 –	7 –		6 –	7 –		6 –
4 –	8 –		7 –	8 –		7 –
5 –	9 –		8 –	9 –		8 –
6 –	10 –		9 –	10 –		9 –
7 –	11 –		10 –	11 –		10 –
8 –	12 –		11 –	12 –		11 –
9 –	13 –		12 –	13 –		12 –
10 –	14 –		13 –	14 –		13 –
11 –	15 –		14 –	15 –		14 –
12 –	16 –		15 –	16 –		15 –
13 –	17 –		16 –	17 –		16 –
14 –	18 –		17 –	18 –		17 –
15 –	19 –		18 –	19 –		18 –
16 –	20 –		19 –	20 –		19 –
17 –	21 –		20 –	21 –		20 –
18 –	22 –		21 –	22 –		21 –
19 –	23 –		22 –	23 –		22 –
20 –	24 –		23 –	24 –		23 –
21 –	25 –		24 –	25 –		24 –
22 –	26 –		25 –	26 –		25 –
23 –	27 –		26 –	27 –		26 –
24 –	28 –		27 –	28 –		27 –
25 –	29 –		28 –	29 –		28 –
26 –	30 –		29 –	30 –		29 –
27 –	31 –		30 –	31 –		30 –
28 –	1 April		31 –	1 April		31 –
29 –	2 –		1 August	2 –		1 August
30 –	3 –		2 –	3 –		2 –
31 –	4 –		3 –	4 –		3 –
1 Februar	5 –		4 –	5 –		4 –
2 –	6 –		5 –	6 –		5 –
3 –	7 –		6 –	7 –		6 –
4 –	8 –		7 –	8 –		7 –

Tag der Entbindung	**Empfängniszeit,** falls die Entbindung erfolgt ist in einem Nicht-Schaltjahr			Schaltjahr		
	im Vorjahr			im Vorjahr		
5 Februar	9 April	bis	8 August	9 April	bis	8 August
6 –	10 –		9 –	10 –		9 –
7 –	11 –		10 –	11 –		10 –
8 –	12 –		11 –	12 –		11 –
9 –	13 –		12 –	13 –		12 –
10 –	14 –		13 –	14 –		13 –
11 –	15 –		14 –	15 –		14 –
12 –	16 –		15 –	16 –		15 –
13 –	17 –		16 –	17 –		16 –
14 –	18 –		17 –	18 –		17 –
15 –	19 –		18 –	19 –		18 –
16 –	20 –		19 –	20 –		19 –
17 –	21 –		20 –	21 –		20 –
18 –	22 –		21 –	22 –		21 –
19 –	23 –		22 –	23 –		22 –
20 –	24 –		23 –	24 –		23 –
21 –	25 –		24 –	25 –		24 –
22 –	26 –		25 –	26 –		25 –
23 –	27 –		26 –	27 –		26 –
24 –	28 –		27 –	28 –		27 –
25 –	29 –		28 –	29 –		28 –
26 –	30 –		29 –	30 –		29 –
27 –	1 Mai		30 –	1 Mai		30 –
28 –	2 –		31 –	2 –		31 –
29 –	– –		– –	3 –		1 September
1 März	3 –		1 September	4 –		2 –
2 –	4 –		2 –	5 –		3 –
3 –	5 –		3 –	6 –		4 –
4 –	6 –		4 –	7 –		5 –
5 –	7 –		5 –	8 –		6 –
6 –	8 –		6 –	9 –		7 –
7 –	9 –		7 –	10 –		8 –
8 –	10 –		8 –	11 –		9 –
9 –	11 –		9 –	12 –		10 –
10 –	12 –		10 –	13 –		11 –
11 –	13 –		11 –	14 –		12 –
12 –	14 –		12 –	15 –		13 –
13 –	15 –		13 –	16 –		14 –
14 –	16 –		14 –	17 –		15 –
15 –	17 –		15 –	18 –		16 –
16 –	18 –		16 –	19 –		17 –
17 –	19 –		17 –	20 –		18 –
18 –	20 –		18 –	21 –		19 –
19 –	21 –		19 –	22 –		20 –
20 –	22 –		20 –	23 –		21 –
21 –	23 –		21 –	24 –		22 –
22 –	24 –		22 –	25 –		23 –
23 –	25 –		23 –	26 –		24 –

Tag der Entbindung	Empfängniszeit, falls die Entbindung erfolgt ist in einem Nicht-Schaltjahr im Vorjahr	bis	Schaltjahr im Vorjahr	bis
24 März	26 März	24 September	27 Mai	25 September
25 –	27 –	25 –	28 –	26 –
26 –	28 –	26 –	29 –	27 –
27 –	29 –	27 –	30 –	28 –
28 –	30 –	28 –	31 –	29 –
29 –	31 –	29 –	1 Juni	30 –
30 –	1 Juni	30 –	2 –	1 Oktober
31 –	2 –	1 Oktober	3 –	2 –
1 April	3 –	2 –	4 –	3 –
2 –	4 –	3 –	5 –	4 –
3 –	5 –	4 –	6 –	5 –
4 –	6 –	5 –	7 –	6 –
5 –	7 –	6 –	8 –	7 –
6 –	8 –	7 –	9 –	8 –
7 –	9 –	8 –	10 –	9 –
8 –	10 –	9 –	11 –	10 –
9 –	11 –	10 –	12 –	11 –
10 –	12 –	11 –	13 –	12 –
11 –	13 –	12 –	14 –	13 –
12 –	14 –	13 –	15 –	14 –
13 –	15 –	14 –	16 –	15 –
14 –	16 –	15 –	17 –	16 –
15 –	17 –	16 –	18 –	17 –
16 –	18 –	17 –	19 –	18 –
17 –	19 –	18 –	20 –	19 –
18 –	20 –	19 –	21 –	20 –
19 –	21 –	20 –	22 –	21 –
20 –	22 –	21 –	23 –	22 –
21 –	23 –	22 –	24 –	23 –
22 –	24 –	23 –	25 –	24 –
23 –	25 –	24 –	26 –	25 –
24 –	26 –	25 –	27 –	26 –
25 –	27 –	26 –	28 –	27 –
26 –	28 –	27 –	29 –	28 –
27 –	29 –	28 –	30 –	29 –
28 –	30 –	29 –	1 Juli	30 –
29 –	1 Juli	30 –	2 –	31 –
30 –	2 –	31 –	3 –	1 November
1 Mai	3 –	1 November	4 –	2 –
2 –	4 –	2 –	5 –	3 –
3 –	5 –	3 –	6 –	4 –
4 –	6 –	4 –	7 –	5 –
5 –	7 –	5 –	8 –	6 –
6 –	8 –	6 –	9 –	7 –
7 –	9 –	7 –	10 –	8 –
8 –	10 –	8 –	11 –	9 –
9 –	11 –	9 –	12 –	10 –
10 –	12 –	10 –	13 –	11 –

Tag der Entbindung	Empfängniszeit, falls die Entbindung erfolgt ist in einem Nicht-Schaltjahr		Schaltjahr	
	im Vorjahr		im Vorjahr	
11 Mai	13 Juli	bis 11 November	14 Juli	bis 12 November
12 –	14 –	12 –	15 –	13 –
13 –	15 –	13 –	16 –	14 –
14 –	16 –	14 –	17 –	15 –
15 –	17 –	15 –	18 –	16 –
16 –	18 –	16 –	19 –	17 –
17 –	19 –	17 –	20 –	18 –
18 –	20 –	18 –	21 –	19 –
19 –	21 –	19 –	22 –	20 –
20 –	22 –	20 –	23 –	21 –
21 –	23 –	21 –	24 –	22 –
22 –	24 –	22 –	25 –	23 –
23 –	25 –	23 –	26 –	24 –
24 –	26 –	24 –	27 –	25 –
25 –	27 –	25 –	28 –	26 –
26 –	28 –	26 –	29 –	27 –
27 –	29 –	27 –	30 –	28 –
28 –	30 –	28 –	31 –	29 –
29 –	31 –	29 –	1 August	30 –
30 –	1 August	30 –	2 –	1 Dezember
31 –	2 –	1 Dezember	3 –	2 –
1 Juni	3 –	2 –	4 –	3 –
2 –	4 –	3 –	5 –	4 –
3 –	5 –	4 –	6 –	5 –
4 –	6 –	5 –	7 –	6 –
5 –	7 –	6 –	8 –	7 –
6 –	8 –	7 –	9 –	8 –
7 –	9 –	8 –	10 –	9 –
8 –	10 –	9 –	11 –	10 –
9 –	11 –	10 –	12 –	11 –
10 –	12 –	11 –	13 –	12 –
11 –	13 –	12 –	14 –	13 –
12 –	14 –	13 –	15 –	14 –
13 –	15 –	14 –	16 –	15 –
14 –	16 –	15 –	17 –	16 –
15 –	17 –	16 –	18 –	17 –
16 –	18 –	17 –	19 –	18 –
17 –	19 –	18 –	20 –	19 –
18 –	20 –	19 –	21 –	20 –
19 –	21 –	20 –	22 –	21 –
20 –	22 –	21 –	23 –	22 –
21 –	23 –	22 –	24 –	23 –
22 –	24 –	23 –	25 –	24 –
23 –	25 –	24 –	26 –	25 –
24 –	26 –	25 –	27 –	26 –
25 –	27 –	26 –	28 –	27 –
26 –	28	27 –	29 –	28 –
27 –	29 –	28 –	30 –	29 –

Tag der Entbindung	Empfängniszeit, falls die Entbindung erfolgt ist in einem Nicht-Schaltjahr		Schaltjahr	
	im Vorjahr		im Vorjahr	
28 Juni	30 August bis	29 Dezember	31 August bis	30 Dezember
29 –	31 –	30 –	1 September	31 –
30 –	1 September	31 –	– –	– –
	im Vorjahr	im gleichen Jahr	im Vorjahr	im gleichen Jahr
	– –	– –	2 September bis	1 Januar
1 Juli	2 September bis	1 Januar	3 –	2 –
2 –	3 –	2 –	4 –	3 –
3 –	4 –	3 –	5 –	4 –
4 –	5 –	4 –	6 –	5 –
5 –	6 –	5 –	7 –	6 –
6 –	7 –	6 –	8 –	7 –
7 –	8 –	7 –	9 –	8 –
8 –	9 –	8 –	10 –	9 –
9 –	10 –	9 –	11 –	10 –
10 –	11 –	10 –	12 –	11 –
11 –	12 –	11 –	13 –	12 –
12 –	13 –	12 –	14 –	13 –
13 –	14 –	13 –	15 –	14 –
14 –	15 –	14 –	16 –	15 –
15 –	16 –	15 –	17 –	16 –
16 –	17 –	16 –	18 –	17 –
17 –	18 –	17 –	19 –	18 –
18 –	19 –	18 –	20 –	19 –
19 –	20 –	19 –	21 –	20 –
20 –	21 –	20 –	22 –	21 –
21 –	22 –	21 –	23 –	22 –
22 –	23 –	22 –	24 –	23 –
23 –	24 –	23 –	25 –	24 –
24 –	25 –	24 –	26 –	25 –
25 –	26 –	25 –	27 –	26 –
26 –	27 –	26 –	28 –	27 –
27 –	28 –	27 –	29 –	28 –
28 –	29 –	28 –	30 –	29 –
29 –	30 –	29 –	1 Oktober	30 –
30 –	1 Oktober	30 –	2 –	31 –
31 –	2 –	31 –	3 –	1 Februar
1 August	3 –	1 Februar	4 –	2 –
2 –	4 –	2 –	5 –	3 –
3 –	5 –	3 –	6 –	4 –
4 –	6 –	4 –	7 –	5 –
5 –	7 –	5 –	8 –	6 –
6 –	8 –	6 –	9 –	7 –
7 –	9 –	7 –	10 –	8 –
8 –	10 –	8 –	11 –	9 –
9 –	11 –	9 –	12 –	10 –
10 –	12 –	10 –	13 –	11 –
11 –	13 –	11 –	14 –	12 –
12 –	14 –	12 –	15 –	13 –

Tag der Entbindung	Empfängniszeit, falls die Entbindung erfolgt ist in einem Nicht-Schaltjahr		Schaltjahr	
	im Vorjahr	im gleichen Jahr	im Vorjahr	im gleichen Jahr
13 August	15 Oktober	bis 13 Februar	16 Oktober	bis 14 Februar
14 –	16 –	14 –	17 –	15 –
15 –	17 –	15 –	18 –	16 –
16 –	18 –	16 –	19 –	17 –
17 –	19 –	17 –	20 –	18 –
18 –	20 –	18 –	21 –	19 –
19 –	21 –	19 –	22 –	20 –
20 –	22 –	20 –	23 –	21 –
21 –	23 –	21 –	24 –	22 –
22 –	24 –	22 –	25 –	23 –
23 –	25 –	23 –	26 –	24 –
24 –	26 –	24 –	27 –	25 –
25 –	27 –	25 –	28 –	26 –
26 –	28 –	26 –	29 –	27 –
27 –	29 –	27 –	30 –	28 –
28 –	30 –	28 –	31 –	29 –
29 –	31 –	1 März	1 November	1 März
30 –	1 November	2 –	2 –	2 –
31 –	2 –	3 –	3 –	3 –
1 September	3 –	4 –	4 –	4 –
2 –	4 –	5 –	5 –	5 –
3 –	5 –	6 –	6 –	6 –
4 –	6 –	7 –	7 –	7 –
5 –	7 –	8 –	8 –	8 –
6 –	8 –	9 –	9 –	9 –
7 –	9 –	10 –	10 –	10 –
8 –	10 –	11 –	11 –	11 –
9 –	11 –	12 –	12 –	12 –
10 –	12 –	13 –	13 –	13 –
11 –	13 –	14 –	14 –	14 –
12 –	14 –	15 –	15 –	15 –
13 –	15 –	16 –	16 –	16 –
14 –	16 –	17 –	17 –	17 –
15 –	17 –	18 –	18 –	18 –
16 –	18 –	19 –	19 –	19 –
17 –	19 –	20 –	20 –	20 –
18 –	20 –	21 –	21 –	21 –
19 –	21 –	22 –	22 –	22 –
20 –	22 –	23 –	23 –	23 –
21 –	23 –	24 –	24 –	24 –
22 –	24 –	25 –	25 –	25 –
23 –	25 –	26 –	26 –	26 –
24 –	26 –	27 –	27 –	27 –
25 –	27 –	28 –	28 –	28 –
26 –	28 –	29 –	29 –	29 –
27 –	29 –	30 –	30 –	30 –
28 –	30 –	31 –	1 Dczember	31 –
29 –	1 Dezember	1 April	2 –	1 April

Tag der Entbindung	Empfängniszeit, falls die Entbindung erfolgt ist in einem			
	Nicht-Schaltjahr		Schaltjahr	
	im Vorjahr	im gleichen Jahr	im Vorjahr	im gleichen Jahr
30 September	2 Dezember	bis 2 April	3 Dezember	bis 2 April
1 Oktober	3 –	3 –	4 –	3 –
2 –	4 –	4 –	5 –	4 –
3 –	5 –	5 –	6 –	5 –
4 –	6 –	6 –	7 –	6 –
5 –	7 –	7 –	8 –	7 –
6 –	8 –	8 –	9 –	8 –
7 –	9 –	9 –	10 –	9 –
8 –	10 –	10 –	11 –	10 –
9 –	11 –	11 –	12 –	11 –
10 –	12 –	12 –	13 –	12 –
11 –	13 –	13 –	14 –	13 –
12 –	14 –	14 –	15 –	14 –
13 –	15 –	15 –	16 –	15 –
14 –	16 –	16 –	17 –	16 –
15 –	17 –	17 –	18 –	17 –
16 –	18 –	18 –	19 –	18 –
17 –	19 –	19 –	20 –	19 –
18 –	20 –	20 –	21 –	20 –
19 –	21 –	21 –	22 –	21 –
20 –	22 –	22 –	23 –	22 –
21 –	23 –	23 –	24 –	23 –
22 –	24 –	24 –	25 –	24 –
23 –	25 –	25 –	26 –	25 –
24 –	26 –	26 –	27 –	26 –
25 –	27 –	27 –	28 –	27 –
26 –	28 –	28 –	29 –	28 –
27 –	29 –	29 –	30 –	29 –
28 –	30 –	30 –	31 –	30 –
29 –	31 –	1 Mai	– –	– –
	im gleichen Jahr		im gleichen Jahr	
– –	– –	– –	1 Januar	bis 1 Mai
30 –	1 Januar	bis 2 –	2 –	2 –
31 –	2 –	3 –	3 –	3 –
1 November	3 –	4 –	4 –	4 –
2 –	4 –	5 –	5 –	5 –
3 –	5 –	6 –	6 –	6 –
4 –	6 –	7 –	7 –	7 –
5 –	7 –	8 –	8 –	8 –
6 –	8 –	9 –	9 –	9 –
7 –	9 –	10 –	10 –	10 –
8 –	10 –	11 –	11 –	11 –
9 –	11 –	12 –	12 –	12 –
10 –	12 –	13 –	13 –	13 –
11 –	13 –	14 –	14 –	14 –
12 –	14 –	15 –	15 –	15 –
13 –	15 –	16 –	16 –	16 –
14 –	16 –	17 –	17 –	17 –

Tag der Entbindung	Empfängniszeit, falls die Entbindung erfolgt ist in einem Nicht-Schaltjahr		Schaltjahr	
	im gleichen Jahr		im gleichen Jahr	
15 November	17 Januar	bis 18 Mai	18 Januar	bis 18 Mai
16 –	18 –	19 –	19 –	19 –
17 –	19 –	20 –	20 –	20 –
18 –	20 –	21 –	21 –	21 –
19 –	21 –	22 –	22 –	22 –
20 –	22 –	23 –	23 –	23 –
21 –	23 –	24 –	24 –	24 –
22 –	24 –	25 –	25 –	25 –
23 –	25 –	26 –	26 –	26 –
24 –	26 –	27 –	27 –	27 –
25 –	27 –	28 –	28 –	28 –
26 –	28 –	29 –	29 –	29 –
27 –	29 –	30 –	30 –	30 –
28 –	30 –	31 –	31 –	31 –
29 –	31 –	1 Juni	1 Februar	1 Juni
30 –	1 Februar	2 –	2 –	2 –
1 Dezember	2 –	3 –	3 –	3 –
2 –	3 –	4 –	4 –	4 –
3 –	4 –	5 –	5 –	5 –
4 –	5 –	6 –	6 –	6 –
5 –	6 –	7 –	7 –	7 –
6 –	7 –	8 –	8 –	8 –
7 –	8 –	9 –	9 –	9 –
8 –	9 –	10 –	10 –	10 –
9 –	10 –	11 –	11 –	11 –
10 –	11 –	12 –	12 –	12 –
11 –	12 –	13 –	13 –	13 –
12 –	13 –	14 –	14 –	14 –
13 –	14 –	15 –	15 –	15 –
14 –	15 –	16 –	16 –	16 –
15 –	16 –	17 –	17 –	17 –
16 –	17 –	18 –	18 –	18 –
17 –	18 –	19 –	19 –	19 –
18 –	19 –	20 –	20 –	20 –
19 –	20 –	21 –	21 –	21 –
20 –	21 –	22 –	22 –	22 –
21 –	22 –	23 –	23 –	23 –
22 –	23 –	24 –	24 –	24 –
23 –	24 –	25 –	25 –	25 –
24 –	25 –	26 –	26 –	26 –
25 –	26 –	27 –	27 –	27 –
26 –	27 –	28 –	28 –	28 –
27 –	28 –	29 –	29 –	29 –
28 –	1 März	30 –	1 März	30 –
29 –	2 –	1 Juli	2 –	1 Juli
30 –	3 –	2 –	3 –	2 –
31 –	4 –	3 –	4 –	3 –

II. Gerichtskosten und Rechtsanwaltsgebühren

GKG § 11 mit Anlage 2
BRAGO § 11 mit Anlage

Gerichtskosten

Streitwert bis DM	2 Gebühren DM	1 Gebühr DM	1½ Gebühren DM	¾ Gebühr DM	½ Gebühr DM	¼ Gebühr DM	1/10 Gebühr DM
300	30,—	15,—	22,50	15,—	15,—	15,—	15,—
600	48,—	24,—	36,—	18,—	15,—	15,—	15,—
900	66,—	33,—	49,50	24,80	16,50	15,—	15,—
1200	84,—	42,—	63,—	31,50	21,—	15,—	15,—
1500	102,—	51,—	76,50	38,30	25,50	15,—	15,—
1800	120,—	60,—	90,—	45,—	30,—	15,—	15,—
2100	138,—	69,—	103,50	51,80	34,50	17,30	15,—
2400	156,—	78,—	117,—	58,50	39,—	19,50	15,—
2700	174,—	87,—	130,50	65,30	43,50	21,80	15,—
3000	192,—	96,—	144,—	72,—	48,—	24,—	15,—
3500	210,—	105,—	157,50	78,80	52,50	26,30	15,—
4000	228,—	114,—	171,—	85,50	57,—	28,50	15,—
4500	246,—	123,—	184,50	92,30	61,50	30,80	15,—
5000	264,—	132,—	198,—	99,—	66,—	33,—	15,—
5500	282,—	141,—	211,50	105,80	70,50	35,30	15,—
6000	300,—	150,—	225,—	112,50	75,—	37,50	15,—
6500	318,—	159,—	238,50	119,30	79,50	39,80	15,90
7000	336,—	168,—	252,—	126,—	84,—	42,—	16,80
7500	354,—	177,—	265,50	132,80	88,50	44,30	17,70
8000	372,—	186,—	279,—	139,50	93,—	46,50	18,60
8500	390,—	195,—	292,50	146,30	97,50	48,80	19,50
9000	408,—	204,—	306,—	153,—	102,—	51,—	20,40
9500	426,—	213,—	319,50	159,80	106,50	53,30	21,30
10000	444,—	222,—	333,—	166,50	111,—	55,50	22,20
11000	468,—	234,—	351,—	175,50	117,—	58,50	23,40
12000	492,—	246,—	369,—	184,50	123,—	61,50	24,60
13000	516,—	258,—	387,—	193,50	129,—	64,50	25,80
14000	540,—	270,—	405,—	202,50	135,—	67,50	27,—
15000	564,—	282,—	423,—	211,50	141,—	70,50	28,20
16000	588,—	294,—	441,—	220,50	147,—	73,50	29,40
17000	612,—	306,—	459,—	229,50	153,—	76,50	30,60
18000	636,—	318,—	477,—	238,50	159,—	79,50	31,80
19000	660,—	330,—	495,—	247,50	165,—	82,50	33,—
20000	684,—	342,—	513,—	256,50	171,—	85,50	34,20
25000	756,—	378,—	567,—	283,50	189,—	94,50	37,80
30000	828,—	414,—	621,—	310,50	207,—	103,50	41,40
35000	900,—	450,—	675,—	337,50	225,—	112,50	45,—

Rechtsanwaltsgebühren

Streitwert bis DM	10/10 Gebühr DM	7,5/10 Gebühr DM	5/10 Gebühr DM	3/10 Gebühr DM	13/10 Gebühr DM	13/20 Gebühr DM
300	40,—	30,—	20,—	15,—	52,—	26,—
600	55,—	41,30	27,50	16,50	71,50	35,80
900	70,—	52,50	35,—	21,—	91,—	45,50
1200	85,—	63,80	42,50	25,50	110,50	55,30
1500	100,—	75,—	50,—	30,—	130,—	65,—
1800	115,—	86,30	57,50	34,50	149,50	75,80
2100	130,—	97,50	65,—	39,—	169,—	84,50
2400	145,—	108,80	72,50	43,50	188,50	94,30
2700	160,—	120,—	80,—	48,—	208,—	104,—
3000	175,—	131,30	87,50	52,50	227,50	113,80
3500	201,—	150,80	100,50	60,30	261,30	130,70
4000	227,—	170,30	113,50	68,10	295,10	147,60
4500	253,—	189,80	126,50	75,90	328,90	164,50
5000	279,—	209,30	139,50	83,70	362,70	181,40
5500	305,—	228,80	152,50	91,50	396,50	198,30
6000	331,—	248,30	165,50	99,30	430,30	215,20
6500	357,—	267,80	178,50	107,10	464,10	232,10
7000	383,—	287,30	191,50	114,90	497,90	249,—
7500	409,—	306,80	204,50	122,70	531,70	265,90
8000	435,—	326,30	217,50	130,50	565,50	282,80
8500	461,—	345,80	230,50	138,30	599,30	299,70
9000	487,—	365,30	243,50	146,10	633,10	316,60
9500	513,—	384,80	256,50	153,90	666,90	333,50
10000	539,—	404,30	269,50	161,70	700,70	350,40
11000	570,—	427,50	285,—	171,—	741,—	370,50
12000	601,—	450,80	300,50	180,30	781,30	390,70
13000	632,—	474,—	316,—	189,60	821,60	410,80
14000	663,—	497,30	331,50	198,90	861,90	431,—
15000	694,—	520,50	347,—	208,20	902,20	451,10
16000	725,—	543,80	362,50	217,50	942,50	471,30
17000	756,—	567,—	378,—	226,80	982,80	491,40
18000	787,—	590,30	393,50	236,10	1023,10	511,60
19000	818,—	613,50	409,—	245,40	1063,40	531,70
20000	849,—	636,80	424,50	254,70	1103,70	551,90
25000	914,—	685,50	457,—	274,20	1188,20	594,10
30000	979,—	734,30	489,50	293,70	1272,70	636,40
35000	1044,—	783,—	522,—	313,20	1357,20	678,60

Gerichtskosten

Streitwert bis DM	2 Gebühren DM	1 Gebühr DM	1½ Gebühren DM	¾ Gebühr DM	½ Gebühr DM	¼ Gebühr DM	¹⁄₁₀ Gebühr DM
40000	972,—	486,—	729,—	364,50	243,—	121,50	48,60
45000	1044,—	522,—	783,—	391,50	261,—	130,50	52,20
50000	1116,—	558,—	837,—	418,50	279,—	139,50	55,80
55000	1188,—	594,—	891,—	445,50	297,—	148,50	59,40
60000	1260,—	630,—	945,—	472,50	315,—	157,50	63,—
65000	1332,—	666,—	999,—	499,50	333,—	166,50	66,60
70000	1404,—	702,—	1053,—	526,50	351,—	175,50	70,20
75000	1476,—	738,—	1107,—	553,50	369,—	184,50	73,80
80000	1548,—	774,—	1161,—	580,50	387,—	193,50	77,40
85000	1620,—	810,—	1215,—	607,50	405,—	202,50	81,—
90000	1692,—	846,—	1269,—	634,50	423,—	211,50	84,60
95000	1764,—	882,—	1323,—	661,50	441,—	220,50	88,20
100000	1836,—	918,—	1377,—	688,50	459,—	229,50	91,80
115000	2016,—	1008,—	1512,—	756,—	504,—	252,—	100,80
130000	2196,—	1098,—	1647,—	823,50	549,—	274,50	109,80
145000	2376,—	1188,—	1782,—	891,—	594,—	297,—	118,80
160000	2556,—	1278,—	1917,—	958,50	639,—	319,50	127,80
175000	2736,—	1368,—	2052,—	1026,—	684,—	342,—	136,80
190000	2916,—	1458,—	2187,—	1093,50	729,—	364,50	145,80
205000	3096,—	1548,—	2322,—	1161,—	774,—	387,—	154,80
220000	3276,—	1638,—	2457,—	1228,50	819,—	409,50	163,80
235000	3456,—	1728,—	2592,—	1296,—	864,—	432,—	172,80
250000	3636,—	1818,—	2727,—	1363,50	909,—	454,50	181,80
265000	3816,—	1908,—	2862,—	1431,—	954,—	477,—	190,80
280000	3996,—	1998,—	2997,—	1498,50	999,—	499,50	199,80
295000	4176,—	2088,—	3132,—	1566,—	1044,—	522,—	208,80
310000	4356,—	2178,—	3267,—	1633,50	1089,—	544,50	217,80
325000	4536,—	2268,—	3402,—	1701,—	1134,—	567,—	226,80
340000	4716,—	2358,—	3537,—	1768,50	1179,—	589,50	235,80
355000	4896,—	2448,—	3672,—	1836,—	1224,—	612,—	244,80
377000	5076,—	2538,—	3807,—	1903,50	1269,—	634,50	253,80
385000	5256,—	2628,—	3942,—	1971,—	1314,—	657,—	262,80
400000	5436,—	2718,—	4077,—	2038,50	1359,—	679,50	271,80
430000	5796,—	2898,—	4347,—	2173,50	1449,—	724,50	289,80
460000	6156,—	3078,—	4617,—	2308,50	1539,—	769,50	307,80
490000	6516,—	3258,—	4887,—	2443,50	1629,—	814,50	325,80
520000	6876,—	3438,—	5157,—	2578,50	1719,—	859,50	343,80
550000	7236,—	3618,—	5427,—	2713,50	1809,—	904,50	361,80
580000	7596,—	3798,—	5697,—	2848,50	1899,—	949,50	379,80
610000	7956,—	3978,—	5967,—	2983,50	1989,—	994,50	397,80
640000	8316,—	4158,—	6237,—	3118,50	2079,—	1039,50	415,80
670000	8676,—	4338,—	6507,—	3253,50	2169,—	1084,50	433,80

Rechtsanwaltsgebühren

Streitwert bis DM	10/10 Gebühr DM	7,5/10 Gebühr DM	5/10 Gebühr DM	3/10 Gebühr DM	13/10 Gebühr DM	13/20 Gebühr DM
40000	1109,—	831,80	554,50	332,70	1441,70	720,90
45000	1174,—	880,50	587,—	352,20	1526,20	763,10
50000	1239,—	929,30	619,50	371,70	1610,70	805,40
55000	1304,—	978,—	652,—	391,20	1695,20	847,60
60000	1369,—	1026,80	684,50	410,70	1779,70	889,90
65000	1434,—	1075,50	717,—	430,20	1864,20	932,10
70000	1499,—	1124,30	749,50	449,70	1948,70	974,40
75000	1564,—	1173,—	782,—	469,20	2033,20	1016,60
80000	1629,—	1221,80	814,50	488,70	2117,70	1058,90
85000	1694,—	1270,50	847,—	508,20	2202,20	1101,10
90000	1759,—	1319,30	879,50	527,70	2286,70	1143,40
95000	1824,—	1368,—	912,—	547,20	2371,20	1185,60
100000	1889,—	1416,80	944,50	566,70	2455,70	1227,90
115000	1964,—	1473,—	982,—	589,20	2553,20	1276,60
130000	2039,—	1529,30	1019,50	611,70	2650,70	1325,40
145000	2114,—	1585,50	1057,—	634,20	2748,20	1374,10
160000	2189,—	1641,80	1094,50	656,70	2845,70	1422,90
175000	2264,—	1698,—	1132,—	679,20	2943,20	1471,60
190000	2339,—	1754,30	1169,50	701,70	3040,70	1520,40
205000	2414,—	1810,50	1207,—	724,20	3138,20	1569,10
220000	2489,—	1866,80	1244,50	746,70	3235,70	1617,90
235000	2564,—	1923,—	1282,—	769,20	3333,20	1666,60
250000	2639,—	1979,30	1319,50	791,70	3430,70	1715,40
265000	2714,—	2035,50	1357,—	814,20	3528,20	1764,10
280000	2789,—	2091,80	1394,50	836,70	3625,70	1812,90
295000	2864,—	2148,—	1432,—	859,20	3723,20	1861,60
310000	2939,—	2204,30	1469,50	881,70	3820,70	1910,40
325000	3014,—	2260,50	1507,—	904,20	3918,20	1959,10
340000	3089,—	2316,80	1544,50	926,70	4015,70	2007,90
355000	3164,—	2373,—	1582,—	949,20	4113,20	2056,60
370000	3239,—	2429,30	1619,50	971,70	4210,70	2105,40
385000	3314,—	2485,50	1657,—	994,20	4308,20	2154,10
400000	3389,—	2541,80	1694,50	1016,70	4405,70	2202,90
430000	3509,—	2631,80	1754,50	1052,70	4561,70	2280,90
460000	3629,—	2721,80	1814,50	1088,70	4717,70	2358,90
490000	3749,—	2811,80	1874,50	1124,70	4873,70	2436,90
520000	3869,—	2901,80	1934,50	1160,70	5029,70	2514,90
550000	3989,—	2991,80	1994,50	1196,70	5185,70	2592,90
580000	4109,—	3081,80	2054,50	1232,70	5341,70	2670,90
610000	4229,—	3171,80	2114,50	1268,70	5497,70	2748,90
640000	4349,—	3261,80	2174,50	1304,70	5653,70	2826,90
670000	4469,—	3351,80	2234,50	1340,70	5809,70	2904,90

Gerichtskosten

Streitwert bis DM	2 Gebühren DM	1 Gebühr DM	1½ Gebühren DM	¾ Gebühr DM	½ Gebühr DM	¼ Gebühr DM	⅒ Gebühr DM
700000	9036,—	4518,—	6777,—	3388,50	2259,—	1129,50	451,80
730000	9396,—	4698,—	7047,—	3523,50	2349,—	1174,50	469,80
760000	9756,—	4878,—	7317,—	3658,50	2439,—	1219,50	487,80
790000	10116,—	5058,—	7587,—	3793,50	2529,—	1264,50	505,80
820000	10476,—	5238,—	7857,—	3928,50	2619,—	1309,50	523,80
850000	10836,—	5418,—	8127,—	4063,50	2709,—	1354,50	541,80
880000	11196,—	5598,—	8397,—	4198,50	2799,—	1399,50	559,80
910000	11556,—	5778,—	8667,—	4333,50	2889,—	1444,50	577,80
940000	11916,—	5958,—	8937,—	4468,50	2979,—	1489,50	595,80
970000	12276,—	6138,—	9207,—	4603,50	3069,—	1534,50	613,80
1000000	12636,—	6318,—	9477,—	4738,50	3159,—	1579,50	631,80
1050000	12936,—	6468,—	9702,—	4851,—	3234,—	1617,—	646,80
1100000	13236,—	6618,—	9927,—	4963,50	3309,—	1654,50	661,80
1150000	13536,—	6768,—	10152,—	5076,—	3384,—	1692,—	676,80
1200000	13836,—	6918,—	10377,—	5188,50	3459,—	1729,50	691,80
1250000	14136,—	7068,—	10602,—	5301,—	3543,—	1767,—	706,80
1300000	14436,—	7218,—	10827,—	5413,50	3609,—	1804,50	721,80
1350000	14736,—	7368,—	11052,—	5526,—	3684,—	1842,—	736,80
1400000	15036,—	7518,—	11277,—	5638,50	3759,—	1879,50	751,80
1450000	15336,—	7668,—	11502,—	5751,—	3834,—	1917,—	766,80
1500000	15636,—	7818,—	11727,—	5863,50	3909,—	1954,50	781,80
1550000	15936,—	7968,—	11952,—	5976,—	3984,—	1992,—	796,80
1600000	16236,—	8118,—	12177,—	6088,50	4059,—	2029,50	811,80
1650000	16536,—	8268,—	12402,—	6201,—	4134,—	2067,—	826,80
1700000	16836,—	8418,—	12627,—	6313,50	4209,—	2104,50	841,80
1750000	17136,—	8568,—	12852,—	6426,—	4284,—	2142,—	856,80
1800000	17436,—	8718,—	13077,—	6538,50	4359,—	2179,50	871,80
1850000	17736,—	8868,—	13302,—	6651,—	4434,—	2217,—	886,80
1900000	18036,—	9018,—	13527,—	6763,50	4509,—	2254,50	901,80
1950000	18336,—	9168,—	13752,—	6876,—	4584,—	2292,—	916,80
2000000	18636,—	9318,—	13977,—	6988,50	4659,—	2329,50	931,80
2050000	18936,—	9468,—	14202,—	7101,—	4734,—	2367,—	946,80
2100000	19236,—	9618,—	14427,—	7213,50	4809,—	2404,50	961,80
2150000	19536,—	9768,—	14652,—	7326,—	4884,—	2442,—	976,80
2200000	19836,—	9918,—	14877,—	7438,50	4959,—	2479,50	991,80
2250000	20136,—	10068,—	15102,—	7551,—	5034,—	2517,—	1006,80
2300000	20436,—	10218,—	15327,—	7663,50	5109,—	2554,50	1021,80
2350000	20736,—	10368,—	15552,—	7776,—	5184,—	2592,—	1036,80
2400000	21036,—	10518,—	15777,—	7888,50	5259,—	2629,50	1051,80
2450000	21336,—	10668,—	16002,—	8001,—	5334,—	2667,—	1066,80
2500000	21636,—	10818,—	16277,—	8113,50	5409,—	2704,50	1081,80
2550000	21936,—	10968,—	16452,—	8226,—	5484,—	2742,—	1096,80

Rechtsanwaltsgebühren

Streitwert bis DM	10/10 Gebühr DM	7,5/10 Gebühr DM	5/10 Gebühr DM	3/10 Gebühr DM	13/10 Gebühr DM	13/20 Gebühr DM
700000	4589,—	3441,80	2294,50	1376,70	5965,70	2982,90
730000	4709,—	3531,80	2354,50	1412,70	6121,70	3060,90
760000	4829,—	3621,80	2414,50	1448,70	6277,70	3138,90
790000	4949,—	3711,80	2474,50	1484,70	6433,70	3216,90
820000	5069,—	3801,80	2534,50	1520,70	6589,70	3294,90
850000	5189,—	3891,80	2594,50	1556,70	6745,70	3372,90
880000	5309,—	3981,80	2654,50	1592,70	6901,70	3450,90
910000	5429,—	4071,80	2714,50	1628,70	7057,70	3528,90
940000	5549,—	4161,80	2774,50	1664,70	7213,70	3606,90
970000	5669,—	4251,80	2834,50	1700,70	7369,70	3684,90
1000000	5789,—	4341,80	2894,50	1736,70	7525,70	3762,90
1050000	5939,—	4454,30	2969,50	1781,70	7720,70	3860,40
1100000	6089,—	4566,80	3044,50	1826,70	7915,70	3957,90
1150000	6239,—	4679,30	3119,50	1871,70	8110,70	4055,40
1200000	6389,—	4791,80	3194,50	1916,70	8305,70	4152,90
1250000	6539,—	4904,30	3269,50	1961,70	8500,70	4250,40
1300000	6689,—	5016,80	3344,50	2006,70	8695,70	4347,90
1350000	6839,—	5129,30	3419,50	2051,70	8890,70	4445,40
1400000	6989,—	5241,80	3494,50	2096,70	9085,70	4542,90
1450000	7139,—	5354,30	3569,50	2141,70	9280,70	4640,40
1500000	7289,—	5466,80	3644,50	2186,70	9475,70	4737,90
1550000	7439,—	5579,30	3719,50	2231,70	9670,70	4835,40
1600000	7589,—	5691,80	3794,50	2276,70	9865,70	4932,90
1650000	7739,—	5804,30	3869,50	2321,70	10060,70	5030,40
1700000	7889,—	5916,80	3944,50	2366,70	10255,70	5127,90
1750000	8039,—	6029,30	4019,50	2411,70	10450,70	5225,40
1800000	8189,—	6141,80	4094,50	2456,70	10645,70	5322,90
1850000	8339,—	6254,30	4169,50	2501,70	10840,70	5420,40
1900000	8489,—	6366,80	4244,50	2546,70	11035,70	5517,90
1950000	8639,—	6479,30	4319,50	2591,70	11230,70	5615,40
2000000	8789,—	6591,80	4394,50	2636,70	11425,70	5712,90
2050000	8939,—	6704,30	4469,50	2681,70	11620,70	5810,40
2100000	9089,—	6816,80	4544,50	2726,70	11815,70	5907,90
2150000	9239,—	6929,30	4619,50	2771,70	12010,70	6005,40
2200000	9389,—	7041,80	4694,50	2816,70	12205,70	6102,90
2250000	9539,—	7154,30	4769,50	2861,70	12400,70	6200,40
2300000	9689,—	7266,80	4844,50	2906,70	12595,70	6297,90
2350000	9839,—	7379,30	4919,50	2951,70	12790,70	6395,40
2400000	9989,—	7491,80	4994,50	2996,70	12985,70	6492,90
2450000	10139,—	7604,30	5069,50	3041,70	13180,70	6590,40
2500000	10289,—	7716,80	5144,50	3086,70	13375,70	6687,90
2550000	10439,—	7829,30	5219,50	3131,70	13570,70	6785,40

Gerichtskosten

Streitwert bis DM	2 Gebühren DM	1 Gebühr DM	1½ Gebühren DM	¾ Gebühr DM	½ Gebühr DM	¼ Gebühr DM	⅒ Gebühr DM
2600000	22236,—	11118,—	16677,—	8338,50	5559,—	2779,50	1111,80
2650000	22536,—	11268,—	16902,—	8451,—	5634,—	2817,—	1126,80
2700000	22836,—	11418,—	17127,—	8563,50	5709,—	2854,50	1141,80
2750000	23136,—	11568,—	17352,—	8676,—	5784,—	2892,—	1156,80
2800000	23436,—	11718,—	17577,—	8788,50	5859,—	2929,50	1171,80
2850000	23736,—	11868,—	17802,—	8901,—	5934,—	2967,—	1186,80
2900000	24036,—	12018,—	18027,—	9013,50	6009,—	3004,50	1201,80
2950000	24336,—	12168,—	18252,—	9126,—	6084,—	3042,—	1216,80
3000000	24636,—	12318,—	18477,—	9238,50	6159,—	3079,50	1231,80
3050000	24936,—	12468,—	18702,—	9351,—	6234,—	3117,—	1246,80
3100000	25236,—	12618,—	18927,—	9463,50	6309,—	3154,50	1261,80
3150000	25536,—	12768,—	19152,—	9576,—	6384,—	3192,—	1276,80
3200000	25836,—	12918,—	19377,—	9688,50	6459,—	3229,50	1291,80
3250000	26136,—	13068,—	19602,—	9801,—	6534,—	3267,—	1306,80
3300000	26436,—	13218,—	19827,—	9913,50	6609,—	3304,50	1321,80
3350000	26736,—	13368,—	20052,—	10026,—	6684,—	3342,—	1336,80
3400000	27036,—	13518,—	20277,—	10138,50	6759,—	3379,50	1351,80
3450000	27336,—	13668,—	20502,—	10251,—	6834,—	3417,—	1366,80
3500000	27636,—	13818,—	20727,—	10363,50	6909,—	3454,50	1381,80
3550000	27936,—	13968,—	20952,—	10476,—	6984,—	3492,—	1396,80
3600000	28236,—	14118,—	21177,—	10588,50	7059,—	3529,50	1411,80
3650000	28536,—	14268,—	21402,—	10701,—	7134,—	3567,—	1426,80
3700000	28836,—	14418,—	21627,—	10813,50	7209,—	3604,50	1441,80
3750000	29136,—	14568,—	21852,—	10926,—	7284,—	3642,—	1456,80
3800000	29436,—	14718,—	22077,—	11038,50	7359,—	3679,50	1471,80
3850000	29736,—	14868,—	22302,—	11151,—	7434,—	3717,—	1486,80
3900000	30036,—	15018,—	22527,—	11263,—	7509,—	3754,50	1501,80
3950000	30336,—	15168,—	22752,—	11376,—	7584,—	3792,—	1516,80
4000000	30636,—	15318,—	22977,—	11488,50	7659,—	3829,50	1531,80
4050000	30936,—	15468,—	23202,—	11601,—	7734,—	3867,—	1546,80
4100000	31236,—	15618,—	23427,—	11713,50	7809,—	3904,50	1561,80
4150000	31536,—	15768,—	23652,—	11826,—	7884,—	3942,—	1576,80
4200000	31836,—	15918,—	23877,—	11938,50	7959,—	3979,50	1591,80
4250000	32136,—	16068,—	24102,—	12051,—	8034,—	4017,—	1606,80
4300000	32436,—	16218,—	24327,—	12163,50	8109,—	4054,50	1621,80
4350000	32736,—	16368,—	24552,—	12276,—	8184,—	4092,—	1636,80
4400000	33036,—	16518,—	24777,—	12388,50	8259,—	4129,50	1651,80
4450000	33336,—	16668,—	25002,—	12501,—	8334,—	4167,—	1666,80
4500000	33636,—	16818,—	25227,—	12613,50	8409,—	4204,50	1681,80
4550000	33936,—	16968,—	25452,—	12726,—	8484,—	4242,—	1696,80
4600000	34236,—	17118,—	25677,—	12838,50	8559,—	4279,50	1711,80
4650000	34536,—	17268,—	25902,—	12951,—	8634,—	4317,—	1726,80

Rechtsanwaltsgebühren

Streitwert bis DM	10/10 Gebühr DM	7,5/10 Gebühr DM	5/10 Gebühr DM	3/10 Gebühr DM	13/10 Gebühr DM	13/20 Gebühr DM
2600000	10589,—	7941,80	5294,50	3176,70	13765,70	6882,90
2650000	10739,—	8054,30	5369,50	3221,70	13960,70	6980,40
2700000	10889,—	8166,80	5444,50	3266,70	14155,70	7077,90
2750000	11039,—	8279,30	5519,50	3311,70	14350,70	7175,40
2800000	11189,—	8391,80	5594,50	3356,70	14545,70	7272,90
2850000	11339,—	8504,30	5669,50	3401,70	14740,70	7370,40
2900000	11489,—	8616,80	5744,50	3446,70	14935,70	7467,90
2950000	11639,—	8729,30	5819,50	3491,70	15130,70	7565,40
3000000	11789,—	8841,80	5894,50	3536,70	15325,70	7662,90
3050000	11939,—	8954,30	5969,50	3581,70	15520,70	7760,40
3100000	12089,—	9066,80	6044,50	3626,70	15715,70	7857,90
3150000	12239,—	9179,30	6119,50	3671,70	15910,70	7955,40
3200000	12389,—	9291,80	6194,50	3716,70	16105,70	8052,90
3250000	12539,—	9404,30	6269,50	3761,70	16300,70	8150,40
3300000	12689,—	9516,80	6344,50	3806,70	16495,70	8247,90
3350000	12839,—	9629,30	6419,50	3851,70	16690,70	8345,40
3400000	12989,—	9741,80	6494,50	3896,70	16885,70	8442,90
3450000	13139,—	9854,30	6569,50	3941,70	17080,70	8540,40
3500000	13289,—	9966,80	6644,50	3986,70	17275,70	8637,90
3550000	13439,—	10079,30	6719,50	4031,70	17470,70	8735,40
3600000	13589,—	10191,80	6794,50	4076,70	17665,70	8832,90
3650000	13739,—	10304,30	6869,50	4121,70	17860,70	8930,40
3700000	13889,—	10416,80	6944,50	4166,70	18055,70	9027,90
3750000	14039,—	10529,30	7019,50	4211,70	18250,70	9125,40
3800000	14189,—	10641,80	7094,50	4256,70	18445,70	9222,90
3850000	14339,—	10754,30	7169,50	4301,70	18640,70	9320,40
3900000	14489,—	10866,80	7244,50	4346,70	18835,70	9417,90
3950000	14639,—	10979,30	7319,50	4391,70	19030,70	9515,40
4000000	14789,—	11091,80	7394,50	4436,70	19225,70	9612,90
4050000	14939,—	11204,30	7469,50	4481,70	19420,70	9710,40
4100000	15089,—	11316,80	7544,50	4526,70	19615,70	9807,90
4150000	15239,—	11429,30	7619,50	4571,70	19810,70	9905,40
4200000	15389,—	11541,80	7694,50	4616,70	20005,70	10002,90
4250000	15539,—	11654,30	7769,50	4661,70	20200,70	10100,40
4300000	15689,—	11766,80	7844,50	4706,70	20395,70	10197,90
4350000	15839,—	11879,30	7919,50	4751,70	20590,70	10295,40
4400000	15989,—	11991,80	7994,50	4796,70	20785,70	10392,90
4450000	16139,—	12104,30	8069,50	4841,70	20980,70	10490,40
4500000	16289,—	12216,80	8144,50	4886,70	21175,70	10587,90
4550000	16439,—	12329,30	8219,50	4931,70	21370,70	10685,40
4600000	16589,—	12441,80	8294,50	4976,70	21565,70	10782,90
4650000	16739,—	12554,30	8369,50	5021,70	21760,70	10880,40

Gerichtskosten

Streitwert bis DM	2 Gebühren DM	1 Gebühr DM	1½ Gebühren DM	¾ Gebühr DM	½ Gebühr DM	¼ Gebühr DM	1/10 Gebühr DM
4700000	34836,—	17418,—	26127,—	13063,50	8709,—	4354,50	1741,80
4750000	35136,—	17568,—	26352,—	13176,—	8784,—	4392,—	1756,80
4800000	35436,—	17718,—	26577,—	13288,50	8859,—	4429,50	1771,80
4850000	35736,—	17868,—	26802,—	13401,—	8934,—	4476,—	1786,80
4900000	36036,—	18018,—	27027,—	13513,50	9009,—	4504,50	1801,80
4950000	36336,—	18168,—	27252,—	13626,—	9084,—	4542,—	1816,80
5000000	36636,—	18318,—	27477,—	13738,50	9159,—	4579,50	1831,80
über 5000000	je angefangenen DM 5000,— des DM 5000000,— übersteigenden Betrages zusätzlich						
	300,—	150,—	225,—	112,50	75,—	37,50	15,—

Rechtsanwaltsgebühren

Streitwert bis DM	10/10 Gebühr DM	7,5/10 Gebühr DM	5/10 Gebühr DM	3/10 Gebühr DM	13/10 Gebühr DM	13/20 Gebühr DM
4700000	16889,—	12666,80	8444,50	5066,70	21955,70	10977,90
4750000	17039,—	12779,30	8519,50	5111,70	22150,70	11075,40
4800000	17189,—	12891,80	8594,50	5156,70	22345,70	11172,90
4850000	17339,—	13004,30	8669,50	5201,70	22540,70	11270,40
4900000	17489,—	13116,80	8744,50	5246,70	22735,70	11367,90
4950000	17639,—	13229,30	8819,50	5291,70	22930,70	11465,40
5000000	17789,—	13341,80	8894,50	5336,70	23125,70	11562,90
über 5000000	je angefangenen DM 50000,— des DM 500000,— übersteigenden Betrags zusätzlich					
	150,—	112,50	75,—	45,—	195,—	97,50

III. Rechtsanwaltsgebühren in Prozeßkostenhilfesachen

BRAGO § 123

Streitwert bis DM	10/10 Gebühr DM	7,5/10 Gebühr DM	5/10 Gebühr DM	3/10 Gebühr DM	13/10 Gebühr DM	13/20 Gebühr DM
300	40,—	30,—	20,—	15,—	52,—	26,—
600	55,—	41,30	27,50	16,50	71,50	35,80
900	70,—	52,50	35,—	21,—	91,—	45,50
1200	85,—	63,80	42,50	25,50	110,50	55,30
1500	100,—	75,—	50,—	30,—	130,—	65,—
1800	115,—	86,30	57,50	34,50	149,50	74,80
2100	130,—	97,50	65,—	39,—	169,—	84,50
2400	145,—	108,80	72,50	43,50	188,50	94,30
2700	160,—	120,—	80,—	48,—	208,—	104,—
3000	175,—	131,30	87,50	52,50	227,50	113,80
3500	201,—	150,80	100,50	60,30	261,30	130,70
4000	227,—	170,30	113,50	68,10	295,10	147,60
4500	253,—	189,80	126,50	75,90	328,90	164,50
5000	279,—	209,30	139,50	83,70	362,70	181,40
5500	295,—	221,30	147,50	88,50	383,50	191,80
6000	310,—	232,50	155,—	93,—	403,—	201,50
6500	320,—	240,—	160,—	96,—	416,—	208,—
7000	330,—	247,50	165,—	99,—	429,—	214,50
7500	340,—	255,—	170,—	102,—	442,—	221,—
8000	350,—	262,50	175,—	105,—	455,—	227,50
8500	360,—	270,—	180,—	108,—	468,—	234,—
9000	370,—	277,50	185,—	111,—	481,—	240,50
9500	380,—	285,—	190,—	114,—	494,—	247,—
10000	390,—	292,50	195,—	117,—	507,—	253,50
11000	400,—	300,—	200,—	120,—	520,—	260,—
12000	410,—	307,50	205,—	123,—	533,—	266,50
13000	420,—	315,—	210,—	126,—	546,—	273,—
14000	430,—	322,50	215,—	129,—	599,—	279,50
15000	440,—	330,—	220,—	132,—	572,—	286,—
16000	450,—	337,50	225,—	135,—	585,—	292,50
17000	460,—	345,—	230,—	138,—	598,—	299,—
18000	470,—	352,50	235,—	141,—	611,—	305,50
19000	480,—	360,—	240,—	144,—	624,—	312,—
20000	490,—	367,50	245,—	147,—	637,—	318,50
25000	500,—	375,—	250,—	150,—	650,—	325,—
30000	510,—	382,50	255,—	153,—	663,—	331,50
35000	520,—	390,—	260,—	156,—	676,—	338,—
40000	530,—	397,50	265,—	159,—	689,—	344,50
45000	540,—	405,—	270,—	162,—	702,—	351,—
50000	550,—	412,50	275,—	165,—	715,—	357,50
darüber	560,—	420,—	280,—	168,—	728,—	364,—

Stichwortverzeichnis

(die Zahlen geben Randnummern an)

Buchanzeigen